Jus Internationale et Europaeum

herausgegeben von
Thilo Marauhn und Christian Walter

97

Gabriele Buchholtz

Streiken im europäischen Grundrechtsgefüge

Zum Harmonisierungspotenzial des Art. 6 Nr. 4 ESC in der Anwendung des EGMR und des EuGH

Mohr Siebeck

Gabriele Buchholtz, geboren 1987; Studium der Rechtswissenschaft an der Bucerius Law School in Hamburg und an der Fordham Law School in New York; wissenschaftliche Mitarbeit bei international tätigen Wirtschaftskanzleien; 2014 Promotion; 2012–13 wissenschaftliche Mitarbeiterin am Lehrstuhl für öffentliches Recht an der Bucerius Law School; seit 2013 Referendarin am OLG Hamburg.

ISBN 978-3-16-153530-7
ISSN 1861-1893 (Jus Internationale et Europaeum)

Die Deutsche Nationalibliothek verzeichnet diese Publikation in der Deutschen Nationalbibliographie; detaillierte bibliographische Daten sind im Internet über *http://dnb.dnb.de* abrufbar.

Das Buch wurde von epline in Kirchheim/Teck gesetzt, von Gulde-Druck in Tübingen auf alterungsbeständiges Werkdruckpapier gedruckt und gebunden.

Meinen Eltern

Vorwort

Die vorliegende Untersuchung wurde im September 2013 fertiggestellt und im April 2014 als Dissertation an der Bucerius Law School – Hochschule für Rechtswissenschaft – angenommen. Die mündliche Promotionsprüfung fand am 17. Juni 2014 statt. Rechtsprechung und Literatur konnten bis einschließlich August 2014 berücksichtigt werden.

Mein Dank gilt all jenen, die mich bei der Arbeit an dieser Dissertation unterstützt haben. In erster Linie danke ich meinem Doktorvater Herrn Prof. Dr. Hermann Pünder, LL.M. Er hat mir eine Freude am Lernen und Forschen vermittelt, die weit über dieses Dissertationsvorhaben hinauswirkt. Hierfür und für seine tatkräftige Unterstützung bin ich ihm von Herzen dankbar. Ebenso herzlich danke ich Herrn Prof. Dr. Matthias Jacobs für seine wertvollen Denkanstöße und die rasche Erstellung des Zweitgutachtens. Ich bin mir ganz sicher, dass ich ohne diese Hilfe nicht so weit gekommen wäre.

Danken möchte ich auch meinen Freunden und Kollegen an der Bucerius Law School, die durch anregende Diskussionen und Ermunterungen zum Gelingen dieser Arbeit beigetragen haben. Darüber hinaus danke ich der Konrad-Adenauer-Stiftung – nicht nur für die großzügige finanzielle Förderung durch ein Promotionsstipendium, sondern auch für die interessanten Seminare und Begegnungen.

Besonders herzlicher Dank gilt Christoph Fritz und meiner Schwester Marie-Luise sowie meinen lieben Eltern Dr. Renate und Hans Buchholtz. Sie haben mir Kraft geschenkt und mich bedingungslos unterstützt. Dafür bin ich sehr dankbar. Meinen Eltern ist diese Arbeit gewidmet.

Hamburg, Oktober 2014 *Gabriele Buchholtz*

Inhaltsübersicht

3. Teil: Relevanz des Art. 6 Nr. 4 ESC bei isolierter Betrachtung

4. Teil: Relevanz des Art. 6 Nr. 4 ESC in der Anwendung des EGMR

5. Teil: Relevanz des Art. 6 Nr. 4 ESC in der Anwendung des EuGH

6. Teil: Vorschlag zur Anpassung des deutschen Rechts

Inhaltsverzeichnis

4. Teil: Relevanz des Art. 6 Nr. 4 ESC in der Anwendung des EGMR

5. Teil: Relevanz des Art. 6 Nr. 4 ESC in der Anwendung des EuGH

6. Teil: Vorschlag zur Anpassung des deutschen Rechts

Einleitung

In Europa ist eine zunehmende Pluralisierung normativer Ordnungen zu beobachten, die das Recht vor neue Herausforderungen stellt. Das gilt insbesondere für den ideologielastigen Bereich des europäischen Grundrechtsschutzes, wo sich die Gewährleistungskataloge überlappen. Namentlich die vom Europarat geschaffenen „Schwesterkonventionen“ – die Europäische Menschenrechtskonvention (EMRK) und die Europäische Sozialcharta (ESC) – sowie die noch recht junge Europäische Grundrechtecharta (GRC) halten eigenständige Garantien bereit, um die mitgliedstaatlichen Grundrechte zu ergänzen oder gar zu ersetzen. Zur nationalen Verwirrung trägt bei, dass die europäischen Regelungswerke durch ihre jeweiligen Sanktionsorgane zuweilen sehr unterschiedlich ausgelegt werden. Innerhalb dieses „Stimmengewirrs“ sind die einzelnen Verfassungsstaaten bestrebt, ihre Autonomie zu wahren, können sich der zunehmenden Vernetzung aber nicht gänzlich entziehen. Längst hat die Idee der „offenen Staatlichkeit“[1] das traditionelle Souveränitätsverständnis abgelöst. Auch Deutschland steht vor der Frage, ob es seine ausgefeilte Grundrechtssystematik dieser Entwicklung preisgeben will und verfassungsrechtlich preisgeben kann. Besonders delikat ist diese Problematik im Bereich des Streikrechts, das stark traditionsgeprägt ist und bislang als eine unantastbare Sphäre der innerstaatlichen Rechtssetzung galt.[2] Zwar erhält das deutsche Arbeitsrecht fortwährend europarechtliche Impulse. Bisher bezogen sich die Entscheidungen des EuGH[3] und des EGMR[4] aber vorwiegend auf das individuelle Arbeitsrecht. Dieser Befund muss allerdings revidiert werden, seit sich der EGMR in jüngerer Zeit vermehrt mit dem Streikrecht auseinandergesetzt

---

[1] Begriff nach *Vogel*, Die Verfassungsentscheidung des GG für eine internationale Zusammenarbeit, S. 33 und 42; siehe in jüngerer Zeit *Hobe*, Der offene Verfassungsstaat, insbesondere S. 409 ff.

[2] So beispielsweise *Schmitz-Scholemann*, NZA 2012, 1001 (1010); *Thüsing*, Europäisches Arbeitsrecht, § 10, Rn. 12; allgemein zur Koalitionsfreiheit *Zwanziger*, RdA-Beil. 2009, 10.

[3] Beispielsweise EuGH v. 27. 1. 2005 – C-188/03 (Junk), NJW 2005, 1099; EuGH v. 22. 11. 2005 – C-144/04 (Mangold), AP Nr. 1 zu Richtlinie 2000/78/EG; auch zum Streik hat sich der EuGH geäußert, allerdings ergingen die Entscheidungen nicht gegenüber Deutschland: EuGH v. 11. 12. 2007 – C-438/05 (Viking), NZA 2008, 124; EuGH v. 18. 12. 2007 – C-341/05 (Laval), NZA 2008, 159.

[4] Beispielsweise EGMR v. 23. 9. 2010 – 1620/03 (Schüth/Deutschland), NZA 2011, 279; EGMR v. 23. 9. 2010 – 425/03 (Obst/Deutschland), NZA 2011, 277; EGMR v. 21. 7. 2011 – 28274/08 (Heinisch/Deutschland), NJW 2011, 3501.

hat.[5] Wenngleich die als „epochal“[6] kommentierten Urteile des Straßburger Gerichtshofs nicht gegenüber Deutschland ergangen sind, könnten sie im Wege der „Orientierungswirkung“ auch hierzulande einschneidende Folgen haben. Der EGMR hat nämlich ein sehr weitgehendes Streikrecht aus Art. 11 EMRK hergeleitet und sich dabei maßgeblich auf die Streikrechtsgarantie der 1961 geschaffenen Europäischen Sozialcharta[7] gestützt. Der relevante Art. 6 Nr. 4 dieses völkerrechtlichen Vertrags gewährt „das Recht der Arbeitnehmer und Arbeitgeber auf kollektive Maßnahmen einschließlich des Streikrechts im Falle von Interessenkonflikten, vorbehaltlich etwaiger Verpflichtungen aus geltenden Gesamtarbeitsverträgen“.

Mit bislang beispielloser Deutlichkeit garantiert diese Norm ein Streikrecht auf europäischer Ebene. Es verwundert daher nicht, dass der EGMR zur Auslegung der konventionsrechtlichen „Parallelvorschrift“ in Art. 11 EMRK auf die Streikrechtsgarantie der Europäischen Sozialcharta zurückgreift. Art. 6 Nr. 4 ESC soll den folgenden Untersuchungen daher als Ausgangspunkt dienen. Diese Norm bietet Reibungspotenzial für die deutsche Rechtsordnung, in der das Streikrecht nicht expressis verbis verankert ist. Nahezu das gesamte deutsche Arbeitskampfrecht ist ein Werk der höchstrichterlichen Judikatur. Als „Ersatzgesetzgeber“ hat die Rechtsprechung im Laufe der Jahre sehr konkrete Rechtmäßigkeitsvoraussetzungen für Streiks aufgestellt, die den Gewährleistungen der Europäischen Sozialcharta gegenüberstehen. Einige Stimmen, die die Restriktivität der deutschen Arbeitskampfrechtsprechung beklagen, wollen in Art. 6 Nr. 4 ESC einen Wegbereiter für eine „europäische Sozialordnung“[8] erkennen. Dies gilt vor allem im Hinblick auf den hierzulande etablierten Grundsatz der Tarifbezogenheit des Streiks sowie das Verbot wilder und politischer Streiks, das Beamtenstreikverbot, das Verhältnismäßigkeitsprinzip und die relative Friedenspflicht – überkommene Prinzipien, die immer wieder und auch aktuell Gegenstand heftiger Diskussionen sind. Tatsächlich könnte Art. 6 Nr. 4 ESC einschneidende Folgen für das nationale Recht haben. Sollte diese Norm nämlich unmittelbar anwendbar sein, wären die höchstrichterlich entwickelten Prinzipien des deutschen Arbeitskampfrechts möglicherweise obsolet.

---

[5] EGMR v. 27. 3. 2007 – 6615 / 03 (Karaçay / Türkei), AuR 2011, 303; EGMR v. 12. 11. 2008 – 34503 / 97 (Demir und Baykara / Türkei), AuR 2009, 269; EGMR v. 21. 4. 2009 – 68959 / 01 (Enerji Yapi-Yol Sen / Türkei), AuR 2009, 274; EGMR v. 15. 12. 2009 – 30946 / 04 (Kaya und Seyhan / Türkei), AuR 2011, 304; EGMR v. 13. 7. 2010 – 33322 / 07 (Çerikci / Türkei), AuR 2011, 306.

[6] So jedenfalls im Hinblick auf die Rechtssache „Demir und Baykara“: *Ewing / Hendy*, Industrial Law Journal Oxford, Vol. 39, Nr. 1 (2010), S. 2 (47).

[7] Die Europäische Sozialcharta wurde in Deutschland mit Zustimmungsgesetz des Bundestages gemäß Art. 59 Abs. 2 S. 1 GG am 19. April 1964 akzeptiert und ratifiziert: BGBl. II 1964, S. 1262 (1267).

[8] *Agnelli (u. a.)*, Die Europäische Sozialcharta: Weg zu einer europäischen Sozialordnung?

Trotz dieses Konfliktpotenzials, einer beträchtlichen Anzahl an Meinungsäußerungen in der Literatur und mehrfacher Rügen des deutschen Streikrechts durch die zur Überwachung der Europäischen Sozialcharta berufenen Gremien hat Art. 6 Nr. 4 ESC im deutschen Recht viele Jahrzehnte lang nur ein „Schattendasein"[9] gefristet. Das BVerfG[10], das BAG[11] und das BVerwG[12] haben es stets vermieden, die Auswirkungen dieser Norm auf das nationale Arbeitsrecht konkret zu benennen. Ein Sinneswandel deutete sich allerdings mit der Entscheidung des BAG vom 10. Dezember 2002 an. Darin erklärte das Gericht, dass der Grundsatz der Tarifbezogenheit des Streiks angesichts des Art. 6 Nr. 4 ESC zu überdenken sei.[13] Bereits zum fünfzigjährigen Jubiläum der Europäischen Sozialcharta am 18. Oktober 2011 hat sich auch das Schrifttum wieder vermehrt mit dem Streikrecht in Art. 6 Nr. 4 ESC befasst.[14]

Unlängst hat nun der EGMR dem Art. 6 Nr. 4 ESC mit seiner Anwendungsmacht einen erheblichen Bedeutungszuwachs beschert, wobei vor allem das deutsche Beamtenstreikverbot unter Beschuss geraten ist. Die hiesige Verwaltungsrechtsprechung musste sich daraufhin eingehend mit den Urteilen des Straßburger Gerichtshofs auseinandersetzen, konnte sich aber mit der Idee eines Beamtenstreikrechts nicht recht anfreunden.[15] Anders nun das BVerwG: Mit seinem Urteil vom 27. Februar 2014 hat es einen Paradigmenwechsel eingeleitet, indem es dem nationalen Beamtenstreikverbot – auch unter Verweis

---

[9] *Simma/Bennigsen*, in: FS Steindorff, S. 1477 (1478, Fn. 5).

[10] Äußerungen nur zu Art. 5 ESC in BVerfG v. 20. 10. 1981 – 1 BvR 404/78, AP Nr. 31 zu § 2 TVG, unter B I 5 b) der Gründe; keine nähere Aussage zur Vereinbarkeit der Europäischen Sozialcharta mit Art. 9 Abs. 3 GG in BVerfG v. 2. 3. 1993 – 1 BvR 1213/85, AP Nr. 126 zu Art. 9 GG, unter B II 2 b) der Gründe.

[11] Anfangs bezog das BAG keine Stellung: BAG v. 10. 6. 1980 – 1 AZR 822/79, AP Nr. 64 zu Art. 9 GG, unter A II 2 a) der Gründe; später hat das BAG die Europäische Sozialcharta als Auslegungshilfe herangezogen, ohne hierzu konkretere Ausführungen zu machen: BAG v. 12. 9. 1984 – 1 AZR 342/83, AP Nr. 81 zu Art. 9 GG, unter B II 2 c) der Gründe; so auch BAG v. 5. 3. 1985 – 1 AZR 468/83, AP Nr. 85 zu Art. 9 GG, unter II 3 d) der Gründe; BAG v. 10. 12. 2002 – 1 AZR 96/02, AP Nr. 162 zu Art. 9 GG, unter B I 2 a) der Gründe.

[12] BVerwG v. 26. 3. 1982 – 1 C 29/81, NJW 1982, 1958 (1960); BVerwG v. 18. 12. 1992 – 7 C 12.92, AP Nr. 1 zu Art. 16 ESC Europäische Sozialcharta, unter 2 der Gründe; in beiden Fällen hat das BVerwG erklärt, dass die Europäische Sozialcharta lediglich eine Staatenverpflichtung begründe.

[13] BAG v. 10. 12. 2002 – 1 AZR 96/02, AP Nr. 162 zu Art. 9 GG, unter B I 3 a) der Gründe; BAG v. 24. 4. 2007 – 1 AZR 252/06, AP Nr. 2 zu § 1 TVG, unter B III 2 a) aa) der Gründe.

[14] Beispielsweise *Czycholl/Frieling*, ZESAR 2011, 322; *Dumke*, Streikrecht i. S. des Art. 6 Nr. 4 ESC und deutsches Arbeitskampfrecht; *Fütterer*, EuZA 2011, 505 (511 ff.); *Lörcher*, AuR 2011, 379.

[15] Ablehnend VG Düsseldorf v. 15. 12. 2010 – 31 K 3904/10.O; zit. nach: juris, aufgeh. durch OVG Münster v. 7. 3. 2012 – 3d A 317/11.O; zit. nach: juris; VG Osnabrück v. 19. 8. 2011 – 9 A 1/11, NVwZ-RR 2012, 323, aufgeh. durch OVG Lüneburg v. 12. 6. 2012 – 20 BD 7/11, 20 BD 8/11; zit. nach: juris; VG Kassel v. 27. 7. 2011 – 28 K 1208/10.KS.D; zit. nach: juris; VG Bremen v. 3. 7. 2012 – D K 20/11; zit. nach: juris.

auf die Europäische Sozialcharta – die Konventionswidrigkeit attestierte.[16] Die nationalen Gerichtsentscheidungen zeigen, dass man sich hierzulande nicht mehr pauschal auf die Europarechtskonformität des nationalen Grundrechtsschutzes zurückziehen kann.[17] Es wird deutlich, dass die hiesige Gesellschaft immer stärker in das europäische Grundrechtsgefüge eingebunden ist und sich ein entsprechendes (Konflikt-)Bewusstsein entwickelt.[18] Dabei ist schließlich auch die Judikatur des EuGH in den Blick zu nehmen, der auf supranationaler Unionsebene agiert und vor allem die Grundfreiheiten im Visier hat, spätestens seit Einführung der Grundrechtecharta aber auch an den sozialen Grundrechten interessiert ist. Der EuGH zieht zur Herleitung und inhaltlichen Ausgestaltung des unionsrechtlichen Streikrechts ebenfalls Art. 6 Nr. 4 ESC heran. Gestärkt durch die Anwendungsmacht des EGMR und des EuGH dürfte Art. 6 Nr. 4 ESC eine weitaus prominentere Stellung im europäischen Grundrechtsschutz erlangen, als dieser Norm sowohl von ihren Schöpfern als auch in der Rechtsprechung und im Schrifttum bisher zugedacht war. Durch die judikative Praxis der europäischen Gerichtshöfe könnte Art. 6 Nr. 4 ESC schließlich auch einen erheblichen Harmonisierungsdruck auf das nationale Recht ausüben. Dieser These wird im Folgenden nachgegangen.

Die Fragestellung ist deshalb besonders herausfordernd, weil das Arbeitskampfrecht in der Bundesrepublik Deutschland – wie erwähnt – nicht gesetzlich geregelt ist. Angesichts der Quellenvielfalt im Grundrechtsgefüge des Europarechts stehen die nationalen Gerichte und schließlich auch das BVerfG vor dem Problem, wie den unterschiedlichen Postulaten bei gleichzeitiger Wahrung der Rechtssicherheit zu folgen ist. Das BVerfG hat in der „Görgülü"-Entscheidung[19] erstmals konkrete Vorgaben formuliert, wie die Europäische Menschenrechtskonvention und die Entscheidungen des EGMR im nationalen Recht zu berücksichtigen sind. Ob sich diese Überlegungen auch auf den Einfluss des Art. 6 Nr. 4 ESC[20] und das Streikrecht übertragen lassen, wird zu prüfen sein. Dabei ist zu bedenken, dass die plurale Rechtswirklichkeit in Europa mit überkommenen Denkmustern nicht mehr zu bewältigen ist. Es sind neue Wege zu beschreiten. Zu diesem Zweck werden im letzten Teil die-

---

[16] BVerwG v. 27. 2. 2014 – 2 C 1/13, NZA 2014, 616.

[17] So noch im Hinblick auf die Konventionskonformität BVerfG v. 10. 5. 1957 – 1 BvR 550/52, NJW 1957, 865 (869); BVerfG v. 15. 5. 1995 – 2 BvL 19/91, NJW 1995, 1811 (1813).

[18] *Kersten*, Neues Arbeitskampfrecht, S. 1.

[19] BVerfG v. 14. 10. 2004 – 2 BvR 1481/04, NJW 2004, 3407.

[20] Bislang sind keine derartigen Überlegungen angestellt worden. Allein *Matthias Dumke* hat in seiner Dissertation die Frage aufgeworfen, inwiefern Art. 6 Nr. 4 ESC im nationalen Recht berücksichtigt und umgesetzt werden kann (*Dumke*, Streikrecht i. S. des Art. 6 Nr. 4 ESC und deutsches Arbeitskampfrecht, S. 307 ff.), ohne allerdings näher auf die wesentliche Frage einzugehen, wo die Grenzen der völkerrechtsfreundlichen Auslegung verlaufen. Um diese Frage zu klären, sind vor allem die Äußerungen des BVerfG, die in anderen Zusammenhängen gemacht wurden, zu berücksichtigen, und auf ihre Übertragbarkeit zu überprüfen.

ser Arbeit gesellschaftstheoretische Modelle herangezogen, um einen Maßstab zur Harmonisierung des nationalen und europäischen Grundrechtsschutzes zu entwickeln. Darauf aufbauend soll beantwortet werden, wie angesichts einer zunehmenden Europäisierung mit dem nationalen Streikrecht zu verfahren ist. Dabei ist zu berücksichtigen, dass Fragen der europäischen Rechtsangleichung – zumal im Bereich der „integrationsfördernden“[21] sozialen Rechte – eine rechtspolitische Färbung tragen. In Zeiten europäischer Instabilität, bedingt durch die Schuldenkrise, darf dieser Aspekt nicht außer Acht gelassen werden, wenn man den Einfluss des Art. 6 Nr. 4 ESC und der Rechtsprechung des EGMR auf das nationale Recht ausloten will.

Die Problemstellung gibt den Gang der Untersuchung vor: Im ersten Teil erfolgt eine Betrachtung des deutschen Streikrechts im europäischen Kontext. Dabei beschränkt sich die Darstellung auf diejenigen Grundsätze, die in dieser Arbeit auf ihre Konformität mit den europarechtlichen Vorgaben untersucht werden sollen; es geht um den Grundsatz der Tarifbezogenheit des Streiks sowie das Verbot politischer und wilder Streiks, das Beamtenstreikverbot, das Verhältnismäßigkeitsprinzip und die relative Friedenspflicht. Im zweiten Teil wird auf die Entstehungsgeschichte der Europäischen Sozialcharta und den Gewährleistungsgehalt des Art. 6 Nr. 4 ESC eingegangen. Im dritten Teil wird der unmittelbare bzw. mittelbare Einfluss des Art. 6 Nr. 4 ESC für das nationale Recht bestimmt. Zu diesem Zweck erfolgt eine eingehende Auseinandersetzung mit völkerrechtlichen Fragen. Sodann wird in einem vierten und fünften Teil geprüft, inwieweit der EGMR bzw. der EuGH den Einfluss des Art. 6 Nr. 4 ESC im nationalen Recht befördern kann. Im sechsten Teil wird auf Grundlage einer zu entwickelnden Kollisionsdogmatik untersucht, ob die gefundenen Ergebnisse einen Reformbedarf für das nationale Recht begründen. Im Anschluss wird ein Fazit formuliert und ein Ausblick gegeben.

[21] Vgl. *Kingreen*, EuR 2010, 338 (361).

1. Teil

Streikrecht als Untersuchungsgegenstand

Um ermitteln zu können, welche Auswirkungen die Europäische Sozialcharta und die Rechtsprechung des EGMR auf das nationale Streikrecht haben, ist zunächst eine „Bestandsaufnahme“ erforderlich. Im ersten Abschnitt wird ein Überblick über das Streikrecht in der Bundesrepublik Deutschland gegeben und im zweiten Abschnitt werden die hier auf ihre Europarechtskonformität zu untersuchenden Grundsätze des nationalen Streikrechts dargestellt. Sodann wird im dritten Abschnitt das nationale Streikrecht im europäischen Kontext beleuchtet und zum Schluss des ersten Teils werden eine Zusammenfassung und Folgefragen formuliert.

1. Abschnitt

Streikrecht der Bundesrepublik Deutschland im Überblick

Nach einer einleitenden Definition des Streiks soll anschließend dessen historische Entwicklung skizziert werden, denn zutreffend stellt *Franz Gamillscheg* fest: „Man versteht das Arbeitsrecht nicht ohne Kenntnis seiner Geschichte."[1] Diesem Ausspruch liegt die Einsicht zu Grunde, dass Arbeits- und Lebensbedingungen einem ständigen Wandel unterliegen und ihrerseits Einfluss auf die Bewertung und Eigengesetzlichkeiten des Arbeitskampfrechts nehmen.[2]

A. Begriff des „Streiks"

Abhängige Arbeit in einer marktwirtschaftlichen Ordnung verursacht zwangsläufig kollektive Arbeitskonflikte – so genannte Arbeitskämpfe –, welche klassischerweise durch einseitige Druckausübung zur Erreichung bestimmter Ziele gekennzeichnet sind. Dabei spielt vor allem die Tatsache eine Rolle, dass der einzelne Arbeitnehmer gegenüber dem Arbeitgeber gewöhnlich keine relevante Machtstellung innehat[3] und nur im kollektiven Verbund seine Verhandlungsposition verbessern kann.[4] Hinzu tritt die Öffentlichkeitswirksamkeit des Kampfgeschehens, die „typischerweise ins Kalkül der Kämpfenden einbezogen wird".[5] Weil bei einem Arbeitskampf sozialpolitische und gesamtgesellschaftliche Gegensätze aufeinanderprallen, gilt dieser Kampf als „soziales Phänomen"[6] und umstrittenes „Politikum"[7]. Im Übrigen definiert[8] sich der Arbeitskampf durch folgende Merkmale:

[1] *Gamillscheg*, RdA 1998, 2 (3).

[2] *Blanke*, NZA 1990, 209 (210); *Kissel*, Arbeitskampfrecht, § 23, Rn. 44.

[3] *Kissel*, Arbeitskampfrecht, § 1, Rn. 5.

[4] *Däubler*, in: Däubler, Arbeitskampfrecht, § 8, Rn. 1.

[5] *Kittner*, Arbeitskampf, S. 1.

[6] *Kissel*, Arbeitskampfrecht, § 13, Rn. 1.

[7] *Kittner*, Arbeitskampf, S. 1.

[8] Eine Legaldefinition existiert allerdings nicht und auch die Rechtsprechung hat keine konkrete Definition des Arbeitskampfes aufgestellt (ErfK/*Dieterich*, Art. 9 GG, Rn. 94). Die folgenden Ausführungen dienen daher nur als grobe Anhaltspunkte.

Es handelt sich um einen Konflikt, an dem eine Mehrzahl von Arbeitnehmern beteiligt ist. Das Arbeitnehmerkollektiv muss einseitig Druck auf den Arbeitgeber ausüben, indem es das Beschäftigungsverhältnis stört. Die Störung muss von dem Ziel getragen sein, eine Veränderung der Arbeitsbedingungen – wie Lohn, Arbeitszeiten und Urlaub – herbeizuführen.[9] Als wichtigstes Kampfmittel erfüllt der Streik all jene Kriterien. Er definiert sich als die gemeinsam und planmäßig durchgeführte Arbeitseinstellung[10] einer größeren Anzahl von Arbeitnehmern zur Erreichung eines bestimmten Kampfziels.[11] Die prägenden Merkmale des Streiks sind also zum einen das „kollektive Erscheinungsbild" und zum anderen „die Zurückhaltung von geschuldeter Arbeitsleistung zum Zweck der Druckausübung".[12]

B. Geschichte des Streikrechts

Interessenkonflikte im Arbeitsleben existieren, seit es abhängige Arbeit gibt.[13] Schon im Mittelalter wurde hierzulande gestreikt.[14] Was jedoch die staatlichen Reaktionen auf Streikmaßnahmen anbelangt, sind über die Epochen hinweg große Unterschiede festzustellen.[15] Anfangs lehnte die Obrigkeit den Streik ab, doch allmählich war der Staat gezwungen, sich diesem „sozialen Phänomen"[16] anzunehmen und (verfassungsrechtliche) Regelungen zum Umgang mit dem Streik zu schaffen. Von Interesse ist hier die Entwicklung des Streikrechts seit der Weimarer Republik:

Weil sich der Verfassungsausschuss zur Erarbeitung der Weimarer Reichsverfassung über Detailfragen – insbesondere den Streik in lebenswichtigen

[9] BAG v. 22.3.1994 – 1 AZR 622/93, AP Nr. 130 zu Art. 9 GG, unter II 3 a) der Gründe; *Brox*, in: Brox/Rüthers, Arbeitskampfrecht, Rn. 17; *Däubler*, in: Däubler, Arbeitskampfrecht, § 8, Rn. 1 ff.; Abgrenzung zum „Boykott" siehe BAG v. 19.10.1976 – 1 AZR 611/75, AP Nr. 6 zu § 1 TVG.

[10] Eine Arbeits*einstellung* liegt nicht nur vor, wenn der Arbeitnehmer der Arbeit fern bleibt oder diese verweigert, sondern auch dann, wenn er schlecht leistet oder „bummelt" – sprich, wenn der Arbeitnehmer seiner Arbeitspflicht nicht vollständig nachkommt oder auch dann, wenn Arbeitsvorschriften so „gewissenhaft" befolgt werden, dass ein reibungsloser betrieblicher Ablauf verhindert wird („Dienst nach Vorschrift"); *Müller/Landshuter*, Arbeitsrecht im öffentlichen Dienst, Zweiter Abschnitt: Kollektives Arbeitsrecht, Rn. 144.

[11] *Brox*, in: Brox/Rüthers, Arbeitskampfrecht, Rn. 25 f.; *Hueck/Nipperdey*, Grundriß des Arbeitsrechts, S. 248.

[12] MünchHdbArbR II/*Ricken*, § 193, Rn. 5.

[13] *Kissel*, Arbeitskampfrecht, § 2, Rn. 1; *Müller-Jentsch*, Gewerkschaften und Soziale Marktwirtschaft, S. 193.

[14] *Kittner*, Arbeitskampf, S. 18.

[15] Umfassende Darstellung der Geschichte des Streikrechts bei *Germelmann*, Theorie und Geschichte des Streikrechts; *Kittner*, Arbeitskampf; *Ogris*, RdA 1967, 286.

[16] *Kissel*, Arbeitskampfrecht, § 13, Rn. 1.

Betrieben[17] und die Grenzen des Streikrechts – nicht einig werden konnte, wurde von einer verfassungsrechtlichen Verankerung des Streikrechts abgesehen.[18] In Art. 159 WRV fand nur die „Vereinigungsfreiheit" Niederschlag. Mit dieser Formulierung sollten koalitionsmäßige Betätigungen möglichst weitgehend vom verfassungsrechtlichen Schutz ausgenommen werden.[19] In Art. 165 Abs. 1 WRV[20] wurden zwar Kollektivvereinbarungen anerkannt, ohne jedoch den Arbeitskampf zu gewährleisten.[21] Der Streik war lediglich als Ausdrucksform der allgemeinen Handlungsfreiheit anerkannt, die jederzeit durch einfache Gesetze einschränkbar war.[22] Die Rechtmäßigkeit von Streiks wurde am Maßstab der „guten Sitten" gemäß § 826 BGB gemessen.[23] Streiks waren nicht gesetzlich privilegiert, sondern wurden als Vertragsbruch angesehen, wenn sie ohne vorherige Kündigung der Arbeitsverhältnisse durchgeführt wurden.[24]

Auch bei der Ausarbeitung des Grundgesetzes von 1949 war umstritten, ob der Arbeitskampf – ähnlich wie in einigen Länderverfassungen[25] – explizit zu erwähnen sei. Der Parlamentarische Rat war sich zwar im Grundsatz einig, dass eine Streikfreiheit bestehen sollte.[26] Da man aber über die Reichweite der Gewährleistung – besonders in puncto Beamtenstreik oder politischer Streik – keinen Konsens finden konnte,[27] wurde nur die Koalitionsfreiheit verfassungsrechtlich verbürgt.[28] Man ließ eine „ordnungspolitische Distanz" walten, um eine „offene Wirtschafts-, Arbeits- und Sozialverfassung" zu schaffen.[29]

---

[17] Diese Frage stellte sich nach dem Krieg und den erforderlichen Notdienstarbeiten mit besonderer Dringlichkeit (*Hensche*, in: Däubler, Arbeitskampfrecht, § 18a, Rn. 35 f.).

[18] *Hensche*, in: Däubler, Arbeitskampfrecht, § 18a, Rn. 33; *Ramm*, AuR 1967, 97 (105).

[19] *Ramm*, AuR 1967, 97 (103).

[20] Zum Verhältnis zwischen Art. 165 WVR und der Koalitionsfreiheit in Art. 9 Abs. 3 GG siehe BVerfG v. 30. 11. 1965 – 2 BvR 54/62, NJW 1966, 491 (492).

[21] *Richardi/Fischinger*, in: Staudinger, Vorbemerkungen zu §§ 611 ff. BGB, Rn. 822.

[22] MünchHdbArbR II/*Ricken*, § 195, Rn. 2; *Rüthers*, in: Brox/Rüthers, Arbeitskampfrecht, Rn. 3.

[23] *Kreuz*, Der Grundsatz der Verhältnismäßigkeit im Arbeitsrecht, S. 18; siehe auch zur späteren Anwendung des § 823 Abs. 1 BGB: *Hueck/Nipperdey*, Grundriß des Arbeitsrechts, S. 265.

[24] MünchHdbArbR II/*Ricken*, § 195, Rn. 2; *Thüsing*, Der Außenseiter im Arbeitskampf, S. 25.

[25] Die Verfassungen von Berlin, Bremen, Hessen, Rheinland-Pfalz und vom Saarland gewähren schon immer explizit ein Streikrecht (*Däubler*, in: Däubler, Arbeitskampfrecht, § 6, Rn. 7; *Däubler*, Der Streik im öffentlichen Dienst, S. 14 ff.; *Ramm*, Koalitions- und Streikrecht der Beamten, S. 12 f.).

[26] *Hensche*, in: Däubler/Hjort/Schubert/Wolmerath, Arbeitsrecht, Art. 9 GG, Rn. 108.

[27] *Däubler*, Der Streik im öffentlichen Dienst, S. 17 ff.; *Hensche*, in: Däubler/Hjort/Schubert/Wolmerath, Arbeitsrecht, Art. 9 GG, Rn. 108; *Ramm*, Koalitions- und Streikrecht der Beamten, S. 19; *Richardi/Fischinger*, in: Staudinger, Vorbemerkungen zu §§ 611 ff. BGB, Rn. 823.

[28] Vgl. *Ramm*, AuR 1967, 97 (105).

[29] Maunz/Dürig/*Scholz*, Art. 9 Abs. 3 GG, Rn. 158.

Zwar wird der Begriff des Arbeitskampfes seit der Notstandsverfassung[30] vom 24. Juni 1968 ausdrücklich in der Notstandsklausel des Art. 9 Abs. 3 S. 3 GG erwähnt. Jedoch ist hierin keine grundrechtliche Verbürgung des Streikrechts zu sehen, sondern lediglich eine Ausnahmeregelung zum Notstandsrecht. Mit dieser Ausnahmeregelung können die für den Arbeitskampf geltenden Grundrechtsschranken ihrerseits beschränkt werden.[31] Dass die Verfassungsväter ein Streikrecht nicht im Grundgesetz verankerten, darf indes nicht als kategorische Absage an ein Streikrecht missverstanden werden. Die Diskussionen im Parlamentarischen Rat bezeugen, dass gewerkschaftlich getragene Streiks grundsätzlich gebilligt wurden. Es existierten lediglich Meinungsverschiedenheiten hinsichtlich der Gewährleistungsgrenzen.[32] Aus diesem Grund hat der deutsche Gesetzgeber nicht nur im Grundgesetz, sondern auch auf einfachgesetzlicher Ebene weitgehende Zurückhaltung geübt und die Normsetzungsprobleme auf dem Gebiet des Arbeitskampfes an die höchstrichterliche Rechtsprechung delegiert.[33] Diese hat im Laufe der Jahre eine ausdifferenzierte Judikatur entwickelt, um den Arbeitskampf zu „domestizieren"[34].

Das Streikrecht hat sich inzwischen als fester Bestandteil der demokratischen Verfassung sowie des Wirtschafts- und Soziallebens etabliert.[35] Der anfänglich erbitterte Kampf zwischen den Gewerkschaften und den Protagonisten der kapitalistischen Wirtschaftsordnung ist einem – gleichwohl konfliktträchtigen – Zusammenspiel gewichen. Wenngleich die Gewerkschaften zuweilen vehement kritisiert werden,[36] haben sie einen festen Platz in der sozialen Marktwirtschaft erlangt.[37] Der Staat kann auf die Gewerkschaften nicht verzichten, weil die Grundsatzfrage nach dem gerechten Lohn in den Händen der Sozialpartner am besten aufgehoben ist.[38] Der Streik als wesentliche Handlungsform kollektiver Betätigung erfüllt in der sozialen Marktwirtschaft zwei Funktionen: Er dient der Angleichung sozialer Unterschiede[39] und fungiert als notwendiges Korrektiv wirtschaftlicher Machtgefälle.[40] Die pauschale Ableh-

---

30 BGBl. I 1968, S. 709.

31 *Ramm*, Koalitions- und Streikrecht der Beamten, S. 22; *Richardi/Fischinger*, in: Staudinger, Vorbemerkungen zu §§ 611 ff. BGB, Rn. 824.

32 *Däubler*, in: Däubler, Arbeitskampfrecht, § 6, Rn. 13.

33 BAG v. 11. 7. 1995 – 1 AZR 161/95, AP Nr. 139 zu Art. 9 GG, unter II 2 b) der Gründe; *Rüthers*, in: Brox/Rüthers, Arbeitskampfrecht, Rn. 7.

34 Vgl. *Bepler*, in: FS Wißmann, S. 97 (99).

35 *Kissel*, Arbeitskampfrecht, § 13, Rn. 1; *Müller-Jentsch*, Gewerkschaften und Soziale Marktwirtschaft, S. 108 f.

36 Kritik bei: *Gamillscheg*, Kollektives ArbR, § 20, S. 928; *Picker*, ZfA 1986, 199 (210 ff.).

37 *Blanke*, NZA 1990, 209 (210); *Müller-Jentsch*, Gewerkschaften und Soziale Marktwirtschaft, S. 7; *Rieth*, NZA 1986, 697 (700 f.).

38 Vgl. *Rüthers*, NZA 2010, 6 (7); *Schmitz-Scholemann*, NZA 2012, 1001 (1005).

39 *Hensche*, in: Däubler, Arbeitskampfrecht, § 18a, Rn. 8.

40 ErfK/*Dieterich*, Art. 9 GG, Rn. 101; kritisch dagegen *Bohr*, Rechtliche Regelungen des Streikes und wirtschaftliche Auswirkungen, S. 277 ff.

nung des Streiks als anachronistisches Kampfmittel entspricht folglich nicht der gesellschaftlichen Realität.[41] Vielmehr zeigen die soziale „Korrekturfunktion“ des Streiks und die Tatsache, dass ein Wandel wirtschaftlicher, politischer und sozialer Rahmenbedingungen stets auch einen Wandel des Streiks und seiner rechtlichen Bewertung nach sich zieht,[42] dass eine fortlaufende Auseinandersetzung mit dem Streikrecht erforderlich ist – zumal unter verstärkten europarechtlichen Einflüssen.

C. Normative Grundlagen des Streikrechts

Art. 9 Abs. 3 GG gewährleistet das Recht, „zur Wahrung und Förderung der Arbeits- und Wirtschaftsbedingungen Vereinigungen zu bilden“. Das Streikrecht ist in der Verfassung nicht explizit genannt, es wird aber aus der Koalitionsfreiheit hergeleitet:

Zwar ist die Koalitionsfreiheit „in erster Linie ein Freiheitsrecht“.[43] Das BVerfG weist aber darauf hin, dass dem Art. 9 Abs. 3 GG wegen seiner sozialen Zwecksetzung eine Sonderstellung unter den Grundrechten zukommt.[44] Die sozialrechtliche Dimension zeigt sich vor allem im Recht auf Streik; denn mit dem Recht auf Streik wird die Privatautonomie zwischen den Arbeitsvertragsparteien gelockert,[45] um deren Vertragsbeziehung sozialrechtlich „aufzuladen“.[46] Das Recht auf Streik greift direkt in den Arbeitsvertrag ein, indem der rechtmäßig streikende Arbeitnehmer seine vertragliche Leistungserbringungspflicht suspendieren darf.[47] Diese sozialrechtliche Dimension hat der Koalitionsfreiheit die Bezeichnung als „liberal verfaßtes Freiheitsrecht mit sozialer Zwecksetzung“ eingebracht.[48]

Die Koalitionsfreiheit besitzt sowohl eine individual- als auch eine kollektivrechtliche Schutzwirkung:[49] *Individualrechtlich* wird nämlich zum einen die Freiheit verbürgt, eine Vereinigung „zur Wahrung und Förderung der

---

[41] *Kissel*, Arbeitskampfrecht, § 1, Rn. 11.

[42] *Kissel*, Arbeitskampfrecht, § 23, Rn. 44; *Kittner*, Arbeitskampf, S. 2 ff.

[43] BVerfG v. 1. 3. 1979 – 1 BvR 532, 533/77, 419/78, 1 BvL 21/78, NJW 1979, 699 (708); ähnlich auch BVerfG v. 10. 9. 2004 – 1 BvR 1191/03, AP Nr. 167 zu Art. 9 GG, unter B 2 b) der Gründe.

[44] Andeutungsweise bereits BVerfG v. 18. 11. 1954 – 1 BvR 629/52, NJW 1954, 1881 (1882); sozialrechtliche bzw. demokratische Elemente weist auch die Rechtsgüterabwägung des BVerfG auf; siehe etwa BVerfG v. 14. 11. 1995 – 1 BvR 601/92, AP Nr. 80 zu Art. 9 GG.

[45] MünchHdbArbR I/*Richardi*, § 4, Rn. 3.

[46] *Däubler*, in: Iliopoulos-Strangas, Soziale Grundrechte in Europa, S. 111 (137); *Ramm*, AuR 1967, 97 (107); vgl. *Zacher*, ZSR1978, 129 (135 f.).

[47] MünchHdbArbR I/*Richardi*, § 4, Rn. 3.

[48] Maunz/Dürig/*Scholz*, Art. 9 Abs. 3 GG, Rn. 158.

[49] BAG v. 22. 9. 2009 – 1 AZR 972/08, AP Nr. 174 zu Art. 9 GG, unter B II 2 a) aa) der Gründe; es ist bezüglich der individual- und kollektivrechtlichen Dimension von „ver-

Arbeits- und Wirtschaftsbedingungen“ zu gründen oder ihr beizutreten[50] und zum anderen wird die Freiheit eingeräumt, eine solche Vereinigung wieder zu verlassen[51]. Art. 9 Abs. 3 GG ist außerdem ein *kollektives* Freiheitsrecht[52] zum Schutz der Vereinigungen an sich.[53] Dem „koalitionsmäßig aktiven Individuum [wird] ein besonderer Status kollektiver Freiheit“ eingeräumt, dem eine kollektivrechtliche Gewährleistungsdimension anhaftet.[54] Nach dem BVerfG sei der kollektivrechtliche Charakter des Art. 9 Abs. 3 GG bereits im Vereinigungszweck und folglich im Schutzbereich des Art. 9 Abs. 3 GG inkorporiert.[55] In der Eigenschaft als kollektives Freiheitsrecht schützt Art. 9 Abs. 3 GG nicht nur den Bestand der Koalitionen, sondern auch deren Betätigung. Die Betätigungsfreiheit umfasst etwa das Recht zur Mitgliederwerbung per Email[56] oder ein Zutrittsrecht externer Gewerkschaftsvertreter zum Betrieb[57].

Ein bedeutender Aspekt der Betätigungsfreiheit ist schließlich die Tarifautonomie, „die im Zentrum der den Koalitionen eingeräumten Möglichkeiten zur Verfolgung ihrer Zwecke steht“. Sie gibt den Koalitionspartnern die Möglichkeit, die Arbeitsbedingungen durch Tarifverträge autonom zu regeln.[58] Dabei beschränkt sich der verfassungsrechtliche Schutz nicht – wie anfangs vom BVerfG festgestellt[59] – auf den „Kernbereich“ koalitionsmäßiger Betätigung. Die „Kernbereichsrechtsprechung“ hat das BVerfG in seiner Entscheidung vom 14. November 1995[60] ausdrücklich korrigiert und den verfassungsrechtlichen Schutz auf alle koalitionsspezifischen Verhaltensweisen, also jedes Handeln erstreckt, das der „Wahrung und Förderung der Arbeits- und Wirt-

schiedenen Gewährleistungsschichten“ die Rede (Maunz/Dürig/*Scholz*, Art. 9 Abs. 3 GG, Rn. 169 f.).

[50] So genannte positive Koalitionsfreiheit.

[51] So genannte negative Koalitionsfreiheit.

[52] Maunz/Dürig/*Scholz*, Art. 9 Abs. 3 GG, Rn. 170.

[53] Nach einer Mindermeinung ist die Bezeichnung als „Verbandsgrundrecht“ rechtsdogmatisch bedenklich; der kollektivrechtliche Schutz der Koalitionen sei nicht unmittelbar aus Art. 9 Abs. 3 GG herzuleiten, sondern aus Art. 9 Abs. 3 GG i. V. m. Art. 19 Abs. 3 GG (Maunz/Dürig/*Scholz*, Art. 9 Abs. 3 GG, Rn. 170). Die Ansichten führen aber nicht zu unterschiedlichen Ergebnissen.

[54] Maunz/Dürig/*Scholz*, Art. 9 Abs. 3 GG, Rn. 240.

[55] BVerfG v. 26. 6. 1991 – 1 BvR 779/85, AP Nr. 117 zu Art. 9 GG, unter C I 1 a) der Gründe.

[56] BAG v. 20. 1. 2009 – 1 AZR 515/08, AP Nr. 137 zu Art. 9 GG.

[57] BVerfG v. 17. 2. 1981 – 2 BvR 384/78, AP Nr. 9 zu Art. 140 GG; BAG v. 14. 2. 1978 – 1 AZR 280/77, AP Nr. 26 zu Art. 9 GG; BAG v. 19. 1. 1982 – 1 AZR 279/81, AP Nr. 10 zu Art. 9 GG; weiter klarstellend BAG v. 28. 2. 2006 – 1 AZR 460/04, AP Nr. 127 zu Art. 9 GG.

[58] BAG v. 22. 9. 2009 – 1 AZR 972/08, AP Nr. 174 zu Art. 9 GG, unter B II 2 a) aa) der Gründe.

[59] BVerfG v. 17. 2. 1981 – 2 BvR 384/78, NJW 1981, 1829 (1830); BVerfG v. 1. 10. 1987 – 2 BvR 1178/86 (u. a.), NJW 1988, 890 (896).

[60] BVerfG v. 14. 11. 1995 – 1 BvR 601/92, AP Nr. 80 zu Art. 9 GG.

schaftsbedingungen“ dienlich ist.[61] Den Vorgaben des BVerfG folgend, stellt auch das BAG den Koalitionen die Wahl der Mittel anheim, mit denen sie einen Tarifabschluss erzwingen. Allerdings dürfen die Maßnahmen nicht über das hinausgehen, was zur Durchsetzung des erstrebten Ziels erforderlich ist. Das BAG führt aus:

Die Wahl der Mittel, mit denen die Koalitionen die Regelung der Arbeitsbedingungen durch Tarifverträge zu erreichen versuchen und die sie hierzu für geeignet halten, gibt Art. 9 Abs. 3 GG nicht vor, sondern überlässt sie grundsätzlich den Koalitionen selbst. Arbeitskampfmaßnahmen, die auf den Abschluss von Tarifverträgen gerichtet sind, werden jedenfalls insoweit von der Koalitionsfreiheit erfasst, als sie erforderlich sind, um eine funktionierende Tarifautonomie sicherzustellen [...]. Der Schutzbereich des Art. 9 Abs. 3 GG ist nicht etwa von vornherein auf den Bereich des Unerlässlichen beschränkt. Der Grundrechtsschutz erstreckt sich vielmehr auf alle Verhaltensweisen, die koalitionsspezifisch sind.[62]

Demnach ist auch das Streikrecht eine verfassungsmäßig geschützte Betätigungsform der Koalitionen, die sich aus der Tarifautonomie des Art. 9 Abs. 3 GG ableitet.[63] Lange Zeit hatte das BAG die normative Verankerung des Streikrechts allerdings dahinstehen lassen.[64] Zwar erachtete es den gewerkschaftlichen Streik um tariflich regelbare Ziele als grundsätzlich „sozialadäquat“ und rechtmäßig, ohne dies jedoch unmittelbar aus dem Grundgesetz abzuleiten.[65] Betont wurde lediglich, dass Arbeitskämpfe nach dem Tarifvertragssystem möglich sein müssten, „um Interessenkonflikte über Arbeits- und Wirtschaftsbedingungen im äußersten Fall austragen und ausgleichen zu können“[66]. Erst in seiner Entscheidung vom 10. Juni 1980 legte das BAG die normativen Grundlagen des Streikrechts offen und erklärte, dass das „Streikrecht einen notwendigen Bestandteil der freiheitlichen Kampf- und Ausgleichsordnung darstellt, die durch Art. 9 Abs. 3 GG im Kern gewährleistet ist“.[67] Damit knüpfte das BAG an die kurz zuvor bekundete Rechtsansicht des BVerfG an, wonach Art. 9 Abs. 3 GG in seinem „Kernbereich“ ein funktionsfähiges Tarifvertragssystem

[61] Fortgeführt durch BVerfG v. 19. 6. 2007 – 1 AZR 396/06, AP Nr. 173 zu Art. 9 GG; BAG v. 22. 9. 2009 – 1 AZR 972/08, AP Nr. 174 zu Art. 9 GG, unter B II 2 a) aa) der Gründe.

[62] BAG v. 22. 9. 2009 – 1 AZR 972/08, AP Nr. 174 zu Art. 9 GG.

[63] Das war jedoch nicht immer so: Nach Gründung der Bundesrepublik galt die Streikfreiheit zunächst als Ausdruck der durch Art. 2 Abs. 1 GG verbürgten allgemeinen Handlungsfreiheit (*Brodmann*, Arbeitskampf und Pressefreiheit, S. 37; *Rüthers*, in: Brox/Rüthers, Arbeitskampfrecht, Rn. 78).

[64] *Blanke*, NZA 1990, 209 (210); *Rüthers*, in: Brox/Rüthers, Arbeitskampfrecht, Rn. 6.

[65] BAG GS v. 28. 1. 1955 – GS 1/54, NJW 1955, 882 (883).

[66] BAG GS v. 21. 4. 1971 – GS 1/68, AP Nr. 43 zu Art. 9 GG, unter Teil III A 1 der Gründe.

[67] BAG v. 10. 6. 1980 – 1 AZR 822/79, AP Nr. 64 zu Art. 9 GG, unter A I 2 b) der Gründe.

gewährleiste.[68] Die Folgerung des BAG, wonach aus der Tarifautonomie auch ein Streikrecht abzuleiten sei, wurde vom BVerfG in der Entscheidung vom 26. Juni 1991 begrüßt.[69] Damit wurde dem Streikrecht die Rolle einer „Konnexgarantie der Koalitionsfreiheit"[70] zuteil oder anschaulicher formuliert: die Rolle als „Hilfsinstrument zur Sicherung der Tarifautonomie"[71]. Die Funktionsfähigkeit des staatsfreien Tarifvertragssystems wäre gefährdet, wenn die Arbeitnehmer nicht durch Druckausübung eine Verhandlungsbereitschaft des Arbeitgebers erzwingen könnten. Ein effektiver Druck sei u. U. nur durch einen Streik zu erzielen. Wären Streiks nicht als *Ultima Ratio* zulässig,[72] könnten Tarifverträge keine materielle „Richtigkeitsgewähr" entfalten.[73] Außerdem würden Tarifverhandlungen zu einem „kollektiven Betteln"[74] degradiert und das Tarifvertragssystem verlöre seine „ordnende Funktion"[75].

D. Inhaltliche Ausgestaltung durch die Rechtsprechung

Mit der normativen Verankerung des Streikrechts ist aber noch keine Aussage über die konkreten Rechtmäßigkeitsanforderungen des Streiks getroffen. Dies soll im Folgenden geschehen, um im Nachgang die einzelnen Prinzipien des nationalen Streikrechts herauszustellen, die (potenziell) in Widerstreit mit den Gewährleistungen des Art. 6 Nr. 4 ESC und der Rechtsprechung des EGMR treten.

Wie jedes vorbehaltlos gewährleistete Grundrecht kann auch die Koalitionsfreiheit nur durch kollidierende Verfassungsgüter beschränkt werden. Außerdem sind Regelungen erforderlich, um die Voraussetzungen für die Grundrechtsausübung zu schaffen – gerade dann, wenn kollidierende Interessen nach einem schonenden Ausgleich verlangen.[76] Vor allem die Legislative

---

68 BVerfG v. 18. 11. 1954 – 1 BvR 629/52, NJW 1954, 1881 (1882).

69 BVerfG v. 26. 6. 1991 – 1 BvR 779/85, AP Nr. 117 zu Art. 9 GG, unter C I 1 a) der Gründe.

70 *Brodmann*, Arbeitskampf und Pressefreiheit, S. 38.

71 BAG v. 5. 3. 1985 – 1 AZR 468/83, AP Nr. 85 zu Art. 9 GG, unter II 3 b) der Gründe; BAG v. 7. 6. 1988 – 1 AZR 372/86, AP Nr. 106 zu Art. 9 GG, unter A I 1 der Gründe.

72 BAG GS v. 21. 4. 1971 – GS 1/68, AP Nr. 43 zu Art. 9 GG, unter Teil III A 1 a) der Gründe.

73 BAG v. 10. 6. 1980 – 1 AZR 822/79, AP Nr. 64 zu Art. 9 GG, unter A I 1 c) der Gründe; *Thüsing*, Der Außenseiter im Arbeitskampf, S. 27.

74 BAG v. 10. 6. 1980 – 1 AZR 168/79, AP Nr. 65 zu Art. 9 GG, unter A I 2 a) der Gründe; BAG v. 12. 3. 1985 – 1 AZR 636/82, AP Nr. 84 zu Art. 9 GG, unter II 1 a) der Gründe.

75 *Rüthers*, in: Brox/Rüthers, Arbeitskampfrecht, Rn. 128.

76 Zur Vereinigungsfreiheit in Art. 9 Abs. 1 GG siehe BVerfG v. 1. 3. 1979 – 1 BvR 532, 533/77, 419/78, 1 BvL 21/78, NJW 1979, 699 (706); Maunz/Dürig/*Scholz*, Art. 9 Abs. 3 GG, Rn. 167.

ist aufgerufen, im Rahmen des Normzwecks[77] ausgestaltend und konkretisierend[78] tätig zu werden.[79] Allerdings sind die bisherigen Bemühungen zur umfassenden gesetzlichen Regelung des Arbeitskampfrechts erfolglos geblieben.[80] Auf den raschen Wandel gesellschaftlicher Verhältnisse kann der Gesetzgeber häufig nicht mit der erforderlichen Flexibilität reagieren.[81] Das Arbeitskampfrecht unterliegt daher weitgehend der Regelungszuständigkeit des BAG, wie sich auch den Wertungen der § 72 Abs. 5 ArbGG i. V. m. § 543 Abs. 2 S. 1 Nr. 2 Var. 1 ZPO entnehmen lässt.[82] Mit verfassungsgerichtlicher Billigung[83] hat das BAG seit den 1950er Jahren ein ausdifferenziertes System „gesetzesvertretenden Richterrechts"[84] geschaffen.

I. Bewertung des Streiks als „Kollektivakt"

Als erste Leitentscheidung des BAG gilt der Beschluss vom 28. Januar 1955.[85] Das BAG hatte zu entscheiden, ob ein Arbeitgeber seinen Arbeitnehmern außerordentlich fristlos kündigen darf, wenn sie an einem gewerkschaftlichen Streik teilnehmen. Diese Rechtsfrage verneinte das BAG. Um dem kollektiven Wesen des Arbeitskampfes Rechnung zu tragen, sei die rechtliche Bewertung des Arbeitskampfes einheitlich vorzunehmen. Wenn der Streik als Kollektivakt rechtmäßig sei, legitimiere er auch die individuelle Arbeitsnie-

---

[77] Maunz/Dürig/*Scholz*, Art. 9 Abs. 3 GG, Rn. 167.

[78] Die richterrechtliche Ausgestaltung ist kein rechtfertigungsbedürftiger Grundrechtseingriff. Die Rechtsprechung unterliegt keinem Rechtfertigungszwang, wenn nur das „Wie" der Koalitionsfreiheit betroffen ist (BVerfG v. 1. 3. 1979 – 1 BvR 532, 533/77, 419/78, 1 BvL 21/78, NJW 1979, 699 (709); MünchHdbArbR II/*Löwisch/Rieble*, § 155, Rn. 7; *Rieble*, RdA 2005, 200 (205)). Die Wesentlichkeitstheorie gilt nur für das Verhältnis zwischen Staat und Bürger, nicht aber im Verhältnis der Koalitionspartner zueinander (BVerfG v. 26. 6. 1991 – 1 BvR 779/85, AP Nr. 117 zu Art. 9 GG, unter C I 2 a) der Gründe).

[79] BVerfG v. 17. 2. 1981 – 2 BvR 384/78, AP Nr. 140 zu Art. 9 GG, unter C I 4 a) der Gründe; BVerfG v. 26. 6. 1991 – 1 BvR 779/85, AP Nr. 117 zu Art. 9 GG, unter C I 2 a) der Gründe; Maunz/Dürig/*Scholz*, Art. 9 Abs. 3 GG, Rn. 167.

[80] Näheres zu diesen Bemühungen bei *Friauf*, RdA 1986, 188; *Seiter*, NJW 1976, 1369; *Wank*, RdA 1989, 263.

[81] BVerfG v. 12. 11. 1997 – 1 BvR 479/92 u. 1 BvR 307/94, NJW 1998, 519 (520).

[82] BAG v. 7. 7. 2010 – 4 AZR 549/08, AP Nr. 140 zu Art. 9 GG, unter II 4 d) aa) der Gründe.

[83] BVerfG v. 26. 6. 1991 – 1 BvR 779/85, AP Nr. 117 zu Art. 9 GG, unter C I 2 a) der Gründe: „Die Gerichte müssen bei unzureichenden gesetzlichen Vorgaben das materielle Recht mit den anerkannten Methoden der Rechtsfindung aus den allgemeinen Rechtsgrundlagen ableiten, die für das betreffende Rechtsverhältnis maßgeblich sind. Das gilt auch dort, wo eine gesetzliche Regelung, etwa wegen einer verfassungsrechtlichen Schutzpflicht, notwendig wäre […]. Nur so können die Gerichte die ihnen vom GG auferlegte Pflicht erfüllen, jeden vor sie gebrachten Rechtsstreit sachgerecht zu entscheiden."

[84] BAG GS v. 21. 4. 1971 – GS 1/68, AP Nr. 43 zu Art. 9 GG; Maunz/Dürig/*Uhle*, Art. 70 GG, Rn. 48.

[85] BAG GS v. 28. 1. 1955 – GS 1/54, NJW 1955, 882.

derlegung.[86] Die streikbedingte Arbeitsniederlegung gilt seither nicht mehr als Verletzung arbeitsvertraglicher Pflichten und liefert weder eine Haftungsgrundlage für Schadensersatzansprüche[87] noch einen Kündigungsgrund.[88] Einzige Konsequenz ist die Suspendierung der Hauptleistungspflichten aus dem Arbeitsvertrag, d. h. die Arbeitnehmer schulden für die Zeit des Streiks keine Leistungserbringung mehr und den Arbeitgeber trifft keine Lohnzahlungspflicht.[89] Obwohl das BAG den Streik für „unerwünscht" erklärte, räumte es ein, dass eine streikbedingte Arbeitsniederlegung bei Wahrung des *Ultima Ratio*-Grundsatzes als „sozialadäquat" hinzunehmen sei.[90] Entscheidendes Ergebnis dieses BAG-Beschlusses ist die Hinwendung von der bloßen Streik*freiheit* zu einem „echten" Streik*recht*. Während erstere nur dafür sorgt, dass der Streik strafrechtlich sanktionsfrei bleibt, wird der Streikende mit einem Streik*recht* auch zivilrechtlich geschützt – nämlich durch Suspendierung der arbeitsvertraglichen Pflichten.[91]

II. Ablösung der „Sozialadäquanz" durch die „Verhältnismäßigkeit"

Einen weiteren Impuls für ein „liberaleres"[92] Streikrecht lieferte der Große Senat des BAG mit dem „Spielbankbeschluss" vom 21. April 1971[93], in dem es schwerpunktmäßig um die Rechtmäßigkeit der lösenden Aussperrung ging. Indem das BAG der Aussperrung nur eine *suspendierende* Wirkung zusprach, aber eine *lösende* Wirkung verneinte,[94] trug es zu einer deutlichen Verringerung des Arbeitsplatzrisikos bei.[95] Dabei vollzog das BAG vor allem in seiner Argumentation einen Richtungswechsel, denn anders als noch im Beschluss vom 28. Januar 1955 zog das BAG zur rechtlichen Bewertung des Streiks nicht mehr das Kriterium der Sozialadäquanz heran, sondern das Verhältnismäßigkeitsprinzip. Im Übrigen führte das BAG – anders als noch im Beschluss von 1955 – eine *materielle* Paritätskontrolle durch. Dabei geht es – anders als zuvor – nicht bloß um die *formale* Entsprechung von Streik und Aussperrung, sondern um ein reales Kräftegleichgewicht der Arbeitskampfparteien.[96] Aller-

---

86 BAG GS v. 28. 1. 1955 – GS 1/54, NJW 1955, 882 (883).
87 *Richardi/Fischinger*, in: Staudinger, Vorbemerkungen zu §§ 611 ff. BGB, Rn. 841 f.; *Öğüt*, in: Däubler, Arbeitskampfrecht, § 19, Rn. 4.
88 *Thüsing*, Der Außenseiter im Arbeitskampf, S. 23; MünchHdbArbR II/*Wank*, § 193, Rn. 70.
89 *Öğüt*, in: Däubler, Arbeitskampfrecht, § 19, Rn. 4.
90 BAG GS v. 28. 1. 1955 – GS 1/54, NJW 1955, 882 (883).
91 *Rieth*, NZA 1986, 697; *Thüsing*, Der Außenseiter im Arbeitskampf, S. 23, 26.
92 *Zachert*, NZA-Beil. 2006, 61 (62).
93 BAG GS v. 21. 4. 1971 – GS 1/68, AP Nr. 43 zu Art. 9 GG.
94 BAG GS v. 21. 4. 1971 – GS 1/68, AP Nr. 43 zu Art. 9 GG, unter Teil III D der Gründe.
95 *Däubler*, in: Däubler, Arbeitskampfrecht, § 7, Rn. 8.
96 *Däubler*, in: Däubler, Arbeitskampfrecht, § 7, Rn. 10.

dings sind Streiks nach der rechtspolitischen Grundaussage des „Spielbankbeschlusses" nur im „äußersten Fall" ein sinnvolles Konfliktlösungsinstrument.[97]

III. Präzisierung des Verhältnismäßigkeitserfordernisses

Im Jahre 1980 folgten drei weitere Grundsatzentscheidungen des BAG[98] zur lösenden Aussperrung. Hierin bestätigte das BAG, dass nur zur Durchsetzung tariflich regelbarer Ziele gestreikt werden dürfe. Ferner bekräftigte das BAG, dass der Arbeitskampf nur als *Ultima Ratio* zur Lösung tariflicher Interessenkonflikte zulässig sei. In der Sache klärte das BAG, wann Abwehraussperrungen zulässig sind: Der Arbeitgeber dürfe zur Herstellung der Kampfparität grundsätzlich auch aussperren.[99] Weil die Gewerkschaften aber auf die Verhandlungsbereitschaft der Arbeitgeber angewiesen seien, unterliege die Aussperrung den strengen Grenzen der Verhältnismäßigkeit. Zur Bewertung der Verhältnismäßigkeit einer Aussperrung entwickelte das BAG „Aussperrungsquoten", die sich nach der Zahl der streikenden Arbeitnehmer richten.[100]

IV. Ultima Ratio-Prinzip und Warnstreiks

Mit der richtungsweisenden „dritten Warnstreikentscheidung" vom 21. Juni 1988[101] knüpfte das BAG an seine Warnstreikentscheidungen von 1976[102] und 1984[103] an. Anders als in den beiden letztgenannten Rechtssachen unterstellte das BAG nunmehr auch „kurze Warnstreiks" – also Streiks vor dem endgültigen Scheitern der Tarifverhandlungen[104] – dem *Ultima Ratio*-Prinzip. Allerdings weichte das BAG dieses Prinzip insofern auf, als ein Scheitern bereits nach dem ersten erfolglosen Verhandlungsversuch anzunehmen sei. Im Übrigen sei die Beurteilung über das Scheitern den Gewerkschaften vorbehalten und einer gerichtlichen Prüfung entzogen.[105]

---

[97] BAG GS v. 21.4.1971 – GS 1/68, AP Nr. 43 zu Art. 9 GG; *Zachert*, NZA-Beil. 2006, 61 (62).

[98] BAG v. 10.6.1980 – 1 AZR 822/79, AP Nr. 64 zu Art. 9 GG; BAG v. 10.6.1980 – 1 AZR 168/79, AP Nr. 65 zu Art. 9 GG; BAG v. 10.6.1980 – 1 AZR 331/79, AP Nr. 66 zu Art. 9 GG.

[99] BAG v. 10.6.1980 – 1 AZR 822/79, AP Nr. 64 zu Art. 9 GG, unter A der Gründe.

[100] BAG v. 10.6.1980 – 1 AZR 822/79, AP Nr. 64 zu Art. 9 GG, unter B II 2 d) der Gründe.

[101] BAG v. 21.6.1988 – 1 AZR 651/86 – AP Nr. 81 zu Art. 9 GG.

[102] BAG v. 17.12.1976 – 1 AZR 605/75, AP Nr. 51 zu Art. 9 GG.

[103] BAG v. 12.9.1984 – 1 AZR 342/83, AP Nr. 81 zu Art. 9 GG.

[104] *Däubler*, in: Däubler, Arbeitskampfrecht, § 7, Rn. 17.

[105] BAG v. 21.6.1988 – 1 AZR 651/86, AP Nr. 108 zu Art. 9 GG, unter I 3 b) und c) der Gründe.

V. Flexibilisierung des Streiks

In der jüngeren Vergangenheit hat sich das BAG sukzessive für neue Arbeitskampfformen geöffnet:[106] Von diesem Trend zeugt zunächst das Urteil des BAG vom 24. April 2007[107]. Hier hatte das Gericht die Zulässigkeit von Streiks um Tarifsozialpläne – also Tarifverträgen, in denen wirtschaftliche Nachteile aus einer Betriebsänderung ausgeglichen oder gemildert werden sollen – zu beurteilen. Wegen der großen wirtschaftlichen Relevanz derartiger Streiks wurde das Urteil als „eine der wichtigsten arbeitskampfrechtlichen Entscheidungen" des Jahrzehnts kommentiert.[108] Das BAG erklärte Tarifsozialpläne für zulässig, da weder die §§ 111 ff. BetrVG noch der Grundsatz der Kampfparität oder das Verhältnismäßigkeitsprinzip verletzt seien.[109]

Mit seiner Entscheidung zum Unterstützungsstreik[110] vom 19. Juni 2007[111] setzte das BAG seinen liberalen Kurs fort, indem es das Streikrecht auf Drittbetriebe ausweitete.[112] Bis dahin galten Streiks zur Unterstützung von Drittbetrieben als grundsätzlich unzulässig. Lediglich bei einer engen wirtschaftlichen Verflechtung im Konzern war ein Arbeitskampf gegen die Konzernmutter ausnahmsweise gestattet. Unternehmen durften also nur bestreikt werden, wenn sie bzw. der Verband, dem sie angehörten, im Stande waren, die von der Gewerkschaft erhobenen Tarifforderungen durch den Abschluss eines eigenen Tarifvertrags zu erfüllen und den Streik somit abwenden konnten. Unter Berufung auf die Entscheidung des BVerfG vom 26. Juni 1991[113] hob das BAG am 19. Juni 2007 das bis dahin bestehende Regel-Ausnahme-Verhältnis[114] auf: Seitdem unterfallen auch solche Streiks, die der Unterstützung eines in einem anderen Tarifgebiet geführten Arbeitskampfes dienen, dem Schutz der gewerkschaftlichen Betätigungsfreiheit, wenn sie den Ausgang des Hauptarbeitskampfes zu Gunsten der Arbeitnehmerseite beeinflussen können. Mit der Anerkennung des Unterstützungsstreiks modifizierte das BAG zugleich das

---

[106] Kritik an dieser Entwicklung bei *Jacobs*, ZfA 2011, 71 (73 ff.); *Kersten*, Neues Arbeitskampfrecht, S. 1 ff.; *von Steinau-Steinrück/Brugger*, NZA-Beil. 2010, 127 f.

[107] BAG v. 24.4.2007 – 1 AZR 252/06, AP Nr. 2 zu § 1 TVG.

[108] *Bayreuther*, NZA 2007, 1017.

[109] BAG v. 24.4.2007 – 1 AZR 252/06, AP Nr. 2 zu § 1 TVG.

[110] Synonym wird der Begriff „Sympathiestreik" oder „Solidaritätsstreik" verwendet (*Treber*, in: Schaub, Arbeitsrechtsrechts-Handbuch, § 192, Rn. 18).

[111] BAG v. 19.6.2007 – 1 AZR 396/06, AP Nr. 173 zu Art. 9 GG.

[112] *Lingemann*, ArbRAktuell 2009, 93; *Rieble*, BB 2008, 1506; *von Steinau-Steinrück/Brugger*, NZA-Beil. 2010, 127 (128 f.).

[113] BVerfG v. 26.6.1991 – 1 BvR 779/85, AP Nr. 117 zu Art. 9 GG; hier hatte das BVerfG erklärt, dass die Beteiligung eines Außenseiterarbeitgebers an einer Verbandsaussperrung eine zulässige koalitionsmäßige Betätigung darstelle. Nach Ansicht des BAG muss dies auch für einen gewerkschaftlich geführten Unterstützungsstreik gelten.

[114] ErfK/*Dieterich*, Art. 9 GG, Rn. 121; *von Steinau-Steinrück/Brugger*, NZA-Beil. 2010, 127 (128).

Verhältnismäßigkeitsprinzip:[115] Ob ein Kampfmittel geeignet und erforderlich sei, dürfe allein von der Gewerkschaft beurteilt werden. Die gerichtliche Kontrolle beschränke sich auf eine „offensichtliche Unverhältnismäßigkeit".[116] Ein Unterstützungsstreik sei daher nur dann rechtswidrig, wenn er zur Unterstützung des Hauptarbeitskampfes offensichtlich nicht geeignet, nicht erforderlich oder unangemessen sei. Auch im Hinblick auf die Friedenspflicht nahm das BAG eine großzügige Haltung ein.[117] Es hieß, die Friedenspflicht verbiete nur Streiks um solche Tarifverträge, aus denen ebendiese Friedenspflicht folge. Unterstützungsstreiks gälten demnach als zulässig; denn mit einem Unterstützungsstreik wollten die Streikenden nicht ihren *eigenen* Tarifvertrag angreifen, sondern die tarifvertraglichen Forderungen der am Hauptarbeitskampf Beteiligten unterstützen.[118] Dieses Urteil des BAG wurde als rechtspolitische Weichenstellung[119] zu Gunsten der gewerkschaftlichen Streikeffizienz zuweilen vehement kritisiert.[120]

Im Jahre 2009 erging eine weitere richtungsweisende Entscheidung des BAG[121] zur Zulässigkeit des so genannten Flashmob[122]. Im Gegensatz zu der für den Streik typischen Arbeitsniederlegung hat der Flashmob eine aktive Betriebsstörung zum Ziel, an der auch Dritte teilnehmen können.[123] Das BAG erklärte:

> Dem Schutz des Art. 9 Abs. 3 GG unterfällt nicht nur ein historisch gewachsener, abschließender numerus clausus von Arbeitskampfmaßnahmen. Vielmehr gehört es zur verfassungsrechtlich geschützten Freiheit der Koalitionen, ihre Kampfmittel an die sich wandelnden Umstände anzupassen, um dem Gegner gewachsen zu bleiben und ausgewogene Tarifabschlüsse zu erzielen [...].[124]

Der Flashmob sei „nicht generell unzulässig" und im Übrigen auch nicht unverhältnismäßig; denn der Arbeitgeber sei „der gewerkschaftlichen Arbeitskampfmaßnahme nicht wehrlos ausgeliefert. Vielmehr stehen ihr wirksame

---

[115] *Melot de Beauregard*, NZA-RR 2010, 453 (454); *Rieble*, BB 2008, 1506.

[116] BAG v. 19.6.2007 – 1 AZR 396/06, AP Nr. 173 zu Art. 9 GG, unter I der Gründe.

[117] *Rieble*, BB 2008, 1506 (1507).

[118] BAG v. 19.6.2007 – 1 AZR 396/06, AP Nr. 173 zu Art. 9 GG, unter I 3 a) der Gründe; *Rieble*, BB 2008, 1506 (1507); kritisch allerdings *von Steinau-Steinrück/Brugger*, NZA-Beil. 2010, 127 (131).

[119] *Rieble*, BB 2008, 1506.

[120] Vgl. *Hohenstatt/Schramm*, NZA 2007, 1034; *Jacobs*, ZfA 2011, 71; *Otto*, RdA 2010, 135.

[121] BAG v. 22.9.2009 – 1 AZR 972/08, AP Nr. 174 zu Art. 9 GG.

[122] Wegen seiner teilweise streikähnlichen Charakteristika wird der Flashmob als „Annex" zum Streik verstanden (*Otto*, RdA 2010, 135 (136)) und ist deshalb auch hier erwähnenswert.

[123] *Krieger/Günther*, NZA 2010, 20; *Treber*, in: Schaub, Arbeitsrechts-Handbuch, § 193, Rn. 74.

[124] BAG v. 22.9.2009 – 1 AZR 972/08, AP Nr. 174 zu Art. 9 GG.

Verteidigungsmöglichkeiten zur Verfügung."[125] Die Einschätzungen des BAG wurden jedoch im Schrifttum stark kritisiert.[126] Es war von einem „sabotageähnlichen" Charakter[127] der Aktionen und einer drohenden „Exzessgefahr"[128] die Rede. Letztlich führte das BAG mit diesem Urteil den bereits in der Vergangenheit begründeten Trend fort, die Kampffreiheit der Gewerkschaften auszudehnen. Damit reiht sich das Urteil mit seiner rechtspolitischen Aussage nahtlos in die Entscheidungen zu den Streiks um Tarifsozialpläne und Unterstützungsstreiks ein.[129]

In diese Entwicklung fügt sich schließlich auch die Entscheidung vom 7. Juli 2010 ein, wo sich das BAG vom Grundsatz der Tarifeinheit verabschiedete.[130] Bis dato wurde eine mögliche Tarifpluralität im Betrieb (vgl. § 4 Abs. 1 S. 1 TVG) nach dem Grundsatz der Tarifeinheit aufgelöst („ein Betrieb, ein Tarifvertrag")[131]; wenn also in einem Betrieb Arbeitnehmer unterschiedlicher Gewerkschaftszugehörigkeit vertreten waren und daher eine mehrfache Tarifgebundenheit des Arbeitgebers bestand, war immer nur ein Tarifvertrag im Betrieb anwendbar.[132] Der anzuwendende Tarifvertrag bestimmte sich nach dem Grundsatz der Spezialität; die anderen Tarifverträge wurden verdrängt.[133] Das BAG hielt die Tarifeinheit aus „übergeordneten Gründen der Rechtssicherheit und Rechtsklarheit" für erforderlich.[134] Zudem wollte man mit der Tarifeinheit einem „Überbietungswettbewerb" der Gewerkschaften, ständigen Streiks und einem Funktionsverlust des Tarifvertragssystems vorbeugen.[135] Angeregt durch kritische Stimmen in der Literatur[136] wandelte das BAG mit Beschluss vom 7. Juli 2010 seine Rechtsansicht. Nunmehr heißt es, der Grundsatz der Tarifeinheit im Betrieb sei weder mit dem Tarifvertragsgesetz noch mit der Koalitionsfreiheit vereinbar; denn Art. 9 Abs. 3 GG sei „auf einen Wettbewerb zwischen verschiedenen Koalitionen angelegt".[137] Welche Folgen die gewan-

---

[125] BAG v. 22.9.2009 – 1 AZR 972/08, AP Nr. 174 zu Art. 9 GG.

[126] *Jacobs*, ZfA 2011, 71; *Krieger/Günther*, NZA 2010, 20 (21); a. A. *Däubler*, in: Däubler, Arbeitskampfrecht, § 31, Rn. 6 ff.

[127] *Maaß*, ArbRAktuell 2009, 151.

[128] *Rieble*, NZA 2008, 796 und 799.

[129] *Maaß*, ArbRAktuell 2009, 151.

[130] BAG v. 7.7.2010 – 4 AZR 549/08, AP Nr. 140 zu Art. 9 GG, unter II 4 der Gründe.

[131] *Hamacher*, in: Moll, Münchener Anwaltshandbuch Arbeitsrecht, § 68, Rn. 181 f.

[132] *Hamacher*, in: Moll, Münchener Anwaltshandbuch Arbeitsrecht, § 68, Rn. 182.

[133] BAG v. 7.7.2010 – 4 AZR 549/08, AP Nr. 140 zu Art. 9 GG, unter II 2 der Gründe.

[134] BAG v. 7.7.2010 – 4 AZR 549/08, AP Nr. 140 zu Art. 9 GG, unter II 2 der Gründe; *Hamacher*, in: Moll, Münchener Anwaltshandbuch Arbeitsrecht, § 68, Rn. 182.

[135] BAG v. 7.7.2010 – 4 AZR 549/08, AP Nr. 140 zu Art. 9 GG, unter II 4 d) bb) (3) der Gründe; weitere Hinweise bei *Hromadka*, NZA 2008, 384 (387); *Hunold*, NZA 2007, 1037 (1038).

[136] *Jacobs*, NZA 2008, 325; *Lindemann/Simon*, BB 2006, 1852 (1856 ff.); *Reichold*, RdA 2007, 321 (324 f.).

[137] BAG v. 7.7.2010 – 4 AZR 549/08, AP Nr. 140 zu Art. 9 GG, unter II 4 e) dd) (1) (b) der Gründe.

delte Rechtsprechung für das Streikrecht hat, ist bislang nicht abschließend geklärt. Jedenfalls stellt der Umgang mit der Tarifpluralität eine neue Herausforderung für das Arbeitskampfrecht dar.[138]

VI. Entwicklungsoffenheit und Entwicklungstrend

Das Arbeitskampfrecht des BAG befindet sich in ständigem Wandel. Inhaltlich lassen sich in jüngerer Zeit deutliche Liberalisierungs- und Flexibilisierungstendenzen zu Gunsten der Arbeitnehmer und der Gewerkschaften erkennen.[139] Kritisch heißt es aber zuweilen, das BAG wisse im Bereich des Arbeitskampfrechts nicht, was es wolle. Man wirft ihm Konzeptionslosigkeit und „rechtspolitische Beliebigkeit" vor. Außerdem fürchtet man eine Gefährdung der Rechtssicherheit.[140]

Die Probleme werden angesichts der Bedeutung und Funktion des Arbeitskampfrechts erklärbar. Das Arbeitskampfrecht dient nämlich dazu, einen staatsfreien Raum zu definieren, innerhalb dessen die Sozialpartner die Arbeitsbedingungen angemessen gestalten können.[141] Um möglichst flexibel auf soziale, wirtschaftliche und rechtliche Rahmenbedingungen eingehen zu können, ist die Gestaltung des Arbeitskampfrechts der dritten Gewalt überantwortet worden. Wie diese richterrechtliche Gestaltung gerecht vorzunehmen ist, wird aber immer umstritten bleiben, eben weil der Bereich des Arbeitskampfrechts wie kaum ein anderes Rechtsgebiet von sozial- und rechtspolitischen Wertentscheidungen durchdrungen ist.

Erschwerend kommt hinzu, dass das Arbeitskampfrecht künftig nicht nur nationale, sondern auch europäische Wertentscheidungen zu berücksichtigen haben wird. Bislang war die „Europadimension"[142] des Arbeitskampfes gegenüber dem Individualarbeitsrecht[143] nur schwach ausgestaltet. Dieser Befund ist aber inzwischen zu revidieren: Von unionsrechtlicher Seite hat sich der EuGH in „Viking"[144] und „Laval"[145] erstmals zum Streikrecht geäußert und der EGMR hat mit „Demir und Baykara"[146] und „Enerji Yapi-Yol Sen"[147]

[138] *Deinert*, RdA 2011, 12 (23); *Schmidt*, NZA-Beil. 2012, 123.

[139] *Von Steinau-Steinrück/Brugger*, NZA-Beil. 2010, 127.

[140] *Rieble*, BB 2008, 1506 (1513 f.); vgl. *von Steinau-Steinrück/Brugger*, NZA-Beil. 2010, 127 (135).

[141] *Schmitz-Scholemann*, NZA 2012, 1001 (1005).

[142] *Junker*, Internationales Arbeitsrecht im Konzern, S. 344.

[143] *Henssler*, in: Henssler/Braun, Arbeitsrecht in Europa, Arbeitsrecht der Europäischen Union, S. 4, Rn. 1; prägende Entscheidungen des EuGH beispielsweise EuGH v. 27. 1. 2005 – C-188/03 (Junk), NJW 2005, 1099; EuGH v. 22. 11. 2005 – C-144/04 (Mangold), AP Nr. 1 zu Richtlinie 2000/78/EG.

[144] EuGH v. 11. 12. 2007 – C-438/05 (Viking), NZA 2008, 124.

[145] EuGH v. 18. 12. 2007 – C-341/05 (Laval), NZA 2008, 159.

[146] EGMR v. 12. 11. 2008 – 34503/97 (Demir und Baykara/Türkei), AuR 2009, 269.

[147] EGMR v. 21. 4. 2009 – 68959/01 (Enerji Yapi-Yol Sen/Türkei), AuR 2009, 274.

nun auch von konventionsrechtlicher Seite einen Stein ins Rollen gebracht. Welche Erschütterungen die EGMR-Judikatur hierzulande ausgelöst hat, zeigt die neuere Verwaltungsrechtsprechung zum Beamtenstreik.[148] Auch wenn die Verwaltungsgerichte den Entscheidungen des EGMR im Ergebnis überwiegend nicht gefolgt sind,[149] haben sich jedenfalls das hiesige Bewusstsein und der rechtliche Referenzrahmen erweitert.

Die deutsche Rechtsordnung verschließt sich europarechtlichen Impulsen nicht. Im Gegenteil: Die Koalitionsfreiheit in Art. 9 Abs. 3 GG ist entwicklungspolitisch „offen" konzipiert, um die „Arbeits- und Wirtschaftsbedingungen" flexibel gestalten zu können.[150] Eine Anpassung an wirtschaftliche, soziale – und nun auch europäische – Veränderungen soll grundsätzlich möglich sein, damit die Koalitionsfreiheit ihre verfassungsrechtliche Funktion wirksam entfalten kann.[151] Umstritten ist allerdings, inwieweit man diesen Einflüssen nachgeben kann und will. Einerseits wird befürchtet, dass die nationalen Rechtsinstitute der Tarifautonomie, der Sozialpartnerschaft und des Berufsbeamtentums „als Ausdruck kollektiver politischer Freiheit" durch europarechtliche Vorgaben ausgehöhlt würden.[152] Nur schwerlich ließen sich die europäischen Einflüsse mit den nationalen Institutsgarantien, die ihre Steuerungsfunktion zwischen „verfassungsrechtlicher Rigidität und Flexibilität" entfalteten, vereinen.[153] Andererseits heißt es, dass man europarechtliche Einflüsse als Anregungen für die nationale Rechtsentwicklung wertschätzen solle, zumal sie einer Erstarrung des nationalen Grundrechtsschutzes entgegenwirken könnten.[154] Der „Abschied" von nationalen Rechtsprinzipien fällt jedoch umso schwerer, wenn sich – wie im Arbeitskampfrecht – eine komplexe Kasuistik herausgebildet

---

148 VG Kassel v. 27.7.2011 – 28 K 1208/10.KS.D; zit. nach: juris; VG Düsseldorf v. 15.12.2010 – 31 K 3904/10.O; zit. nach: juris, aufgeh. durch OVG Münster v. 7.3.2012 – 3d A 317/11.O; zit. nach: juris; BVerwG v. 2.1.2013 – 2 B 46/12; zit. nach: juris; VG Osnabrück v. 19.8.2011 – 9 A 1/11 (Parallelentscheidung 9 A 2/11), NVwZ-RR 2012, 323, aufgeh. durch OVG Lüneburg v. 12.6.2012 – 20 BD 7/11, 20 BD 8/11 (es handelt sich um Parallelentscheidungen; im Folgenden wird nur noch 20 BD 7/11 zitiert); zit. nach: juris; VG Bremen v. 3.7.2012 – D K 20/11; zit. nach: juris.

149 VG Düsseldorf v. 15.12.2010 – 31 K 3904/10.O; zit. nach: juris, aufgeh. durch OVG Münster v. 7.3.2012 – 3d A 317/11.O; zit. nach: juris; VG Osnabrück v. 19.8.2011 – 9 A 1/11, NVwZ-RR 2012, 323, aufgeh. durch OVG Lüneburg v. 12.6.2012 – 20 BD 7/11; zit. nach: juris; VG Bremen v. 3.7.2012 – D K 20/11; zit. nach: juris.

150 Maunz/Dürig/*Scholz*, Art. 9 GG, Rn. 163; allgemein zur entwicklungspolitischen „Offenheit" der Grundrechte *Gerhardt*, ZRP 2010, 161 (162).

151 Vgl. *Hensche*, in: Däubler/Hjort/Schubert/Wolmerath, Arbeitsrecht, Art. 9 GG, Rn. 62.

152 *Kersten*, Neues Arbeitskampfrecht, S. 2 ff.

153 *Kersten*, Neues Arbeitskampfrecht, S. 6.

154 *Gerhardt*, ZRP 2010, 161 (162); *Mahlmann*, EuR 2011, 469 (475 f.); *Nußberger*, RdA 2012, 270.

hat.[155] Erforderlich ist jedenfalls, dass man überkommene deutsche Rechtstraditionen angesichts europarechtlicher Impulse auf den Prüfstand stellt.[156]

Das BAG hat zwar zaghaft eine Änderungsbereitschaft angekündigt, indem es den Grundsatz der Tarifbezogenheit des Streiks[157] und das *Ultima Ratio*-Prinzip[158] angesichts des Art. 6 Nr. 4 ESC für überdenkenswert erklärte. Wer sich angesichts dieser Äußerungen konkrete Änderungen im nationalen Arbeitskampfrecht erhofft hat, wartet bisher jedoch vergeblich. Ein stärkerer Stimmungswandel deutet sich hingegen beim Beamtenstreikverbot an: Die Verwaltungsrechtsprechung hat sich – wie bereits dargestellt – vor dem Hintergrund der EGMR-Judikatur kritisch mit dem nationalen Beamtenstreikverbot auseinandergesetzt und zuweilen sogar für eine Aufgabe des Verbots plädiert. In Anbetracht dessen erklärte das BVerwG die potenziellen Auswirkungen der EGMR-Judikatur auf das Beamtenstreikverbot für derart grundsätzlich, dass es die Revision zuließ.[159] Im Folgenden wird auf die nationalen Streikrechtsgrundsätze eingegangen, die im Hinblick auf Art. 6 Nr. 4 ESC und die EGMR-Rechtsprechung zu überdenken und möglicherweise aufzugeben sind.

---

155 Vgl. *Nußberger*, RdA 2012, 270 (277).

156 Vgl. *Mahlmann*, EuR 2011, 469 (475 f.).

157 BAG v. 10. 12. 2002 – 1 AZR 96/02, AP Nr. 162 zu Art. 9 GG, unter B I 3 der Gründe; BAG v. 24. 4. 2007 – 1 AZR 252/06, AP Nr. 2 zu § 1 TVG, unter B III 2 a) aa) der Gründe.

158 BAG v. 12. 9. 1984 – 1 AZR 342/83, AP Nr. 81 zu Art. 9 GG, unter B II 2 c) der Gründe.

159 BVerwG v. 2. 1. 2013 – 2 B 46/12; zit. nach: juris, Rn. 1.

2. Abschnitt

Rechtmäßigkeitskriterien des deutschen Streikrechts

Es werden nun die einzelnen Rechtmäßigkeitskriterien des deutschen Streikrechts, ihre Handhabung in der Rechtsprechungspraxis und kritische Gegenansichten näher erläutert. Soweit vorhanden, werden dabei auch die Einschätzungen nationaler Gerichte zur Vereinbarkeit dieser Prinzipien mit Art. 6 Nr. 4 ESC wiedergegeben. Die Darstellung beschränkt sich auf die für diese Arbeit relevanten und auf ihre „Europarechtskonformität" zu untersuchenden Prinzipien – namentlich auf die Tarifbezogenheit des Streiks, das Verbot politischer und wilder Streiks, das Beamtenstreikverbot sowie das Verhältnismäßigkeitsprinzip und die relative Friedenspflicht.

A. Tarifbezogenheit des Streiks

Mit dem Grundsatz der Tarifbezogenheit des Streiks erhält die verfassungsrechtliche Gewährleistung in Art. 9 Abs. 3 GG eine nähere inhaltliche Rechtmäßigkeitsanforderung.[1] Der zwingende Tarifbezug des Streiks ist einer der prägendsten Grundsätze des deutschen Arbeitskampfrechts. Wie bereits gezeigt, ist der Streik nach gängiger Auffassung eine „Konnexgarantie der Koalitionsfreiheit" und ein „Hilfsinstrument zur Sicherung der Tarifautonomie". Die Arbeitnehmer sind auf die kollektive Druckausübung im Wege des Streiks angewiesen, um die Verhandlungsbereitschaft des Arbeitgebers zu erzwingen. Andernfalls wäre die Funktionsfähigkeit des Tarifvertragssystems gefährdet und Tarifverhandlungen würden zu einem „kollektiven Betteln" abgewertet.[2] Der Streik unterliegt dem Diktat des Tarifrechts und muss daher auf den Abschluss einer tariflichen Regelung gerichtet sein.[3] Nur unter dieser Bedingung akzeptiert die Rechtsordnung außerrechtliche Konfliktlösungsmaßnahmen und die damit einhergehenden (wirtschaftlichen) Nachteile.[4]

---

[1] *Treber*, in: Schaub, Arbeitsrechts-Handbuch, § 193, Rn. 3.

[2] Siehe oben S. 15.

[3] *Däubler*, in: Däubler, Arbeitskampfrecht, § 13, Rn. 1; *Junker*, in: Rieble/Junker/Giesen, Neues Arbeitskampfrecht?, S. 155 (172); MünchHdbARbR II/*Ricken*, § 200, Rn. 30.

[4] *Rebhahn*, NZA 2001, 763 (768).

In der jüngeren Vergangenheit hat das BAG allerdings zu einer großzügigeren Handhabung der Tarifbezogenheit des Streiks tendiert.[5] Mit Blick auf Art. 6 Nr. 4 ESC hat das BAG in seiner Entscheidung vom 10. Dezember 2002 sogar einen möglichen Rechtsprechungswandel beim Tarifbezug angedeutet:

> Dabei mag die generalisierende Aussage, Arbeitskämpfe seien stets nur zur Durchsetzung tarifvertraglich regelbarer Ziele zulässig, im Hinblick auf Art. 6 Nr. 4 ESC einer erneuten Überprüfung bedürfen.[6]

Im Jahre 2007 wiederholte das BAG diese Einschätzung in einem Urteil zur Zulässigkeit des Streiks um Tarifsozialpläne.[7] Auch die Ausführungen in der bereits zitierten Entscheidung zum Unterstützungsstreik zeugen von einem weniger restriktiven Umgang mit dem Grundsatz der Tarifbezogenheit des Streiks. Zum Teil wird die Entscheidung zum Unterstützungsstreik dahingehend verstanden, dass der erstreikte Tarifvertrag nicht zwingend zwischen den Kampfparteien zustande kommen müsse. Es bleibe aber weiterhin dabei, dass mit dem Streik überhaupt ein Tarifabschluss erzielt werden müsse.[8] Eine andere Ansicht zieht noch weiterreichende Konsequenzen und entnimmt dem Urteil die generelle Aussage, dass von der kampfführenden Partei keine tarifvertraglich regelbaren Ziele verfolgt werden müssten. Der Tarifbezug sei allenfalls ein mittelbarer, da es dem BAG vorrangig auf die Rechtmäßigkeit des Hauptarbeitskampfes ankomme.[9] Eine solche Interpretation liege nahe, denn es heißt von Seiten des BAG: „Allerdings geht es den Arbeitnehmern, die im Wege eines Unterstützungsstreiks ihre Arbeit niederlegen, regelmäßig nicht um die Verbesserung eigener tariflicher Rechte. Gleichwohl dient die Arbeitskampfmaßnahme dem Ziel der Gestaltung von Arbeitsbedingungen."[10]

Einen großzügigeren Umgang mit dem Grundsatz der Tarifbezogenheit hatte schon zuvor das ArbG Gelsenkirchen angemahnt. Es war zu dem Ergebnis gekommen, dass „wilde Protest- und Solidaritätsstreiks", die sich gegen eine geplante Betriebsstilllegung richteten, rechtmäßig seien.[11] Das Gericht hatte seine Auffassung maßgeblich auf Art. 6 Nr. 4 ESC und die Rechtspraxis in den übrigen europäischen Mitgliedstaaten gestützt.[12] Allerdings wurde die Entscheidung des ArbG Gelsenkirchen von den übrigen Arbeitsgerichten abgelehnt[13] oder gar nicht beachtet. Gleichwohl weist dieses Urteil auf einen

---

[5] *Blanke*, AuR 2004, 130 (131); MünchHdbArbR II/*Ricken*, § 200, Rn. 29.

[6] BAG v. 10. 12. 2002 – 1 AZR 96/02, AP Nr. 162 zu Art. 9 GG, unter B I 3 a) der Gründe.

[7] BAG v. 24. 4. 2007 – 1 AZR 252/06, AP Nr. 2 zu § 1 TVG, unter B III 2 a) aa) der Gründe.

[8] MünchHdbArbR II/*Ricken*, § 200, Rn. 29 f.

[9] *Däubler*, in: Däubler, Arbeitskampfrecht, § 13, Rn. 3.

[10] BAG v. 19. 6. 2007 – 1 AZR 396/06, AP Nr. 173 zu Art. 9 GG.

[11] ArbG Gelsenkirchen v. 13. 3. 1998 – 3 Ca 3173/97, NZA-RR 1998, 352.

[12] ArbG Gelsenkirchen v. 13. 3. 1998 – 3 Ca 3173/97, NZA-RR 1998, 352 (353).

[13] Ablehnend LAG Hamm v. 17. 2. 1999 – 18 (4) Sa 1177/98; zit. nach: juris, Rn. 52.

zaghaften Rechtsprechungstrend hin, wonach wegen Art. 6 Nr. 4 ESC an der Tarifakzessorietät des Streiks zu zweifeln ist. Auch in der Literatur ist der Grundsatz der Tarifbezogenheit des Streiks vereinzelt[14] kritisiert worden. Dem Wortlaut des Art. 9 Abs. 3 GG sei nicht zu entnehmen, dass den Arbeitnehmern *nur* innerhalb des Tarifvertragssystems die Ausgestaltung der „Arbeits- und Wirtschaftsbedingungen" ermöglicht werden solle. Bei einem solchen Verständnis würde der sozialpolitische Bedeutungsgehalt der Koalitionsfreiheit verkannt.[15] Überdies wird die Kritik am Grundsatz der Tarifbezogenheit des Streiks auf internationale Verträge (wie auch Art. 6 Nr. 4 ESC)[16] und auf einen Vergleich mit den (vermeintlich) streikfreundlicheren Regelungen der europäischen Nachbarländer[17] gestützt.

B. Verbot des politischen Streiks

Das Verbot des politischen Streiks ergibt sich bereits aus dem Postulat der Tarifbezogenheit des Streiks.[18] Überdies wäre ein politisches Streikziel auch der verfassungsrechtlichen Beurteilungskompetenz der Arbeitsgerichte entzogen; die Judikative kann nämlich nicht darüber befinden, inwiefern aus politischen Gründen arbeitsvertragliche Pflichten suspendiert und Drittinteressen geschädigt werden dürfen.[19]

Der politische Streik unterscheidet sich vom zulässigen tarifbezogenen Streik durch seinen Adressaten. Während sich nämlich ein tarifbezogener Streik gegen den Arbeitgeber richtet, soll ein politischer Streik den *Staat* zu bestimmten Handlungen veranlassen, die der eigene Arbeitgeber durch den Abschluss eines Tarifvertrags gar nicht erfüllen könnte.[20] Zur Abgrenzung ist eine rein formale Betrachtung vorzunehmen, bei der es allein auf den Adressaten des Streiks ankommt. Demnach sind Streiks nur dann „politisch", wenn sie sich gegen den Staat – also vor allem gegen die Exekutive oder Le-

---

14 Die überwiegende Mehrheit befürwortet allerdings die Tarifbezogenheit des Streiks; statt aller *Kissel*, Arbeitskampfrecht, § 24, Rn. 1 f.; *Treber*, in: Schaub, Arbeitsrechts-Handbuch, § 193, Rn. 2.

15 *Blanke/Sterzel*, Beamtenstreikrecht, S. 100 ff.

16 *Däubler*, in: Däubler, Arbeitskampfrecht, § 13, Rn. 5.

17 *Blanke*, Arbeitsmarktpolitik und Arbeitnehmerrechte, S. 8.

18 BAG v. 27. 6. 1989 – 1 AZR 404/88, AP Nr. 113 zu Art. 9 GG, unter II 5 der Gründe.

19 ErfK/*Dieterich*, Art. 9 GG, Rn. 119.

20 Allerdings ist die Unterscheidung zwischen tarifbezogenen und politischen Streiks insoweit mit Schwierigkeiten behaftet, als auch ersteren häufig politische Motive beigemischt sind. Teilweise wird deshalb vorgeschlagen, die für die Rechtmäßigkeitsfrage relevante Differenzierung nicht anhand des Adressaten vorzunehmen, sondern nach einer unmittelbaren Verknüpfung mit den „Arbeits- und Wirtschaftsbedingungen" zu fragen (*Däubler*, in: Däubler, Arbeitskampfrecht, § 8, Rn. 17).

gislative[21] – richten und mit der Intention geführt werden, eine bestimmte staatliche Maßnahme zu erwirken.[22] Nicht als politisch gelten daher Streiks von Arbeitnehmern oder Angestellten im öffentlichen Dienst, da der Arbeitgeber hier nicht in seiner hoheitlichen, sondern in seiner privatrechtlichen Eigenschaft bestreikt wird.[23] Unerheblich ist im Übrigen die Tatsache, dass auch ein tarifbezogener Streik – beispielsweise wegen seiner Dauer oder der nachhaltigen Beeinträchtigung bedeutender öffentlicher Funktionen – häufig einen politischen Beigeschmack bekommt.[24] Politische Streiks richten sich in der Regel gegen bestimmte Regierungspläne – vor allem Rentenkürzungen oder ähnliche Reformvorhaben.[25]

Der politische Streik kann als Erzwingungs- oder als weniger (zeit-)intensiver Demonstrationsstreik auftreten. Für die Abgrenzung kommt es sowohl auf die Gewerkschaftsaufrufe als auch auf das Verhalten der Streikenden an.[26] Als prominentes Beispiel für den Erzwingungsstreik gilt der Generalstreik[27] gegen den *Kapp*-Putsch im Jahre 1920.[28] Demonstrationsstreiks hingegen beinhalten eine „nachdrückliche Meinungsäußerung ohne Erzwingungstendenz“[29]. Im Hinblick auf den Inhalt der Kampfforderung kann im Übrigen zwischen Streiks unterschieden werden, die sich auf „Arbeits- und Wirtschaftsbedingungen“ beziehen und solchen, die ausschließlich den politischen Bereich betreffen. Ersterer Kategorie sind beispielsweise Streiks gegen geplante Steuererhöhungen zuzuordnen. Zur letztgenannten Kategorie werden etwa die Streiks anlässlich des Misstrauensvotums gegen *Willy Brandt* im Jahre 1971 gerechnet.[30]

Alle hier dargestellten Erscheinungsformen des politischen Streiks gelten nach herrschender Ansicht als rechtswidrig[31] – und zwar aus folgenden Gründen: Das BAG lehnt den politischen Streik wegen der Tarifautonomie ab, denn

---

[21] MünchHdbArbR II/*Ricken*, § 194, Rn. 9.

[22] *Däubler*, in: Däubler, Arbeitskampfrecht, § 13, Rn. 47; *Zielke*, BB 2003, 1785.

[23] *Däubler*, in: Däubler, Arbeitskampfrecht, § 13, Rn. 47; ErfK/*Dieterich*, Art. 9 GG, Rn. 191.

[24] *Däubler*, in: Däubler, Arbeitskampfrecht, § 13, Rn. 47; *Kissel*, Arbeitskampfrecht, § 24, Rn. 61.

[25] *Leisner*, NJW 2006, 1488 f.; *Zielke*, BB 2003, 1785.

[26] Näheres zur Abgrenzung siehe *Däubler*, in: Däubler, Arbeitskampfrecht, § 13, Rn. 48.

[27] Ein Generalstreik zeichnet sich gegenüber dem politischen Streik dadurch aus, dass nicht nur eine Berufsgruppe oder die Arbeitnehmer eines Betriebes/einer Branche die Arbeit niederlegen, sondern alle Wirtschaftsbereiche streiken (*Lesch*, in: Schweiger/Brandl, Der Kampf um Arbeit, S. 17 (61); *Richardi/Fischinger*, in: Staudinger, Vorbemerkungen zu §§ 611 ff. BGB, Rn. 800).

[28] *Kittner*, Arbeitskampf, S. 420 ff.

[29] *Blanke/Sterzel*, Beamtenstreikrecht, S. 84.

[30] Näheres zur Abgrenzung siehe *Däubler*, in: Däubler, Arbeitskampfrecht, § 13, Rn. 49.

[31] Statt aller BAG v. 5. 3. 1985 – 1 AZR 468/83, AP Nr. 85 zu Art. 9 GG, unter II 3 b) der Gründe; ErfK/*Dieterich*, Art. 9 GG, Rn. 119; *Kissel*, Arbeitskampfrecht, § 24, Rn. 56; *Krichel*, NZA 1987, 297; *Leisner*, NJW 2006, 1488 f.

der Arbeitskampf sei ein „Hilfsinstrument zur Sicherung der Tarifautonomie". Folglich dürfe nur zur Verfolgung tarifvertraglich regelbarer Ziele gestreikt werden. Unzulässig sei daher die „Teilnahme eines Arbeitnehmers an einer Demonstration [...], mit der auf behauptete soziale Mißstände hingewiesen werden sollte".[32] Darüber hinaus sei ein Streik nur zulässig, um ein Kräftegleichgewicht zwischen den Sozialpartnern herzustellen. Der Streik gestatte jedoch keine Einflussnahme auf das Verhalten des Staates.[33] Kampfmaßnahmen, die sich dennoch gegen den Staat richteten, fänden außerhalb des von Art. 9 Abs. 3 GG vorgegebenen Rahmens statt und seien folglich rechtswidrig.[34]

Auch im Übrigen werden politische Streiks für verfassungswidrig erklärt – und zwar mit dem Hinweis, dass sie gegen den in Art. 20 GG verankerten Verfassungsgrundsatz der Volkssouveränität und gegen den Grundsatz des freien Mandats in Art. 38 GG verstießen; denn mit dem politischen Streik übten die Bürger in anmaßender Weise Druck auf die Abgeordneten als Repräsentanten des ganzen Volkes aus. Folglich würden die Abgeordneten gezwungen, ihren Willen an Partikularinteressen auszurichten und könnten sich nicht mehr dem Allgemeinwohl widmen. Eine Druckausübung durch Streiks sei stets unzulässig – unabhängig von Bedeutung und Einfluss der jeweils streikenden Bürgergruppe.[35] Der politische Streik verstoße schließlich auch gegen anerkannte Grundsätze der parlamentarischen Demokratie und der Gesetzgebung sowie gegen die Bindung staatlichen Handelns an Recht und Gesetz und die richterliche Unabhängigkeit (Art. 20 Abs. 2 und 3, Art. 77 ff. und Art. 97 GG).[36]

Vereinzelt wird die Ablehnung des politischen Streiks jedoch kritisiert – insbesondere von denen, die auch dem Grundsatz der Tarifbezogenheit des Streiks eine Absage erteilen. Nach einem differenzierenden Ansatz soll die rechtliche Anerkennung eines politischen Streiks davon abhängig gemacht werden, ob und inwieweit andere Verfassungsgüter oder Grundrechte des Arbeitgebers beeinträchtigt würden.[37] Ein politischer Demonstrationsstreik könne daher u. U. rechtmäßig sein.[38]

---

[32] BAG v. 5. 3. 1985 – 1 AZR 468/83, AP Nr. 85 zu Art. 9 GG, unter II 3 b) der Gründe.

[33] Eine Ausnahme bildet allerdings die Arbeitsniederlegungen im Rahmen des Widerstandsrechts nach Art. 20 Abs. 4 GG, wenn die verfassungsmäßige Ordnung angegriffen wird und keine andere Abhilfe möglich ist (*Müller/Landshuter*, Arbeitsrecht im öffentlichen Dienst, Zweiter Abschnitt: Kollektives Arbeitsrecht, Rn. 150).

[34] *Kissel*, Arbeitskampfrecht, § 24, Rn. 56.

[35] *Leisner*, NJW 2006, 1488 (1489).

[36] *Krichel*, NZA 1987, 297 (298).

[37] *Däubler*, in: Däubler, Arbeitskampfrecht, § 13, Rn. 54 ff.

[38] *Däubler*, in: Däubler, Arbeitskampfrecht, § 13, Rn. 61.

C. Verbot des wilden Streiks

In engem Zusammenhang mit der Tarifbezogenheit des Streiks steht ferner das Verbot wilder Streiks. Dieser Grundsatz beantwortet die Frage, wer rechtmäßig an einem Streik teilnehmen darf: Das Streikrecht steht nach hierzulande herrschender Ansicht nämlich nicht dem einzelnen Arbeitnehmer zu, sondern kann nur von einer tariffähigen Gewerkschaft *als Kollektiv* ausgeübt werden.[39] Das Streikrecht bleibt damit „in der Hand der Koalitionen".[40] Koalitionsgetragen ist der Streik, wenn die kollektive Arbeitsverweigerung entweder von vornherein auf einem gewerkschaftlichen Beschluss beruht oder die Gewerkschaft den Streik später „übernimmt".[41]

I. Argumente gegen den wilden Streik

Wie bereits dargestellt, beruht die Anerkennung des Streiks auf seiner Funktion als „Hilfsinstrument zur Sicherung der Tarifautonomie", was wiederum zur Folge hat, dass der Streik nach herrschender Ansicht nur zur Durchsetzung tariflicher Regelungen eingesetzt werden darf.[42] Dies setzt voraus, dass der Streik nur von Tariffähigen geführt werden darf und sich gegen einen tariffähigen Kampfgegner richten muss. Andernfalls kommt kein wirksamer Tarifvertrag zustande.[43] Die Koalitionsgetragenheit des Streiks ist demnach eine „vertragsfunktionale Voraussetzung" zum Abschluss eines Tarifvertrags.[44] Laut BVerfG dienen die Tarifautonomie und der Streik dazu, die strukturelle Unterlegenheit der Arbeitnehmer gegenüber dem Arbeitgeber zu beseitigen und ihnen beim Aushandeln der Arbeitsbedingungen gleiche Chancen zu verschaffen.[45] Der Verfassung liege ein „ökonomisches Gegenmachtprinzip" zu Grunde, mit dem die Verhandlungsfähigkeit der Koalitionen sichergestellt werde. Die Verhandlungsfähigkeit sei aber nicht nur Schutzgegenstand, sondern auch Beschränkungsgrund der verfassungsrechtlichen Gewährleistung des Art. 9 Abs. 3 GG. Daher dürfe „strukturschwachen" Parteien die Tariffähigkeit und auch das Streikrecht nicht zugesprochen werden.[46] Für die Arbeitnehmerseite folgt daraus, dass das Streikrecht nur *tariffähigen* Koalitionen zusteht; es

---

[39] MünchHdbArbR II/*Löwisch/Rieble*, § 156, Rn. 20.

[40] Siehe oben S. 25 ff.

[41] ErfK/*Dieterich*, Art. 9 GG, Rn. 123; *Gamillscheg*, Kollektives ArbR, § 22, S. 1085 und S. 1091; *Kissel*, Arbeitskampfrecht, § 25, Rn. 2; *Müller/Landshuter*, Arbeitsrecht im öffentlichen Dienst, Zweiter Abschnitt: Kollektives Arbeitsrecht, Rn. 145.

[42] Siehe oben S. 15.

[43] ErfK/*Dieterich*, Art. 9 GG, Rn. 123; *Kissel*, Arbeitskampfrecht, § 25, Rn. 1.

[44] *Rieble*, RdA 2005, 200 (204).

[45] BVerfG v. 26. 6. 1991 – 1 BvR 779/85, AP Nr. 117 zu Art. 9 GG, unter C I 3 b) aa) der Gründe.

[46] *Rieble*, RdA 2005, 200 (204).

besteht also ein gewerkschaftliches Streikmonopol. Auf Arbeitgeberseite kann ein Arbeitskampf dagegen sowohl von einem Arbeitgeberverband als auch – beim Abschluss eines Firmentarifvertrags – von einem einzelnen Arbeitgeber geführt werden.[47]

Der zwingende Verbandsbezug des Streiks wird auch auf den Wortlaut des Art. 9 Abs. 3 GG gestützt; denn der bloße Zusammenschluss einzelner Arbeitnehmer stelle keine „Vereinigung" oder „Koalition" i. S. d. Art. 9 Abs. 3 GG dar, weil es an dem Merkmal der „Dauerhaftigkeit" fehle.[48] In systematischer Hinsicht wird diese Ansicht auch an Art. 9 Abs. 3 S. 3 GG festgemacht, wonach sich Maßnahmen im so genannten Notstand nicht gegen Arbeitskämpfe richten dürfen, die zur „Wahrung und Förderung der Arbeits- und Wirtschaftsbedingungen von Vereinigungen im Sinne des Satzes 1 geführt werden". Die Gesetzgebungsgeschichte zeige, dass mit der Einfügung dieses dritten Satzes ausschließlich das *gewerkschaftliche* Streikrecht notstandsfest gemacht werden sollte; daraus sei zu folgern, dass nur das Streikrecht der Gewerkschaften verfassungsrechtlich anerkannt werde, nicht aber eine „wilde" Arbeitsniederlegung.[49]

Im Übrigen sei nur ein koalitionsgetragener Streik mit dem elementaren Ordnungsprinzip der Arbeitsverfassung vereinbar, wonach Streiks wegen ihrer „Unerwünschtheit" und „gesamtwirtschaftlichen Schädlichkeit"[50] nur begrenzt zuzulassen seien.[51] Laut BAG dürfen nämlich nur solche „Stellen" streiken, „die wegen ihrer Stellung im Arbeitsleben, ihrer Bedeutung in wirtschaftlicher Hinsicht und ihrem Wissen auf dem Gebiet des Arbeitskampfrechts die Gewähr dafür bieten, dass nur in wirklich begründeten Fällen gestreikt wird und dass im Falle eines Streiks die im Allgemeininteresse erforderlichen Kampfregeln eingehalten werden. Als solche Stellen kommen auf der Arbeitnehmerseite bei ihrer gesellschaftlichen Bedeutung nur die Gewerkschaften in Frage."[52]

Der Grundsatz der Koalitionsgetragenheit[53] wird überwiegend befürwortet,[54] aber nicht durchweg unkritisch gesehen. Wie bereits dargestellt, hat das

---

[47] BAG v. 18. 2. 2003 – 1 AZR 142/02, AP Nr. 163 zu Art. 9 GG; ErfK/*Dieterich*, Art. 9 GG, Rn. 123; *Kissel*, Arbeitskampfrecht, § 25, Rn. 1; *Rolfs/Clemens*, NZA 2004, 410 f.

[48] *Gamillscheg*, Kollektives ArbR, § 22, S. 1088.

[49] *Weitnauer*, DB 1970, 1639 (1640).

[50] BAG GS v. 28. 1. 1955 – GS 1/54, NJW 1955, 882 (883).

[51] *Kissel*, Arbeitskampfrecht, § 25, Rn. 6.

[52] BAG v. 20. 12. 1963 – 1 AZR 428/62, AP Nr. 32 zu Art. 9 GG.

[53] Es können – sofern ein Streikbeschluss vorliegt – laut BAG auch nichtorganisierte Arbeitnehmer *mit*streiken, wenn dies der „sozialen Wirklichkeit und der kollektiven Interessenlage entspricht" (BAG v. 22. 3. 1994 – 1 AZR 622/93, AP Nr. 130 zu Art. 9 GG, unter II 3 a) der Gründe; BAG v. 18. 2. 2003 – 1 AZR 142/02, AP Nr. 163 zu Art. 9 GG, unter A III 2 a) der Gründe).

[54] Statt aller BAG v. 22. 3. 1994 – 1 AZR 622/93, AP Nr. 130 zu Art. 9 GG, unter II 3 a) der Gründe; *Kissel*, Arbeitskampfrecht, § 25, Rn. 11.

ArbG Gelsenkirchen mit Blick auf Art. 6 Nr. 4 ESC einen wilden Proteststreik gegen eine angekündigte Betriebsschließung für rechtmäßig gehalten.[55] Im Schrifttum wurde kritisiert, das unausgesprochene Motiv des gewerkschaftlichen Streikmonopols sei rein politischer Natur. Insbesondere für so genannte *ad hoc*-Koalitionen[56], die auf einen konkreten Anlass und Zweck beschränkt sind,[57] sei eine von der herrschenden Meinung abweichende Beurteilung vorzunehmen. Wenn der Arbeitgeber zum Beispiel mit einer Betriebsschließung oder einer Betriebsverlagerung ins Ausland drohe, müssten die Arbeitnehmer das Recht haben, *ad hoc* eine Koalition zu bilden und streiken dürfen. Diese Ansicht verweist darauf, dass das BVerfG[58] auch der *ad hoc*-Aussperrung eines nicht organisierten Arbeit*gebers* den Schutz des Art. 9 Abs. 3 GG gewährt hat. Einer *ad hoc-Arbeitnehmer*koalition müsse daher derselbe Schutz zugebilligt werden.[59] Auch im bereits erwähnten Professorenentwurf von 1988 schlagen die Autoren ein verbandsfreies Streikrecht vor, sofern gemäß § 34 Abs. 1 des Entwurfes keine tariffähige Gewerkschaft existiert (Nr. 1), in dem Betrieb keine Gewerkschaften vertreten sind (Nr. 2), die zuständige Gewerkschaft Tarifverhandlungen abgelehnt hat (Nr. 3) oder sich die Gewerkschaft im Interessenkonflikt befindet (Nr. 4) und im Übrigen die Voraussetzungen der Absätze 2 und 3 eingehalten werden.[60] Schließlich sei die Koalitionsgetragenheit des Streiks weder durch Art. 9 Abs. 3 GG geboten, noch lasse sie sich vor dem Hintergrund des Art. 6 Nr. 4 ESC rechtfertigen.[61] Ferner sprächen auch die (vermeintlich) „streikfreundlicheren“ Regelungen in den europäischen Nachbarländern gegen die Koalitionsgetragenheit des Streiks.[62]

II. Tariffähigkeit als weitere Voraussetzung

Die Wahrnehmung des Streikrechts wird durch das Erfordernis der Tariffähigkeit zusätzlich erschwert; denn um als Gewerkschaft anerkannt zu werden und streiken zu dürfen, muss eine Arbeitnehmervereinigung tariffähig sein.

---

[55] Siehe oben S. 26.

[56] Zur Unzulässigkeit der *ad hoc*-Koalitionen siehe *Löwisch/Rieble*, TVG, Grundlagen, Rn. 436.

[57] *Däubler*, in: Däubler, Arbeitskampfrecht, § 12, Rn. 21.

[58] BVerfG v. 26. 6. 1991 – 1 BvR 779/85, AP Nr. 117 zu Art. 9 GG, unter C I 1 b) der Gründe: „Auch ein Unternehmen, das sich als Außenseiter einer Verbandsaussperrung anschließt, betätigt sich koalitionsmäßig. Das Kampfbündnis eines Außenseiters mit einem tariffähigen Verband kann eine Vereinigung iSd. Art. 9 Abs. 3 GG sein, wenn es den Abschluss eines Tarifvertrags im Interesse des Außenseiters beeinflussen soll.“

[59] *Däubler*, in: Däubler, Arbeitskampfrecht, § 12, Rn. 21.

[60] *Birk (u. a.)*, Gesetz zu Regelung kollektiver Arbeitskonflikte: Entwurf und Begründung, S. 10 f.

[61] *Däubler*, in: Däubler, Arbeitskampfrecht, § 12, Rn. 19 ff.; *Ramm*, AuR 1967, 97 (108 ff.); *Ramm*, AuR 1971, 65 (69 ff.).

[62] *Däubler*, in: Däubler, Arbeitskampfrecht, § 12, Rn. 25.

Die Gewerkschaftseigenschaft einer Arbeitnehmervereinigung setzt also die Tariffähigkeit voraus.[63]

Da allein zum Zweck eines Tarifvertragsabschlusses gestreikt werden darf, kann der Streik nur von Parteien geführt werden, die auch *tariffähig* sind.[64] Einfachgesetzlich kommt dieses Erfordernis in § 74 Abs. 2 S. 1 BetrVG zum Ausdruck, wo von „Arbeitskämpfe[n] tariffähiger Parteien" die Rede ist.[65] Allerdings sind weder der Begriff noch die Anforderungen an die Tariffähigkeit gesetzlich geregelt. § 2 Abs. 1 TVG setzt die Tariffähigkeit lediglich voraus, ohne sie aber näher zu bestimmen. Die Rechtsprechung versteht die Tariffähigkeit als „Fähigkeit, Partei eines Tarifvertrags zu sein"[66], um also „durch Vereinbarung mit dem sozialen Gegenspieler Arbeitsbedingungen tarifvertraglich mit der Wirkung zu regeln, dass sie für die tarifgebundenen Personen unmittelbar und unabdingbar wie Rechtsnormen gelten".[67]

Die Tariffähigkeit der Arbeitgeber- und Arbeitnehmerseite wird unterschiedlich behandelt: Arbeitgeber sind nach § 2 Abs. 1 TVG stets tariffähig; denn wenn die Arbeitgeberseite nicht tariffähig wäre, könnte sie sich ohne weiteres einem Tarifabschluss entziehen. Dann stünden die Arbeitnehmer ohne einen Tarifpartner dar. Das ist von der Rechtsordnung aber nicht gewollt.[68] Hingegen ist eine Arbeitnehmervereinigung nur dann tariffähig, wenn sie der Interessenwahrnehmung ihrer Mitglieder dient, tarifwillig ist, das geltende Tarifvertragssystem anerkennt, frei gebildet, gegnerfrei und gegnerunabhängig, überbetrieblich organisiert und durchsetzungsfähig ist. Letzteres schließt die „soziale Mächtigkeit"[69] einer Gewerkschaft ein. Hinter diesem unbestimmten

---

[63] *Matthes*, in: Germelmann, Arbeitsgerichtsgesetz, § 2a, Rn. 78.

[64] ErfK/*Dieterich*, Art. 9 GG, Rn. 123; *Rieble*, RdA 2005, 200 (204 f.).

[65] *Waas*, in: Rolfs/Giesen/Kreikebohm/Udsching, BeckOK Arbeitsrecht, Art. 9 GG, Rn. 31.

[66] BAG v. 6. 6. 2000 – 1 ABR 10/99, AP Nr. 55 zu § 2 TVG, unter B I 1 der Gründe.

[67] BVerfG v. 19. 6. 1966 – 1 BvL 24/65, NJW 1966, 2305; BAG v. 14. 12. 2010 – 1 ABR 19/10, AP Nr. 6 zu § 2 TVG, unter B IV 1 der Gründe.

[68] BAG v. 20. 11. 1990 – 1 ABR 62/89, AP Nr. 40 zu § 2 TVG, unter B II 2 c) der Gründe; *Richardi/Fischinger*, in: Staudinger, Vorbemerkungen zu §§ 611 ff. BGB, Rn. 683; *Treber*, in: Schaub-Arbeitsrechtshandbuch, § 198, Rn. 32.

[69] Dieses Kriterium ist umstritten. Mit dem Beschluss zur Tariffähigkeit der Gewerkschaft für Kunststoffgewerbe und Holzverarbeitung im Christlichen Gewerkschaftsbund (GKH) vom Oktober 2010 (BAG v. 5. 10. 2010 – 1 ABR 88/09, AP Nr. 7 zu § 2 TVG) hat das BAG die bis dato (siehe CGM-Beschluss: BAG v. 14. 12. 2006 – 1 ABR 58/04, AP Nr. 4 zu § 2 TVG) geltende Prüfungsreihenfolge für die „soziale Mächtigkeit" junger Gewerkschaften umgekehrt. Ohne ausdrücklich auf seine Rechtsprechungsänderung hinzuweisen, zieht das BAG seitdem zuerst die Mitgliederzahl und dann die bisherige Teilnahme am Tarifgeschehen heran. Mit dem Beschluss vom Dezember 2010 zur Tariffähigkeit einer Spitzenorganisation (CGZP-Beschluss: BAG v. 14. 12. 2010 – 1 ABR 19/10, AP Nr. 6 zu § 2 TVG) hat das BAG nun gezeigt, dass nicht jede junge Gewerkschaft unter Berufung auf die CGM-Entscheidung tariffähig sein muss (*Brummer/Butz*, ArbRAktuell 2012, 271; *Schindele*, ARbRAktuell 2012, 656).

Rechtsbegriff verbirgt sich die Fähigkeit einer Vereinigung, Druck auf ihren sozialen Gegenspieler ausüben zu können. Nur dann sei eine Vereinigung im Stande, ihre Aufgaben als Tarifpartnerin sinnvoll wahrzunehmen.[70]

Die Beschränkung des Streikrechts auf tariffähige Gewerkschaften stellt einen Eingriff in Art. 9 Abs. 3 GG dar, der aber laut BAG zur Erhaltung eines funktionsfähigen Tarifvertragssystems gerechtfertigt ist.[71] Der Tarifvertrag einer nichttariffähigen Gewerkschaft könnte keine Richtigkeitsgewähr liefern und müsste also einer an sich unzulässigen Inhaltskontrolle nach § 310 Abs. 4 S. 1 BGB unterzogen werden.[72] Zwar treffe den Staat die Pflicht, ein Tarifvertragssystem bereitzustellen. Dies bedeute aber nicht, dass jede Koalition zum Abschluss eines Tarifvertrags berechtigt sei. Die Tarifautonomie komme nur solchen Koalitionen zu, die in der Lage seien, den staatsfreien Raum des Tarifvertragssystems durch Tarifverträge sinnvoll und wirksam zu gestalten. Gemessen an diesem Regelungsziel begegneten die Anforderungen an die Tariffähigkeit – insbesondere die „soziale Mächtigkeit" – keinen verfassungsrechtlichen Bedenken.[73] Die Funktion der Tarifautonomie bestehe gerade darin, „durch Gegenmachtbildung die Schwäche des Arbeitsvertrags zu kompensieren und mit seiner Richtigkeitsgewähr dessen Angemessenheitskontrolle überflüssig zu machen".[74] Überdies verstoße das Kriterium der „sozialen Mächtigkeit" auch nicht gegen Art. 6 Nr. 4 ESC und Art. 11 EMRK. Das BAG begründet dies damit, dass weder in der Europäischen Sozialcharta noch in der Europäischen Menschenrechtskonvention Aussagen über die (zulässigen) Anforderungen an die Tariffähigkeit enthalten seien.[75] Kritiker fürchten jedoch eine Gefährdung der Funktionsfähigkeit des Tarifvertragssystems. Die strengen Anforderungen an die Tariffähigkeit seien verfassungsrechtlich nicht haltbar. „Denn in einer offenen Gesellschaft müssen sich neue Gewerkschaften bilden können."[76] Im Übrigen sieht man in der Rechtsprechung des BAG zur Tariffähigkeit einerseits und zur Tarifpluralität[77] andererseits eine Inkonsistenz; denn die vom BAG seit 2010 anerkannte Tarifpluralität verhindere wegen der strengen Tariffähigkeitsanforderungen eine faktische Gewerkschaftspluralität.[78]

---

[70] BAG v. 6.6.2000 – 1 ABR 10/99, AP Nr. 55 zu § 2 TVG, unter B II 1 der Gründe; BAG v. 5.10.2010 – 1 ABR 88/09, AP Nr. 7 zu § 2 TVG, unter B II 3 der Gründe.

[71] BVerfG v. 20.10.1981 – 1 BvR 404/78, NJW 1982, 815 (817); BAG v. 28.3.2006 – 1 ABR 58/04, AP Nr. 4 zu § 2 TVG; *Löwisch/Rieble*, TVG, Grundlagen, Rn. 129 ff.

[72] *Rieble*, RdA 2005, 200 (206 f.).

[73] BAG v. 5.10.2010 – 1 ABR 88/09, AP Nr. 7 zu § 2 TVG, unter B III 3 der Gründe.

[74] *Löwisch/Rieble*, TVG, Grundlagen, Rn. 131.

[75] BAG v. 28.3.2006 – 1 ABR 58/04, AP Nr. 4 zu § 2 TVG, unter B III 1 c) (3) (c) der Gründe.

[76] *Rieble*, BB 2004, 885 (886).

[77] Zur Tarifpluralität siehe BAG v. 7.7.2010 – 4 AZR 549/08, AP Nr. 140 zu Art. 9 GG.

[78] *Brummer/Butz*, ArbRAktuell 2012, 271.

D. Beamtenstreikverbot

Neben dem Verbot politischer Streiks ist hierzulande vor allem das Beamtenstreikverbot stark „umkämpft".[79] Dennoch entspricht es der (noch) herrschenden Ansicht, dass sich Beamte zwar auf die Koalitionsfreiheit in Art. 9 Abs. 3 GG („jedermann") berufen können,[80] jedoch keine Tarifverträge abschließen können[81] und auch nicht streiken dürfen.[82] Das Streikverbot wird nicht an der ausgeübten Funktion, sondern allein am Beamten*status* festgemacht. Die ablehnende Haltung gegenüber dem Beamtenstreik hat das BVerwG in seiner Fluglotsenentscheidung vom 3. Dezember 1980[83] in eindringlicher Weise zum Ausdruck gebracht. Es erklärte die Streiks der damals verbeamteten Fluglotsen für „evident" rechtswidrig.

> [D]enn es leuchtet jedem vernünftigen und vorurteilsfreien Betrachter, erst recht aber einem mit den spezifischen Beamtenpflichten vertrauten Mitarbeiter des öffentlichen Dienstes ohne weiteres ein, daß der Versuch, die Regierung und den Gesetzgeber durch Nicht- oder Schlechterfüllung von Amtspflichten zur Befriedigung von materiellen Forderungen oder auch von sonstigen Belangen einer Gruppe von Berufsbeamten zu zwingen, mit der Funktionsfähigkeit [...] [des] Berufsbeamtenverhältnisses schlechterdings nicht vereinbart werden kann.[84]

Die Argumentation zeigt, dass dem Streikverbot für Beamte ein „tief verwurzeltes und verbreitetes Verständnis von staatlicher, Gehorsam gebietender Autorität"[85] zu Grunde liegt. *Franz Gamillscheg* spricht gar davon, dass sich nur wenige Grundsätze des Arbeitskampfes auf eine „ähnlich solide Grundlage stützen" ließen.[86] In dogmatischer Hinsicht wird dieses tief verwurzelte Verständnis nicht nur auf Art. 9 Abs. 3 GG gestützt, sondern vor allem auf

[79] *Hensche*, in: Däubler, Arbeitskampfrecht, § 18a, Rn. 16; *Schubert*, AöR 2012, 92.

[80] BVerfG v. 30. 11. 1965 – 2 BvR 54/62, NJW 1966, 491; Maunz/Dürig/*Badura*, Art. 33 GG, Rn. 58; *Kersten*, Das Neue Arbeitskampfrecht, S. 7; *Ramm*, Koalitions- und Streikrecht der Beamten, S. 23.

[81] Beamte dürfen keine Kollektivverträge über Entgelte, Arbeitszeiten und ähnliche Tarifinhalte abschließen. Solche Regelungen werden in den Beamtengesetze von Bund und Ländern getroffen (*Däubler*, in: Däubler, TVG, Einleitung, Rn. 886b). Allerdings sind die Spitzenverbände nach § 118 BBG und § 53 BeamtStG bei der Ausarbeitung allgemeiner Bestimmungen des Beamtenverhältnisses zu beteiligen. Die Beteiligung muss vor Erlass des Gesetzes erfolgen, um sicherzustellen, dass die Beamtengewerkschaften ausreichend Einfluss nehmen können (*Schubert*, AöR 2012, 92 (110)).

[82] Beispielsweise BVerfG v. 19. 9. 2007 – 2 BvF 3/02, NVwZ 2007, 1396 (1398); *Richardi*, in: Richardi/Dörner/Weber, Personalvertretungsrecht, § 2 BPersVG, Rn. 43; a. A. hingegen *Däubler*, Der Streik im öffentlichen Dienst, S. 105 ff.; *Hensche*, in: Däubler, Arbeitskampfrecht, § 18a.

[83] BVerwG v. 3. 12. 1980 – 1 D 86/79; zit. nach: juris.

[84] BVerwG v. 3. 12. 1980 – 1 D 86/79; zit. nach: juris, Rn. 125.

[85] *Hensche*, in: Däubler, Arbeitskampfrecht, § 18a, Rn. 16.

[86] *Gamillscheg*, Kollektives ArbR, § 23, S. 1109.

Art. 33 Abs. 4 und 5 GG. Nachfolgend wird zunächst der Beamtenstatus definiert und dann wird die historische Entwicklung des Beamtenstreikverbots skizziert. Mit dem historischen Hintergrundwissen lassen sich die Argumente, die das BVerfG gegen den Beamtenstreik vorbringt, leichter nachvollziehen. Ferner soll die historische Darstellung Argumentationsmaterial für die später zu erörternde Frage nach dem (notwendigen) Fortbestand des Beamtenstreikverbots liefern. Sodann werden die Argumente gegen den Beamtenstreik und die jüngere Rechtsprechungsentwicklung auf diesem Gebiet dargestellt.

I. Begriffsbestimmung des Beamtenstatus

Nach Art. 33 Abs. 5 GG ist der Gesetzgeber verpflichtet, den öffentlichen Dienst unter Berücksichtigung der „hergebrachten Grundsätze des Berufsbeamtentums" zu regeln und fortzuentwickeln. Der öffentliche Dienst umfasst alle Tätigkeiten, die für eine juristische Person des öffentlichen Rechts erbracht werden. Zum öffentlichen Dienst zählen neben den Beamten auch Soldaten und Richter sowie die Tarifangestellten des öffentlichen Dienstes.[87] Ausgangspunkt für eine Definition des „Beamten" im statusrechtlichen Sinn[88] sind § 4 BBG und § 3 Abs. 1 BeamtStG. Danach ist Beamter, wer mit dem Bund, dem Land, einer Gemeinde oder einem Gemeindeverband in einem „öffentlich-rechtlichen Dienst- und Treueverhältnis" steht. Außerdem bedarf es zur Verbeamtung eines Formalaktes. Dem Beamten muss nämlich anlässlich der Berufung in das „öffentlich-rechtliche Dienst- und Treueverhältnis" eine Ernennungsurkunde ausgehändigt werden.[89]

Der Beamtenstatus ist vom Status des Tarifangestellten im öffentlichen Dienst zu trennen. Zwar befinden sich sowohl die Beamten als auch die Tarifangestellten des öffentlichen Dienstes in einem Beschäftigungsverhältnis mit einer juristischen Person des öffentlichen Rechts.[90] Jedoch basiert das Beschäftigungsverhältnis der letzteren Personengruppe auf einem privatrechtlichen Vertrag, während das Beamtenverhältnis ein „öffentlich-rechtliches Treueverhältnis" gemäß Art. 33 Abs. 4 GG ist. Was das Streikrecht anbelangt, unterliegen die Tarifangestellten im öffentlichen Dienst keinen weiteren Be-

---

[87] *Battis*, in: Ehlers/Fehling/Pünder, Besonderes Verwaltungsrecht III, § 87, Rn. 19.

[88] Daneben gibt es einen haftungsrechtlichen und strafrechtlichen Beamtenbegriff. Soweit eine gesetzliche Bestimmung nichts Gegenteiliges anordnet, ist stets der statusrechtliche Beamtenbegriff maßgeblich (*Kunig*, in: Schmidt-Aßmann, Besonderes Verwaltungsrecht, S. 769). Bei den folgenden Ausführungen ist daher der hier vorgestellte statusrechtliche Beamtenbegriff zu Grunde zu legen.

[89] *Battis*, in: Ehlers/Fehling/Pünder, Besonderes Verwaltungsrecht III, § 87, Rn. 48.

[90] Maunz/Dürig/*Badura*, Art. 33 GG, Rn. 58 f.; *Däubler*, Der Streik im öffentlichen Dienst, S. 2.

schränkungen als die in der Privatwirtschaft Tätigen.[91] Anders gestaltet sich die Lage der Beamten: Aus der Zusammenschau von Art. 33 Abs. 4 und 5 GG wird gefolgert, dass nur Beamte „hoheitliche Befugnisse" ausüben dürfen und dabei den „hergebrachten Grundsätzen des Berufsbeamtentums" unterliegen.[92] Auch das Streikverbot wird zu den „hergebrachten Grundsätzen" gezählt.[93] Dies wird erklärlich, wenn man sich vergegenwärtigt, dass das Berufsbeamtentum eine im Frühliberalismus wurzelnde „spezifisch deutsche Verfassungskonstruktion zur Absicherung des Rechtsstaates" ist.[94] Der Status des Beamten legitimiert sich aus der historischen Funktion des Beamtentums.[95] Das BVerfG betont:

> Die Entwicklung des Berufsbeamtentums ist historisch eng mit derjenigen des Rechtsstaats verknüpft: War der Beamte ursprünglich allein dem Regenten verpflichtet, wandelte er sich mit dem veränderten Staatsverständnis vom Fürsten- zum Staatsdiener. Seine Aufgabe war und ist es, Verfassung und Gesetz im Interesse des Bürgers auch und gerade gegen die Staatsspitze zu behaupten. Die Übernahme der funktionswesentlichen tradierten Grundstrukturen des Berufsbeamtentums in das Grundgesetz beruht auf einer Funktionsbestimmung des Berufsbeamtentums als Institution, die, gegründet auf Sachwissen, fachliche Leistung und loyale Pflichterfüllung, eine stabile Verwaltung sichern und damit einen ausgleichenden Faktor gegenüber den das Staatswesen gestaltenden politischen Kräften bilden soll [...].[96]

Das Beamtentum ist eine dauerhafte Verfassungseinrichtung, mit der der Staat seiner Gemeinwohlverantwortung nachkommt.[97] Heutzutage ist der Einsatz von Beamten allerdings nicht mehr streng auf die Wahrnehmung originärer Staatsaufgaben beschränkt. Augenfällig wird dies vor allem im Bereich der Bildung und Erziehung, wo Beamte und Angestellte im öffentlichen Dienst häufig die gleichen Aufgaben wahrnehmen.[98] In einigen Bundesländern ist

---

[91] Statt aller BVerfG v. 2.3.1993 – 1 BvR 1213/85, AP Nr. 126 zu Art. 9 GG, unter C I 1 der Gründe; *Däubler*, Der Streik im öffentlichen Dienst, S. 4; *Hensche*, in: Däubler, Arbeitskampfrecht, § 18a, Rn. 1. Das Streikrecht der Tarifangestellten des öffentlichen Dienstes kann etwa bei einer Kollision mit Grundrechten Dritter beschränkt werden oder dann, wenn die Aufrechterhaltung spezifischer Funktionen der Daseinsvorsorge dies im Hinblick auf das Gemeinwohl erfordert (Maunz/Dürig/*Badura*, Art. 33 GG, Rn. 58; *Hensche*, in: Däubler, Arbeitskampfrecht, § 18a, Rn. 3 f.).

[92] BVerfG v. 19.9.2007 – 2 BvF 3/02, NVwZ 2007, 1396 (1397); Maunz/Dürig/*Badura*, Art. 33 GG, Rn. 58 f.; kritisch zu dieser Herleitung *Blanke/Sterzel*, Beamtenstreikrecht, S. 45 f.

[93] OVG Münster v. 7.3.2012 – 3d A 317/11.O VG; zit. nach: juris, Rn. 134; OVG Lüneburg v. 12.6.2012 – 20 BD 7/11; zit. nach: juris, Rn. 58; VG Osnabrück v. 19.8.2011 – 9 A 1/11, NVwZ-RR 2012, 323 (324).

[94] *Jachmann*, ZBR 2000, 181; siehe auch *Landau/Steinkühler*, DVBl 2007, 133 (134).

[95] *Janssen*, ZBR 2003, 113 (118).

[96] BVerfG v. 19.9.2007 – 2 BvF 3/02, NVwZ 2007, 1396 (1397).

[97] *Jachmann*, ZBR 2000, 181 (184).

[98] *Janssen*, ZBR 2003, 113; *Schubert*, AöR 2012, 92 (97).

die Verbeamtung von Lehrern mittlerweile nicht mehr vorgesehen.[99] Dort üben nun verbeamtete und angestellte Lehrkräfte dieselbe Tätigkeit aus.[100] Dass die Zulässigkeit des Streiks allein von der Statusfrage – und nicht von der ausgeübten Funktion – abhängen soll, ist ein entscheidender Kritikpunkt, der von den Gegnern des Beamtenstreikverbots ins Feld geführt wird.[101] Darauf wird im Laufe der Arbeit näher eingegangen.

II. Historische Entwicklung des Beamtenstreikverbots

Die Wurzeln des Beamtenstreikverbots liegen im Vorkonstitutionalismus, namentlich im mittelalterlichen Lehnswesen und der absoluten Monarchie des 16. Jahrhunderts.[102] Ein Beamtenstreik wurde in der frühen Kaiserzeit noch gar nicht erwogen.[103] Zu stark war das Denken der Beamten von monarchischer Bindung und ständischer Verwurzelung geprägt.[104] Ferner profitierten Beamte von zahlreichen Privilegien.[105] Die Begünstigungen nahmen allerdings ab, nachdem gegen Ende des 19. Jahrhunderts der Bedarf nach staatlicher Aufgabenerfüllung und Verwaltungstätigkeit wuchs und eine zunehmende Beamtentätigkeit erforderte. So wurden allmählich Interessenvertretungen der Beamten gegründet,[106] die der Staat jedoch vehement bekämpfte.[107]

Diese ablehnende Haltung änderte sich allmählich mit dem Zusammenbruch des Kaiserreichs und der demokratischen Neuordnung Deutschlands.[108] Schon im Arbeitsgemeinschaftsabkommen[109] vom 15. November 1918 wurde in Nr. 2 die Koalitionsfreiheit gewährleistet. Davon war auch eine Streikfreiheit

---

[99] Das BVerfG hält es für zulässig, Lehrer im Angestelltenverhältnis zu beschäftigen; siehe BVerfG v. 19.9.2007 – 2 BvF 3/02, NVwZ 2007, 1396 (1399).

[100] Zum Beamtenstatus der (Hochschul-)Lehrer siehe *Bäcker*, AöR 2010, 78; *Battis/Schlenga*, ZBR 1995, 253; *Böhm*, DÖV 2006, 665; *Determann*, NVwZ 2000, 1346; *Epping*, ZBR 1997, 383.

[101] Exemplarisch: *Hensche*, in: Däubler/Hjort/Schubert/Wolmerath, Arbeitsrecht, Art. 9 GG, Rn. 123; *Polakiewicz/Kessler*, NVwZ 2012, 841 (842 f.).

[102] *Ramm*, Koalitions- und Streikrecht der Beamten, S. 60 ff.; kritisch zur gängigen Herleitung des Beamtenstreikverbots *Di Fabio*, Das beamtenrechtliche Streikverbot, S. 36 ff.

[103] *Däubler*, Der Streik im öffentlichen Dienst, S. 7.

[104] Vgl. *Jachmann*, ZBR 2000, 181; *Ramm*, Koalitions- und Streikrecht der Beamten, S. 60 f.

[105] *Däubler*, Der Streik im öffentlichen Dienst, S. 7.

[106] *Müller-Jentsch*, Gewerkschaften und Soziale Marktwirtschaft, S. 24.

[107] Einzelnachweise zum Vorgehen der preußischen Regierung bei *Ramm*, Koalitions- und Streikrecht der Beamten, S. 59.

[108] *Däubler*, Der Streik im öffentlichen Dienst, S. 8.

[109] RArbBl. 1918, S. 874.

umfasst.[110] Überdies bestand Einigkeit, dass auch Beamte streiken dürften.[111] Damit waren Beamte und Arbeitnehmer rechtlich gleichgestellt.[112] Auch die preußische Regierung forderte eine uneingeschränkte Koalitionsfreiheit für alle Beamten. Daher legte die Reichsregierung im Regierungsprogramm und im späteren Entwurf zur Weimarer Reichsverfassung fest, dass auch den Beamten die Koalitionsfreiheit umfassend zustehe. Dies schloss nach einhelliger Ansicht auch ein Streikrecht für Beamte ein.[113]

Die Lage in Deutschland änderte sich aber erneut, als die Weimarer Reichsverfassung in Kraft trat. Zwar stand die Vereinigungsfreiheit nach Art. 159 WRV „jedermann" zu; dies wurde in Art. 130 Abs. 2 WRV ausdrücklich für Beamte bestätigt.[114] Ein Streikrecht für Beamte wurde jedoch nicht in den Verfassungstext aufgenommen und auch nicht implizit als Bestandteil der Koalitionsfreiheit anerkannt.[115] Bei der Ausarbeitung der Weimarer Reichsverfassung hatte nämlich ein Mitglied der verfassungsgebenden Nationalversammlung mit Namen *Hugo Sinzheimer* die allgemein gebilligte Ansicht vertreten, „daß durch die verfassungsmäßige Anerkennung der [...] Vereinigungsfreiheit nicht auch verfassungsmäßig die sogenannte Streikfreiheit konstituiert ist".[116] Diese Haltung war u. a. auf Streitigkeiten zurückzuführen, die sich vor allem am Streik in „lebenswichtigen Betrieben" entfacht hatten.[117] Außerdem begründete man das Beamtenstreikverbot mit der Pflicht zur „völligen Hingabe an den Staat", die ihrerseits aus dem Diensteid und dem Treuverhältnis hergeleitet wurde.[118] Anlässlich eines angekündigten Eisenbahnerstreiks bekräftigte der Reichspräsident diese Haltung in einer Notverordnung vom 1. Februar 1922.[119] In § 1 Abs. 1 der Verordnung hieß es: „Den Beamten der Reichsbahn ist ebenso wie allen übrigen Beamten nach dem geltenden Beamtenrechte die Einstellung oder Verweigerung der ihnen obliegenden Arbeit verboten."[120]

---

110 Zum damaligen Begriffsverständnis der „Koalitionsfreiheit" siehe RG v. 30. 10. 1922 – III 402/22, RGSt 56, 419, 420, 423; zit. nach: *Hensche*, in: Däubler, Arbeitskampfrecht, § 18a, Rn. 30.

111 Weitere Nachweise bei *Hensche*, in: Däubler, Arbeitskampfrecht, § 18a, Rn. 30.

112 *Ramm*, Koalitions- und Streikrecht der Beamten, S. 70.

113 Weitere Nachweise bei *Hensche*, in: Däubler, Arbeitskampfrecht, § 18a, Rn. 31.

114 *Däubler*, Der Streik im öffentlichen Dienst, S. 8.

115 *Battis*, BBG-Kommentar, Einleitung, Rn. 3.

116 Akten der Reichskanzlei Nr. 157. Entwurf einer Erklärung der Reichsregierung zur Interpellation *Aderhold* und Genossen über das Streikrecht der Beamten vom 15. Januar; online einzusehen: http://www.bundesarchiv.de/aktenreichskanzlei/1919–1933/1100/feh/fehlp/kapl_2/para2_157.html.

117 *Ramm*, AuR 1967, 97 (105).

118 Weitere Nachweise bei *Hensche*, in: Däubler, Arbeitskampfrecht, § 18a, Rn. 37.

119 *Däubler*, Der Streik im öffentlichen Dienst, S. 11; *Hensche*, in: Däubler, Arbeitskampfrecht, § 18a, Rn. 32.

120 Verordnung des Reichspräsidenten, betreffend Verbot der Arbeitsniederlegung durch Beamte der Reichsbahn vom 1. Februar 1922; online einzusehen: http://www.documentarchiv.de/wr.html.

Unter dem Regime der Nationalsozialisten wurde die Gemeinwohlorientierung des Berufsbeamtentums derart pervertiert, dass das BVerfG[121] nachträglich von einem Erlöschen aller Beamtenverhältnisse am 8. Mai 1945 ausging.[122] Damit hätte nach dem Zweiten Weltkrieg die Möglichkeit zu einer verfassungsrechtlichen Neubewertung des Beamtenstreikverbots bestanden.[123] Dennoch wurde diese Frage im Grundgesetz nicht explizit beantwortet. Zwar war das heikle Thema „Beamtenstreik" im Parlamentarischen Rat diskutiert worden, doch fand man keinen Konsens und sah daher von einer ausdrücklichen verfassungsrechtlichen Verankerung des Streikrechts ab. Man überantwortete dem Gesetzgeber die nähere Ausgestaltung der Koalitionsfreiheit.[124] Ausdrücklich sprach man sich allerdings gegen den Antrag eines KPD-Abgeordneten aus, wonach auf den Begriff „Treueverhältnis" in Art. 33 Abs. 4 GG zu verzichten sei.[125] Das Treueverhältnis ist auch ein zentraler Anknüpfungspunkt für die Befürworter des statusbezogenen Beamtenstreikverbots. Im Folgenden wird näher auf die einzelnen Argumente eingegangen, die unter Geltung des Grundgesetzes gegen den Streik der Beamten vorgebracht werden.

III. Argumente gegen den Beamtenstreik

Im Folgenden werden die Argumente dargestellt, die von den Gegnern des Beamtenstreiks ins Feld geführt werden. Die Argumente werden sowohl auf verfassungsrechtliche als auch einfachgesetzliche Bestimmungen gestützt.

1. Argumente aus Art. 33 Abs. 4 und 5 GG

Art. 33 Abs. 4 und 5 GG sichern das Berufsbeamtentum institutionell ab.[126] Mit dem Institut des Berufsbeamtentums soll die Funktionsfähigkeit der Verwaltung als einer „staatlich-neutralen Leistungsbürokratie" sichergestellt werden, um die Voraussetzungen eines sozialen und demokratischen Rechtsstaats zu erhalten.[127] Der funktionsfähige Rechtsstaat ist auf eine gewissenhafte Pflichterfüllung durch rechtlich und finanziell unabhängige Beschäftigte angewiesen.[128] Somit weist das Berufsbeamtentum eine enge Verbindung zum

---

[121] BVerfG v. 17. 12. 1953 – 1 BvR 147/52, NJW 1954, 21 (24).

[122] *Landau/Steinkühler*, DVBl 2007, 133 (134).

[123] *Ramm*, Koalitions- und Streikrecht der Beamten, S. 114.

[124] Siehe oben S. 15 f.

[125] *Kersten*, Das Neue Arbeitskampfrecht, S. 8.

[126] *Battis*, in: Ehlers/Fehling/Pünder, Besonderes Veraltungsrecht III, § 87, Rn. 9.

[127] *Blanke/Sterzel*, Beamtenstreikrecht, S. 19.

[128] BVerfG v. 19. 9. 2007 – 2 BvF 3/02, NVwZ 2007, 1396 (1397); *Hensche*, in: Däubler, Arbeitskampfrecht, § 18a, Rn. 25.

Rechtsstaat, zur Demokratie und zum Sozialstaat auf.[129] Das Institut des Berufsbeamtentums gilt als ein Kernelement des deutschen Verfassungslebens[130] und der Staatsorganisation[131].

Im Einzelnen: Nach Art. 33 Abs. 4 GG ist „[d]ie Ausübung hoheitsrechtlicher Befugnisse [...] Angehörigen des öffentlichen Dienstes zu übertragen, die in einem öffentlich-rechtlichen Dienst- und Treueverhältnis stehen". Art. 33 Abs. 5 GG gebietet dem Gesetzgeber, dass „[d]as Recht des öffentlichen Dienstes [...] unter Berücksichtigung der hergebrachten Grundsätze des Berufsbeamtentums zu regeln und fortzuentwickeln" ist. Der vierte Absatz enthält einen objektiv-rechtlichen Funktionsvorbehalt,[132] mit dem sichergestellt wird, dass hoheitliche Befugnisse von Personen ausgeübt werden, die in einem „öffentlich-rechtlichen Dienst- und Treueverhältnis" stehen.[133] Dagegen begründen die „hergebrachten Grundsätze des Berufsbeamtentums" im fünften Absatz nicht nur einen Regelungsauftrag für den Gesetzgeber, sondern auch ein subjektives Recht[134] des Beamten.[135] Man geht von einer logischen Verknüpfung des vierten und fünften Absatzes in Art. 33 GG aus – derart, dass das „Dienst- und Treueverhältnis" unter das Reglement der „hergebrachten Grundsätze" gestellt wird. In ihrer Zusammenschau werden die beiden Absätze des Art. 33 GG gegen den Beamtenstreik in Stellung gebracht.[136]

a. „Hergebrachte Grundsätze des Berufsbeamtentums"

Das Beamtenstreikverbot wird vor allem auf die „hergebrachten Grundsätze des Berufsbeamtentum" in Art. 33 Abs. 5 GG gestützt. Aus dieser Verfassungsbestimmung sei herzuleiten, dass dem Beamten kein Streikrecht aus Art. 9 Abs. 3 GG zustehe.[137] Die „hergebrachten Grundsätze des Berufsbe-

---

[129] BVerfG v. 19.9.2007 – 2 BvF 3/02, NVwZ 2007, 1396 (1398); Maunz/Dürig/*Badura*, Art. 33, Rn. 55; *Battis*, BBG-Kommentar, § 4, Rn. 25 ff.

[130] *Blanke/Sterzel*, Beamtenstreikrecht, S. 19.

[131] *Janssen*, ZBR 2003, 113; *Schubert*, AöR 2012, 92 (115); *Widmaier/Alber*, ZEuS 2012, 387 (394).

[132] BVerfG v. 18.2.1988 – 2 BvR 1324/87, NVwZ 1988, 523; Maunz/Dürig/*Badura*, Art. 33 GG, Rn. 55.

[133] *Hensche*, in: Däubler, Arbeitskampfrecht, § 18a, Rn. 25.

[134] Zum subjektiven Recht auf ein amtsangemessenes Gehalt siehe etwa BVerfG v. 11.6.1958 – 1 BvR 1/52 (u.a.), NJW 1958, 1228 (1229 f.); *Blanke/Sterzel*, Beamtenstreikrecht, S. 36.

[135] BVerfG v. 11.6.1958 – 1 BvR 1/52 (u.a.), NJW 1958, 1228 (1229 f.); BVerfG v. 12.2.2003 – 2 BvL 3/00, NVwZ 2003, 1364 (1365); BVerfG v. 19.9.2007 – 2 BvF 3/02, NVwZ 2007, 1396 (1397 f.); *Battis*, in: Ehlers/Fehling/Pünder, Besonderes Verwaltungsrecht III, § 87, Rn. 22; *Hensche*, in: Däubler, Arbeitskampfrecht, § 18a, Rn. 25; Maunz/Dürig/*Badura*, Art. 33 GG, Rn. 48.

[136] *Blanke/Sterzel*, Beamtenstreikrecht, S. 19.

[137] BVerfG v. 19.9.2007 – 2 BvF 3/02, NVwZ 2007, 1396; BVerwG v. 3.12.1980 – 1 D 86/79; zit. nach: juris; BVerwG v. 19.9.1984 – 1 D 38/84, NJW 1985, 1721 (1722); OVG

amtentums" wiesen die zur richterrechtlichen Ausgestaltung des Art. 9 Abs. 3 GG berufenen Gerichte in ihre verfassungsrechtlichen Schranken;[138] denn die Grundrechte – und also auch die Koalitionsfreiheit – müssten im Lichte des Art. 33 Abs. 5 GG ausgelegt werden.[139] Per definitionem gehört zu den „hergebrachten Grundsätzen des Berufsbeamtentums" der Kernbestand derjenigen Strukturprinzipien, die über einen längeren, traditionsbildenden Zeitraum hinweg als verbindlich anerkannt worden sind, mindestens seit der Weimarer Reichsverfassung.[140] Unbestritten zählen dazu die politische Treuepflicht, das Lebenszeitprinzip, das Leistungsprinzip, das Laufbahnprinzip, das Recht auf eine angemessene Amtsbezeichnung und die parteipolitische Neutralität.[141] Dass auch das Beamtenstreikverbot in den „hergebrachten Grundsätzen" wurzelt, wird unterschiedlich begründet.[142] Zum Teil gilt das Verbot als eigenständiges Strukturprinzip,[143] zum Teil wird es als Ausfluss mehrerer Strukturprinzipien verstanden – namentlich der Treuepflicht und des Alimentationsprinzips – oder wegen der Funktionsfähigkeit der Verwaltung für notwendig gehalten. Jedenfalls wird das Beamtenstreikverbot als derart wesentlich erachtet, dass es – über den Wortlaut des Art. 33 Abs. 5 GG hinaus – vom Gesetzgeber nicht nur zu „berücksichtigen", sondern streng zu „beachten"[144] ist.[145] Im Einzelnen wird das Beamtenstreikverbot wie folgt hergeleitet:

b. *Treuepflicht*

Wenngleich die Treuepflicht wegen ihres monarchischen Ursprungs vereinzelt als überkommen kritisiert wird,[146] ist sie doch bereits im Wortlaut des

Münster v. 7.3.2012 – 3d A 317711.O; zit. nach: juris, Rn. 78 f.

[138] *Dieterich*, in: FS Jaeger, S. 95 (105); *Seifert*, KritV 2009, 357 (375).

[139] *Blanke/Sterzel*, Beamtenstreikrecht, S. 37.

[140] BVerfG v. 2.12.1958 – 1 BvL 27/55, NJW 1959, 189; BVerfG v. 20.3.2007 – 2 BvL 11/04, NVwZ 2007, 679; *Hensche*, in: Däubler, Arbeitskampfrecht, § 18a, Rn. 26; *Jachmann*, ZBR 2000, 181.

[141] *Battis*, in: Ehlers/Fehling/Pünder, Besonderes Verwaltungsrecht III, § 87, Rn. 21; *Battis*, BBG-Kommentar, § 4, Rn. 15.

[142] *Seifert*, KritV 2009, 357 (375).

[143] BVerwG v. 3.12.1980 – 1 D 86/79; zit. nach: juris; BVerwG v. 19.9.1984 – 1 D 38/84, NJW 1985, 1721 (1722); BVerwG v. 27.2.2014 – 2 C 1/13, NZA 2014, 616 (619); OVG Münster v. 7.3.2012 – 3d A 317711.O; zit. nach: juris, Rn. 78 f.; *Battis*, in: Ehlers/Fehling/Pünder, Besonderes Verwaltungsrecht III, § 87, Rn. 21.

[144] Zur „Beachtenspflicht" für den „Kerngehalt" der Strukturprinzipien siehe BVerfG v. 19.9.2007 – 2 BvF 3/02, NVwZ 2007, 1396 (1398); kritisch dazu *Däubler*, Der Streik im öffentlichen Dienst, S. 107 f.; *Hensche*, in: Däubler, Arbeitskampfrecht, § 18a, Rn. 26.

[145] OVG Münster v. 7.3.2012 – 3d A 317/11.O VG; zit. nach: juris, Rn. 134; OVG Lüneburg v. 12.6.2012 – 20 BD 7/11; zit. nach: juris, Rn. 58; VG Osnabrück v. 19.8.2011 – 9 A 1/11, NVwZ-RR 2012, 323 (324); *Seifert*, KritV 2009, 357 (374).

[146] Zu dieser Kritik *Blanke/Sterzel*, Beamtenstreikrecht, S. 19; a. A. *Battis*, BBG-Kommentar, § 4, Rn. 4; *Di Fabio*, Das beamtenrechtliche Streikverbot, S. 37 ff.

Art. 33 Abs. 4 GG explizit erwähnt und als Strukturprinzip grundsätzlich anerkannt.[147] Die logische Verknüpfung zwischen der Treuepflicht und dem Beamtenstreikverbot wird dadurch hergestellt, dass der Beamte als „Treuhänder des Volkes“[148] zum „uneingeschränkten Dienst an der Allgemeinheit“ verpflichtet sei.[149] Mit dieser Pflichtenstellung lasse sich ein Arbeitskampf, der allein von Eigeninteressen des Beamten geleitet sei, nicht vereinbaren.[150] Im Übrigen würden im Falle eines Beamtenstreiks die rechtsstaatlich gebotene Vorhersehbarkeit staatlichen Handelns und die Bindung an Recht und Gesetz nach Art. 20 Abs. 3 GG ad absurdum geführt. Außerdem widerstrebe die eigenmächtige Interessendurchsetzung des Beamten den sozialstaatlichen Prinzipien der Gleichheit und Gerechtigkeit.[151] Im selben Atemzug wird auf die staatliche Repräsentationsfunktion des Beamten und den elitären Charakter des Beamtenstatus verwiesen:[152] Es heißt, der Beamte entsage dem „in der Gesellschaft vorherrschenden Konkurrenzprinzip“ und „der Wahrnehmung eigener wirtschaftlicher Vorteile“. Das Beamtentum sei „von einem bestimmten Amtsethos getragen, das sich an den Belangen der Allgemeinheit orientiere und diesen verpflichtet fühle“.[153] Damit resultierten aus der Treuepflicht zum einen die besondere Staatsbindung des Beamten und zum anderen der privilegierte Status.[154] Diese systemimmanenten Unterschiede zwischen einem privatrechtlichen Beschäftigungsverhältnis und dem öffentlich-rechtlichen „Dienst- und Treueverhältnis“ des Beamten legitimierten die unterschiedliche Behandlung beim Streikrecht.[155] Ein Verstoß gegen das Beamtenstreikverbot sei daher als Amtsmissbrauch nach Art. 34 GG zu ahnden.[156]

---

[147] Statt aller BVerfG v. 19. 9. 2007 – 2 BvF 3/02, NVwZ 2007, 1396 (1398); *Battis*, in: Ehlers/Fehling/Pünder, Besonderes Verwaltungsrecht III, § 87, Rn. 32; *Hensche*, in: Däubler, Arbeitskampfrecht, § 18a, Rn. 43.

[148] *Hensche*, in: Däubler, Arbeitskampfrecht, § 18a, Rn. 47.

[149] Maunz/Dürig/*Badura*, Art. 33 GG, Rn. 58; *Kissel*, Arbeitskampfrecht, § 45, Rn. 12 f.; *Schlachter*, RdA 2011, 341 (342).

[150] BVerfG v. 19. 9. 2007 – 2 BvF 3/02, NVwZ 2007, 1396 (1398); BVerfG v. 11. 6. 1958 – 1 BvR 1/52 (u. a.), NJW 1958, 1228 (1230).

[151] *Blanke/Sterzel*, Beamtenstreikrecht, S. 22 f.; *Jachmann*, ZBR 2000, 181 (186).

[152] Zum Meinungsstand siehe *Blanke/Sterzel*, Beamtenstreikrecht, S. 22.

[153] *Blanke/Sterzel*, Beamtenstreikrecht, S. 20.

[154] So den Meinungsstand zusammenfassend *Blanke/Sterzel*, Beamtenstreikrecht, S. 20.

[155] OVG Münster v. 7. 3. 2012 – 3d A 317/11.O; zit. nach: juris, Rn. 79.

[156] Maunz/Dürig/*Papier*, Art. 34 GG, Rn. 169.

c. Alimentationsprinzip

Ferner wird argumentiert, dass das Streikverbot für Beamte synallagmatisch mit dem Alimentationsprinzip[157] verwoben sei.[158] Als Gegenleistung für seine Treuepflicht soll der Beamte eine dem Amt angemessene und an den allgemeinen wirtschaftlichen Verhältnissen ausgerichtete Entlohnung erhalten.[159] Dem Alimentationsprinzip liegt der Gedanke zu Grunde, dass die Verwaltung nur dann stabil ist und bleibt, wenn sie für qualifizierte Kräfte attraktiv ist.[160] Neben dem Lebenszeit- und Laufbahnprinzip schafft vor allem die Besoldung eine Anreizwirkung. Die amtsangemessene Besoldung sichert ein „Minimum an Lebenskomfort“[161], so dass sich der Beamte dem öffentlichen Dienst gänzlich widmen kann. Es sollen politische und wirtschaftliche Interessenkonflikten vermieden werden, die zu einer Schwächung des Verwaltungsapparates führen könnten.[162] Daher enthält das Alimentationsprinzip einen Auftrag an den Gesetzgeber, für eine angemessene Beamtenbesoldung zu sorgen.[163] Da aber nur der parlamentarische Gesetzgeber zur Regelung der Beamtenbesoldung befugt sei, verbiete sich eine arbeitskampfrechtlich erstrittene Besoldungsregelung.[164] Überdies träfen Streiks, die sich gegen hoheitliche Regelungen zum Beamtenverhältnis richteten, den Staat nicht in seiner Eigenschaft als Arbeitgeber, sondern als Gesetzgeber und Hoheitssubjekt. Daher seien Beamtenstreiks zugleich politische Streiks und auch aus diesem Grunde unzulässig.[165] Im Übrigen ist das Alimentationsprinzip als subjektives Recht ausgestaltet[166] und ermöglicht den Beamten die Erhebung einer Besoldungsklage – auf dem Verwaltungsgerichtsweg bis hin zum BVerfG. Von dieser Möglichkeit wurde

---

[157] Grundlegend zum Alimentationsprinzip siehe BVerfG v. 30.3.1977 – 2 BvR 1039, 1045/75, NJW 1977, 1869; BVerfG v. 19.9.2007 – 2 BvF 3/02, NVwZ 2007, 1396.

[158] OVG Münster v. 7.3.2012 – 3d A 317/11.O; zit. nach: juris, Rn. 95.

[159] *Henneberger-Sudjana/Henneberger*, Streikrecht und Streikverbot, S. 15.

[160] *Landau/Steinkühler*, DVBl 2007, 133 (137).

[161] BVerfG v. 30.3.1977 – 2 BvR 1039, 1045/75, NJW 1977, 1869 (1870); BVerfG v. 22.3.1990 – 2 BvL 1/86, NVwZ 1990, 1061 (1062); *Battis*, DöV 2001, 309 (310); *Wieland/Seulen*, in: Eiding/Hofmann-Hoeppel, Verwaltungsrecht, § 51, Rn. 61.

[162] BVerfG v. 19.9.2007 – 2 BvF 3/02, NVwZ 2007, 1396 (1398); *Battis*, BBG-Kommentar, § 4, Rn. 22.

[163] Maunz/Dürig/*Badura*, Art. 33 GG, Rn. 72; *Lindner*, DöV 2011, 305 (306).

[164] BVerfG v. 11.6.1958 – 1 BvR 1/52 (u.a.), NJW 1958, 1228 (1230); zwar sei es den Beamten verboten, kollektive Kampfmaßnahmen zu ergreifen. Jedoch räumte das BVerfG in einer späteren Entscheidung ein, dass ein *generelles* Betätigungsverbot vor dem Hintergrund der „hergebrachten Grundsätzen des Berufsbeamtentums“ nicht erforderlich sei (BVerfG v. 30.11.1965 – 2 BvR 54/62, NJW 1966, 491 (493)). *Thomas Blanke* und *Dieter Sterzel* kritisieren, dass diese Entscheidung offen lasse, wo die Grenze zwischen zulässiger und unzulässiger gewerkschaftlicher Betätigung der Beamten verlaufe (*Blanke/Sterzel*, Beamtenstreikrecht, S. 30).

[165] Maunz/Dürig/*Badura*, Art. 33 GG, Rn. 58; *Bitsch*, ZTR 2012, 78 (81); a. A. *Ramm*, Koalitions- und Streikrecht der Beamten, S. 49 f.

[166] Siehe oben S. 41.

in der Vergangenheit des Öfteren Gebrauch gemacht.[167] Jüngstes Beispiel ist die Besoldungsklage eines Universitätsprofessors, der eine Entscheidung des BVerfG zu seinen Gunsten einholen konnte.[168] Mit dieser Klagemöglichkeit werde das Streikverbot kompensiert und sei auch deshalb nicht zu beanstanden.[169]

Schließlich ist dem Beamten laut BVerfG ein „Rosinenpicken" untersagt.[170] Innerhalb des Beamtenverhältnisses bestünde ein umfassender, in sich stimmiger und ausgewogener Katalog von Rechten und Pflichten. Daher könnten weder der Beamte noch sein Dienstherr einseitig Rechte in Anspruch nehmen, ohne zugleich die korrespondierenden Pflichten zu erfüllen.[171] Den mit dem Alimentationsprinzip verbundenen Vorteilen stehe die Treuepflicht des Beamten gegenüber. Letztere bringe es mit sich, dass „die angemessene Alimentierung summenmäßig nicht erstritten und vereinbart" werden könne. Sie werde gesetzlich festgelegt und dürfe daher nicht im Wege des Streiks erkämpft werden.[172]

d. *Funktionsfähigkeit der Verwaltung*

Schließlich wird zur Herleitung des Beamtenstreikverbots aus Art. 33 Abs. 4 und 5 GG auf die historische Idee vom Berufsbeamtentum als einer Einrichtung zur Sicherung des Rechtsstaats und einer funktionsfähigen Verwaltung verwiesen.[173] Dazu wird auch auf die kontinuierliche Leistungsfähigkeit des Staates abgestellt.[174] Die Funktionsfähigkeit wäre nicht mehr garantiert, wenn der Beamte seine Leistungsgrenzen im Wege des Streiks selbst bestimmen könnte.[175] Das OVG Münster formuliert:

> Der moderne „Verwaltungsstaat" mit seinen ebenso vielfältigen wie komplizierten Aufgaben, von deren sachgerechter, effizienter, pünktlicher Erfüllung das Funktionieren des gesellschaftlich-politischen Systems und die Möglichkeit eines menschenwürdigen Lebens der Gruppen, Minderheiten und jedes einzelnen Tag für Tag abhängt, ist auf einen intakten, loyalen, pflichttreuen, dem Staat und seiner verfassungsmäßigen Ordnung

---

[167] Zu Beamtenklagen in jüngerer Zeit siehe *Battis*, DöV 2001, 309 (310 f.).

[168] BVerfG v. 14. 2. 2012 – 2 BvL 4/10, NVwZ 2012, 357.

[169] *Battis*, DöV 2001, 309 (311).

[170] Zum „Rosinenpicken" siehe BVerfG v. 19. 9. 2007 – 2 BvF 3/02, NVwZ 2007, 1396 (1399).

[171] So etwa OVG Lüneburg v. 12. 6. 2012 – 20 BD 7/11; zit. nach: juris, Rn. 54.

[172] BVerfG v. 30. 3. 1977 – 2 BvR 1039, 1045/75, NJW 1977, 1869.

[173] OVG Münster v. 7. 3. 2012 – 3d A 317/11.O; zit. nach: juris, Rn. 80; *Di Fabio*, Das beamtenrechtliche Streikverbot, S. 56.

[174] *Schlüther*, in: Brox/Rüthers, Arbeitskampfrecht, Rn. 518; kritisch dagegen: *Hensche*, in: Däubler, Arbeitskampfrecht, § 18a, Rn. 54.

[175] BVerwG v. 22. 11. 1979 – 1 D 84/78, NJW 1980, 1809.

innerlich verbundenen Beamtenkörper angewiesen. Ist auf die Beamtenschaft kein Verlass mehr, so sind die Gesellschaft und der Staat in kritischen Situationen „verloren“.[176]

2. Argumente aus Art. 9 Abs. 3 GG

Das Verbot von Beamtenstreiks wird auch auf den Grundsatz der Tarifbezogenheit des Streiks gestützt.[177] Als öffentlich-rechtliches „Dienst- und Treueverhältnis“ gemäß Art. 33 Abs. 4 GG könne das *Beamten*verhältnis nach geltendem Beamtenrecht nur hoheitlich ausgestaltet werden. Dies werde bereits in § 1 Abs. 1 TVG angedeutet, wo festgelegt ist, dass lediglich Inhalt, Abschluss und Beendigung von *Arbeits*verhältnissen tarifvertraglich regelbar sind. Hingegen sei das hoheitlich geregelte *Beamten*verhältnis einer tarifvertraglichen Regelung nicht zugänglich. Damit fehlt es dem Beamtenstreik bereits an einem legitimen Streikziel; er ist also nicht vom Gewährleistungsgehalt des Art. 9 Abs. 3 GG umfasst und also rechtswidrig.[178] Da die Regelung der Rechte, Pflichten und Bezüge der Beamten im Wesentlichen der Legislative vorbehalten sei (vgl. §§ 44 ff. BeamtStG, §§ 87 ff. BBG und § 2 Abs. 1, 2 BBesG), stehe das Beamtenverhältnis „von vornherein außerhalb des auf jeweils solidarische Vertretung von Gruppeninteressen von Arbeitnehmern einerseits und Arbeitgebern andererseits angelegten Systems von Tarifvertrag und Arbeitskampf“.[179]

3. Argumente aus einfachgesetzlichen Vorschriften

Zuweilen werden auch einfachgesetzliche Vorschriften[180] gegen das Beamtenstreikverbot ins Feld geführt. Genannt werden die Regelungen für eine amtsangemessene Besoldung in §§ 2 und 3 BBesG und deren grundsätzliche Unentziehbarkeit, die e contrario aus § 9 BBesG gefolgert wird. Ferner wird die Berufung auf Lebenszeit gemäß § 4 BeamtStG und § 6 Abs. 1 BBG als Argument gegen den Beamtenstreik genannt sowie die Verpflichtung zum „vollen persönlichen Einsatz“ in § 34 BeamtStG und § 61 Abs. 1 S. 2 BBG.[181] Allerdings können diese Vorschriften allenfalls Indizien gegen einen Beamtenstreik sein; ein explizites Verbot enthalten sie jedoch nicht. Im Übrigen kann einfaches Gesetzesrecht die Koalitionsfreiheit nach Art. 9 Abs. 3 GG nur dann wirksam beschränken, wenn die Gesetze ihrerseits zwingende Verfas-

---

176 OVG Münster v. 7.3.2012 – 3d A 317/11.O; zit. nach: juris, Rn. 142.

177 ErfK/*Dieterich*, Art. 9 GG, Rn. 190.

178 *Schlachter*, RdA 2011, 341; *Schubert*, AöR 2012, 92 (96).

179 BVerwG v. 10.5.1984 – 2 C 18.82, AP Nr. 87 zu Art. 9 GG, unter 2 der Gründe.

180 Auf landesgesetzliche Vorschriften soll hier nicht eingegangen werden.

181 Übersicht zu den einzelnen Ansichten bei *Hensche*, in: Däubler, Arbeitskampfrecht, § 18a, Rn. 22.

sungsvorgaben konkretisieren.[182] Ob dies zutrifft, wird im Laufe der Arbeit geprüft.[183]

4. *Zwischenergebnis*

Wie die Darstellung gezeigt hat, werden die Hauptargumente gegen den Beamtenstreik aus den „hergebrachten Grundsätzen des Berufsbeamtentums" gewonnen. Die Ansichten fußen allesamt auf der Befürchtung, dass das ausgewogene Verhältnis von Rechten und am Gemeinwohl orientierten Pflichten durch ein Beamtenstreikrecht ausgehöhlt würde.[184] Exemplarisch hierfür ist das Bild des unerwünschten „Rosinenpickens".[185] Diese Argumentation wird jedoch kritisiert. Schon in den 1970er und 1980er Jahren wurde das Beamtenstreikverbot – vor allem im Hinblick auf seine zweifelhafte Verfassungskonformität – scharf kritisiert.[186] Im Übrigen heißt es, dass das Beamtenstreikverbot allein von der Judikative und Exekutive entwickelt worden sei. Es stelle aber kein zwingendes Verfassungspostulat dar.[187]

IV. Rechtsprechungsentwicklung

Trotz ihres generellen Verbots ist es in der Geschichte der Bundesrepublik häufig zu Beamtenstreiks gekommen. Erwähnenswert sind vor allem die Streikaktionen in den 1970er Jahren, die von den damals verbeamteten Fluglotsen ausgeführt wurden. Mit dem „Dienst nach Vorschrift" und Krankmeldungen setzten sich die Fluglotsen für Arbeitsentlastungen und eine Herabsetzung der Altersgrenze ein. Die Streiks wurden mit Disziplinarmaßnahmen geahndet.[188] Das BVerwG entschied, dass die „hergebrachten Grundsätze des Berufsbeamtentums" auch streikähnliche Maßnahmen wie den „Dienst nach Vorschrift" verböten.[189]

Im Jahre 1979 legten (verbeamtete) Lehrer bundesweit die Arbeit nieder – auf Initiative der Gewerkschaft Erziehung und Wissenschaft (GEW). Gegen die Streikenden wurden disziplinarrechtliche Sanktionen verhängt. Die Verwaltungsrechtsprechung in den einzelnen Bundesländern beurteilte die

---

182 *Hensche*, in: Däubler, Arbeitskampfrecht, § 18a, Rn. 22.

183 Siehe unten S. 320 ff.

184 Exemplarisch *Jachmann,* ZBR 2000, 181 (186 f.); *Landau/Steinkühler*, DVBl 2007, 133 (140).

185 Siehe oben S. 45.

186 Umfassend dazu *Blanke/Sterzel*, Beamtenstreikrecht; *Däubler*, Der Streik im öffentlichen Dienst.

187 Vgl. *Hensche*, in: Däubler, Arbeitskampfrecht, § 18a, Rn. 37.

188 *Hensche*, in: Däubler, Arbeitskampfrecht, § 18a, Rn. 17.

189 BVerwG v. 19. 9. 1977 – I DB 12/77, NJW 1978, 178 (179).

Streikaktionen zwar unterschiedlich, ging aber überwiegend von einer Rechtswidrigkeit der Beamtenstreiks aus.[190]

Auch in jüngerer Zeit ist es häufiger zu Beamtenstreiks gekommen.[191] Ging die treibende Kraft früher von den Fluglotsen, Post- und Bahnbeamten aus, sind es heute vorwiegend die verbeamteten Lehrkräfte, die sich mit Streikaktionen gegen ihre Beschäftigungsbedingungen zur Wehr setzen. Mit Streiks von Lehrkräften hatten sich jüngst auch die hiesigen Verwaltungsgerichte auseinanderzusetzen[192] und mussten dabei auf die neuere Rechtsprechung des EGMR zum Streikrecht in Art. 11 EMRK eingehen:[193] Entgegen seiner sonst zögerlichen Manier[194] hatte der EGMR den beschwerdeführenden Angehörigen des öffentlichen Dienstes[195] in „Demir und Baykara"[196] und „Enerji Yapi-Yol Sen"[197] nämlich ein Recht auf Kollektivverhandlungen und Streik zugesprochen. Obwohl diese Entscheidungen nicht gegenüber Deutschland, sondern gegenüber der Türkei ergangen waren, haben sie auch in der hiesigen Verwaltungsrechtsprechung einen Stein ins Rollen gebracht und eine erneute Auseinandersetzung mit dem Beamtenstreikverbot erfordert. Die nationalen Gerichtsentscheidungen werden im Folgenden chronologisch dargestellt:[198]

Als erstes nationales Gericht musste sich das VG Düsseldorf[199] mit den Rechtssachen „Demir und Baykara" und „Enerji Yapi-Yol Sen" auseinandersetzen. Das Verwaltungsgericht verstand die EGMR-Urteile als eine Absage an das deutsche Beamtenstreikverbot. Doch trotz der neuen Rechtsprechung des EGMR hielt das VG Düsseldorf am absoluten Streikverbot für Beamte fest,

---

[190] Näheres dazu bei *Blanke/Sterzel*, Beamtenstreikrecht, S. 7 ff.

[191] Vgl. *Schlachter*, RdA 2011, 341.

[192] VG Düsseldorf v. 15. 12. 2010 – 31 K 3904/10.O; zit. nach: juris, aufgeh. durch OVG Münster v. 7. 3. 2012 – 3d A 317/11.O; zit. nach: juris; VG Osnabrück v. 19. 8. 2011 – 9 A 1/11, NVwZ-RR 2012, 323, aufgeh. durch OVG Lüneburg v. 12. 6. 2012 – 20 BD 7/11; zit. nach: juris; VG Kassel v. 27. 7. 2011 – 28 K 1208/10.KS.D; zit. nach: juris; VG Bremen v. 3. 7. 2012 – D K 20/11; zit. nach: juris.

[193] Eine eingehende Auseinandersetzung mit den Entscheidungen des EGMR erfolgt an späterer Stelle; siehe unten S. 254 ff.

[194] *Lindner*, DöV 2012, 305 (307).

[195] Es variieren die Bezeichnungen. Während *Wolfgang Lörcher* in den Übersetzungen AuR 2009, 269 und AuR 2009, 274 von „Beamten" spricht, ist in der Übersetzung von *Jens Meyer-Ladewig und Herbert Petzold* in der NZA 2010, 1423 und NZA 2010, 1425 von „Angehörigen des öffentlichen Dienstes" die Rede. Dieser Unterschied ist wichtig für die Frage, ob den EGMR-Entscheidungen eine Absage an das deutsche Beamtenstreikverbot zu entnehmen ist; eingehend dazu siehe unten S. 259.

[196] EGMR v. 12. 11. 2008 – 34503/97 (Demir und Baykara/Türkei), AuR 2009, 269.

[197] EGMR v. 21. 4. 2009 – 68959/01 (Enerji Yapi-Yol Sen/Türkei), AuR 2009, 274.

[198] All den im Folgenden zitierten verwaltungsgerichtlichen Entscheidungen liegt ein ähnlich gelagerter Sachverhalt zu Grunde: Es ging jeweils um Streikaktionen verbeamteter Lehrkräfte, die disziplinarrechtlich geahndet worden waren. Mit Verweis auf die bereits zitieren EGMR-Entscheidungen haben die Beamten sodann den Verwaltungsrechtsweg beschritten.

[199] VG Düsseldorf v. 15. 12. 2010 – 31 K 3904/10.O; zit. nach: juris.

weil sich das Grundgesetz gegen eine konventionsfreundliche Auslegung sperre.[200] Um der Europäischen Menschenrechtskonvention und den Urteilen des Gerichtshofs dennoch ausreichend Rechnung zu tragen, wählte das Gericht einen „Kunstgriff" und differenzierte in seiner rechtlichen Bewertung zwischen dem verfassungsrechtlichen Streikverbot und der Disziplinarmaßnahme. So kam es zu dem Schluss, dass die Disziplinarmaßnahme unzulässig sei, wenn der Beamte nicht zu dem von Art. 11 Abs. 2 S. 2 EMRK ausgeklammerten „Kernbereich der hoheitlichen Staatsverwaltung" gehöre. Für die Lehrkräfte, die nach Ansicht des VG Düsseldorf nicht zum hoheitlichen „Kernbereich" zählten, müsse folglich die Disziplinarmaßnahme entfallen.[201] Damit stellte das Gericht ein „konventionskonformes" Ergebnis her und konnte dennoch am absoluten Beamtenstreikverbot festhalten. Für die Befürworter des Beamtenstreiks wurde diese Entscheidung als „Teilerfolg" gewertet, weil den Beamten jedenfalls ein „Streikrecht ohne Sanktionierung zugesprochen" wurde.[202] Kritiker haben jedoch die Entkoppelung von Dienstvergehen und Sanktionierung als inkonsequent abgelehnt. Der Streik könne nämlich nicht als Dienstvergehen gelten, wenn im selben Atemzug eine disziplinarrechtliche Ahndung abgelehnt werde.[203] Ferner hieß es, das VG Düsseldorf verstoße gegen die Wertungen des verfassungsrechtlich abgesicherten Disziplinarrechts; denn Disziplinarmaßnahmen würden ihrer Funktion als effektives Personalführungsinstrument beraubt, wenn sich der Beamte folgenlos dienstpflichtwidrig verhalten könne.[204]

Die beklagte Widersprüchlichkeit des VG Düsseldorf beseitigte das VG Kassel[205] in seiner Entscheidung vom 27. Juli 2011, indem es zwei klagenden Lehrern mit Beamtenstatus Recht gab, die infolge einer Streikbeteiligung eine schriftliche Missbilligung erhalten hatten. Das Gericht verstand die Urteile des EGMR ebenfalls als eine Absage an das statusbezogene Beamtenstreikverbot und folgerte daraus, dass auch den deutschen Beamten ein Streikrecht einzuräumen sei, sofern sie nicht dem Bereich der hoheitlichen Staatsverwaltung angehörten.[206]

Anders fiel die Entscheidung des VG Osnabrück[207] vom 19. August 2011 aus. Zwar hielt es das Gericht für möglich, dass die EGMR-Urteile eine Absage an das deutsche Beamtenstreikverbot enthielten. In jedem Fall stünden aber die „hergebrachten Grundsätze des Berufsbeamtentums" in Art. 33 Abs. 5 GG ei-

---

[200] VG Düsseldorf v. 15. 12. 2010 – 31 K 3904 / 10.O; zit. nach: juris, Rn. 19.

[201] VG Düsseldorf v. 15. 12. 2010 – 31 K 3904 / 10.O; zit. nach: juris, Rn. 22 ff.

[202] *Löber*, AuR 2011, 74 (76); *Schlachter*, RdA 2011, 341.

[203] OVG Münster v. 7. 3. 2012 – 3d A 317 / 11.O; zit. nach: juris, Rn. 277 ff.; *Löber*, AuR 2011, 74 (76).

[204] OVG Münster v. 7. 3. 2012 – 3d A 317 / 11.O; zit. nach: juris, Rn. 277–279.

[205] VG Kassel v. 27. 7. 2011 – 28 K 1208 / 10.KS.D; zit. nach: juris.

[206] VG Kassel v. 27. 7. 2011 – 28 K 1208 / 10.KS.D; zit. nach: juris, Rn. 36 ff.

[207] VG Osnabrück v. 19. 8. 2011 – 9 A 1 / 11, NVwZ-RR 2012, 323.

nem Beamtenstreik nach Maßgabe des EGMR entgegen. Zu einer Anpassung an konventionsrechtliche Vorgaben sei im Übrigen nur der verfassungsändernde Gesetzgeber befugt.[208]

Auch das VG Bremen[209] hat in seiner Entscheidung vom 3. Juli 2012 ein Beamtenstreikrecht verneint und die Klage des verbeamteten Lehrers abgewiesen. Bei seiner Argumentation stützte sich das Gericht maßgeblich auf das Alimentationsprinzip und die Treuepflicht der Beamten nach Art. 33 Abs. 4 und 5 GG.[210]

Die verwaltungsgerichtlichen Entscheidungen erster Instanz lassen keine einheitliche Linie erkennen. Für weitere Klarheit haben aber die Berufungsentscheidungen des OVG Münster[211] und des OVG Lüneburg[212] gesorgt. Mit ihren Urteilen vom 7. März 2012 bzw. vom 12. Juni 2012 haben sie die erstinstanzlichen Entscheidungen kassiert und erklärt, dass die Urteile des EGMR nicht zwingend als eine Absage an das deutsche Beamtenstreikverbot zu interpretieren seien. Überdies sei auch nur der verfassungsändernde Gesetzgeber oder das BVerfG als „maßgeblicher Hüter und Interpret der Verfassung“[213] für eine konventionskonforme Änderung des nationalen Rechts zuständig. Damit sollte es (vorerst) bei der geltenden Rechtslage bleiben. Allerdings hat dann das BVerwG die grundsätzliche Bedeutung der Rechtssache i. S. v. § 132 Abs. 2 Nr. 1 VwGO, § 67 S. 1 LDG NRW anerkannt und die Revision zugelassen. In der Revision war zu klären, inwiefern den EGMR-Entscheidungen eine Bedeutung für das deutsche Beamtenstreikverbot oder für das Disziplinarrecht zukomme.[214] Das BVerwG hat nun in seiner richtungsweisenden Entscheidung vom 27. Februar 2014 erklärt, dass es zwar vorerst beim Beamtenstreikverbot bleibe, jedoch zugleich einen Verstoß gegen Art. 11 EMRK bejaht und den Gesetzgeber zur Nachbesserung aufgerufen. Das Streikverbot für Beamte gelte weiterhin als „hergebrachter Grundsatz“ des Art. 33 Abs. 5 GG. Dieses Verbot sei jedoch mit den Gewährleistungen des Art. 11 EMRK unvereinbar. Allerdings könne nur der Gesetzgeber im Wege der praktischen Konkordanz einen Ausgleich herbeiführen. Daher sah sich das BVerwG lediglich dazu veranlasst, die verhängte Geldbuße zu reduzieren.[215] Ferner hat die GEW nach eigenen Angaben bereits im August 2012 Verfassungsbeschwerde gegen die Entscheidung des OVG Lüneburg[216] eingelegt. Überdies möchte die GEW im Falle der

[208] VG Osnabrück v. 19. 8. 2011 – 9 A 1/11, NVwZ-RR 2012, 323 (325 f.).
[209] VG Bremen v. 3. 7. 2012 – D K 20/11; zit. nach: juris.
[210] VG Bremen v. 3. 7. 2012 – D K 20/11; zit. nach: juris, Rn. 27 f.
[211] OVG Münster v. 7. 3. 2012 – 3d A 317/11.O; zit. nach: juris.
[212] OVG Lüneburg v. 12. 6. 2012 – 20 BD 7/11; zit. nach: juris.
[213] OVG Lüneburg v. 12. 6. 2012 – 20 BD 7/11; zit. nach: juris, Rn. 66.
[214] BVerwG v. 2. 1. 2013 – 2 B 46/12; zit. nach: juris, Rn. 1.
[215] BVerwG v. 27. 2. 2014 – 2 C 1/13, NZA 2014, 616.
[216] Nach niedersächsischem Disziplinarrecht ist nach dem Berufungsverfahren vor dem OVG keine Revision zulässig, § 61 Abs. 2 Niedersächsisches Disziplinargesetz (NDiszG).

Nichtannahme oder bei Bestätigung des bisherigen Beamtenstreikverbots vor den EGMR ziehen.[217] Abzuwarten bleiben also die endgültig Klarheit schaffenden Entscheidungen des BVerfG und des EGMR. Spannend dürfte auch die Frage sein, ob und wie der Gesetzgeber auf den „Handlungsauftrag" des BVerwG reagieren wird.

E. Verhältnismäßigkeitsprinzip

Ein fundamentaler Grundsatz des deutschen Arbeitskampfrechts ist das Verhältnismäßigkeitsprinzip.[218] Der Grundsatz hat eine lange Tradition. Dabei geht es im Kern um das angemessene Verhältnis von Mittel und Zweck bei der Beeinträchtigung geschützter Rechtspositionen.[219] Nach verbreiteter Ansicht hat das Verhältnismäßigkeitsprinzip seinen Ursprung im öffentlichen Recht (*verfassungsrechtliches* Verhältnismäßigkeitsprinzip oder Übermaßverbot)[220]. Es wird aus dem Rechtsstaatsprinzip in Art. 20 Abs. 3 GG abgeleitet und dient als Leitregel allen staatlichen Handelns.[221] Im Beschluss des Großen Senats des BAG vom 21. April 1971[222] fand das Verhältnismäßigkeitsprinzip erstmals Eingang in das Arbeitskampfrecht (*arbeitskampfrechtliches* Verhältnismäßigkeitsprinzip). Heute gilt es als „zentraler Bewertungsmaßstab" für Arbeitskämpfe.[223] Das arbeitskampfrechtliche Verhältnismäßigkeitsprinzip darf aber nicht losgelöst von seinen verfassungsrechtlichen Wurzeln verstanden werden, sondern ist „in sinnidentischer Weise" mit letzterem verbunden.[224] Die öffentlich-rechtliche Natur zeigt sich darin, dass das Verhältnismäßigkeitsprinzip eine „praktische Konkordanz"[225] zwischen den konfligierenden Interessen herstellen möchte. Zugleich ist das Verhältnismäßigkeitsprinzip ein privat-

[217] Meldung der GEW vom 3. Oktober 2012 („GEW legt Verfassungsbeschwerde ein"); online einzusehen: http://www.gew.de/GEW_legt_Verfassungsbeschwerde_ein.html.

[218] *Konzen*, JZ 1986, 157 (159).

[219] *Kreuz*, Der Grundsatz der Verhältnismäßigkeit im Arbeitskampfrecht, S. 32.

[220] Das Verhältnismäßigkeitsprinzip ist gleichbedeutend mit dem Übermaßverbot (*Däubler*, in: Däubler, Arbeitskampfrecht, § 9, Rn. 38; *Fischinger*, RdA 2007, 99 ff.; MünchHdbArbR II/*Löwisch/Rieble*, § 157, Rn. 45).

[221] Vgl. *Fischinger*, RdA 2007, 99; *Kissel*, Arbeitskampfrecht, § 29, Rn. 1 ff.; *Kreuz*, Der Grundsatz der Verhältnismäßigkeit im Arbeitskampfrecht, S. 32 ff.; *Scholz*, SAE 1985, 33 (40).

[222] BAG GS v. 21. 4. 1971 – GS 1/68, AP Nr. 43 zu Art. 9 GG.

[223] BAG v. 19. 6. 2007 – 1 AZR 396/06, AP Nr. 173 zu Art. 9 GG, unter I 2 c) der Gründe; ähnlich BAG v. 22. 9. 2009 – 1 AZR 972/08, AP Nr. 174 zu Art. 9 GG, unter B II 2 b) aa) (4) der Gründe.

[224] *Scholz*, SAE 1985, 33 (40).

[225] *Hesse*, Grundzüge des Verfassungsrechts der Bundesrepublik Deutschland, § 10, Rn. 317; MünchHdbArbR II/*Löwisch/Rieble*, § 157, Rn. 45.

rechtlicher Maßstab, anhand dessen die verfassungsmäßige Rechtsausübung definiert und begrenzt wird.[226]

Das BAG rechtfertigt die Anwendung des Verhältnismäßigkeitsprinzips auf die privatrechtliche Beziehung zwischen den Arbeitsvertragsparteien wie folgt:[227] Gewöhnlich beträfen Arbeitskämpfe „in unserer verflochtenen und wechselseitig abhängigen Gesellschaft" nicht nur die Interessen der Arbeitsvertragsparteien. Mit ihrer „Breitenwirkung"[228] beeinträchtigten die Kampfmaßnahmen auch Dritte und die Allgemeinheit „nachhaltig".[229] Dabei könnten nicht nur individuelle, sondern auch gesamtwirtschaftliche Schäden entstehen.[230]

Daraus folgt, dass der Arbeitskampf nichts anderes als eine Eingriffsbefugnis ist, die „durch besondere Rechtsfertigungsgründe", sprich durch das Verhältnismäßigkeitsprinzip, zu legitimieren ist:[231] Nach dem Verhältnismäßigkeitsgrundsatz muss der Arbeitskampf ein geeignetes, erforderliches und verhältnismäßiges, d. h. proportionales[232] Mittel sein, um das erstrebte Kampfziel zu erreichen.[233] Das Verhältnismäßigkeitsgebot erstreckt sich auf den gesamten Arbeitskampf, d. h. auf den Zeitpunkt, die Zielsetzung sowie auf Art und Ausmaß des Kampfmitteleinsatzes.[234]

Die Verhältnismäßigkeitsprüfung orientiert sich am Zweck und an der „Funktionsfähigkeit der Tarifautonomie" sowie an „Grundrechten Dritter".[235] Streiks und die von ihnen betroffenen Rechtspositionen Dritter und der Allgemeinheit werden zu einem schonenden Ausgleich gebracht, um eine angemessene Lösung im Sinne der Tarifautonomie und der Rechtsordnung insgesamt zu erzielen.[236] Unverhältnismäßig ist ein Streik, „wenn in nicht mehr hinnehmbarem Umfang in die Grundrechte des Arbeitgebers oder Dritter eingegriffen

---

[226] *Scholz*, SAE 1985, 33 (40).

[227] Die Literatur rechtfertigt die Anwendung des Verhältnismäßigkeitsprinzips auf das Arbeitskampfrecht damit, dass die Tarifvertragsparteien mit dem Arbeitskampf die Befugnis erhalten, „einseitig in die bestehende Vertragsordnung einzugreifen". Daher dürften Arbeitskämpfe nicht schrankenlos zugelassen werden, sondern müssten verhältnismäßig sein (*Kissel*, Arbeitskampfrecht, § 29, Rn. 9).

[228] *Kissel*, Arbeitskampfrecht, § 1, Rn. 9; *Kreuz*, Der Grundsatz der Verhältnismäßigkeit im Arbeitskampfrecht, S. 17.

[229] BAG GS v. 21.4.1971 – GS 1/68, AP Nr. 43 zu Art. 9 GG, unter Teil III A 1 der Gründe.

[230] *Kissel*, Arbeitskampfrecht, § 1, Rn. 1.

[231] *Picker*, DB 1985, Beil. Nr. 7, 1 (12 f.).

[232] Die „Proportionalität" und die „Verhältnismäßigkeit im engeren Sinn" werden synonym verwendet (*Däubler*, in: Däubler, Arbeitskampfrecht, § 9, Rn. 38).

[233] *Kreßel*, NZA 1995, 1121 (1122); *Rüthers*, in: Brox/Rüthers, Arbeitskampfrecht, Rn. 163.

[234] *Rüthers*, in: Brox/Rüthers, Arbeitskampfrecht, Rn. 165.

[235] BAG v. 24.4.2007 – 1 AZR 252/06, AP Nr. 2 zu § 1 TVG, unter B VI 2 a) der Gründe; *Rüthers*, in: Brox/Rüthers, Arbeitskampfrecht, Rn. 195.

[236] *Däubler*, in: Däubler, Arbeitskampfrecht, § 9, Rn. 39, § 14, Rn. 4.

wird".[237] Eindeutig rechtsmissbräuchlich sind daher Streiks, die auf die Existenzvernichtung der anderen Kampfpartei abzielen.[238] Allerdings stehen die Eignung und Erforderlichkeit des Arbeitskampfes im Ermessen der Kampfparteien. Eine gerichtliche Überprüfung ist also weitgehend ausgeschlossen.[239]

Wegen möglicher Beeinträchtigungen Dritter und in Anbetracht der Tatsache, dass Arbeitskampfmaßnahmen gravierende „volkswirtschaftliche Schäden" mit sich bringen können, leitet das BAG aus dem Verhältnismäßigkeitsprinzip als dessen „Kernstück"[240] das *Ultima Ratio*-Prinzip[241] ab. *Eduard Picker* behauptet, „daß schon die ratio des Arbeitskampfes selbst dessen Rolle als ultima ratio fordert" – eben deshalb, weil sich ein Arbeitskampf nur insoweit rechtfertigen lasse, als er seine Funktion zur Sicherung der Tarifautonomie erfüllen könne.[242] Die Kraftprobe durch den Arbeitskampf dürfe also erst subsidiär und nur als „äußerstes Mittel" erfolgen,[243] wenn nämlich alle Verständigungsmöglichkeiten gescheitert seien.[244] Die Einschätzung darüber, ob die Verhandlungen tatsächlich gescheitert sind, steht laut BAG im Ermessen der Kampfparteien und ist der gerichtlichen Überprüfung entzogen.[245] Es kommt nur darauf an, „ob nach autonomer, grundsätzlich nicht nachprüfbarer Entscheidung einer Tarifvertragspartei Verhandlungen ohne begleitenden Arbeitskampf keine Aussicht auf Erfolg mehr versprechen".[246] Die Durchführung eines Schlichtungsverfahrens ist kein Rechtmäßigkeitskriterium für den Arbeitskampf, sie ist aber häufig im Tarifvertrag vorgesehen.[247]

Im Schrifttum sind das Verhältnismäßigkeitsprinzip und der ihm innewohnende *Ultima Ratio*-Grundsatz allerdings immer wieder in Zweifel gezogen

---

237 *Däubler*, in: Däubler, Arbeitskampfrecht, § 14, Rn. 4.

238 BAG v. 24.4.2007 – 1 AZR 252/06, AP Nr. 2 zu § 1 TVG, unter B VI 2 b) bb) der Gründe; *Treber*, in: Schaub, Arbeitsrechts-Handbuch, § 193, Rn. 49.

239 *Däubler*, in: Däubler, Arbeitskampfrecht, § 9, Rn. 43.

240 *Kissel*, Arbeitskampfrecht, § 30, Rn. 3.

241 Zwar gab das BAG in seiner Entscheidung vom 12.9.1984 – 1 AZR 342/83, AP Nr. 81 zu Art. 9 GG, unter B II 2 c) der Gründe Anlass zum Zweifel, ob es tatsächlich von einer Untrennbarkeit des Verhältnismäßigkeitsprinzips und des *Ultima Ratio*-Prinzips ausgeht. Inzwischen leitet das BAG das *Ultima Ratio*-Prinzip jedoch ausdrücklich aus dem Verhältnismäßigkeitskriterium der Erforderlichkeit ab; siehe etwa BAG v. 21.6.1988 – 1 AZR 651/86, AP Nr. 108 zu Art. 9 GG, unter A I 3 d) der Gründe: „Das ultima ratio-Prinzip ist eine Ausformung des Grundsatzes der Erforderlichkeit. Arbeitskampfmaßnahmen sind erst erforderlich, wenn ohne sie ein Tarifabschluß im Wege der Verhandlungen nicht zu erreichen ist."

242 *Picker*, DB 1985, Beil. Nr. 7, 1 (15).

243 BAG v. 20.12.1963 – 1 AZR 428/62, AP Nr. 32 zu Art. 9 GG; BAG v. 29.1.1985 – 1 AZR 179/84, AP Nr. 83, unter B I 2 der Gründe; *Kissel*, Arbeitskampfrecht, § 30, Rn. 1.

244 *Gamillscheg*, Kollektives ArbR, § 20, S. 928.

245 BAG v. 22.9.2009 – 1 AZR 972/08, AP Nr. 174 zu Art. 9 GG, unter B II 2 b) aa) (4a) der Gründe.

246 *Bepler*, in: Gagel/Bieback/Knickrehm, SGB II/III, Vorbemerkung vor § 146, Rn. 30.

247 *Treber*, in: Schaub, Arbeitsrechts-Handbuch, § 196, Rn. 11 ff.

worden. Die Einführung des Verhältnismäßigkeitsprinzips in das Arbeitskampfrecht wurde in den 1970er Jahren mit dem Argument kritisiert, es sei unzulässig, ein auf staatliche Eingriffe zugeschnittenes Prinzip in ein Mittel zur Freiheitsbeschränkung umzuwandeln. Ferner sei dieses Prinzip konturenlos und führe zu beliebigen Ergebnissen.[248] Auch nachdem das Verhältnismäßigkeitsprinzip in der Rechtsprechung an Konturenschärfe gewonnen hatte, blieb Kritik nicht aus. Es ist vorgebracht worden, dass sich die Geeignetheit und Erforderlichkeit kaum von einer Rechtsmissbrauchskontrolle unterschieden, während mit der Proportionalität nichts anderes als eine „praktische Konkordanz" hergestellt werde.[249] Im Übrigen berge das Verhältnismäßigkeitsprinzip die Gefahr, als Mittel zu einer umfassenden Unterbindung unliebsamer Streikaktionen eingesetzt zu werden.[250] Schließlich wird das Verhältnismäßigkeitsprinzip vor dem Hintergrund des Art. 6 Nr. 4 ESC kritisch bewertet.[251] Auch das BAG hat das Verhältnismäßigkeitsprinzip nicht immer bedenkenlos angewendet: Mit Blick auf Art. 6 Nr. 4 ESC hat das BAG in seiner Entscheidung vom 12. September 1984 angedeutet, dass für die Anwendung des *Ultima Ratio*-Prinzips u. U. kein Raum mehr sei.[252] Jedoch ist das Gericht in späteren Entscheidungen auf diese Bedenken nicht mehr eingegangen und hat am 19. Juni 2007 erklärt, dass das Verhältnismäßigkeitsprinzip uneingeschränkt mit den Vorgaben der Europäischen Sozialcharta vereinbar sei.[253]

F. Relative Friedenspflicht

Die verfassungsrechtlich garantierte Kampffreiheit wird außerdem durch die Friedenspflicht beschränkt.[254] Diese Pflicht gebietet in *negativer* Hinsicht, dass ein wirksamer Tarifvertrag während seiner Geltungsdauer respektiert wird, sprich Arbeitskampfmaßnahmen der Tarifvertragsparteien haben während dieser Zeit zu unterbleiben.[255] In *positiver* Hinsicht verlangt die Friedenspflicht von den Tarifvertragsparteien, dass sie verbandsrechtliche Maßnahmen gegenüber solchen Mitgliedern ergreifen, die während der Geltungszeit eines

---

[248] *Däubler*, JuS 1972, 642 ff.; *Reuß*, AuR 1971, 353 (354 ff.).

[249] *Däubler*, in: Däubler, Arbeitskampfrecht, § 14, Rn. 1 ff. sowie Rn. 20 f.

[250] *Däubler*, in: Däubler, Arbeitskampfrecht, § 14, Rn. 20 f.

[251] *Däubler*, in: Däubler, Arbeitskampfrecht, § 10, Rn. 32; a. A. *Wank*, Anmerkungen zum BAG v. 19.6.2007 – 1 AZR 396/06, AP Nr. 173 zu Art. 9 GG.

[252] BAG v. 12.9.1984 – 1 AZR 342/83, AP Nr. 81 zu Art. 9 GG, unter B II 2 c) der Gründe.

[253] BAG v. 19.6.2007 – 1 AZR 396/06, AP Nr. 173 zu Art. 9 GG, unter I 1 c) bb) (3) der Gründe.

[254] *Reinfelder*, in: Däubler, Arbeitskampfrecht, § 15, Rn. 1.

[255] ErfK/*Franzen*, § 1 TVG, Rn. 81; *Kissel*, Arbeitskampfrecht, § 26, Rn. 3; MünchHdbArbR II/*Rieble/Klumpp*, § 187, Rn. 2; *Rüthers*, in: Brox/Rüthers, Rn. 218.

Tarifvertrags unzulässigerweise Kampfhandlungen vornehmen (Einwirkungspflicht).[256] Der Friedenspflicht liegt der Gedanke zu Grunde, dass der Tarifvertrag seine ordnende und befriedende Funktion im staatsfreien Bereich der Tarifautonomie[257] nur erfüllen kann, wenn während seiner Geltungsdauer ein Arbeitskampfverbot für die Tarifparteien gilt.[258] Damit erhält der Tarifvertrag den Charakter eines „Friedensvertrages auf Zeit".[259]

Bestünde eine *absolute* Friedenspflicht, müssten jegliche Kampfmaßnahmen – ungeachtet der jeweiligen Zielsetzung – während der Laufzeit eines Tarifvertrags unterbleiben. Eine derart umfassende Verpflichtung bedarf der ausdrücklichen Vereinbarung, sie wird in der Praxis allerdings nur selten eingegangen.[260] Dagegen bezieht sich eine *relative* Friedenspflicht lediglich auf den konkreten Tarifvertragsinhalt;[261] danach sind nur Arbeitskämpfe um solche Tarifforderungen unzulässig, die mit der im Tarifvertrag geregelten Materie derart in Zusammenhang stehen, dass die Erfüllung einer neuen Tarifforderung das wirtschaftliche Gleichgewicht der in dem Tarifvertrag festgelegten Arbeitsbedingungen ändern würde.[262] Die konkrete Reichweite muss im Wege der Auslegung ermittelt werden.[263] Mit der gegenständlichen Begrenzung der Friedenspflicht wird einerseits der Befriedungsfunktion des Tarifvertrags Rechnung getragen und andererseits Raum gelassen für eine allgemeine Tarifentwicklung.[264] Damit erlangt der Tarifvertrag in seinem schuldrechtlichen Teil die Eigenschaft eines „Vertrags zu Gunsten Dritter". Er schützt „die Mitglieder der Tarifvertragsparteien davor, hinsichtlich der tariflich geregelten Materie mit Arbeitskampfmaßnahmen überzogen zu werden".[265] Laut Rechtsprechung und herrschender Ansicht im Schrifttum muss die relative Friedenspflicht nicht ausdrücklich zwischen den Tarifvertragsparteien vereinbart werden; denn sie wohne dem Tarifvertrag „als einer Friedensordnung wesensmäßig inne".[266] In der Literatur variieren die Begründungsansätze zur Herleitung der Friedens-

---

256 ErfK/*Franzen*, § 1 TVG, Rn. 81; MünchHdbArbR II/*Rieble/Klumpp*, § 187, Rn. 2.

257 *Bepler*, in: FS Wißmann, S. 97 (101).

258 *Kissel*, Arbeitskampfrecht, § 26, Rn. 3; *Rüthers*, in: Brox/Rüthers, Rn. 218.

259 *Bepler*, in: FS Wißmann, S. 97 (101).

260 *Hamacher*, in: Moll, Münchener Anwaltshandbuch Arbeitsrecht, § 69, Rn. 51; *Reinfelder*, in: Däubler, Arbeitskampfrecht, § 15, Rn. 2.

261 *Rüthers*, in: Brox/Rüthers, Arbeitskampfrecht, Rn. 218 ff.

262 BAG v. 14. 11. 1958 – 1 AZR 247/57, AP Nr. 4 zu § 1 TVG; *Kissel*, Arbeitskampfrecht, § 26, Rn. 82; MünchHdbArbR II/*Rieble/Klumpp*, § 187, Rn. 5 ff.

263 *Blanke*, AuR 2004, 130 (133); ErfK/*Franzen*, § 1 TVG, Rn. 83.

264 *Kissel*, Arbeitskampfrecht, § 26, Rn. 3.

265 BAG v. 19. 6. 2007 – 1 AZR 396/06, AP Nr. 173 zu Art. 9 GG, unter I 2 c) aa) der Gründe.

266 BAG v. 21. 12. 1982 – 1 AZR 411/80, AP Nr. 76 zu Art. 9 GG, unter A II 1 a) der Gründe; BAG v. 19. 6. 2007 – 1 AZR 396/06, AP Nr. 173 zu Art. 9 GG; *Kissel*, Arbeitskampfrecht, § 26, Rn. 102; *Reinfelder*, in: Däubler, Arbeitskampfrecht, § 15, Rn. 4.

pflicht:[267] Zuweilen heißt es, die Friedenspflicht sei ein Wesensmerkmal[268] des Tarifvertrags, nach anderer Ansicht ist sie aus der Ordnungsfunktion des Tarifvertrags herzuleiten[269].

In seinen Entscheidungen vom 10. Dezember 2002[270] und 19. Juni 2007[271] erklärte das BAG, die relative Friedenspflicht sei mit Art. 6 Nr. 4 ESC vereinbar. Dabei verwies das BAG auf den letzten Halbsatz der Vorschrift, wonach das Streikrecht unter dem Vorbehalt „etwaiger Verpflichtung aus geltenden Gesamtarbeitsverträgen" stehe.[272] Ob diese Einschätzung zutrifft, wird im Verlauf dieser Arbeit geprüft.

---

[267] Zu unterschiedlichen Ergebnissen kommen diese Ansichten hinsichtlich der Frage, ob die Tarifvertragsparteien über die relative Friedenspflicht disponieren können; Näheres dazu siehe *Reinfelder*, in: Däubler, Arbeitskampfrecht, § 15, Rn. 4 f.

[268] So unter Verweis auf die Formulierung in BAG v. 21. 12. 1982 – 1 AZR 411/80, AP Nr. 76 zu Art. 9 GG, unter A II 1 a) der Gründe: *Kissel*, Arbeitskampfrecht, § 26, Rn. 102.

[269] *Boldt*, RdA 1971, 257 (266 ff.).

[270] BAG v. 10. 12. 2002 – 1 AZR 96/02, AP Nr. 162 zu Art. 9 GG.

[271] BAG v. 19. 6. 2007 – 1 AZR 396/06, AP Nr. 173 zu Art. 9 GG.

[272] BAG v. 19. 6. 2007 – 1 AZR 396/06, AP Nr. 173 zu Art. 9 GG, unter I 2 c) aa) der Gründe.

3. Abschnitt

Streik im europäischen Vergleich

Es folgt eine Untersuchung des deutschen Streikrechts im Kontext seiner europäischen Nachbarländer. Die Europäische Sozialcharta ist unter dem Dach des Europarates entstanden. Bei ihrer Ausarbeitung waren Vertreter der einzelnen europäischen Staaten beteiligt[1] und haben ihre – zuweilen sehr unterschiedlichen – Rechtsauffassungen in den Vertragstext einfließen lassen. Art. 6 Nr. 4 ESC ist damit ein „Kompromiss" der verschiedenen europäischen Rechtsansichten zum Streik. Um den Gewährleistungsgehalt des Art. 6 Nr. 4 ESC im Nachgang ermitteln zu können, ist eine vorherige Auseinandersetzung mit den Regelungsregimen der einzelnen Sozialcharta-Vertragsstaaten unerlässlich. Zugleich kann ein rechtsvergleichender Blick auf andernorts bewährte Regelungen sinnvolle Anregungen für das nationale Recht liefern.

A. Rechtliche Rahmenbedingungen

Einleitend ist zunächst auf die Schwierigkeiten des Rechtsvergleichs hinzuweisen, die der heterogenen „Grundrechtslandschaft" in Europa geschuldet sind. Die Heterogenität trifft in besonderem Maße auf das Streikrecht zu. Wegen des zuweilen sehr unterschiedlichen Begriffsverständnisses[2] vom Streik und wegen der Vielfalt[3] der nationalen Streikrechtskonzeptionen lassen sich Parallelen und Unterschiede der einzelnen Rechtsregime nur schwerlich herausarbeiten.[4] Die

---

[1] Bei der Ausarbeitung und Unterzeichnung der Europäischen Sozialcharta waren folgende Länder Mitglieder des Europarates: Belgien, Dänemark, Frankreich, Großbritannien, Irland, Italien, Luxemburg, die Niederlande, Norwegen, Schweden (Gründungsmitglieder des Europarates) sowie die später hinzugekommenen Länder: Deutschland, Griechenland, Island, Österreich und die Türkei. Die Europäische Sozialcharta wurde allerdings erst nach 1961 von Österreich und der Türkei unterzeichnet. Gleichwohl waren Vertreter dieser Länder an der Ausarbeitung der Europäischen Sozialcharta beteiligt. Um ein umfassendes Bild von der europaweiten Handhabung des Streikrechts zu erhalten, werden im Folgenden auch Spanien und Portugal untersucht.

[2] Bemühungen um ein einheitliches Begriffsverständnis für eine rechtsvergleichende Untersuchung bei *Bohr*, Rechtliche Regelungen des Streikes und wirtschaftliche Auswirkungen, S. 31 ff.

[3] *Löwisch/Rieble*, TVG, Grundlagen, Rn. 247; *Rebhahn*, EuZA 2010, 62.

[4] Zwar sind in den romanischen und skandinavischen Ländern Gemeinsamkeiten zu

Schwierigkeiten bestehen vor allem darin, dass zwar ein Recht auf Kollektivmaßnahmen oder Streik in einigen europäischen Rechtsordnungen verfassungsrechtlich garantiert wird.[5] Doch nur in Griechenland[6], Großbritannien[7], Irland[8],

---

finden, dennoch überwiegen die Unterschiede und erschweren eine Systematisierung (*Rebhahn*, NZA 2001, 763 ff.).

[5] Dies gilt für Frankreich, Griechenland, Italien, Portugal, Schweden, Spanien und die Türkei. Weniger weitgehende (verfassungsrechtliche) Garantien enthalten neben dem Grundgesetz auch die belgische, die britische (hier fehlt es an einer kodifizierten Verfassung), die dänische, die irische, die isländische, die luxemburgische, die niederländische, die norwegische und die österreichische Verfassung. In Art. 78 der dänischen, Art. 40 der irischen und Art. 26 der luxemburgischen Verfassung wird allerdings die Vereinigungsfreiheit garantiert. In Island ist ebenfalls die Vereinigungsfreiheit verfassungsrechtlich verankert (Art. 74), jedoch ergibt sich das Streikrecht aus dem Gesetz Nr. 80/1938. In Irland ist in Art. 40 von der Vereinigungs- und Gewerkschaftsfreiheit die Rede. In den Niederlanden ist die Versammlungs- und Demonstrationsfreiheit ausdrücklich verfassungsrechtlich verankert (Art. 9) und im Übrigen ist Art. 6 Nr. 4 ESC unmittelbar anwendbar. Gleiches gilt für Belgien, wo in Art. 27 die Vereinigungsfreiheit verankert ist und ansonsten Art. 6 Nr. 4 ESC angewendet wird. Ähnlich verhält es sich auch in Österreich, wo die Europäische Menschenrechtskonvention Verfassungsrang besitzt (vgl. *Alp*, in: Henssler/Braun, Arbeitsrecht in Europa, Türkei, S. 1548, Rn. 105; *Bohr*, Rechtliche Regelungen des Streikes und wirtschaftliche Auswirkungen, S. 40 ff.; *Buergenthal/Thürer*, Menschenrechte, S. 371; *Matray/Hübinger*, in: Henssler/Braun, Arbeitsrecht in Europa, Belgien, S. 188, Rn. 186; *Rebhahn*, NZA 2001, 763 (768); *Warneck*, Streikregeln in der EU27, S. 7 ff.).

[6] Art. 23 Abs. 2 der griechischen Verfassung lautet: „Streik ist ein Recht, das rechtmäßig gebildete Gewerkschaften ausüben können, um die wirtschaftlichen und allgemeinen arbeitsrechtlichen Interessen der arbeitenden Bevölkerung zu schützen. Justizbeamten und Angehörigen der Sicherheitskräfte ist Streik in jedweder Form untersagt. Das Streikrecht unterliegt besonderen Einschränkungen des Gesetzes zur Regelung dieses Rechts im Falle von Beamten und Angestellten der kommunalen Verwaltung und öffentlich rechtlicher Einrichtungen sowie von Mitarbeitern jeder Art öffentlicher oder gemeinnütziger Unternehmen, deren Betrieb von grundlegender Bedeutung für die Befriedigung der Grundbedürfnisse der Gesellschaft ist. Diese Einschränkungen können jedoch nicht so weit gehen, dass sie das Streikrecht abschaffen oder seine gesetzmäßige Ausübung verhindern."; einfachgesetzliche Vorschriften: Zivilgesetzbuch und Gesetz Nr. 1264 von 1982 (*Warneck*, Streikregeln in der EU27, S. 28; *Kerameos/Kerameus*, in: Henssler/Braun, Europäisches Arbeitsrecht, Griechenland, S. 472, Rn. 204; *Rebhahn*, NZA 2001, 763 (768)).

[7] Das Streikrecht wird in Großbritannien gesetzlich nicht ausdrücklich anerkannt. Allerdings gehen die Gerichte überwiegend von einer gewohnheitsrechtlichen Anerkennung des Streikrechts aus. Gleichwohl sind die Konturen dieses Streikrechts sehr unscharf (Mogul Steamship Co Ltd v McGregor, Gow & Co [1892] AC 25, Lord Bramwell; Morgan v Fry [1968] 2 QB 710, 725, Lord Denning MR; London Underground Ltd v RMT [1996] ICR 170, 181, Millett LJ). Streiks sind unter bestimmten Voraussetzungen „immun" gegen zivilrechtliche Sanktionen. Indirekt hat Großbritannien das Streikrecht seit dem Trade Disputes Act von 1906 durch einzelne Gesetze unter Schutz gestellt. Im Übrigen trifft Part V (Sec. 219–246) des Trade Union and Labour Relations (Consolidation) Act (TULR(C)A) 1992 nähere Bestimmungen zur Eingrenzung der Deliktshaftung bei Streiks (*Harth/Taggart*, in: Henssler/Braun, Arbeitsrecht in Europa, Großbritannien, S. 534, Rn. 108).

[8] Die irische Verfassung gewährt in Art. 40 die Vereinigungs- und Gewerkschaftsfreiheit. Einfachgesetzliche Regelungen zum Streik enthält der Industrial Relations Act 1990. Im Übrigen sind Streiks ebenso wie in Großbritannien grundsätzlich rechtswidrig (*Erken*,

Luxemburg[9], Portugal[10], Spanien[11], Schweden[12] und der Türkei[13] ist der Streik gesetzlich näher geregelt. In Frankreich hingegen verweist die heute gültige Verfassung lediglich auf die Präambel der Verfassung von 1946, wo es heißt: „Le droit de grève s'exerce dans le cadre des lois qui le réglementent"; im Übrigen[14] gestaltet die Rechtsprechung das Streikrecht aus.[15] Ebenso wird der Streik in Italien behandelt, wo zwar in Art. 40 der Verfassung ein Streikrecht gewährt ist, das aber wegen gesetzgeberischer Untätigkeit richterrechtlich ausgestaltet ist. In ähnlicher Weise handhabt auch der (überwiegende) Rest der europäischen Staaten das Streikrecht, indem er es weitgehend der richterrechtlichen Regelungskompetenz überantwortet.[16] Eine Besonderheit gilt allerdings in Dänemark und Schweden[17], wo der Staat gar keine gesetzliche Regelung zum Streik getroffen hat und die Ausgestaltung der Koalitionsfreiheit den Sozialpartnern überlässt.[18]

Unterschiede zwischen den einzelnen Rechtsordnungen bestehen außerdem hinsichtlich der Streikrechts*trägerschaft*. In Frankreich, Italien und Spanien ist das Streikrecht ein individuelles Recht, das allerdings nur kollektiv ausgeübt

in: Henssler/Braun, Arbeitsrecht in Europa, Irland, S. 595, Rn. 129; *Rebhahn*, NZA 2001, 763 (768), Fn. 51).

[9] Zwar ist das Streikrecht in Luxemburg nicht ausdrücklich gesetzlich gewährleistet, doch wird dessen Ausübung einfachgesetzlich geregelt (*Castegnaro*, in: Henssler/Braun, Arbeitsrecht in Europa, Luxemburg, S. 773, Rn. 371).

[10] Die portugiesische Verfassung gewährt in Art. 57 das Streikrecht. Einfachgesetzliche Regelungen finden sich in Lei da greve von 1977 (*E. Fedtke/J. J. Fedtke*, in: Henssler/Braun, Arbeitsrecht in Europa, Portugal, S. 1114, Rn. 151; *Rebhahn*, NZA 2001, 763 (768), Fn. 51).

[11] In Spanien lautet es in Art. 28 Abs. 2 der Verfassung: „Das Recht der Arbeitnehmer auf Streik zur Verteidigung ihrer Interessen wird anerkannt. Das Gesetz zur Regelung der Ausübung dieses Rechtes wird die erforderlichen Garantien zur Sicherung der für die Gemeinschaft wesentlichen Dienste vorsehen."; einfachgesetzliche Regelungen: Ley sobre relaciones de trabajo von 1977; zit. nach: *Rebhahn*, NZA 2001, 763 (768), Fn. 51.

[12] In Schweden lautet es in § 14 der Verfassung: „Eine Vereinigung von Arbeitnehmern sowie Arbeitgebern und eine Vereinigung von Arbeitgebern haben das Recht, Arbeitskampfmaßnahmen zu ergreifen, sofern Gesetze oder Verträgen etwas anderes aussagen."; einfachgesetzliche Regelungen: Art. 41 ff. Mitbestimmungsgesetz von 1976; zit. nach: *Rebhahn*, NZA 2001, 763 (768), Fn. 51.

[13] Nähere Vorgaben für den Streik werden in Art. 54 der türkischen Verfassung gemacht (*Alp*, in: Henssler/Braun, Arbeitsrecht in Europa, Türkei, S. 1548, Rn. 105).

[14] Nur der Streik im öffentlichen Dienst ist dort per Gesetz vom 31. Juli 1963 geregelt (*Kaufmann*, in: Hekimler/Ring, Tarifrecht in Europa, S. 77 (106); *Welter/Caron*, in: Henssler/Braun, Arbeitsrecht in Europa, Frankreich, S. 391, Rn. 293; *Warneck*, Streikregeln in der EU27, S. 26).

[15] *Kaufmann*, in: Hekimler/Ring, Tarifrecht in Europa, S. 77 (105); Näheres zum französischen Recht siehe *Walter*, ZaöRV 1955, 191.

[16] Dies gilt für Belgien, Dänemark, Deutschland, Frankreich, Griechenland, Irland, Italien, Luxemburg und die Niederlande (*Rebhahn*, NZA 2001, 763 (768); *Warneck*, Streikregeln in der EU27, S. 7).

[17] Regelungen zum Streik finden sich im schwedischen Mitbestimmungesetz von 1976.

[18] *Warneck*, Streikregeln in der EU27, S. 8, 18, 60.

werden kann,[19] während die restlichen Länder eher der deutschen Rechtsansicht zuneigen.[20] Enorme Abweichungen ergeben sich schließlich auch bei den Rechtsfolgen[21] des Streiks und bei den hier zu untersuchenden Rechtmäßigkeitsanforderungen.

Deutlich wird, dass die einzelnen europäischen Staaten ihre Regelungen zum Streik aus einem komplexen Geflecht verfassungsrechtlicher, einfachgesetzlicher, richterrechtlicher und zuweilen auch gewerkschaftlicher Vorgaben gewinnen. Aus diesem Grund kann der folgende Rechtsvergleich keinen Anspruch auf Vollständigkeit erheben. Möglich und zweckdienlich ist es aber, die Grundlinien der einzelnen Rechtsordnungen herauszuarbeiten und diese zu systematisieren; es werden nicht immer alle Staaten einzeln angesprochen, sondern vielmehr exemplarisch herausgegriffen, um Parallelen und Unterschiede zum nationalen Streikrecht aufzudecken. Dabei beschränkt sich der rechtsvergleichende Überblick auf die in dieser Arbeit untersuchten Rechtmäßigkeitskriterien – namentlich die Tarifbezogenheit des Streiks, das Verbot politischer und wilder Streiks, das Beamtenstreikverbot, das Verhältnismäßigkeitsprinzip und die relative Friedenspflicht.

I. Tarifbezogenheit des Streiks

Die Tarifbezogenheit des Streiks gilt im europäischen Rechtsvergleich als eine deutsche Besonderheit.[22] Hinsichtlich der zulässigen Tarifforderung sind die anderen europäischen Rechtsordnungen weitgehend großzügiger als die deutsche. Zum einen wird die Geltendmachung von Rechtsansprüchen – anders als in Deutschland oder Österreich[23] – gemeinhin als zulässiges Streikziel anerkannt.[24] Zum anderen sind etwa in Belgien, Dänemark, Frankreich, Griechenland, Italien und Spanien alle Arten von Streikforderungen zulässig, die auf

[19] Ein „Individualstreik" wäre also auch nach französischem, italienischem oder spanischem Recht rechtswidrig (für Frankreich siehe *Kaufmann*, in: Hekimler/Ring, Tarifrecht in Europa, S. 77 (106)).

[20] *Bohr*, Rechtliche Regelungen des Streikes und wirtschaftliche Auswirkungen, S. 247 f.; *Köhler/Jiménez*, in: Hekimler/Ring, Tarifrecht in Europa, S. 313 (328); *Le Friant*, NZA-Beil. 2006, 75 (76); *Warneck*, Streikregeln in der EU27, S. 8.

[21] *Bohr*, Rechtliche Regelungen des Streikes und wirtschaftliche Auswirkungen, S. 253 ff.; *Junker*, RdA-Beil. 2009, 4 (8); *Warneck*, Streikregeln der EU27, S. 11.

[22] Ähnliche Vorgaben werden nur in der Türkei gemacht (*Alp*, in: Henssler/Braun, Arbeitsrecht in Europa, Türkei, S. 1549, Rn. 106); *Junker*, RdA-Beil. 2009, 4 (8).

[23] Allerdings ist der Streik in Österreich nicht auf tarifvertraglich regelbare Streikziele beschränkt. Für die Zulässigkeit des Streikziels ist es entscheidend, ob im Einzelfall eine sittenwidrige Schädigung beabsichtigt ist (*Löschnigg*, in: Hekimler/Ring, Tarifrecht in Europa, S. 211 (229)).

[24] *Junker*, RdA-Beil. 2009, 4 (8); *Rebhahn*, NZA 2001, 763 (769).

eine Änderung von *Arbeitsbedingungen* gerichtet sind.[25] In Dänemark, Italien und Spanien gilt dies auch dann, wenn die Arbeitsbedingungen Gegenstand einer gesetzlichen Regelung sind.[26] In Großbritannien und Irland kommt es für die Zulässigkeit des Streikziels darauf an, ob ein „trade dispute" vorliegt.[27]

In engem Zusammenhang mit der zulässigen Tarifforderung steht die Anerkennung des bereits diskutierten Unterstützungsstreiks.[28] Auch in dieser Frage werden in den europäischen Ländern unterschiedliche Rechtsansichten vertreten. Während Unterstützungsstreiks in Großbritannien, Luxemburg und Österreich[29] grundsätzlich als unzulässig gelten,[30] können unterstützende Streikmaßnahmen nach belgischer, dänischer, griechischer, irischer, italienischer[31], norwegischer[32], schwedischer[33] und spanischer[34] Rechtsauffassung unter bestimmten Voraussetzungen zulässig sein.[35] Das Begriffsverständnis und die Zulässigkeitskriterien variieren allerdings.[36] In Dänemark behandelt die Rechtsprechung Unterstützungsstreiks ähnlich wie in Deutschland, indem

---

[25] *Kerameos/Kerameus*, in: Henssler/Braun, Arbeitsrecht in Europa, Griechenland, S. 474, Rn. 207; *Rebhahn*, NZA 2001, 763 (769), Fn. 73; *Ring/Olsen-Ring*, in: Hekimler/Ring, Tarifrecht in Europa, S. 19 (40); *Warneck*, Streikregeln in der EU27, S. 14, 18, 26, 28, 36, 48.

[26] *Rebhahn*, NZA 2001, 763 (769).

[27] *Däubler*, Der Streik im öffentlichen Dienst, S. 55 f.; *Rebhahn*, NZA 2001, 763 (769), Fn. 73.

[28] Siehe oben S. 19, 26.

[29] In Österreich darf der Unterstützungsstreik ausschließlich der Unterstützung eines anderen rechtmäßigen Arbeitskampfes dienen und der bestreikte Arbeitgeber muss auf den eigentlichen Adressaten des Arbeitskampfes Einfluss nehmen können (*Bohr*, Rechtliche Regelungen des Streikes und wirtschaftliche Auswirkungen, S. 251).

[30] *Junker*, RdA-Beil. 2009, 4 (9); *Warneck*, Streikregeln in der EU27, S. 30, 44, 48, 52.

[31] Obgleich ein Unterstützungsstreik nach Art. 505 des italienischen Strafgesetzbuchs eine Straftat ist, soll er laut italienischem Verfassungsgericht nicht geahndet werden, wenn der Hauptarbeitskampf rechtmäßig ist und mit dessen Unterstützung ein berechtigtes wirtschaftliches Interesse verfolgt wird, das ohne diese Unterstützung nicht zu erreichen wäre (*Ales*, in: Hekimler/Ring, Tarifrecht in Europa, S. 159 (177); *Bohr*, Rechtliche Regelungen des Streikes und wirtschaftliche Auswirkungen, S. 251; *Warneck*, Streikregeln in der EU27, S. 36 f.).

[32] In Norwegen wird verlangt, dass der Hauptarbeitskampf rechtmäßig ist. Im Übrigen kann ein Unterstützungsstreik nur nach gescheiterten Verhandlungen und ordnungsgemäßer Ankündigung sowie Zustimmung des Zentralorgans der ausrufenden Gewerkschaft vorgenommen werden (*Warneck*, Streikregeln der EU27, S. 50).

[33] Nach schwedischem Recht ist ein Unterstützungsstreik zulässig, wenn der unterstützte Hauptarbeitskampf rechtmäßig ist. Um einen schwedischen Unterstützungsstreik ging es auch in der berühmten Laval-Entscheidung des EuGH: EuGH v. 18. 12. 2007 – C-341/05 (Laval), NZA 2008, 159 (*Inghammar*, EuZA 2009, 421 (423), Fn. 12). Näheres zu dieser Entscheidung siehe unten S. 381 ff.

[34] In Spanien unterliegt der Unterstützungsstreik allerdings strengen Rechtmäßigkeitsvoraussetzungen und wird nur in seltenen Fällen für zulässig erklärt (*Warneck*, Streikregeln in der EU27, S. 8, 66).

[35] *Junker*, RdA-Beil. 2009, 4 (9); *Rebhahn*, NZA 2001, 763 (769); *Warneck*, Streikregeln in der EU27, S. 8, 14, 18 f., 28, 32, 36, 50, 60, 66.

[36] *Warneck*, Streikregeln der EU27, S. 8.

sie die Unterstützungsstreiks einer Art Verhältnismäßigkeitsprüfung – so genannter *test of reasonableness* – unterzieht. Dabei prüft das Gericht, ob die Gewerkschaft geeignete und verhältnismäßige Maßnahmen zur Unterstützung eines rechtmäßigen Hauptarbeitskampfes ergriffen hat.[37] In Schweden hingegen werden Unterstützungsstreiks bevorzugt behandelt und nur eingeschränkten Verhältnismäßigkeitsanforderungen unterworfen. Überdies entfällt nach schwedischer Rechtsansicht bei Rechtmäßigkeit des Hauptarbeitskampfes die Friedenspflicht.[38] In Frankreich hingegen wird ein Unterstützungsstreik nur unter der Einschränkung für zulässig gehalten, dass er innerhalb eines Unternehmens oder Konzerns stattfindet.[39]

II. Verbot des politischen Streiks

Rein politische Streiks sind ebenso wie in Deutschland in den meisten europäischen Ländern verboten.[40] Ausnahmen gelten für Dänemark[41], Irland[42], Italien[43] und Norwegen[44], vor allem dann, wenn es sich nur um kurze Streikaktionen handelt. Das grundsätzliche Verbot des politischen Streiks ist auch in Belgien gelockert, wenn das Streikziel neben dem politischen Motiv zugleich einen Bezug zum Beschäftigungsverhältnis aufweist und der Streik nur von kurzer Dauer ist.[45] De facto gilt Gleiches für Griechenland,[46] wo politische Streiks trotz rechtlicher Unzulässigkeit aus parteipolitischen Gründen weitgehend toleriert werden.[47] Anders ist die Rechtslage in Frankreich: Wegen ihres fehlenden Berufsbezugs fallen politische Streiks nach französischer Rechts-

---

[37] *Inghammar*, EuZA 2009, 421 (428); *Junker*, RdA-Beil. 2009, 4 (9); *Ring/Olsen-Ring*, in: Hekimler/Ring, Tarifrecht in Europa, S. 19 (42).

[38] *Rebhahn*, NZA 2001, 763 (769); *Warneck*, Streikregeln in der EU27, S. 60.

[39] *Bohr*, Rechtliche Regelungen des Streikes und wirtschaftliche Auswirkungen, S. 159; *Warneck*, Streikregeln in der EU27, S. 27.

[40] *Warneck*, Streikregeln der EU27, S. 8.

[41] In Dänemark ist ein politischer Streik während der Laufzeit einer Kollektivvereinbarung wegen Verstoßes gegen die Friedenspflicht unzulässig. Zulässig ist er hingegen, wenn er kurz und unter Verhältnismäßigkeitsgesichtspunkten „gerechtfertigt" ist (*Ring/Olsen-Ring*, in: Hekimler/Ring, Tarifrecht in Europa, S. 19 (41); *Warneck*, Streikregeln der EU27, S. 18 f.).

[42] *Warneck*, Streikregeln der EU27, S. 18.

[43] Auch ein politisch motivierter Streik kann vom Schutzbereich des Art. 40 der italienischen Verfassung erfasst sein (*Ales*, in: Hekimler/Ring, Tarifrecht in Europa, S. 159 (178); *Warneck*, Streikregeln in der EU27, S. 36; a. A. noch *Bohr*, Rechtliche Regelungen des Streikes und wirtschaftliche Auswirkungen, S. 252).

[44] Nur ein „kurzer" politischer Streik ist dort zulässig (*Warneck*, Streikregeln der EU27, S. 50).

[45] *Bohr*, Rechtliche Regelungen des Streikes und wirtschaftliche Auswirkungen, S. 251; *Warneck*, Streikregeln in der EU27, S. 9, 14.

[46] *Kerameos/Kerameus*, in: Henssler/Braun, Arbeitsrecht in Europa, Griechenland, S. 474, Rn. 208.

[47] *Gavalas*, in: Hekimler/Ring, Tarifrecht in Europa, S. 113 (128).

auffassung schon von vornherein nicht unter den Streikbegriff, sondern gelten als „verbotene Massenbewegung“[48].[49] Gleichwohl können Proteste in der Privatwirtschaft, die sich gegen eine bestimmte Sozial- und Wirtschaftspolitik richten und zugleich eine berufsbezogene Forderung enthalten, gerechtfertigt sein.[50]

III. Verbot des wilden Streiks

In Frankreich, Italien und Spanien ist der Streik als individuelles Recht ausgestaltet und daher auch ohne Gewerkschaftsbeschluss zulässig.[51] In Frankreich führt die individualrechtliche Anerkennung des Streiks sogar so weit, dass unter Umständen ein einzelner Arbeitnehmer streiken darf.[52] Ein wilder Streik ist auch in den Niederlanden, Österreich und Portugal[53] zulässig, wenngleich das Streikrecht dort nicht ausdrücklich als individuelles (Verfassungs-)Recht ausgestaltet ist.[54] Allerdings muss ein nichtgewerkschaftlicher Streik in Portugal und Spanien im Wege einer Abstimmung von den Arbeitnehmern der betroffenen Betriebe abgesegnet werden.[55] Anders gestaltet sich die Lage in Griechenland: Obwohl nach dortiger Rechtsauffassung ein wilder Streik grundsätzlich unzulässig ist,[56] wird das Verbot bei kurzen Arbeitsniederlegungen relativiert: Ist der Streik nur kurz, muss nicht die Generalversammlung der Gewerkschaft über den Streik abstimmen, sondern nur der Exekutivausschuss der Gewerkschaft.[57] Im Übrigen kann ein wilder Streik nach griechischem Recht – ebenso wie in Deutschland – ex nunc als rechtmäßig anerkannt wer-

---

[48] *Welter/Caron*, in: Henssler/Braun, Arbeitsrecht in Europa. Frankreich, S. 391, Rn. 294.

[49] *Bohr*, Rechtliche Regelungen des Streikes und wirtschaftliche Auswirkungen, S. 251.

[50] *Däubler*, in: Däubler, Arbeitskampfrecht, § 12, Rn. 25; *Warneck*, Streikregeln in der EU27, S. 26; *Welter/Caron*, in: Henssler/Braun, Arbeitsrecht in Europa, Frankreich, S. 391, Rn. 294.

[51] *Bohr*, Rechtliche Regelungen des Streikes und wirtschaftliche Auswirkungen, S. 151, 250; *Däubler*, in: Däubler, Arbeitskampfrecht, § 12, Rn. 25; *Kaufmann*, in: Hekimler/Ring, Tarifrecht in Europa, S. 77 (106); *Köhler/Jiménez*, in: Hekimler/Ring, Tarifrecht in Europa, S. 313 (328).

[52] *Le Friant*, NZA-Beil. 2006, 75 (76).

[53] Der wilde Streik ist in Portugal zulässig, wenn Gewerkschaften fehlen (*BMAS*, Sozialkompass Europa, S. 174).

[54] *Bohr*, Rechtliche Regelungen des Streikes und wirtschaftliche Auswirkungen, S. 250; *Däubler*, in: Däubler, Arbeitskampfrecht, § 12, Rn. 25; *Rebhahn*, NZA 2001, 763 (768 f.).

[55] *Rebhahn*, NZA 2001, 763 (769); in Spanien gilt dies, wenn die Belegschaftsversammlung zum Streik aufruft; dazu siehe auch *Köhler/Jiménez*, in: Hekimler/Ring, Tarifrecht in Europa, S. 313 (328).

[56] *Gavalas*, in: Hekimler/Ring, Tarifrecht in Europa, S. 113 (128).

[57] *Warneck*, Streikregeln der EU27, S. 28.

den, wenn er von einer Gewerkschaft übernommen wird.[58] Ferner dürfen in Griechenland auch nicht repräsentative Gewerkschaften streiken, sprich solche Arbeitnehmerkollektive, die bloß eine (Unternehmens-)Gewerkschaft gründen können.[59]

Außerdem werden in einigen europäischen Ländern ebenso wie in Deutschland gesteigerte Anforderungen an die Gewerkschaftsanerkennung oder an die Tariffähigkeit gestellt – Fragen, die eng mit der Koalitionsgetragenheit des Streiks verknüpft sind.[60] Vergleichsweise restriktiv wie Deutschland ist Großbritannien, wo die Gewerkschaften ein strenges Anerkennungsverfahren durchlaufen müssen.[61] Strikte Vorgaben bestehen auch in Irland, Dänemark und Schweden.[62] Hinsichtlich der Tariffähigkeit einer Arbeitnehmervereinigung werden in Belgien und Österreich hohe Hürden errichtet. Dort setzt die Tariffähigkeit voraus, dass die Arbeitnehmervereinigung „allgemeine Bedeutung" erlangt hat. In Frankreich wiederum wird gesetzlich seit dem 20. August 2008 eine Repräsentativität gefordert, die sich nicht nur nach der Mitgliederzahl der Gewerkschaft bemisst, sondern auch nach dem Wahlergebnis:[63] Die tarifschließenden Gewerkschaften müssen bei den letzten Wahlen zu den Arbeitsgerichten oder zur Belegschaftsvertretung 30 % der Stimmen erreicht haben.[64] Ähnlich sind die Vorgaben in der Türkei, wo sich die Arbeitnehmervereinigung vor Beginn der Verhandlungen ihre Tariffähigkeit bescheinigen lassen muss. Die Tariffähigkeit wird anerkannt, wenn die Gewerkschaft mindestens 10 % der Branchenbeschäftigten oder 50 % der Beschäftigten des Betriebes repräsentiert.[65]

IV. Beamtenstreikverbot

Im Hinblick auf den Beamtenstreik ist zunächst festzuhalten, dass die einzelnen europäischen Rechtsordnungen zwar statusrechtlich zwischen der Privatwirtschaft und dem öffentlichen Dienst unterscheiden, letzteren aber sehr unterschiedlich ausgestaltet haben.[66] In Großbritannien etwa wird innerhalb des öffentlichen Dienstes („civil servants") nicht zwischen Beamten

---

[58] *Keramoeos/Kerameus*, in: Henssler/Braun, Arbeitsrecht in Europa, Griechenland, S. 473, Rn. 207.

[59] *Rebhahn*, NZA 2001, 763 (768).

[60] Siehe oben S. 32 ff.

[61] Dennoch kann auch ein wilder Streik zulässig sein, weil jedem Organisator eines Streiks „Immunität" zukommen kann (*Harth/Taggart*, in: Henssler/Braun, Arbeitsrecht in Europa, Großbritannien, S. 525 ff., Rn. 89 ff.; *Rebhahn*, NZA 2001, 763 (768 f.)).

[62] *Rebhahn*, NZA 2001, 763 (768).

[63] *Świątkowski*, Charter of Social Rights of the Council of Europe, S. 233.

[64] *Rebhahn*, EuZA 2010, 62 (77).

[65] *Sauer*, NZA 1993, 926 (928).

[66] *Landau/Steinkühler*, DVBl 2007, 133 (134 f.).

und Angestellten unterschieden, da nach dortigem Recht ein Beamtentum gar nicht existiert.[67] Ob eine kollektive Betätigung bzw. ein Streik im öffentlichen Bereich zulässig ist, bemisst sich nach dem jeweiligen Tätigkeitsfeld. So ist beispielsweise den „civil servants“ im Sicherheitssektor aus Gründen der nationalen Sicherheit sogar die Gewerkschaftsmitgliedschaft verboten.[68]

Sieht man über die Unterschiede der einzelnen Rechtsordnungen hinweg, so ergibt sich hinsichtlich des Beamtenstreikverbots folgendes Bild: Außer der Bundesrepublik Deutschland kennen nur Dänemark[69] und die Türkei[70] ein generelles, statusbezogenes Streikverbot für Beamte. In den Niederlanden hingegen ist der Beamtenstreik richterrechtlich anerkannt.[71] Dasselbe gilt für Schweden, wo das Streikrecht auch solchen Personen zusteht, die „grundlegende Dienste“ ausführen.[72] Die Mehrheit der europäischen Staaten verfolgt dagegen einen differenzierenden Ansatz und trifft Sonderbestimmungen für den Streik im öffentlichen Dienst.[73] Nach diesem differenzierenden Ansatz hängt die Zulässigkeit eines Streiks davon ab, welche Funktion die im öffentlichen Dienst beschäftigte Person konkret ausübt. Dabei gilt grundsätzlich Folgendes: Besonders „staatsnahe“ Tätigkeiten sind vom Streikrecht ausgenommen, während im Übrigen ein Streikrecht im öffentlichen Dienst besteht. Diese Regelung betrifft alle Angehörigen des öffentlichen Dienstes, also auch solche Personen, die nach der jeweiligen Rechtsordnung Beamtenstatus besitzen. Es wird also anstelle einer statusbezogenen eine funktionsbezogene Differenzierung für den Streik im *gesamten* öffentlichen Dienst vorgenommen.[74]

In Frankreich ist das Beamtenstreikrecht – gleichwohl ungeschriebenes – Verfassungsrecht.[75] Jedoch werden Staatsbeamte, die in „sensiblen“ Bereichen tätig sind – wie etwa Gefängniswärter, Militärbeamte, Polizisten, Präfekten und Richter – gesetzlich vom Streikrecht ausgenommen.[76] Ähnlich heißt es in Griechenland, dass „Justizbeamten und Angehörigen der Sicherheitskräfte

[67] *Mitscherlich*, Das Arbeitskampfrecht der Bundesrepublik Deutschland und die ESC, S. 101; *Polakiewicz/Kessler*, NVwZ 2012, 841 (842).

[68] Council of Civil Service Unions v. Minister for the Civil Service [1985] AC 374.

[69] *Hensche*, in: Däubler, Arbeitskampfrecht, § 18a, Rn. 76.

[70] Im türkischen Recht ist eine Gesetzesnovelle für das Streikrecht geplant; dazu siehe *Hekimler*, in: Hekimler/Ring, Tarifrecht in Europa, S. 367 (392 f.).

[71] *Warneck*, Streikregeln der EU27, S. 49.

[72] *Warneck*, Streikregeln der EU27, S. 61; ähnlich *Däubler*, Der Streik im öffentlichen Dienst, S. 60.

[73] *Bohr*, Rechtliche Regelungen des Streikes und wirtschaftliche Auswirkungen, S. 248.

[74] *Mitscherlich*, Das Arbeitskampfrecht der Bundesrepublik Deutschland und die ESC, S. 102 ff.

[75] Das Streikrecht muss mit der pflichtmäßig gebotenen Zurückhaltung ausgeübt werden und der öffentliche Dienst muss weiterhin in der Lage sein, seine wesentlichen Aufgaben verrichten zu können (*Kaufmann*, in: Hekimler/Ring, Tarifrecht in Europa, S. 77 (106)).

[76] *Warneck*, Streikregeln in der EU27, S. 27; *Welter/Craon*, in: Henssler/Braun, Arbeitsrecht in Europa, Frankreich, S. 391, Rn. 293.

[...] Streik in jedweder Form untersagt" ist. Im Übrigen ist in Art. 23 Abs. 2 der griechischen Verfassung vorgesehen, dass das Streikrecht für Beamte und Angestellte in der kommunalen Verwaltung und in öffentlich-rechtlichen Einrichtungen eingeschränkt ist, wenn der „Betrieb von grundlegender Bedeutung für die Befriedigung der Grundbedürfnisse der Gesellschaft ist".[77] Ähnlich heißt es in Art. 52 der italienischen Verfassung, dass Mitgliedern der Polizei und des Militärs das Streikrecht vorenthalten werde, „um die nationale Sicherheit, die körperliche Unversehrtheit und das Eigentum der Bürger nicht zu gefährden". Im Übrigen ist der Beamtenstreik nach italienischem Recht aber zulässig.[78] Auch nach luxemburgischer Rechtsauffassung sind bestimmte Beamtengruppen vom Streikrecht ausgenommen – namentlich Angehörige des diplomatischen Dienstes, Richter, Staatsanwälte, Verwaltungsräte, Vorsteher von öffentlichen Bildungseinrichtungen und Polizisten.[79] Ähnliche Einschränkungen existieren auch in Spanien.[80] In Schweden wiederum geht die Beschränkung des Beamtenstreiks weniger weit. Personen, die Hoheitsgewalt ausüben, sind in Schweden lediglich an einem Unterstützungsstreik gehindert.[81] Schließlich ist auf das österreichische Recht hinzuweisen, wo wegen Verfassungsrangs[82] des Art. 11 EMRK[83] ebenfalls nur ein nach funktionsbezogenen Kriterien differenzierendes Beamtenstreikverbot gilt.[84]

V. Verhältnismäßigkeitsprinzip

Das Verhältnismäßigkeitsprinzip gilt als deutsche Besonderheit; dennoch sind in den übrigen europäischen Rechtsordnungen ähnliche Anforderungen zu finden. In Griechenland besteht etwa die Verpflichtung, vor Streikbeginn ein Vermittlungsverfahren durchzuführen.[85] In abgeschwächter Form enthält auch das dänische Recht eine solche Einschränkung. Dort ist ein Streik nämlich nur

---

[77] *Warneck*, Streikregeln der EU27, S. 28.

[78] *Warneck*, Streikregeln der EU27, S. 37.

[79] *Warneck*, Streikregeln der EU27, S. 44.

[80] *Warneck*, Streikregeln der EU27, S. 67.

[81] *Warneck*, Streikregeln der EU27, S. 61.

[82] Die Europäische Menschenrechtskonvention ist Teil der österreichischen Rechtsordnung seit BGBl. 1958 Nr. 210, S. 1927 und besitzt seit BVG BGBl. 1964 Nr. 59, S. 623 Verfassungsrang (*Schäffer*, in: Merten/Papier, Handbuch der Grundrechte, Band VII/1, § 186, Rn. 71, Fn. 195; *Tomandl*, Streik und Aussperrung als Mittel des Arbeitskampfes, S. 98).

[83] Nach Art. 11 EMRK ist ein statusbezogenes Beamtenstreikverbot unzulässig und nur unter den Einschränkungen des Art. 11 Abs. 2 EMRK dürfen funktionsbezogene Einschränkungen gemacht werden; Näheres dazu siehe unten S. 254 ff.

[84] Vgl. *Gamillscheg*, Kollektives ArbR, § 23, S. 1111; *Potcas*, in: Merten/Papier, Handbuch der Grundrechte, Band VII/1, § 197, Rn. 20; *Schäffer*, in: Merten/Papier, Handbuch der Grundrechte, Band VII/1, § 186, Rn. 71 f. und 94.

[85] *Rebhahn*, NZA 2001, 763 (770).

erlaubt, wenn er einen „gesetzmäßigen und sachlichen Zweck verfolgt“ und verhältnismäßig ist.[86]

Hinsichtlich des *Ultima Ratio*-Grundsatzes ergibt sich folgendes Bild: Zwar verlangt außer der deutschen keine andere europäische Rechtsordnung, dass erst nach Ausschöpfung aller Verhandlungsmöglichkeiten gestreikt werden darf. In Frankreich und Italien muss vor Beginn des Streiks noch nicht einmal eine Frist gewahrt werden. Allerdings ist der Streik in den Niederlanden nur als „letztes Mittel“ zulässig,[87] wenngleich die Vorgaben im Detail aber erheblich vom deutschen Recht abweichen.[88] Auch in Griechenland ist das *Ultima Ratio*-Prinzip ein zentraler Prüfungsmaßstab für Streiks.[89] Gleiches gilt in der Türkei, wo der *Ultima Ratio*-Grundsatz sogar gesetzlich konkretisiert ist.[90]

VI. Relative Friedenspflicht

Bis auf Frankreich und Italien anerkennen alle hier untersuchten europäischen Staaten eine (relative) Friedenspflicht.[91] Unterschiede ergeben sich allerdings hinsichtlich der dogmatischen Fundierung und der konkreten Reichweite.[92] In Belgien[93] und Frankreich[94] etwa ist die relative Friedenspflicht dem Tarifvertrag nicht immanent, sondern bedarf einer ausdrücklichen Vereinbarung. Was die Reichweite der Friedenspflicht anbelangt, existieren nur in der Türkei restriktivere Anforderungen als in Deutschland. Dort gilt eine absolute Friedenspflicht.[95] In den übrigen Ländern wird die Friedenspflicht häufig relativiert: So wird etwa in Dänemark im Falle eines Unterstützungsstreiks eine Ausnahme von der Friedenspflicht gemacht[96] oder auf Sanktionen verzichtet, wenn die Arbeitsniederlegung nur von kurzer Dauer ist[97]. In Griechenland dagegen sind

---

86 *Ring/Olsen-Ring*, in: Hekimler/Ring, Tarifrecht in Europa, S. 19 (41).

87 *Warneck*, Streikregeln der EU27, S. 48.

88 *Rebhahn*, NZA 2001, 763 (770).

89 *Gavas*, in: Hekimler/Ring, Tarifrecht in Europa, S. 113 (129); *Kerameos/Kerameus*, in: Henssler/Braun, Arbeitsrecht in Europa, Griechenland, S. 475, Rn. 212.

90 *Alp*, in: Henssler/Braun, Arbeitsrecht in Europa, Türkei, S. 1549, Rn. 108.

91 *Kaufmann*, in: Hekimler/Ring, Tarifrecht in Europa, S. 77 (105); *Kittner*, Arbeitskampf, S. 652; *Warneck*, Streikregeln der EU27, S. 10.

92 *Bohr*, Rechtliche Regelungen des Streikes und wirtschaftliche Auswirkungen, S. 40 ff.

93 *Bohr*, Rechtliche Regelungen des Streikes und wirtschaftliche Auswirkungen, S. 111.

94 *Gamillscheg*, Kollektives ArbR, § 22, S. 1076.

95 *Alp*, in: Henssler/Braun, Arbeitsrecht in Europa, Türkei, S. 1549, Rn. 106.

96 *Steinrücke/Würtz*, in: Henssler/Braun, Arbeitsrecht in Europa, Dänemark, S. 256, Rn. 138.

97 *Ring/Olsen-Ring*, in: Hekimler/Ring, Tarifrecht in Europa, S. 19 (40).

Streiks trotz der Friedenspflicht rechtmäßig, wenn sich die Umstände seit dem Abschluss des Tarifvertrags erheblich geändert haben.[98]

B. Streikpraxis

Ebenso heterogen wie sich die *rechtlichen* Regelungen in den europäischen Ländern darstellen, gestaltet sich auch die Streik*praxis*. Unterschiede zeigen sich bei den Ursachen und Modalitäten, bei den bestreikten Branchen und der Häufigkeit, Dauer und Reichweite der Streiks.[99] Auf Grund der Komplexität des Untersuchungsgegenstandes kann hier nur ein grober Überblick gegeben werden. Als gängige Vergleichskriterien dienen im Folgenden die Streikhäufigkeit[100] und das Arbeitskampfvolumen[101].

Betrachtet man zunächst die Statistik zur Streikhäufigkeit[102], ergibt sich folgendes Bild: Spitzenreiter ist Frankreich, wo im Jahresdurchschnitt 2101 Streiks und Aussperrungen stattfinden. Mit weitem Abstand folgen Dänemark, Spanien und Italien, wo sich im Jahresdurchschnitt 828, 723 bzw. 710 Arbeitskämpfe ereignen. Mit deutlichem Abstand folgen Deutschland und Großbritannien, wo jährlich 330 bzw. 155 Arbeitskämpfe verzeichnet werden. Gering ist die Streikhäufigkeit schließlich in Irland (22), den Niederlanden (20), Schweden (11), Norwegen (10) und Österreich (2).

Die bloße Anzahl der Konflikte, die mit der Streikhäufigkeit erfasst werden, beinhaltet allerdings keine Aussage über die Dauer, die Mobilisierung und die Breitenwirkung eines Arbeitskampfes.[103] Zudem kann die Streikhäufigkeit ein „verzerrtes" Bild liefern, weil nämlich zu berücksichtigen ist, dass Ausstände

---

[98] *Kerameos/Kerameus*, in: Henssler/Braun, Arbeitsrecht in Europa, Griechenland, S. 475, Rn. 212.

[99] *Lesch*, in: Schweiger/Brandl, Der Kampf um Arbeit, S. 17 (34 f.).

[100] Die Streikhäufigkeit bezeichnet die Anzahl an Streiks und Aussperrungen im Jahresdurchschnitt.

[101] Das Arbeitskampfvolumen bezeichnet die durch Streiks und Aussperrungen verloren gegangenen Arbeitstage je 1000 Beschäftigte. Das Arbeitskampfvolumen wird anhand folgender Indikatoren ermittelt: Streikumfang (durchschnittliche Teilnehmerzahl pro Streik), Streikdauer (durchschnittlich verlorene Arbeitstage pro Streikteilnehmer) und Streikhäufigkeit (Anzahl der Streiks). Ferner kann das Arbeitskampfvolumen auch aus der Anzahl der Streikteilnehmer und der Streikdauer ermittelt werden, die pro Betrieb gemeldet werden. Die Validität der Statistik muss allerdings insofern relativiert werden, als die Daten in den einzelnen Ländern unterschiedlich erhoben werden (*Lesch*, IW-Trends 1/2009, S. 6; *Lesch*, in: Schweiger/Brandl, Der Kampf um Arbeit, S. 17 (19)).

[102] Quellen: ILO; OECD; Institut der deutschen Wirtschaft Köln; Statistik online einzusehen: http://www.iwkoeln.de/de/studien/iw-trends/beitrag/53525; Näheres dazu bei: *Lesch*, IW-Trends 1/2009, S. 8 ff.; *Lesch*, in: Schweiger/Brandl, Der Kampf um Arbeit, S. 17 (28 ff.).

[103] *Lesch*, IW-Trends, 1/2009, S. 9; *Lesch*, in: Schweiger/Brandl, Der Kampf um Arbeit, S. 17 (27).

in Volkswirtschaften mit einer großen Unternehmensdichte grundsätzlich häufiger auftreten – so auch hierzulande. Die „größenbedingte Verzerrung“ ist zu bereinigen, wenn man ein klares Bild von der Streikwelt zeichnen möchte.[104] Eine genauere Aussage zur Streikpraxis lässt sich anhand des Arbeitskampfindikators „Arbeitskampfvolumen“ treffen; denn das Arbeitskampfvolumen setzt sich seinerseits aus dem Streikumfang, der Streikdauer und der Streikhäufigkeit zusammen und liefert daher ein umfassenderes Bild.[105]

Die Statistik zum Arbeitskampfvolumen liefert folgende Daten: Im Beobachtungszeitraum von 2000 bis 2007 fielen hierzulande durchschnittlich fünf Arbeitstage[106] pro 1000 Beschäftigte durch Arbeitskämpfe aus. Damit befindet sich Deutschland am unteren Ende der Statistik. Spanien ist Spitzenreiter im europäischen Vergleich. Dort liegt der durchschnittliche Wert bei 173 Tagen. 103 Arbeitstage gehen in Frankreich jährlich durch Arbeitskämpfe verloren und in Italien sind es 93 Tage. Belgien folgt mit geringem Abstand: Dort sind es 89 Tage. Dagegen sind je 54 durchschnittliche Ausfalltage in Norwegen und Österreich zu verzeichnen. Dänemark, Irland und Großbritannien liegen mit 37, 33 bzw. 30 verlorenen Arbeitstagen im Mittelfeld. 22 Arbeitstage fallen arbeitskampfbedingt in Schweden aus. In den Niederlanden entfallen dagegen durchschnittlich nur acht Tage auf Arbeitskämpfe.

Die Gegenüberstellung von Streikhäufigkeit und Arbeitskampfvolumen belegt, dass die europäischen Länder „unterschiedliche Streikmuster“[107] aufweisen. Deutschland beispielsweise hatte im Beobachtungszeitraum von 2000 bis 2007 relativ viele Arbeitskämpfe (330) zu verzeichnen, aber mit fünf verlorenen Arbeitstagen nur ein sehr geringes Arbeitskampfvolumen. Das deutet darauf hin, dass entweder nur kurz gestreikt wurde oder der Streikumfang, d. h. die durchschnittliche Zahl der Streikteilnehmer, gering war.[108] Korrespondierend mit den abweichenden statistischen Befunden zur Streikhäufigkeit und zum Arbeitskampfvolumen finden sich in der Literatur unterschiedliche Bewertungen zur deutschen Streikpraxis. Zuweilen heißt es, die Gewerkschaften hätten mit Augenmaß und Zurückhaltung vom Streik Gebrauch gemacht.[109] Überwiegend wird aber Kritik an der deutschen Streikpraxis geübt.[110] Vor allem

---

[104] *Lesch*, in: Schweiger/Brandl, Der Kampf um Arbeit, S. 17 (25).

[105] *Lesch*, IW-Trends, 1/2009, S. 9; *Lesch*, in: Schweiger/Brandl, Der Kampf um Arbeit, S. 17 (27).

[106] Laut *Statistischem Bundesamt* fielen dagegen im Jahre 2011 nur 1,9 Arbeitstage durch Streiks aus; Quelle: Statistisches Bundesamt, Qualität der Arbeit, August 2012, S. 54; online einzusehen: https://www.destatis.de/DE/Publikationen/Thematisch/Arbeitsmarkt/Erwerbstaetige/BroschuereQualitaetArbeit0010015129001.pdf?__blob=publicationFile.

[107] *Lesch*, IW-Trends 1/2009, S. 10.

[108] Vgl. *Lesch*, IW-Trends, 1/2009, S. 10.

[109] *Bepler*, in: FS Wißmann, S. 97 (108); *Zachert*, NZA-Beil. 2006, 61 (64 ff.).

[110] *Gamillscheg*, Kollektives ArbR, § 20, S. 929; *Picker*, ZfA 1986, 199 (210 ff.).

wird das Schädigungspotenzial der kurzen Streiks von Sparten- und Spezialistengewerkschaften beklagt.[111]

C. Auswertung der Ergebnisse

In diesem Unterabschnitt werden die zu den rechtlichen Rahmenbedingungen und der Streikpraxis gefundenen Ergebnisse bewertet und zueinander in Beziehung gesetzt. Anschließend werden Erklärungsansätze für die Unterschiede geliefert.

I. Beziehung zwischen rechtlichen Rahmenbedingungen und Streikpraxis

Der Überblick hat gezeigt, dass die Rechtslage zum Streik und die Streikpraxis in den einzelnen europäischen Staaten erheblich voneinander abweichen. Weit verbreitet ist die Ansicht, die Streiksituation sei europaweit gemeinhin „günstiger" als in Deutschland.[112] Diese Ansicht kann jedoch nicht undifferenziert geteilt werden. Will man eine Aussage über die „Günstigkeit" der Rechtslage in den einzelnen europäischen Staaten treffen, müssen die rechtlichen, sozialen und wirtschaftlichen Rahmenbedingungen sowie etwaige Mechanismen zur Prävention kollektiver Konflikte ebenfalls in den Blick genommen werden. Dabei ist zu berücksichtigen, dass die Voraussetzungen für eine Gewerkschaftsgründung – insbesondere in Großbritannien – und für die Tariffähigkeit – etwa in Frankreich – höher sind als in Deutschland.[113] Ferner darf nicht außer Acht gelassen werden, dass hierzulande eine Vielzahl anderer Mechanismen zur Interessenvertretung der Arbeitnehmer bereitsteht. Namentlich das duale System aus betrieblicher[114]- und Unternehmensmitbestimmung[115] dient als „Auffanginstrument" für Konflikte. Zudem verfügt Deutschland

[111] *Greiner*, NZA 2007, 1023 f.; *von Steinau-Steinrück/Glanz*, NZA 2009, 113.

[112] *Blanke*, Arbeitsmarktpolitik und Arbeitnehmerrechte, S. 8; *Däubler*, in: Däubler, Arbeitskampfrecht, § 12, Rn. 25; *Rebhahn*, NZA 2001, 763 (770).

[113] Siehe oben S. 64.

[114] Eine Gesamtvertretung gibt es außer in Deutschland auch in Belgien, Frankreich, Griechenland, den Niederlanden, Österreich, Portugal und Spanien. Einige der europäischen Länder sehen jedoch entweder keine (Dänemark, Großbritannien und Irland) oder nur eine gewerkschaftliche Vertretung (Italien, Schweden und Türkei) vor. Hervorzuheben ist schließlich, dass die Schwellenwerte für die Errichtung einer betrieblichen Vertretung in Deutschland vergleichsweise günstig – weil niedrig – sind und dass der Umfang der betrieblichen Mitentscheidungsrechte in Deutschland einzigartig ist (*Kittner*, Arbeitskampf, S. 653; *Rebhahn*, NZA 2001, 763 (771 f.); *Sauer*, NZA 1993, 926 (928)).

[115] In Belgien, Griechenland, Großbritannien, Spanien, Irland, Italien und Portugal ist keine Arbeitnehmerbeteiligung in Unternehmensorganen der Privatwirtschaft vorgesehen. In den übrigen Ländern ist die Mitbestimmung viel schwächer ausgestaltet. Vor allem erfolgt sie nicht im Rahmen eines zweistufigen Leitungssystems (*Rebhahn*, NZA 2001, 763 (771)).

über ein flächendeckendes Tarifvertragssystem und ein ausdifferenziertes Arbeits- und Sozialsystem, das jeweils durch ein wirksames Gerichtsverfahren effektuiert wird.[116] In Großbritannien kennt man dagegen keine betriebliche Mitbestimmung zur Beseitigung des betriebsinternen Konfliktpotenzials. Betriebsräte nach deutschem Verständnis existieren auch in Spanien nicht,[117] weil dort die in Deutschland gängige Unterscheidung zwischen Tarifvertragssystem und Betriebsverfassung nicht gemacht wird.[118] Ebenso gestaltet sich die Lage in der Türkei, wo die Interessenvertretung der Arbeitnehmerschaft nur durch die Gewerkschaften erfolgt. Die Mitwirkung in den Betrieben wird von gewerkschaftlichen Vertrauensleuten übernommen.[119] Schließlich sind die Unterschiede zu beachten, die innerhalb Europas bei der Ausgestaltung des öffentlichen Dienstes gemacht werden. Als Befund kann daher zunächst nur festgehalten werden, dass das deutsche Streikrecht gegenüber demjenigen der restlichen europäischen Staaten nicht zwingend „günstiger“, sondern vor allem „andersartig“ ist.

Dieser Befund muss allerdings punktuell korrigiert werden: Was nämlich den Grundsatz der Tarifbezogenheit des Streiks, das Verbot des wilden Streiks und das Beamtenstreikverbot anbelangt, ist die deutsche Rechtslage undifferenzierter und daher im Ergebnis strikter; denn in den übrigen europäischen Staaten muss das Streikziel lediglich einen Bezug zu den Arbeitsbedingungen aufweisen und ist – trotz zuweilen strenger Gründungsvoraussetzungen für Gewerkschaften – nicht zwingend an eine Verbandsbindung gekoppelt. Hinsichtlich des Beamtenstreikverbots sehen zwar auch die übrigen europäischen Staaten Einschränkungen vor, diese sind jedoch stets funktionsbezogen und nicht genereller Art wie hierzulande.

Schließlich kann ein Urteil über die „Günstigkeit“ nicht unabhängig von empirischen Beobachtungen gefällt werden. Es hat sich gezeigt, dass die rechtlichen Rahmenbedingungen nicht immer mit den tatsächlichen Verhältnissen übereinstimmen. Auch in Frankreich, Italien und Spanien sind die Rechtmäßigkeitsanforderungen für Streiks nicht grundsätzlich liberaler als andernorts. Gleichwohl sind diese drei Staaten Spitzenreiter beim Arbeitskampfvolumen. Es drängt sich daher der Eindruck auf, dass die Lebenswirklichkeit nicht nur durch konkrete gesetzliche Regelungen geprägt wird, sondern ebenso viel mit politischen, sozialen und wirtschaftlichen Umständen sowie dem (gesetzlichen) Regelungssystem *insgesamt* zu tun hat. Zutreffend formuliert *Abbo Junker*, dass „die Realität des ausländischen Arbeitskampfs [...] häufig mit den Ausführungen der dortigen Lehrbücher nicht in Einklang zu bringen ist“.[120]

---

[116] *Bepler*, in: FS Wißmann, S. 97 (109); *Kittner*, Arbeitskampf, S. 653.
[117] *Kittner*, Arbeitskampf, S. 652.
[118] *Junker*, RdA-Beil. 2009, 4 (10).
[119] *Sauer*, NZA 1993, 926 (928).
[120] *Junker*, RdA-Beil. 2009, 4 (8).

Dass die Streikpraxis nicht immer mit den rechtlichen Rahmenbedingungen korrelieren muss, zeigt sich auch am Beispiel der Niederlande, wo das Arbeitskampfvolumen trotz unmittelbarer Anwendbarkeit des Art. 6 Nr. 4 ESC[121] vergleichsweise gering ist. Am Beispiel Griechenlands bestätigt sich diese Einschätzung. Obwohl politische Streiks in Griechenland verboten sind, treten sie relativ häufig auf und werden aus parteipolitischen Gründen geduldet.[122] Gleiches gilt für Spanien, wo angesichts der krisenbedingten Sparmaßnahmen regelmäßig demonstriert und gestreikt wird.[123]

II. Erklärungsansätze für die deutsche Zurückhaltung beim Streik

Ausgangspunkt aller Erklärungsansätze für die unterschiedliche Streikpraxis ist die Annahme, dass Arbeitskämpfe ein Indikator dafür sind, „ob Arbeitsbeziehungen eher auf Koordination oder auf Konflikten beruhen".[124] Darauf aufbauend werden folgende Erklärungsmodelle für die deutsche Zurückhaltung beim Streik angeboten:

Zum einen wird angeführt, dass Deutschland über eine Vielzahl von arbeits- und sozialrechtlichen Regelungen verfüge. Insofern würden die Tarifvertragsparteien entlastet und könnten häufiger von Arbeitskämpfen absehen. Zum anderen existiere ein wirksames Gerichtssystem, welches den Ansprüchen der Arbeitnehmer zu einer effektiven Durchsetzung verhelfe.[125] Ferner wird auf das etablierte Tarifvertragssystem[126] mit seiner vergleichsweise übersichtlichen Struktur und dessen weiträumigem Geltungsbereich verwiesen. Schließlich trüge die relative Friedenspflicht zum geringen Streikniveau bei und die Tatsache, dass nach Ablauf eines Tarifvertrags für eine geordnete Interessenauseinandersetzung gesorgt sei.[127]

Zum anderen wird vorgebracht, dass die relativ homogene Organisationsform und die dominante Rolle[128] des Deutschen Gewerkschaftsbundes (DGB) mit seinen acht Mitgliedsgewerkschaften dazu beitrage, dass gewerkschaftliche Forderungen „im Parallelogramm der gesellschaftlichen Kräfte" seit jeher (überwiegend) ernst genommen und respektiert würden.[129] Außerdem trage der relativ geringe Gewerkschaftswettbewerb zu einer Reduzierung der deutschen Streikanfälligkeit bei.[130]

121 Siehe oben S. 58.
122 Siehe oben S. 62.
123 Vgl. *Köhler/Jiménez*, in: Hekimler/Ring, Tarifrecht in Europa, S. 313 (329).
124 *Rebhahn*, EuZA 2010, 62 (78).
125 *Bepler*, in: FS Wißmann, S. 97 (109); *Kittner*, Arbeitskampf, S. 653.
126 *Kittner*, Arbeitskampf, S. 651; *Zachert*, NZA-Beil. 2006, 61 (64).
127 *Zachert*, NZA-Beil. 2006, 61 (64).
128 *Rüthers*, in: Brox/Rüthers, Arbeitskampfrecht, Rn. 6.
129 *Zachert*, NZA-Beil. 2006, 61 (64).
130 Kritisch *Lesch*, in: Schweiger/Brandl, Der Kampf um Arbeit, S. 17 (58 f.).

Ein anderer Erklärungsansatz verweist auf das duale System der Interessenvertretung aus betrieblicher- und Unternehmensmitbestimmung.[131] Es liege die Vermutung nahe, dass eine starke Rechtsposition des Arbeitnehmers im Betrieb oder Unternehmen in Wechselbeziehung mit dem vergleichsweise geringen Streikaufkommen stehe.[132] Mit dem Betriebsverfassungsgesetz (BetrVG) verfüge Deutschland über ein ausdifferenziertes und weitreichendes System der betrieblichen Mitbestimmung.[133] Dies gebe dem Betriebsrat – als Vermittler zwischen Arbeitgebern und Arbeitnehmern – die Möglichkeit, Streiks schon vor ihrer Entstehung auf betrieblicher Ebene zu verhindern. In anderen europäischen Ländern wie etwa dem vielbestreikten Spanien existierten keine Betriebsräte, die eine solche konfliktmindernde Funktion ausüben könnten.[134] Auch auf Unternehmensebene stünden hierzulande – abhängig von Rechtsform und Unternehmensgröße – mit dem Drittelbeteiligungsgesetz (DrittelbG), dem Mitbestimmungsgesetz (MitbestG) und dem Montan-Mitbestimmungsgesetz (Montan-MitbestG) „streikhemmende" Instrumentarien zur Verfügung.[135]

Schließlich wird angeführt, dass die positivrechtliche Verankerung des Streikrechts nachweislich zu einem erhöhten Streikaufkommen beitrage.[136] Damit lässt sich das hohe Streikaufkommen in beispielsweise Frankreich, Italien und Spanien erklären, wo das Streikrecht jeweils explizit verfassungsrechtlich verankert ist.[137] Dagegen galten Streiks in Deutschland nach dem rechtspolitischen Ausspruch des BAG lange Zeit als „unerwünscht"[138]. Hinzu kommt, dass die „nationale kulturelle Tradition" einen erheblichen Einfluss auf das Streikaufkommen ausübt. Dazu wird etwas polemisch auf die französische „Kultur des auf ‚die Straße Gehens' als Bestandteil des ‚Nationalcharakters'" verwiesen. Nicht zuletzt deshalb komme es in Frankreich häufig zu politischen Streiks.[139] Auch die Streikstatistik Spaniens werde durch die – gleichwohl unzulässigen – politisch motivierten Generalstreiks „aufgebläht", die sich gegen unliebsame Maßnahmen zur Bewältigung wirtschaftlicher oder politischer

---

131 *Rebhahn*, NZA 2001, 763 (771).

132 *Rebhahn*, NZA 2001, 763 (774); *Zacher*, ZSR 1978, 129 (142); *Zachert*, NZA-Beil. 2006, 61 (64).

133 *Rüthers*, in: Brox/Rüthers, Arbeitskampfrecht, Rn. 6.

134 *Witter*, Europarechtliche Aspekte des Streikrechts, S. 4; *Zachert*, NZA-Beil. 2006, 61 (64).

135 *Zacher*, ZSR 1978, 129 (142).

136 *Bohr*, Rechtliche Regelungen des Streikes und wirtschaftliche Auswirkungen, S. 275.

137 Siehe oben S. 59.

138 BAG GS v. 28. 1. 1955 – GS 1/54, NJW 1955, 882 (883).

139 *Kittner*, Arbeitskampf, S. 652.

Krisen richteten.[140] Im Übrigen könne allgemein von einer geringeren „Konfliktaffinität der Deutschen" gesprochen werden.[141]

Ohne dass diese Argumente hier auf ihre Stichhaltigkeit und ihren konkreten „Verursachungsbeitrag" für das Streikaufkommen geprüft werden sollen, zeigt sich jedenfalls, dass die deutsche Zurückhaltung beim Streik weniger mit den einzelnen hier untersuchten Prinzipien – namentlich der Tarifbezogenheit des Streiks, dem Verbot wilder und politischer Streiks, dem Beamtenstreikverbot, dem Verhältnismäßigkeitsprinzip und der relativen Friedenspflicht – zusammenhängt, sondern eher mit der *kumulativen* Wirkung rechtlicher, wirtschaftlicher, sozialer und kultureller Rahmenbedingungen. Es sind weniger die einzelnen (gesetzlichen) Regelungen, die für die deutsche Zurückhaltung verantwortlich sind, sondern die relativ hohe *Regelungsdichte* des deutschen (Streik-)Rechts. Wie dargestellt, dienen vor allem Gesetze außerhalb des Streikrechts seiner Prävention – namentlich das Arbeits- und Sozialrecht sowie die Regelungen der betrieblichen- und Unternehmensmitbestimmung.

---

[140] *Köhler/Jiménez*, in: Hekimler/Ring, Tarifrecht in Europa, S. 313 (329).
[141] *Kittner*, Arbeitskampf, S. 653.

4. Abschnitt

Zusammenfassung und Folgefragen

Es wurde gezeigt, dass das Streikrecht hierzulande – nicht zuletzt aus verfassungshistorischen Gründen – weder einfachgesetzlich noch im Grundgesetz explizit garantiert ist. Die Ausgestaltung der Koalitionsfreiheit in Art. 9 Abs. 3 GG ist der höchstrichterlichen Arbeitskampfjudikatur überlassen, die im Laufe der Jahre einzelne Rechtmäßigkeitsanforderungen des Streiks herausgearbeitet und konkret definiert hat. In jüngerer Zeit haben sich deutliche Liberalisierungstendenzen zu Gunsten der Arbeitnehmer und der Gewerkschaften gezeigt. Die Liberalisierungstendenzen äußern sich vor allem in einer gemäßigten Handhabung des Verhältnismäßigkeitsprinzips und einer damit einhergehenden „Flexibilisierung" des Streiks. So sind aus der Rechtsprechung des BAG neue Kampfformen wie der „Flashmob", Unterstützungsstreiks oder Streiks um Tarifsozialpläne hervorgegangen, die bis dato allesamt als unzulässig galten.

„Streikfreundliche" Hinweise hat die Rechtsprechung auch im Hinblick auf Art. 6 Nr. 4 ESC gemacht. Das BAG hat Zweifel angemeldet, ob angesichts des Streikrechts nach Art. 6 Nr. 4 ESC an etablierten Prinzipien des nationalen Rechts festgehalten werden könne. Dies gilt namentlich für den *Ultima Ratio*-Grundsatz und den Grundsatz der Tarifbezogenheit des Streiks. Auch das BVerwG hat u. a. auf die Europäische Sozialcharta verwiesen, als es dem nationalen Beamtenstreikverbot die Konventionswidrigkeit attestierte. Allerdings sind bisher weder der „mutigen" Entscheidung des BVerwG noch den Andeutungen des BAG Taten gefolgt – sehr zum Bedauern der Literatur.

Die Literatur kritisiert die von der Rechtsprechung entwickelten Streikrechtsprinzipien zuweilen vehement. Es heißt, die Rechtsprechungskriterien zum Streik seien nicht von der Verfassung vorgegeben, sondern „Ausdruck sozialer und politischer Ordnungsvorstellungen".[1] Im Übrigen wird bemängelt, dass die von der Rechtsprechung etablierten Kriterien internationalen Standards – vor allem dem hier untersuchten Art. 6 Nr. 4 ESC – nicht genügten. Um dieses Argument zu stützen, wird auch die rechtliche Handhabung des Streiks in den europäischen Nachbarländern ins Feld geführt. Allerdings kann die verbreitete Einschätzung, wonach das Streikrecht andernorts „günstiger" sei, nicht pauschal geteilt werden. Eine solche Bewertung lässt nämlich außer Acht, dass in Deutschland eine Vielzahl anderer Mechanismen zur Interessenvertretung der

---

[1] *Blanke/Sterzel*, Beamtenstreikrecht, S. 104.

Arbeitnehmer bestehen – so etwa die betriebliche- oder die Unternehmensmitbestimmung. Punktuell trifft es nach der hier vertretenen Ansicht allerdings zu, dass das deutsche Streikrecht strikter ist als das der meisten europäischen Nachbarländer – insbesondere beim Tarifbezug des Streiks, der zwingenden Verbandsbindung und beim Statusbezug des Beamtenstreikverbots.

Ferner konnte im ersten Teil dieser Arbeit gezeigt werden, welches Spannungspotenzial dem Art. 9 Abs. 3 GG innewohnt. Weil es an einer expliziten verfassungsrechtlichen Verankerung des Streikrechts fehlt, ist ein weites Feld für rechtspolitische Debatten eröffnet, ob und wie man das Streikrecht in einer demokratischen Gesellschaft gewährleisten kann und will. Die Koalitionsfreiheit ist entwicklungspolitisch „offen" konzipiert, um eine flexible Gestaltung der „Arbeits- und Wirtschaftsbedingungen" zu ermöglichen. Daher kann sich die Koalitionsfreiheit – freilich nur innerhalb der verfassungsrechtlichen Grenzen – gesellschaftlichem Wandel öffnen. Die Öffnung fällt allerdings schwer, wenn der Anstoß nicht nur von nationaler Seite kommt, sondern nun auch von europäischer. Anpassungsschwierigkeiten ergeben sich vor allem deshalb, weil das nationale Recht über eine spezifische Rechtsstruktur verfügt, die externen Impulsen nicht ohne weiteres zugänglich ist. Die rechtsvergleichenden Betrachtungen haben eine Sensibilität für die Eigenarten des nationalen Regelungskontexts geschaffen, die es auch bei der Übertragung völkerrechtlicher Vorgaben zu wahren gilt. Die spezifisch nationale Rechtsstruktur darf nicht ausgeblendet werden, wenn es im Folgenden darum geht, die Gestaltungskraft des Art. 6 Nr. 4 ESC und der EGMR-Judikatur im nationalen Recht angemessen zu würdigen.

Angesichts der aufgezeigten Anpassungsschwierigkeiten wird erklärlich, wieso die Liberalisierungstendenzen des BAG bisher noch nicht von europarechtlichen Impulsen ausgegangen sind. Auf Art. 6 Nr. 4 ESC hat das BAG nur verwiesen, ohne jedoch mutige Anpassungsschritte zu vollziehen. Ob die zögerliche Haltung des BAG rechtlich überzeugen kann, wird im Folgenden geprüft. Dazu wird zunächst untersucht, welche konkreten Vorgaben Art. 6 Nr. 4 ESC enthält und ob diese tatsächlich in Widerspruch zum nationalen Streikrecht treten. Anschließend kann geklärt werden, wie mit einem möglichen Widerspruch zwischen Art. 6 Nr. 4 ESC und dem nationalen Streikrecht umzugehen ist.

2. Teil

Streikrecht nach Maßgabe der Europäischen Sozialcharta

Die Europäische Sozialcharta ist ein völkerrechtlicher Vertrag, welcher am 18. Oktober 1961 von den damals 15 Mitgliedstaaten des Europarates unterzeichnet wurde und inzwischen von der Mehrzahl der mittlerweile 47 Mitgliedstaaten ratifiziert worden ist – darunter auch Deutschland.[1] Hierzulande wurde die Europäische Sozialcharta als Gegenstand der Bundesgesetzgebung nach Art. 59 Abs. 2 S. 1 GG durch Zustimmungsgesetz des Bundestages am 19. September 1964 akzeptiert und ratifiziert.[2] Am 26. Februar 1965 trat sie in Kraft. Das 1988 entstandene Zusatzprotokoll[3], das Turiner Änderungsprotokoll zur Sozialcharta von 1991, das Änderungsprotokoll zur Einführung eines Kollektivbeschwerdeverfahrens von 1995[4] und die Revidierte Europäische Sozialcharta (RESC)[5] von 1996 hat die Bundesrepublik Deutschland zwar allesamt unterzeichnet[6], jedoch nicht ratifiziert. Für die vorliegende Problemstellung ist dies unerheblich, da die Änderungsprotokolle und die Revision nicht

---

[1] Ratifikationsstand der Europäischen Sozialcharta, einzusehen auf der Homepage des Europarates: http://conventions.coe.int/Treaty/Commun/ChercheSig.asp?NT=035&CM=8&DF=25/09/2012&CL=ENG.

[2] BGBl. II 1964, S. 1262 (1267).

[3] Mit dem Zusatzprotokoll vom 5. März 1988 wurden der Europäischen Sozialcharta weitere Rechte hinzufügt – namentlich das Recht auf Chancengleichheit und Gleichbehandlung in Beschäftigung und Beruf ohne Diskriminierung auf Grund des Geschlechts (Art. 1), das Recht auf Information und Anhörung (Art. 2), das Recht auf Beteiligung an der Festlegung und Verbesserung der Arbeitsbedingungen und der Arbeitsumwelt (Art. 3) und das Recht älterer Menschen auf sozialen Schutz (Art. 4). Das Zusatzprotokoll trat am 4. September 1992 in Kraft (*Europarat*, Die Europäische Sozialcharta: Ein Leitfaden, S. 11).

[4] Auf eine kleine Anfrage der SPD-Fraktion hin äußerte die Bundesregierung am 28. Januar 1998 ihre Bedenken gegenüber dem Kollektivbeschwerdeverfahren der Europäischen Sozialcharta: Es könne nämlich „negative Auswirkungen auf die innerstaatliche sozialpolitische Entwicklung haben". Daher sah die Bundesregierung von einer Unterzeichnung des Protokolls ab (BT-Drucks. 13/11415, S. 10 f.).

[5] Die Revidierte Europäische Sozialcharta fasst die in den Protokollen vorgenommenen Änderungen zusammen und soll die alte Europäische Sozialcharta auf lange Sicht ablösen. Ziel ist eine Wiederbelebung, Weitentwicklung und Effektivierung der Europäischen Sozialcharta (*Giegerich*, in: Merten/Papier, Handbuch der Grundrechte, Band VI/1, § 148, Rn. 101 f.; *Weiß*, EuZA 2010, 457 (459 f.)).

[6] Das Zusatzprotokoll von 1988 hat Deutschland am 5. Mai 1988 und die revidierte Fassung der Europäischen Sozialcharta am 29. Juni 2007 unterzeichnet.

den hier relevanten Art. 6 Nr. 4 ESC betrafen, der ungeändert in die revidierte Fassung der Europäischen Sozialcharta übernommen wurde.[7]

Im ersten Abschnitt wird die Entstehungsgeschichte der Europäischen Sozialcharta näher beleuchtet, um die Motive aufzudecken, die dazu führten, erstmalig eine solche Charta sozialer Grundrechte zu schaffen. Im zweiten Abschnitt wird ein Überblick über die Gewährleistungen der Europäischen Sozialcharta gegeben, um eine Einordnung des Art. 6 Nr. 4 ESC in den Kontext des gesamten Vertragswerks zu ermöglichen. Im dritten Abschnitt wird die Bedeutung der sozialen Grundrechte näher untersucht und im vierten Abschnitt erfolgt eine eingehende Auseinandersetzung mit der Genesis und dem Gewährleistungsumfang des hier zentralen Art. 6 Nr. 4 ESC. Im fünften Abschnitt wird geprüft, welche Auswirkungen die deutsche „Vorbehaltserklärung" auf die völkerrechtlichen Pflichten hat. Abschließend werden im sechsten Abschnitt eine Zusammenfassung und Folgefragen formuliert.

---

[7] *Palsherm*, Die staatliche Lenkung des Arbeitsmarktes, S. 362; *Rieble*, RdA 2005, 200 (203).

1. Abschnitt

Entstehungsgeschichte der Europäischen Sozialcharta

Deutlich beschreibt die Europäische Sozialcharta im zweiten Erwägungsgrund ihrer Präambel, was ihr Anliegen ist. Sie möchte „einen engen Bund zwischen den europäischen Mitgliedstaaten schaffen", „um die Ideale und Grundsätze, die ihr gemeinsames Erbe sind, zu wahren und zu verwirklichen". Dies soll „insbesondere durch die Erhaltung und Weiterentwicklung der Menschenrechte und Grundfreiheiten" geschehen. Die Sozialcharta basiert auf der Überzeugung, dass jeder Mensch unabhängig von seinen biologischen, sozialen und persönlichen Eigenschaften unveräußerliche moralisch begründete Rechte besitzt, die der Staat rechtlich gewähren soll.[1]

A. Gründung des Europarates 1949

Der Grundstein zur Verwirklichung der Menschenrechte[2] auf europäischer Ebene wurde gelegt, als die Regierungen Belgiens, Dänemarks, Frankreichs, Irlands, Italiens, Luxemburgs, der Niederlande, Norwegens, Schwedens und Großbritanniens – angeregt durch *Winston Churchills* berühmte „Züricher Rede"[3] – am

---

[1] Vgl. *Kühne*, in: Schramm (u. a.), Konflikte im Recht – Recht der Konflikte, S. 97.

[2] Zu den Begriffen „Grund"- und „Menschenrechte": „Grundrechte" sind verfassungsmäßig garantierte Individualrechte. „Menschenrechte" sind unveräußerliche (Natur-)Rechte, die die Würde des Menschen ausmachen (*Dörfler*, Die Vereinbarkeit sozialer Grundrechte mit dem GG, S. 3). „Grundrechte" werden aber auch als „Menschenrechte" bezeichnet, wenn sie völkerrechtlich garantiert sind. In der EU sind die „Menschenrechte" allerdings gleichbedeutend mit den „Grundrechten" (*Krebber*, RdA 2009, 224, Fn. 1; *Świątkowski*, Charter of Social Rights of the Council of Europe, S. XV). Im Folgenden werden die Begriffe synonym verwendet.

[3] Um dauerhaften Frieden in Europa zu sichern, stellte *Winston Churchill* in seiner „Züricher Rede" vom 19. September 1946 seine Vision von den „Vereinigten Staaten von Europa" vor. „Wenn Europa einmal einträchtig sein gemeinsames Erbe verwalten würde, dann könnten seine drei- oder vierhundert Millionen Einwohner ein Glück, einen Wohlstand und einen Raum ohne Grenzen genießen. [...] Wir müssen eine Art Vereinigte Staaten von Europa schaffen. Nur dann können viele hundert Millionen arbeitender Menschen sich wieder den einfachen Freuden und Hoffnungen hingegeben, die das Leben lebenswert machen." Seit dieser Rede gilt *Churchill* als einer der bedeutendsten Gründerväter der europäischen Idee (zit. nach: *Eichenhofer*, Geschichte des Sozialstaats in Europa, S. 72; Näheres zur „Züricher Rede" siehe *Seidel*, EuZW 2008, 1; *Stern*, Das Staatsrecht der Bundesrepublik Deutschland III/1, § 62 III 2, S. 270).

5. Mai 1949 qua völkerrechtlichen Vertrags den Europarat[4] gründeten.[5] Nunmehr sind auch alle EU-Staaten Mitglieder dieser zwischenstaatlichen Einrichtung.[6] In der Präambel zur Satzung kamen die Mitgliedstaaten darin überein, dass zum Schutz der Menschenrechte und „zur Förderung des sozialen und wirtschaftlichen Fortschritts zwischen den europäischen Ländern, die von demselben Geist beseelt sind, eine enge Verbindung hergestellt werden muss". In Art. 3 der Satzung des Europarates (ERS) wurde die Zielsetzung konkretisiert und zugleich auf die Bedeutung des „Rechts" hingewiesen. Es heißt: „Jedes Mitglied des Europarates erkennt den Grundsatz vom Vorrang des Rechts und den Grundsatz an, wonach jeder, der seiner Hoheitsgewalt unterliegt, der Menschenrechte und Grundfreiheiten teilhaftig werden solle."

Erschüttert durch die Erfahrungen des Zweiten Weltkriegs hatte man den Europarat geschaffen, um den Wiederaufbau Europas auf der Grundlage gemeinsamer Ideale voranzutreiben, die in der Vergangenheit missachtet worden waren.[7] Wie auch der Satzung des Europarates zu entnehmen ist, waren die erklärten Ziele des Europarates der Schutz der Menschenrechte und das Prinzip der Demokratie sowie daran anknüpfend die Sicherstellung der Rechtsstaatlichkeit und der Vorrang des Rechts (*rule of law*). Schließlich ging es um die Konsolidierung der sozialen und rechtlichen Praktiken der Mitgliedstaaten.[8] Wenngleich der Europarat den Fokus anfangs auf die bürgerlichen und politischen Rechte legte, fühlte er sich allmählich auch für die Verwirklichung wirtschaftlicher, sozialer und kultureller Rechte verantwortlich.[9]

B. Schaffung der Europäischen Menschenrechtskonvention

Um den genannten Zielen zu entsprechen, schuf der Europarat am 4. November 1950 zunächst die Europäische Menschenrechtskonvention als europäische/regionale Entsprechung zur universellen Menschenrechtserklärung der UN.[10] Mittlerweile hat sich die Europäische Menschenrechtskonvention als

[4] Satzung des Europarats vom 5. Mai 1949, BGBl. I 1950, S. 263.

[5] *Schambeck*, Grundrechte und Sozialordnung, S. 49; *Stern*, Das Staatsrecht der Bundesrepublik Deutschland III/1, § 62 III 2, S. 270 ff.

[6] *Giegerich*, in: Merten/Papier, Handbuch der Grundrechte, Band VI/1, § 148, Rn. 1; *Schmalenbach*, in: Calliess/Ruffert, EUV/AEUV, Art. 220 AEUV, Rn. 14.

[7] *Europarat*, Die Europäische Sozialcharta: Ein Leitfaden, Einleitung; *Robertson*, Human Rights in Europe, S. 3 f.; *Świątkowski*, Charter of Social Rights of the Council of Europe, S. XVI.

[8] *Giegerich*, in: Merten/Papier, Handbuch der Grundrechte, Band VI/1, § 148, Rn. 1; *Hohnerlein*, ZESAR 2003, 17 (18); *Robertson*, Human Rights in Europe, S. 1 f.

[9] *Giegerich*, in: Merten/Papier, Handbuch der Grundrechte, Band VI/1, § 148, Rn. 1.

[10] *Grote*, in: Grote/Marauhn, Konkordanzkommentar EMRK/GG, 1. Kapitel, Rn. 13; *Schorkopf*, Der Europäische Weg, S. 5.

das bedeutendste Instrument zur Absicherung von Grund- und Menschenrechten in Europa etabliert.[11] Mit den erforderlichen zehn Ratifikationen – darunter die deutsche am 7. August 1952[12] – trat die Konvention am 3. September 1953 in Kraft.[13] Mittlerweile sind alle 47 Mitgliedstaaten des Europarates auch Mitglieder der Europäischen Menschenrechtskonvention.[14]

Trotz ihrer fundamentalen Bedeutung für den europäischen Menschenrechtsschutz ist die Europäische Menschenrechtskonvention nicht ohne Schwächen. Anlässlich der Vertragsunterzeichnung gestand der damalige französische Außenminister *Robert Schuman* ein: “This Convention which we are signing is not as full or as precise as many of us would have wished.”[15] Unvollständig ist die Europäische Menschenrechtskonvention vor allem im sozialen Bereich; denn um die Erfolgsaussichten für eine rasche Ratifizierung zu vergrößern, hatte man die umstrittenen sozialen Grundrechte[16] zunächst ausgespart.[17] Daher enthält die Europäische Menschenrechtskonvention vor allem Freiheitsrechte und politische Rechte.[18] Darüber hinaus war es angesichts der uneinheitlichen wirtschaftlichen und sozialen Rahmenbedingungen[19] in den einzelnen Mitgliedstaaten des Europarates noch nicht möglich, auch die wirtschaftlichen und sozialen Rechte zu kodifizieren.[20] Vor allem war umstritten, wie der Rechtsweg zur Durchsetzung der sozialen Grundrechte verfahrensrechtlich ausgestaltet werden sollten.[21] Gleichwohl bestand Einigkeit, dass auch die sozialen Grundrechte schutzwürdig sind.[22] Ihre Ausarbeitung

---

[11] *Klein*, in: Merten/Papier, Handbuch der Grundrechte, Band VI/1, § 150, Rn. 1.

[12] Zustimmungsgesetz des Bundestages vom 7. August 1952, BGBl. II 1952, S. 685.

[13] *Grabenwarter*, in: Merten/Papier, Handbuch der Grundrechte, Band VI/2, § 169, Rn. 1.

[14] *Weiß*, EuZA 2010, 457 (458).

[15] Zit. nach: *Robertson*, Human Rights in Europe, S. 5.

[16] Nur in den Art. 4 und Art. 10 Abs. 1 EMRK werden mit dem Verbot der Zwangsarbeit und der Freiheit der Meinungsäußerung soziale Aspekte berührt. Ferner kommen in Art. 6 Abs. lit. c und e EMRK sozialrechtliche Gewährleistungen zum Tragen. Außerdem enthält Art. 2 des 1. Zusatzprotokolls zur EMRK (1. ZP EMRK) ein Recht auf Bildung und Art. 5 des 7. ZP EMRK eine Regelung zur Gleichberechtigung von Ehegatten untereinander und in Beziehung zu den Kindern (*Iliopoulos-Strangas*, in: Merten/Papier, Handbuch der Grundrechte, Band VI/1, § 145, Rn. 40).

[17] *Becker*, The European Social Charter, Rn. 5; *Gamillscheg*, Kollektives ArbR, § 20, S. 959; *Gomien/Harris/Zwaak*, Law and practice of the European Convention on Human Rights and the European Social Charter, S. 377.

[18] *Berenstein*, in: Agnelli (u. a.), Die Europäische Sozialcharta, S. 15 (50); *Krieger*, in: Grote/Marauhn, Konkordanzkommentar EMRK/GG, 6. Kapitel, Rn. 11 f.

[19] *Świątkowski*, Charter of Social Rights of the Council of Europe, S. XVI.

[20] *Berenstein*, in: Agnelli (u. a.), Die Europäische Sozialcharta, S. 15 (50).

[21] *Giegerich*, in: Merten/Papier, Handbuch der Grundrechte, Band VI/1, § 148, Rn. 87.

[22] *Gomien/Harris/Zwaak*, Law and practice of the European Convention on Human Rights and the European Social Charter, S. 377; *Neubeck*, Die Europäische Sozialcharta und deren Protokolle, S. 55; *Robertson*, Human Rights in Europe, S. 8; *Schlachter*, RdA 2011, 341 (344).

sollte aber zunächst der Rechtsprechung überlassen bleiben – d. h. der anfangs bestehenden Europäischen Kommission für Menschenrechte (EKMR)[23] und später dem im Jahre 1959 gegründeten EGMR. Indem man die Ausarbeitung der sozialen Gewährleistungen der Rechtsprechung anvertraute, sollte zugleich der Weg für die spätere Kodifikation der sozialen Grundrechte bereitet werden.[24] Angesichts der Interdependenzen zwischen den Normen der Europäischen Menschenrechtskonvention und den sozialen Grundrechten verwundert es nicht, dass der EGMR später immer wieder auf die sozialen Grundrechte der Europäischen Sozialcharta zurückgegriffen hat,[25] wenn er einzelne Garantien der Europäischen Menschenrechtskonvention ausgelegt hat.[26] Gerade beim Streikrecht bietet sich ein Rückgriff auf Art. 6 Nr. 4 ESC an. Darauf wird später näher eingegangen.[27]

C. Schaffung der Europäischen Sozialcharta

Bereits kurz nach Ratifizierung der Europäischen Menschenrechtskonvention war die Zeit reif, um sich erstmals einer völkerrechtlichen Kodifizierung der sozialen Grundrechte anzunehmen. Trotz der Differenzen, die auf dem Gebiet der sozialen Grundrechte zwischen den einzelnen Mitgliedstaaten bestanden, war man sich einig, dass eine Harmonisierung der sozialen Rahmenbedingungen in Europa auf internationaler Ebene erfolgen musste. Diese Notwendigkeit brachte der Sozialausschuss der Parlamentarischen Versammlung[28] in einer

---

[23] Die EKMR stellte Konventionsverstöße im Wege eines Berichtsverfahrens fest. Gegen diese Entscheidungen konnte man Berufung zum 1959 gegründeten EGMR einlegen. Individualbeschwerden konnten allerdings nur an die EKMR gerichtet werden. Erst mit dem 9. Zusatzprotokoll von 1990 wurde auch Einzelpersonen Zugang zum EGMR gewährt. Die EKMR wurde mit dem 11. Zusatzprotokoll von 1998 abgeschafft und ihre Aufgaben wurden dem EGMR übertragen (*Klein*, in: Merten/Papier, Handbuch der Grundrechte, Band VI/1, § 150, Rn. 3).

[24] *Fütterer*, EuZA 2011, 505 (513).

[25] Siehe etwa EGMR v. 30.6.1993 – 16130/90 (Sigurdur A. Sigurjonsson/Island), Rn. 35; einzusehen in der Online-Datenbank des EGMR: http://hudoc.echr.coe.int/sites/eng/pages/search.aspx?i=001–57844; EGMR v. 11.1.2006 – 52562/99 (Sörensen u. Rasmussen/Dänemark), Rn. 35; einzusehen in der Online-Datenbank des EGMR: http://hudoc.echr.coe.int/sites/eng/pages/search.aspx?i=001–72015.

[26] *Giegerich*, in: Merten/Papier, Handbuch der Grundrechte, Band VI/1, § 148, Rn. 87; *Schlachter*, RdA 2011, 341 (344).

[27] Siehe unten S. 254 ff.

[28] Die Parlamentarische Versammlung ist neben dem Ministerkomitee ein Organ des Europarates. Sie setzt sich aus 47 Vertreterinnen und Vertretern der nationalen Parlamente zusammen. Damit hat die Parlamentarische Versammlung eine Stellvertreterrolle für die politischen Leitlinien der einzelnen Vertragsstaaten (http://www.coe.int/t/d/Parlamentarische_Versammlung/Intro.asp#DiPV). Bis 1974 wurde das heute als Parlamentarische Versammlung (*Parliamentary Assembly*) bezeichnete Gremium Beratende Versammlung (*Consultative Assembly*) genannt. Im Folgenden wird aus Gründen der Ein-

nachträglichen Stellungnahme vom 18. September 1955 treffend zum Ausdruck:

While aware of the practical difficulties arising from disparity of social conditions in the member countries, the Assembly believes that harmonious relations in Europe call for a common effort towards co-ordination and harmonisation in the social sphere [...].[29]

Geleitet von diesem Ziel forderte die Parlamentarische Versammlung[30] des Europarates das Ministerkomitee[31] auf, die sozialen Grundrechte völkervertraglich zu verankern.[32] Das Ministerkomitee nahm diese Empfehlung an und beauftragte das Generalsekretariat[33], einen Bericht über die Handlungsmöglichkeiten des Europarates im Bereich der sozialen (Grund-)Rechte zu verfassen.[34] Dieser Auftrag wurde vom Generalsekretariat umgesetzt und fand u. a. Niederschlag in einem an das Ministerkomitee adressierten Memorandum vom 16. April 1953. Hier wurde die Idee einer Sozialcharta für Europa erstmals ausdrücklich erwähnt:

[...] the Statute of the Council of Europe expresses the intention of Member Governments to further social progress in their respective countries. Greater unity among its Members, which is the principal aim of the Council, involves as a corollary common social concepts. Similarly, closer economic co-operation is only possible if the social

---

heitlichkeit – bis auf die Quellenangaben bei Originalzitaten – die nunmehr gebräuchliche Bezeichnung „Parlamentarische Versammlung“ verwendet.

29 *Consultative Assembly of the Council of Europe* (Report on the request by the Committee of Ministers for an Opinion on a memorandum prepared by the Secretariat-General concerning the activities which the Council of Europe could properly carry out in the social sphere presented on behalf of the Committee on Social Questions), Doc. 188, 18th September 1953, S. 1008.

30 Im Gesetzgebungsverfahren des Europarats wirken parlamentarische Organe und Regierungsvertreter zusammen: Gesetzesvorschläge macht die Parlamentarische Versammlung, während die Umsetzung durch das Ministerkomitee erfolgt. Dazu richtet die Parlamentarische Versammlung Empfehlungen (*Recommendations*) an das Ministerkomitee (*Robertson*, Human Rights in Europe, S. 280).

31 Das Ministerkomitee ist ebenso wie die Parlamentarische Versammlung ein Organ des Europarates, Art. 10 ERS. Ersteres ist gegenüber der Parlamentarischen Versammlung das maßgebliche Entscheidungsgremium des Europarates. Dort ist gemäß Art. 14 ERS jeder Mitgliedstaat durch seinen Außenminister oder durch den Ständigen Vertreter der Regierung repräsentiert (*Giegerich*, in: Merten/Papier, Handbuch der Grundrechte, Band VI/1, § 148, Rn. 2; *Hohnerlein*, ZESAR 2003, 17 (21)).

32 *Parliamentary Assembly*, Recommendation 14, 7th December 1951, S. 1.

33 Das Ministerkomitee und die Parlamentarische Versammlung verfügen über ein gemeinsames Sekretariat, das unter der Leitung eines Generalsekretärs steht, Art. 10 ERS. Das Sekretariat hat eine Generaldirektion Menschenrechte, die den Europarat in menschenrechtlichen und rechtsstaatlichen Fragen berät (*Giegerich*, in: Merten/Papier, Handbuch der Grundrechte, Band VI/1, § 148, Rn. 2).

34 *Consultative Assembly of the Council of Europe* (Request by the Committee of Ministers for an Opinion on a Memorandum by the Secretariat-General concerning the activities which the Council of Europe could properly carry out in the social sphere), Doc. 140, 11th May 1953, S. 406.

conditions in the member countries are not too widely divergent. [...] The social progress which the Members of the Council of Europe have set forth as an objective should therefore be based on common principles. It thus appears that the first task of the Council in the social field should be to define and develop these principles. The importance of doing so is such as to warrant their enunciation in the form of a European Social Charter. This Social Charter would, together with the Convention of Human Rights and Fundamental Freedoms, constitute a solemn declaration by the European States of the spiritual values underlying western civilisation. The principles enshrined in the Social Charter would serve as a guide for the future action of the Council of Europe in the realisation of social progress and in the achievement of greater unity between its Members.[35]

Dieses Memorandum erschöpfte sich nicht bloß in einer generellen Absichtserklärung; einige elementare Prinzipien der künftigen Unternehmungen wurden ausdrücklich erwähnt. Im Hinblick auf die Interessen der Arbeitnehmer hieß es etwa:

The Governments should recognise the importance of the development of industrial relations tending to reconcile the interests of workers and employers by the establishment of works councils and other organs through which workers may influence the administration of the industry in which they are employed and the management of their own work. The Governments should actively encourage the establishment of systems of this sort and also of arrangements to secure for the workers a fair share of the profits of increased productivity.[36]

Das Ministerkomitee leitete das Memorandum der Parlamentarischen Versammlung zu, um deren Stellungnahme einzuholen.[37] Diese nahm den Vorschlag zur Schaffung einer Sozialcharta an und formulierte in ihrer Replik vom 23. September 1953:

The Assembly accepts in the first place the principle of the elaboration of a "European Social Charter". Such a Charter should define the social aims of the Member States and serve as a guide for all future activities of the Council in the social field. In social policy it should form a pendant to the Convention on Human Rights and Fundamental Freedoms.[38]

---

[35] *Consultative Assembly of the Council of Europe* (Request by the Committee of Ministers for an Opinion on a Memorandum by the Secretariat-General concerning the activities which the Council of Europe could properly carry out in the social sphere), Doc. 140, 11th May 1953, S. 407.

[36] *European Social Charter, Travaux Préparatoires*, Article 6, Document prepared by the Social Division, April 1953, Memorandum by the Secretariat General, CE/Soc/Tr. Pr. (70) 15, S. 2.

[37] *Consultative Assembly of the Council of Europe* (Request by the Committee of Ministers for an Opinion on a Memorandum by the Secretariat-General concerning the activities which the Council of Europe could properly carry out in the social sphere), Doc. 140, 11th May, 1953, S. 405.

[38] *Parliamentary Assembly*, Opinion No. 5, 23rd September 1953, S. 1; ebenso *Consultative Assembly of the Council of Europe* (Report on the request by the Committee of Ministers for an Opinion on a memorandum prepared by the Secretariat-General concerning the acti-

Im Mai 1954 tat das Ministerkomitee[39] in einer Sonderbotschaft kund, dass es den Vorschlag des Generalsekretariats annehme und sich um die Ausarbeitung einer Sozialcharta kümmern werde.[40] Anschließend stellte die Parlamentarische Versammlung zusammen mit dem Ministerkomitee ein sozialpolitisches Programm auf.[41] Man war sich allerdings der Schwierigkeiten bewusst, die mit der Kodifizierung sozialer Rechte auf europäischer Ebene einhergehen würden. Probleme bereitete vor allem die Frage, wie man mit den Unterschieden zwischen den einzelnen Rechts- und Sozialordnungen umgehen solle.[42] Nichtsdestotrotz wollte man sich der Kodifizierung sozialer Rechte annehmen, denn – so hieß es von Seiten der Parlamentarischen Versammlung: „[H]armonious relations in Europe call for a common effort towards co-ordination and harmonisation in the social sphere."[43]

Schon bald gründete das Ministerkomitee ein Regierungs-Sozialkomitee (*European Committee of Social Rights*), welches mit Regierungsexperten der Mitgliedstaaten des Europarates besetzt war und als ständige Einrichtung fungieren sollte. Es hatte die Aufgabe, Fragen des Ministerkomitees zu beantworten, aber auch eigene Vorschläge zu machen und den internationalen Erfahrungsaustausch zu wahren.[44] Überdies wurden auf Wunsch der Parlamentarischen Versammlung zwei weitere Gremien gegründet, die vom Ministerkomitee unabhängig sein sollten – namentlich ein Sozialausschuss (*Committee on Social Questions*) und ein Wirtschaftsausschuss (*Committee on Economic Questions*).[45] Die neu geschaffenen Gremien erhielten den Auftrag, eine Europäische Sozialcharta zu entwerfen.[46]

---

vities which the Council of Europe could properly carry out in the social sphere presented on behalf of the Committee on Social Questions), Doc. 188, 18th September 1953, S. 1008.

39 Die maßgebliche Rolle bei der Ausarbeitung eines Vertrags spielt das Ministerkomitee. Dies ergibt sich aus Art. 15 lit. a ERS, wonach das Ministerkomitee die geeigneten Maßnahmen ergreift, um die Aufgaben des Europarats zu verwirklichen. Dazu gehört auch der Abschluss von Verträgen. Der Parlamentarischen Versammlung kommt dabei eine beratende Funktion zu, Art. 22 ERS.

40 *Consultative Assembly of the Council of Europe* (Special Message), Doc. 238, 23rd September 1954.

41 Das Sozialprogramm des Europarates, abgedruckt in RdA 1954, 341 (342).

42 *Consultative Assembly of the Council of Europe* (Request by the Committee of Ministers for an Opinion on a Memorandum by the Secretariat-General concerning the activities which the Council of Europe could properly carry out in the social sphere), Doc. 140, 11th May, 153, S. 406 f.; siehe auch *Schambeck*, Grundrechte und Sozialordnung, S. 54 f.

43 *Parliamentary Assembly*, Opinion No. 5, 23rd September 1953, S. 1.

44 Das Sozialprogramm des Europarates, abgedruckt in RdA 1954, 341 (342).

45 *Consultative Assembly of the Council of Europe* (Draft Recommendation containing the draft ESC presented by the Committee on Social Questions), Doc. 403, 26th October 1955, S. 16; *Consultative Assembly of the Council of Europe* (Draft Recommendation presented by the Committee on General Affairs), Doc. 536, 27th September 1956, S. 16 f.

46 Aufträge an die Gremien der Parlamentarischen Versammlung (Sozial- und Wirtschaftsausschuss) einerseits und das Regierungs-Sozialkomitee des Ministerkomitees andererseits, dokumentiert in *Consultative Assembly of the Council of Europe* (Draft Recom-

Die verschiedenen Gremien der Parlamentarischen Versammlung haben in den Jahre 1955 bis 1956 drei Vertragsentwürfe ausgearbeitet:[47] Den ersten Vertragsentwurf des Sozialausschusses (Doc. 403)[48] hielt die Parlamentarische Versammlung jedoch für zu progressiv, weil darin beispielsweise die Schaffung eines Europäischen Wirtschafts- und Sozialrates[49] vorgesehen war.[50] Der Entwurf wurde daher abgelehnt und an den Sozialausschuss zurückverwiesen, der die überarbeitete Version schließlich in Doc. 488[51] niederlegte. Jedoch kam es auf Grund von Meinungsverschiedenheiten abermals zu keiner endgültigen Beschlussfassung.[52] Zur Beilegung der Streitigkeiten rief die Parlamentarische Versammlung den aus Regierungsvertretern bestehenden Rat für Allgemeine Angelegenheiten (*Council on General Affairs*)[53] an, damit dieser zusammen mit dem parlamentarischen Sozial- und Wirtschaftsausschuss ein vermittelndes Ergebnis finde.[54] Mit dem folgenden dritten Entwurf (Doc. 536)[55] bemühte man sich um konsenstauglichere Vorgaben.

Allerdings wurde wiederum keine abschließende Lösung gefunden. Probleme bereiteten vor allem die Fragen, inwiefern die Vorschriften der Sozialcharta verbindlich sein sollten und wie sie durchsetzungsfähig ausgestaltet

---

mendation containing the draft ESC presented by the Committee on Social Questions), Doc. 403, 26th October 1955, S. 16.

[47] Erster Entwurf: *Consultative Assembly of the Council of Europe* (Draft Recommendation containing the draft ESC presented by the Committee on Social Questions), Doc. 403, 26th October 1955; zweiter Entwurf: *Consultative Assembly of the Council of Europe* (Draft Recommendation and Reports presented on behalf of the Committee on Social Questions), Doc. 488, 14th April 1956; dritter Entwurf: *Consultative Assembly of the Council of Europe* (Draft Recommendation presented by the Committee on General Affairs), Doc. 536, 27th September 1956.

[48] *Consultative Assembly of the Council of Europe* (Draft Recommendation containing the draft ESC presented by the Committee on Social Questions), Doc. 403, 26th October 1955.

[49] Der Europäische Wirtschafts- und Sozialrat sollte aus Arbeitnehmer- und Arbeitgebervertretern sowie aus Vertretern des „allgemeinen Interesses" bestehen. Der Rat sollte eine enge Verbindung zwischen den einzelnen beruflichen und staatlichen Organisationen herstellen und dem Ministerrat Empfehlungen geben (dokumentiert in RdA, 1967, 25).

[50] *Consultative Assembly of the Council of Europe* (Draft Recommendation presented by the Committee on General Affairs), Doc. 536, 27th September 1956, S. 17; *Schambeck*, Grundrechte und Sozialordnung, S. 53.

[51] *Consultative Assembly of the Council of Europe* (Draft Recommendation and Reports presented on behalf of the Committee on Social Questions), Doc. 488, 14th April 1956.

[52] *Schambeck*, Grundrechte und Sozialordnung, S. 53.

[53] Der Rat für Allgemeine Angelegenheiten ist ein Gremium, welches zwischen den einzelnen Organen des Europarates vermittelt und für Einheitlichkeit sorgt. Der Rat für Allgemeine Angelegenheiten besteht aus Vertretern der einzelnen Mitgliedstaaten – regelmäßig sind dies die Außenminister.

[54] *Consultative Assembly of the Council of Europe* (Draft Recommendation presented by the Committee on General Affairs), Doc. 536, 27th September 1956, S. 16.

[55] *Consultative Assembly of the Council of Europe* (Draft Recommendation presented by the Committee on General Affairs), Doc. 536, 27th September 1956.

werden könnten. Sowohl das Ministerkomitee als auch die Parlamentarische Versammlung waren gegen bloß deklaratorische Regelungen, wollten aber auch keine strikt verbindlichen Rechtssätze aufstellen. Erstere hätten keinen effektiven Schutz geboten und Letztere wären wegen der unterschiedlichen wirtschaftlichen und sozialen Rahmenbedingungen Gefahr gelaufen, verletzt zu werden.[56] Im Übrigen waren dem Ministerkomitee die Forderungen der Parlamentarischen Versammlung zu progressiv, aber auch mit dem Entwurf des Regierungs-Sozialkomitees war das Ministerkomitee nicht zufrieden.[57] Daraufhin arbeitete das Regierungs-Sozialkomitee einen revidierten vollständigen Entwurf aus (Doc. 927)[58]. Dieser Entwurf wurde zusammen mit dem dritten Entwurf der Parlamentarischen Versammlung (Doc. 536) zur Ausgangsbasis für die so genannte Drei-Parteien-Konferenz (*Tripartite*-Konferenz).[59] Die Konferenz kam am 12. Dezember 1958 durch Einberufung der IAO zustande. Man erhoffte sich, durch die Zusammenkunft von Arbeitnehmer- und Arbeitgebervertretern sowie IAO-Mitgliedern die noch umstrittenen Fragen endlich klären zu können.[60] Die Ergebnisse dieser Konferenz flossen in den Vertragsentwurf Doc. 976[61] ein. Nach weiteren Beratungen erhielt die Europäische Sozialcharta ihre endgültige Fassung. Sie wurde vom Ministerkomitee genehmigt und am 18. Oktober 1961 in Turin von 13 der damals 16 Mitgliedstaaten des Europarates unterzeichnet.[62] Das Ergebnis ist ein Kompromiss, der den unterschiedlichen Rahmenbedingungen in den einzelnen Mitgliedstaaten des Europarates Rechnung trägt und zugleich einen effektiven Schutz der sozialen Rechte ermöglichen möchte.[63]

---

[56] *Conclusions XVII-1 (2004)*, Germany, S. 12; *Consultative Assembly of the Council of Europe* (Draft Recommendation containing the draft ESC presented by the Committee on Social Questions), Doc. 403, 26th October 1955, S. 21.

[57] *Resolution (56) 25* (Adopted by the Committee of Ministers at its 19th Session), 15th December 1956; Grund für die Kritik des Ministerkomitees war vor allem die Tatsache, dass das Regierungs-Sozialkomitee bisher nur unverbindliche Vorgaben ausgearbeitet hatte. Dem Ministerkomitee war es hingegen wichtig, dass möglichst detaillierte und verbindliche Vorgaben gemacht würden, damit ein effektiver Schutz sozialer Grundrechte gewährleistet werden könne.

[58] *Consultative Assembly of the Council of Europe* (Draft European Social Charter), Doc. 927, 12th January 1959.

[59] *European Social Charter, Travaux Préparatoires*, Article 6, Document prepared by the Social Division, December 1958, Tripartite Conference, CE/Soc/Tr. Pr. (70) 15, S. 60.

[60] Dokumentiert in *Consultative Assembly of the Council of Europe* (European Charter Draft Resolution), Doc. 1382, 14th December 1961, S. 2; *European Social Charter, Travaux Préparatoires*, Article 6, Document prepared by the Social Division, CE/Soc/Tr. Pr. (70) 15, S. 60 ff.

[61] *Consultative Assembly of the Council of Europe* (Request for an Opinion on the Social Charter), Doc. 976, 17th April 1959.

[62] *Schambeck*, Grundrechte und Sozialordnung, S. 54.

[63] *Hackstein*, Streik und Aussperrung nach Art. 6 Nr. 4 ESC, S. 4; *Hohnerlein*, ZESAR 2003, 17 (19); *Schambeck*, Grundrechte und Sozialordnung, S. 55; *Świątkowski*, Charter of Social Rights of the Council of Europe, S. 10.

D. Rezeption der Europäischen Sozialcharta

Mit der Europäischen Sozialcharta wurde ein Grundstein zur Sicherung der sozialen Rechte innerhalb Europas gelegt;[64] denn erstmals wurden soziale (Grund-)Rechte auf völkervertraglicher Ebene anerkannt.[65] Hervorzuheben ist Art. 6 Nr. 4 ESC, mit dem das Streikrecht erstmals ausdrücklich auf internationaler Ebene gewährt wurde.[66]

Allerdings hat die Entstehungsgeschichte gezeigt, dass die Europäische Sozialcharta ihre Bedeutung erst in der Zusammenschau mit der Europäischen Menschenrechtskonvention entfaltet.[67] Die Europäische Menschenrechtskonvention gewährt Freiheitsrechte, deren Ausübung durch die Europäische Sozialcharta sozialrechtlich abgesichert werden soll.[68] Trotz der Komplementarität beider Vertragswerke ist die Europäische Sozialcharta in ihrer Bedeutung weit hinter der Europäischen Menschenrechtskonvention zurückgeblieben.[69] Worin dennoch ein „Potenzial" der Europäischen Sozialcharta liegen könnte, ist im Folgenden herauszuarbeiten.

I. Geringe Beachtung in den einzelnen Rechtsordnungen

Die öffentliche Reaktion auf die Europäische Sozialcharta war nicht nur in Deutschland sehr verhalten, sondern europaweit.[70] Man war gemeinhin der Ansicht, dass die Europäische Sozialcharta hinter ihren eigenen Ambitionen zurückbleibe und keine wesentlichen Neuerungen bringen werde.[71] Auf Seiten der Parlamentarischen Versammlung war leichte Enttäuschung zu vernehmen, hieß es doch bereits am 14. Dezember 1961: "[T]he instrument signed at Turin on 18th October 1961 is not perfect."[72] Auch Jahre nach ihrem Erlass sprach

[64] *Schambeck*, Grundrechte und Sozialordnung, S. 59.

[65] *Lörcher*, in: Däubler, Arbeitskampfrecht, § 10, Rn. 20; *Margedant*, in: Bergmann, Handlexikon der Europäischen Union, „ESC", S. 822 f.

[66] *Consultative Assembly of the Council of Europe* (European Charter Draft Resolution), Doc. 1382, 14th December 1961, S. 10; *Lörcher*, in: Däubler, Arbeitskampfrecht, § 10, Rn. 20.

[67] *Schambeck*, Grundrechte und Sozialordnung, S. 51 f.

[68] *Giegerich*, in: Merten/Papier, Handbuch der Grundrechte, Band VI/1, § 148, Rn. 87; *Schweisfurth*, Völkerrecht, Zweiter Teil, 17. Kapitel, Rn. 67.

[69] *Giegerich*, in: Merten/Papier, Handbuch der Grundrechte, Band VI/1, § 148, Rn. 103; vgl. auch *Zacher*, ZSR 1978, 129.

[70] *De Búrca/de Witte*, Social Rights in Europe, S. V.

[71] *Dörfler*, Die Vereinbarkeit sozialer Grundrechte mit dem GG, S. 34; *Neubeck*, Die Europäische Sozialcharta und deren Protokolle, S. 61 f.

[72] *Consultative Assembly of the Council of Europe* (European Charter Draft Resolution), Doc. 1382, 14th December 1961, S. 10.

man der Europäischen Sozialcharta ab, ein „lebendiges, kraftvolles Instrument" zum Schutz sozialer Grundrechte zu sein.[73]

Es wurde allerdings nicht nur negative Kritik geübt. Einige Kommentatoren bilanzierten nach etwa zehnjährigem Bestehen der Europäischen Sozialcharta, dass die Staaten, von denen die Charta bis dahin ratifiziert worden war, die Verpflichtungen weitgehend umgesetzt hätten. Kein Vertragsstaat hatte nämlich bis dahin vom seinem Kündigungsrecht nach Art. 37 ESC Gebrauch gemacht. Darin wurde ein Beweis für „die Gültigkeit der Prinzipien und die Flexibilität der Charta sowie ihre Fähigkeit, sich der Entwicklung der sozialen Bedingungen anzupassen", gesehen.[74] Obwohl die Europäische Sozialcharta keinen bahnbrechenden unmittelbaren Einfluss auf die einzelnen Rechtsordnungen ausüben konnte, zeigt der rechtstatsächliche Befund, dass sie vereinzelt Einfluss nehmen konnte und seit ihrer Unterzeichnung im Jahre 1961 an Relevanz dazugewonnen hat: Beispielsweise änderten das Vereinigte Königreich und Dänemark in den 1970er Jahren ihre Gesetze über die zivile Schifffahrt (*Merchant Shipping Acts*) wegen Verstoßes gegen das Zwangsarbeitsverbot nach Art. 1 Nr. 1 ESC.[75] Ebenso wurde unter dem Einfluss der Europäischen Sozialcharta in Deutschland der § 114 des Seemannsgesetzes (SeemG) von 1957 gestrichen.[76] Überdies lieferte die Europäische Sozialcharta einen Anstoß für Gesetzesreformen zur Abschaffung von Kinderarbeit in Griechenland und für den Erlass eines Gesetzes zur Gleichstellung des Erbrechts ehelicher und nichtehelicher Kinder in Frankreich.[77]

II. Größere Beachtung auf überregionaler Ebene

Mittelbaren Einfluss hat die Europäische Sozialcharta bei der Gestaltung anderer internationaler Verträge ausgeübt[78] – auch weit über den europäischen Rechtskreis hinaus: Beispielsweise wurde 2004 für den südamerikanischen Kontinent eine Sozialcharta nach dem Vorbild ihrer europäischen Vorgängerin ausgearbeitet.[79] Außerdem wurde die Aufteilung von Freiheitsrechten und so-

---

[73] *Öhlinger*, in: Matscher, Die Durchsetzung wirtschaftlicher und sozialer Grundrechte, S. 335; ähnlich auch *Dörfler*, Die Vereinbarkeit sozialer Grundrechte mit dem GG, S. 34 ff.

[74] *Agnelli*, in: Agnelli (u. a.), Die Europäische Sozialcharta, S. 69 (70).

[75] *Butt/Kübert/Schultz*, Soziale Grundrechte in Europa, S. 8; *Ehrenberg*, in: Agnelli (u. a.), Die Europäische Sozialcharta, S. 7 (10): Seeleuten in Großbritannien oder in Dänemark war es bis dahin unter Strafe versagt, das Schiff unerlaubt zu verlassen. Diese Sanktion war jedoch mit Art. 1 Nr. 1 ESC nicht zu vereinen, wonach sich die Vertragsparteien verpflichten, „das Recht des Arbeitnehmers wirksam zu schützen, seinen Lebensunterhalt durch eine frei übernommene Tätigkeit zu verdienen".

[76] *Fuchs*, in: Agnelli (u. a.), Die Europäische Sozialcharta, S. 289 (290).

[77] *Europarat*, Die Europäische Sozialcharta: Ein Leitfaden, S. 100.

[78] *Brillat*, in: de Búrca / de Witte, Social Rights in Europe, S. 31.

[79] *Świątkowski*, Charter of Social Rights of the Council of Europe, S. 43.

zialen Rechten nach dem Vorbild der Europäischen Menschenrechtskonvention und der Europäischen Sozialcharta von den Vereinten Nationen (UN) durch den Internationalen Pakt über bürgerliche und politische Rechte (UN IPBPR) und den Internationalen Pakt über wirtschaftliche, soziale und kulturelle Rechte (UN IPWSKR) aufgegriffen.[80]

Insbesondere auf europäischer Ebene hat die Europäische Sozialcharta die weitere Rechtsentwicklung *mit*geprägt.[81] Namentlich die Gemeinschaftscharta der sozialen Grundrechte der Arbeitnehmer von 1989 und die Europäische Grundrechtecharta[82] greifen die Vorgaben der Europäischen Sozialcharta ausdrücklich auf.[83] Ferner verweist die Präambel der Europäischen Grundrechtecharta im dritten Erwägungsgrund u. a. auf die Grundrechte der Europäischen Sozialcharta und der Europäischen Menschenrechtskonvention. Von besonderem Interesse ist vorliegend, dass Art. 28 GRC die Gewährleistungen des Art. 6 Nr. 4 ESC fast wortgleich wiederholt. Auch die Präambel des Vertrags über die EU bekennt sich bereits seit dem Amsterdamer Vertrag von 1997 zu den sozialen Grundrechten der Europäischen Sozialcharta.[84] Ebenfalls enthält Art. 151 AEUV ein Bekenntnis zu den sozialen Grundrechten, wie sie in der Europäischen Sozialcharta niedergelegt sind, um die Beschäftigung zu fördern und die Lebens- und Arbeitsbedingungen zu verbessern.

---

[80] *Giegerich*, in: Merten/Papier, Handbuch der Grundrechte, Band VI/1, § 148, Rn. 87.

[81] Näheres dazu im vierten (S. 253 ff.) und fünften (S. 353 ff.) Teil dieser Arbeit.

[82] Die Grundrechtecharta wurde auf der Regierungskonferenz von Nizza am 7. Dezember 2000 proklamiert und mit Inkrafttreten des Lissabon-Vertrags am 1. Dezember 2009 dem Primärrecht gleichgestellt (Art. 6 Abs. 1 UAbs. 1 Hs. 2 EUV).

[83] *Margedant*, in: Bergmann, Handlexikon der Europäischen Union, „ESC", S. 823; *Scholz*, in: Merten/Papier, Handbuch der Grundrechte, Band VI/2, § 170, Rn. 4, 93.

[84] *Giegerich*, in: Merten/Papier, Handbuch der Grundrechte, Band VI/1, § 148, Rn. 88.

2. Abschnitt

Gewährleistungen der Europäischen Sozialcharta

Wie der Entstehungsprozess belegt, war die Europäische Sozialcharta als ein Pendant zur Europäischen Menschenrechtskonvention auf dem Gebiet der *sozialen Grundrechte* gedacht. Soziale Rechte auf einfachgesetzlicher Ebene sind in den Mitgliedstaaten der Europäischen Sozialcharta weitgehend bekannt. Sie finden sich vor allem im Arbeitsrecht und regeln das Verhältnis der Arbeitsvertragsparteien, z. B. Kündigungsschutz, Mindestlohn, Urlaub, sichere Arbeitsbedingungen etc. Ferner regeln die Mitgliedstaaten die Systeme der sozialen Sicherheit durch einfache Gesetze.[1] Dagegen enthält die Europäische Sozialcharta nicht nur einfaches Gesetzesrecht, sondern *Grund-* bzw. *Menschen*rechte. Nachfolgend wird das Grundrechtsverständnis der Europäischen Sozialcharta untersucht, dessen Kenntnis als Argumentationsgrundlage für die weiteren Ausführungen unerlässlich ist. Zunächst werden die einzelnen Gewährleistungen der Europäischen Sozialcharta und ihr völkerrechtlicher Sicherungsmechanismus überblicksartig dargestellt. Anschließend wird auf abstrakterer Ebene das Grundrechtsverständnis der Europäischen Sozialcharta herausgearbeitet, um den Terminus der sozialen Grundrechte verständlich zu machen.

A. Überblick

In ihrer ursprünglichen, von der Bundesrepublik Deutschland ratifizierten Fassung, gliedert sich die Europäische Sozialcharta in eine Präambel, die Teile I bis V und einen Anhang. Die bereits zitierte Präambel nimmt im ersten Erwägungsgrund Bezug auf die Grundsätze und Ideale der Mitgliedstaaten, die ihr gemeinsames Erbe sind und die zu fördern erklärtes Ziel des Europarates ist. Vor allem durch die Erhaltung und Weiterentwicklung der Menschenrechte und Grundfreiheiten sollen wirtschaftlicher und sozialer Fortschritt erreicht werden. Im zweiten Erwägungsgrund wird auf die Europäische Menschenrechtskonvention und ihre Protokolle Bezug genommen. Im dritten Erwägungsgrund heißt es, dass mit der Europäischen Sozialcharta auch die Ausübung sozialer Rechte sichergestellt werden solle, und zwar unabhängig von Rasse, Hautfarbe,

---

[1] *Butt/Kübert/Schultz*, Soziale Grundrechte in Europa, S. 6; *Iliopoulos-Strangas*, in: Merten/Papier, Handbuch der Grundrechte, Band VI/1, § 145, Rn. 20.

Geschlecht, Religion, politischer Gesinnung, nationalem oder sozialem Hintergrund der Bürger. Daher – so heißt es im vierten Erwägungsgrund – seien die Signatarstaaten dazu entschlossen, „alle Anstrengungen zu unternehmen, um durch geeignete Einrichtungen und Maßnahmen den Lebensstandard ihrer Bevölkerung in Stadt und Land zu verbessern und ihr soziales Wohl zu fördern".

Teil I stellt die Rechte der Europäischen Sozialcharta in insgesamt 19 Programmpunkten kursorisch dar. Thematisch geht es sowohl um Mindestbedingungen für die Arbeitswelt als auch Mindestbedingungen für den sozialen Zusammenhalt.[2] Im Einzelnen: In den ersten vier Punkten werden individuelle Rechte genannt, die vornehmlich Arbeitsbedingungen und Entlohnung betreffen. Kollektive Rechte finden sich unter dem fünften und sechsten Punkt. Unter dem siebten und achten Punkt sind die Rechte besonders schutzwürdiger Gruppen niedergelegt – von Kindern und Jugendlichen sowie Arbeitnehmer/innen. Das Recht auf soziale und kulturelle Entfaltung wird unter dem neunten und zehnten Punkt sowie unter Punkt 15 angesprochen. Das Recht auf Schutz der Gesundheit findet sich unter dem elften Punkt. Soziale Rechte mit dem Schwerpunkt Mütter und Familien findet sich unter Punkt 12, 13, 14, 16 und 17. Die Punkte 18 und 19 betreffen das Recht auf Freizügigkeit der Arbeitskräfte.[3] Bei den hier genannten Zielen handelt es sich allerdings nur um eine unverbindliche „Absichtserklärung"[4], die keine völkerrechtliche Bindungswirkung, sondern nur eine Leitbildfunktion besitzt.[5]

Teil II (Art. 1 bis Art. 19 ESC) konkretisiert die sozialpolitischen Zielbestimmungen der Sozialcharta und bildet den „materiellen Schwerpunkt" des Vertragswerkes. Hier ist niedergelegt, wie die Mitgliedstaaten die 19 Grundrechte im Einzelnen verwirklichen sollen. Dazu werden die in Teil I genannten Individualrechte näher erläutert und für verbindlich erklärt.[6] Die bloße „Absichtserklärung" des Teil I wird also in Teil II ergänzt um die korrespondierenden Verpflichtungen, die erforderlich sind, um eine wirksamen Ausübung der Rechte in den einzelnen Mitgliedstaaten zu gewährleisten. Zu diesem Zweck werden die Mitgliedstaaten – je nach Art des zu gewährenden Rechts – zur Vornahme bestimmter Handlungen oder zur Anerkennung der in Teil I genannten Zielbestimmungen verpflichtet.[7] Eine inhaltliche Bindung an diese Vorgaben des Teils II erfolgt schließlich nach Maßgabe des Teils III – wie die Einleitung des Teils II deutlich macht: „Die Vertragsparteien erachten sich

---

[2] *Giegerich*, in: Merten/Papier, Handbuch der Grundrechte, Band VI/1, § 148, Rn. 86; *Schambeck*, Grundrechte und Sozialordnung, S. 56.

[3] *Neubeck*, Die Europäische Sozialcharta und deren Protokolle, S. 64.

[4] *Czycholl/Frieling*, ZESAR 2011, 322 (323).

[5] *Ramm*, AuR 1971, 65 (70); *Schambeck*, Grundrechte und Sozialordnung, S. 56.

[6] *Neubeck*, Die Europäische Sozialcharta und deren Protokolle, S. 64 f.

[7] *Neubeck*, Die Europäische Sozialcharta und deren Protokolle, S. 65.

durch die in den folgenden Artikeln und Absätzen festgelegten Verpflichtungen nach Maßgabe des Teils III gebunden."

Teil III – bestehend allein aus Art. 20 ESC „Verpflichtungen" – betrifft das Ausmaß der Ratifizierungspflicht. Gemäß Art. 20 Abs. 1 lit. a ESC sind die Grundsätze des Teils I nur unverbindliche „Programmsätze", während die Rechte des Teils II völkerrechtliche Verpflichtungen begründen.[8] Die Ratifizierung erfolgt nach einem flexiblen *opting in*[9]-Prinzip: Gemäß Art. 20 Abs. 1 lit. b ESC sollen nur fünf von den sieben genannten Artikeln als verbindlich anerkannt werden – namentlich Art. 1, 5, 6, 12, 13, 16 und 19 ESC. Über diese „Kernbestimmungen" hinaus steht es den Staaten frei, bestimmte Rechte nicht zu übernehmen.[10] Im Übrigen sind die Mitgliedstaaten gemäß Art. 20 Abs. 1 lit. c ESC verpflichtet, weitere Artikel oder nummerierte Absätze des Teils II als verbindlich anzuerkennen, so dass sich die Gesamtzahl der sie bindenden Artikel auf mindestens zehn oder die der nummerierten Absätze auf mindestens 45 beläuft. Eine solche Sozialstaatlichkeit „à la carte"[11] erlaubt einen „flexiblen Ratifikationsmechanismus", der eine angemessene Berücksichtigung des unterschiedlichen Industrialisierungsgrads, des (sozialen) Entwicklungsniveaus und der rechtlichen Rahmenbedingungen in den Mitgliedstaaten zulässt.[12]

In Teil IV – bestehend aus Art. 21 bis Art. 29 ESC – geht es um den Überwachungsmechanismus der Europäischen Sozialcharta.[13] Die Kontrolle der mitgliedstaatlichen Umsetzungsmaßnahmen erfolgt durch ein so genanntes Staatenberichtssystem. Auf Grundlage der mitgliedstaatlichen Fortschrittsberichte zur Umsetzung der Sozialcharta-Verpflichtungen kann das Ministerkomitee anschließend „alle notwendigen Empfehlungen" an die vertragsbrüchige Partei richten.[14]

Teil V enthält mit den Art. 30 bis Art. 38 ESC zum einen Sonderregelungen für Notstandsfälle, mit denen sich die Vertragsparteien unter bestimmten Voraussetzungen von den Verpflichtungen der Charta befreien können (Art. 30 ESC). Zum anderen enthält Teil V mit Art. 31 Abs. 1 ESC einen Schrankenvorbehalt, der unter den dort genannten Voraussetzungen eine Einschränkung der in der Charta niedergelegten Rechte gestattet.[15] In den Art. 32 bis Art. 34

---

[8] *Zuleeg*, ZaöRV 1975, 341 (352).

[9] *Dederer*, ZaöRV 2006, 575 (578).

[10] *Hohnerlein*, ZESAR 2003, 17 (20); *Riedel*, in: Meyer, Charta der Grundrechte der EU, Vorbemerkungen Titel IV, Rn. 2; *Weiß*, EuZA 2010, 457 (460).

[11] *Giegerich*, in: Merten/Papier, Handbuch der Grundrechte, Band VI/1, § 148, Rn. 90; *Hohnerlein*, ZESAR 2003, 17 (20); *Neubeck*, Die Europäische Sozialcharta und deren Protokolle, S. 65.

[12] *Giegerich*, in: Merten/Papier, Handbuch der Grundrechte, Band VI/1, § 148, Rn. 90; *Neubeck*, Die Europäische Sozialcharta und deren Protokolle, S. 66.

[13] Näheres dazu siehe unten S. 94 ff.

[14] *Schambeck*, Grundrechte und Sozialordnung, S. 57.

[15] *Schambeck*, Grundrechte und Sozialordnung, S. 58.

ESC werden die Rechte der Charta gegenüber dem innerstaatlichen Recht (Art. 34 ESC) und anderen internationalen Regelungen (Art. 32 ESC) sowie Gesamtarbeitsverträgen (Art. 33 ESC) abgegrenzt. Hervorzuheben ist Art. 32 ESC, wo zum Ausdruck kommt, dass die Europäische Sozialcharta – ebenso wie die Europäische Menschenrechtskonvention (Art. 53 EMRK) – lediglich Mindeststandards festsetzen will und daher günstigere nationale Bestimmungen oder günstigere völkerrechtliche Regelungen unberührt lässt.[16] In Art. 37 ESC ist schließlich eine Kündigungsmöglichkeit[17] vorgesehen, die allerdings unter dem Vorbehalt des zweiten Absatzes steht. Danach ist zu gewährleisten,

> [...] daß die Zahl der [...] verbindlichen Artikel oder Absätze niemals unter zehn Artikel oder 45 Absätze absinkt und daß diese Anzahl von Artikeln oder Absätzen weiterhin die Artikel einschließt, welche die Vertragspartei aus den in Artikel 20 Abs. 1 Buchstabe b bezeichneten ausgewählt hat.

Ferner werden in Teil V Regelungen zur Unterzeichnung, Ratifizierung und zum Inkrafttreten (Art. 35 ESC) sowie zu etwaigen Änderungen der Europäischen Sozialcharta (Art. 36 ESC) getroffen. Schließlich wird der Anhang der Europäischen Sozialcharta als Bestandteil derselben anerkannt (Art. 38 ESC).

B. Sicherungsmechanismen zur Einhaltung der Europäischen Sozialcharta

Völkerrechtliche Verträge, die dem Schutz von Individualrechten dienen, haben regelmäßig nicht nur programmatischen Charakter, sondern verfügen zugleich über ein Rechtsschutzsystem. Damit soll die Einhaltung und die praktische Umsetzung der Verpflichtungen in den Vertragsstaaten überwacht werden.[18] Überdies macht eine Implementierungskontrolle die völkervertraglichen Ziele glaubwürdiger.[19] Die Europäische Sozialcharta verfügt allerdings nur über ein Berichtsverfahren.[20]

I. Ausgestaltung des Überwachungsverfahrens

In ihrem Teil V enthält die Europäische Sozialcharta Regelungen, mit denen sichergestellt werden soll, dass die einzelnen Bestimmungen der Charta be-

---

[16] *Giegerich*, in: Merten/Papier, Handbuch der Grundrechte, § 148, Rn. 91.

[17] Da der hier relevante Art. 6 Nr. 4 ESC zu den von der Bundesrepublik Deutschland ausgewählten Vorschriften zählt (Art. 20 Abs. 1 ESC), kann man sich hierzulande nicht durch Kündigung von der Bindung an Art. 6 Nr. 4 ESC befreien.

[18] *Neubeck*, Die Europäische Sozialcharta und deren Protokolle, S. 82 f.

[19] *Rudolf*, Anwaltsblatt 2011, 153 (154).

[20] Die nachfolgenden Ausführungen beziehen sich vornehmlich auf die Europäische Sozialcharta von 1961, die von der Bundesrepublik Deutschland ratifiziert wurde.

folgt werden. In der ursprünglichen Fassung der Europäischen Sozialcharta von 1961 ist keine individuelle Beschwerdemöglichkeit vorgesehen, sondern (lediglich) ein unverbindliches Berichtsverfahren.[21] Mit dem Änderungsprotokoll von 1995 wurde zwar ein Kollektivbeschwerdeverfahren eingerichtet. Zu den Beschwerdeberechtigten zählen internationale und nationale Arbeitsorganisationen, Gewerkschaften und einzelne Nichtregierungsorganisationen mit Konsultativ- oder Beobachterstatus. Es wird aber kritisiert, dass die Durchsetzung wegen fehlender Sanktionsmöglichkeiten vergleichsweise ineffektiv bleibt. Im Übrigen ist das kollektive Beschwerdeverfahren fakultativ und bedarf zu seiner Wirksamkeit der Ratifizierung. Deutschland hat das Zusatzprotokoll nicht ratifiziert.[22] Daher bleibt es weiterhin beim ursprünglichen Berichtsverfahren. Dieses Verfahren vollzieht sich dreistufig auf der Grundlage von Staatenberichten, an deren Überprüfung verschiedene Gremien des Europarates beteiligt sind – namentlich der Generalsekretär des Europarates, das Europäische Komitee für Soziale Rechte (EKSR)[23], der Regierungs(sozial-)[24]ausschuss[25], die Parlamentarische Versammlung[26] und das Ministerkomitee:

Auf der ersten Stufe sind die Regierungen der Mitgliedstaaten verpflichtet, dem Generalsekretär des Europarates in einem Turnus von zwei Jahre (Art. 21 ESC) zu den angenommenen Bestimmungen oder – auf ausdrückliches Verlangen – zu den nicht angenommenen Bestimmungen Bericht zu erstatten (Art. 22

---

[21] *Hohnerlein*, ZESAR 2003, 17 (21); *Weiß*, EuZA 2010, 457 (460).

[22] *Hohnerlein*, ZESAR 2003, 17 (18 ff.); *Weiß*, EuZA 2010, 457 (459 f.).

[23] Das EKSR setzt sich gemäß Art. 25 ESC aus unabhängigen Sachverständigen zusammen. Das EKSR ist auf der Ebene des Europarates maßstabgebend für das Arbeitsrecht, die soziale Sicherheit und die Sozialpolitik. Die Amtszeit beträgt sechs Jahre, eine Wiederwahl ist zulässig. Das EKSR ist ein „gerichtsähnliches Organ", ohne allerdings im materiellen Sinne Gerichtsbarkeit auszuüben. Nach der ursprünglichen Fassung der Europäischen Sozialcharta von 1961 kann das EKSR weder von Einzelpersonen angerufen werden, noch besitzt es die Kompetenz, eine verbindliche Einzelfallentscheidung zu treffen (*Öhlinger*, in: Matscher, Die Durchsetzung wirtschaftlicher und sozialer Grundrechte, S. 335 (343); *Palsherm*, Die staatliche Lenkung des Arbeitsmarktes, S. 367 f.; *Świątkowski*, Charter of Social Rights of the Council of Europe, S. 377 f.).

[24] In der Europäischen Sozialcharta von 1961 war von einem Unterausschuss des Regierungs*sozial*ausschusses die Rede (Art. 27 Abs. 1 ESC). In der Revidierten Europäischen Sozialcharta wird vom Regierungsausschuss gesprochen (Art. 23 ff. RESC).

[25] Der Regierungssozialausschuss/Regierungsausschuss ist ein beratendes Organ des Ministerkomitees des Europarates und setzt sich aus Vertretern der Mitgliedstaaten zusammen. Es handelt sich häufig um dieselben Personen, die auch die Staatenberichte angefertigt haben (*Hohnerlein*, ZESAR 2003, 17 (21); *Palsherm*, Die staatliche Lenkung des Arbeitsmarktes, S. 367; *Świątkowski*, Charter of Social Rights of the Council of Europe, S. 385; *Weiß*, EuZA 2010, 457 (460)).

[26] Durch die Beteiligung der Parlamentarischen Versammlung sollte das Kontrollverfahren politisch legitimiert werden. Seit dem Turiner Änderungsprotokoll von 1991 ist eine Beteiligung aber nicht mehr vorgehsehen (*Hohnerlein*, ZESAR 2003, 17 (21); *Öhlinger*, in: Matscher, Die Durchsetzung wirtschaftlicher und sozialer Grundrechte, S. 335 (344 f.)).

ESC).[27] Die Berichte werden anhand eines vom Ministerkomitee aufgestellten Fragebogens angefertigt.[28] Die Fragen beziehen sich auf die jeweilige nationale Situation und die Umsetzungspraxis zur Sicherstellung der angenommenen Bestimmungen.[29]

In einem zweiten Schritt leitet der Generalsekretär des Europarates die Berichte an ein ehemals als Sachverständigenausschuss (*Committee of Independent Experts*) bezeichnetes Kontrollorgan weiter (Art. 24 ESC), das mittlerweile unter der Bezeichnung EKSR firmiert.[30] Dieses mit unabhängigen Sachverständigen (Art. 25 Abs. 1 ESC) besetzte Kontrollorgan nimmt eine *rechtliche* Prüfung der Berichte vor und legt seine Ergebnisse in so genannten Schlussfolgerungen (*Conclusions*) nieder. Diese werden jährlich[31] veröffentlicht.[32] Sie geben Auskunft darüber, ob die Vorschriften der Europäischen Sozialcharta von den einzelnen Mitgliedstaaten eingehalten worden sind.[33] Zwar stellen die Schlussfolgerungen des EKSR Sanktionen im völkerrechtlichen Sinne dar,[34] sie sind allerdings unverbindlich, d. h. ein Zuwiderhandeln löst keine völkerrechtlichen Konsequenzen aus.[35]

Auf der letzten Stufe des Kontrollverfahrens werden die Schlussfolgerungen und die mitgliedstaatlichen Berichte zunächst vom Unterausschuss des Regierungssozialausschusses (Art. 27 Abs. 1 ESC) bewertet.[36] Anschließend leitet der Unterausschuss seine Ergebnisse an das Ministerkomitee weiter (Art. 27 Abs. 3 ESC). Zugleich werden die Schlussfolgerungen der Parlamentarischen Versammlung zugesandt, die gemäß Art. 28 ESC Stellung bezieht und ihre Ergebnisse ebenfalls an das Ministerkomitee weiterleitet.[37] Anders als bei der Prüfung durch das EKSR darf der Regierungsausschuss seit Einführung der Revidierten Europäischen Sozialcharta nur noch wirtschaftliche, soziale und

---

[27] Näheres zur Ausgestaltung des Berichtsverfahrens bei *Świątkowski*, Charter of Social Rights of the Council of Europe, S. 377 ff.

[28] *Europarat*, Die Europäische Sozialcharta: Ein Leitfaden, S. 93; Öhlinger, in: Matscher, Die Durchsetzung wirtschaftlicher und sozialer Rechte, S. 335 (342).

[29] *Europarat*, Die Europäische Sozialcharta: Ein Leitfaden, S. 93.

[30] *Europarat*, Die Europäische Sozialcharta: Ein Leitfaden, S. 95 f.

[31] *Świątkowski*, Charter of Social Rights of the Council of Europe, S. 381.

[32] Siehe http://www.coe.int/t/dghl/monitoring/socialcharter/conclusions/conclusionsindex_en.asp.

[33] *Hohnerlein*, ZESAR 2003, 17 (21); MünchHdbArbR II/*Kohte*, § 288, Rn. 46.

[34] *Dumke*, Streikrecht i. S. des Art. 6 Nr. 4 ESC und deutsches Arbeitskampfrecht, S. 45.

[35] *Świątkowski*, Charter of Social Rights of the Council of Europe, S. 383.

[36] *Mitscherlich*, Das Arbeitskampfrecht der Bundesrepublik Deutschland und die ESC, S. 26.

[37] Seit dem Turnier Änderungsprotokoll von 1991 ist die Parlamentarisch Versammlung allerdings nicht mehr am Prüfungsverfahren beteiligt (*Giegerich*, in: Merten/Papier, Handbuch der Grundrechte, Band VI/1, Rn. 96, Fn. 325; *Świątkowski*, Charter of Social Rights oft he Council of Europe, S. 386).

politische Aspekte der mitgliedstaatlichen Umsetzungspraxis untersuchen.[38] Rechtliche Fragen prüft ausschließlich das EKSR. Durch die klare Aufgabenverteilung soll sichergestellt werden, dass zwischen den beiden Kontrollorganen des Europarates keine Abweichungen bei der Auslegung der Europäischen Sozialcharta auftreten.[39]

Beheben die Mitgliedstaaten einen in der Schlussfolgerung gerügten Verstoß nicht, kann das Ministerkomitee nach Art. 29 ESC mit der erforderlichen Zweidrittelmehrheit eine individuelle Empfehlung (*Recommendation*) an den vertragsbrüchigen Staat richten. Eine Empfehlung ist die schärfste Sanktion, die in der Europäischen Sozialcharta zur Verfügung steht.[40] Mit einer Empfehlung wird der vertragsbrüchige Staat aufgefordert, Abhilfemaßnahmen zu ergreifen und darüber Bericht zu erstatten. Das EKSR untersucht die eingeleiteten Schritte auf ihre Eignung. Allerdings lösen Empfehlungen – ebenso wie Stellungnahmen des EKSR – bei einem Zuwiderhandeln keine völkerrechtlichen Sanktionen aus. Sie sind also nur ein „stumpfes Schwert".[41]

II. Geringe Effektivität des Überwachungsverfahrens

Die Sanktionen des EKSR und des Ministerkomitees wirken allenfalls abschreckend, sie zeitigen allerdings keine völkerrechtlichen Konsequenzen.[42] Spürbaren – aber gleichwohl nur politischen[43] – Einfluss können die Gremienentscheidungen erst durch zusätzlichen internationalen Druck erlangen, der bei einem eklatanten Vertragsbruch ausgeübt werden kann.[44] Wegen der rechtlichen Unverbindlichkeit wird das Kontrollverfahren der Europäischen Sozialcharta gemeinhin für ineffektiv gehalten.[45] Vor allem im Kontrast zur Europäischen Menschenrechtskonvention, die mit dem EGMR über ein durchsetzungsmächtiges Sanktionsorgan verfügt, erweise sich das Berichtsverfahren der Europäischen Sozialcharta als ein „zahnloser Papiertiger"[46].

---

[38] *Giegerich*, in: Merten/Papier, Handbuch der Grundrechte, Band VI/1, Rn. 97 f.; *Świątkowski*, Charter of Social Rights of the Council of Europe, S. 386.

[39] *Schlachter*, RdA 2011, 341 (346).

[40] *Hohnerlein*, ZESAR 2003, 17 (21).

[41] *Dumke*, Streikrecht i. S. des Art. 6 Nr. 4 ESC und deutsches Arbeitskampfrecht, S. 45; *Świątkowski*, Charter of Social Rights of the Council of Europe, S. 388.

[42] *Hohnerlein*, ZESAR 2003, 17 (20); *Świątkowski*, Charter of Social Rights of the Council of Europe, S. 383.

[43] *Konzen*, JZ 1986, 157 (162).

[44] *Świątkowski*, Charter of Social Rights of the Council of Europe, S. 388.

[45] *Öhlinger*, in: Matscher, Die Durchsetzung wirtschaftlicher und sozialer Grundrechte, S. 335 (336, 345); auch mit der Einführung des Kollektivbeschwerdeverfahrens habe sich an diesem Befund nichts geändert, da es weiterhin an effektiven Sanktionen fehle (*Hohnerlein*, ZESAR 2003, 17 (18 ff.)).

[46] *Öhlinger*, in: Matscher, Die Durchsetzung wirtschaftlicher und sozialer Grundrechte, S. 335 (345); ähnlich auch *Nußberger*, RdA 2012, 270 (271).

Dass dennoch ein Berichtsverfahren gewählt wurde, begründete die Parlamentarische Versammlung mit der Rechtsnatur der sozialen Grundrechte. Ein rechtsverbindliches Kontrollverfahren sei nämlich kontraproduktiv, wenn man soziale, wirtschaftliche und kulturelle Rechte graduell etablieren wolle.[47] Angesichts der Tatsache, dass die Normierung sozialer Rechte sogar auf nationaler Ebene häufig schon an Formulierungsschwierigkeiten scheitere, stelle ein Berichtsverfahren auf völkervertraglicher Ebene ein adäquates, weil flexibleres Kontrollinstrument dar.[48] Nicht nur die einzelnen Bürger profitierten von einem solchen Kontrollsystem, sondern auch die Staaten; denn das Verfahren sorge für gleiche Wirtschaftsbedingungen und verhindere, dass sich Staaten im Wege des Sozialdumpings wirtschaftliche Vorteile verschüfen.[49]

Allerdings kann nicht darüber hinweggetäuscht werden, dass die Sanktionen der Europäischen Sozialcharta hierzulande schlicht ignoriert wurden: Deutschland war bereits zweimal Adressat individueller Empfehlungen des Ministerkomitees. Die erste Empfehlung von 1994[50] betraf die Umsetzung des Art. 19 Abs. 6 ESC und die zweite Empfehlung von 1998[51] bezog sich auf den hier relevanten Art. 6 Nr. 4 ESC. In der letzten Empfehlung wurde die Bundesrepublik Deutschland wegen der Tarifbezogenheit des Streiks und des Verbots wilder Streiks gerügt.[52] Der Empfehlung waren bereits mehrere Ermahnungen des EKSR vorausgegangen, wo auch das Streikverbot für Beamte in den privatisierten Unternehmen von Bahn und Post angeprangert worden war.[53] In der Literatur werden die Schlussfolgerungen und Empfehlungen zuweilen als unbedingter Handlungsauftrag an den deutschen Gesetzgeber verstanden.[54] Hingegen nahm die Bundesrepublik den Standpunkt ein, dass die Rechtsprechung des BVerfG und BAG für eine angemessene Handhabung des Streikrechts sorge. Wollte man von den richterrechtlich entwickelten Grundsätzen abweichen, müsse das Grundgesetz geändert werden. Die nach Art. 79 Abs. 2 GG erforderliche Zweidrittelmehrheit sei aber aus politischen Gründen

---

[47] *Consultative Assembly of the Council of Europe* (Draft Recommendation containing the draft ESC presented by the Committee on Social Questions), Doc. 403, 26th October, 1955, S. 23.

[48] *Öhlinger*, in: Matscher, Die Durchsetzung wirtschaftlicher und sozialer Grundrechte, S. 335 (341).

[49] *Öhlinger*, in: Matscher, Die Durchsetzung wirtschaftlicher und sozialer Grundrechte, S. 335 (341).

[50] *Recommendation No. R ChS (94) 3* on the application of the European Social Charter by Germany during the period 1989–90 (12th supervision cycle).

[51] *Recommendation No. R ChS (98) 2* on the application of the European Social Charter by Germany during the period 1993–94 (13th supervision cycle – part IV).

[52] Deutsche Übersetzung in AuR 1998, 154.

[53] *Conclusions XVI-1 (2002)*, Germany, S. 246 f.; *Conclusions XVII-1 (2004)*, Germany, S. 206 f.

[54] So etwa *Däubler*, AuR 1998, 144 (148); *Lörcher*, in: Däubler, Arbeitskampfrecht, § 10, Rn. 28.

kaum zu erzielen.[55] Bereits bei der Ratifikation der Europäischen Sozialcharta war die Bundesregierung davon ausgegangen, dass diese – anders als die Europäischen Menschenrechtskonvention – nur staatenverpflichtenden Charakter habe.[56] Diese Haltung bekräftigte die Bundesregierung am 3. September 1998 auf eine kleine Anfrage hin. Es hieß, die Europäische Sozialcharta enthalte lediglich „rechtliche Verpflichtungen internationalen Charakters, jedoch keine unmittelbar anwendbaren Individualrechte. Der einzelne Bürger erhält durch die ESC in Verbindung mit dem Vertragsgesetz somit keine Rechte." Damit – so das Ergebnis – habe die Empfehlung des Ministerkomitees hierzulande keine Bindungswirkung.[57]

C. Abschließender Befund

Vor dem Hintergrund ihrer Entstehungsvoraussetzungen muss die Europäische Sozialcharta als Grundstein zur Sicherung der Subjektstellung des Bürgers im europäischen Sozial- und Wirtschaftsleben gewürdigt werden.[58] Zwar ist die Europäische Sozialcharta eng an die Europäische Menschenrechtskonvention angelehnt und als ihr Pendant gedacht. Gleichwohl knüpft die Europäische Sozialcharta nicht nur an Altbekanntes an, sondern beschreitet neue Wege; denn bisher waren soziale Rechte auf völkervertraglicher Ebene nicht gewährt worden. Hervorzuheben ist Art. 6 Nr. 4 ESC, mit dem erstmals ein Streikrecht auf europäischer Ebene gewährleistet wurde. Die Europäische Sozialcharta hat die weitere Rechtsentwicklung in Europa mitgeprägt, indem sie bei der Ausarbeitung des Unionsrechts (vgl. Art. 151 AEUV) – einschließlich der Europäischen Grundrechtecharta – Pate stand; so ist es nicht erstaunlich, dass Art. 28 GRC eine fast wortgleiche Formulierung wie Art. 6 Nr. 4 ESC enthält.

Die Relevanz der Europäischen Sozialcharta wird allerdings dadurch gemildert, dass sie über einen schwachen Sicherungsmechanismus verfügt. Das Berichtsverfahren erschöpft sich in einer politischen Kontrolle und birgt den Makel fehlender Justiziabilität. Dass dennoch ein solches Kontrollverfahren gewählt wurde, ist der Natur der sozialen Grundrechte geschuldet. Aus Rücksicht auf die unterschiedlichen wirtschaftlichen und sozialen Rahmenbedingungen der Mitgliedstaaten wurde von einem rechtsverbindlichen Sanktionsmechanismus abgesehen. Die Besonderheiten der sozialen Grundrechte werden im

---

[55] Deutsche Stellungnahme zur Empfehlung des Ministerkomitees, abgedruckt in AuR 1998, 154 f.

[56] BT-Drucks. IV/2117, S. 28.

[57] BT-Drucks. 13/11415, S. 5 ff.

[58] *Margedant*, in: Bergmann, Handlexikon der Europäischen Union, Stichwort „ESC", S. 823; *Schambeck*, Grundrechte und Sozialordnung, S. 59.

Folgenden herausgearbeitet, um schließlich das Streikrecht nach Art. 6 Nr. 4 ESC in den sozialrechtlichen Kontext einordnen zu können.

3. Abschnitt

Das Streikrecht der Europäischen Sozialcharta als „soziales Freiheitsrecht"

Mit der Europäischen Sozialcharta wurden soziale Grundrechte erstmals auf europäischer Ebene gewährleistet – und zwar als Pendant zu den Freiheitsrechten der Europäischen Menschenrechtskonvention.[1] Die weitere begriffliche Einordnung der sozialen Grundrechte ist umstritten und bereitet in allen europäischen Staaten Schwierigkeiten.[2] Trotzdem oder vielleicht gerade deshalb gehören die sozialen Grundrechte „zu den Klassikern der Grundrechtsdogmatik"[3] in Europa.[4] Die vorliegende Thematik bietet Anlass, den umstrittenen sozialen Grundrechten weiter nachzugehen, um Art. 6 Nr. 4 ESC in seinen sozialrechtlichen Kontext einordnen zu können.

A. Jellinek'sche Statuslehre als Ausgangspunkt

Über die sozialen Grundrechte lässt sich „nicht sprechen, ohne sie ins Gegenlicht der ‚Freiheitsrechte' zu stellen".[5] Diesem Ausspruch folgend, wird zunächst eine Negativabgrenzung der sozialen Grundrechte gegenüber den Freiheitsrechten vorgenommen. Zur Orientierung bietet es sich an, auf die *Jellinek'sche* Statuslehre[6] zurückzugreifen. Nach dieser Lehre sind die Grund- und Menschenrechte anhand ihrer unterschiedlichen Funktionen zu klassifizieren, die sie im Verhältnis zwischen Staat und Bürger erfüllen.[7] Als nicht immer randscharf zu trennende, sondern sich zuweilen überschneidende Grundrechtsfunktionen hat *Georg Jellinek* den *status passivus*, den *status*

---

[1] Siehe oben S. 88.

[2] *Machacek*, in: Matscher, Die Durchsetzung wirtschaftlicher und sozialer Grundrechte, S. 21 (22 ff.); *Stern*, in: Iliopoulos-Strangas, Soziale Grundrechte in Europa, Geleitwort, S. 9; nähere Einordnung der sozialen Grundrechte bei *Cremer*, in: Giegerich / Zimmermann, Wirtschaftliche, soziale und kulturelle Rechte, S. 35.

[3] *Polakiewicz*, ZaöRV 1994, 340 (341).

[4] *Iliopoulos-Strangas*, in: Merten / Papier, Handbuch der Grundrechte, Band VI / 1, § 145, Rn. 1.

[5] *Zacher*, in: Kurzrock, Menschenrechte, S. 113.

[6] Grundlegend *Jellinek*, System der subjektiven öffentlichen Rechte.

[7] *Brugger*, AöR 2011, 1 (4).

negativus, den *status activus* und den *status positivus* herausgearbeitet,[8] von denen die drei letztgenannten Funktionen auch der heutigen Staatsrechtslehre geläufig sind. Der *status negativus* bezeichnet die grundrechtliche Abwehrfunktion als Freiheit des Bürgers *vom* Staat.[9] Der *status activus* meint die bürgerliche Freiheit *im* Staat, sprich die politischen Teilhaberechte des Bürgers.[10] Schließlich beschreibt der *status positivus* die bürgerliche Freiheit *durch* den Staat; es geht dabei um eine grundrechtliche Leistungs- und Teilhabefunktion.[11] Mit der letztgenannten Grundrechtsfunktion sollen die materiellen Voraussetzungen für eine effektive Freiheitsausübung geschaffen werden; denn faktisch können die Freiheitsrechte ohne ein Minimum an staatlicher Mitwirkung nicht wirksam wahrgenommen werden. Beispielweise hängt das Recht auf freie Berufswahl und -ausübung davon ab, dass Arbeitsplätze geschaffen werden. Dafür bedarf es einer staatlichen Unterstützung.[12] Die „leistungsrechtliche Wirkung" lässt sich jedoch nicht konkret bestimmen; denn der Leistungsumfang hängt von der jeweiligen Haushaltslage des Staates ab. Die Leistungsansprüche stehen daher unter dem „Vorbehalt des finanziell Möglichen".[13]

Die sozialen Grundrechte stehen dem *status positivus* am nächsten.[14] Grob formuliert begründen soziale Grundrechte einen Anspruch auf ein staatliches Handeln – sei es durch materielle Leistung, sei es durch staatlichen Schutz.[15] Wegen der Komplexität des Anspruchsgegenstandes kommt eine nähere Definition allerdings nicht ohne eine Kategorienbildung aus. Es wird zwischen den sozialen Grundrechten im *engeren* und *weiteren* Sinn differenziert:[16]

Zu den sozialen Grundrechten im *engeren* Sinn zählen materielle Gewährleistungen, mit denen der Staat den Bürger gegen persönliche Lebensrisiken absichert. Diese Garantien sind in besonderem Maße von der wirtschaftlichen

---

[8] *Brugger*, Der Staat Bd. 49 (2010), S. 405 (421).

[9] *Brugger*, Der Staat Bd. 49 (2010), S. 405 (421).

[10] *Danwerth*, JuS, 406 (410); Beispiele für die politischen Teilhaberechte bei *Krieger*, in: Grote/Marauhn, Konkordanzkommentar EMRK/GG, 6. Kapitel, Rn. 7.

[11] *Bumke/Voßkuhle*, Casebook Verfassungsrecht, Allgemeiner Teil, S. 8; Maunz/Dürig/*Herdegen*, Art. 1 Abs. 3 GG, Rn. 14 f.; *Hohnerlein*, ZESAR 2003, 17.

[12] *Danwerth*, JuS 2011, 406 (410); *Neubeck*, Die Europäische Sozialcharta und deren Protokolle, S. 30; *Butt/Kübert/Schultz*, Soziale Grundrechte in Europa, S. 5.

[13] *Bumke/Voßkuhle*, Casebook Verfassungsrecht, Allgemeiner Teil, S. 30.

[14] *Bumke/Voßkuhle*, Casebook Verfassungsrecht, Allgemeiner Teil, S. 30; dagegen nimmt *Reinhard Dörfler* nur eine strukturelle Gemeinsamkeit an (*Dörfler*, Die Vereinbarkeit sozialer Grundrechte mit dem GG, S. 66 ff.); kritisch auch *Isensee*, Der Staat Bd. 19 (1980), S. 367 (374).

[15] Grundlegend siehe *Tomandl*, Einbau sozialer Grundrechte in das positive Recht; für ein restriktives Begriffsverständnis im Sinne einer einklagbaren staatlichen Leistung siehe *Isensee*, Der Staat Bd. 19 (1980), S. 367 (373); weiteres Verständnis dagegen bei *Rüfner*, in: Merten/Papier, Handbuch der Grundrechte, Band II, § 40, Rn. 9.

[16] *Margedant*, in: Bergmann, Handlexikon der Europäischen Union, „ESC", S. 822.

Leistungsfähigkeit des Staates abhängig.[17] Dazu gehören zum Beispiel das Recht auf Arbeit, ein gerechtes Arbeitsentgelt, eine Berufsausbildung, soziale Sicherheit, soziale Fürsorge und soziale Dienste.[18] Entsprechende Gewährleistungen finden sich in Art. 1, 4, 12, 13 und 14 der Europäischen Sozialcharta.

Soziale Grundrechte im *weiteren* Sinn sind sämtliche Rechte des Bürgers auf staatlichen Schutz,[19] die aus seiner Lebensbeziehung zur Gesellschaft resultieren.[20] Darunter fallen etwa Diskriminierungsverbote und die Gleichberechtigung von Mann und Frau – allesamt Regeln, die zu einer Einschränkung privatautonomer Beziehungen führen können. Ferner zählen zu den sozialen Grundrechten im weiteren Sinn die Freizügigkeit und die Freiheit der Berufswahl sowie der Schutz der Individual- und Familiensphäre.[21] Vergleichbare Gewährleistungen finden sich in Art. 2, 3, 5, 7 bis 11 und 15 bis 19 der Europäischen Sozialcharta. Schließlich werden auch soziale Freiheiten wie das Koalitions- und Streikrecht (vgl. Art. 5 und 6 Nr. 4 ESC) zu den sozialen Grundrechten im weiteren Sinn gerechnet.[22]

B. Entstehung der sozialen Grundrechte in Deutschland und Europa

Die sozialen Grundrechte werden als „Grundrechte der zweiten Generation"[23] bezeichnet. Hinter dieser Bezeichnung verbirgt sich die Erkenntnis, dass die sozialen Grundrechte nicht im „luftleeren Raum"[24] stehen, sondern entwicklungsgeschichtlich aus den Freiheitsrechten hervorgegangen sind. Nur in dieser historischen Dimension können die sozialen Grundrechte angemessen gewürdigt werden.[25]

Die Wurzeln der sozialen Grundrechte liegen bereits in der Epoche der Französischen Revolution mit ihren Forderungen nach „fraternité", „égalité"

[17] *Margedant*, in: Bergmann, Handlexikon der Europäischen Union, „ESC", S. 822.

[18] Vgl. *Margedant*, in: Bergmann, Handlexikon der Europäischen Union, „ESC", S. 822; *Iliopoulos-Strangas*, in: Merten/Papier, Handbuch der Grundrechte, Band VI/1, § 145, Rn. 12.

[19] *Margedant*, in: Bergmann, Handlexikon der Europäischen Union, „ESC", S. 822.

[20] *Dauses*, Der Schutz der Grundrechte in der Rechtsordnung der EU, S. 18; vgl. *Iliopoulos-Strangas*, in: Iliopoulos-Strangas, Soziale Grundrechte in Europa, S. 699 (738 f.).

[21] *Margedant*, in: Bergmann, Handlexikon der Europäischen Union, „ESC", S. 822.

[22] *Margedant*, in: Bergmann, Handlexikon der Europäischen Union, „ESC", S. 822.

[23] *Dederer*, ZaöRV 2006, 575 (576); *Iliopoulos-Strangas*, in: Iliopoulos-Strangas, Soziale Grundrechte in Europa, Vorwort, S. 11; *Riedel*, in: Giegerich/Zimmermann, Wirtschaftliche, soziale und kulturelle Rechte, S. 71; *Świątkowski*, Charter of Social Rights of the Council of Europe, S. XVIII.

[24] *Dörfler*, Die Vereinbarkeit sozialer Grundrechte mit dem GG, S. 1.

[25] *Neubeck*, Die Europäische Sozialcharta und deren Protokolle, S. 40.

und „liberté".[26] Dagegen rückte in der Zeit des Absolutismus die freiheitssichernde Grundrechtsfunktion in den Vordergrund, weil der Bürger primär Schutz vor staatlichen Übergriffen suchte.[27] Freiheit wurde als „notwendige Voraussetzung für die Selbstentfaltung des Individuums" und als Fundament menschlicher Würde erstrebt.[28] Allerdings war das Freiheitsdenken allein nicht freiheitsfördernd; denn die Ideologie verhalf de facto weder zu rechtsstaatlichen noch zu sozialstaatlichen Verhältnissen.[29] Die Lage verschlimmerte sich während der Industriellen Revolution.[30] Nach *Klaus Stern* liegt in dieser Epoche die „ideengeschichtliche Wurzel"[31] der sozialen Grundrechte. Daher soll der folgende Überblick zur Entstehung der sozialen Grundrechte in Deutschland und Europa bei der Industriellen Revolution ansetzen.

I. Ringen um soziale Rechte während der Industriellen Revolution

Im Zuge der Industriellen Revolution kam es wegen der technischen und finanziellen Übermacht der Produktionsmitteleigentümer[32] zu einer Ausbeutung der zahlreichen Lohnarbeiter. Europaweit schaukelten sich Klassenunterschiede zum Klassenkonflikt hoch und mündeten schließlich in der „sozialen Frage" des 19. Jahrhunderts. Die Arbeiter verlangten Schutz[33] und soziale Gerechtigkeit,[34] doch der liberale Staat konnte diese Forderungen nicht erfüllen. Allmählich setzte sich jedoch die Erkenntnis durch, dass die Krise nur durch einen Sozialstaat zu bewältigen sei.[35] Im Zuge sozialpolitischer Umwälzungen wandelte sich auch das bisherige Grundrechtsverständnis; freiheitsrechtliche Ideale wurden nun um soziale Interessen angereichert und die „Idee" der sozialen Grundrechte fasste allmählich Fuß. Diese Entwicklung war von der Einsicht geleitet, dass politische und individuelle Freiheit nur dort gedeihen kann, wo für ein „Mindestmaß an Wohlfahrt" gesorgt ist.[36] Man suchte nach einem Regelungskonzept, um die bürgerliche Gleichheit und Freiheit normativ zu verfestigen und jedem Bürger den Freiheitsgebrauch nicht nur formal,

---

[26] *Dörfler*, Die Vereinbarkeit sozialer Grundrechte mit dem GG, S. 9 ff.; *Kriele*, Einführung in die Staatslehre, § 1, S. 3; *Stern*, in: Merten/Papier, Handbuch der Grundrechte, Band I, § 1, Rn. 62.

[27] *Schambeck*, Grundrechte und Sozialordnung, S. 80.

[28] *Schambeck*, Grundrechte und Sozialordnung, S. 85.

[29] *Schambeck*, Grundrechte und Sozialordnung, S. 85.

[30] *Stern*, in: Merten/Papier, Handbuch der Grundrechte, Band I, § 1, Rn. 63.

[31] *Stern*, in: Merten/Papier, Handbuch der Grundrechte, Band I, § 1, Rn. 63.

[32] *Kassimatis*, in: Iliopoulos-Strangas, Soziale Grundrechte in Europa, S. 19 (22).

[33] *Berenstein*, in: Agnelli (u. a.), Die Europäische Sozialcharta, S. 15 (19).

[34] *Neubeck*, Die Europäische Sozialcharta und deren Protokolle, S. 43 ff.

[35] Vgl. *Kassimatis*, in: Iliopoulos-Strangas, Soziale Grundrechte in Europa, S. 19 (23); *Schambeck*, Grundrechte und Sozialordnung, S. 86 f.

[36] *Neubeck*, Die Europäische Sozialcharta und deren Protokolle, S. 43.

sondern auch faktisch zu gewährleisten.[37] Europaweit kämpften Vordenker wie *Charles Fourir*[38], der erstmals ein „droit au travail" forderte, oder *Johann Gottlieb Fichte*[39] für die Ergänzung der Freiheitsrechte durch soziale Grundrechte.[40] Auch *Otto von Bismarck* folgte mit seiner modernen Sozialgesetzgebung diesem Postulat.[41]

II. Bekenntnis zu sozialen Grundrechten zwischen den Weltkriegen

Erste positive Folgewirkungen der „sozialen Frage" zeigten sich hierzulande nach dem Ersten Weltkrieg: Die erste erwähnenswerte Normierung sozialer Grundrechte fand in der Weimarer Reichsverfassung vom 11. August 1919 statt; vor allem unter dem Abschnitt „Grundrechte und Grundpflichten der Deutschen" verfügte die Weimarer Rechtsverfassung über ein „reiches Repertoire an sozialen Verbürgungen"[42]. Zum Beispiel hieß es in Art. 151 Abs. 1 WRV, dass die „wirtschaftliche Freiheit des Einzelnen" den „Grundsätzen der Gerechtigkeit" entsprechen müsse. Ferner gewährte Art. 155 Abs. 1 WRV „jedem Deutschen eine gesunde Wohnung" und in Art. 163 Abs. 2 WRV wurde jedem Bürger die Möglichkeit eingeräumt, „durch wirtschaftliche Arbeit seinen Unterhalt zu erwerben".[43]

Der Schwachpunkt der sozialen Garantien bestand allerdings darin, dass es an institutionellen Mechanismen zur Sicherung dieser Rechte fehlte.[44] Die Gewährleistungen waren eher programmatischer Art und banden allein den Gesetzgeber.[45] Einen ähnlichen Befund liefert ein Blick auf die europäischen Nachbarländer. Zum Beispiel waren auch die Verfassungen Griechenlands von 1927 und Spaniens von 1931 demokratisch geprägt, allerdings auch nur sehr kurzlebig.[46] Insgesamt waren die Bemühungen um eine Normierung der sozialen Grundrechte also recht zurückhaltend. Gleichwohl gilt die Zeitspanne zwischen den beiden Weltkriegen wegen der neuerlichen „Sozialausrichtung" als „Geburtsstunde des Sozialstaates" in Europa.[47]

---

[37] *Neubeck*, Die Europäische Sozialcharta und deren Protokolle, S. 45.

[38] *Fourir*, Traité de l'association domestique-agricole, S. 136 ff.

[39] *Fichte*, Grundlagen des Naturrechts nach Prinzipien der Wissenschaftslehre, S. 144 ff.

[40] *Dörfler*, Die Vereinbarkeit sozialer Grundrechte mit dem GG, S. 12 f.

[41] Vgl. *Schambeck*, Grundrechte und Sozialordnung, S. 87.

[42] *Isensee*, Der Staat Bd. 19 (1980), S. 367 (368).

[43] *Däubler*, in: Iliopoulos-Strangas, Soziale Grundrechte in Europa, S. 111 (118 f.).

[44] *Vogel*, NJW 1998, 1534 (1535).

[45] *Neubeck*, Die Europäische Sozialcharta und deren Protokolle, S. 47.

[46] *Kassimatis*, in: Iliopoulos-Strangas, Soziale Grundrechte in Europa, S. 19 (29).

[47] *Kassimatis*, in: Iliopoulos-Strangas, Soziale Grundrechte in Europa, S. 19 (30).

III. Entwicklung sozialer Grundrechte nach dem Zweiten Weltkrieg

Das Grundgesetz beschränkt seine Gewährleistungen weitgehend auf Freiheitsrechte. Soziale Grundrechte sind hingegen nicht explizit verankert; denn der Verfassungskonvent von Herrenchiemsee wollte rasch eine Verfassung ausarbeiten und musste daher auf die umstrittenen sozialen Grundrechte verzichten.[48] Außerdem lag der Fokus nach den Erfahrungen des NS-Regimes eher auf den in der Vergangenheit missachteten Freiheitsrechten.[49] Überdies waren die Verfassungsgeber um „Glaubwürdigkeit" bemüht – ein Motiv, dass *Josef Isensee* später in prägnante Worte fasste: „Der Verfassungsstaat, der seinen Bürgern glaubwürdig bleiben will, beschränkt sich auf Normen, die sich juristisch durchsetzen, ökonomisch erfüllen und politisch verantworten lassen. Diesen Bedingungen genügen die sozialen Grundrechte nicht, solange sie in ihrer rhetorisch-utopischen Urgestalt bleiben. Die Verfassung wird zum uneinlösbaren Versprechen."[50] Trotz dieser Haltung war der Sozialstaatlichkeit damit jedoch keine grundsätzliche Absage erteilt: Sozialrechtliche Aspekte der Verfassung sollten vornehmlich durch Staatszielbestimmungen – etwa nach Art. 20 Abs. 1 GG – und durch derivative Teilhaberechte zum Tragen kommen. Die Rechtsprechung leitet derivative Teilhaberechte aus den klassischen Freiheitsrechten in Verbindung mit dem Gleichbehandlungsgebot des Art. 3 Abs. 1 GG her.[51] Insbesondere das BVerfG hat hier einen entscheidenden Beitrag geleistet, um das Schweigen des Grundgesetzes auf dem Gebiet der sozialen Grundrechte auszugleichen; in ständiger Rechtsprechung gewährt das BVerfG zum Beispiel ein Recht auf ein menschenwürdiges Existenzminimum – so etwa im „Harzt IV"-Urteil[52] und jüngst wieder in einer Entscheidung zur menschenwürdigen Unterbringung in der Untersuchungshaft[53].

Der deutsche Umgang mit den sozialen Grundrechten entspricht indes keinem europäischen Standard.[54] Abweichungen zwischen den einzelnen europäischen Staaten bestehen nicht nur beim Streikrecht,[55] sondern betreffen die konzeptionelle Ausgestaltung und dogmatische Einordnung[56] der sozialen

---

[48] *Däubler*, in: Iliopoulos-Strangas, Soziale Grundrechte in Europa, S. 111 (119 f.).

[49] *Neubeck*, Die Europäische Sozialcharta und deren Protokolle, S. 49.

[50] *Isensee*, Der Staat Bd. 19 1980, S. 367 (382); ähnlich auch *Simma/Bennigsen*, in: FS Steindorff, S. 1477 (1480).

[51] BVerfG v. 18. 7. 1972 – 1 BvL 32/70 und 25/71, NJW 1972, 1941 (1942); *Stern*, in: Merten/Papier, Handbuch der Grundrechte, Band I, § 1, Rn. 73; *Krieger*, in: Grote/Marauhn, Konkordanzkommentar EMRK/GG, 6. Kapitel, Rn. 100.

[52] BVerfG v. 20. 10. 2009 – 1 BvL 1, 3, 4/09, NJW 2010, 505.

[53] BVerfG v. 7. 11. 2011 – 1 BvR 1403/09; zit. nach: juris, Rn. 37.

[54] *Krieger*, in: Grote/Marauhn, Konkordanzkommentar EMRK/GG, 6. Kapitel, Rn. 94.

[55] Siehe oben S. 57 ff.

[56] *Polakiewicz*, ZaöRV 1994, 340 (345 ff.).

(Grund-)Rechte insgesamt.[57] Namentlich die Stellung in der Normenhierarchie (insbesondere gegenüber den Freiheitsrechten),[58] die inhaltliche Ausgestaltung, Reichweite und Verbindlichkeit[59] der sozialen Grundrechte werden in den einzelnen europäischen Staaten unterschiedlich gehandhabt. Zu beachten ist ferner, dass die sozialen Grundrechte in den romanisch geprägten Rechtsordnungen verfassungsrechtlich verankert wurden; Frankreich, Italien, Portugal und Spanien treffen in ihren Verfassungen zahlreiche Vorgaben – vornehmlich zum Arbeitnehmerschutz.[60] Hingegen basieren die Verfassungen von Dänemark, Schweden und dem Vereinigten Königreich sowie auch das Grundgesetz auf einem liberalen Grundrechtsverständnis. In diesen Rechtsordnungen werden soziale Grundrechte nur abstrakt, d. h. in weitgehend unverbindlicher Form verbürgt.[61]

Trotz der Differenzen im Detail wiesen die einzelnen europäischen Staaten nach dem Zweiten Weltkrieg entwicklungsgeschichtliche Gemeinsamkeiten auf: Im Zuge eines Strukturwandels wurde den jeweiligen Nationalstaaten neben ihrem Regelungsauftrag allmählich auch ein Sozialauftrag zuteil, der durch schutzrechtliche und sozialrechtliche Aspekte in den jeweiligen Verfassungen abgesichert wurde.[62] Außerdem sind soziale Rechte in den meisten europäischen Staaten entweder auf einfachgesetzlicher und/oder auf Verfassungsebene bekannt.[63] Lediglich Deutschland, Großbritannien und Österreich[64] haben auf eine ausdrückliche (verfassungs-)rechtliche Verankerung sozialer Rechte verzichtet.[65]

---

[57] Nähere Ausführungen zum Grundrechtsschutz in den einzelnen europäischen Staaten bei *Iliopoulos-Strangas*, in: Merten/Papier, Handbuch der Grundrechte, Band VI/1, § 145, Rn. 3 ff.; *Iliopoulos-Strangas*, in: Iliopoulos-Strangas, Soziale Grundrechte in Europa, S. 699 ff.

[58] *Iliopoulos-Strangas*, in: Merten/Papier, Handbuch der Grundrechte, Band VI/1, § 145, Rn. 3 ff.

[59] *Langenfeld*, in: Merten/Papier, Handbuch der Grundrechte, Band VI/1, § 163, Rn. 18.

[60] *Iliopoulos-Strangas*, in: Merten/Papier, Handbuch der Grundrechte, Band VI/1, § 145, Rn. 21 f.; *Krieger*, in: Grote/Marauhn, Konkordanzkommentar EMRK/GG, 6. Kapitel, Rn. 94.

[61] *Krieger*, in: Grote/Marauhn, Konkordanzkommentar EMRK/GG, 6. Kapitel, Rn. 94.

[62] *Kassimatis*, in: Iliopoulos-Strangas, Soziale Grundrechte in Europa, S. 19 (33).

[63] *Iliopoulos-Strangas*, in: Merten/Papier, Handbuch der Grundrechte, Band VI/1, § 145, Rn. 20; *Langenfeld*, in: Merten/Papier, Handbuch der Grundrechte, Band VI/1, § 163, Rn. 18.

[64] Allerdings besitzt die Europäische Menschenrechtskonvention in Österreich Verfassungsrang (siehe oben S. 58), so dass auf diesem Wege auch soziale Grundrechte wie das in Art. 2 des 1. ZP EMRK gewährleistete Recht auf Bildung Verfassungsrang haben.

[65] *Fabre*, in: de Búrca/de Witte, Social Rights in Europe, S. 15 (18).

IV. Soziale Grundrechte auf internationaler Ebene

Die sozialen Rechte blieben allerdings nicht auf die nationalen Rechtsordnungen beschränkt, sondern hielten allmählich Einzug in das Völkerrecht.[66] „Langsam wurden die Bürger Europas Zeugen und Beteiligte der Europäisierung des sozialen Schutzes."[67] Das war nicht immer so gewesen, denn das *klassische* Völkerrecht war noch vom Konzept der „Mediatisierung des Menschen"[68] geprägt, d. h. nur der Staat war „Völkerrechtssubjekt", nicht aber der einzelne „staatsunterworfene" Bürger. Folglich konnte das klassische Völkerrecht keine subjektiven Bürgerrechte begründen, sondern immer nur Rechtspflichten zwischen den Staaten.[69] Der völkerrechtliche „Paradigmenwechsel"[70] hin zu einer Internationalisierung des individuellen Menschenrechtsschutzes – einschließlich der sozialen Rechte – vollzog sich nach dem Zweiten Weltkrieg.[71] Anschaulich lässt sich diese Entwicklung auf europäischer Ebene anhand der Europäischen Menschenrechtskonvention von 1953, der Europäischen Sozialcharta von 1965 und der Gemeinschaftscharta der sozialen Grundrechte der Arbeitnehmer von 1989 nachvollziehen. Nach dem Zweiten Weltkrieg war man bestrebt, eine europäische „Friedensordnung" zu schaffen. Um dieses Vorhaben erfolgreich zu verwirklichen, durften Menschenrechtsfragen nicht länger auf den nationalen Rechtskreis beschränkt bleiben, sondern bedurften auch der internationalen Absicherung.[72] Geleitet vom „Unteilbarkeitsdogma"[73] eines effektiven Menschenrechtsschutzes wandte sich das moderne Völkerrecht neben den Freiheitsrechten allmählich auch den sozialen Rechten zu, da die sozialen Rechte ohne die Freiheitsrechte faktisch wirkungslos wären.[74] Es ist nur plausibel, dass man sich bei der Ausarbeitung eines europäischen Menschenrechtsschutzkonzepts auf die allgemein anerkannten „Werte" und im Besonderen auf die integrationsfördernde Sozialpolitik berief.[75]

---

[66] *Krieger*, in: Grote/Marauhn, Konkordanzkommentar EMRK/GG, 6. Kapitel, Rn. 1.

[67] *Eichenhofer*, Geschichte des Sozialstaats in Europa. S. 19.

[68] *Verdross/Simma*, Universelles Völkerrecht, S. 39.

[69] *Kühne*, in: Schramm (u. a.), Konflikte im Recht – Recht der Konflikte, S. 97; *Riedel*, in: Giegerich/Zimmermann, Wirtschaftliche, soziale und kulturelle Rechte, S. 71 (72); *Verdross/Simma*, Universelles Völkerrecht, S. 39.

[70] *Von Arnauld*, Völkerrecht, Rn. 304; *Buergenthal/Thürer*, Menschenrechte, S. 2.

[71] *Kühne*, in: Schramm (u. a.), Konflikte im Recht – Recht der Konflikte, S. 97; *Riedel*, in: Giegerich/Zimmermann, Wirtschaftliche, soziale und kulturelle Rechte, S. 71 (72).

[72] *Buergenthal/Thürer*, Menschenrechte, S. 2.

[73] Vgl. *von Arnauld*, Völkerrecht, Rn. 603; *Hohnerlein*, ZESAR 2003, 17 (19).

[74] *Riedel*, in: Giegerich/Zimmermann, Wirtschaftliche, soziale und kulturelle Rechte, S. 71 f.

[75] Vgl. *Hallstein*, Die Europäische Gemeinschaft, S. 27; vgl. *Kingreen*, EuR 2010, 338 (361).

V. Soziale Grundrechte auf Ebene der EU

Der Trend zur Inkorporierung sozialer Grundrechte übertrug sich vom Völkerrecht allmählich auf die Ebene der Europäischen Gemeinschaft, d. h. auf die heutige Unionsebene[76].[77] Nahezu zeitgleich mit der Errichtung des Europarates wurde in den 1950er Jahre auch der Grundstein für die EU gelegt.[78] Geleitet von der Idee eines gemeinsamen europäischen Binnenmarktes gründete man zunächst die Europäischen Gemeinschaften – namentlich die Europäische Gemeinschaft für Kohle und Stahl (EGKS), die Europäische Wirtschaftsgemeinschaft (EWG) und außerdem die Europäische Atomgemeinschaft (Euratom). Da man anfänglich der Auffassung war, dass mit der wirtschaftlichen Prosperität auch der erwünschte Wohlstand und gleiche Sozialstandards einhergehen würden, wies man der Sozialpolitik nur eine akzessorische Rolle zu.[79] Die Vergemeinschaftung der Sozialpolitik wurde abgelehnt und die Zuständigkeit für sozialpolitische Fragen bei den einzelnen EU-Mitgliedstaaten belassen. Schrittweise konnte sich die Sozialpolitik jedoch von ihrer akzessorischen Funktion emanzipieren;[80] denn unter dem Eindruck der wachsenden Arbeitslosigkeit in Europa erkannte man, dass die Sozialpolitik einer näheren Zuwendung bedurfte.[81] Um das europäische Binnenmarktkonzept erfolgreich zu verwirklichen, war neben der „Marktintegration" auch eine „Sozialintegration" nötig.[82] Überdies war man zu der Überzeugung gelangt, dass das Vertrauen der Bevölkerung wichtig ist, wenn man eine stabile europäische Gemeinschaft errichten möchte. Das notwendige Vertrauen war aber nur bei gleichzeitiger Anhebung der Sozialstandards zu gewinnen.[83]

Angesichts dieser Erkenntnis formulierte man auf Gemeinschaftsebene immer konkretere sozialpolitische Ziele – zunächst im Jahre 1987 in der Einheitlichen Europäischen Akte (EEA), dann 1993 im Maastrichter Vertrag sowie 1999 im Vertrag von Amsterdam und schließlich im Lissabon-Vertrag von 2009: Durch die Einheitliche Europäische Akte wurde der Kommission die Aufgabe zuteil, den „sozialen Dialog" der Sozialpartner zu befördern, vgl. Art. 118b

---

[76] Als der Vertrag von Lissabon am 1. Dezember 2009 in Kraft trat, ersetzte die EU die Europäische Gemeinschaft (EG). Damit ist das Unionsrecht an die Stelle des Gemeinschaftsrechts getreten (BVerfG v. 30.6.2009 – 2 BvE 2/08 (u. a.), NJW 2009, 2267). Wenn also im Folgenden von Sachverhalten vor dem 1. Dezember 2009 die Rede ist, wird der Begriff des Gemeinschaftsrechts verwendet. In der Sache ist aber dasselbe gemeint.

[77] *Eichenhofer*, Geschichte des Sozialstaats in Europa, S. 106; *Krebber*, RdA 2009, 224.

[78] Vgl. *Wittinger*, Der Europarat, S. 523 f.

[79] *Kingreen*, EuR 2007, Beiheft 1, 43; *Kingreen*, in: Giegerich/Zimmermann, Wirtschaftliche, soziale und kulturelle Rechte, S. 109.

[80] *Eichenhofer*, Geschichte des Sozialstaats in Europa, S. 75; *Kingreen*, EuR 2007, Beiheft 1, 43 f.

[81] *Eichenhofer*, Geschichte des Sozialstaats in Europa, S. 80.

[82] *Blanke*, AuR 2006, 1 (4).

[83] Vgl. *Prantl*, Bucerius Law Journal 2011, 93 f.

EWG-Vertrag. Dieses Ziel wurde auch in Art. 1 des Protokolls über die Sozialpolitik von Maastricht, im Amsterdamer Vertrag und nun im Lissabon-Vertrag (Art. 152 Abs. 1 S. 2, 154 Abs. 1 und Art. 155 Abs. 1 AEUV) aufgegriffen.[84] Ferner bekannte sich das Primärrecht zunehmend zu den „altbekannten" sozialen Rechten, die auf der Ebene des Europarates in der Vergangenheit ausgearbeitet worden waren:[85] So verwies bereits die Präambel zur Einheitlichen Europäischen Akte auf die Europäische Sozialcharta und im Amsterdamer Vertrag fiel erstmals der Begriff „soziale Grundrechte" (Art. 117 EGV-Amsterdam bzw. Art. 136 EGV-Nizza; nunmehr Art. 151 AEUV).[86] Dieses Bekenntnis wird nun in Art. 151 Abs. 1 AEUV aufgegriffen, wo es heißt, dass die EU und die Mitgliedstaaten „eingedenk der sozialen Grundrechte", wie sie in der Europäischen Sozialcharta und in der Gemeinschaftscharta der sozialen Grundrechte der Arbeitnehmer gewährleistet werden, eine „Förderung der Beschäftigung" und eine „Verbesserung der Lebens- und Arbeitsbedingungen" anstreben. Auch die Präambel des Vertrags über die EU enthält ein Bekenntnis zu den sozialen Grundrechten, die in der Europäischen Sozialcharta niedergelegt sind.[87] Nicht zuletzt, weil das Unionsrecht auf die Europäische Sozialcharta verweist, gilt der Europarat als „ideelles" Bindeglied[88] des europäischen Einigungsprozesses. Schließlich ist die Rolle des EuGH hervorzuheben, dessen dynamische Rechtsprechung[89] „ein Spiegelbild des Integrationsprozesses" ist. Er hat die sozialrechtliche Entwicklung der Union entscheidend vorangetrieben, ohne die notwendige Balance zwischen nationaler und supranationaler Verantwortung aus den Augen zu verlieren.[90]

Mit dem Vertrag von Lissabon ist der soziale Gehalt des Unionsrechts noch deutlicher fundiert worden; denn im Bereich der „Sozialpolitik" in Titel X des Vertrags über die Arbeitsweise der Europäischen Union (Art. 151 ff. AEUV) wurden grundlegende sozialpolitische Weichenstellungen vorgenommen.[91] Außerdem verfügt Art. 3 Abs. 3 S. 2 EUV über eine erweiterte Sozialklausel und spricht von einer „sozialen Marktwirtschaft",[92] wodurch das Primärrecht

---

[84] *Benecke*, in: Grabitz/Hilf/Nettesheim, Das Recht der EU, Art. 154 AEUV, Rn. 1 ff.; *Müller-Jentsch*, Gewerkschaften und Soziale Marktwirtschaft, S. 184 f.

[85] *Iliopoulos-Strangas*, in: Merten/Papier, Handbuch der Grundrechte, Band VI/1, § 145, Rn. 15.

[86] *Hilf/Terhechte*, in: Grabitz/Hilf/Nettesheim, Das Recht der EU, EUV Präambel, Rn. 27; *Langenfeld*, in: Merten/Papier, Handbuch der Grundrechte, Band VI/1, § 163, Rn. 3.

[87] *Rehber*, in: Eidenmüller, Ausländische Kapitalgesellschaften, § 6, Rn. 20.

[88] *Schorkopf*, Der Europäische Weg, S. 4.

[89] Näheres siehe unten S. 377 ff.

[90] *Kingreen*, in: Giegerich/Zimmermann, Wirtschaftliche, soziale und kulturelle Rechte, S. 109 (145).

[91] *Hilf/Terhechte*, in: Grabitz/Hilf/Nettesheim, Das Recht der EU, EUV Präambel, Rn. 27.

[92] *Hilf/Terhechte*, in: Grabitz/Hilf/Nettesheim, Das Recht der EU, EUV Präambel, Rn. 27.

erstmals ausdrücklich eine Verknüpfung zwischen dem Attribut „sozial" und „Marktwirtschaft" herstellt.[93] Schärfere Konturen gewinnt die europäische Sozialpolitik aber vor allem durch die Grundrechtecharta, die gemäß Art. 6 Abs. 1 UAbs. 1 Hs. 2 EUV dem Primärrecht gleichgestellt wurde.[94] Bei der Ausarbeitung der Grundrechtecharta war allerdings umstritten, ob und in welchem Umfang soziale Rechte sinnvollerweise zu gewährleisten seien. Vor allem bestanden Uneinigkeiten über die genaue Anzahl, die Bindungswirkung und die Rechtsqualität der sozialen Grundrechte.[95] Am Ende setzte sich aber die Auffassung durch, dass politische und soziale Rechte unteilbar seien.[96] Daher erklärte die „Simitis"-Kommission[97] in ihrem vorbereitenden Gutachten zur Grundrechtecharta: „Jeder Versuch, die Grundrechte ausdrücklich anzuerkennen, muß sowohl die politischen als auch die sozialen Grundrechte einbeziehen. Wer sich über ihre Wechselwirkung hinwegsetzt, stellt den Schutz beider in Frage."[98] Auf diesen Überlegungen aufbauend wird nun im dritten Erwägungsgrund der Präambel zur Europäischen Grundrechtecharta ausdrücklich die Achtung der Rechte eingefordert, die sich u. a. aus der Europäischen Menschenrechtskonvention und der Europäischen Sozialcharta ergeben. Überdies ist die Europäische Menschenrechtskonvention gemäß Art. 6 Abs. 3 EUV inzwischen „Teil des Unionsrechts". Daher erstaunt es nicht, dass die einzelnen Gewährleistungen der Europäischen Grundrechtecharta den Garantien der Europäischen Menschenrechtskonvention und der Europäischen Sozialcharta fast wortgleich sind. Besonders deutlich wird dies am Beispiel des Art. 6 Nr. 4 ESC und seiner Parallelnorm in Art. 28 GRC.[99]

Wenngleich nach dem Scheitern des Europäischen Verfassungsprojekts häufig an der Verpflichtungskraft der Europäischen Grundrechtecharta gezweifelt wurde,[100] ist sie dennoch als „integrationspolitischer Meilenstein"[101] anerkannt; denn mit ihrem Bekenntnis zu den gemeinsamen Grundrechten

---

[93] *Terhechte*, in: Grabitz/Hilf/Nettesheim, Das Recht der EU, Art. 3 EUV, Rn. 47.

[94] Näheres dazu siehe *Schubert*, in: Däubler/Hjort/Schubert/Wolmerath, Arbeitsrecht, Art. 267 AEUV, Rn. 20 ff.; *Jarass*, EuR 2013, 29; umstritten ist der feine Unterschied, ob die Grundrechtecharta selbst Primärrecht ist oder lediglich im Rang des Primärrechts steht. Die Formulierung in Art. 6 Abs. 1 UAbs. 1 Hs. 2 EUV legt Letzteres nahe. Auf den Unterschied kommt es hier nicht an.

[95] *Riedel*, in: Meyer, Charta der Grundrechte der EU, Vorbemerkungen Titel IV, Rn. 4 ff.

[96] *Meyer/Engels*, ZRP 2000, 368 (369).

[97] Diese Kommission ist benannt nach *Spiros Simitis*, dem Vorsitzenden der Expertengruppe der Europäischen Kommission, welche mit der Ausarbeitung der Europäischen Grundrechtecharta beauftragt wurde (*Meyer/Engels*, ZRP 2000, 368 (369) Fn. 2).

[98] *Europäische Kommission*, Die Grundrechte in der Europäischen Union verbürgen, S. 16.

[99] Erläuterungen zur Grundrechtecharta (2007/C 303/02 v. 14. 12. 2007, ABl. Nr. C 303 S. 17), S. 10.

[100] *Eichenhofer*, Geschichte des Sozialstaats in Europa, S. 107 ff.

[101] *Bergmann*, in: Bergmann, Handlexikon der Europäischen Union, „GRCh", S. 476.

stärkt sie die europäische Wertegemeinschaft und stiftet Identität und Vertrauen. Zugleich schafft die Grundrechtecharta eine notwendige Legitimationsgrundlage für das Fortschreiten des europäischen Integrationsprojekts.[102]

C. Bedeutungsdimension der sozialen Grundrechte für Europa

Will man das „Europäische Projekt" nicht sinnentleeren, so bedarf es nach *Jürgen Habermas* einer „europaweite[n] Bürgersolidarität", die sich nur durch eine Beseitigung sozialer Disparitäten erreichen lasse. In Europa müssten einheitliche Lebensverhältnisse gewährleistet werden, vor allem im Sozialen. Eine „soziale Unterfütterung" sei erforderlich, „damit die nationale Vielfalt und der unvergleichliche kulturelle Reichtum des Biotops ‚Alteuropa' inmitten einer rasant fortschreitenden Globalisierung […] geschützt werden kann".[103] Vor allem die *sozialen* Grundrechte besitzen eine integrationsfördernde Wirkung,[104] die gerade in Zeiten der europäischen Schuldenkrise von Bedeutung ist. In der Vergangenheit sind vermehrt Stimmen laut geworden, die einen Ausbau der sozialrechtlichen Dimension des Europarechts verlangen. Diese Forderungen werden vor allem unter den Stichworten „Europäisches Sozialmodell" und „Soziale Fortschrittsklausel" diskutiert:

I. Europäisches Sozialmodell

Am Anfang des Europäischen Sozialmodells stand die Überlegung, dass die negative Integration auf dem wirtschaftlichen Sektor – nämlich die Beschränkung der mitgliedstaatlichen Handlungsfreiheit durch das Unionsrecht – durch eine positive Integration, also einer unionsrechtlichen Ergänzung nationaler Regelungen,[105] zu kompensieren sei. Diese positive Integration sollte vor allem im sozialen Sektor stattfinden.[106] Unter dem Schlagwort „Europäisches Sozialmodell" wurden diese Forderungen erstmals in den 1980er Jahren formuliert.[107] Man empfand die wirtschaftliche Integration zunehmend als „verengt, wertblind und unpolitisch".[108] Mit dem Europäischen Sozialmodell sollte eine Politik etabliert werden, die wirtschaftliche Ambitionen mit sozialem Wohlstand vereinen könne. Seitdem wird der Begriff des „Europäischen

[102] Vgl. *Kingreen*, EuR 2010, 338 (361); *Tettinger*, NJW 2001, 1010.
[103] *Habermas*, ZaöRV 2012, 1 (33).
[104] Vgl. *Hallstein*, Die Europäische Gemeinschaft, S. 71 f.
[105] *Ress/Ukrow*, in: Grabitz/Hilf/Nettesheim, Das Recht der EU, Art. 151 EGV-Nizza, Rn. 17.
[106] *Ruffert*, in: Calliess/Ruffert, EUV/AEUV, Art. 3 EUV, Rn. 27.
[107] *Schuster*, Die deutsche Diskussion über ein Europäisches Sozialmodell, S. 5.
[108] *Basedow*, EuZW 2008, 225.

Sozialmodells“ in dreifacher Weise verwendet: Zum einen beschreibt das Europäische Sozialmodell den sozialrechtlichen Status quo in den einzelnen europäischen Staaten. Zum anderen erfasst dieser Begriff die zunehmenden sozialrechtlichen Ambitionen auf europäischer Ebene.[109] Soziale Gegensätze sollen ausgeglichen werden, um Zusammenhalt zu stiften.[110] Letztlich verbirgt sich hinter dem Europäischen Sozialmodell die Forderung nach einer erweiterten Sozialstaatlichkeit auf nationaler und europäischer Ebene – insbesondere im Kontrast zum System der USA, Japans und Chinas.[111] Dabei bleiben die mit dem Europäischen Sozialmodell verfolgten Absichten jedoch nicht auf die Unionsebene beschränkt, sondern beziehen die Sozialstaatsentwicklung in ganz Europa ein – auf nationaler und internationaler Ebene.[112]

Allerdings bleibt die Forderung nach einem Europäischen Sozialmodell inhaltlich recht unbestimmt. Dies ist vor allem den unterschiedlichen wirtschaftlichen, rechtlichen und sozialen Rahmenbedingungen in Europa geschuldet. Ein Europäisches Sozialmodell im Sinne eines „geschlossene[n] Systems marktkorrigierender sozialökonomischer Regulierung nach traditionellem wohlfahrtsstaatlichem Muster“ kann es daher nicht geben.[113] Vielmehr handelt es sich um eine – gleichwohl an den Realitäten orientierte – Zielvorstellung: Laut der Europäischen Kommission erstreckt sich dieses Konzept in thematischer Hinsicht auf folgende Bereiche: die allgemeine und berufliche Bildung, Beschäftigung, Gesundheit, Gesundheitsschutz und Sicherheit am Arbeitsplatz, Kampf gegen Rassismus und Diskriminierung, den „sozialen Dialog“ sowie Wohlfahrt und Sozialschutz. Ferner gehören zum Europäischen Sozialmodell die weitgehend national geregelten Wohlfahrtssysteme und Sozialdienste sowie die Systeme der Kollektivvereinbarungen.[114] Das Ziel des Europäischen Sozialmodells ist nicht die Uniformierung der genannten Politikbereiche; vielmehr geht es darum, einen gemeinsamen Nenner zu finden.[115] Auf dieser einheitlichen Grundlage soll Solidarität geschaffen werden, die notwendig ist, um „wirtschaftlichen sozialen Zusammenhalt“[116] gedeihen zu lassen.

Zwar ist das Europäische Sozialmodell wegen seiner unscharfen Konturen nicht explizit im Unionsrecht normiert,[117] allerdings lassen sich grobe Rahmenvorgaben für das Sozialmodell aus den gemeinsamen Verfassungstraditi-

---

109 *Schuster*, Die deutsche Diskussion über ein Europäisches Sozialmodell, S. 5 ff.

110 *Giegerich*, in: Merten/Papier, Handbuch der Grundrechte, Band VI/1, § 148, Rn. 86.

111 *Ruffert*, in: Calliess/Ruffert, EUV/AEUV, Art. 3 EUV, Rn. 27; *Schuster*, Die deutsche Diskussion über ein Europäisches Sozialmodell, S. 5 ff.

112 *Schuster*, Die deutsche Diskussion über ein Europäisches Sozialmodell, S. 5 ff.

113 *Blanke*, NZA 2006, 1304 (1309).

114 *Schulte*, in: von Maydell/Ruland/Becker, Sozialrechtshandbuch, § 33, Rn. 219.

115 *Prantl*, Bucerius Law Journal 2011, 93 (94).

116 *Schulte*, in: von Maydell/Ruland/Becker, Sozialrechtshandbuch, § 33, Rn. 219.

117 *Schulte*, in: von Maydell/Ruland/Becker, Sozialrechtshandbuch, § 33, Rn. 218.

onen der Mitgliedstaaten, den Garantien der Europäischen Grundrechtecharta sowie der Europäischen Menschenrechtskonvention und der Sozialcharta gewinnen.[118] Das Europäische Parlament versteht das Europäische Sozialmodell als Ausdruck einer gemeinsamen Werteordnung, „die auf der Wahrung des Friedens, sozialer Gerechtigkeit, Gleichheit, Solidarität, Freiheit und Demokratie sowie der Achtung der Menschenrechte beruht“. Diese Werte dürften nicht als lästiger Kostenfaktor abgetan werden, sondern seien notwendig für den Erhalt des „gesellschaftlichen Friedens und politischer Stabilität [...], ohne die es keinen dauerhaften wirtschaftlichen Fortschritt geben kann“.[119]

Wenngleich man sich hierzulande weitgehend einig ist, dass das Gelingen des „Europäischen Projekts“ auch eine sozialrechtliche Dimension hat,[120] gehen die Meinungen über deren konkrete Reichweite auseinander. Zwar hat sich seit Beginn des europäischen Einigungsprozesses in sozialrechtlicher Hinsicht Einiges getan. Schon mit dem Maastrichter Vertrag und dem Vertrag von Amsterdam sind Schritte in Richtung eines „sozialeren“ Europas getan worden. Diese Tendenz wird im Vertrag von Lissabon bekräftigt; seither werden zahlreiche (sozial-)politische Ziele explizit erwähnt – insbesondere in Art. 2 EUV, in den Art. 151 ff. AEUV und in der Grundrechtecharta.[121] Trotzdem geht diese Entwicklung vielen noch nicht weit genug. Vor allem im Hinblick auf die kollektiven Rechte der Arbeitnehmer sind in der Vergangenheit des Öfteren weitergehende Forderungen gestellt worden, die unter dem Stichwort „Soziale Fortschrittsklausel“ zusammengefasst werden:

II. Soziale Fortschrittsklausel

Hinter dem Begriff der sozialen Fortschrittsklausel steht die Forderung, dass die sozialen Grundrechte der Arbeitnehmer – vor allem das Recht auf Kollektivverhandlungen und Arbeitskampf – gegenüber den wirtschaftlichen Grundfreiheiten der EU gestärkt werden. Dies soll im Wege einer sozialrechtsfreundlichen Handhabung der unionsrechtlichen Grundfreiheiten erreicht werden.[122] Dafür haben sich vor allem die Gewerkschaften eingesetzt und auf Initiative des europäischen Gewerkschaftsbundes (EGB) im Jahre 2008 eine soziale Fortschrittsklausel[123] im EU-Recht gefordert. Den Stein des Anstoßes bildeten die

---

[118] *Blanke*, NZA 2006, 1304 (1308).

[119] *Europäisches Parlament*, Entschließung zu einem Europäischen Sozialmodell für die Zukunft (2005/2248(INI)), Straßburg, 9. September 2006; online einzusehen: http://eur-lex.europa.eu/LexUriServ/LexUriServ.do?uri=CELEX:52006IP0340:DE:HTML.

[120] *Blanke*, NZA 2006, 1304 (1309); *Höpner*, EuR-Beil. 2013, 69; *Lörcher*, NZA 2003, 184.

[121] Vgl. *Basedow*, EuZW 2008, 225.

[122] *Thüsing/Traut*, NZA-Beil. 2011, 69 (70).

[123] Die „Klausel“ des EGB lautet wie folgt: „Keine Regelung der Verträge und insbesondere nicht die Grundfreiheiten oder Wettbewerbsregeln sollten Vorrang vor den sozialen

EuGH-Entscheidungen „Viking"[124] und „Laval"[125], in denen der Luxemburger Gerichtshof kollektive Maßnahmen der Arbeitnehmer im Rahmen einer strengen Verhältnismäßigkeitsprüfung hinter den Grundfreiheiten zurücktreten ließ. Nach Einschätzungen *Mario Montis* führten die EuGH-Urteile zu einer Spaltung zwischen den Befürwortern der Marktintegration einerseits und den Befürwortern eines verstärkten Schutzes sozialer Rechte andererseits. *Mario Monti* befürchtete, dass sich „die Arbeiterbewegung und die Gewerkschaften, die lange Zeit wichtige Befürworter der wirtschaftlichen Integration waren[,] vom Binnenmarkt entfremden" könnten.[126] Auch der EGB sah in den besagten EuGH-Entscheidungen eine Gefahr für die sozialen Grundrechte der Arbeitnehmer – insbesondere für das Streikrecht. Man fürchtete eine Bevorzugung der Marktfreiheiten und eine Aushöhlung der sozialen Grundrechte. Mit der Aufnahme einer sozialen Fortschrittsklausel in das europäische Primärrecht wollte man dieser Gefahr entgegenwirken und sicherstellen, dass den Arbeitnehmerrechten das gleiche Gewicht wie den Marktfreiheiten beigemessen werde. Diese Forderungen des EGB wurden im deutschen Schrifttum über-

---

Grundrechten und dem sozialen Fortschritt haben. Im Falle eines Konflikts, sollten die sozialen Grundrechte Priorität erhalten. Die Auslegung wirtschaftlicher Freiheiten darf nicht so ausfallen, als ob sie die Unternehmen dazu berechtigten, sie zu nutzen, um die nationalen Arbeits- und Sozialrechte zu umgehen und ihnen auszuweichen oder sie für Sozialdumping einzusetzen. Die in den Verträgen festgelegten wirtschaftlichen Freiheiten sind so auszulegen, dass sie kein Hemmnis für die Ausübung der sozialen Grundrechte darstellen, wie sie von den Mitgliedstaaten und vom Gemeinschafts-/Unionsrecht anerkannt sind, einschließlich des Rechts, Tarifverträge auszuhandeln, abzuschließen und durchzusetzen sowie Arbeitskampfmaßnahmen zu ergreifen. Demnach sollte die Unabhängigkeit der Sozialpartner bei der Wahrnehmung dieser Grundrechte für soziale Interessen und zum Schutz der Arbeitnehmer also nicht beeinträchtigt werden. Der Arbeitnehmerschutz bedarf einer Auslegung, die den Gewerkschaften und Arbeitnehmern das Recht zuerkennt, für den Schutz der existierenden Standards und für die Verbesserung der Lebens- und Arbeitsbedingungen der Arbeitnehmer in der Union über die bestehenden (minimalen) Standards hinaus einzutreten, insbesondere im Kampf gegen unfairen Wettbewerb über Löhne und Arbeitsbedingungen sowie bei der Einforderung der Gleichbehandlung der Arbeitnehmer, unabhängig von ihrer Nationalität oder anderer Gründe." (Stellungnahme des EGB zu den Urteilen des EuGH in den Fällen Viking und Laval, 4. März Brüssel, S. 5; online einzusehen: http://www.etuc.org/IMG/pdf_ResolutionDE-2.pdf).

[124] EuGH v. 11.12.2007 – C-438/05 (Viking), NZA 2008, 124.

[125] EuGH v. 18.12.2007 – C-341/05 (Laval), NZA 2008, 159.

[126] Während seiner Ratspräsidentschaft hat der italienische Ministerpräsident *Mario Monti* die hier wiedergegebenen Bedenken gegenüber der *Europäischen Kommission* geäußert und in dem Bericht „Eine neue Strategie für den Binnenmarkt" vom 9. Mai 2010 zusammengefasst, hier S. 81; online einzusehen: http://ec.europa.eu/internal_market/strategy/index_de.htm.

wiegend als unpraktikabel verworfen.[127] Einigen Anklang hat die „Klausel" allerdings in der Politik gefunden.[128]

D. Kontextbezogene Einordnung des Art. 6 Nr. 4 ESC

Schritt für Schritt hat sich in Europa die Erkenntnis durchgesetzt, dass die Freiheitsrechte allein keine soziale Sicherheit schaffen. Dieser Einsicht ist man – sowohl in den einzelnen Nationalstaaten als auch auf europäischer Ebene mehr oder weniger energisch – gefolgt. Man ist darin übereingekommen, dass der Staat soziale Rechte schaffen muss, um eine effektive Freiheitsausübung und soziale Sicherheit zu garantieren.[129] Allerdings hängen vor allem die sozialen Grundrechte im engeren Sinn von der Leistungsfähigkeit des Staates ab. Daher sind die sozialen Rechte in den europäischen Rechtsordnungen sehr unterschiedlich ausgestaltet und werden tendenziell zurückhaltend gewährt[130] – so auch das Streikrecht.

In diesen ideologischen Kontext sind die Europäische Menschenrechtskonvention und die Europäische Sozialcharta einzuordnen, die inzwischen zum „Kanon" der „politisch-philosophischen Leitideen"[131] Europas gehören. Künftige sozialrechtliche Entwicklungen in Europa müssen sich an den Vorgaben dieser beiden Verträge messen lassen. Vor allem die Europäische Sozialcharta gilt – ungeachtet ihrer Durchsetzungsschwächen[132] – als „Symbol der Zugehörigkeit Deutschlands zur Europäischen Grundrechtsgemeinschaft, die über die EU hinausgreift und als Wertegemeinschaft die Staaten Europas materiell-rechtlich verbindet". Die Europäische Sozialcharta sei auch ein „Garant individueller Grundrechte und individueller Rechtsschutzmöglichkeiten, die die nationalen Rechte und Verfahren ergänzen und absichern können".[133]

An diesem Symbolgehalt hat Art. 6 Nr. 4 ESC teil und leistet einen integrationsfördernden und identitätsstiftenden Beitrag in Europa. Grundrechtsdogmatisch ist das Streikrecht in Art. 6 Nr. 4 ESC allerdings kein soziales Grundrecht im *engeren* Sinn, weil mit dem Streikrecht keine materiellen staatlichen Leistungen gewährt werden. Art. 6 Nr. 4 ESC hat einen „zwiespältigen Charak-

---

[127] Kritisch *Thüsing/Traut*, NZA-Beil. 2011, 69; befürwortend aber *Bruun/Brücker*, NZA 2012, 1136.

[128] Siehe kleine Anfrage einiger Abgeordneter und der Fraktion DIE LINKE vom 2. Juni 2008; BT-Drucks. 16/9416 und vom 27. März 2012; BT-Drucks. 17/9148, S. 3.

[129] Siehe oben S. 99 ff.

[130] *Iliopoulos-Strangas*, in: Iliopoulos-Strangas, Soziale Grundrechte in Europa, S. 699 ff.

[131] *Schmitz*, EuR 2004, 691 (704).

[132] Siehe oben S. 94 ff.

[133] *Pache*, EuR 2004, 393 (414 f.).

ter"[134]; diese Norm weist die Besonderheit auf, kein klassisches Freiheitsrecht zu sein, sondern eine „Freiheit im Sozialen"[135].[136] In seiner freiheitsrechtlichen Dimension steht Art. 6 Nr. 4 ESC in einer engen Verbindung zur Europäischen Menschenrechtskonvention,[137] die in Art. 11 EMRK (Vereinigungsfreiheit) nach ständiger Rechtsprechung des EGMR[138] auch ein Streikrecht verbürgt. Der Grundrechtsträger erhält mit dem Streikrecht die Möglichkeit, seine sozialen Interessen eigenständig durchzusetzen.[139] Indes ist das Streikrecht weder in Art. 6 Nr. 4 ESC noch in Art. 9 Abs. 3 GG absolut gewährleistet.[140] Das liegt in der Natur der Sache: In seiner sozialrechtlichen Dimension steht das Streikrecht – wenn auch nicht in gleicher Weise wie die sozialen Grundrechte im *engeren* Sinn – unter dem Vorbehalt des rechts- und sozialstaatlich „Möglichen"[141]. Der Staat muss die Betätigungsfreiheit der Kollektivpartner mit seiner Sozialpolitik koordinieren. Dabei hat er zu entscheiden, ob er autonome Regelungen der Kollektivpartner zulassen oder seine soziale Gesamtverantwortung wahrnehmen und regulierend eingreifen will. Jedenfalls ist ein staatlicher Ordnungsrahmen zu definieren,[142] innerhalb dessen das Streikrecht sinnvoll von den Arbeitnehmern ausgeübt werden kann.[143] Die Ausübung des Streikrechts wird wiederum durch kollidierende Rechtspositionen anderer Bürger begrenzt.[144] Ob und wo der Staat nach Maßgabe des Art. 6 Nr. 4 ESC zulässigerweise Grenzen ziehen darf, ist im Folgenden zu prüfen. Bei den Untersuchungen ist stets zu berücksichtigen, dass Art. 6 Nr. 4 ESC kein soziales Grundrecht im *engeren* Sinn ist, sondern als soziales Freiheitsrecht einen Sonderstatus innerhalb der Europäischen Sozialcharta aufweist.

---

[134] Vgl. *Zacher*, ZSR 1978, 129 (135).

[135] Begriff nach *Hoffmann-Riem*, EuGRZ 2006, 492 (494).

[136] Vgl. *Becker*, European Social Charter, Max Planck Encyclopedia of Public International Law, 2007, Rn. 34; *Zacher*, ZSR 1978, 129 (135).

[137] *Zacher*, ZSR 1978, 129 (135).

[138] Implizit bereits EGMR v. 25.4.1996 – 15573/89 (Gustafsson/Schweden), AuR 1997, 408 (410), Rn. 45; EGMR v. 6.2.1976 – 5589/72 (Schmidt und Dahlström/Schweden), EuGRZ 1976, 68, Rn. 36; EGMR v. 12.11.2008 – 34503/97 (Demir und Baykara/Türkei), AuR 2009, 269; EGMR v. 21.4.2009 – 68959/01 (Enerji Yapi-Yol Sen/Türkei), AuR 2009, 274.

[139] *Zacher*, ZSR 1978, 129 (135).

[140] Vgl. *Rieble*, RdA 2005, 200 (205).

[141] Siehe oben S. 102.

[142] So auch *Fischer*, RdA 2009, 287 (288 ff.).

[143] *Zacher*, ZSR 1978, 129 (135 ff.).

[144] Vgl. BVerfG v. 6.2.2007 – 1 BvR 978/05, NZA 2007, 394 (395); *Zacher*, ZSR 1978, 129 (139).

4. Abschnitt

Prüfung des nationalen Streikrechts am Maßstab des Art. 6 Nr. 4 ESC

Wie bereits gezeigt, waren sich die Schöpfer der Europäischen Sozialcharta uneinig, wie weit die sozialrechtlichen Gewährleistungen im Detail gehen sollten. Die Divergenzen waren den unterschiedlichen rechtlichen, wirtschaftlichen und sozialen Rahmenbedingungen in den einzelnen Mitgliedstaaten geschuldet. Inwiefern sich die Meinungsverschiedenheiten auch auf den Gewährleistungsgehalt des hier zentralen Art. 6 Nr. 4 ESC niederschlugen, wird im Folgenden geprüft.

A. Genesis des Art. 6 Nr. 4 ESC

Wie die Entstehungsgeschichte gezeigt hat, sollte die Europäische Sozialcharta nach den Erfahrungen des Zweiten Weltkrieges zu einem umfassenden Menschenrechtsschutz auf europäischer Ebene beitragen. Außerdem muss die Bedeutung des Art. 6 Nr. 4 ESC vor dem Hintergrund der gewaltsam bekämpften Streiks in den sowjetischen Zwangsarbeitslagern und den Arbeiterprotesten in dem von *Francisco Franco* beherrschten Spanien gewürdigt werden. Ausweislich der *Travaux Préparatoires* zur Europäischen Sozialcharta wollte man mit der Streikrechtsgarantie ein Zeichen gegen die soziale Ausbeutung durch die kommunistische und faschistische Terrorherrschaft setzen. In Anbetracht dieser Missstände waren sich die Schöpfer der Europäischen Sozialcharta einig, dass das Streikrecht möglichst umfassend zu sichern sei.[1]

Nichtsdestotrotz waren sich die einzelnen Gremien des Europarates über die Wortwahl und die konkrete Reichweite des Streikrechts uneinig.[2] Betrachtet man die Entstehungsgeschichte des Art. 6 Nr. 4 ESC näher, lassen sich zwei konträre Grundhaltungen innerhalb des Europarates erkennen: einerseits die progressiven Bestrebungen, eine maximale Verbindlichkeit der einzelnen

---

[1] *European Social Charter, Travaux Préparatoires*, Article 6, Document prepared by the Social Division, July 1957, 5th Meeting of the Social Committee, CE/Soc/Tr. Pr. (70) 15, S. 53; *European Social Charter, Travaux Préparatoires*, Article 6, Document prepared by the Social Division, December 1958, Tripartite Conference, CE/Soc/Tr. Pr. (70) 15, S. 65 f.

[2] Vgl. *European Social Charter*, Travaux Préparatoires, Article 6, Document prepared by the Social Division, December 1958, Tripartite Conference, CE/Soc/Tr. Pr. (70) 15, S. 72.

Charta-Grundrechte zu erreichen und andererseits die verstärkte Rücksichtnahme auf die rechtlichen, sozialen und wirtschaftlichen Rahmenbedingungen in den jeweiligen Mitgliedstaaten.[3] Im Einzelnen vollzog sich der Entstehungsprozess wie folgt:

Den ersten Anlauf zu einer völkervertraglichen Verankerung des Streikrechts nahm das Generalsekretariat, indem es der Parlamentarischen Versammlung am 19. März 1955 einen Formulierungsvorschlag für das Streikrecht vorlegte: "Everyone shall have the right to withdraw his labour, in conjunction with his fellow workers." Weiter hieß es: "The exercise of this right shall not prejudice the right to work; the signatory Governments shall ensure that workers shall have the right to work and the right to strike."[4] Nach weiteren Änderungen lautete es in einer Version vom 19. April 1955: "Everyone shall have the right to cease work in conjunction with his fellow workers."[5] Diese Textfassung bildete die Grundlage für die folgenden Debatten. Am 29./30. April 1955 schlugen zwei Mitglieder einer Arbeitsgruppe des parlamentarischen Sozialausschusses vor, das Streik*recht* unbedingt explizit hervorzuheben und den ersten Satz des Art. 6 ESC in „every worker shall have the right to strike" umzuformulieren.[6] Eine beinahe wortgleiche Wendung enthielt auch der erste Vertragsentwurf in Doc. 403, welcher der Parlamentarischen Versammlung am 26. Oktober 1955 von ihrem Sozialausschuss vorlegt wurde: "Every worker has the right to strike." Und es wurde hinzugefügt: "The High Contracting Parties undertake to introduce the necessary legislative measures to regulate the conditions and exercise of that right."[7] Auffällig hieran ist, dass die eher zurückhaltende Formulierung „shall" durch das viel stärkere und verbindlichere Wort „has" ersetzt wurde.[8] Im Übrigen verdient der Zusatz Beachtung, wonach sich die Mitgliedstaaten verpflichten, notwendige gesetzliche Maßnahmen zu ergreifen, um die Ausübung des Streikrechts zu gewährleisten. Später wur-

---

[3] *Witter*, Europarechtliche Aspekte des Streikrechts, S. 44 f.; siehe auch bereits oben S. 79 ff.

[4] *Consultative Assembly, Committee on Social Questions*, Preparation of a Draft European Social Charter (Memorandum by the Secretariat of the Committee on the Draft Social Charter to be submitted to the Assembly), AS/Soc (6) 25, S. 14; *European Social Charter, Travaux Préparatoires*, Article 6, Document prepared by the Social Division, 19th March 1955, Draft Social Charter drawn up by the Secretariat, CE/Soc/Tr. Pr. (70) 15, S. 4.

[5] *European Social Charter, Travaux Préparatoires*, Article 6, Document prepared by the Social Division, 19th April 1955, Amendments submitted by the Secretariat, CE/Soc/Tr. Pr. (70) 15, S. 5.

[6] *European Social Charter, Travaux Préparatoires*, Article 6, Document prepared by the Social Division, 29th–30th April 1955, Consideration of the Draft Charter by a Working Group set up by the Social Committee of the Consultative Assembly, CE/SOC/Tr. Pr. (70) 15, S. 7.

[7] *Consultative Assembly of the Council of Europe* (Draft Recommendation containing the draft ESC presented by the Committee on Social Questions), Doc. 403, 26th October, 1955, S. 6.

[8] *Witter*, Europarechtliche Aspekte des Streikrechts, S. 45.

den Vorschläge gemacht, wonach nicht nur gesetzliche, sondern auch andere mitgliedstaatliche Maßnahmen zur Gewährleistung des Streikrechts ergriffen werden sollten – „legislative or other measures".[9] Mit dieser Wortwahl wird eine Interpretation nahegelegt, wonach die Streikrechtsgarantie des Art. 6 ESC nicht unmittelbar anwendbar, sondern lediglich staatenverpflichtend sein sollte.[10] Insbesondere von deutscher Seite wurden die Verbindlichkeit und auch die inhaltliche Reichweite des Streikrechts immer wieder zur Diskussion gestellt. Ein deutscher Vertreter in der Parlamentarischen Versammlung hielt es für gefährlich, aus dem Streikrechtskonzept eines einzelnen Mitgliedstaats allgemeingültige internationale Maßstäbe abzuleiten. Welches Konzept das geeignetste sei, könne der jeweilige Mitgliedstaat selbst am besten entscheiden.[11] In der Folgezeit wurden einige Änderungsvorschläge gemacht,[12] wobei vor allem gefordert wurde, den rein staatenverpflichtenden Charakter des Art. 6 Nr. 4 ESC stärker zu betonen.[13]

Allerdings konnten mit dem zweiten Vertragsentwurf vom 14. April 1956 (Doc. 488) die Streitigkeiten zur Verbindlichkeit und Reichweite des Streikrechts nicht endgültig beigelegt werden. In der neuen Version hieß es nun: "The High Contracting Parties will recognise the right to strike and will maintain the necessary procedures for the solution of labour disputes."[14] Einerseits lässt sich das Verb „recognise" für eine Argumentation fruchtbar machen, wonach das Streikrecht eine weitergehende Verbindlichkeit erhalten sollte.[15] Andererseits wollte man mit dem letzten Halbsatz denjenigen Vertretern entgegenkommen, die sich für eine geringe Verbindlichkeit des Streikrechts ausgesprochen

---

9 *European Social Charter, Travaux Préparatoires*, Article 6, Document prepared by the Social Division, 28th June 1955, Memorandum by the Secretariat of the International Federation of Christian Trade Unions (IFCTU), CE/SOC/Tr. Pr. (70) 15, S. 12.

10 A. A. *Dumke*, Streikrecht i. S. des Art. 6 Nr. 4 ESC und deutsches Arbeitskampfrecht, S. 177 f.

11 *European Social Charter, Travaux Préparatoires*, Article 6, Document prepared by the Social Division, 26th October 1955, Assembly's Order No. 79, CE/Soc/Tr. Pr. (79) 15, S. 16.

12 *European Social Charter, Travaux Préparatoires*, Article 6, Document prepared by the Social Division, 28th February–3rd March 1956, Comments on the draft Social Charter adopted by the Economic Committee as compared with the draft contained in Doc. 403, CE/Soc/Tr. Pr. (70) 15, S. 24.

13 *European Social Charter, Travaux Préparatoires*, Article 6, Document prepared by the Social Division, 9th January 1956, Memorandum by the Secretariat containing a new draft Social Charter, CE/Soc/Tr. Pr. (70) 15, S. 18.

14 *Consultative Assembly of the Council of Europe* (Draft Recommendation and Reports presented on behalf of the Committee on Social Questions), Doc. 488, 14th April 1956, S. 8 f.

15 *Mitscherlich*, Das Arbeitskampfrecht in der Bundesrepublik Deutschland und die ESC, S. 49 f.; Näheres zu dieser – gleichwohl zweifelhaften – Lesart siehe unten S. 207 ff.

hatten.[16] Überdies sollte mit dieser und ähnlichen Formulierungen Raum für mitgliedstaatliche Einschränkungen – etwa in puncto Beamtenstreik – gelassen werden.[17] Zudem wurde bekundet, dass den einzelnen Staaten mit einer derartigen Formulierung die Möglichkeit offen stehe, nationale Regelungen zum Schutz Dritter zu treffen.[18] Im Übrigen geht aus den *Travaux Préparatoires* hervor, dass man den unterschiedlichen Rechtsansichten in den einzelnen Mitgliedstaaten Rechnung tragen wollte. Explizit hervorgehoben wurde der Beamtenstreik.[19]

Im dritten Vertragsentwurf (Doc. 536) – ausgearbeitet unter Leitung des Rates für Allgemeine Angelegenheiten – sollte daher mehr Flexibilität geschaffen werden. Es hieß nun: "The High Contracting Parties recognise the right to strike. They undertake to encourage the use of agreed machinery for the settlement of labour disputes."[20] Gegenüber den früheren Entwürfen hatte man jedoch auf den Zusatz verzichtet, wonach das Koalitionsrecht durch nationale Maßnahmen zu regeln sei. Man fürchtete nämlich, die Regelungsautonomie der Kollektivpartner zu beschneiden, wenn man weiterhin darauf verweise, dass *staatliche* Maßnahmen zur Umsetzung des Streikrechts zu treffen seien.[21] Daher hieß es fortan, dass die nationale Gesetzgebung streikrechtsbeschränkende Maßnahmen nur dann treffen dürfe, wenn es um die nationale Sicherheit, das öffentliche Interesse, die öffentliche Ordnung, die Abwendung von Straftaten oder die Interessen Dritter gehe.[22] Um diese Einschränkungsmöglichkeit in den Normtext aufzunehmen, enthielt Doc. 536 einen Verweis auf den Schrankenvorbehalt des Art. 11 Abs. 2 EMRK. In späteren Formulierungsvorschlägen wurden dann auch ausdrücklich die nationale Sicherheit und das öffentliche Interesse als Schranken für das Streikrecht benannt.[23] Damit sollten nationale

---

16 Vgl. *Mitscherlich*, Das Arbeitskampfrecht in der Bundesrepublik Deutschland und die ESC, S. 49; *Witter*, Europarechtliche Aspekte des Streikrechts, S. 46.

17 *European Social Charter, Travaux Préparatoires*, Article 6, Document prepared by the Social Division, September 1955, Consideration by the Social Committee of the Consultative Assembly of the draft Charter by the Secretariat, CE/Soc/Tr. Pr. (70) 15, S. 13.

18 *European Social Charter, Travaux Préparatoires*, Article 6, Document prepared by the Social Division, 10th February 1956, Memorandum submitted by the IFCTU, CE/Soc/Tr. Pr. (70) 15, S. 21.

19 *European Social Charter, Travaux Préparatoires*, Article 6, Document prepared by the Social Division, 19th–21st July 1956, Consideration by the Committee on General Affairs of the preliminary report submitted by Mr. Tonic, CE/Soc/Tr. Pr. (70) 15, S. 37 f.

20 *Consultative Assembly of the Council of Europe* (Draft Recommendation presented by the Committee on General Affairs), Doc. 536, 27th September 1956, S. 7.

21 *European Social Charter, Travaux Préparatoires, Article 6*, Document prepared by the Social Division, October 1956, Submission of the 3rd Draft Social Charter to the Committee of Ministers, CE/Soc/Tr. Pr. (70) 15, S. 43.

22 *Charte Sociale Européenne, Conseil de l'Europe, Travaux Préparatoires*, Note de la délégation du Royaume-Uni, 14th May 1957, CE/Soc (57) 9, S. 1.

23 *European Social Charter, Travaux Préparatoires*, Article 6, Document prepared by the Social Division, April 1957, Report by the ad hoc Working Party, CE/Soc/Tr. Pr. (70) 15,

Besonderheiten – wie das Beamtenstreikverbot – ausreichend berücksichtigt werden können.[24]

Auf der *Tripartite*-Konferenz vom 12. Dezember 1958 konnte man immer noch keinen Konsens über die konkrete Reichweite und Verbindlichkeit des Streikrechts finden. Man wollte das Streikrecht nicht schrankenlos und in „unqualifizierter Form" gewährleisten und betonte, dass den Staaten Einschränkungsmöglichkeiten verbleiben müssten – vor allem im Hinblick auf die Rechte Dritter und Beamtenstreiks. Außerdem sollte das Streikrecht durch die Kollektivvertragsparteien regelbar sein.[25] So hieß es dann in einem Entwurf des Regierungs-Sozialkomitees vom 17. März 1959, das Streikrecht könne durch „obligations arising out of collective agreements previously entered into" beschränkt werden.[26] Eine ähnliche Formulierung wurde dann auch in die endgültige Vertragsfassung aufgenommen.

Den Bedenken, die während der Debatten zur Verbindlichkeit und Reichweite des Art. 6 Nr. 4 ESC geäußert worden waren, sollte schließlich mit Art. 31 Abs. 1 ESC und dem Anhang zu Teil II begegnet werden; denn Art. 31 Abs. 1 ESC ermöglicht eine Einschränkung der einzelnen Charta-Garantie durch nationales Recht. Es heißt:

> Die in Teil I niedergelegten Rechte und Grundsätze dürfen nach ihrer Verwirklichung ebenso wie ihre in Teil II vorgesehene wirksame Ausübung anderen als den in diesen Teilen vorgesehenen Einschränkungen oder Begrenzungen nur unterliegen, wenn diese gesetzlich vorgeschrieben und in einer demokratischen Gesellschaft zum Schutze der Rechte und Freiheiten anderer oder zum Schutze der öffentlichen Sicherheit und Ordnung, der Sicherheit des Staates, der Volksgesundheit und der Sittlichkeit notwendig sind.

Ferner wurde dem Art. 6 Nr. 4 ESC auf Initiative der Bundesrepublik Deutschland, Frankreichs, Luxemburgs und der Niederlande im Anhang zu Teil II eine Auslegungsregel für Art. 6 Nr. 4 ESC hinzugefügt,[27] wonach Einverständnis darüber bestehe, „daß jede Vertragspartei für sich die Ausübung des Streikrechts durch Gesetz regeln kann, vorausgesetzt, daß jede weitere Einschrän-

---

S. 47; *European Social Charter, Travaux Préparatoires*, Article 6, May 1957, Memorandum by the United Kingdom Delegation to the Social Committee, Document prepared by the Social Division, CE/Soc/Tr. Pr. (70) 15, S. 50.

[24] *European Social Charter, Travaux Préparatoires*, Article 6, Document prepared by the Social Division, July 1957, 5th Meeting of the Social Committee, CE/Soc/Tr. Pr. (70) 15, S. 51.

[25] *European Social Charter, Travaux Préparatoires*, Article 6, Document prepared by the Social Division, December 1958, Tripartite Conference, CE/Soc/Tr. Pr. (70) 15, S. 67–74.

[26] *Consultative Assembly of the Council of Europe* (Opinion on the Draft Social Charter), Doc. 1035, 12th September 1959, S. 7.

[27] *European Social Charter, Travaux Préparatoires*, Article 6, Document prepared by the Social Division, 22nd March, Consideration of the Draft Social Charter by the Committee of Ministers (96th Meeting of the Ministers' Deputies), CE/Soc/Tr. Pr. (70) 15, S. 104–111.

kung dieses Rechts auf Grund des Art. 31 gerechtfertigt werden kann“. Hinter dieser Auslegungsregel steht folgende Überlegung: Trotz der Einschränkungsmöglichkeit in Art. 31 Abs. 1 ESC fürchteten die Vertragsstaaten, dass kein ausreichender Spielraum für eine individuelle Abweichung von der Streikrechtsgarantie des Art. 6 Nr. 4 ESC verbleibe. Vor allem im Hinblick auf das Beamtenstreikverbot wollte man sich auf deutscher Seite die Möglichkeit einer Sonderregelung unbedingt offen halten.[28] Auch die französischen Repräsentanten bestanden darauf, „to make it absolutely clear that the right to strike of each State to lay down regulations governing the exercise of the strike is not affected“. Ähnliche Äußerungen wurden auch von luxemburgischer Seite gemacht.[29] Es hieß, man wolle nur dann von einer expliziten Schrankenregelung im Wortlaut des Art. 6 Nr. 4 ESC absehen, wenn im Anhang der Charta ausdrücklich erwähnt werde, dass Art. 31 Abs. 1 ESC auch auf Art. 6 Nr. 4 ESC anzuwenden sei.[30] Zwar – so brachten Vertreter der Bundesrepublik Deutschland vor – sei von allen Delegationen einvernehmlich anerkannt worden, dass Art. 31 Abs. 1 ESC auf das Streikrecht anwendbar sei. Um eine – dennoch mögliche – gegenteilige Interpretation zu unterbinden, solle die Schrankenregelung in Art. 31 Abs. 1 ESC explizit als allgemeine Auslegungsregel gelten. Andernfalls bestehe die „Gefahr“ einer Fehlinterpretation, wonach das Streikrecht ausschließlich unter dem Vorbehalt „etwaiger Verpflichtungen aus geltenden Gesamtarbeitsverträgen“ (Art. 6 Nr. 4 Hs. 2 ESC) stehe, weitere Einschränkungen jedoch unzulässig seien. Eine solche Fehlinterpretation sei auch deshalb zu befürchten, weil Schrankenregelungen grundsätzlich unmittelbar in die einzelnen Artikel der Sozialcharta integriert seien (vgl. Art. 4 Abs. 2, Art. 5 und Art. 7 Abs. 1 ESC). Im Umkehrschluss könne man – fälschlicherweise – annehmen, dass entsprechende Einschränkungen des Art. 6 Nr. 4 ESC nicht vorgesehen seien.[31] Da man weitere Einschränkungsmöglichkeiten aber einhellig für unbedingt erforderlich hielt, musste die Anwendbarkeit des Art. 31 Abs. 1 ESC auf Art. 6 Nr. 4 ESC explizit sichergestellt werden.

Eine zusätzliche Vorkehrung gegen eine mögliche Fehlinterpretation des Art. 6 Nr. 4 ESC zur Frage des Beamtenstreikverbots hat die deutsche Bundes-

---

[28] *European Social Charter, Travaux Préparatoires*, Article 6, Document presented by the Social Division, 12th–16th September 1960, 10th meeting of the Social Committee, CE/Soc/Tr. Pr. 70 (15), S. 98; *Witter*, Europarechtliche Aspekte des Streikrechts, S. 47 f.

[29] *European Social Charter, Travaux Préparatoires*, Article 6, Document presented by the Social Division, December 1960, 11th Meeting of the Social Committee, CE/Soc/Tr. Pr. 70 (15), S. 102.

[30] *European Social Charter, Travaux Préparatoires*, Article 6, Document prepared by the Social Division, February 1961, Memorandum by the Luxembourg Delegation, CE/Soc/Tr. Pr. (70) 15, S. 103.

[31] *European Social Charter, Travaux Préparatoires*, Article 6, Document presented by the Social Division, 10th May 1961, Memorandum by the Delegation of the Federal Republic of Germany, CE/Soc/Tr. Pr. 70 (15), S. 108 ff.; *Mitscherlich*, Das Arbeitskampfrecht der Bundesrepublik Deutschland und die ESC, S. 51.

regierung schließlich in einer Erklärung[32] vom 28. September 1961 getroffen. Darin heißt es:

In the Federal Republic of Germany, pensionable civil servants (Beamte), judges and soldiers are subject to special terms of service and loyalty under public law, based in each case on an act of sovereign power. Under the national legal system of the Federal Republic of Germany they are debarred, on grounds of public policy and State security, from striking or taking other collective action in cases of conflicts of interest. Nor do they have the right to bargain collectively since the regulation of their rights and obligations in relation to their employers is a function of the freely elected legislative bodies. Hence, with reference to the provisions of items 2 and 4 of Article 6 of Part II of the Social Charter the Permanent Representative of the Federal Republic of Germany to the Council of Europe feels obliged to point out that in the view of the Government of the Federal Republic of Germany those provisions do not relate to the above-mentioned categories of persons. The above declaration does not relate to the legal status of non-pensionable civil servants (Angestellte) and workmen in the public service.[33]

B. Spruchpraxis des EKSR und des Ministerkomitees

Wie weit die Gewährleistungen des Art. 6 Nr. 4 ESC im Einzelnen reichen, ist umstritten. Die Norm enthält keinen Anforderungskatalog oder eine Definition des legalen Streiks.[34] Konkrete Antworten auf die Frage, wann ein Streik gemäß Art. 6 Nr. 4 ESC rechtmäßig ist, müssen im Wege der Gesetzesauslegung gesucht werden. Vorab ist allerdings zu klären, ob dem EKSR oder dem Ministerkomitee mit ihren Schlussfolgerungen und Empfehlungen eine Interpretationshoheit[35], d. h. ein Recht zur authentischen Interpretation[36], zukommt. *Authentisch* ist die rechtsverbindliche Auslegung eines völkerrechtlichen Vertrags durch die Vertragsparteien oder – was beim EKSR und Ministerkomitee in Betracht kommt – durch Organe, denen die rechtsverbindliche Auslegung anvertraut wurde.[37] Wären die Stellungnahmen und Empfehlungen *authentisch*, müssten die Mitgliedstaaten die Auslegung des EKSR und des

[32] Näheres zur Rechtsnatur und Wirkung dieser Erklärung siehe unten S. 185 ff.

[33] Declaration of the Federal Republic of Germany, dated 28th September 1961; online einzusehen: http://conventions.coe.int/Treaty/Commun/ListeDeclarations.asp?NT=035&CM=7&DF=22/10/2012&CL=GER&VL=1.

[34] *Świątkowski*, Charter of Social Rights of the Council of Europe, S. 227.

[35] *Bepler*, in: FS Wißmann, S. 97 (106).

[36] Der Begriff der *authentischen* Interpretation ist im Völkerrecht gebräuchlich (*Schweisfurth*, Völkerrecht, Erster Teil, 4. Kapitel, Rn. 86; *Verdross/Simma*, Universelles Völkerrecht, S. 490 f.).

[37] Näheres zur authentischen Auslegung siehe *Karl*, in: Schreuer, Autorität und internationale Ordnung, S. 10 (11); *Schweisfurth*, Völkerrecht, Erster Teil, 4. Kapitel, Rn. 86.

Ministerkomitees als verbindlich[38] befolgen.[39] Im Folgenden wird erst die für Art. 6 Nr. 4 ESC relevante Spruchpraxis des EKSR und des Ministerkomitees dargestellt. Sodann wird analysiert, ob ein Recht zur authentischen Interpretation besteht.

I. Spruchpraxis des EKSR

Das EKSR bewertet mit seinen Schlussfolgerungen die von den Mitgliedstaaten unternommenen Maßnahmen zur Umsetzung der Europäischen Sozialcharta. Zugleich verleiht die Spruchpraxis des EKSR den einzelnen Bestimmungen der Europäischen Sozialcharta stärkere Konturen.[40] Positiv ist hervorgehoben worden, dass das EKSR den sozialen Rechten mit seiner „flexiblen" Spruchpraxis einen Bedeutungszuwachs beschere und eine Brücke zur Europäischen Menschenrechtskonvention geschlagen habe.[41] Ungeachtet dieser Verdienste bleibt aber zu klären, ob die Einschätzungen des EKSR eine *verbindliche* Interpretation des Art. 6 Nr. 4 ESC darstellen.

Zur Beantwortung dieser Frage werden zunächst die Schlussfolgerungen des EKSR dargestellt, die Aussagen zur Tarifbezogenheit des Streiks, zum Verbot von politischen Streiks, wilden Streiks und Beamtenstreiks sowie zum Verhältnismäßigkeitsprinzip und zur relativen Friedenspflicht enthalten. Aus Gründen der Übersicht werden von den zahlreichen bisher ergangenen Schlussfolgerungen[42] nur diejenigen dargestellt, die seit 1992 an die Bundesrepublik Deutschland adressiert worden sind.

1. Spruchpraxis des EKSR zur Tarifbezogenheit des Streiks

Laut EKSR darf der Streik nicht auf die Durchsetzung von Tarifverträgen beschränkt werden.[43] Diese Rechtsansicht entspricht der gängigen Spruchpra-

---

[38] Verfehlt ist die Einschätzungen von *Matthias Dumke*, wonach die Spruchpraxis des EKSR bzw. des Ministerkomitees zwar authentisch aber nicht verbindlich sei (*Dumke*, Streikrecht i. S. des Art. 6 Nr. 4 ESC und deutsches Arbeitskampfrecht, S. 206).

[39] *Löwisch/Rieble*, TVG, Grundlagen, Rn. 294; *Rieble*, RdA 2005, 200 (204).

[40] *Nußberger*, in: von Maydell/Ruland/Becker, Sozialrechtshandbuch, § 34, Rn. 50.

[41] *Akandji-Kombé*, in: de Búrca/de Witte, Social Rights in Europe, S. 89 (90 ff. und 106 ff.).

[42] Siehe http://www.coe.int/t/dghl/monitoring/socialcharter/conclusions/conclusionsindex_en.asp. Alle im Folgenden erwähnten Schlussfolgerungen lassen sich unter diesem Link einsehen.

[43] *Conclusions XII-2 (1992)*, Germany, S. 102; *Conclusions XIII-2 (1994)*, Germany, S. 281; *Conclusions XIII-4 (1996)*, Germany, S. 351; *Conclusions XIV-1 (1998)*, Germany, S. 313; *Addendum to Conclusions XV-1 (2000)*, Germany, S. 27, 30; *Conclusions XVI-1 (2002)*, Germany, S. 249, 251; *Conclusions XVII-1 (2004)*, Germany, S. 206; *Conclusions XVIII-1 (2006)*, Germany, S. 305 f.; *Conclusions XIX-3 (2010)*, Germany, S. 104.

xis des EKSR.[44] In der jüngsten hierzu ergangenen Schlussfolgerung heißt es wörtlich: „[T]he situation in Germany is not in conformity with Article 6 § 4 of the Charter on the following grounds: Strikes not aimed at achieving a collective agreement are prohibited."[45]

2. *Spruchpraxis des EKSR zum Verbot des politischen Streiks*

Streiks, die rein politischen Charakter haben, sind laut EKSR unzulässig. Unter Bezugnahme auf eine bereits 1971 formulierte Stellungnahme[46] bleibt das EKSR seither bei dem Standpunkt, „that Article 6 para. 4 could not be relied upon to justify strike action taken for political ends".[47]

3. *Spruchpraxis des EKSR zum Verbot des wilden Streiks*

Das EKSR hält es für unvereinbar mit Art. 6 Nr. 4 ESC, wenn es einer Gruppe von Arbeitnehmern aus formalen Gründen erschwert wird, sich spontan zum Streik zusammenzuschließen.[48] Während in den frühen Schlussfolgerungen des EKSR noch von einer generellen Unzulässigkeit des gewerkschaftlichen Streikmonopols die Rede war,[49] hat das EKSR diese Ansicht inzwischen gelockert; es ist nun anerkannt, dass ein Gewerkschaftsmonopol mit Art. 6 Nr. 4 ESC vereinbar sein kann, wenn die Voraussetzungen für eine Gewerkschaftsgründung Arbeitnehmer nicht unnötig daran hindern, sich zum Zwecke des Streiks gewerkschaftlich zu organisieren.

> [R]eserving the right to call a strike for trade unions may be compatible with the Charter if workers may easily, and without undue requirements or formalities, form a trade union for the purpose of a strike.[50]

In seiner Schlussfolgerung von 2000 hat das EKSR die hierzulande geltenden Voraussetzungen der Tariffähigkeit unter die Lupe genommen – namentlich die „Überbetrieblichkeit", die „soziale Mächtigkeit" und die „demokratische Organisation" der Koalition. Das EKSR befand, dass Deutschland gegen Art. 6 Nr. 4 ESC verstoße. Den Arbeitnehmern werde eine rasche Gewerkschafts-

---

[44] *Świątkowski*, Charter of Social Rights of the Council of Europe, S. 228.

[45] *Conclusions XIX-3 (2010)*, Germany, S. 105.

[46] *Conclusions II (1971)*, Germany, S. 28.

[47] *Conclusions XIII-4 (1996)*, Germany, S. 351; so auch *Addendum to Conclusions XV-1 (2000)*, Germany, S. 27.

[48] *Conclusions XIII-4 (1996)*, Germany, S. 351; *Addendum to Conclusions XV-1 (2000)*, Germany, S. 28, 30; *Conclusions XVI-1 (2002)*, Germany, S. 249; *Conclusions XVII-1 (2004)*, Germany, S. 206; *Conclusions XVIII-1 (2006)*, Germany, S. 306 f.; *Conclusions XIX-3 (2010)*, Germany, S. 104.

[49] Näheres dazu bei *Świątkowski*, Charter of Social Rights of the Council of Europe, S. 228 f.

[50] *Addendum to Conclusions XV-1 (2000)*, Germany, S. 28 f.

gründung zu „Streikzwecken“ unnötig erschwert – „given that a group of workers may not readily form a union for the purpose of a strike“.[51] In Anbetracht dieser restriktiven formalen Voraussetzungen könne das Recht auf Kollektivverhandlungen und Streik in Art. 6 Nr. 4 ESC nicht effektiv gewährleistet werden.[52] Das EKSR hat diese Haltung zuletzt in einer Schlussfolgerung von 2010 bestätigt: "[T]he requirements to be met by a group of workers in order to form a union satisfying the conditions for calling a strike constitute an excessive restriction to the right to strike."[53]

4. *Spruchpraxis des EKSR zum Beamtenstreikverbot*

Nach Ansicht des EKSR ist ein absolutes statusbezogenes Streikverbot für Beamte nicht mit Art. 6 Nr. 4 ESC vereinbar. Daher hat das EKSR der Bundesrepublik seit den 1960er Jahren eine Verletzung des Art. 6 Nr. 4 ESC attestiert.[54] Allenfalls für Staatsbedienstete, die „public authority“ ausüben, sei eine Beschränkung des Streikrechts zu rechtfertigen, nicht aber ein generelles Verbot.[55] Ob eine Beschränkung des Streikrechts zulässig sei, hängt demnach von der konkret ausgeübten Tätigkeit ab.[56] Im Übrigen führt das EKSR aus:

> The Committee considers that abolishing the right to collective bargaining can only be justified in the case of officials who exercise public authority. Although it takes account of national definitions of what constitute duties in the public interest, it reserves the right to decide for itself whether the undertakings or employees concerned directly exercise public authority. In doing so it takes account of the nature of those undertakings' or employees' duties and responsibilities.[57]

Berufsgruppen, für die ein Streikverbot demnach in Betracht kommen könnte, seien Polizisten, Richter, Soldaten, Feuerwehrleute sowie hochrangige Verwaltungsbeamte und Gefängniswärter. Überdies müssten die Mitgliedstaaten in den jährlich abzugebenden Staatenberichten explizit benennen, unter welchen Bedingungen ein Beamtenstreikverbot nach dem innerstaatlichen Recht aus-

---

[51] *Conclusions XVIII-1 (2006)*, Germany, S. 306; *Conclusions XIX-3 (2010)*, Germany, S. 104.

[52] *Conclusions XIX-3 (2010)*, Germany, S. 105; Übersetzung bei Lörcher, AuR 2011, 105 (111 f.); *Świątkowski*, Charter of Social Rights of the Council of Europe, S. 229.

[53] *Conclusions XIX-3 (2010)*, Germany, S. 105; Übersetzung bei *Lörcher*, AuR 2011, 105 (111 f.).

[54] *Conclusions I (1969)*, Germany, S. 184; *Conclusions III (1973)*, Germany, S. 336; *Conclusions IV (1975)*, Germany, S. 48.

[55] *Conclusions XII-2 (1992)*, Germany, S. 103 f.; *Conclusions XIII-2 (1994)*, Germany, S. 281; *Conclusions XIII-4 (1996)*, Germany, S. 352; *Conclusions XIV-1 (1998)*, Germany, S. 314; *Addendum to Conclusions XV-1 (2000)*, Germany, S. 29 f.; *Conclusions XVI-1 (2002)*, Germany, S. 246 f., 250 f.; *Conclusions XVII-1 (2004)*, Germany, S. 207; *Conclusions XVIII-1 (2006)*, Germany, S. 306; *Conclusions XIX-3 (2010)*, Germany, S. 104 f.

[56] *Świątkowski*, Charter of Social Rights of the Council of Europe, S. 235.

[57] *Conclusions XVII-1 (2004)*, Germany, S. 10 f.

nahmsweise in Betracht komme.[58] Insbesondere sei das in Deutschland geltende Streikverbot für die nicht an der Hoheitsausübung beteiligten Post[59]- und Bahnbeamten mit Art. 6 Nr. 4 ESC unvereinbar.[60] Im Nachgang hat allerdings das BVerwG entschieden, dass alle ehemaligen Beamten der Post und Bundesbahn sowie derer Tochtergesellschaften („Privatbeamte"), keinem Streikverbot unterlägen; sie seien nämlich nicht dem Gemeinwohl verpflichtet, sondern an der Gewinnerzielung des privaten Unternehmens beteiligt.[61] In einer späteren Schlussfolgerung hat das EKSR auf die Entscheidung des BVerwG reagiert und seine Ansicht zur deutschen Rechtslage revidiert:

As regards the absolute strike ban applied to civil servants employed in privatised postal and rail undertakings which the Committee held not to be in conformity with the Charter, it refers to its observations in its conclusion regarding Article 6 § 2 with respect to the decision of the Federal Administrative Court of 7 June 2000 stating that a civil servant who is being granted leave to take up work under a private law contract with the privatised companies of the German Mail and Railway "is generally not subject to a prohibition to strike". The Committee reiterates its question whether the scope of application of the court decision extends to all post and rail employees with civil service status who do not exercise public authority or whether there are civil servants, assigned to posts in privatised enterprises without being granted leave to take up work under a private law contract who are denied the right to collective action. Meanwhile, it reserves its position on this point.[62]

5. *Spruchpraxis des EKSR zum Verhältnismäßigkeitsprinzip*

Zur Zulässigkeit des Verhältnismäßigkeitsprinzips hat das EKSR bisher nicht explizit Stellung genommen, da die von der Bundesrepublik eingereichten Staatenberichte dem EKSR noch nicht ausreichend waren, um abschließend über die Vereinbarkeit des Verhältnismäßigkeitsprinzips mit Art. 6 Nr. 4 ESC

58 *Świątkowski*, Charter of Social Rights of the Council of Europe, S. 230 f.

59 Die Ausführungen des EKSR gelten nicht nur für die Zeit vor Privatisierung der Post. Die Ausführungen beziehen sich auch auf diejenigen Postbeamten, die nach Privatisierung der Post weiterhin ihren Beamtenstatus beibehielten (vgl. Art. 143a Abs. 1 S. 2 und Art. 143b Abs. 3 GG). Da die ehemaligen Postbeamten ihren Beamtenstatus beibehielten, waren sie weiterhin vom Streikrecht ausgeschlossen. Das EKSR hielt es für unvereinbar mit Art. 6 ESC, dass diesen Arbeitnehmern das Streikrecht verwehrt werde, einzig aus dem Grund, dass sie ihren Beamtenstatus beibehielten (*Conclusions XVI-1 (2002)*, Germany, S. 246 f., 250; *Conclusions, XVII-1 (2004)*, Germany, S. 10).

60 *Addendum to Conclusions XV-1 (2000)*, Germany, S. 29; *Conclusions XVI-1 (2002)*, Germany, S. 246 f.; *Conclusions XVII-1 (2004)*, Germany, S. 13, 206 f.; *Conclusions XIX-3 (2010)*, Germany, S. 105.

61 BVerwG v. 7.6.2000 – 1 D 4/99, NVwZ 2001, 810 (811); *Battis*, BBG-Kommentar, § 4, Rn. 7.

62 *Conclusions XVIII-1 (2006)*, Germany, S. 306; *Conclusions XIX-3 (2010)*, Germany, S. 105.

befinden zu können. Indirekt hat das EKSR dem Verhältnismäßigkeitsprinzip aber bereits eine Absage erteilt:

In the Committee's opinion, while it is normal for the courts to verify that the right to strike is exercised in accordance with the rules on fairness in a dispute, they cannot supplant the social partners in assessing the appropriateness of taking collective action in view of the circumstances and the interests at stake. The Committee therefore requests, in order to determine whether the conditions in which the German courts apply what they call the "proportionality principle" are in conformity with Article 6 of the Charter, examples of decisions that found the taking of strike action to be illegal on this basis.[63]

Deutlich wird hier, dass das EKSR zwar grundsätzlich mit den aus dem Verhältnismäßigkeitsprinzip fließenden Postulaten einverstanden ist.[64] Allerding betrachtet das EKSR die Bewertung der Verhältnismäßigkeit nicht als Angelegenheit der Gerichte, sondern der Sozialpartner. Nachdem die Bundesrepublik im Anschluss an die hier zitierte Stellungnahme immer noch keine ausreichenden Informationen geliefert hatte, die eine abschließende Bewertung des Verhältnismäßigkeitsprinzips zuließen, bekräftigte das EKSR seinen Standpunkt in einer Stellungnahme von 2004 erneut:

The Committee examined the principles of proportionality and fairness as they applied to strikes and their resulting obligations, in the light of the case-law of the Federal Labour Court. It asked for examples of decisions declaring strikes unlawful because of failure to respect the proportionality principle. [...]. The Committee points out that it examines the decisions of domestic courts to determine whether these are consistent with the principles it has laid down [...]. The Committee has indeed a responsibility to ensure that domestic courts act reasonably and that in particular their interventions do not strike at the very substance of the right to strike, thus depriving it of its effectiveness. In the absence of any information to allow it to assess the situation in this case, the Committee asks for a detailed description in the next report and reserves its position on this point.[65]

Und im Jahre 2010 hieß es schließlich:

The examples of case-law provided in the report regarding the principle of proportionality demonstrate the fluctuation of case law between the courts. The Committee therefore asks again for further information on ways and means to avoid any legal uncertainty that may restrict the right to strike in this respect, and reserves its position on this point.[66]

Insgesamt wird deutlich, dass das EKSR das Verhältnismäßigkeitsprinzip großzügiger und daher streikfreundlicher interpretiert als die nationalen Ge-

---

63 *Conclusions XVI-1 (2002)*, Germany, S. 249.

64 Siehe dazu auch *Conclusions XVIII-1 (2006)*, Netherlands, S. 552.

65 *Conclusions XVII-1 (2004)*, Germany, S. 11 f.; erneut *Conclusions XVIII-1 (2006)*, Germany, S. 8.

66 *Conclusions XIX-3 (2010)*, Germany, S. 105.

richte.[67] Im Übrigen bleibt die Bundesrepublik weiterhin dazu aufgefordert, „to provide detailed information on decisions of domestic courts, if any, to declaring strikes unlawful because of their failure to respect the proportionality principle".[68]

6. Spruchpraxis des EKSR zur relativen Friedenspflicht

Hinsichtlich der relativen Friedenspflicht hat das EKSR seine Ansicht zur deutschen Rechtslage geändert. Ursprünglich hielt das EKSR die relative Friedenspflicht, wie sie hierzulande besteht, für unvereinbar mit Art. 6 Nr. 4 ESC:

> [U]nder the Charter a peace obligation must not be imposed by statute or by case law, but should be stipulated by the parties to an agreement themselves. The only cases where this principle may be deviated from are those foreseen by 31 of the Charter. Consequently, the situation is not in conformity with Article 6 § 4.[69]

Mittlerweile hält das EKSR die relative Friedenspflicht aber für vereinbar mit Art. 6 Nr. 4 ESC – was in der Literatur[70] zuweilen übersehen wurde. Es heißt inzwischen:

> The Committee notes that even if such obligations are not stipulated explicitly in collective agreements, they are based on a historical commitment by the social partner which is evidence of their absolute intent. It therefore concludes that in this respect the situation is in conformity with the Charter.[71]

II. Spruchpraxis des Ministerkomitees

Eine Empfehlung ist die „härteste" Sanktion, die in der Europäischen Sozialcharta vorgesehen ist; darin weist das Ministerkomitee den jeweiligen Mitgliedstaat auf eine Vertragsverletzung hin und fordert dazu auf, die „notwendigen Maßnahmen" einzuleiten, um eine Konformität mit der Europäischen Sozialcharta zu erreichen. Zwar löst eine Zuwiderhandlung keine völkerrechtlichen Konsequenzen aus, die Empfehlungen haben aber den Vorteil der flexiblen und „rücksichtsvollen" Handhabung.[72] Bereits zweimal ist eine Empfehlung gegenüber der Bundesrepublik Deutschland ausgesprochen worden – und zwar

[67] *Lörcher*, in: Däubler, Arbeitskampfrecht, § 10, Rn. 32.
[68] *Conclusions XVIII-1 (2006)*, Germany, S. 304 f.
[69] *Conclusions XVI-1 (2002)*, Germany, S. 248.
[70] Bislang nicht auf dem neusten Stand: *Löwisch/Rieble*, TVG, Grundlagen, Rn. 294.
[71] *Conclusions XVII-1 (2004)*, Germany, S. 204 f.
[72] Siehe oben S. 98.

1994[73] und 1998[74]. In der letzteren Empfehlung hat das Ministerkomitee der Bundesrepublik einen Verstoß gegen Art. 6 Nr. 4 ESC attestiert. Allerdings widmete sich das Ministerkomitee im Rahmen seiner Empfehlung nur der Tarifbezogenheit des Streiks und dem Verbot des wilden Streiks:

Having noted that the Committee of Independent Experts had adopted a negative conclusion with regard to Article 6 par. 4 (The right to collective action) as all strikes not aimed at achieving a collective agreement and not called or endorsed by a trade union are forbidden in Germany; Following a proposal by the Governmental Committee, Recommends that the Government of Germany take account, in an appropriate manner, of the negative conclusion of the Committee of Independent Experts and requests that it provide information in its next report on the measures it has taken to this effect.[75]

III. Ergebnis der Untersuchungen

Durch die Schlussfolgerungen und Empfehlungen gewinnt Art. 6 Nr. 4 ESC schärfere Konturen. Lediglich das Verbot politischer Streiks und die relative Friedenspflicht werden vom EKSR für zulässig gehalten. Hingegen sind der Grundsatz der Tarifbezogenheit des Streiks, das Verbot wilder Streiks (einschließlich der strengen Anforderungen an die Tariffähigkeit), das statusbezogene Beamtenstreikverbot und das Verhältnismäßigkeitsprinzip nicht mit den Vorgaben des EKSR und des Ministerkomitees zu Art. 6 Nr. 4 ESC vereinbar. Ob die nationalen Grundsätze möglicherweise nach Art. 31 Abs. 1 ESC zu rechtfertigen sind, ist eine andere Frage, die es später zu beantworten gilt.[76] Zunächst wird untersucht, ob die Vorgaben des EKSR und des Ministerkomitees als verbindliche Interpretation zu beachten sind.

C. Bindung an die Auslegung von EKSR und Ministerkomitee

Wie bereits dargestellt, enthalten die Stellungnahmen des EKSR eher eine rechtliche Bewertung des mitgliedstaatlichen Verhaltens, während das Ministerkomitee mit den Empfehlungen vor allem eine politische Beurteilung vornimmt.[77] Wegen dieser unterschiedlichen Ansätze muss die Verbindlichkeit und die Berechtigung zur authentischen Interpretation für diese beiden Gremien separat untersucht werden.

---

[73] *Recommendation No. R ChS (94) 3* on the application of the European Social Charter by Germany during the period 1989–90 (12th supervision cycle).

[74] *Recommendation No. R ChS (98) 2* on the application of the European Social Charter by Germany during the period 1993–94 (13th supervision cycle – part IV).

[75] *Recommendation No. R Chs (98) 2* on the application of the European Social Charter by Germany during the period 1993–94 (13th supervision cycle – part IV).

[76] Siehe unten S. 166 ff.

[77] Siehe oben S. 96 f.

I. Keine Interpretationshoheit des EKSR

Die Befürworter einer Interpretationshoheit des EKSR betonen primär die Sachkompetenz und Unabhängigkeit der Gremienmitglieder, vgl. Art. 25 ESC.[78] Zur Bekräftigung dieses Arguments wird auf das bereits erwähnte Turiner Änderungsprotokoll von 1991 verwiesen, das dem EKSR die alleinige Interpretationszuständigkeit für die Europäische Sozialcharta zuspricht. Die Aufgabenzuweisung lasse auf die herausragende Stellung und die damit einhergehende Interpretationshoheit des EKSR schließen.[79] Wenngleich das Turiner Protokoll nicht förmlich in Kraft getreten sei, weil es von einigen Mitgliedstaaten – darunter auch Deutschland – nicht ratifiziert wurde, hat das Ministerkomitee bereits 1991 förmlich beschlossen[80], dass das Protokoll in praxi auch schon vorab anzuwenden sei. Aus diesem Grund – so argumentieren die Befürworter der Interpretationshoheit – müsse dem EKSR ein Recht zur authentischen Interpretation zugesprochen werden.[81] Im Übrigen widerspreche es dem Zweck eines internationalen Menschenrechts-Übereinkommens, wenn die einzelnen Bestimmungen von jedem Vertragsstaat nach Belieben ausgelegt werden könnten.[82]

Gegen die Verbindlichkeit der Schlussfolgerungen wird Art. 29 ESC angeführt, worin zum Ausdruck komme, dass die *richtungsweisenden* Vorgaben zur Umsetzung der Europäischen Sozialcharta vom Ministerkomitee gemacht würden. Im Ablauf des Kontrollverfahrens sei den unabhängigen Sachverständigen des EKSR eine nachrangige Rolle zugewiesen.[83] Daher könne das EKSR kein Recht zur authentischen Interpretation besitzen.[84] Im Übrigen wird gegen die Verbindlichkeit der Schlussfolgerungen ein systematischer Vergleich mit der Europäischen Menschenrechtskonvention und dem Unionsrecht – insbesondere Art. 46 Abs. 1 EMRK und Art. 267 AEUV – ins Feld geführt. In diesen Vorschriften seien deutlich striktere Durchsetzungsmechanismen vorgesehen, was e contrario gegen eine Verbindlichkeit der Schlussfolgerungen des EKSR spräche.[85]

Überzeugender sind die Ansichten, die sich gegen eine Verbindlichkeit der Schlussfolgerungen aussprechen: Das entscheidende Argument gegen eine

[78] *Schlachter*, RdA 2011, 341 (345).

[79] *Lörcher*, in: Däubler, Arbeitskampfrecht, § 10, Rn. 27.

[80] Dazu siehe *Giegerich*, in: Merten/Papier, Handbuch der Grundrechte, Band VI/1, § 148, Rn. 97f.

[81] *Schlachter*, RdA 2011, 341 (346).

[82] *Lörcher*, in: Däubler, Arbeitskampfrecht, § 10, Rn. 27.

[83] *Machacek*, in: Matscher, Die Durchsetzung wirtschaftlicher und sozialer Rechte, S. 21 (52).

[84] *Löwisch/Rieble*, in: Löwisch, Arbeitskampf- und Schlichtungsrecht, I. Grundlagen, Rn. 109.

[85] Vgl. *Bepler*, in: FS Wißmann, S. 97 (107); *Däubler*, AuR 1998, 144 (147); *Machacek*, in: Matscher, Die Durchsetzung wirtschaftlicher und sozialer Rechte, S. 21 (54).

Verbindlichkeit der Schlussfolgerungen ist, dass diese auch gegenüber solchen Vertragsstaaten – wie etwa Deutschland – gelten sollen, die die Änderungsprotokolle noch nicht ratifiziert haben.[86] Ohne Ratifizierung der Europäischen Sozialcharta fehlt es aber an einer Legitimationsgrundlage, mit der sich eine Interpretationshoheit des EKSR rechtfertigen ließe. Auch die Systematik macht unmissverständlich deutlich, dass dem EKSR keine Interpretationshoheit zukommen kann. Art. 29 ESC weist darauf hin, dass die Schlussfolgerungen gegenüber den Empfehlungen des Ministerkomitees nachrangig sind. Auch Art. 46 Abs. 1 EMRK und Art. 267 AEUV zeigen im Kontrast zu dem schwach ausgestalteten Kontrollverfahren der Europäischen Sozialcharta, dass die Schlussfolgerungen des EKSR keine den Entscheidungen des EGMR und des EuGH vergleichbare Verbindlichkeit besitzen können. Bewusst hat man bei der Schaffung der Europäischen Sozialcharta davon abgesehen, einen Gerichtskörper einzurichten. Es hieß, dass ein gerichtliches Sanktionsorgan zur Sicherung *sozialer* Grundrechte unzweckmäßig sei. Die fehlende Justiziabilität ist daher bewusst in Kauf genommen, um Rücksicht auf die Rechtsprechung und Verwaltung der jeweiligen Vertragsstaaten nehmen zu können. Hinzu tritt der Umstand, dass die sozialen Grundrechte wegen der unterschiedlichen nationalen Rahmenbedingungen einer einheitlichen gerichtlichen Durchsetzung nur schwer zugänglich sind.[87] Was aber hinsichtlich der Justiziabilität der Charta gilt, muss auch dann gelten, wenn es um die Frage der authentischen Interpretation geht. Es ist nur sinnvoll, wenn man zugleich die Justiziabilität und die Verbindlichkeit der Stellungnahmen verneint, um den nationalen Rahmenbedingungen auf dem Gebiet der sozialen Grundrechte angemessen Rechnung zu tragen. Dass es sich bei Art. 6 Nr. 4 ESC nicht um ein soziales Grundrecht im klassischen Sinn handelt,[88] ändert an dieser Einschätzung nichts, da das Kontrollverfahren und die Gremienentscheidungen, die als Ergebnis der Kontrolle ergangen sind, einheitlich bewertet werden müssen. Daher ist es überzeugender, die Stellungnahmen des EKSR zum Streikrecht als unverbindliche Richtungsweisungen zu verstehen. Dass es damit u. U. zu unterschiedlichen Auslegungen in den einzelnen Mitgliedstaaten kommt, ist in Kauf zu nehmen. Schließlich zeigt auch der Vergleich mit anderen völkerrechtlichen Verträgen, dass die Stellungnahmen der jeweiligen Spruchkörper in der Regel unverbindlich sind (vgl. Art. 37 IAO-Verfassung).[89] Hätten also die Schlussfolgerungen des EKSR verbindlich sein sollen, wäre ein Hinweis im Vertragstext und auch in den Vorarbeiten erforderlich gewesen.

---

[86] Vgl. zu den Übereinkommen der IAO: *Wisskirchen*, ZfA 2003, 691 (730 f.).

[87] Siehe oben S. 80 ff.

[88] Siehe oben S. 116 f.

[89] Vgl. ErfK/*Dieterich*, Art. 9 GG, Rn. 107; MünchHdbArbR II/*Ricken*, § 197, Rn. 23; *Wisskirchen*, ZfA 2003, 691 (730 f.); a. A. *Lörcher*, in: Däubler, Arbeitskampfrecht, § 10, Rn. 51.

An diesem Befund ändert auch der Verweis auf das Turiner Änderungsprotokoll nichts. Von offizieller Seite sollte mit dem Protokoll die politische Funktion des Ministerkomitees und der Parlamentarischen Versammlung herausgestellt und die Rolle der jeweiligen Kontrollorgane geklärt werden: Das EKSR wurde als ein „restricted body composed of independent persons, which decides whether or not the situations in the countries concerned are in conformity with the Charter in law and in practice“ beschrieben.[90] Vor allem sollten mit dem Protokoll eine klare Rollenverteilung der Überwachungsgremien erzielt und die Effizienz des Berichtsverfahrens gesteigert werden. Das Protokoll schafft aber keine ausreichende Legitimationsgrundlage für eine Interpretationshoheit des EKSR und einen damit einhergehenden Souveränitätsverlust der Mitgliedstaaten. Dafür hätte es eines deutschen Zustimmungsgesetzes bedurft, mit dem die Gremienentscheidungen des EKSR und des Ministerkomitees als verbindlich hätten anerkannt werden können.[91] Ebendiesen Mangel weist auch das 1995 eingeführte Kollektivbeschwerdeverfahren auf, zumal es von der Bundesrepublik Deutschland nicht einmal ratifiziert worden ist.[92]

II. Keine Interpretationshoheit des Ministerkomitees

Für die Interpretationshoheit des Ministerkomitees wird Art. 29 ESC angeführt. Danach kann das Ministerkomitee im Bedarfsfall mit Zweidrittelmehrheit eine Empfehlung an den jeweiligen vertragsbrüchigen Mitgliedstaat richten und das Kontrollverfahren beenden. Als letztentscheidende Kontrollinstanz könne das Ministerkomitee verbindliche Auslegungsvorgaben für das nationale Recht treffen.[93]

Dagegen wird eingewendet, dass die Empfehlungen des Ministerkomitees zwar normativ formuliert, aber völkerrechtlich unverbindlich seien.[94] Dies ergebe sich aus Art. 46 Abs. 1 EMRK und Art. 267 AEUV. Die Gegenüberstellung mit den Vorschriften der Menschenrechtskonvention und dem Vertrag

---

[90] Online einzusehen: http://conventions.coe.int/Treaty/en/Summaries/Html/142.htm.

[91] Vgl. in ähnlichem Kontext BVerfG v. 19.9.2006 – 2 BvR 2115/01 (u. a.), NJW 2007, 499 (502), Rn. 60; *Dumke*, Streikrecht i. S. des Art. 6 Nr. 4 ESC und deutsches Arbeitskampfrecht, S. 208.

[92] Näheres dazu bei *Dumke*, Streikrecht i. S. des Art. 6 Nr. 4 ESC und deutsches Arbeitskampfrecht, S. 46 ff.; *Rieble*, RdA 2005, 200 (204).

[93] *Lörcher*, in: Däubler, Arbeitskampfrecht, § 10, Rn. 28; *Löwisch/Rieble*, in: Löwisch, Arbeitskampf- und Schlichtungsrecht, I. Grundlagen, Rn. 109; mit Blick auf *Löwisch/Riebel*, TVG, Grundlagen, Rn. 295 kann aber u. U. davon ausgegangen werden, dass der Verfasser seine Ansicht dahingehend revidiert hat, dass zwar eine Interpretation des Ministerkomitees erfolgt, die allerdings nicht authentisch, d. h. verbindlich ist.

[94] *Löwisch/Riebel*, TVG, Grundlagen, Rn. 295; Näheres zu Beschlüssen internationaler Organisationen bei *Schweitzer/Weber*, Handbuch der Völkerrechtspraxis der Bundesrepublik Deutschland, S. 230.

über die Arbeitsweise der Europäischen Union zeige, dass den Empfehlungen des Ministerkomitees keine vergleichbare Verbindlichkeit zukomme.[95] Auch das BAG hat eine Interpretationshoheit völkerrechtlicher Gremien abgelehnt. Es sprach den Gremienentscheidungen die völkerrechtliche Verbindlichkeit und eine „das innerstaatliche Recht unmittelbar ändernde Wirkung" ab, allerdings ohne dies näher zu begründen.[96]

Der letztgenannten Ansicht ist zuzustimmen. Dies ergibt sich bereits aus dem Wortsinn[97] der „Empfehlung", die laut *Duden* nur als ein unverbindlicher Rat, nicht aber als eine rechtlich bindende Verpflichtung verstanden werden kann.[98] Zwar räumt Art. 29 ESC dem Ministerkomitee eine Vorrangstellung gegenüber dem EKSR ein, was auf den ersten Blick tatsächlich für eine Interpretationshoheit des ersteren sprechen könnte. Einer solchen Überlegung sperrt sich aber der Vergleich mit Art. 46 Abs. 1 EMRK und Art. 267 AEUV. Auch die Letztentscheidungskompetenz im Kontrollverfahren begründet für das Ministerkomitee keine derart herausgehobene Stellung, die mit der des EGMR oder des EuGH vergleichbar ist.

Eine Verbindlichkeit lässt sich auch nicht im Hinblick auf das so genannte *Estoppel*-Prinzip begründen. Dieses Prinzip ist Ausdruck des *venire contra factum proprium* als Ausfluss des Treu und Glauben-Grundsatzes. Dem Prinzip liegt der Gedanke zu Grunde, dass ein Staat, der durch sein Verhalten berechtigte Erwartungen eines anderen Staates geweckt hat, an dieses Vertrauen gebunden ist. Danach verlieren Rechtsbehauptungen eines Staates ihre Gültigkeit, wenn sich der Staat nicht an seine eigenen Rechtsbehauptungen hält.[99] Im vorliegenden Kontext könnte ein widersprüchliches Verhalten aus folgenden Gründen angenommen werden: Wie Art. 29 ESC zeigt, ist bei der Abstimmung über den Ausspruch einer Empfehlung eine Zweidrittelmehrheit im Ministerkomitee erforderlich. Wird diese Mehrheit erreicht, gilt das Abstimmungsergebnis, d. h. eine Empfehlung, für alle Vertragsstaaten – auch wenn sie dagegen gestimmt haben; denn schließlich haben sich die Vertragsstaaten der Zweidrittelregelung in Art. 29 ESC freiwillig unterworfen und müssen folglich damit rechnen, überstimmt zu werden. Treffen nun die Vertragsstaaten, die gegen die Empfehlung gestimmt haben, keine entsprechenden innerstaatlichen Maßnahmen, könnte darin ein Verstoß gegen das *Estoppel*-Prinzip liegen. Dies ist aber abzulehnen, da sich das *Estoppel*-Prinzip nur auf das Verhältnis der Vertragsstaaten untereinander und nicht auf die nationale Ebene bezieht. Das

---

[95] *Bepler*, in: FS Wißmann, S. 97 (107); *Löwisch/Rieble*, TVG, Grundlagen, Rn. 296.

[96] Explizit bezieht sich das BAG allerdings nur auf Empfehlungen der IAO (BAG v. 13. 10. 1988 – 6 AZR 144/85, AP Nr. 4 zu § 611 BGB, unter IV 6 b) der Gründe).

[97] Ebenfalls auf den Wortlaut abstellend *Wittinger*, Der Europarat, S. 206.

[98] *Duden*, Die Deutsche Rechtschreibung, Stichwort „Empfehlung"; online einzusehen: http://www.duden.de/suchen/dudenonline/empfehlung.

[99] *Schweisfurth*, Völkerrecht, Erster Teil, 2. Kapitel, Rn. 153.

Abstimmungsverhalten selbst kann grundsätzlich nicht widersprüchlich sein. Auch die Nichtumsetzung einer Empfehlung ist per se nicht widersprüchlich, da Empfehlungen völkerrechtlich unverbindlich sind[100] und keine Pflicht besteht, sie im nationalen Recht umzusetzen.[101]

III. Ergebnis der Untersuchungen

Damit ist gezeigt, dass weder das EKSR noch das Ministerkomitee ein Recht zur authentischen Interpretation für sich beanspruchen können. Gleichwohl ist anzuerkennen, dass es sich bei den Gremienentscheidungen um „Meinungsäußerung mit gewisser Autorität" handelt.[102] Diese Autorität beruht aber nicht auf völkerrechtlicher Verbindlichkeit, sondern hängt von der innerstaatlichen Umsetzungsbereitschaft ab. Wegen ihrer fehlenden völkerrechtlichen Verbindlichkeit bezeichnet man solche Gremienentscheidungen auch als *soft law*.[103]

D. Auslegungsmethoden für völkerrechtliche Verträge

Da es der Europäischen Sozialcharta an einer Instanz mit Interpretationshoheit fehlt, ist der Rechtsanwender gezwungen, Inhalt und Tragweite des Art. 6 Nr. 4 ESC anhand der gängigen völkerrechtlichen Auslegungsmethoden zu ermitteln. Im älteren Schrifttum war allerdings umstritten, was Gegenstand der Auslegung ist – entweder die inneren Willensrichtung der Vertragsparteien (subjektive Theorie) oder der objektive Erklärungswert des Vertragstextes (objektive Theorie).[104] Inzwischen sind die Streitigkeiten weitgehend beigelegt. Es wird im Allgemeinen eine Auslegung befürwortet, die sich primär am Text des Vertrags orientiert, im Einzelfall aber auch auf den Parteiwillen abstellt. Die Auslegung muss sich am Zweck des Vertrags *und* den Umständen orientieren, unter denen ein Vertrag zustande gekommen ist.[105]

Spätestens seit dem Abschluss des Wiener Übereinkommens über das Recht der Verträge (WVRK) vom 23. Mai 1969[106] sind die Meinungsverschiedenheiten über die „richtige" Auslegungsmethode auch rechtsverbindlich geklärt.[107]

---

[100] Siehe oben S. 97.

[101] *Dumke*, Streikrecht i. S. des Art. 6 Nr. 4 ESC und deutsches Arbeitskampfrecht, S. 54 ff.

[102] *Rieble*, RdA 2005, 200 (204).

[103] Näheres dazu siehe unten S. 244 ff.

[104] *Delbrück/Wolfrum*, Völkerrecht I/3, S. 634.

[105] *Delbrück/Wolfrum*, Völkerrecht I/3, S. 634; *Seidl-Hohenveldern*, Völkerrecht, C II, S. 508.

[106] BGBl. II 1985, S. 926.

[107] *Bleckmann*, Grundprobleme und Methoden des Völkerrechts, S. 88; *Lörcher*, in: Däubler, Arbeitskampfrecht, § 10, Rn. 5; *Seidl-Hohenveldern*, Völkerrecht, A IV, S. 506;

Zwar trat das Wiener Übereinkommen erst am 27. Januar 1980 in Kraft.[108] Damit käme eine rückwirkende Anwendung auf die früher entstandene Europäische Sozialcharta an sich nicht in Betracht, vgl. Art. 4 WVRK. Indes ist allgemein anerkannt, dass die Vorschriften des Wiener Übereinkommens auch auf zuvor abgeschlossene Verträge wie die Europäische Sozialcharta anwendbar sind;[109] denn das Übereinkommen enthält überwiegend Grundsätze, die bis dato schon kraft Völkergewohnheitsrechts verbindlich waren.[110] Überdies entsprechen die Regeln des Wiener Übereinkommens weitgehend den deutschen Grundsätzen für die Rechts- und Verfassungsauslegung.[111] Besonders praxisrelevant sind die Auslegungsgrundsätze für bi- und multilaterale Verträge in Art. 31 bis 33 WVRK,[112] die sich als Mischung aus einem objektiven und subjektiven Ansatz darstellen.[113] Wie sich der Grundregel in Art. 31 Abs. 1 WVRK entnehmen lässt, muss sich die Auslegung eines völkerrechtlichen Vertrags primär am Wortlaut orientieren, d. h. „in Übereinstimmung mit der gewöhnlichen [...] Bedeutung" erfolgen. Art. 33 Abs. 1 WVRK ordnet an, dass die authentischen Sprachfassungen maßgeblich sind. Für die Sozialcharta sind das Englisch und Französisch (Art. 33 ESC). Im Zweifelsfall muss daher auf diese Sprachfassungen rekurriert werden und nicht auf die deutsche Übersetzung[114].[115] Die Wortlautauslegung richtet sich nach der üblichen Wortbedeutung zum Zeitpunkt des Vertragsschlusses, welche u. U. dynamisch anzupassen ist, um „Ziel und Zweck" des Vertrags effektiv verwirklichen zu können.[116] Der so ermittelte Wortsinn bildet den Ausgangspunkt für die Aus-

---

Vogel/Lehner/*Vogel*, DBA, Einleitung des OECD-MA, Rn. 105.

[108] Inkrafttreten und Ratifikationen des Wiener Übereinkommens über das Recht der Verträge; siehe http://treaties.un.org/Pages/ViewDetailsIII.aspx?&src=UNTSONLINE &mtdsg_no=XXIII~1&chapter=23&Temp=mtdsg3&lang=en.

[109] *Lörcher*, in: Däubler, Arbeitskampfrecht, § 10, Rn. 5.

[110] *Herdegen*, Völkerrecht, § 15, Rn. 29.

[111] *Bleckmann*, Völkerrecht, Rn. 910; *Hobe*, Einführung in das Völkerrecht, S. 225.

[112] *Delbrück/Wolfrum*, Völkerrecht I/3, S. 639; *Lörcher*, in: Däubler, Arbeitskampfrecht, § 10, Rn. 6.

[113] *Verdross/Simma*, Universelles Völkerrecht, S. 492.

[114] Hingegen hält der BGH auch die deutsche Übersetzung für authentisch: BGH v. 31. 1. 1966 – III ZR 118/64, NJW 1966, 1021 (1024): „Zwar ist nach den Schlußworten der Konvention der englische und französische Text maßgebend, aber die Bundesregierung hat den Beratungen der Gesetzgebungsorgane der Bundesrepublik eine deutsche Übersetzung zugrunde gelegt, von der in den Beratungen des Rechtsausschusses ausdrücklich erklärt wurde, daß sie ebenfalls als authentisch angesehen werden solle." Bei den folgenden Untersuchungen spielt dieser Streit aber keine Rolle. Es wird vorrangig mit der deutschen Fassung gearbeitet, soweit sich kein Widerspruch zu den authentischen Fassungen ergibt. Überdies werden die englische und französische Fassung zum Abgleich herangezogen.

[115] Vgl. *Schweisfurth*, Völkerrecht, Erster Teil, 4. Kapitel, Rn. 96.

[116] *Delbrück/Wolfrum*, Völkerrecht I/3, S. 641; *Hobe*, Einführung in das Völkerrecht, S. 224 f.

legung. Es bedarf aber ergänzender Kriterien, weil der Wortlaut die Absichten der vertragsschließenden Parteien häufig nur unzureichend abbildet.[117]

Daher wird der am Wortlaut orientierte Ansatz in Art. 31 Abs. 1 WVRK um einen systematischen Zugriff ergänzt, wonach die Bedeutung der Vertragsnormen in ihrem „Zusammenhang" zu ermitteln ist.[118] Der Zusammenhang wird in Art. 31 Abs. 2 lit. a und b WVRK spezifiziert: Neben dem „Vertragswortlaut samt Präambel und Anlage" kann „jede sich auf den Vertrag beziehende Übereinkunft, die zwischen allen Vertragsparteien anläßlich des Vertragsabschlusses getroffen wurde" und „jede Urkunde, die [...] anläßlich des Vertragsabschlusses abgefaßt und [...] als eine sich auf den Vertrag beziehende Urkunde angenommen wurde", herangezogen werden. Dies gilt auch für „jede spätere Übereinkunft zwischen den Vertragsparteien über die Auslegung des Vertrags oder die Anwendung seiner Bestimmungen" und „jede spätere Übung bei der Anwendung des Vertrags, aus der die Übereinstimmung der Vertragsparteien über seine Auslegung hervorgeht", wie sich Art. 31 Abs. 3 lit. a und b WVRK entnehmen lässt. Schließlich gestattet Art. 31 Abs. 3 lit. c WVRK den Rückgriff auf „jede[n] in den Beziehungen zwischen den Vertragsparteien anwendbare[n] einschlägige[n] Völkerrechtssatz". Für die Europäische Sozialcharta hat der letztere Hinweis besondere Bedeutung, erlaubt er nämlich einen Rückgriff auf die Vorschriften der als Schwesterkonvention konzipierten Europäischen Menschenrechtskonvention.[119] Die Berücksichtigung der Menschenrechtskonvention bietet sich jedenfalls an, wenn sich die Gewährleistungsgehalte der aufeinander bezogenen Vorschriften überschneiden. Die Parallelnorm zu Art. 6 Nr. 4 ESC ist Art. 11 EMRK. Eine wertungsmäßige Inbezugnahme kommt hier in Betracht.

Ferner hat die Auslegung des Vertrags gemäß Art. 31 Abs. 1 WVRK teleologisch, d. h. im „Lichte seines Zieles und Zwecks" zu erfolgen.[120] Dabei geht es nicht darum, den historischen Willen der vertragsschließenden Parteien zu erforschen, sondern primär um die Ermittlung derjenigen Ziele, die der Erreichung des objektiv erkennbaren Vertragsziels am effektivsten dienen (*effet utile*).[121] Die Präambel spielt bei der teleologischen Auslegung eine besondere Rolle, da sie die Motive und Leitlinien des Vertrags benennt und zukunftsweisend ist.[122] Dies gilt im Besonderen bei multilateralen Verträgen wie der

---

[117] *Herdegen*, Völkerrecht, § 15, Rn. 28 ff.

[118] *Delbrück/Wolfrum*, Völkerrecht I/3, S. 642.

[119] *Dröge*, Positive Verpflichtungen der Staaten in der Europäischen Menschenrechtskonvention, S. 268; *Matscher*, in: FS Mosler, S. 545 (560).

[120] *Bleckmann*, Grundprobleme und Methoden des Völkerrechts, S. 89; *Grzeszick*, AVR 2005, 312 (320); *Schweitzer/Weber*, Handbuch der Völkerrechtspraxis der Bundesrepublik Deutschland, S. 110.

[121] Zum *effet utile* siehe *Bergmann*, in: Bergmann, Handlexikon der Europäischen Union, „effet utile" S. 238; *Delbrück/Wolfrum*, Völkerrecht I/3, S. 644.

[122] *Seidl-Hohenveldern*, Völkerrecht, B II, S. 507.

Europäischen Sozialcharta, die auf eine langfristige Kooperation der Vertragsparteien angelegt sind. Die Orientierung am Zweck einer Norm und die Berücksichtigung des *effet utile* ermöglichen eine „dynamische" Vertragsinterpretation, die sich vom Willen der vertragsschließenden Parteien emanzipiert, um „gegenwartsgerechten" Schutz zu ermöglichen.[123] Gerade die Normen im sensiblen Bereich des europäischen Menschenrechtsschutzes verlangen nach einer dynamisch-zielorientierten Auslegung, um den sich wandelnden gesellschaftlichen, politischen und moralischen Vorstellungen entsprechen zu können.[124]

Sollte keine der drei genannten Auslegungsmethoden zu einem eindeutigen Ergebnis führen, erlaubt Art. 32 WVRK als subsidiäres Auslegungsmittel einen Rückgriff auf die historischen Materialen (*Travaux Préparatoires*), welche den Entstehungsprozess und die Umstände des Vertragsschlusses dokumentieren. Da die historische Auslegungsmethode nur subsidiäre Bedeutung hat, dient sie vor allem dazu, ein bereits auf anderem Wege gefundenes Auslegungsergebnis zu bestätigen oder Zweifelsfragen zu klären.[125] Insbesondere die internationalen Gerichte bemühen diese Methode häufig – mit der Einschränkung, dass bei multilateralen Verträgen ein Rückgriff auf diese Materialien nur zulässig ist, wenn sie den Parteien bekannt oder zumindest allgemein zugänglich sind.[126] Für die „ergänzenden Auslegungsmittel" ist ein weites Begriffsverständnis zu Grunde zu legen. Unter den „vorbereitenden Arbeiten" ist die verschriftlichte „Verhandlungsgeschichte" zu verstehen,[127] d. h. alle offiziellen Erklärungen der Vertragsstaaten, die Verhandlungsprotokolle und innerstaatlichen Erklärungen, die sich auf den Vertrag beziehen. Die „Umstände des Vertragsabschlusses" erlauben ferner die Berücksichtigung der „historische[n] Gesamtsituation, insbesondere auch die tatsächlichen Verhältnisse, Bedürfnisse und Interessen [...], die zur Zeit des Vertragsabschlusses bestanden und die Vertragsparteien geleitet haben".[128]

Schließlich ist eine „fünfte" Auslegungsmöglichkeit zu beachten.[129] Diese ergibt sich nicht unmittelbar aus Art. 31 bis 33 WVRK, ist aber im Völker-

---

123 *Herdegen*, Völkerrecht, § 15, Rn. 28.

124 *Seidl-Hohenveldern*, Völkerrecht, C II, S. 508.

125 *Eiffler*, Die Auslegung unbestimmter Schrankenbegriffe der EMRK, S. 68; *Verdross/Simma*, Universelles Völkerrecht, S. 492 f.

126 *Delbrück/Wolfrum*, Völkerrecht I/3, S. 645 f.

127 *Hobe*, Einführung in das Völkerrecht, S. 225.

128 *Delbrück/Wolfrum*, Völkerrecht I/3, S. 646.

129 *Häberle*, JZ 1989, 913 (916).

recht als „unterstützende" Methode[130] allgemein anerkannt.[131] Es geht um den Rechtsvergleich.[132] Dabei wird berücksichtigt, dass ein internationaler Vertrag innerhalb einer bestimmten „Rechts- und Lebensordnung" steht und mit dieser interagiert.[133] Die rechtsvergleichende Auslegung basiert auf der Hypothese, dass die Parteien eines völkerrechtlichen Vertrags im Zweifel in Übereinstimmung mit der sie umgebenden Rechts- und Lebensordnung handeln wollen.[134] Vor allem der EGMR[135] und der EuGH[136] greifen bei der Auslegung häufig auf europäische Rechtsstandards zurück – nicht zuletzt, um sich mitgliedstaatliche Akzeptanz zu sichern.[137] Besonders beim Konventionsrecht rechtfertigt sich der rechtsvergleichende Ansatz auch daraus, dass die Mitgliedstaaten in der Europäischen Menschenrechtskonvention ihre *gemeinsamen* Wertvorstellungen niederlegen wollten. Im Übrigen ist davon auszugehen, dass die Mitgliedstaaten weder hinter dem gemeinsamen Grundrechtsstandard „hinterherhinken", noch darüber „hinausschießen" wollen.[138] Entsprechende Erwägungen treffen auf die Europäische Sozialcharta zu; denn ebenso wie Art. 53 EMRK will Art. 32 ESC nur einen Mindeststandard sichern. Die rechtsvergleichende Methode ist auch hier sinnvoll, um den Vertragszweck der Europäischen Sozialcharta angesichts der Dynamik und Kontextbezogenheit der *sozialrechtlichen* Materie angemessen einzufangen. Daher werden bei der nachfolgenden Auslegung die rechtsvergleichenden Untersuchungen aus dem ersten Teil dieser Arbeit aufgegriffen und in Beziehung gesetzt zu Wortlaut, Systematik, Telos und Historie.

---

[130] Der Rechtsvergleich weise eine besondere Nähe zur teleologischen Auslegung auf, sei aber auch eng mit den übrigen Auslegungsmethoden verknüpft (*Häberle*, JZ 1989, 913 (917)).

[131] Auf Unionsebene wird die rechtsvergleichende Auslegungsmethode in Art. 52 Abs. 4 GRC nunmehr ausdrücklich anerkannt. Es ist von einer „Traditions-Regel" die Rede, da beim Rechtsvergleich auf die gemeinsamen Verfassungsüberlieferungen der Mitgliedstaaten zurückgegriffen wird (*Borowsky*, in: Meyer, Charta der Grundrechte der EU, Art. 52 GRC, Rn. 44).

[132] Näheres zur rechtsvergleichenden Methode auf Unionsebene siehe *Micklitz*, in: Grabitz/Hilf/Nettesheim, Das Recht der EU, Vor A 2. Richtlinien 85/577/EWG und 97/7/EG, Rn. 33; *Wiethoff*, Das konzeptionelle Verhältnis von EuGH und EGMR, S. 100; zur Ebene der Europäischen Menschenrechtskonvention siehe *Bleckmann*, Völkerrecht, Rn. 910.

[133] *Bernhardt*, Die Auslegung völkerrechtlicher Verträge, S. 135.

[134] Kritisch allerdings *Bernhardt*, Die Auslegung völkerrechtlicher Verträge, S. 135.

[135] Siehe beispielsweise EGMR v. 7.7.1989 – 1/1989/161/217, NJW 1990, 2183 (2186), Rn. 102; EGMR v. 12.11.2008 – 34503/97 (Demir und Baykara/Türkei), AuR 2009, 269 (271), Rn. 66.

[136] Siehe beispielsweise EuGH v. 2.2.1988 – C-24/86 (Blaizot u. a.); zit. nach: juris, Rn. 17; EuGH v. 22.11.2005 – C-144/04 (Mangold), AP Nr. 1 zu Richtlinie 2000/78/EG, Rn. 74; EuGH v. 11.12.2007 – C-438/05 (Viking), NZA 2008, 124 (127), Rn. 43; EuGH v. 18.12.2007 – C-341/05 (Laval), NZA 2008, 159 (165), Rn. 90.

[137] *Eiffler*, Die Auslegung unbestimmter Schrankenbegriffe der EMRK, S. 78 f.

[138] *Bleckmann*, Völkerrecht, Rn. 910.

Zur Gewichtung der einzelnen Auslegungsmethoden enthält nur Art. 32 WVRK eine klare Aussage, wonach jedenfalls die historischen Materialien subsidiär zu berücksichtigen sind.[139] Überdies lässt sich Art. 31 Abs. 1 WVRK entnehmen, dass dem Wortsinn eine Vorrangstellung zukommt.[140] Eine wesentliche Rolle spielt ferner der „Treu und Glauben"-Grundsatz, der auch im Übrigen die zwischenstaatlichen Beziehungen prägen soll.[141] Letzteres wird in Art. 26 WVRK betont: „Ist ein Vertrag in Kraft, so bindet er die Vertragsparteien und ist von ihnen nach Treu und Glauben zu erfüllen." Das Rangverhältnis zwischen den übrigen Auslegungsmethoden geht aus Art. 31 WVRK jedoch nicht eindeutig hervor. Teilweise wird angenommen, dass die teleologische Interpretation vorrangig sei, weil der Telos die Wertentscheidungen eines völkerrechtlichen Vertrags wiedergebe und eine sinnvolle Fortentwicklung des Vertrags ermögliche.[142] Jedenfalls stellt der Wortlaut eine zwingende Grenze für die Vertragsauslegung dar.[143] Darüber hinaus ist es mangels eindeutiger anderslautender Hinweise am sinnvollsten, Systematik und Telos als gleichwertig zu betrachten.[144]

E. Anwendung der völkerrechtlichen Auslegungsmethoden

Es wird im Folgenden untersucht, inwieweit die Grundsätze des nationalen Streikrechts dem Art. 6 Nr. 4 ESC entsprechen. Im Bemühen um Übersichtlichkeit werden für jeden einzelnen Grundsatz des nationalen Rechts Wortlaut, Systematik, Telos und Historie des Art. 6 Nr. 4 ESC untersucht. Dabei wird auch auf die – bislang leider nur unzureichend systematisierten – Argumente eingegangen, die im Schrifttum und in der Rechtsprechung zu dieser Frage geäußert worden sind.

I. Tarifbezogenheit des Streiks

Dem Wortlaut nach geht es in Art. 6 Nr. 4 ESC um „Interessenkonflikte". Dieser Formulierung lässt sich bei unvoreingenommener Lesart keine Beschränkung auf tarifbezogene Ziele entnehmen. Ausgeschlossen sind lediglich die

---

139 *Bleckmann*, Grundprobleme und Methoden des Völkerrechts, S. 89.

140 Vogel/Lehner/*Vogel*, DBA, Einleitung des OECD-MA, Rn. 106.

141 *Hobe*, Einführung in das Völkerrecht, S. 225.

142 *Mitscherlich*, Das Arbeitskampfrecht der Bundesrepublik Deutschland und die ESC, S. 33.

143 *Bleckmann*, Grundprobleme und Methoden des Völkerrechts, S. 89.

144 Vgl. auch *Delbrück/Wolfrum*, Völkerrecht I/3, S. 640.

den Interessenkonflikten gegensätzlichen Rechtskonflikte[145].[146] Im Übrigen ist der Begriff der „Interessenkonflikte" hinreichend offen, um auch außertarifvertragliche Ziele der Arbeitsvertragsparteien zu erfassen. Gegen ein solches Verständnis wird allerdings vorgebracht, dass Art. 6 ESC in seinem Einleitungssatz von „Kollektivmaßnahmen" spricht und solche Streiks anerkennt, die den Zweck verfolgen, „die wirksame Ausübung des Rechts auf Kollektivverhandlungen zu gewährleisten". Im Übrigen wird auf den Vorbehalt im letzten Halbsatz des Art. 6 Nr. 4 ESC verwiesen, wonach das Streikrecht „vorbehaltlich etwaiger Verpflichtungen aus geltenden Gesamtarbeitsverträgen" gewährt wird. Einige Stimmen wollen hierin eine zwingende Verknüpfung zwischen dem Streik und Kollektivverhandlungen erkennen, derart, dass der Streik nur tariflich regelbare Angelegenheiten zum Gegenstand haben dürfe.[147] Dem wird aber entgegengehalten, dass der Begriff der „Kollektivverhandlungen" nicht restriktiv im Sinne von Tarifverhandlungen verstanden werden dürfe.[148] Auch ein Streik zur Erzwingung von Verhandlungen oder bloßen Abmachungen mit der Arbeitgeberseite habe eine kollektive Vereinbarung zum Ziel und stelle folglich eine „Kollektivverhandlung" dar.[149] Jeder Streik um Fragen, die zum Gegenstand kollektiver Verhandlungen gemacht werden könnten, sei daher vom Gewährleistungsgehalt des Art. 6 Nr. 4 ESC erfasst. Insbesondere kämen „gerechte", „sichere und gesunde Arbeitsbedingungen" sowie ein „gerechtes Arbeitsentgelt" i. S. d. Art. 2, 3 und 4 ESC als Streikziele in Betracht.[150] Beispielhaft werden auch Auseinandersetzungen in Reaktion auf eine geplante Betriebsschließung, Rationalisierungsmaßnahmen oder Verhandlungen über Gesundheits- und Sicherheitsvorschriften zu Gunsten der Belegschaft angeführt.[151] Dieser letztgenannten weiten Ansicht ist der Vorzug zu geben, zumal der Wortlaut des Art. 6 Nr. 4 ESC trotz des Begriffs

[145] Es handelt sich um Konflikte bei der Auslegung von Rechtsnormen. Nach einhelliger Ansicht kann die Durchsetzung von Ansprüchen oder die Klärung von Rechtskonflikten hierzulande nicht im Wege eines Streiks durchgesetzt werden, da hierfür ausschließlich die Gerichte zuständig sind (MünchHdbArbR II/*Ricken*, § 200, Rn. 30; *Treber*, in: Schaub, Arbeitsrechts-Handbuch, § 193, Rn. 20).

[146] *Däubler*, in: Agnelli (u. a.), Die Europäische Sozialcharta, S. 103 (116); *Heuschmid*, in: Däubler, Arbeitskampfrecht, § 11, Rn. 35; *Maeßen*, Auswirkungen der EuGH-Rechtsprechung auf das deutsche Arbeitskampfrecht, S. 41; a. A. *Fabricius*, Streik und Aussperrung im internationalen Recht, S. 31.

[147] BAG v. 5. 3. 1985 – 1 AZR 468/83, AP Nr. 85 zu Art. 9 GG, unter II 3 d) der Gründe; *Löwisch/Rieble*, in: Löwisch, Arbeitskampf- und Schlichtungsrecht, I. Grundlagen, Rn. 110.

[148] *Lorenz*, AiB 1998, 655 (657); *Maeßen*, Auswirkungen der EuGH-Rechtsprechung auf das deutsche Arbeitskampfrecht, S. 41; *Ramm*, AuR 1971, 65 (72).

[149] ArbG Gelsenkirchen v. 13. 3. 1998 – 3 Ca 3173/97, NZA-RR 1998, 352 (353).

[150] *Dumke*, Streikrecht i. S. des Art. 6 Nr. 4 ESC und deutsches Arbeitskampfrecht, S. 65; *Fabricius*, Streik und Aussperrung im internationalen Recht, S. 31.

[151] *Fabricius*, Streik und Aussperrung im internationalen Recht, S. 31; *Maeßen*, Auswirkungen der EuGH-Rechtsprechung auf das deutsche Arbeitskampfrecht, S. 41; *Świątkowski*, Charter of Social Rights of the Council of Europe, S. 228.

der „Kollektivverhandlungen“ keine eindeutige Spezifizierung der Streikziele enthält.

Implizit ergibt sich eine Einschränkung der Streikziele aber daraus, dass „von dem Recht der Arbeitnehmer und Arbeitgeber“ die Rede ist. Der Streik darf also nur zur Austragung von Interessenkonflikten zwischen den Arbeitsvertragsparteien durchgeführt werden.[152] Legitimes Ziel des Streiks kann also nur ein *spezieller* Interessenkonflikt sein – nämlich ein solcher, der zwischen den Arbeitsvertragsparteien stattfindet. Ferner legt der Plural („Arbeitnehmer“) nahe, dass bei einem Streik nur kollektive Interessen verfolgt werden dürfen. Eine Einschränkung auf tarifbezogene Ziele lässt sich dem Wortlaut des Art. 6 Nr. 4 ESC aber nicht entnehmen.

Eine nähere Eingrenzung der zulässigen Streikziele könnte sich allerdings bei einer systematischen Untersuchung ergeben. Zunächst lohnt sich ein Blick auf Art. 6 Nr. 2 ESC. Dort ist eine inhaltliche „Zielvorgabe“ für Kollektivverhandlungen gemacht, indem den Mitgliedstaaten aufgetragen wird,

> Verfahren für freiwillige Verhandlungen zwischen Arbeitgebern oder Arbeitgeberorganisationen einerseits und Arbeitnehmerorganisationen andererseits zu fördern, soweit dies notwendig und zweckmäßig ist, mit dem *Ziele, die Beschäftigungsbedingungen durch Gesamtarbeitsverträge zu regeln.* [Hervorhebungen durch die Verfasserin].

Im Umkehrschluss besteht aber in allen anderen Fällen – insbesondere in denen des Art. 6 Nr. 4 ESC – eine solche „Zielvorgabe“ nicht. Diese Lesart wird durch eine systematische Zusammenschau mit dem ersten Absatz bestätigt, wo es heißt, dass „gemeinsame Beratungen“ zwischen den Arbeitsvertragsparteien zu fördern sind. Es ist davon auszugehen, dass die inhaltlichen Ziele dieser kollektiven Beratungen zugleich Gegenstand eines Streiks nach Art. 6 Nr. 4 ESC sein dürfen. Dieser Auffassung scheint auch das BAG zuzuneigen, wenn es davon spricht, dass ein enger Zusammenhang zwischen dem Arbeitskampf und den kollektiven Beratungen im ersten Absatz bestehe.[153] Eine Beschränkung der zulässigen Streikziele erfolgt – wie bereits dargestellt – nur insoweit, als „von dem Recht der Arbeitnehmer und Arbeitgeber“ die Rede ist. Der Streik ist damit auf Interessenkonflikte zwischen den Arbeitsvertragsparteien beschränkt. Weitere Beschränkungen ergeben sich aus der Systematik nicht.

Auch die teleologischen Untersuchungen stützten dieses Ergebnis. Ein Blick auf die Präambel der Europäischen Sozialcharta verrät, dass die „Ideale und Grundsätze“ der Mitgliedstaaten zu verwirklichen sind, um „wirtschaftlichen und sozialen Fortschritt zu fördern, insbesondere durch die Erhaltung und Weiterentwicklung der Menschenrechte und Grundfreiheiten“. Ähnlich heißt es in der Einleitung zu Teil I, die Staaten hätten „die tatsächliche Ausübung der

---

152 *Świątkowski*, Charter of the Social Rights of the Council of Europe, S. 227.

153 BAG v. 5. 3. 1985 – 1 AZR 468/83, AP Nr. 85 zu Art. 9 GG, unter II 3 d) der Gründe; BAG v. 7. 6. 1988 – 1 AZR 372/86, AP Nr. 106 zu Art. 9 GG, unter A I 4 der Gründe.

[...] Rechte und Grundsätze" zu garantieren. Im Lichte der Präambelbestimmung und des Einleitungssatzes zu Teil I wird deutlich, dass eine möglichst umfassende und effektive Verwirklichung des Streikrechts intendiert ist. Eine Interpretation des Art. 6 Nr. 4 ESC, wonach das Streikrecht – wohlgemerkt ohne einen entsprechenden Hinweis im Wortlaut – auf tariflich regelbare Ziele beschränkt werden soll, verträgt sich mit dieser Zielsetzung nicht. Gleichwohl ergibt die teleologische Betrachtung auch, dass die effektive Gewährleistung von Menschenrechten nur insoweit realisiert werden kann, als die Rechtspositionen des einen nicht zu einer unzumutbaren Einschränkung der Rechte des anderen führen. Dies wird durch die rechtsdogmatischen Ausführungen zum Streikrecht bestätigt. Als „Freiheitsrecht mit sozialer Zwecksetzung" fehlt es dem Streikrecht qua natura an einem Absolutheitsanspruch; denn wie bereits dargestellt, wird das Streikrecht nur innerhalb des staatlich vorgegebenen Ordnungsrahmens gewährt und unterliegt außerdem dem Gebot „praktischer Konkordanz"[154].[155] Der Zweck des Art. 6 Nr. 4 ESC gebietet folglich, dass das Streikrecht nicht einschränkungslos bestehen kann und darf. Indes ist damit weder ausdrücklich noch implizit eine Einschränkung auf tariflich regelbare Ziele gefordert. Damit spricht auch der Telos gegen eine solche Einschränkung.

In historischer Hinsicht lassen sich keine konkreten Aussagen zur Tarifbezogenheit des Streiks finden; in den vorbereitenden Arbeiten zur Europäischen Sozialcharta wird diese Frage nicht angesprochen. Grund dafür mag sein, dass es sich bei dem Grundsatz der Tarifbezogenheit des Streiks um ein deutsches Spezifikum handelt,[156] dessen nähere Erörterung bei den übrigen Mitgliedstaaten des Europarates möglicherweise auf Unverständnis gestoßen wäre. Gleichwohl deuten zahlreiche Bemerkungen von den Vertretern der einzelnen Mitgliedstaaten darauf hin, dass das Streikrecht unbedingt Beschränkungen unterliegen müsse.[157] Diese Aussagen lassen aber nicht den Schluss zu, dass das Streikrecht auf tariflich regelbare Ziele zu beschränken sei.

Der Rechtsvergleich bestätigt dieses Ergebnis. In den anderen europäischen Staaten ist der Streik ebenfalls nicht auf tariflich regelbare Ziele beschränkt.[158] Eine enge Auslegung des Art. 6 Nr. 4 ESC würde dazu führen, dass das Streikrecht der Sozialcharta hinter dem Rechtszustand der meisten Signatarstaaten zurückbliebe. Dass eine solch einschränkende Regelung intendiert war, wurde

[154] So jedenfalls nach hiesigem Rechtsverständnis: *Hesse*, Grundzüge des Verfassungsrechts der Bundesrepublik Deutschland, § 10, Rn. 317; MünchHdbArbR II/*Löwisch/Rieble*, § 157, Rn. 45.

[155] Siehe oben S. 116 f.

[156] Siehe oben S. 60.

[157] Siehe oben S. 120 ff.

[158] Siehe oben S. 60 ff.

auch von dem bereits zitierten ArbG Gelsenkirchen für unwahrscheinlich gehalten.[159]

Abschließend ist festzuhalten, dass der Wortlaut und die Systematik des Art. 6 Nr. 4 ESC keine Beschränkung des Streikrechts auf tariflich regelbare Ziele fordern. Es verbietet sich eine Norminterpretation des Art. 6 Nr. 4 ESC, die sich ausschließlich an der deutschen Rechtslage orientiert. Bei einem solchen Verständnis würde der eigenständige Gehalt des Art. 6 Nr. 4 ESC entgegen seinem Wortlaut, der Systematik, dem Telos und der Historie nivelliert. Um bei den Worten des BAG zu bleiben, verbietet sich also „die generalisierende Aussage, Arbeitskämpfe seien stets nur zur Durchsetzung tarifvertraglich regelbarer Ziele zulässig".[160] Nach Art. 6 Nr. 4 ESC sind Streiks nicht nur ein „Hilfsinstrument" der Tarifautonomie, sondern dienen der umfassenden Wahrnehmung arbeitsvertraglicher Kollektivinteressen.[161]

II. Verbot des politischen Streiks

In engem Zusammenhang mit dem Grundsatz der Tarifbezogenheit des Streiks steht die Frage nach der Anerkennung des politischen Streiks. Zwar hält das EKSR das Verbot politischer Streiks für zulässig.[162] Wegen der fehlenden Interpretationshoheit des EKSR ist diese Aussage aber nicht verbindlich,[163] sondern muss im Wege der Auslegung überprüft werden – anhand von Wortlaut, Systematik, Telos und Historie sowie einer rechtsvergleichenden Untersuchung.

Im Wortlaut des Art. 6 Nr. 4 ESC heißt es, die Vertragsparteien anerkennen „das Recht der Arbeitnehmer und Arbeitgeber auf kollektive Maßnahmen einschließlich des Streikrechts im Falle von Interessenkonflikten". Zentraler Anknüpfungspunkt für die Frage, ob auch politische Streiks zulässig sind, ist der Begriff der „Interessenkonflikte". Wie die miteinander kollidierenden Interessen beschaffen sein müssen, wird im Normtext allerdings nicht näher erklärt.[164] Auf den ersten Blick lässt der Wortlaut also Raum, um auch politisch motivierte Konflikte zu erfassen. Allerdings wurde bereits festgestellt, dass das Streikziel auf die Regelung der Vertragsbeziehung zwischen „Ar-

---

159 ArbG Gelsenkirchen v. 13.31998 – 3 Ca 3173/97, NZA-RR 1998, 352 (353).

160 BAG v. 10.12.2002 – 1 AZR 96/02, AP Nr. 162 zu Art. 9 GG, unter B II 2 c) der Gründe. Hierauf verweist das BAG in einer späteren Entscheidung: BAG v. 24.4.2007 – 1 AZR 252/06, AP Nr. 2 zu § 1 TVG, unter B III 2 a) aa) der Gründe; so auch ArbG Gelsenkirchen v. 13.3.1998 – 3 Ca 3173/97, NZA-RR 1998, 352 (353).

161 So auch *Dumke*, Streikrecht i. S. des Art. 6 Nr. 4 ESC und deutsches Arbeitskampfrecht, S. 288.

162 Siehe oben S. 126.

163 Siehe oben S. 131 ff.

164 *Czycholl/Frieling*, ZESAR 2011, 322 (325).

beitnehmern und Arbeitgebern“ gerichtet sein muss.[165] Ein legitimer Streik darf nur einen Interessenkonflikt zwischen den Arbeitsvertragsparteien zum Gegenstand haben. Da politische Streiks aber nicht allein der Austragung von Interessenkonflikten zwischen den Arbeitsvertragsparteien dienen, sondern vornehmlich an den Staat adressiert sind, müssen politische Streiks nach dem Wortlaut des Art. 6 Nr. 4 ESC als unzulässig gelten.[166]

Die systematische Untersuchung bestätigt diesen Befund. Als Anknüpfungspunkt für eine systematische Interpretation eignet sich vor allem Art. 6 Nr. 3 ESC. Dort ist von der „Beilegung von Arbeitsstreitigkeiten“ die Rede. Gegenüber dem Begriff der „Arbeitsstreitigkeiten“ sind die „Interessenkonflikte“ in Art. 6 Nr. 4 ESC deutlich weiter gefasst. Letztere beschränken sich nicht nur auf Konflikte im Bereich von Arbeit oder Beschäftigung, sondern beziehen auch weitere – gleichwohl nicht näher konkretisierte – Interessen mit ein.[167] Hieraus ließe sich schlussfolgern, dass die Interessenkonflikte in Art. 6 Nr. 4 ESC auch politischer Art sein können. Allerdings gilt auch hier, was bereits bei der Wortlautuntersuchung festgestellt wurde. Die Interessenkonflikte sind nur dann ein zulässiges Streikziel, wenn sie das Verhältnis der Arbeitsvertragsparteien betreffen. Die unterschiedliche Wortwahl in Art. 6 Nr. 3 und 4 ESC – einerseits „Arbeitsstreitigkeiten“ und andererseits „Interessenkonflikte“ – ist vielmehr der Tatsache geschuldet, dass man gerade beim Streikrecht in Art. 6 Nr. 4 ESC die den Interessenkonflikten gegensätzlichen Rechtskonflikte aus dem Anwendungsbereich herausnehmen wollte.[168] In systematischer Hinsicht ist außerdem Punkt 6 der Einleitung zu Teil I anzuführen, wo das Recht auf Kollektivverhandlungen nur den Arbeitnehmern und Arbeitgebern zugesprochen wird. Hingegen sind politische Konflikte, die gegenüber dem Staat ausgetragen werden sollen, nicht von der Bestimmung gedeckt. Somit spricht auch die Systematik gegen die Zulässigkeit politischer Streiks.

Möglicherweise kann aber eine teleologische Auslegung, d. h. eine Auslegung im Lichte des Zwecks der Sozialcharta, die Anerkennung des politischen Streiks erfordern. Zuweilen wird vorgebracht, dass die Sozialcharta lediglich wirtschaftliche und soziale Interessen schützen wolle. Streikaktionen, die politisch motiviert seien, fielen daher nicht in den Schutzbereich des Art. 6 Nr. 4 ESC.[169] Allerdings könnte die Anerkennung politischer Streiks deshalb

[165] Siehe oben S. 141 ff.

[166] *Czycholl/Frieling*, ZESAR 2011, 322 (325); *Löwisch/Rieble*, TVG, Grundlagen, Rn. 295.

[167] *Czycholl/Frieling*, ZESAR 2011, 322 (325).

[168] *Däubler*, in: Agnelli (u. a.), Die Europäische Sozialcharta, S. 103 (116); *Heuschmid*, in: Däubler, Arbeitskampfrecht, § 11, Rn. 35; *Maeßen*, Auswirkungen der EuGH-Rechtsprechung auf das deutsche Arbeitskampfrecht, S. 41; a. A. *Fabricius*, Streik und Aussperrung im internationalen Recht, S. 31.

[169] *Dumke*, Streikrecht i. S. des Art. 6 Nr. 4 ESC und deutsches Arbeitskampfrecht, S. 114 f.; *Świątkowski*, Charter of Social Rights of the Council of Europe, S. 227.

geboten sein, weil mit der Sozialcharta ein effektiver und umfassender, d. h. uneingeschränkter Schutz sozialer Grundrechte intendiert ist. Eine solche Argumentation verkennt aber die essentielle Bedeutung von sozialen Grundrechten und Freiheitsrechten im rechtsstaatlichen Gefüge. Wie bereits dargestellt, gilt das Streikrecht der Europäischen Sozialcharta nicht absolut.[170] Der Freiheitsgebrauch wird durch entgegenstehende Rechtspositionen Dritter begrenzt und im Übrigen auch dann eingeschränkt, wenn die „Erhaltung des Staatsganzen“ dies erfordert.[171] Es liegt auf der Hand, dass insbesondere politische Streiks ein erhebliches Konfliktpotenzial für das Staatsgefüge bergen; denn die politisch motivierte Ausübung von Kampfdruck kollidiert vor allem mit der Gesetzgebung. Damit wird deutlich, dass ein Verständnis des Art. 6 Nr. 4 ESC, wonach politische Streiks zwingend anzuerkennen seien, aus teleologischen Gründen nicht durchgreifen kann.

Auch die historische Untersuchung liefert keine Anhaltspunkte dafür, dass eine Anerkennung politischer Streiks von den Schöpfern der Europäischen Sozialcharta intendiert war. Im Gegenteil deuten zahlreiche Hinweise in den *Travaux Préparatoires* auf eine Ablehnung politischer Streiks hin. In den Debatten zur Ausarbeitung der Sozialcharta äußerte etwa ein Regierungsmitglied Luxemburgs: "[W]hile the right to strike was generally accepted, it could not be stated in this unqualified form. [...]. There should, for example, be no right to engage in political strikes."[172] Ähnliche Andeutungen finden sich an zahlreichen Stellen der *Travaux Préparatoires*. Vor allem wurde darauf hingewiesen, dass ein Arbeitnehmer das Streikrecht nur im Hinblick auf „the opportunity to earn his living, the right to just conditions of work and the right to safe and healthy working conditions“ im Sinne der Art. 2, 3 und 4 ESC ausüben dürfe.[173] Diese Äußerungen belegen, dass das Streikrecht nach Art. 6 Nr. 4 ESC nicht beliebig eingesetzt werden darf, sondern nur zur Regelung von Interessenkonflikten der Arbeitsvertragsparteien. Dieser Befund wird bestätigt, wenn man sich die Änderungen der Vertragsentwürfe zur Europäischen Sozialcharta in chronologischer Reihenfolge ansieht: Anfangs war noch „everyone“ als Träger des Streikrechts benannt, während in späteren Entwürfen eine Begrenzung auf „workers“ vorgenommen wurde.[174] Man wollte offensichtlich klarstellen, dass nicht „Jedermanns-Angelegenheiten“, sondern ausschließlich die Belan-

---

[170] Siehe oben S. 117.

[171] *Kriele*, Einführung in die Staatslehre, § 56, S. 192.

[172] *European Social Charter, Travaux Préparatoires*, Article 6, Document prepared by the Social Division, December 1958, Tripartite Conference, CE / Soc / Tr. Pr. (70) 15, S. 70.

[173] *European Social Charter, Travaux Préparatoires*, Article 6, Document prepared by the Social Division, 19th March 1955, Draft Social Charter drawn up by the Secretariat, CE / Soc / Tr. Pr. (70) 15, S. 4; *European Social Charter, Travaux Préparatoires*, Article 6, Document prepared by the Social Division, 19th April 1955, Amendments to the draft submitted by the Secretariat, CE / Soc / Tr. Pr. (70) 15, S. 5.

[174] Siehe oben S. 119.

ge der Arbeitnehmer im Verhältnis zu ihren Arbeitgebern Gegenstand eines Streiks sein sollen. Daher sind politische Streiks also auch nach historischem Verständnis nicht von Art. 6 Nr. 4 ESC gedeckt.

Der Rechtsvergleich zeigt schließlich, dass politische Streiks europaweit grundsätzlich für unzulässig gehalten werden – jedenfalls dann, wenn die Streiks keinen Bezug zum Arbeitsverhältnis aufweisen und ausschließlich politisch motiviert sind.[175] Diese Rechtsansicht wurde auch schon vor Schaffung der Europäischen Sozialcharta von den einzelnen Mitgliedstaaten des Europarates vertreten.[176] Dass es de facto trotzdem häufig zu *rechtswidrigen* politischen Streiks in den einzelnen europäischen Mitgliedstaaten kommt,[177] ist allein eine Frage der *Rechtswahrung*, die aber bei einer rechtsvergleichenden Untersuchung des Art. 6 Nr. 4 ESC keine Rolle spielen darf. Somit führt die Auslegung anhand von Wortlaut, Systematik, Telos, Historie und Rechtsvergleich zu dem Ergebnis, dass ein politischer Streik nach der Europäischen Sozialcharta unzulässig ist. Damit wird auch die Einschätzung des EKSR bestätigt, wonach das Verbot politischer Streiks nicht mit Art. 6 Nr. 4 ESC vereinbar ist.[178]

III. Verbot des wilden Streiks

Das Verbot wilder Streiks steht in engem Zusammenhang mit dem Grundsatz der Tarifbezogenheit des Streiks; es kann hier also an einige bereits bekannte Argumente zur Tarifbezogenheit des Streiks[179] angeknüpft werden. Wortlaut, Systematik, Telos und Historie des Art. 6 Nr. 4 ESC sowie ein Rechtsvergleich sollen näheren Aufschluss liefern. Art. 6 Nr. 4 ESC spricht vom „Recht der Arbeitnehmer" und nicht etwa vom Recht einer Arbeitnehmergruppe, einer Koalition oder gar einer Gewerkschaft.[180] Im Kontrast dazu steht Art. 9 Abs. 3 GG, wo von „Vereinigungen" und nicht von einzelnen „Arbeitnehmern" die Rede ist. Es liegt daher die Schlussfolgerung nahe, dass das Streikrecht in Art. 6 Nr. 4 ESC unabhängig von einer Gewerkschaftsbindung und einem Gewerkschaftsbeschluss besteht. Dem werden verschiedene Argumente entgegengehalten, die auf ihre Stichhaltigkeit zu prüfen sind:

Georg Thüsing verweist auf den Einleitungssatz zu Art. 6 ESC, wo von der „Ausübung des Rechts auf Kollektivverhandlungen" die Rede ist. Er folgert aus diesem kollektiven Bezug, dass es zulässig sei, allein den Gewerkschaften

---

[175] Siehe oben S. 62 f.
[176] *Gitter*, ZfA 1971, 127 (137 f.).
[177] Siehe oben S. 62 f.
[178] Siehe oben S. 126.
[179] Siehe oben S. 141 ff.
[180] ArbG Gelsenkirchen v. 13. 3. 1998 – 3 Ca 3173/97, NZA-RR 1998, 352; *Gitter*, ZfA 1971, 127 (138); *Ramm*, AuR 1971, 65 (72).

die Streikrechtsträgerschaft zuzusprechen.[181] Zum anderen wird der letzte Halbsatz des Art. 6 Nr. 4 ESC für eine zwingende Verbandsbindung fruchtbar gemacht. Dort wird das Streikrecht nämlich unter den Vorbehalt „etwaiger Verpflichtungen aus geltenden Gesamtarbeitsverträgen" gestellt. Folglich seien Streiks nur zum Abschluss von Gesamtarbeitsverträgen zulässig.[182]

Daraus aber zu schlussfolgern, dass ein Streik nur von einer Gewerkschaft zum Abschluss eines Tarifvertrags geführt werden dürfe, ist nicht überzeugend; denn zum einen kann der Begriff „Kollektivverhandlungen" nicht mit „Tarifverträgen" gleichgesetzt werden.[183] Ein Blick auf die englische und französische Übersetzung bestätigt diese Lesart. Die Formulierungen „collective agreements" und „conventions collectives" enthalten keine Aussagen zur Rechtsnatur der Kollektivvereinbarungen.[184] Zum anderen bedeutet die Tatsache, dass Streiks unter dem Vorbehalt „geltender Gesamtarbeitsverträge" stehen, nicht zwingend, dass Streiks umgekehrt auch nur von einer Gewerkschaft geführt werden dürfen. Art. 6 Nr. 4 ESC lässt bewusst offen, was unter einer Kollektiv- oder Gesamtvereinbarung zu verstehen ist. Verfehlt wäre daher der Schluss, dass es sich bei einer Kollektiv- oder Gesamtvereinbarung zwingend um einen Tarifvertrag handeln muss. Vielmehr überlässt es Art. 6 Nr. 4 ESC den Arbeitsvertragsparteien, die Rechtswirkungen ihrer Vereinbarungen festzulegen, d. h. die Mitgliedstaaten können autonom bestimmen, welche Rechtsnatur eine Kollektiv- oder Gesamtvereinbarung haben soll.[185] Ein Blick auf die englische und französische Textfassung bestätigt diesen Befund. Diese Formulierungen sind offen für ein weit verstandenes Streikrecht und korrespondieren nicht mit dem Begriff der „Kollektivverhandlungen" und der Beschränkung auf tariffähige Organisationen.[186] Es ist daher der vermittelnden Lesart *Thilo Ramms* zuzustimmen, wonach das Streikrecht gemäß Art. 6 Nr. 4 ESC eine doppelte Bedeutung haben kann. Zum einen sei das Streikrecht auf die Gewerkschaften bezogen, was mit der Formulierung „etwaiger Verpflichtungen aus geltenden Gesamtarbeitsverträgen" impliziert werde. Zum anderen handele es sich bei dem Streikrecht in Art. 6 Nr. 4 ESC um ein „Recht der Arbeitnehmer auf kollektive Maßnahmen", d. h. ein Individualgrundrecht.[187] Trotz der individualrechtlichen Gewährleistung des Streikrechts in Art. 6 Nr. 4 ESC wäre es allerdings verfehlt, Art. 6 Nr. 4 ESC als ein „individuelles Streik-

---

181 *Thüsing*, Der Außenseiter im Arbeitskampf, S. 37 f.; kritisch *Gitter*, ZfA 1971, 127 (139).

182 Vgl. *Tomandl*, Streik und Aussperrung als Mittel des Arbeitskampfes, S. 100.

183 *Mitscherlich*, Das Arbeitskampfrecht der Bundesrepublik Deutschland und die ESC, S. 120 f.; *Ramm*, AuR 1971, 65 (72).

184 Zu diesem Ergebnis kommt auch *Dumke*, Streikrecht i. S. des Art. 6 Nr. 4 ESC und deutsches Arbeitskampfrecht, S. 69 f.

185 *Dumke*, Streikrecht i. S. des Art. 6 Nr. 4 ESC und deutsches Arbeitskampfrecht, S. 71.

186 *Gitter*, ZfA 1971, 127 (139).

187 *Ramm*, AuR 1967, 97 (108 f.).

recht ohne jeden Kollektivbezug" einzustufen.[188] Der Streik ist qua natura ein „Kollektiv-Kampfmittel"[189] und steht damit unter „kollektivem Vorbehalt"[190]. Streiks zum Zwecke von Individualverhandlungen sind von Art. 6 Nr. 4 ESC nicht geschützt. Ausweislich des Einleitungssatzes zu Art. 6 ESC steht das Streikrecht im Dienst der „Kollektivverhandlungen". Der Streik muss also von einem Arbeitnehmer*kollektiv* geführt werden, beispielweise von staatlich eingerichteten Arbeitnehmervertretungen oder dem Betriebsrat.[191] Art. 6 Nr. 4 ESC verlangt jedoch keine Beschränkung des Streikrechts auf tariffähige Verbände; erforderlich ist allein ein irgendwie gearteter Arbeitnehmerzusammenschluss.

Zuweilen wird versucht, die hier befürwortete Wortlautauslegung durch einen systematischen Vergleich mit dem Vereinigungsrecht in Art. 5 ESC zu entkräften. Art. 6 ESC sei ein Spezialfall des Vereinigungsrechts und folglich stünde das Streikrecht nur Vereinigungen im Sinne des Art. 5 ESC zu.[192] Diesem Argument ist aber entgegenzuhalten, dass die Voraussetzungen der Art. 5 und 6 ESC nicht unzulässig vermengt werden dürfen. Es handelt sich trotz gewisser inhaltlicher Interdependenz um zwei Normen mit unterschiedlichen Voraussetzungen und unterschiedlichen Gewährleistungsgehalten. Wäre eine Übertragung der Voraussetzungen des Art. 5 ESC auf Art. 6 ESC gewollt, so hätte dies im Vertragstext zum Ausdruck kommen müssen. Vielmehr belegen aber die *Travaux Préparatoires*, dass eine inhaltliche und systematische Trennung der Schutzbereiche von Art. 5 und 6 ESC bewusst vorgenommen wurde.[193] Diese Einschätzung wird durch einen Blick auf Art. 6 Nr. 2 ESC bestätigt, wonach „Verfahren für freiwillige Verhandlungen zwischen Arbeitgebern oder Arbeitgeberorganisationen einerseits und Arbeitnehmerorganisationen andererseits zu fördern" sind. Diese Formulierung zeigt, dass sich das „Recht auf Kollektivverhandlungen" in der Einleitung zu Art. 6 ESC nur ausnahmsweise auf Arbeitnehmer*organisationen* beschränkt, wenn es nämlich um die Bereitstellung staatlicher „Verfahren für freiwillige Verhandlungen" geht.[194] In allen übrigen Fällen besteht eine solche Einschränkung nicht, insbesondere dann nicht, wenn es um die Ausübung des Streikrechts in Art. 6 Nr. 4 ESC

---

188 *Rieble*, RdA 2005, 200 (206); so auch im Ergebnis auch *Gitter*, ZfA 1971, 127 (138 f.).

189 *Löwisch/Rieble*, TVG, Grundlagen, Rn. 449.

190 *Däubler*, in: Däubler, Arbeitskampfrecht, § 12, Rn. 34.

191 *Rieble*, RdA 2005, 200 (206).

192 *Witter*, Europarechtliche Aspekte des Streikrechts, S. 50.

193 *European Social Charter, Travaux Préparatoires*, Article 6, Document prepared by the Social Division, September 1958, Consideration by the Assembly Social Committee of the draft Social Charter adopted by the Government Social Committee, CE/Soc/Tr. Pr. (70) 15, S. 57–70.

194 *Dumke*, Streikrecht i. S. des Art. 6 Nr. 4 ESC und deutsches Arbeitskampfrecht, S. 102 f.; *Mitscherlich*, Das Arbeitskampfrecht der Bundesrepublik Deutschland und die ESC, S. 121.

geht; das Streikrecht wird nicht allein den Arbeitnehmerorganisationen gewährt. Es bleibt daher bei dem Grundsatz, dass die Arbeitnehmer zum Zwecke eines Streiks die Rechtsnatur ihres Kollektivs selbst bestimmen können. Die Gründung einer Arbeitnehmerorganisation i. S. d. Art. 6 Nr. 2 ESC oder gar einer Gewerkschaft ist nicht erforderlich, um einen Streik führen zu können.[195]

Zur teleologischen Untersuchung bietet sich ein Blick auf die Präambel der Europäischen Sozialcharta an; danach ist eine effektive Gewährleistung von Menschenrechten beabsichtigt.[196] Diesem Ziel liefe es zuwider, wenn man in das „Recht auf Kollektivverhandlungen" das Erfordernis der Koalitionsgetragenheit des Streiks hineinlesen würde. Bei einer solchen Lesart droht Art. 6 Nr. 4 ESC in denjenigen Staaten leerzulaufen, wo ein geringer Organisationsgrad bei gleichzeitigem Streikmonopol der Gewerkschaften besteht.[197] Dass eine solche Konsequenz nicht mit dem Zweck der Europäischen Sozialcharta vereinbar ist, liegt auf der Hand.

Die Entstehungsgeschichte des Art. 6 Nr. 4 ESC bestätigt dieses Ergebnis. In den Debatten und in den einzelnen Vertragsentwürfen ist die Streikrechtsträgerschaft von „everyone"[198] zu „every worker"[199] und in der endgültigen Version zu „workers" geändert worden. Alle diese Formulierungen zeigen, dass das Streikrecht nicht nur den Organisationen, sondern den einzelnen Arbeitnehmern im Kollektiv zustehen soll.[200]

In rechtsvergleichender Hinsicht wird gegen die zwingende Verbandsbindung zuweilen vorgebracht, dass Art. 6 Nr. 4 ESC keine Bedeutung beigemessen werden dürfe, die der Rechtspraxis der übrigen europäischen Staaten widerspreche.[201] Diese Argumentation kann zwar in ihrer pauschalisierenden Form nicht überzeugen. Allerdings haben die rechtsvergleichenden Untersuchungen im ersten Teil dieser Arbeit gezeigt, dass Deutschland mit dem Verbot

---

195 *Bepler*, in: FS Wißmann, S. 97 (108).

196 Trotz mangelnder Verbindlichkeit der „Schlussfolgerungen" des EKSR, vgl. zur Bestätigung dieser teleologischen Argumentation: *Conclusions XVII-1 (2004)*, Germany, S. 12 f.

197 *Dumke*, Streikrecht i. S. des Art. 6 Nr. 4 ESC und deutsches Arbeitskampfrecht, S. 122.

198 *Consultative Assembly of the Council of Europe* (Draft Recommendation containing the draft ESC presented by the Committee on Social Questions), Doc. 403, 26th October, 1955, S. 6.

199 *European Social Charter, Travaux Préparatoires*, Article 6, Document prepared by the Social Division, 29th–30th April 1955, Consideration of the Draft Charter by a working Group set up by the Social Committee of the Consultative Assembly, CE/Soc/Tr. Pr. (70) 15, S. 7.

200 *Mitscherlich*, Das Arbeitskampfrecht der Bundesrepublik Deutschland und die ESC, S. 124.

201 *Däubler*, in: Däubler, Arbeitskampfrecht, § 12, Rn. 25; so auch *Mitscherlich*, Das Arbeitskampfrecht der Bundesrepublik Deutschland und die ESC, S. 131.

des wilden Streiks europaweit eher eine Minderheitenansicht vertritt.[202] Damit bestätigt der Rechtsvergleich die bereits gefundenen Auslegungsergebnisse.

Folglich führen die Auslegungsmethoden allesamt zu dem Ergebnis, dass eine Beschränkung des Streikrechts auf tariffähige Koalitionen – jedenfalls in der hierzulande vorgeschriebenen Form – nicht im Einklang mit Art. 6 Nr. 4 ESC steht. Somit werden die bereits dargestellten Einschätzungen des EKSR und des Ministerkomitees[203] sowie die Rechtsansicht des ArbG Gelsenkirchen[204] weitgehend bestätigt. Allerdings ist damit nicht zugleich die Aussage verbunden, dass eine Privilegierung der Gewerkschaften stets mit Art. 6 Nr. 4 ESC unvereinbar sein muss; denn Art. 6 Nr. 4 ESC trifft keine konkrete Aussage zur Rechtsnatur des streikenden Arbeitnehmerkollektivs. Das Streikrecht kann sowohl von gewerkschaftlich Organisierten als auch von Nichtorganisierten ausgeübt werden, wenn dabei stets eine effektive Ausübung des Streikrechts gewährleistet ist. Ein Gewerkschaftsmonopol dürfte also dann mit Art. 6 Nr. 4 ESC vereinbar sein, wenn die Hürden für eine Gewerkschaftsgründung niedrig sind und die Wahrnehmung des Streikrechts nicht unnötig verkompliziert wird.[205] Unter diesen Voraussetzungen könnte das Streikrecht so „einfach" und effektiv ausgeübt werden, als bestünde keine zwingende Verbandsbindung. Die hierzulande geltenden Voraussetzungen der Tariffähigkeit gehen aber zu weit. Vor allem mit dem Erfordernis der „sozialen Mächtigkeit" errichtet das BAG einer Ausübung des Streikrechts hohe Hürden.[206] Konkrete Vorgaben, wie das nationale Recht zulässigerweise zu gestalten ist, benennt Art. 6 Nr. 4 ESC nicht. Es ist aber davon auszugehen, dass eine *ad hoc*-Koalition den Anforderungen des Art. 6 Nr. 4 ESC genügt, wenn eine grundsätzliche organisatorische Verfestigung besteht und eine effektive Ausübung des Streikrechts gewährleistet ist.[207] Damit widerspricht Art. 6 Nr. 4 ESC in der hier befürworteten Auslegung nicht nur der Rechtsprechung des BVerfG zu Art. 9 Abs. 3 GG, sondern auch dem einfachen Gesetzesrecht. Insbesondere die Tariffähigkeit, welche in §§ 1 Abs. 1 und § 2 Abs. 1 TVG vorausgesetzt wird, verhindert einen raschen Zusammenschluss zu Streikzwecken und steht daher den hier ermittelten Vorgaben des Art. 6 Nr. 4 ESC entgegen.

---

[202] Siehe oben S. 63 f.

[203] Siehe oben S. 126 und S. 131.

[204] ArbG Gelsenkirchen v. 13. 3. 1998 – 3 Ca 3173/97, NZA-RR 1998, 352 (353).

[205] Vgl. die Ausführungen des EKSR und des Ministerkomitees; siehe oben S. 126 f. und S. 130 f.

[206] Siehe oben S. 34.

[207] So auch *Dumke*, Streikrecht i. S. des Art. 6 Nr. 4 ESC und deutsches Arbeitskampfrecht, S. 143, 291 ff., 375.

IV. Beamtenstreikverbot

Im Wortlaut des Art. 6 Nr. 4 ESC ist vom „Recht der Arbeitnehmer und der Arbeitgeber auf kollektive Maßnahmen" die Rede. Die Europäische Sozialcharta bietet keine nähere Definition des Arbeitnehmers[208]. Im deutschen Recht fallen Beamte allerdings nicht unter den Begriff des Arbeitnehmers, weil es dem Beamtenverhältnis an der für die Arbeitnehmereigenschaft konstitutiven privatrechtlichen Vertragsbindung fehlt.[209] Die Bindung zwischen dem Beamten und dem Staat wird durch das „öffentlich-rechtliche Dienst- und Treueverhältnis" gemäß Art. 33 Abs. 4 GG erzielt. Daher erklärte die Bundesregierung in ihrer Denkschrift zur Sozialcharta-Ratifizierung im Jahre 1964, dass unter den Arbeitnehmerbegriff im Sinne der Europäischen Sozialcharta weder Beamte noch Richter oder Soldaten zu subsumieren seien.[210] Es fragt sich allerdings, ob die deutsche Interpretation der Arbeitnehmereigenschaft bei der Auslegung des Art. 6 Nr. 4 ESC zu Grunde gelegt werden darf.[211] Dabei ist auch zu bedenken, dass der Begriff und der Status des Beamten in den europäischen Ländern sehr unterschiedlich definiert werden.[212]

Franz Gamillscheg geht davon aus, dass die Arbeitnehmereigenschaft von jedem Mitgliedstaat autonom zu bestimmen sei.[213] *Otto Rudolf Kissel* hingegen weist darauf hin, dass der Begriff des „Arbeitnehmers" in internationalen Verträgen gemeinhin weit verstanden werde und auch Beamte einschließe.[214] *Matthias Mitscherlich* teilt diese Ansicht und verweist dazu auf den englischen Begriff „workers" und den französischen Begriff „travailleurs", die in internationalen Konventionen eine ganz andere Bedeutung besäßen als der Begriff des „Arbeitnehmers" im deutschen Recht. Hätte man die Beamten von vornherein aus dem Schutzbereich des Art. 6 Nr. 4 ESC herausnehmen wollen, hätte dies klarer zum Ausdruck gebracht werden müssen – etwa mit den Begriffen „employed workers" oder „wage earners".[215] Diese Ansicht ist vorzugswürdig. Trotz fehlender Interpretationshoheit des EKSR oder des Ministerkomitees[216] ist in Grundsatzfragen – wie der Arbeitnehmereigenschaft – ein einheitliches Basisverständnis erforderlich. Angesichts der unterschiedlichen Ausgestaltung des Beamtenrechts in den einzelnen Mitgliedstaaten der Europäischen

---

[208] Zum Arbeitnehmerbegriff in der Europäischen Sozialcharta *Dumke*, Streikrecht i. S. des Art. 6 Nr. 4 ESC und deutsches Arbeitskampfrecht, S. 76 ff.

[209] *Kissel*, Arbeitskampfrecht, § 42, Rn. 53; *Michalski*, Arbeitsrecht, S. 20; *Richardi*, in: Schaub, Arbeitsrechts-Handbuch, § 8, Rn. 10 ff.

[210] BT-Drucks. IV/2117, S. 29.

[211] Bejahend *Laubinger*, in: FS Klein, S. 1141 (1156).

[212] Siehe oben S. 64 ff.

[213] *Gamillscheg*, Kollektives ArbR, § 23, S. 1111.

[214] *Kissel*, Arbeitskampfrecht, § 45, Rn. 21, Fn. 34.

[215] *Mitscherlich*, Das Arbeitskampfrecht der Bundesrepublik Deutschland und die ESC, S. 96 f.; so im Ergebnis auch *Otto*, Arbeitskampf- und Schlichtungsrecht, S. 172.

[216] Siehe oben S. 131 ff.

Sozialcharta ist es sinnvoll, den Begriff des Arbeitnehmers weit zu fassen. Machte man das Streikrecht allein vom Beamten*status* abhängig, könnte das widersprüchliche Ergebnis auftreten, dass Personen in unterschiedlichen Mitgliedstaaten zwar de facto dieselbe Tätigkeit ausüben, beim Streikrecht aber unterschiedlich behandelt werden. Die Differenzierung allein nach dem Status wäre willkürlich und kann von Art. 6 Nr. 4 ESC nicht gewollt sein. Die Europäische Sozialcharta verlöre ihre Effektivität und Glaubwürdigkeit.[217]

In systematischer Hinsicht ist zunächst auf Art. 5 ESC zu verweisen, wo im ersten Satz generell von „Arbeitnehmern“ die Rede ist. Im zweiten Satz ist ein Vorbehalt für die Polizei und die Mitglieder der Streitkräfte aufgenommen. Daraus ist zu folgern, dass die Koalitionsfreiheit in Art. 5 ESC grundsätzlich auch Beamten zusteht – ein Verständnis das sowohl international als auch in Deutschland[218] geteilt wird.[219] Da von einer einheitlichen Begriffsverwendung innerhalb der Europäischen Sozialcharta auszugehen ist, muss der Arbeitnehmerbegriff in Art. 6 Nr. 4 ESC ebenfalls so verstanden werden, dass auch hoheitlich tätige Berufsgruppen vom Schutzbereich des Streikrechts erfasst sind. Dieselbe Schlussfolgerung lässt die Parallelnorm des Art. 6 Nr. 4 ESC in Art. 11 EMRK zu. Nach der Rechtsprechung des EGMR gewährt Art. 11 EMRK auch ein Streikrecht.[220] In Art. 11 Abs. 2 EMRK findet sich allerdings eine Einschränkungsmöglichkeit für bestimmte Berufsgruppen des öffentlichen Dienstes, namentlich für „Angehörige der Streitkräfte, der Polizei oder der Staatsverwaltung“. Daraus ergibt sich, dass Art. 11 EMRK nicht nach dem Status differenziert, sondern nach der ausgeübten Tätigkeit. Beamte sind demnach nicht per se vom Schutzbereich der Norm ausgenommen. Entsprechendes muss für Art. 6 Nr. 4 ESC gelten. Dieser Befund wird durch einen Blick auf den Arbeitnehmerbegriff im Unionsrecht bestätigt. Seit der EuGH-Entscheidung in der Rechtssache „Lawrie-Blum“ ist anerkannt, dass auch Beamte unter den Arbeitnehmerbegriff fallen.[221] Damit wird deutlich, dass im Völkerrecht und im Unionsrecht ein Verständnis vorherrscht, wonach auch Beamte unter den Arbeitnehmerbegriff zu subsumieren sind. Warum für Art. 6 Nr. 4 ESC eine Ausnahme zu machen wäre, ist nicht ersichtlich.

---

[217] *Dumke*, Streikrecht i. S. des Art. 6 Nr. 4 ESC und deutsches Arbeitskampfrecht, S. 91.

[218] Siehe oben S. 35.

[219] *Ramm*, Koalitions- und Streikrecht der Beamten, S. 26.

[220] Implizit bereits EGMR v. 25.4.1996 – 15573/89 (Gustafsson/Schweden), AuR 1997, 408 (410), Rn. 45; EGMR v. 6.2.1976 – 5589/72 (Schmidt und Dahlström/Schweden), EuGRZ 1976, 68, Rn. 36; EGMR v. 12.11.2008 – 34503/97 (Demir und Baykara/Türkei), AuR 2009, 269; EGMR v. 21.4.2009 – 68959/01 (Enerji Yapi-Yol Sen/Türkei), AuR 2009, 274.

[221] EuGH v. 3.7.1986 – C-66/85 (Lawrie-Blum); zit. nach: juris; jüngst bestätigt für RL 2003/88 in EuGH v. 3.5.2012 – C-337/10, NJ 2012, 387.

Auch der Telos bestätigt dieses Ergebnis: Art. 6 Nr. 4 ESC garantiert das Streikrecht all jenen Personen, die eine abhängige Erwerbstätigkeit ausüben. Das Recht wird unabhängig davon gewährt, ob die Abhängigkeit auf Vertrag oder – wie beim Beamten – auf Gesetz beruht.[222] Es wäre widersinnig, wenn die effektive Gewährleistung des Streikrechts von der nationalen Definition der Arbeitnehmereigenschaft unterlaufen werden könnte. Im Übrigen verträgt es sich nicht mit der sozialprogressiven Zielsetzung der Europäischen Sozialcharta, dass einzelne Grundrechte der Charta – wie etwa das Streikrecht in Art. 6 Nr. 4 ESC – einer Personengruppe wie den Beamten automatisch vorenthalten werden sollen.[223] Dieser Ansicht ist insofern zuzustimmen, als der umfassende Menschenrechtsschutz, welcher nach der Europäischen Sozialcharta intendiert ist, jedenfalls keinen *ungerechtfertigten* Ausschluss einzelner Berufsgruppen zulässt. Offen bleibt an dieser Stelle allerdings noch die Frage, ob das deutsche Beamtenstreikverbot nicht möglicherweise gemäß Art. 31 Abs. 1 ESC zu rechtfertigen ist – eine Frage, die es an späterer Stelle zu beantworten gilt.[224]

Richtet man das Augenmerk auf den Entwicklungsprozess der einzelnen Vertragsentwürfe, ergibt sich für das Beamtenstreikverbot folgendes Bild: Ursprünglich hieß es: „Everyone shall have the right to withdraw his labour."[225] Diese Formulierung liest sich so, als seien in den Schutzbereich des Art. 6 Nr. 4 ESC auch Beamte eingeschlossen. Dass in späteren Fassungen – etwa vom 26. Oktober 1955 – mit der klarstellenden Formulierung „every worker has the right to strike"[226] von Arbeitnehmern die Rede war, ändert an diesem Ergebnis nichts. Wiederum geht es hier ausschließlich um die Frage, ob der Beamte per definitionem unter den Begriff des Arbeitnehmers zu subsumieren ist. Diese Frage ist – unter Berücksichtigung des völkerrechtlichen Begriffsverständnisses – bereits bejaht worden.[227] Weiteren Aufschluss liefern aber die Debatten, die bei der Ausarbeitung der Sozialcharta geführt wurden. Insbesondere die deutschen Vertreter thematisierten immer wieder das Streikrecht von Personen

---

[222] *Dumke*, Streikrecht i. S. des Art. 6 Nr. 4 ESC und deutsches Arbeitskampfrecht, S. 98 f.

[223] *Mitscherlich*, Das Arbeitskampfrecht der Bundesrepublik Deutschland und die ESC, S. 101.

[224] Siehe unten S. 166 ff.

[225] *Consultative Assembly, Committee on Social Questions*, Preparation of a Draft European Social Charter (Memorandum by the Secretariat of the Committee on the Draft Social Charter to be submitted to the Assembly), AS/Soc (6) 25, S. 14; *European Social Charter, Travaux Préparatoires*, Article 6, Document prepared by the Social Division, CE/Soc/Tr. Pr. (70) 15, S. 4.

[226] *Consultative Assembly of the Council of Europe* (Draft Recommendation containing the draft ESC presented by the Committee on Social Questions), Doc. 403, 26th October, 1955, S. 6.

[227] Siehe oben S. 153 ff.

in „essential public services“[228]. Im September 1955 wies eine deutsche Repräsentantin namens *Weber* darauf hin, dass den „officials of certain services“ ein Streikrecht nicht zustehen solle. Am 16. Oktober 1955 fügte dieselbe Repräsentantin an, dass auch in der Europäischen Menschenrechtskonvention einige hoheitlich tätige Berufsgruppen vom Vereinigungsrecht nach Art. 11 EMRK ausgenommen werden könnten – namentlich „members of the armed forces, of the police or of the administration of the State“ (vgl. Art. 11 Abs. 2 S. 2 EMRK).[229] Am 21. April 1956 ergriff die besagte Repräsentantin erneut das Wort und riet dazu, diejenigen Personen aus dem Schutzbereich des Streikrechts herauszunehmen, „who have undertaken special obligations towards society: soldiers, police, civil servants“.[230] Abermals äußerte sie sich in einer Sitzung im Oktober 1956 zu diesem Thema und führte wie folgt aus: "The right to strike should not be granted to such people as civil servants, doctors, the police or soldiers, because it would be incompatible with the essential nature of their professions."[231] Schließlich wurde von deutscher Seite klargestellt, dass man auch bei Fehlen eines Schrankenvorbehalts für Beamte nicht davon ausgehen werde, dass diese Personengruppe streiken dürfe.[232] Ähnlich lauteten die Einschätzungen der deutschen Repräsentantin *Even* in derselben Sitzung: "I also accept the right to strike but we should not like to see it extended to all sections of the population."[233] Ebenso äußerte sich auch ein Repräsentant des Vereinigten Königreichs.[234]

Allerdings fanden konkrete Vorschläge zum Ausschluss bestimmter Berufsgruppen – wie den „armed forces“, der „police“[235] oder auch den „doctors,

[228] *European Social Charter, Travaux Préparatoires*, Article 6, Document prepared by the Social Division, 19th September 1969, Amendment to the Opinion of the Assembly Social Committee, CE/Soc/Tr. Pr. (70) 15, S. 82.

[229] *European Social Charter, Travaux Préparatoires*, Article 6, Document prepared by the Social Division, 26th October 1955, Assembly's Order No. 79, CE/Soc/Tr. Pr. (70) 15, S. 16.

[230] *European Social Charter, Travaux Préparatoires*, Article 6, Document prepared by the Social Division, 21st April 1956, Submission to the Consultative Assembly of the Second Draft Social Charter, CE/Soc/Tr. Pr. (70) 15, S. 33.

[231] *European Social Charter, Travaux Préparatoires*, Article 6, Document prepared by the Social Division, October 1956, Submission of the 3rd Draft Social Charter of the Committee of Ministers, CE/Soc/Tr. Pr. (70) 15, S. 43.

[232] *European Social Charter, Travaux Préparatoires*, Article 6, Document prepared by the Social Division, 12th–16th September 1960, 10th meeting of the Social Committee, CE/Soc/Tr. Pr. (70) 15, S. 99.

[233] *European Social Charter, Travaux Préparatoires*, Article 6, Document prepared by the Social Division, October 1956, Submission of the 3rd Draft Social Charter of the Committee of Ministers, CE/Soc/Tr. Pr. (70) 15, S. 44.

[234] *European Social Charter, Travaux Préparatoires*, Article 6, Document prepared by the Social Division, 19th January 1960, Opinion of the Consultative Assembly, CE/Soc/Tr. Pr. (70) 15, S. 82.

[235] *European Social Charter, Travaux Préparatoires*, Article 6, Document prepared by the Social Division, September 1958, Consideration by the Assembly Social Committee of

nurses, firemen"[236] – kein Gehör. Auch eine Beschränkung des Streikrechts auf indirektem Wege gelang nicht. So hatten die Repräsentanten einiger Mitgliedstaaten angeregt, von einer ausdrücklichen Nennung des Streikrechts abzusehen und es lediglich in den Gewährleistungsgehalt des Vereinigungsrechts nach Art. 5 ESC hineinzulesen. Damit hätte auch das mitumfasste Streikrecht automatisch dem Vorbehalt des Art. 5 ESC unterstanden.[237] Alternativ wurde erwogen, das Streikrecht ergänzend in Art. 5 ESC aufzunehmen, um so eine Beschränkung für die dort ausgeklammerten Berufsgruppen zu ermöglichen.[238] Letzten Endes wurde jedoch keiner der beiden Vorschläge umgesetzt. Damit wird deutlich, dass man die Beamten trotz der geäußerten Kritik nicht automatisch aus dem Schutzbereich der Streikrechtsgarantie herausnehmen wollte. Man war nämlich der Ansicht, dass die Problematik des Beamtenstreik(-verbots) bereits hinreichend auf anderem Wege gelöst werden könne. So griff man anfangs auf eine Formulierung zurück, mit der es den Mitgliedstaaten anheimgestellt wurde, gegebenenfalls einschränkende gesetzliche Regelungen – auch für Beamte – zu treffen. Es hieß: "The High Contracting Parties undertake to introduce the necessary legislative measure to regulate the conditions and exercise of that right."[239] Nach späteren Textfassungen zu Art. 6 ESC sollte die Frage des Beamtenstreik(-verbots) mit dem Vorbehalt der „nationalen Sicherheit und des öffentlichen Interesses"[240] von jedem Mitgliedstaat individuell gelöst werden können.[241] Zwar wurde keiner dieser Vorbehalte in

the draft Social Charter adopted by the Governmental Social Committee, CE/Soc/Tr. Pr. (70) 15, S. 59.

[236] *European Social Charter, Travaux Préparatoires*, Article 6, Document prepared by the Social Division, 21st April 1956, Submission to the Consultative Assembly of the Second Draft Charter, CE/Soc/Tr. Pr. (70) 15, S. 31.

[237] *European Social Charter, Travaux Préparatoires*, Article 6, Document prepared by the Social Division, Consideration by the Assembly Social Committee of the draft Social Charter adopted by the Governmental Social Committee, CE/Soc/Tr. Pr. (70) 15, S. 58.

[238] *European Social Charter, Travaux Préparatoires*, Article 6, Document prepared by the Social Division, September 1958, Consideration by the Assembly Social Committee of the draft Social Charter adopted by the Governmental Social Committee, CE/Soc/Tr. Pr. (70) 15, S. 58.

[239] *European Social Charter, Travaux Préparatoires*, Article 6, Document prepared by the Social Division, September 1955, Consideration by the Social Committee of the Consultative Assembly of the draft Charter drawn up by the Secretariat, CE/Soc/Tr. Pr. (70) 15, S. 13.

[240] In älteren Formulierungsvorschlägen zu Art. 6 ESC – wie etwa *European Social Charter, Travaux Préparatoires*, Article 6, Document prepared by the Social Division, July 1957, 5th Meeting of the Social Committee, CE/Soc/Tr. Pr. (70) 15, S. 51 – hieß es nämlich: "and recognise the right of workers and employers to collective action in case of conflict of interest, subject only to limitations prescribed by law for reasons of national security or public interest."

[241] *European Social Charter, Travaux Préparatoires*, Article 6, Document prepared by the Social Division, July 1957, 5th Meeting of the Social Committee, CE/Soc/Tr. Pr. (70) 15, S. 51.

die endgültige Fassung des Art. 6 Nr. 4 ESC aufgenommen, doch bietet Art. 31 Abs. 1 ESC eine Möglichkeit zur Beschränkung eines Beamtenstreiks. Dass eine solche Ausnahmeklausel gefordert wurde, zeigt unmissverständlich, dass auch Beamte grundsätzlich in den Schutzbereich des Art. 6 Nr. 4 ESC fallen sollten.

Wie bereits die rechtsvergleichenden Ausführungen deutlich gemacht haben, steht Deutschland mit seinem statusbezogenen Beamtenstreikverbot europaweit allein.[242] Der Rechtsvergleich bestätigt also die bereits erzielten Auslegungsergebnisse, wonach auch Beamte grundsätzlich in den Schutzbereich des Art. 6 Nr. 4 ESC fallen. Ein statusbezogenes Beamtenstreikverbot, wie es in Deutschland gilt, ist daher nicht mit Art. 6 Nr. 4 ESC vereinbar. Dieses Auslegungsergebnis deckt sich auch mit den Vorgaben des EKSR.[243] Folglich stimmt die deutsche Rechtslage nicht mit Art. 6 Nr. 4 ESC überein. Sowohl der vom BVerfG aus Art. 33 Abs. 4 und 5 GG abgeleitete Grundsatz des Beamtenstreikverbots als auch die darauf aufbauenden Vorschriften des einfachgesetzlichen Beamtenrechts widersprechen den Vorgaben des Art. 6 Nr. 4 ESC. Vor allem das Prinzip der lebenslangen Alimentierung in §§ 2 ff. BBesG basiert auf der Annahme, dass ein Beamtenstreik unzulässig ist; denn anders als ein Angestellter erhält der Beamte die Besoldung nicht nur als Gegenleistung für die erbrachten Dienste, sondern primär als Gegenleistung für seine Treuepflicht i. S. d. Art. 33 Abs. 4 GG.[244] Im Falle eines Beamtenstreiks könnte daher die Alimentierung nicht suspendiert werden, weil diese nicht synallagmatisch mit der Leistungserbringung des Beamten verknüpft ist. Es wäre aber unangemessen, den Beamten bei voller lebenslanger Gehaltszahlung streiken zu lassen. Hier müssten also Änderungen am geltenden Beamtenrecht vorgenommen werden, so dass im Falle eines Beamtenstreiks die Alimentierung reduziert oder eingestellt werden könnte.[245] Die Unzulässigkeit des statusbezogenen Beamtenstreikverbots gemäß Art. 6 Nr. 4 ESC lässt sich auch nicht mit dem geltenden Tarifvertragsrecht vereinbaren. Bereits die Voraussetzung in § 1 Abs. 1 TVG, wonach Tarifverträge Rechtsnormen enthalten, die Inhalt, Abschluss oder Beendigung von *Arbeitsverhältnissen* regeln, wäre im *Beamtenverhältnis* nicht erfüllt.[246] Hier besteht weiterer Klärungsbedarf für Folgefragen, die sich aus der Unzulässigkeit des geltenden Beamtenstreikverbots ergeben können.

---

242 Siehe oben S. 64 ff.

243 Siehe oben S. 127 f.

244 *Wieland/Seulen*, in: Eiding/Hofmann-Hoeppel, Verwaltungsrecht, § 51, Rn. 61.

245 Für eine Einschränkung der Privilegien/Alimentierung im Falle eines Beamtenstreiks siehe *Löwisch/Rieble*, TVG, Grundlagen, Rn. 286; *Schubert*, AöR 2012, 92 (115).

246 *Däubler*, in: Däubler, TVG, Einleitung, Rn. 886d.

V. Verhältnismäßigkeitsprinzip

Wie bereits geschildert, hatte das BAG in seinem Warnstreikurteil von 1984 Bedenken geäußert, ob das *Ultima Ratio*-Prinzip den Vorgaben des Streikrechts in Art. 6 Nr. 4 ESC entspricht.[247] Im Folgenden wird untersucht, ob Art. 6 Nr. 4 ESC tatsächlich mit dem hierzulande geltenden Verhältnismäßigkeitsprinzip und mit dem daraus hervorgehenden *Ultima Ratio*-Prinzip unvereinbar ist; die Untersuchung erfolgt anhand von Wortlaut, Systematik, Telos, Historie und anhand eines Rechtsvergleichs.

Der Wortlaut des Art. 6 Nr. 4 ESC stellt kein explizites Verhältnismäßigkeitserfordernis auf.[248] Ferner geht aus dem Wortlaut auch nicht ausdrücklich hervor, dass vor Beginn eines Streiks im Sinne des *Ultima Ratio*-Prinzips alle Verhandlungsmöglichkeiten auszuschöpfen sind. *Eduard Picker* allerdings will der Einleitung zu Art. 6 ESC mit der Wendung der „wirksamen Ausübung des Rechtes auf Kollektivverhandlungen" eine Zweckbestimmung entnehmen, die mit dem deutschen Verhältnismäßigkeitsprinzip und dem *Ultima Ratio*-Grundsatz übereinstimme. Die Einleitung zeige, dass der Arbeitskampf keinen Selbstzweck verfolge, sondern stets im Dienste wirksamer Kollektivverhandlungen stehe. Ein Streik sei folglich nur dann zulässig, wenn effektive Kollektivverhandlungen auf anderem Wege nicht mehr garantiert werden könnten. Das wiederum bedeute, dass der Arbeitskampf nur als *Ultima Ratio* eingesetzt werden dürfe.[249] Zwar verdient diese Argumentation grundsätzlichen Zuspruch, da das Streikrecht nach der Europäischen Sozialcharta – wie bereits gesehen – kein absolutes ist, sondern nur dann eingesetzt werden soll, wenn es einer effektiven Interessenwahrnehmung der Arbeitnehmer dienlich ist. Indes darf daraus nicht geschlussfolgert werden, dass das Verhältnismäßigkeitsprinzip und der *Ultima Ratio*-Grundsatz in ihrer konkreten Ausgestaltung durch das BAG auch im Detail mit Art. 6 Nr. 4 ESC übereinstimmen. Der Wortlaut lässt die Frage nach der Zulässigkeit des Verhältnismäßigkeitsprinzips und *Ultima Ratio*-Grundsatzes daher offen.

Näheren Aufschluss über die Zulässigkeit des Verhältnismäßigkeitsprinzips könnte aber ein systematischer Vergleich mit Art. 6 Nr. 2 und 3 ESC liefern. In Art. 6 Nr. 2 ESC verpflichten sich die Vertragsparteien, „Verfahren für freiwillige Verhandlungen zwischen Arbeitgebern oder Arbeitgeberorganisationen einerseits und Arbeitnehmerorganisationen andererseits zu fördern". In Art. 6 Nr. 3 ESC wird „die Einrichtung und die Benutzung geeigneter Vermittlungs- und freiwilliger Schlichtungsverfahren zur Beilegung von Arbeitsstreitigkeiten" gefordert. Bereits die systematische Stellung der Verhandlungs- und

---

[247] BAG v. 12. 9. 1984 – 1 AZR 342/83, AP Nr. 81 zu Art. 9 GG, unter B II 2 c) der Gründe.

[248] Vgl. *Konzen*, JZ 1986, 157 (163).

[249] *Picker*, DB 1985, Beil. Nr. 7, 1 (14).

Schlichtungsmaßnahmen in Nr. 2 und 3 *vor* der Streikrechtsgarantie in Nr. 4 legt eine Interpretation nahe, wonach der Streik erst als „letztes Mittel", also nachrangig, zu ergreifen ist. Damit wird deutlich, dass in der Systematik des Art. 6 ESC ein gewisser *Ultima Ratio*-„Gedanke" angelegt ist. Indes ist der Systematik des Art. 6 ESC nicht zu entnehmen, dass die Maßnahmen nach Art. 6 Nr. 2 und 3 ESC unmittelbar vor einem Streik nach Art. 6 Nr. 4 ESC durchzuführen sind. Im Übrigen ist auch nur von „freiwilligen Verhandlungen" und von „freiwilligen Schlichtungsverfahren" die Rede. Zwar existiert auch hierzulande kein gesetzlicher Zwang zur Durchführung einer Schlichtung, dennoch haben die Sozialpartner vor Streikbeginn nachzuweisen, dass alle Verständigungsmöglichkeiten gescheitert sind.[250] Die hierzulande geltenden Voraussetzungen sind daher strenger als der *Ultima Ratio*-„Gedanke" in Art. 6 Nr. 4 ESC. Sofern man also der Systematik des Art. 6 ESC überhaupt eine Aussage zur Zulässigkeit des Verhältnismäßigkeitsprinzips und des *Ultima Ratio*-Grundsatzes entnehmen will, ist die Aussage eher negativ.

Auch die teleologische Untersuchung zu Art. 6 Nr. 4 ESC liefert kein anderes Ergebnis. Ziel dieser Vorschrift ist eine möglichst effektive Gewährleistung des Streikrechts. Indes ist zu beachten, dass das Streikrecht bereits qua natura Beschränkungen unterliegt. Notwendigerweise setzt der Streik eine Konfliktsituation zwischen den Arbeitsvertragsparteien voraus, die zugleich beschränkend für die beteiligten Rechtspositionen wirkt. Die Freiheitsausübung ist dabei nur zulässig, sofern der Grundsatz „praktischer Konkordanz" gewahrt wird.[251] Auf diesem Grundprinzip basieren aber auch das arbeitskampfrechtliche Verhältnismäßigkeitsprinzip und der *Ultima Ratio*-Grundsatz.[252] Daher dürfte eine Einschränkung des Streikrechts unter Verhältnismäßigkeitsaspekten *im Grundsatz* mit Art. 6 Nr. 4 ESC vereinbar sein. Ob dies auch für die *konkrete Ausgestaltung* des nationalen Verhältnismäßigkeitsprinzips durch das BAG gilt, bleibt jedoch weiterhin offen. In Anbetracht der Präambel und der Zielsetzung der Europäischen Sozialcharta, wonach das Streikrecht möglichst umfassend und effektiv zu gewährleisten ist, muss aber eher Letzteres angenommen werden.

Schließlich kann die Historie näheren Aufschluss liefern. In den Debatten zur Ausarbeitung der Europäischen Sozialcharta finden sich zahlreiche Hinweise, wonach das Streikrecht nicht schrankenlos bestehen dürfe. Zum Beispiel erhob ein schwedischer Repräsentant auf der *Tripartite*-Konferenz den Einwand, dass die Ausübung des Streikrechts „might be made subject to the

---

[250] Siehe oben S. 53 f.

[251] *Hesse*, Grundzüge des Verfassungsrechts der Bundesrepublik Deutschland, § 10, Rn. 317; MünchHdbArbR II/*Löwisch/Rieble*, § 157, Rn. 45.

[252] MünchHdbArbR II/*Löwisch/Rieble*, § 157, Rn. 45 f.

condition that possibilities of conciliation and arbitration had been exhausted".[253] Ähnlich äußerte sich ein dänischer Vertreter:

> Article 6 recognises the right to strike in principle, [...] but I find that in the modern, very complex society there is a problem if the right to strike [...] is absolutely unlimited and unconditional. At any rate, it will be more and more necessary to strengthen the procedures for the solution of such conflicts if, in a given situation, too much harm is not to be done to the economic life of one's country.[254]

Eine Landsmännin führte weiter aus, dass *freiwillige* Verhandlungen oder *freiwillige* Vermittlungs- und Schlichtungsverfahren im Einzelfall nicht ausreichen würden, um die streikbedingten gesamtwirtschaftlichen Schäden effektiv abzuwenden. Vielmehr müsse es dem Staat zur Wahrung der Interessen aller möglich sein, das Streikrecht zu begrenzen.[255] Von luxemburgischer Seite wurde ebenfalls darauf hingewiesen, dass ein Streik nach dortigem Recht grundsätzlich nur nach Scheitern eines zwingenden Schlichtungsverfahrens zulässig sei. Daher forderten die luxemburgischen Repräsentanten, dass das Streikrecht unter den Vorbehalt etwaiger Verpflichtungen der jeweiligen nationalen Gesetzgebung gestellt werde – „subject to the obligations arising [...] out of national legislation".[256] Diese Forderung fand auch auf belgischer und griechischer Seite Anklang.[257] Ein Vertreter aus dem Vereinigten Königreich machte dann einen Formulierungsvorschlag, wonach das Streikrecht erst gewährleistet werden solle, nachdem „negotiating procedures accepted in collective agreements or prescribed in law have been fully utilised".[258] Ferner wurde ein Kommentar der norwegischen Delegation in die Berichte aufgenommen, wo es wie folgt hieß:

> [T]he exercise of the right to strike might be made subject to the condition that possibilities of concilitation and arbitration had been exhausted. This was in fact clear from

[253] *European Social Charter, Travaux Préparatoires*, Article 6, Document prepared by the Social Division, December 1958, Tripartite Conference, CE/Soc/Tr. Pr. 70 (15), S. 71.

[254] *European Social Charter, Travaux Préparatoires*, Article 6, Document prepared by the Social Division, 21st April 1956, Submission to the Consultative Assembly of the Second Draft Social Charter, CE/Soc/Tr. Pr. 70 (15), S. 33.

[255] *European Social Charter, Travaux Préparatoires*, Article 6, Document presented by the Social Division, 19th January 1960, Opinion of the Consultative Assembly, CE/Soc/Tr. Pr. 70 (15), S. 70.

[256] *European Social Charter, Travaux Préparatoires*, Article 6, Document presented by the Social Division, CE/Soc/Tr. Pr. 70 (15), S. 85, 98, 102, 103.

[257] *European Social Charter, Travaux Préparatoires*, Article 6, Document presented by the Social Division, CE/Soc/Tr. Pr. 70 (15), S. 85, 98.

[258] *European Social Charter, Travaux Préparatoires*, Article 6, Document prepared by the Social Division, April 1960, 9th Meeting of the Governmental Social Committee, CE/Soc/Tr. Pr. 70 (15), S. 86.

the order of the paragraphs in Article 6, which dealt with the right to strike only after dealing with consultation, negotiation, conciliation and arbitration.[259]

Mit dieser Ansicht war der Vertreter Norwegens nicht allein. Auch andere Repräsentanten legten die systematische Stellung des Streikrechts im Anschluss an die Maßnahmen zur Streitschlichtung als Nachrangigkeit des Streikrechts aus.[260] Deutlich traten der Verhältnismäßigkeitsaspekt und das *Ultima Ratio*-Erfordernis des Streiks auch in folgendem Kommentar zu Tage: "The right to strike should exist only as a measure of last resort, after possibilities of conciliation and arbitration had been exhausted."[261] Ebenso äußerte sich ein Vertreter der Niederlande: "[I]f agreement could not be reached, then striking was the last resort."[262] Die zahlreichen Formulierungsvorschläge und Kommentare deuten auf ein Verständnis vom Streikrecht als einem „letzten Mittel" hin und weisen deshalb – zumindest dem Grundsatz nach – deutliche Parallelen zu dem in Deutschland geltenden *Ultima Ratio*-Grundsatz auf. Allerdings wurden derartige Formulierungen nicht in die endgültige Fassung des Art. 6 ESC aufgenommen, weil man fürchtete, dass die Streikrechtsgarantie sonst ihre Effektivität verlieren könnte.[263] Daher wurden in der endgültigen Version des Art. 6 ESC Verhandlungen sowie Vermittlungs- und Schlichtungsverfahren nur sehr zurückhaltend in Art. 6 Nr. 2 und 3 ESC verankert. War in den anfänglichen Formulierungsvorschlägen noch von einer *zwingenden* Schlichtung und *zwingenden* Verhandlungen als notwendiger Bedingung für einen zulässigen Streik die Rede, werden die Vertragsstaaten in der endgültigen Version nur zur Förderung *freiwilliger* Verhandlungen und *freiwilliger* Vermittlungs- und Schlichtungsverfahren angehalten. Dass die zitierten Vorschläge zur Verankerung eines zwingenden Verhandlungsversuchs in der endgültigen Fassung des Art. 6 ESC nicht berücksichtigt wurden, zeigt, dass eine derart weitgehende Beschränkung des Streikrechts von der Mehrzahl der Vertragsstaaten nicht

---

[259] *European Social Charter, Travaux Préparatoires*, Article 6, Document prepared by the Social Division, April 1960, 9th Meeting of the Governmental Social Committee, CE/Soc/Tr. Pr. (70) 15, S. 87.

[260] *European Social Charter, Travaux Préparatoires*, Article 6, Document presented by the Social Division, September 1958, Consideration by the Assembly Social Committee of the draft Social Charter adopted by the Governmental Social Committee, CE/Soc/Tr. Pr. 70 (15), S. 58, 71.

[261] *European Social Charter, Travaux Préparatoires*, Article 6, Document prepared by the Social Division, 19th March 1955, Draft Social Charter drawn up by the Secratariat, CE/Soc/Tr. Pr. (70) 15, S. 70.

[262] *European Social Charter, Travaux Préparatoires*, Article 6, Document prepared by the Social Division, September 1958, Consideration by the Assembly Social Committee of the draft Social Charter adopted by the Governmental Social Committee, CE/Soc/Tr. Pr. (70) 15, S. 58.

[263] *European Social Charter, Travaux Préparatoires*, Article 6, Document prepared by the Social Division, 12th–16th September 1960, 10th meeting of the Social Committee, CE/Soc/Tr. Pr. 70 (15), S. 98.

intendiert war. Zwar besteht hierzulande kein Schlichtungszwang. Allerdings ist zwingend der Nachweis zu erbringen, dass die Verhandlungen mit dem Sozialpartner gescheitert sind.[264] Dieses Erfordernis ist dem Art. 6 Nr. 4 ESC hingegen nicht zu entnehmen. Die besseren Argumente sprechen also dafür, dass das *Ultima Ratio*-Prinzip in seiner konkreten Ausprägung nicht mit Art. 6 Nr. 4 ESC vereinbar ist.

Allerdings wurden immer wieder Formulierungsvorschläge gemacht, die es den Mitgliedstaaten erlauben sollten, abweichende gesetzliche Regelungen zu treffen.[265] So etwa: "The High Contracting Parties undertake to introduce the necessary legislative measure to regulate the conditions and exercise of that right."[266] Man ging davon aus, dass staatliche Maßnahmen zur Beschränkung des Streikrechts auch all jene Vorkehrungen einschließen, die notwendig sind, „to safeguard other legitimate rights which might be endangered by the right to strike".[267] In dieser Formulierung kommt der vom Verhältnismäßigkeitsgrundsatz intendierte Drittschutz zum Tragen. Solche Einschränkungen können nach der endgültigen Vertragsfassung nur nach Art. 31 Abs. 1 ESC gerechtfertigt werden. Im Anhang zu Teil II wird bestätigend darauf verwiesen, dass Art. 31 Abs. 1 ESC auf Art. 6 Nr. 4 ESC anwendbar ist. Die Schöpfer der Europäischen Sozialcharta wollten es den einzelnen Mitgliedstaaten weitgehend anheimstellen, wie weit die Gewährleistung des Streikrechts reichen soll.[268] Dies spricht dagegen, dass eine Einschränkung nach dem hiesigen Verhältnismäßigkeitsprinzip per se von Art. 6 Nr. 4 ESC gedeckt ist. Vielmehr kommt es für die Zulässigkeit des Verhältnismäßigkeitsprinzips darauf an, ob die Rechtfertigungsvoraussetzungen des Art. 31 Abs. 1 ESC erfüllt sind. Dies ist aber erst im nächsten Schritt zu prüfen.[269]

Die rechtsvergleichenden Untersuchungen haben gezeigt, dass das Verhältnismäßigkeitsprinzip und der *Ultima Ratio*-Grundsatz in ihrer konkreten Ausprägung eher eine nationale Besonderheit darstellen. Dennoch finden sich auch in den übrigen Mitgliedstaaten vergleichbare Kriterien, die etwa ein vorheriges Schlichtungsverfahren verlangen und ebenfalls darauf hindeuten, dass es sich

---

264 Siehe oben S. 53 f.

265 *European Social Charter, Travaux Préparatoires*, Article 6, Document prepared by the Social Division, 10th February 1956, Memorandum submitted by the IFCTU, CE/Soc/Tr. Pr. 70 (15), S. 21.

266 *European Social Charter, Travaux Préparatoires*, Article 6, Document prepared by the Social Division, 4th June 1955, Further consideration of the draft Charter by the working group, CE/Soc/Tr. Pr. 70 (15), S. 9.

267 *European Social Charter, Travaux Préparatoires*, Article 6, Document prepared by the Social Division, 10th February 1956, Memorandum submitted by the IFCTU, CE/Soc/Tr. Pr. 70 (15), S. 21.

268 Siehe oben S. 121 ff.

269 Siehe unten S. 166 ff.

beim Streik um das „letzte Mittel" handeln soll.[270] Damit lässt der Rechtsvergleich kein abschließendes Urteil zu, ob das Verhältnismäßigkeitsprinzip und der *Ultima Ratio*-Grundsatz in ihrer konkreten Ausgestaltung durch das BAG mit Art. 6 Nr. 4 ESC vereinbar sind. In einzelnen Aspekten ist allerdings deutlich geworden, dass die nationalen Verhältnismäßigkeitsanforderungen und das *Ultima Ratio*-Prinzip über das hinausgehen, was in Art. 6 Nr. 2 und 3 ESC mit den freiwilligen Schlichtungs- und Verhandlungsmaßnahmen angelegt ist. Auch ein Blick auf die Genesis des Art. 6 Nr. 4 ESC spricht tendenziell gegen die strengen Verhältnismäßigkeitsanforderungen des BAG. Es bestätigt sich somit die 1984 geäußerte Ansicht des BAG, wonach der *Ultima Ratio*-Grundsatz möglicherweise unvereinbar mit Art. 6 Nr. 4 ESC sein könnte.[271] Näher liegt es also, von einer Unzulässigkeit auszugehen und die endgültige Klärung dieser Frage von einer Rechtfertigung nach Art. 31 Abs. 1 ESC abhängig zu machen, die an späterer Stelle zu untersuchen ist.

VI. Relative Friedenspflicht

Obgleich das EKSR die relative Friedenspflicht mittlerweile für vereinbar mit Art. 6 Nr. 4 ESC hält, verbietet sich mangels Interpretationshoheit des EKSR[272] eine unreflektierte Übernahme dieser Feststellung. Vielmehr ist anhand des Wortlaut, der Systematik, des Telos, der Historie sowie unter rechtsvergleichenden Gesichtspunkten zu prüfen, ob die Rechtsansicht des EKSR zutrifft.

Dem Wortlaut des Art. 6 Nr. 4 ESC ist kein expliziter Hinweis zu entnehmen, inwiefern eine relative Friedenspflicht zulässig ist. Indirekt lässt sich allerdings aus dem letzten Halbsatz der Norm folgern, dass das Streikrecht auch von tarifvertragsimmanenten Beschränkungen abhängig gemacht werden darf. Es heißt, dass Streikrecht werde „vorbehaltlich etwaiger Verpflichtungen aus geltenden Gesamtarbeitsverträgen" gewährt. Auch die relative Friedenspflicht stellt – wie bereits gesehen – einen ungeschriebenen Grundsatz des Tarifrechts dar, der nach herrschender Auffassung aus dem schuldrechtlichen Teil des Tarifvertrags hergeleitet wird.[273] Auch das BAG hat der relativen Friedenspflicht unter Hinweis auf den letzten Halbsatz des Art. 6 Nr. 4 ESC die Vereinbarkeit mit der Sozialcharta bescheinigt.[274] Die Friedenspflicht sei eine Verpflichtung aus einem Gesamtarbeitsvertrag im Sinne des Art. 6 Nr. 4 ESC. Diese Einschätzung hat das BAG in seiner Entscheidung vom 19. Juni 2007

---

270 Siehe oben S. 67.

271 BAG v. 12.9.1984 – 1 AZR 342/83, AP Nr. 81 zu Art. 9 GG, unter B II 2 c) der Gründe.

272 Siehe oben S. 131 ff.

273 Siehe oben S. 55 f.

274 BAG v. 10.12.2002 – 1 AZR 96/02, AP Nr. 162 zu Art. 9 GG, unter A I 2 a) der Gründe.

wiederholt.[275] Gegen diese Auffassung ließe sich allenfalls anführen, dass es sich bei der relativen Friedenspflicht nicht um eine „herkömmliche" tarifvertragliche Verpflichtung handelt, sondern um eine Schöpfung der Rechtsprechung, die in den Tarifvertrag „hineingelesen" wird, ohne explizit normiert zu sein. Art. 6 Nr. 4 ESC spricht in seinem letzten Halbsatz von *Verpflichtungen* aus Gesamtarbeitsverträgen. Man könnte den Wortlaut derart verstehen, dass nur verschriftlichte Verpflichtungen darunter fallen.[276] Da der Wortlaut die Verpflichtungen aber nicht näher spezifiziert, ist eine einschränkende Lesart abzulehnen. Verpflichtungen müssen dem Wortsinn nach nicht zwingend verschriftlicht sein. Der Wortlaut deutet also auf die Zulässigkeit der tarifvertragsimmanenten relativen Friedenspflicht hin.

Eine systematische Betrachtung liefert keinen weiteren Aufschluss darüber, inwiefern die relative Friedenspflicht mit Art. 6 Nr. 4 ESC vereinbar ist. Gesamtarbeitsverträge werden außer in Art. 6 Abs. 4 ESC nur in Art. 6 Abs. 2 ESC explizit benannt. Jedoch findet sich hier kein Hinweis auf die Zulässigkeit einer Friedenspflicht.

In teleologischer Hinsicht ist zu beachten, dass das Streikrecht in Art. 6 Nr. 4 ESC möglichst umfassend und effektiv zu gewährleisten ist. Es ließe sich argumentieren, dass dieses Ziel verfehlt würde, wenn das Streikrecht durch tarifvertragsimmanente Bestimmungen unterlaufen werden könnte. Mit einer solchen Argumentation würde indes verkannt, dass die Friedenspflicht zugleich dem Schutz und der Wahrung eines abgeschlossenen Tarifvertrags dient. Insofern übt der Tarifvertrag auch eine befriedende Funktion aus.[277] Dieses Ziel deckt sich mit den Absichten des Art. 6 ESC, der in den ersten drei Absätzen eine Präferenz für eine „kampffreie" Konfliktlösung zum Ausdruck bringt. Der Telos des Art. 6 Nr. 4 ESC steht der relativen Friedenspflicht folglich nicht entgegen.

In historischer Hinsicht lassen sich keine Hinweise finden, die darauf hindeuten, dass eine Einschränkung im Sinne der relativen Friedenspflicht nicht mit dem Willen der Charta-Schöpfer vereinbar ist. Zwar enthalten die vorbereitenden Arbeiten und auch die einzelnen früheren Vertragsentwürfe keinen ausdrücklichen Hinweis zur relativen Friedenspflicht. Gleichwohl sind immer wieder Bemerkungen gemacht worden, die darauf hindeuten, dass das Streikrecht keinesfalls umfassend zu gewähren ist.[278]

Die rechtsvergleichenden Untersuchungen haben gezeigt, dass eine Friedenspflicht den einzelnen europäischen Rechtsordnungen nicht fremd ist.[279]

---

[275] BAG v. 19.6.2007 – 1 AZR 396/06, AP Nr. 173 zu Art. 9 GG, unter I 2 c) aa) der Gründe.

[276] So wohl *Fabricius*, Streik und Aussperrung im internationalen Recht, S. 32 f.

[277] Siehe oben S. 55 f.

[278] Siehe oben S. 118 ff.

[279] Siehe oben S. 67 f.

Wenngleich deren jeweilige Ausprägung im Einzelnen nicht der deutschen Rechtsansicht entspricht, bestätigt der Rechtsvergleich jedenfalls die bisher erzielten Auslegungsergebnisse (insbesondere die Auslegung nach Wortlaut und Systematik). Man gelangt daher zu dem Ergebnis, dass die relative Friedenspflicht mit Art. 6 Nr. 4 ESC vereinbar ist. Allerdings ist die enge Verzahnung zwischen der relativen Friedenspflicht und den anderen hier untersuchten Prinzipien des Streikrechts zu beachten. Angesichts der Tatsache, dass auch ein nichtgewerkschaftlicher Streik gemäß Art. 6 Nr. 4 ESC zulässig ist,[280] muss die relative Friedenspflicht angepasst werden. Insbesondere ist zu klären, zwischen welchen Parteien die Friedenspflicht gelten soll; sie könnte sich etwa auf einen Betrieb oder ein Unternehmen beziehen.[281]

VII. Zusammenfassung der Auslegungsergebnisse

Im Wege der Auslegung gelangt man zu dem Ergebnis, dass das Verbot politischer Streiks und die relative Friedenspflicht mit Art. 6 Nr. 4 ESC vereinbar sind. Dagegen verstoßen die Tarifbezogenheit des Streiks, das Verbot wilder Streiks – einschließlich der Voraussetzungen für die Tariffähigkeit – und das Beamtenstreikverbot gegen Art. 6 Nr. 4 ESC. Auch beim Verhältnismäßigkeitsgrundsatz und beim *Ultima Ratio*-Prinzip sprechen die besseren Argumente für eine Unvereinbarkeit mit Art. 6 Nr. 4 ESC. Indes könnte eine Konformität mit dem Streikrecht der Europäischen Sozialcharta nach Art. 31 Abs. 1 ESC hergestellt werden, wenn die dort genannten Rechtfertigungsvoraussetzungen erfüllt sind. Der Schrankenvorbehalt des Art. 31 Abs. 1 ESC ist gemäß dem Anhang zu Teil II ausdrücklich auf Art. 6 Nr. 4 ESC anwendbar.

F. Keine weitreichende Rechtfertigung nach Art. 31 Abs. 1 ESC

Art. 31 Abs. 1 ESC enthält eine Vielzahl unbestimmter Rechtsbegriffe, die in der Europäischen Sozialcharta nicht näher definiert sind. Zudem erfordert die Vorschrift eine Abwägung der kollidierenden Interessen, was mit der Wendung „Notwendigkeit in einer demokratischen Gesellschaft“ angedeutet wird. Da es der Europäischen Sozialcharta an einer Instanz mit Interpretationshoheit fehlt,[282] bleiben Auslegung und Abwägung dem jeweiligen Rechtsanwender

---

280 Siehe oben S. 148 ff.

281 Hinweise zu dieser Frage im Kontext des französischen Rechts bei *Gamillscheg*, Kollektives ArbR, § 22, S. 1076.

282 Die Rechtsansichten des EKSR dienen mangels Interpretationshoheit allein als „Orientierungshilfe“: Laut EKSR sind als zulässige Beschränkung des Streikrechts nach Art. 31 Abs. 1 ESC folgende Gründe anerkannt: vorrangige Belange von Patienten im Krankenhaus, die finanzielle Notlagen des Arbeitgebers und Zwangsschlichtungen. Im Übrigen wurde ein

in den einzelnen ESC-Vertragsstaaten überlassen. Dabei ist aber zu berücksichtigen, dass ein rein nationales Begriffsverständnis der völkerrechtlichen Dimension des Art. 31 Abs. 1 ESC nicht umfassend gerecht würde.[283] Daher sollen bei der nachfolgenden Untersuchung verwandte internationale Normen als Interpretationshilfe herangezogen werden. Vor allem bietet sich ein Rückgriff auf die EGMR-Judikatur zur Koalitionsfreiheit an, da der Schrankenvorbehalt in Art. 11 Abs. 2 EMRK dem Art. 31 Abs. 1 ESC fast wortgleich ist. Auch die Rechtsansichten des EuGH könnten im Folgenden dienlich sein, da dem Luxemburger Gerichtshof die Rechtsbegriffe in Art. 31 Abs. 1 ESC ebenfalls geläufig sind. Die Prüfung vollzieht sich dreischrittig entlang der Kriterien „durch Gesetz vorgeschrieben", des „legitimen Ziels" und schließlich der „Notwendigkeit in einer demokratischen Gesellschaft".[284]

I. „Durch Gesetz vorgeschrieben"

In formeller Hinsicht verlangt Art. 31 Abs. 1 ESC, dass Einschränkungen der Charta-Grundrechte „durch Gesetz vorgeschrieben" sind. Das Arbeitskampfrecht ist hierzulande jedoch nicht durch den parlamentarischen Gesetzgeber, sondern richterrechtlich geregelt. Im Folgenden wird untersucht, inwieweit das deutsche Richterrecht den Erfordernissen des Art. 31 Abs. 1 ESC entspricht.

1. Grundsätzlich keine Gesetzesqualität von Richterrecht

Das Arbeitskampfrecht ist durch richterliche Rechtsfortbildung entstanden.[285] Der Gesetzgeber erkennt in den §§ 132 Abs. 4 GVG, 45 Abs. 4 ArbGG die Kompetenz zur richterlichen Rechtsfortbildung im Bereich des Arbeitsrechts an.[286] Umstritten ist allerdings die Rechtsnatur des Richterrechts, namentlich die Frage, ob es Gesetzesqualität besitzt. Das BAG hat zuweilen Äußerungen

---

Streikverbot im Bereich der Regierungs-Telekommunikationszentren in Großbritannien aus Gründen der nationalen Sicherheit für vereinbar mit Art. 31 Abs. 1 ESC erklärt. Allerdings hat sich das EKSR bislang nicht um eine nähere Definition der einzelnen Kriterien in Art. 31 Abs. 1 ESC bemüht (*Świątkowski*, Charter of Social Rights of the Council of Europe, S. 370 ff.).

[283] Vgl. *Mitscherlich*, Das Arbeitskampfrecht in der Bundesrepublik Deutschland und die ESC, S. 111.

[284] Entsprechend verfährt auch der EGMR bei der Prüfung der Voraussetzungen des Art. 11 Abs. 2 EMRK; siehe EGMR v. 12. 11. 2008 – 34503/97 (Demir und Baykara/Türkei), AuR 2009, 269 (273 f.); *Badenhop*, Normtheoretische Grundlagen der EMRK, S. 253 ff.; *Berka*, ÖZöRV 1986, 71 (83 ff.).

[285] Siehe oben S. 15 ff.

[286] MünchHdbArbR II/*Ricken*, § 198, Rn. 4.

in diese Richtung gemacht.[287] Nach herrschender Ansicht in der Literatur und nach Auffassung des BVerfG[288] ist das Richterrecht jedoch keine Gesetzgebung und auch „keine Rechtsquelle im eigentlichen Sinne", weil es dem Richterrecht an einer verbindlichen Wirkung auf eine unbestimmte Anzahl von Personen fehlt.[289] Richterrecht hat keine präjudizielle Wirkung und bindet die Gerichte nicht in gleicher Weise wie Gesetzesrecht (vgl. Art. 20 Abs. 3 GG). Der jeweilige unterinstanzliche Richter kann daher grundsätzlich von Entscheidungen des BAG abweichen.[290] Das Richterrecht fällt weder unter den Gesetzesbegriff in Art. 97 Abs. 1 GG noch unter den in Art. 20 Abs. 3 GG („Bindung an Recht und Gesetz").[291] Als „Gesetz" im Sinne der genannten Artikel gelten ausschließlich Regelungen der demokratisch legitimierten Legislative.[292] Daher spricht das BVerfG dem Richterrecht keine gesetzes*gleiche*, sondern nur eine gesetzes*ähnliche* Wirkung zu.[293] Nichts anderes gelte, wenn das Richterrecht – wie im Bereich des Arbeitskampfes – ausnahmsweise gesetzesvertretend wirke.[294] Man kommt daher zu dem vorläufigen Ergebnis, dass das nationale Arbeitskampfrecht nicht von Art. 31 Abs. 1 ESC erfasst ist. Eine Rechtfertigung müsste demnach ausscheiden.

2. Gesetzesgleichheit des gewohnheitsrechtlichen Arbeitskampfrechts

Allerdings hätten die hier untersuchten richterrechtlichen Grundsätze gesetzes*gleiche* Qualität, wenn sie zu Gewohnheitsrecht erstarkt wären.[295] Richter-

[287] Siehe etwa BAG v. 16.6.2007 – 1 AZR 396/06, AP Nr. 173 zu Art. 9 GG, unter I 2 c) bb) (2) der Gründe: „Art. 31 Abs. 1 ESC gestattet aber Beschränkungen des Streikrechts ua. dann, ‚wenn diese gesetzlich vorgeschrieben und in einer demokratischen Gesellschaft zum Schutze der Rechte und Freiheiten anderer [...] notwendig sind'. Eine solche Beschränkung ist die gesetzesvertretende Ausgestaltung des Arbeitskampfrechts durch den Grundsatz der Verhältnismäßigkeit."

[288] BVerfG v. 26.6.1991 – 1 BvR 779/85, AP Nr. 117 zu Art. 9 GG, unter C I 2 b) der Gründe: „Höchstrichterliche Urteile sind kein Gesetzesrecht und erzeugen keine [...] Rechtsbindung."

[289] *Engels*, Verfassung und Arbeitskampfrecht, S. 315; *Merten/F. Kirchhof*, in: Staudinger, Art. 2 EGBGB, Rn. 39 f.; ErfK/*Preis*, § 611 BGB, Rn. 234.

[290] *Coing/Honsell*, in: Staudinger, Einleitung zum Bürgerlichen Gesetzbuch, Rn. 226; *Löwisch/Rieble*, TVG, Grundlagen, Rn. 335; MünchHdbArbR II/*Ricken*, § 198, Rn. 5.

[291] Vgl. BVerfG v. 11.11.1964 – 1 BvR 488/62, 562/63, 216/64, NJW 1965, 234 (245 f.); BAG v. 10.6.1980 – 1 AZR 822/79, AP Nr. 64 zu Art. 9 GG, unter A II 4 der Gründe; differenzierter *Schröder*, Gesetzesbindung des Richters und Rechtsweggarantie im Mehrebenensystem, S. 58 ff., a. A. zur Gesetzesqualität nach Art. 20 Abs. 3 GG siehe Maunz/Dürig/*Uhle*, Art. 70 GG, Rn. 48.

[292] *Schröder*, Gesetzesbindung des Richters und Rechtsweggarantie im Mehrebenensystem, S. 60.

[293] Maunz/Dürig/*Uhle*, Art. 70 GG, Rn. 48.

[294] Maunz/Dürig/*Uhle*, Art. 70 GG, Rn. 48.

[295] *Schröder*, Gesetzesbindung des Richters und Rechtsweggarantie im Mehrebenensystem, S. 59; Maunz/Dürig/*Uhle*, Art. 70 GG, Rn. 48.

recht erlangt gewohnheitsrechtlichen Status, wenn es sowohl über eine *longa consuetudo* als auch über eine *opinio iuris* verfügt. Diese – objektiven und subjektiven – Voraussetzungen rechtfertigen eine stärkere, gesetzes*gleiche* Bindung an das Richterrecht. Art. 31 Abs. 1 ESC darf dahingehend verstanden werden, dass er nicht nur Gesetze im technischen Sinne – sprich durch Legislativorgane geschaffenes Gesetzesrecht – erfasst, sondern auch solche Regelungen, die eine *vergleichbare* Wirkung aufweisen.[296]

Damit bleibt die Frage zu klären, ob die in dieser Arbeit untersuchten Grundsätze des Arbeitskampfrechts als Gewohnheitsrecht zu klassifizieren sind. Das BAG betont, dass die von der Arbeitsrechtsprechung entwickelten Grundsätze des Arbeitskampfrechts seit jeher umstritten waren und daher nicht von einer allgemeinen Rechtsüberzeugung getragen würden. Zwar sei das arbeitskampfrechtliche Richterrecht als richterliche Rechtsfortbildung zu klassifizieren, das dürfe aber „nicht zu dem Trugschluß verführen, als könnten die Gerichte Normen setzen".[297] Obschon dem Regelungskomplex des Arbeitskampfrechts *insgesamt* kein gewohnheitsrechtlicher Status zugesprochen wird, ist dennoch anerkannt, dass einzelnen Grundsatzregeln[298] des Arbeitskampfrechts – wie dem *Ultima Ratio*-Prinzip – gesetzes*gleiche* Qualität[299] zukommt.[300] Da die hier untersuchten Grundsätze – namentlich die Tarifbezogenheit des Streiks, das Verbot wilder Streiks, das Beamtenstreikverbot und das Verhältnismäßigkeitsprinzip – eine vergleichbares Gewicht wie das *Ultima Ratio*-Prinzip besitzen, dürfte ihnen ebenfalls ein gewohnheitsrechtlicher Status[301] zukommen.

Selbst wenn man den genannten Prinzipien den gewohnheitsrechtlichen Status und die Gesetzesgleichheit nicht zusprechen will, bleibt Folgendes zu bedenken: In Anbetracht der normativ-defizitären Gesetzeslage dürften die hier untersuchten richterrechtlich entwickelten Grundsätze des Arbeitskampfrechts dem Erfordernis der „gesetzlichen Regelung" in Art. 31 Abs. 1 ESC genügen. Andernfalls könnte das Streikrecht in denjenigen Staaten, in denen das Arbeitskampfrecht nicht durch Gesetz geregelt ist – vor allem in *Common Law*-Jurisdiktionen –, gar nicht beschränkt werden. Ein solches Aus-

---

[296] Vgl. *Dumke*, Streikrecht i. S. des Art. 6 Nr. 4 ESC und deutsches Arbeitskampfrecht, S. 129.

[297] BAG v. 10. 6. 1980 – 1 AZR 822/79, AP Nr. 64 zu Art. 9 GG, unter A II 4 der Gründe.

[298] Umstritten ist diese Frage etwa bei der Pflicht zur Durchführung von Notstandsarbeiten; Näheres bei *Gamillscheg*, Kollektives ArbR, § 24, S. 1166; *Reinfelder*, in: Däubler, Arbeitskampfrecht, § 15, Rn. 36, Fn. 4.

[299] Unklar *Däubler*, in: Däubler/Hjort/Schubert/Wolmerath, Arbeitsrecht, Art. 9 GG, Rn. 38.

[300] *Mayer-Maly*, Anmerkungen zum BAG v. 10. 6. 1980 – 1 AZR 331/79, AP Nr. 64–66 zu Art. 9 GG.

[301] A. A. *Dumke*, Streikrecht i. S. des Art. 6 Nr. 4 ESC und deutsches Arbeitskampfrecht, S. 202.

legungsergebnis kann von der Europäischen Sozialcharta, die um weitgehende Rücksicht auf nationale Besonderheiten bemüht ist,[302] nicht gewollt sein.[303] Diese Einschätzung wird schließlich durch die Spruchpraxis des EKSR bestätigt. Bei Staaten, in denen die Grenzen des Streikrechts nicht durch den Gesetzgeber, sondern durch die Gerichte definiert werden, prüft das EKSR, ob das Richterrecht im Einklang mit den Erfordernissen der Charta steht. Die richterrechtliche Ausformung des Arbeitskampfrechts wird also geduldet.[304] Es kommt allein darauf an, ob das Richterrecht wenigstens ähnliche Funktionen wie eine gesetzliche Regelung erfüllt. Das ist anzunehmen, wenn die richterrechtlichen Kriterien hinreichend bestimmt sind und vorhersehbar ist, wann sie eingreifen.[305] Seit den 1950er Jahren hat das BAG eine ausgefeilte Arbeitskampfjudikatur entwickelt,[306] die eine hinreichende Klarheit und Vorhersehbarkeit gewährleistet. Die Herleitung der hier untersuchten Grundsätze aus Art. 9 Abs. 3 GG genügt daher dem Gesetzesvorbehalt in Art. 31 Abs. 1 ESC.[307]

II. „Verfolgung eines legitimen Ziels"

In materieller Hinsicht verlangt Art. 31 Abs. 1 ESC, dass eine Einschränkung dem „Schutz der Rechte und Freiheiten anderer", dem „Schutz der öffentlichen Sicherheit und Ordnung", der „Sicherheit des Staates", der „Volksgesundheit" oder der „Sittlichkeit" dient. Mit diesen konkreten – und abschließend benannten – Eingriffszielen wird verhindert, dass der nationale Gesetzgeber oder der rechtsfortbildende Richter den Schutzbereich aus beliebigen rechtspolitischen Gründen beschränkt.[308] Nicht jedes öffentliche Interesse taugt zur Schutzbereichsbeschränkung[309], sondern nur ein solches, das den qualifizierten Anforderungen des Art. 31 Abs. 1 ESC genügt. Nur wenn die Kriterien in Art. 31 Abs. 1 ESC erfüllt sind, kommt eine Beschneidung des Schutzbereichs in Betracht.[310] Art. 31 Abs. 1 ESC nennt als legitime Ziele zum einen Individual-

---

[302] Siehe oben S. 80 ff.

[303] *Dumke*, Streikrecht i. S. des Art. 6 Nr. 4 ESC und deutsches Arbeitskampfrecht, S. 129 f.

[304] *Seiter*, Streikrecht und Aussperrungsrecht, S. 139.

[305] *Dumke*, Streikrecht i. S. des Art. 6 Nr. 4 ESC und deutsches Arbeitskampfrecht, S. 131 f.; *Harris/Darcy*, The European Social Charter, S. 380.

[306] Siehe oben S. 14 ff.

[307] *Dumke*, Streikrecht i. S. des Art. 6 Nr. 4 ESC und deutsches Arbeitskampfrecht, S. 200; unklar aber *Thüsing*, Der Außenseiter im Arbeitskampf, S. 36; a. A. *Scholz*, SAE 1985, 33 (39 f.).

[308] Vgl. zur Europäischen Menschenrechtskonvention: *Badenhop*, Normtheoretische Grundlagen der EMRK, S. 255 f.; *Eiffler*, Die Auslegung unbestimmter Schrankenbegriffe der EMRK, S. 11.

[309] Vgl. aber kritisch Maunz/Dürig/*Herdegen*, Art. 1 Abs. 3 GG, Rn. 46.

[310] *Eiffler*, Die Auslegung unbestimmter Schrankenbegriffe der EMRK, S. 11.

interessen – namentlich den „Schutz der Rechte und Freiheiten anderer" – und zum anderen Schutzgüter des Staates – nämlich den „Schutz der öffentlichen Sicherheit und Ordnung" und die „Sicherheit des Staates". Die „Volksgesundheit" und die „Sittlichkeit" bilden eine dritte Kategorie, mit der private und öffentliche Belange kumulativ geschützt werden.[311] Zumindest eines dieser Ziele muss verfolgt werden, damit eine Rechtfertigung nach Art. 31 Abs. 1 ESC in Betracht kommt. Maßgeblich ist die Absicht des jeweiligen Mitgliedstaates, die aber objektiv fundiert sein muss.[312]

Für eine Rechtfertigung der hier untersuchten Streikrechtsprinzipien kommen bis auf die „Volksgesundheit" und die „Sittlichkeit" alle in Art. 31 Abs. 1 ESC genannten Ziele in Betracht. Die Bedeutung der „Rechte und Freiheiten anderer" erschließt sich noch relativ leicht. Hierunter fallen schutzwürdige Individualinteressen, die durch einen übermäßigen Freiheitsgebrauch verkürzt würden. Hingegen bereitet eine Definition der „öffentlichen Sicherheit und Ordnung" und der „Sicherheit des Staates" wegen des hohen Abstraktionsgrads der Begriffe größere Schwierigkeiten. Zur näheren Bestimmung der unbestimmten Rechtsbegriffe bietet sich zunächst ein hilfsweiser Rückgriff auf das nationale Polizei- und Ordnungsrecht an. Dieses liefert eine Definition, wonach mit der „öffentlichen Sicherheit" „die Unverletzlichkeit der Rechtsordnung, der subjektiven Rechte und Rechtsgüter des Einzelnen sowie der Einrichtungen und Veranstaltungen des Staates und sonstiger Hoheitsträger"[313] gemeint ist. Dagegen bezeichnet die „öffentliche Ordnung"[314] das Minimum der Sozialregeln, die von der großen Mehrheit der Bevölkerung als unerlässlich für ein geordnetes Zusammenleben angesehen werden.[315] Eine Gefahr für die „öffentliche Sicherheit und Ordnung" liegt vor, wenn in absehbarer Zeit mit einem Schadenseintritt zu rechnen ist.[316] Allerdings ist das Polizei- und Ordnungsrecht auf nationale Sachverhalte zugeschnitten; es gilt also „rechts-

---

311 *Eiffler*, Die Auslegung unbestimmter Schrankenbegriffe der EMRK, S. 13.

312 Diese Annahme wird gemeinhin geteilt, wenn es um die Verfolgung legitimer Ziele geht vgl. BVerfG v. 12. 12. 2006 – 1 BvR 2576/04, NJW 2007, 979 (980), Rn. 64; BVerfG v. 21. 12. 2011 – 1 BvR 2007/10, NJW 2012, 1062 (1063), Rn. 19–21; *Kingreen*, in: Calliess/Ruffert, EUV/AEUV, Art. 36 AEUV, Rn. 91.

313 Legaldefiniert in § 2 Nr. 2 Bremisches Polizeigesetz (BremPolG); § 3 Nr. 1 Gesetz über öffentliche Sicherheit und Ordnung des Landes Sachsen-Anhalt (SOG LSA); § 54 Nr. 1 Thüringer Gesetz über die Aufgaben und Befugnisse der Ordnungsbehörden (ThürOBG); *Schoch*, in: Schmidt-Aßmann, Besonderes Verwaltungsrecht, S. 165.

314 Wegen der zunehmenden Regelungsdichte in allen Bereichen des gesellschaftlichen Lebens hat die Bedeutung der „öffentlichen Ordnung" abgenommen. Auch das BVerfG hat Bedenken gegenüber diesem Schutzgut geäußert (BVerfG v. 26. 1. 2001 – 1 BvQ 9/01, NJW 2001, 1409; BVerfG v. 12. 4. 2001 – 1 BvQ 19/01, NJW 2001, 2075). Es kommt nur noch eine subsidiäre Verwendung in Betracht (*Eiffler*, Die Auslegung unbestimmter Schrankenbestimmungen der EMRK, S. 197 f.).

315 *Schoch*, in: Schmidt-Aßmann, Besonderes Verwaltungsrecht, S. 171.

316 Legaldefinitionen in § 2 Nr. 3 lit. a BremPolG; § 3 Nr. 3 lit. a SOG LSA.

ordnungsimmanent" und ist daher ungeeignet, wenn die Rechtsordnung völkerrechtlich auf den Prüfstand gestellt wird.[317] Daher kann das nationale Polizei- und Ordnungsrecht im Kontext des Art. 31 Abs. 1 ESC keine zufriedenstellende Definition für die „öffentliche Sicherheit und Ordnung" bieten. Ein hilfsweiser Rückgriff auf die Europäische Menschenrechtskonvention liefert auch keine brauchbaren Hinweise, da der Begriff der „öffentlichen Sicherheit und Ordnung" in der Rechtsprechung des EGMR uneinheitlich verwendet wird.[318] Auch im Schrifttum zur Europäischen Menschenrechtskonvention ist der Ordnungsvorbehalt umstritten.[319] Klarere Hinweise finden sich dagegen im Unionsrecht. Der EuGH legt die „öffentliche Sicherheit und Ordnung" weit aus und verlangt lediglich „eine tatsächliche und hinreichend schwere Gefährdung, die ein Grundinteresse der Gesellschaft berührt".[320] Ähnlich ist das traditionelle völkerrechtliche Verständnis. Danach umfasst das Schutzgut der „öffentlichen Ordnung" alle grundlegenden Interessen der Vertragsstaaten. Dazu zählen die identitätsstiftenden Merkmale einer Rechtsordnung, insbesondere solche Merkmale, die Bestand und Funktion des Staatswesens sichern. Daher rührt auch die Bezeichnung als *ordre public-* oder *public policy*-Vorbehalt.[321] Ein Blick auf die *Travaux Prépartoires* zur Entstehung der Europäischen Sozialcharta bestätigt das traditionelle völkerrechtliche Verständnis: Art. 31 Abs. 1 ESC war als eine Kompromisslösung gedacht, um nationalen Unterschieden möglichst umfassend Rechnung zu tragen – vor allem in puncto Beamtenstreik und Verhältnismäßigkeitsprinzip.[322] Dieser historische Aspekt spricht für ein Begriffsverständnis, das über die Definition des nationalen Polizei- und Ordnungsrechts hinausgeht. Damit wird ausreichend Raum für nationale Besonderheiten gelassen und dem staatenverpflichtenden Charakter der Europäischen Sozialcharta am ehesten Rechnung getragen. Um jedoch die einzelnen Gewährleistungen der Europäischen Sozialcharta nicht leerlaufen zu lassen, muss der Begriff der „öffentlichen Sicherheit und Ordnung" restriktiv verwendet werden. Aus der Zusammenschau der angeführten Definitionsansätze ist nach der hier vertretenen Ansicht zweierlei zu folgern: Zum einen muss der jeweilige nationale Belang identitätsprägend sein. Zum anderen muss er zum Gleichgewicht des rechtsstaatlichen Gefüges und zum Funktionieren

[317] A. A. *Matthias Dumke*, der eine inhaltliche Nähe zwischen dem nationalen Polizei- und Ordnungsrecht und der „öffentlichen Sicherheit und Ordnung" i. S. d. Art. 31 Abs. 1 ESC erkennen will (*Dumke*, Streikrecht i. S. des Art. 6 Nr. 4 ESC und deutsches Arbeitskampfrecht, S. 135).

[318] *Badenhop*, Normtheoretische Grundlagen der EMRK, S. 254; *Eiffler*, Die Auslegung unbestimmter Schrankenbegriffe der EMRK, S. 132.

[319] *Eiffler*, Die Auslegung unbestimmter Schrankenbegriffe der EMRK, S. 131 f.

[320] EuGH v. 26. 3. 2009 – C-326/07 (Kommission/Italien); zit. nach: juris, Rn. 70.

[321] *Schmahl*, in: von der Groeben/Schwarze, EU-/EG-Vertrag, Art. 64 EG, Rn. 3.

[322] Siehe oben S. 119 ff.

des Staatswesens beitragen. Diese beiden Kriterien unterliegen der mitgliedstaatlichen Beurteilungskompetenz.

Beim Schutzgut der „Sicherheit des Staates" geht es in erster Linie um die staatliche Gefahrenabwehr.[323] Umfasst sind sowohl die innere als auch die äußere Sicherheit.[324] Der EuGH versteht unter der äußeren Sicherheit den Bestand des Staates, seiner Einrichtungen und wichtiger Dienste sowie das Überleben der Bevölkerung.[325] Entsprechend gewichtig muss auch die Bedrohungssituation für die innere Sicherheit sein. Demnach darf nicht nur die Funktionsfähigkeit der Wirtschaft gefährdet sein, sondern die Existenz des Staates insgesamt.[326] Ob diese Voraussetzungen vorliegen, ist allerdings der mitgliedstaatlichen Beurteilung vorbehalten. Anhand der aufgestellten Definition wird im Folgenden untersucht, inwieweit die nationalen Streikrechtsprinzipien den Anforderungen des Art. 31 Abs. 1 ESC an das legitime Ziel genügen.

1. Tarifbezogenheit des Streiks

Als legitimes Ziel für die Beschränkung des Streiks auf tarifvertraglich regelbare Ziele kommen der „Schutz der Rechte und Freiheiten anderer", der „Schutz der öffentlichen Sicherheit und Ordnung" und die „Sicherheit des Staates" in Betracht. Nach nationalem Rechtsverständnis ist der Streik ein Mittel zur Sicherung der Tarifautonomie. Aus diesem Grund muss der Streik einen Bezug zur Tarifautonomie aufweisen und darf nur tariflich regelbare Ziele verfolgen.[327] Es ließe sich argumentieren, dass die Sicherung einer funktionsfähigen Tarifautonomie zugleich auch dem „Schutz der Rechte und Freiheiten anderer" dienen soll. Indem nämlich nur tarifvertraglich regelbare Ziele verfolgt werden, soll der Konflikt weitgehend auf die Sozialpartner beschränkt werden, vor allem um unnötige Drittschäden zu vermeiden. Erklärte man hingegen jedes beliebige Streikziel für zulässig, könnte ein Streik unbegrenzt Schäden anrichten. Es fragt sich allerdings, ob auch wirtschaftliche Erwägungen[328] wie die Vermeidung gesamtwirtschaftlicher Schäden ein legitimes Ziel im Sinne des

---

323 *Schmahl*, in: von der Groeben/Schwarze, EU-/EG-Vertrag, Art. 64 EG, Rn. 3. In diesem Kontext wird die Gefahrenabwehr nämlich weiter verstanden als die nach nationalem Polizei- und Ordnungsrecht. Letztere hat allein „rechtsordnungsimmanente" Bedeutung; siehe oben S. 169.

324 EuGH v. 4. 10. 1991 – C-367/89 (Richardt); zit. nach: juris, Rn. 22; *Eiffler*, Die Auslegung unbestimmter Schrankenbegriffe der EMRK, S. 142.

325 EuGH v. 10. 7. 1984 – C-72/83 (Campus Oil); zit. nach: juris, Rn. 34.

326 *Dauses/Brigola*, in: Dauses, EU-Wirtschaftsrecht, C. I. Grundregeln, Rn. 223.

327 Siehe oben S. 13.

328 Die Zulässigkeit einer rein wirtschaftlichen Zielsetzung wird in entsprechenden Zusammenhängen regelmäßig verneint (*Dauses/Brigola*, in: Dauses, EU-Wirtschaftsrecht, C. I. Grundregeln, Rn. 221 ff.; *Kingreen*, in: Calliess/Ruffert, EUV/AEUV, Art. 36 AEUV, Rn. 91).

Art. 31 Abs. 1 ESC darstellen. Da es aber bei der Tarifbezogenheit des Streiks nicht ausschließlich um die Abwehr wirtschaftlicher Schäden, sondern auch um den Schutz unternehmerischer und sonstiger individueller Interessen geht, liegt hier ein legitimes Ziel im Sinne des Art. 31 Abs. 1 ESC vor.

Möglicherweise dient die Tarifbezogenheit auch dem Schutz der „Sicherheit des Staates". Unter dieses Schutzgut fallen nach der hier aufgestellten Definition vor allem gefahrenabwehrrechtliche Ziele. Streiks ohne Tarifbezug würden demnach nur dann zu einer Gefahr führen, wenn es zu einer Eskalation des Streikgebrauchs käme, die mit weiteren Rechtsgutsbeeinträchtigungen einherginge. Ein solches Szenario ist aber unwahrscheinlich. Auch wenn bei der Beurteilung des legitimen Ziels die – gleichwohl objektiv fundierte – Absicht des Staats maßgeblich ist, findet sie vorliegend jedenfalls keine Stütze durch objektive Umstände. Als legitimes Ziel kommt der Schutz der „Sicherheit des Staates" daher nicht in Betracht.

Schließlich kommt als legitimes Ziel der „Schutz der öffentlichen Sicherheit und Ordnung" in Betracht. Dann müsste es sich bei dem Grundsatz der Tarifbezogenheit – entsprechend der oben aufgestellten Definition – um einen identitätsprägenden nationalen Belang handeln. Dessen Aufhebung müsste zu einer Gleichgewichtsstörung im rechtsstaatlichen Gefüge und einer wesentlichen Funktionsbeeinträchtigung führen. Nach der Rechtsprechung des BVerfG dient die Tarifautonomie der „Ordnung und Befriedung des Arbeitslebens".[329] Sie ist in ihrer konkreten Ausgestaltung ein wesentliches Element der „Arbeits- und Wirtschaftsbedingungen" (vgl. Art. 9 Abs. 3 GG) im rechtsstaatlichen Gefüge der Bundesrepublik Deutschland. Innerhalb dieses Gefüges sind die Tarifautonomie und das System der betrieblichen- und Unternehmensmitbestimmung eng miteinander verzahnt.[330] Angesichts der ordnenden und befriedenden Funktion für das Arbeits- und Wirtschaftsleben dürfte bei Abschaffung des Tarifbezugs mit einer Gleichgewichtsstörung des Staatswesens zu rechnen sein. Ob dies auch zu einer wesentlichen Funktionsbeeinträchtigung des Staatswesens führen würde, ist eine Frage, die der jeweiligen nationalen Einschätzungsprärogative unterliegt. Es würde den Rahmen dieser Arbeit sprengen, wenn hierzu auf Detailfragen eingegangen würde. Einwenden lässt sich aber, dass es nicht zwingend geboten ist, den Kreis der zulässigen Streikziele zum Schutz der genannten Interessen derart eng zu ziehen. Auch mit weniger restriktiven Vorgaben wären dieselben Ziele ähnlich effektiv zu verwirklichen; denn auch eine Beschränkung auf solche Ziele, die einen Bezug zum Arbeitsverhältnis aufweisen, könnte eine unnötige Beeinträchtigung Dritter oder gesamtwirt-

---

[329] BVerfG v. 20. 10. 1981 – 1 BvR 404/78, AP Nr. 31 zu § 2 TVG, unter B I 1 der Gründe.

[330] Siehe oben S. 70 f.

schaftliche Schäden in ähnlicher Weise verhindern. Allerdings handelt es sich hierbei eher um eine Abwägungsfrage, die erst unter dem Kriterium der „Notwendigkeit in einer demokratischen Gesellschaft“ eingehend zu diskutieren ist. Das legitime Ziel zum „Schutz der öffentlichen Sicherheit und Ordnung“ muss aber angesichts der ordnenden und befriedenden Absichten, die mit der Tarifbezogenheit des Streiks verfolgt werden, bejaht werden.

2. *Verbot des wilden Streiks*

Beim Verbot des wilden Streiks kommen als legitime Ziele der „Schutz der Rechte und Freiheiten anderer“, der „Schutz der öffentlichen Sicherheit und Ordnung“ und die „Sicherheit des Staates“ in Betracht. Wegen des engen sachlichen Zusammenhangs zwischen der Tarifbezogenheit des Streiks und dem Streikmonopol der Gewerkschaften müssen die bereits angestellten Überlegungen entsprechend gelten. Also verfolgt auch das Verbot wilder Streiks legitime Ziele zum „Schutz der Rechte und Freiheiten anderer“ und zum Schutz der „öffentlichen Sicherheit und Ordnung“.

3. *Beamtenstreikverbot*

Als legitimes Ziel kommen der „Schutz der Rechte und Freiheiten anderer“, der „Schutz der öffentlichen Sicherheit und Ordnung“ und der „Schutz der Sicherheit des Staates“ in Betracht. Das Beamtenstreikverbot soll die Funktionsfähigkeit der Verwaltung sichern und die Vorhersehbarkeit (rechts-) staatlichen Handelns gewährleisten. Das Verbot ist rückgekoppelt an das Rechtsstaatsprinzip und bildet nach der Rechtsprechung des BVerfG ein wesentliches Strukturmerkmal des geltenden Beamtenrechts. Es wird zu den „hergebrachten Grundsätzen des Berufsbeamtentums“ nach Art. 33 Abs. 5 GG gezählt.[331] Insofern handelt es sich um ein identitätsstiftendes Spezifikum des nationalen Rechts. Höbe man das Beamtenstreikverbot auf, wären im Beamtenrecht Anpassungen vorzunehmen. Jedenfalls die §§ 2 ff. BBesG, wonach die Beschäftigungsbedingungen für Beamte gesetzlich zu regeln sind, müssten streikbedingt notwendige Modifizierungen erlauben.[332] Ob jedoch mit der Abschaffung des Beamtenstreikverbots die Funktionsfähigkeit des Staates wesentlich beeinträchtigt wäre, ist zweifelhaft.[333] Gegen eine solche Annahme spricht, dass andere Mechanismen zur Verfügung stehen, mit denen die Funktionsfähigkeit der Verwaltung in gleich effektiver Weise zu sichern wäre. Zu denken ist etwa an eine funktionsbezogene Differenzierung für den

---

[331] Siehe oben S. 41 ff.
[332] Siehe oben S. 158.
[333] Grundlegend *Di Fabio*, Das beamtenrechtliche Streikverbot.

Streik im öffentlichen Dienst – eine Rechtsansicht, die auch in der Mehrheit der übrigen europäischen Staaten vorherrscht.[334] Allerdings kann wegen der Einschätzungsprärogative der Mitgliedstaaten und der zahlreichen Anpassungen, die bei einer Änderung des deutschen Beamtenstreikverbots nötig wären, dennoch von einem legitimen Ziel zum „Schutz der öffentlichen Sicherheit und Ordnung" ausgegangen werden. Ob auch im Übrigen eine Rechtfertigung in Betracht kommt, ist später unter dem Kriterium der „Notwendigkeit in einer demokratischen Gesellschaft" zu diskutieren.

Ferner ist beim Beamtenstreikverbot an ein legitimes Ziel zum Schutz der „Sicherheit des Staates" zu denken. Allerdings liegt auch hier – ebenso wie beim Grundsatz der Tarifbezogenheit des Streiks – die Annahme einer ordnungsrechtlichen Eskalationsgefahr fern, sollte man das Beamtenstreikverbot abschaffen. Daher ist unter dem Gesichtspunkt der „Sicherheit des Staates" ein legitimes Ziel im Sinne des Art. 31 Abs. 1 ESC zu verneinen.

Schließlich ist an ein legitimes Ziel zum „Schutz der Rechte anderer" zu denken. Das Beamtenstreikverbot soll nicht nur die Funktionsfähigkeit der Verwaltung sichern, sondern zugleich dem Bürgerinteresse an einem leistungsfähigen Verwaltungsapparat Rechnung tragen.[335] Damit liegt auch unter diesem Aspekt ein legitimes Ziel nach Art. 31 Abs. 1 ESC vor. Inwiefern diese Ziele durch das Beamtenstreikverbot auch effektiv und angemessen verwirklicht werden können, wird anschließend unter dem Kriterium der „Notwendigkeit in einer demokratischen Gesellschaft" geprüft.

4. *Verhältnismäßigkeitsprinzip*

Zur Rechtfertigung des Verhältnismäßigkeitsprinzips und *Ultima Ratio*-Grundsatzes kommen der „Schutz der Rechte und Freiheiten anderer", der „Schutz der öffentlichen Sicherheit und Ordnung" und der „Schutz der Sicherheit des Staates" in Betracht. Da mit dem Verhältnismäßigkeitsprinzip vor allem Drittschäden vermieden werden sollen,[336] liegt ein legitimes Ziel zum „Schutz der Rechte und Freiheiten anderer" vor. *Hellmut Wißmann* geht ferner davon aus, dass das Verhältnismäßigkeitsprinzip auch unter dem Gesichtspunkt der „öffentlichen Sicherheit und Ordnung" zu rechtfertigen sei. Gäbe es das Verhältnismäßigkeitsprinzip nicht, so drohe stets ein Streik. Dies wiederum führe dazu, dass die Rechtsordnung an Akzeptanz einbüße.[337] Diese Argumentation deckt sich mit der oben aufgestellten Definition für die „öffentliche Sicherheit und Ordnung". Mit dem Verhältnismäßigkeitsprinzip ist ein Ausgleich zwischen den am Arbeitskampf beteiligten Interessen in-

334 Siehe oben S. 64 ff.
335 Siehe oben S. 45 f.
336 Siehe oben S. 51 ff.
337 *Bepler*, in: FS Wißmann, S. 97 (112).

tendiert, der sich an der geltenden Rechtsordnung orientiert. Würde dieser Grundsatz abgeschafft, so geriete die Rechtsordnung aus dem Gleichgewicht. Die Frage, ob bei Abschaffung des Verhältnismäßigkeitsprinzips auch eine Funktionsbeeinträchtigung des Staatswesens droht, ist nach der hier aufgestellten Definition der mitgliedstaatlichen Beurteilung überlassen. Da es sich beim Verhältnismäßigkeitsprinzip aber um einen elementaren Grundsatz zur Harmonisierung des Arbeitskampfes mit dem geltenden Rechtssystem handelt, liegen auch hinreichende objektive Gründe vor, um diese Frage zu bejahen.

Schließlich ist zu klären, ob unter dem Aspekt der „Sicherheit des Staates" ein weiteres legitimes Ziel vorliegt. Hier ist der überzeugenden Argumentation *Hellmut Wißmanns* zu folgen, wonach der Verhältnismäßigkeitsausgleich immer auch eine Wertentscheidung der Rechtsordnung enthalte; denn bei der Verhältnismäßigkeitsprüfung werde definiert, welche Rechtsgüter die Rechtsordnung gegenüber dem Arbeitskampf für schutzwürdig erachte.[338] Die Rechtsordnung geriete folglich in Gefahr, wenn ein Streik keinen Schranken im Sinne des Verhältnismäßigkeitsprinzips unterläge. Es käme zu einer Eskalationsgefahr und folglich zu einer Gefahr für die „Sicherheit des Staates". Ob das Verhältnismäßigkeitsprinzip in seiner konkreten Form auch erforderlich und verhältnismäßig im engeren Sinn ist, wird sogleich unter dem Aspekt der „Notwendigkeit in einer demokratischen Gesellschaft" geprüft.

III. „Notwendigkeit in einer demokratischen Gesellschaft"

Auf der ersten Prüfungsstufe konnte bejaht werden, dass alle hier untersuchten Prinzipien des nationalen Streikrechts mindestens ein legitimes Ziel verfolgen. Um nach Art. 31 Abs. 1 ESC gerechtfertigt zu sein, müssen die Prinzipien aber auch die Voraussetzung der „Notwendigkeit in einer demokratischen Gesellschaft" erfüllen. Der Begriff ist Ausdruck eines demokratischen Legitimitätserfordernisses;[339] er verlangt eine Abwägung zwischen dem Eingriff und dem demokratisch „motivierten" Ziel.[340] Die Abwägung bildet den Schwerpunkt der Rechtfertigungsprüfung.

Die nähere Definition der „Notwendigkeit in einer demokratischen Gesellschaft" bereitet allerdings Schwierigkeiten. Schon der Demokratiebegriff wird – jedenfalls im Detail – europaweit unterschiedlich definiert.[341] Zur Ausle-

---

338 *Bepler*, in: FS Wißmann, S. 97 (112).

339 Vgl. *Eiffler*, Die Auslegung unbestimmter Schrankenbegriffe der EMRK, S. 14 f.

340 Vgl. *Grabenwarter*, EuGRZ 2011, 229 (232); *Klein*, in: Merten / Papier, Handbuch der Grundrechte, Band VI / 1, § 150, Rn. 25 f.; zwar beziehen sich die Autoren explizit nur auf die Europäische Menschenrechtskonvention. Die Ausführungen dürften in ihrer allgemeinen Form jedoch auch auf Art. 31 Abs. 1 ESC zu übertragen sein.

341 Vorschläge zu finden bei *Berka*, ÖZöRV 1986, 71 (91–98); *Doehring*, DVBl 1997, 1133.

gung des Demokratiebegriffs in Art. 31 Abs. 1 ESC soll daher nach Hinweisen bei der Europäischen Menschenrechtskonvention und bei der EGMR-Rechtsprechung gesucht werden. Nach Ansicht des EGMR beinhaltet der Demokratiebegriff die folgenden Elemente: Minderheitenschutz, Pluralismus, staatliche Neutralität, Berücksichtigung sozialer Belange, Angeklagtenrechte und Kontrolle staatlicher Macht.[342] Ein Grundkonsens der politischen Ordnung dürfte europaweit also bestehen.[343] Das Element der „Notwendigkeit" hat der EGMR in ständiger Rechtsprechung derart definiert, dass ein „dringendes soziales Bedürfnis" vorliegen und der Eingriff in einem angemessenen Verhältnis zum verfolgten legitimen Ziel stehen müsse. Diesbezüglich hat der EGMR den Mitgliedstaaten einen weiten Beurteilungsspielraum eingeräumt.[344] Dabei geht es dem EGMR allerdings nicht um die „Notwendigkeit" in einer spezifischen nationalen Rechtsordnung, sondern um das europäische „Leitbild"[345] einer demokratischen Rechtsordnung.[346] Es verbietet sich indes, die Kriterien des EGMR als einen „uniformisierten" Demokratiestandard zu begreifen.[347] Mit dem Demokratiebegriff soll lediglich ein Wertebezug geschaffen werden, der aber keinen Anspruch darauf erhebt, „in Konkurrenz zu den innerstaatlichen Gewährleistungen der Verfassungen der Mitgliedstaaten zu treten".[348] Daher ist die Auslegung an die jeweiligen nationalen Rahmenbedingungen rückzukoppeln.[349] Im Übrigen muss man sich im Kontext des Art. 31 Abs. 1 ESC auch deshalb von einem uniformen Demokratieverständnis lösen, weil es der Europäischen Sozialcharta an einem verbindlich entscheidenden Sanktionsorgan fehlt.[350] Daher ist es zulässig und auch erforderlich, sich in stärkerem Maße am *nationalen* Demokratieverständnis auszurichten. Im Übrigen dürften sich aber hierzulande keine grundsätzlichen Abweichungen zu den vom EGMR genannten Kriterien ergeben; denn Minderheitenschutz, Pluralismus, staatliche

---

[342] Zusammengestellt bei *Eiffler*, Die Auslegung unbestimmter Schrankenbegriffe der EMRK, S. 25 f.

[343] *Eiffler*, Die Auslegung unbestimmter Schrankenbegriffe der EMRK, S. 29.

[344] EGMR v. 7. 12. 1976 – 5493/72 (Handyside/Vereinigtes Königreich), EuGRZ 1977, 38 (41 ff.), Rn. 48 ff.; EGMR v. 26. 4. 1979 – 6538/74 (Sunday Times/Vereinigtes Königreich), EuGRZ 1979, 386 (388 f.), Rn. 59 ff.; EGMR v. 26. 11. 1991 – 51/1990/242/313 (Observer und Guardian/Vereinigtes Königreich), EuGRZ 1995, 16 (20), Rn. 59.

[345] *Berka*, ÖZöRV 1986, 71 (91).

[346] *Badenhop*, Normtheoretische Grundlagen der EMRK, S. 257.

[347] Vgl. *Grabenwarter*, EuGRZ 2011, 229 (232); diese Äußerungen sind auf die Europäische Menschenrechtskonvention bezogen, dürften aber ebenso auf Art. 31 Abs. 1 ESC zutreffen.

[348] *Grabenwarter*, EuGRZ 2011, 229 (230); diese Äußerungen sind auf die Europäische Menschenrechtskonvention bezogen, dürften aber ebenso auf Art. 31 Abs. 1 ESC zutreffen.

[349] *Grabenwarter*, EuGRZ 2011, 229 (232); diese Äußerungen sind auf die Europäische Menschenrechtskonvention bezogen, dürften aber ebenso auf Art. 31 Abs. 1 ESC zutreffen.

[350] Siehe oben S. 94 ff.

Neutralität, Berücksichtigung sozialer Belange, Angeklagtenrechte und die Kontrolle staatlicher Macht sind in der Bundesrepublik allesamt anerkannt.

Trotz der autonomen Begriffsinterpretation darf dennoch nicht jede nationale Besonderheit automatisch zu einer Rechtfertigung nach Art. 31 Abs. 1 ESC führen.[351] An die „Notwendigkeit" im Rahmen des Art. 31 Abs. 1 ESC sind daher strenge Anforderungen zu stellen. Schließlich ist auch zu prüfen, ob der Eingriff in einem angemessenen Verhältnis zum verfolgten Ziel steht. Diese Prüfung ist mit der Verhältnismäßigkeitsprüfung vergleichbar, die im nationalen Recht bei Grundrechtseingriffen erfolgt: Es werden die Geeignetheit, die Erforderlichkeit und die Verhältnismäßigkeit im engeren Sinn bzw. die Angemessenheit untersucht.[352] Das Verhältnismäßigkeitsprinzip ist auch im Völker- und Unionsrecht ein entscheidender Maßstab zur Beschränkung staatlichen Handelns.[353] Bei der folgenden Untersuchung der einzelnen Streikrechtsprinzipien liegt das Hauptaugenmerk auf den besonders relevanten Kriterien der Erforderlichkeit – d. h. der Frage nach einem gleich geeigneten milderen Mittel[354] – und der Angemessenheit bzw. der Verhältnismäßigkeit im engeren Sinn.

1. Tarifbezogenheit des Streiks

Wie bereits dargestellt, dient der Grundsatz der Tarifbezogenheit des Streiks zum einen der Vermeidung von Drittschäden, also dem „Schutz der Rechte und Freiheiten anderer". Zum anderen ist dieser Grundsatz Teil eines identitätsprägenden Gesamtgefüges und fällt unter den Begriff der „öffentlichen Sicherheit und Ordnung". Nun fragt sich jedoch, ob dieser Grundsatz zur Erreichung der genannten Ziele auch erforderlich und angemessen ist.

Mit Blick auf die „Rechte und Freiheiten anderer" lässt sich zwar anführen, dass die Eindämmung wirtschaftlicher Drittschäden erstrebenswert und daher von volkswirtschaftlichem Interesse ist. Wie aber die rechtsvergleichenden Untersuchungen gezeigt haben, ist der Grundsatz der Tarifbezogenheit nicht die einzige Möglichkeit, um wirtschaftliche Kollateralschäden zu verhindern. Entsprechende Effekte ließen sich erzielen, wenn man den Kreis zulässiger Streikziele auf „arbeitsvertragsbezogene" Ziele beschränkte, d. h. Ziele, die

---

[351] *Grabenwarter*, EuGRZ 2011, 229 (232); diese Äußerungen sind auf die Europäische Menschenrechtskonvention bezogen, dürften aber ebenso auf Art. 31 Abs. 1 ESC zutreffen.

[352] *Bumke/Voßkuhle*, Casebook Verfassungsrecht, Allgemeiner Teil, S. 21 ff.

[353] Grundlegend siehe *Eiffler*, Die Auslegung unbestimmter Schrankenbegriffe der EMRK, S. 15; *Klein*, in: Merten/Papier, Handbuch der Grundrechte, Band VI/1, § 150, Rn. 25; *Krugmann*, Der Grundsatz der Verhältnismäßigkeit im Völkerrecht; *Trstenjak/Beysen*, EuR 2012, 265; so auch der EGMR und der EuGH: EGMR v. 18. 10. 2006 – 46410/99 (Üner/Niederlande), NVwZ 2007, 1279 (1280), Rn. 54; EuGH v. 20. 9. 1988 – C-302/86, NVwZ 1989, 849, Rn. 6.

[354] *Bumke/Voßkuhle*, Casebook Verfassungsrecht, Allgemeiner Teil, S. 23.

einen Bezug zum Beschäftigungsverhältnis aufweisen.[355] So wäre nach der hier vertretenen Ansicht ebenfalls sichergestellt, dass Streiks keinen unnötig weiten – über die Arbeitsvertragsparteien hinausreichenden – Schaden anrichten. Es existieren also weniger einschneidende Möglichkeiten zum „Schutz der Rechte und Freiheiten anderer“ als die Tarifbezogenheit des Streiks. Folglich ist schon das Kriterium der Erforderlichkeit nicht erfüllt.

In puncto „öffentliche Sicherheit und Ordnung“ lässt sich anführen, dass mit der Abschaffung der Tarifbezogenheit des Streiks ein wesentliches Element der hierzulande geltenden Tarifautonomie entfiele. Damit drohte das strukturelle Gefüge der Tarifautonomie und der mit ihr zusammenhängenden Rechtsgebiete aus dem Gleichgewicht zu geraten. Allerdings bedeutet eine *Lockerung* der Zulässigkeitskriterien nicht deren gänzliche *Aufhebung*. Um einem drohenden Ungleichgewicht im Arbeitskampfrecht vorzubeugen, wäre es bereits ausreichend, das Streikrecht auf „arbeitsvertragsbezogene“ Ziele einzuschränken; denn Drittinteressen oder der Wahrung des spezifisch nationalen Rechtsgefüges wäre auch mit einer Beschränkung auf „arbeitsvertragsbezogene“ Streikziele Rechnung zu tragen. Gemessen an Art. 31 Abs. 1 ESC ist der Grundsatz der Tarifbezogenheit daher nicht erforderlich. In diese Richtung lassen sich auch die Äußerungen des BAG zum Unterstützungsstreik und zum Streik um Tarifsozialpläne verstehen. Hier ist das BAG – zuweilen sogar unter Bezug auf Art. 6 Nr. 4 ESC – deutliche Schritte in Richtung einer liberaleren Handhabung des Grundsatzes der Tarifbezogenheit gegangen.[356]

2. *Verbot des wilden Streiks*

Wie oben ermittelt, dient das Verbot wilder Streiks zum einen der Vermeidung von Drittschäden, also dem „Schutz der Rechte und Freiheiten anderer“. Zum anderen sorgt das Verbot wilder Streiks für den Schutz der „öffentlichen Sicherheit und Ordnung“. Nun fragt sich allerdings, ob dieser Grundsatz zur Erreichung der genannten Ziele auch erforderlich und angemessen ist.

In puncto Erforderlichkeit ist zunächst auf die Ausführungen zum Grundsatz der Tarifbezogenheit zu verweisen. Neben den bereits angestellten Überlegungen kommt verstärkend hinzu, dass das Verbot des wilden Streiks mit dem Erfordernis der Tariffähigkeit eine gesteigerte Eingriffsintensität erlangt, die einer Erforderlichkeit zusätzlich entgegensteht.

Außerdem wird vorgebracht, dass das Verbot des wilden Streiks auch deshalb nicht als „notwendig“ in einer demokratischen Gesellschaft gelten könne, weil die zahlreichen wilden Streiks in der Bundesrepublik deutlich gemacht hätten, dass eine Gefährdung der demokratischen Gesellschaft de facto nicht

[355] Siehe oben S. 60 f.

[356] Siehe oben S. 17 ff.

zu befürchten stehe.[357] Dieses Argument kann jedenfalls als empirischer Hinweis für die fehlende Erforderlichkeit des Gewerkschaftsmonopols gewertet werden.

Ferner wird vorgebracht, dass die Gewährleistung eines verbandsfreien Streiks nach Art. 6 Nr. 4 ESC leerliefe, wenn man es den Mitgliedstaaten über den Umweg des Art. 31 Abs. 1 ESC gestattete, den wilden Streik letztlich doch zu unterbinden.[358] Dieser Argumentation ist zuzustimmen – vor allem im Hinblick auf die Entstehungsgeschichte der Europäischen Sozialcharta; denn die *Travaux Préparatoires* zeigen, dass Art. 31 Abs. 1 ESC eine Einschränkung einzelner Rechte gestatten kann, wenn die Eigenart einer nationalen Rechtsordnung dies erfordert.[359] Eine Einschränkung darf demnach aber nur eine Ausnahme sein. Im Grundsatz bleibt es jedoch dabei, dass Art. 6 Nr. 4 ESC den wilden Streik zulässt. Überdies enthält Art. 31 Abs. 1 ESC eine Wertentscheidung,[360] wonach das Streikrecht immer nur eingeschränkt, jedoch niemals gänzlich untersagt werden kann.[361] Macht man das Streikrecht dagegen von einer Gewerkschaftsbindung abhängig, wird es derart umfassend eingeschränkt, dass das in Art. 31 Abs. 1 ESC angelegte Regel-Ausnahme-Verhältnis ausgehöhlt wird. Folglich ist das Verbot wilder Streiks nicht nach Art. 31 Abs. 1 ESC zu rechtfertigen.

3. *Beamtenstreikverbot*

Wie oben ermittelt wurde, ist das Beamtenstreikverbot ein wesentliches Element des geltenden Beamtenrechts und des nationalen Verwaltungsapparats und fällt unter den Begriff der „öffentlichen Sicherheit und Ordnung“. Zum anderen dient es dem Bürgerinteresse – also dem „Schutz der Rechte anderer“ – an einer funktionsfähigen Verwaltung. Es ist nun zu prüfen, ob das Beamtenstreikverbot zur Erreichung der genannten Ziele auch erforderlich und angemessen ist.

Zu klären ist, ob es ein gleich geeignetes, aber milderes Mittel gibt, um für einen leistungsfähigen Verwaltungsapparat zu sorgen. Ein statusbezogenes Streikverbot für Beamte wäre nur dann notwendig, wenn sich nachweisen ließe, dass die Gesellschaft durch ein eingeschränktes, d. h. funktionsbezogenes Streikverbot nicht ausreichend geschützt wäre. In Anbetracht dessen lässt sich aber nicht erklären, wieso etwa ein Lehrerstreik eine Gefahr für die

---

357 *Mitscherlich*, Das Arbeitskampfrecht der Bundesrepublik Deutschland und die ESC, S. 134.

358 Vgl. *Mitscherlich*, Das Arbeitskampfrecht der Bundesrepublik Deutschland und die ESC, S. 133 f.

359 Siehe oben S. 121 ff.

360 Siehe oben S. 121 ff.

361 Vgl. *Zacher*, ZSR 1978, 129 (147).

demokratische Gesellschaft darstellen sollte. Vielmehr reicht es zur Wahrung einer funktionsfähigen Verwaltung aus, wenn allein staatstragende Tätigkeiten einem absoluten Streikverbot unterliegen, ansonsten aber gestreikt werden darf.[362] Die *Travaux Préparatoires* bestätigten diese Einschätzungen; denn die effektive Gewährleistung des Streikrechts nach Art. 6 Nr. 4 ESC und das Regel-Ausnahme-Verhältnis des Art. 31 Abs. 1 ESC liefen leer, wenn die gesamte Beamtenschaft über Art. 31 Abs. 1 ESC vom Gewährleistungsbereich ausgenommen werden könnte.[363] Auch beim Beamtenstreik(-verbot) kommt die Wertentscheidung des Art. 31 Abs. 1 ESC[364] zum Tragen, wonach das Streikrecht für bestimmte Personengruppen nur eingeschränkt, nicht aber gänzlich untersagt werden kann.[365]

4. *Verhältnismäßigkeitsprinzip*

Wie oben ermittelt wurde, ist das Verhältnismäßigkeitsprinzip ein prägender Grundsatz des nationalen Arbeitskampfrechts und dient dem legitimen Ziel der „öffentlichen Sicherheit und Ordnung", dem „Schutz der Rechte und Freiheiten anderer" und der „Sicherheit des Staates". Es ist nun zu prüfen, ob das Verhältnismäßigkeitsprinzip zur Erreichung der genannten Ziele auch erforderlich und angemessen ist.

In der Literatur ist mehrfach darauf hingewiesen worden, dass das Verhältnismäßigkeitsprinzip der Tarifautonomie und der Kampffreiheit bereits innewohne; denn naturgemäß werde jede koalitionsmäßige Betätigung durch die Rechte des sozialen Gegenspielers begrenzt. Auch in der Europäischen Sozialcharta sei bereits ein Verhältnismäßigkeitsprinzip angelegt.[366] *Eduard Picker* spricht von einem „normimmanenten" Verhältnismäßigkeitsgrundsatz des Art. 31 Abs. 1 ESC.[367] Das nationale Verhältnismäßigkeitsprinzip sei also mit Art. 31 Abs. 1 ESC vereinbar.[368] Dieser Ansicht neigt auch das BAG zu. Es geht davon aus, dass „die gesetzesvertretende Ausgestaltung des Arbeitskampfrechts durch den Grundsatz der Verhältnismäßigkeit" den Anforderungen Art. 31 Abs. 1 ESC genüge.[369] Dem kann jedoch nicht undifferenziert zuge-

---

[362] Vgl. *Mitscherlich*, Das Arbeitskampfrecht der Bundesrepublik Deutschland und die ESC, S. 111.

[363] *Mitscherlich*, Das Arbeitskampfrecht der Bundesrepublik Deutschland und die ESC, S. 101.

[364] Siehe oben S. 121 ff.

[365] *Zacher*, ZSR 1978, 129 (147).

[366] *Konzen*, JZ 1986, 157 (163); *Scholz*, SAE 1985, 33 (40).

[367] *Picker*, DB 1985, Beil. Nr. 7, 1 (13 f.).

[368] *Konzen*, JZ 1986, 157 (163); *Scholz*, SAE 1985, 33 (40).

[369] BAG v. 19.6.2007 – 1 AZR 396/06, AP Nr. 173 zu Art. 9 GG, unter I 2 c) bb) (3) der Gründe; so auch LAG Hamm v. 24.10.2001 – 18 Sa 1981/00, AP Nr. 161 zu Art. 9 GG, unter B II 3 b) der Gründe; Zustimmung in der Literatur von *Wank*, Anmerkungen zum BAG v.

stimmt werden; denn die hier vorgenommene Auslegung hat ergeben, dass das deutsche Verhältnismäßigkeitsprinzip dem Art. 6 Nr. 4 ESC weitgehend *nicht* entspricht.[370] Um dennoch eine Konformität mit der Sozialcharta zu erreichen, muss das Verhältnismäßigkeitsprinzip die Rechtfertigungsanforderungen nach Art. 31 Abs. 1 ESC erfüllen. Der Hinweis, dass das Verhältnismäßigkeitsprinzip dem Art. 31 Abs. 1 ESC bereits innewohne, genügt hierfür nicht. Zwar mag ein *Ultima Ratio*- bzw. ein „Verhältnismäßigkeitsgedanke" bereits in Art. 6 Nr. 4 ESC und Art. 31 Abs. 1 ESC angelegt sein.[371] Daraus darf aber nicht gefolgert werden, dass das Verhältnismäßigkeitsprinzip auch in seiner *konkreten* Ausgestaltung durch das BAG nach Art. 31 Abs. 1 ESC gerechtfertigt ist. Diese voreilige Schlussfolgerung widerspräche nämlich dem Regel-Ausnahme-Charakter des Art. 31 Abs. 1 ESC[372], wonach eine Einschränkung der einzelnen Sozialcharta-Gewährleistungen nur ausnahmsweise möglich sein soll.

Um zu klären, ob das Verhältnismäßigkeitsprinzip in seiner *konkreten* Ausgestaltung mit Art. 6 Nr. 4 ESC vereinbar ist, müsste jede denkbare Fallgestaltung auf ihre Konformität mit den Vorgaben des Art. 31 Abs. 1 ESC geprüft werden. Dies würde jedoch den Rahmen dieser Arbeit sprengen. Festzuhalten bleibt, dass Art. 31 Abs. 1 ESC eine Einschränkung des Streikrechts unter Verhältnismäßigkeitsgesichtspunkten *grundsätzlich* ermöglicht – jedenfalls dann, wenn man das Verhältnismäßigkeitsprinzip als Rechtsmissbrauchsgrenze[373] begreift.[374] Damit ist allerdings nur eine Tendenz festgestellt. Eine konkrete Aussage zur Zulässigkeit des Verhältnismäßigkeitsprinzips in jeder denkbaren Fallgestaltung kann hier nicht getroffen werden.

5. Zwischenergebnis

Für den Grundsatz der Tarifbezogenheit des Streiks, das Verbot wilder Streiks und das Beamtenstreikverbot ist die „Notwendigkeit" i. S. d. Art. 31 Abs. 1 ESC zu verneinen; denn um den jeweils verfolgten legitimen Zielen Rechnung zu tragen, kommen auch weniger eingriffsintensive Maßnahmen in Betracht. Zu denken ist etwa an eine Beschränkung auf „arbeitsvertragsbezogene" Streikziele. In puncto Beamtenstreikverbot wäre eine funktionsbezogene Dif-

---

19. 6. 2007 – 1 AZR 396/06, AP Nr. 173 zu Art. 9 GG; zur Frage der Vereinbarkeit des Unterstützungsstreiks mit Art. 31 Abs. 1 ESC siehe *Hohenstatt/Schramm*, NZA 2007, 1034 (1037).

[370] Siehe oben S. 159 ff.

[371] Siehe oben S. 160.

[372] Siehe oben S. 121 ff.

[373] Das Verbot des Rechtsmissbrauchs ist ein allgemeiner Rechtsgrundsatz, der international anerkannt ist (statt aller *Bernhardt*, Die Auslegung völkerrechtlicher Verträge, S. 23 ff.; MünchKomm BGB/*Roth/Schubert*, § 242 BGB, Rn. 156; *Verdross/Simma*, Universelles Völkerrecht, S. 281).

[374] So auch *Dumke*, Streikrecht i. S. des Art. 6 Nr. 4 ESC und deutsches Arbeitskampfrecht, S. 277, 279, 288, 361 f.

ferenzierung ein gleich geeignetes, aber milderes Mittel. Ob auch das Verhältnismäßigkeitsprinzip nach Art. 31 Abs. 1 ESC gerechtfertigt ist, konnte hier nicht für alle denkbaren Fallgestaltungen beantwortet werden. Allerdings ist in Art. 31 Abs. 1 ESC ein „Verhältnismäßigkeitsgedanke“ angelegt, der jedoch nur im Ansatz für eine Vereinbarkeit der Europäischen Sozialcharta mit dem nationalen Verhältnismäßigkeitsprinzip sorgt.

5. Abschnitt

Einfluss der Vorbehaltserklärung

Wie bereits dargestellt, hat die Bundesrepublik Deutschland am 28. September 1961 vor Unterzeichnung der Europäischen Sozialcharta erklärt, dass Art. 6 Nr. 4 ESC nicht auf Beamte, Richter, Soldaten und solche Personen anwendbar sei, die einer staatlichen Loyalitätspflicht unterlägen.[1] Die Bundesrepublik Deutschland könnte sich mit dieser umstrittenen[2] Erklärung dem Vorwurf eines Verstoßes gegen Art. 6 Nr. 4 ESC aber nur dann entziehen, wenn es sich hierbei um eine wirksame Vorbehaltserklärung handeln sollte. Das EKSR hat diesen „Vorbehalt" kritisiert und für unwirksam erklärt.[3] Um zu überprüfen, ob diese Rechtsansicht des EKSR zutrifft, werden zunächst Begriff und Rechtsnatur des völkerrechtlichen Vorbehalts erläutert. Anschließend werden die Wirksamkeitsvoraussetzungen des deutschen Vorbehalts untersucht.

A. Begriff und Rechtsnatur des völkerrechtlichen Vorbehalts

Nach der inzwischen allgemein verbindlichen[4] Definition gemäß Art. 2 Abs. 1 lit. d WVRK ist ein völkerrechtlicher „Vorbehalt" eine

> [...] wie auch immer formulierte oder bezeichnete, von einem Staat bei der Unterzeichnung, Ratifikation, Annahme oder Genehmigung eines Vertrags oder bei dem Beitritt zu einem Vertrag abgegebene einseitige Erklärung, durch die der Staat bezweckt, die Rechtswirkung einzelner Vertragsbestimmungen in der Anwendung auf diesen Staat auszuschließen oder zu ändern.

Per definitionem ist also eine einseitige staatliche Willenserklärung erforderlich, mit der die Rechtswirkungen völkervertraglicher Bestimmungen abbedungen oder abgeändert werden sollen.[5] Die Gelegenheit zur Abgabe einer solchen Erklärung besteht so lange, bis die völkerrechtliche Bindungswirkung eintritt[6] – eine Voraussetzung, welche die Bundesrepublik mit ihrer Erklä-

---

[1] Siehe oben S. 123 f.

[2] *Świątkowski*, Charter of Social Rights of the Council of Europe, S. 231.

[3] *Conclusions VII (1981)*, Germany, S. 39; Näheres bei *Lörcher*, AuR 2009, 229 (233).

[4] *Behnsen*, Das Vorbehaltsrecht, S. 42.

[5] Maunz/Dürig/*Nettesheim*, Art. 59 GG, Rn. 119.

[6] *Behnsen*, Das Vorbehaltsrecht, S. 42.

rung zum Beamtenstreikverbot jedenfalls erfüllt hat. Das Vorbehaltsrecht ist Ausdruck des völkerrechtlichen Prinzips der staatlichen Unabhängigkeit und nationalen Souveränität. Zwar mag ein Vorbehalt in politischer Hinsicht bedenklich erscheinen. Dennoch ist das Vorbehaltsrecht sinnvoll, weil es den Abschluss völkerrechtlicher Verträge erleichtern kann. Zum Teil räumen internationale Verträge sogar explizit die Möglichkeit zur Abgabe einer Vorbehaltserklärung ein (vgl. Art. 57 EMRK). Umstritten ist aber, ob die Vorbehaltserklärung zu ihrer Wirksamkeit ebenso wie das Zustimmungsgesetz (Art. 59 Abs. 2 GG) eines zusätzlichen Legislativaktes bedarf.[7] Bei der Vorbehaltserklärung zur Europäischen Sozialcharta hat es keine zusätzliche parlamentarische Zustimmung gegeben. Nach vorzugswürdiger Ansicht spielt das aber keine Rolle, da ein Vorbehalt quasi als „Minus“ in der Zustimmung zum völkerrechtlichen Vertrag enthalten sei.[8]. Schließlich kann die Möglichkeit zur Abgabe einer Vorbehaltserklärung gemäß Art. 19 WVRK ausdrücklich oder nach dem „Ziel und Zweck“ des Vertrags ausgeschlossen sein.[9]

B. Keine Wirksamkeit des deutschen Vorbehalts

Zunächst ist zu klären, ob die deutsche „Erklärung“ gegen die Anerkennung eines Beamtenstreiks die formalen Voraussetzungen eines völkerrechtlichen Vorbehalts erfüllt. Dass die Bezeichnung „declaration“ gewählt wurde, ist allerdings unschädlich, weil es auf die *Intention* der Erklärung ankommt. Die von der Bundesrepublik abgegebene Erklärung zielte auf den Ausschluss der rechtlichen Wirkungen des Art. 6 Nr. 4 ESC (in puncto Beamtenstreik) ab. Die Erklärung der Bundesrepublik Deutschland muss daher formal als Vorbehaltserklärung gewertet werden.[10]

An der Wirksamkeit der Erklärung bestehen allerdings Zweifel – und zwar im Hinblick auf Art. 19 WVRK. Nach Art. 19 lit. a und b WVRK sind Vorbehalte unwirksam, wenn der völkerrechtliche Vertrag Vorbehalte grundsätzlich oder nur partiell verbietet. Ausdrücklich verbietet die Sozialcharta Vorbehalte zum Streikrecht zwar nicht. Allerdings vertrüge sich ein Vorbehaltsrecht nur schwerlich mit der *opting in*-Lösung in Art. 20 ESC. Dieses System würde unterlaufen, wenn einzelne als verbindlich angenommene Bestimmungen qua

[7] Maunz/Dürig/*Nettesheim*, Art. 59 GG, Rn. 121.

[8] *Bleckmann*, Grundgesetz und Völkerrecht, S. 286; a. A. *Mitscherlich*, Das Arbeitskampfrecht der Bundesrepublik Deutschland und die ESC, S. 117.

[9] Maunz/Dürig/*Nettesheim*, Art. 59 GG, Rn. 119.

[10] Durch eine abweichende Bezeichnung darf sich ein Staat den Rechtsfolgen eines Vorbehalts nicht rechtsmissbräuchlich entziehen, vgl. § 2 Abs. 1 lit. d WVRK (*Behnsen*, Das Vorbehaltsrecht, S. 42 f.); a. A. *Mitscherlich*, Das Arbeitskampfrecht der Bundesrepublik Deutschland und die ESC, S. 116 f.

Vorbehaltserklärung letztlich doch umgangen werden könnten.[11] Wie sich aus Art. 20 Abs. 1 lit. b ESC ergibt, handelt es sich bei Art. 6 ESC um eine der sieben Kernvorschriften, von denen mindestens fünf als verbindlich zu akzeptieren sind. Deutschland hat Art. 6 ESC als verbindlich akzeptiert. Es liefe dem Zweck dieser umsetzungsfreundlichen Vorschrift zuwider, wenn sich die Vertragsstaaten der völkerrechtlichen Bindung mittels eines Vorbehalts wieder entziehen könnten. Auch in der vom Europarat herausgegebenen Literatur heißt es, dass ein Staat keine Vorbehalte für die Mindestzahl der einzuhaltenden Vorschriften erklären dürfe. Vorbehalte könnten von einem Staat nur in Bezug auf die *zusätzlich* von ihm akzeptierten Bestimmungen erklärt werden.[12] Insofern könnte man bereits von einem ausdrücklichen Verbot im Sinne des Art. 19 lit. b WVRK ausgehen.

Selbst wenn man kein ausdrückliches Verbot im Sinne des Art. 19 lit. b WVRK annehmen will, könnte der Vorbehalt aber gemäß Art. 19 lit. c WVRK mit dem „Sinn und Zweck" des Vertrags unvereinbar sein. Zweck der Europäischen Sozialcharta ist eine möglichst umfassende und effektive Gewährleistung des Menschenrechtsschutzes. Um dieses Schutzziel voranzutreiben, bedürfen Vorbehalte einer besonderen Rechtfertigung. Ein Zurückbleiben hinter dem gebotenen Schutzstandard darf mittels eines Vorbehalts nicht perpetuiert werden.[13] In systematisch-teleologischer Hinsicht stehen der Wirksamkeit des Vorbehalts die *opting in*-Lösung in Art. 20 ESC und der Schrankenvorbehalt in Art. 31 Abs. 1 ESC entgegen. Ausnahmen von den Sozialcharta-Rechten sind nur unter den in Art. 31 Abs. 1 ESC genannten Kriterien zulässig. Diese Rechtfertigungslösung würde unterlaufen, wenn man sich den Vorgaben der Sozialcharta durch Vorbehalte wieder entziehen könnte. Schließlich belegen auch die *Travaux Préparatoires*, dass man sich nur unter den Voraussetzungen des Art. 31 Abs. 1 ESC von den Vorgaben des Art. 6 Nr. 4 ESC „freikaufen" darf.[14]

---

[11] *Mitscherlich*, Das Arbeitskampfrecht der Bundesrepublik Deutschland und die ESC, S. 117.

[12] *Europarat*, Die Europäische Sozialcharta: Ein Leitfaden, S. 80.

[13] Vgl. *Dumke*, Streikrecht i. S. des Art. 6 Nr. 4 ESC und deutsches Arbeitskampfrecht, S. 96; *Giegerich*, ZaöRV 1996, 713 (772).

[14] Siehe oben S. 121 ff.

6. Abschnitt

Zusammenfassung und Folgefragen

Die Europäische Sozialcharta ist eine „Innovation", da sie soziale Grundrechte erstmals auf internationaler Ebene garantiert hat. Hervorzuheben ist Art. 6 Nr. 4 ESC, mit dem das Streikrecht zum ersten Mal in einem Völkervertrag „auftaucht". Nach dem Willen ihrer Schöpfer sollte die Europäische Sozialcharta die Freiheitsrechte der Europäischen Menschenrechtskonvention sozialrechtlich „flankieren". Im Völkerrecht hatte sich nämlich die Idee von der Unteilbarkeit der Menschenrechte durchgesetzt. Wirksame Freiheitssicherung ist demnach nur möglich, wenn gleichzeitig sozialrechtliche Absicherung besteht. Diesem Gedanken folgend hat sich auch das Unionsrecht immer stärker um eine sozialrechtliche Ausrichtung bemüht und dabei die Wertentscheidungen der Europäischen Sozialcharta als „Wertequelle" herangezogen.

An dieser ideellen Bedeutungsdimension hat auch Art. 6 Nr. 4 ESC teil. Allerdings handelt es sich beim Streikrecht nicht um ein soziales Grundrecht im engeren Sinn, sondern um ein „soziales Freiheitsrecht". Mit dieser Janusköpfigkeit liegt das Streikrecht im Schnittbereich zwischen den sozialen Grundrechten und den Freiheitsrechten der Europäischen Menschenrechtskonvention. Bereits diese funktionelle Überschneidung deutet an, wieso der EGMR bei der Auslegung des Art. 11 EMRK auf Art. 6 Nr. 4 ESC zurückgreift. Darauf wird im Folgenden näher eingegangen.

Indes fehlt es der Europäischen Sozialcharta – und so auch dem Art. 6 Nr. 4 ESC – an einem effektiven Durchsetzungsmechanismus. Die Europäische Sozialcharta verfügt nicht über ein verbindliches Sanktionsorgan. Die Sanktionen des EKSR und des Ministerkomitees sind *völkerrechtlich* unverbindlich. Das schlägt sich auch bei der Auslegung des Art. 6 Nr. 4 ESC nieder. Es wurde herausgearbeitet, dass weder das EKSR noch das Ministerkomitee ein Recht zur verbindlichen Interpretation für sich beanspruchen können. Daher darf der jeweilige nationale Rechtsanwender im Wege der Auslegung den Gewährleistungsgehalt des Art. 6 Nr. 4 ESC autonom festlegen. Dabei ist der Rechtsanwender allerdings an die verbindlichen Vorgaben der Art. 31 ff. WVRK gebunden.

Im Wege der Auslegung konnte ermittelt werden, dass der Grundsatz der Tarifbezogenheit des Streiks, das Verbot wilder Streiks und das Beamtenstreikverbot nicht mit Art. 6 Nr. 4 ESC vereinbar sind. Der von der Bundesrepublik erklärte Vorbehalt zum Beamtenstreik ist nämlich unwirksam und beseitigt die völkerrechtliche Verpflichtung zur Befolgung des Art. 6 Nr. 4 ESC nicht, vgl. Art. 27 S. 1 WVRK. Hingegen sind das Verbot des politischen Streiks und die relative Friedenspflicht nach den hier erzielten Auslegungsergebnissen von Art. 6 Nr. 4 ESC gedeckt. Auch das Verhältnismäßigkeitsprinzip ist jedenfalls dem Grunde nach mit der Europäischen Sozialcharta vereinbar, da eine Rechtfertigung nach Art. 31 Abs. 1 ESC in Betracht kommt.

Fest steht, dass die Bundesrepublik *völkervertraglich* zur Befolgung der hier ermittelten Vorgaben verpflichtet ist, vgl. Art. 27 S. 1 WVRK. Damit ist aber noch keine Aussage zur *innerstaatlichen* Bindung an Art. 6 Nr. 4 ESC getroffen worden. Von der innerstaatlichen Bindung hängt aber die Frage ab, inwiefern Art. 6 Nr. 4 ESC das nationale Recht in puncto Tarifbezogenheit des Streiks, wilder Streik und Beamtenstreik beeinflussen und gestalten kann. Dem wird im folgenden dritten Teil nachgegangen.

3. Teil

Relevanz des Art. 6 Nr. 4 ESC bei isolierter Betrachtung

Im dritten Teil wird untersucht, welche Bindungswirkung Art. 6 Nr. 4 ESC im nationalen Recht erzeugt. Nur so lässt sich klären, inwiefern die im zweiten Teil ermittelten Auslegungsergebnisse das nationale Recht konkret beeinflussen können. Im Kern geht es hierbei um die umstrittene Frage, ob Art. 6 Nr. 4 ESC unmittelbar anwendbares Recht darstellt oder lediglich eine Staatenverpflichtung begründet. Im Falle einer unmittelbaren Anwendbarkeit wären die nationalen Regeln des Arbeitskampfrechtes – sofern ihnen nicht im Einzelfall Verfassungsrang zukommt – nachrangig und obsolet, während eine Staatenverpflichtung weniger einschneidende Konsequenzen für das nationale Recht hätte.[1]

Bei den nachfolgenden Untersuchungen wird im ersten Abschnitt das Verhältnis von Völkerrecht und nationalem Recht dargestellt und im zweiten Abschnitt wird geprüft, ob Art. 6 Nr. 4 ESC unmittelbar anwendbar ist. Im dritten Abschnitt soll dargestellt werden, wie Art. 6 Nr. 4 ESC – auch bei fehlender unmittelbarer Anwendbarkeit – mittelbaren Einfluss auf das nationale Recht ausüben kann. Im vierten Abschnitt erfolgt eine Zusammenfassung.

[1] *Mitscherlich*, Das Arbeitskampfrecht der Bundesrepublik Deutschland und die ESC, S. 36.

1. Abschnitt

Verhältnis zwischen Völkerrecht und nationalem Recht

Die Europäische Sozialcharta und die Europäische Menschenrechtskonvention stellen regionales – nämlich europäisches – Völkerrecht dar.[1] Völkerrecht wird definiert als „das Recht zwischen den Völkerrechtssubjekten".[2] Mit dieser Definition ist allerdings noch nichts über die Einflussmöglichkeiten und das Wechselspiel zwischen dem Völkerrecht und den jeweiligen nationalen Rechtsordnungen ausgesagt. In welcher Beziehung das Völkerrecht und die nationale Rechtsordnung zueinander stehen, wird im Folgenden untersucht. Die Ausführungen sollen ein Verständnis für die *innerstaatliche* Wirkung einer *völkerrechtlichen* Norm schaffen. Dabei ist zwischen der innerstaatlichen Geltung und der innerstaatlichen Anwendbarkeit einer völkerrechtlichen Norm zu unterscheiden. Begriff und Bedeutung von Geltung und unmittelbarer Anwendbarkeit werden im Schrifttum nur unzureichend definiert, häufig sogar verwechselt oder vermengt.[3] Insofern besteht Klärungsbedarf. Zugleich sollen die theoretischen Überlegungen ein Problembewusstsein für die Komplexität des europäischen Grundrechtsschutzes schaffen und Lösungsansätze für die Erarbeitung einer Kollisionsregel – im sechsten Teil dieser Arbeit – vorbereiten helfen.

---

[1] *Leinemann*, BB 1993, 2519.

[2] *Bleckmann*, Grundprobleme und Methoden des Völkerrechts, S. 38; Näheres siehe auch *Walter*, Die Europäische Menschenrechtsordnung, S. 3 f.

[3] *Rupert Scholz* scheint die unmittelbare Anwendbarkeit zu meinen, spricht aber von der innerstaatlichen Geltung des Art. 6 Nr. 4 ESC (*Scholz*, SAE 1985, 33 (40)); *Hugo Seiter* setzt Transformation und unmittelbare Anwendbarkeit gleich (*Seiter*, Streikrecht und Aussperrungsrecht, S. 130). *Otto Rudolf Kissel* wechselt zwischen Geltung und unmittelbarer Anwendbarkeit und verkennt, dass eine völkerrechtliche Norm stets der Geltung bedarf, um im innerstaatlichen Raum zu wirken (*Kissel*, Arbeitskampfrecht, § 20, Rn. 18 ff.); unklar *Leinemann*, BB 1993, 2519. Zur Verwirrung trägt bei, dass auch das BVerfG die Begriffe zuweilen synonym verwendet und von unmittelbarer Anwendbarkeit spricht, wenn es Geltung meint (BVerfG v. 22. 10. 1986 – 2 BvR 197/83, NJW 1987, 577 (579)).

A. Traditionelle Unterscheidung zwischen Monismus und Dualismus

Das Verhältnis von Völkerrecht und innerstaatlichem Recht (Landesrecht) war lange Zeit Gegenstand eines Schulenstreits[4] zwischen den „Dualisten" und „Monisten" sowie den einzelnen Spielarten der beiden Lehren. Den widerstreitenden Lehren liegen unterschiedliche Konzeptionen des rechtlichen Weltbildes zu Grunde – nämlich einerseits die Idee von der Einheit und andererseits die Idee von der Wesensverschiedenheit des völkerrechtlichen und innerstaatlichen Rechts.[5] Konkret geht es um die Frage, ob Völkerrecht und innerstaatliches Recht eine einheitliche Rechtsordnung (Monismus) oder zwei eigenständige Rechtskreise (Dualismus) darstellen.[6]

Die Monisten gehen nach dem erkenntnistheoretischen Postulat[7] eines ihrer prominentesten Vertreter *Hans Kelsen*[8] davon aus, dass das gesamte Recht ein einheitliches System ist.[9] Nach dieser Konzeption leitet sich die nationale Staatsgewalt aus dem Völkerrecht ab und erhält durch sie ihren Geltungsgrund.[10] Umstritten ist allerdings, wie der Monismus die notwendige „hierarchische Einheitsbildung"[11] vollzieht, d. h., ob dem innerstaatlichen Recht oder dem Völkerrecht Vorrang gebührt. Zur Beantwortung dieser Frage bieten die einzelnen Spielarten des Monismus folgende Lösungen an: Nach der souveränitätsbetonenden Variante des Monismus mit „Primat des Staatsrechts" kann eine völkerrechtliche Norm von nationalen Organen angewendet werden, sie wird aber von vorrangigem nationalen Recht verdrängt.[12] Diese Theorie wird heute jedoch nicht mehr vertreten. Beim Monismus mit „Primat des Völkerrechts" wird innerstaatliches Recht für nichtig erklärt, wenn es in Widerspruch zum Völkerrecht steht.[13] Bei Anwendung dieser Lehre würde das nationale

---

4 Näheres zu diesem Streit bei *Wagner*, AöR 1964, 212.

5 *Pfeffer*, Verhältnis von Völkerrecht und Landesrecht, S. 82; *Wagner*, AöR 1964, 212.

6 *Becker*, NVwZ 2005, 289; Maunz/Dürig/*Herdegen*, Art. 25 GG, Rn. 4.

7 *Hans Kelsen* hat sich aber später zu einem gemäßigten Monismus hingewendet; danach kann völkerrechtswidriges Landesrecht jedenfalls vorläufig gelten. Diese Ansicht entfaltete er zuletzt in seinem Werk „Reine Rechtslehre" von 1934 (*Kelsen*, Reine Rechtslehre, S. 152 ff.). Näheres bei *Fischer-Lescano*, in: Brunkhorst/Voigt, Rechts-Staat, S. 205 ff.; *Wagner*, AöR 1964, 212.

8 Näheres zu *Kelsens* Verständnis vom Verhältnis zwischen Völkerrecht und Landesrecht erläutert bei *Bleckmann*, Rechtstheorie, Beiheft 5, 337.

9 *Fischer-Lescano*, in: Brunkhorst/Voigt, Rechts-Staat, S. 205 (209); *Geiger*, Grundgesetz und Völkerrecht, S. 13; *Jakab*, ZaöRV 2004, 1045 (1048).

10 *Wagner*, AöR 1964, 212 (218).

11 *Wendel*, Permeabilität, S. 20.

12 *Herdegen*, Völkerrecht, § 22, Rn. 1; Maunz/Dürig/*Herdegen*, Art. 25 GG, Rn. 4.

13 Maunz/Dürig/*Herdegen*, Art. 25 GG, Rn. 4; *Petersen*, ZaöRV 2012, 223 (225); *Wagner*, AöR 1964, 212 (221).

Streikrecht, das den Vorgaben des Art. 6 Nr. 4 ESC nicht entspricht, also derogiert.

Dem steht die dualistische Lehre gegenüber, die Völkerrecht und Landesrecht – trotz möglicher Schnittmengen der Regelungsgegenstände – als unterschiedliche Rechtsquellen behandelt. Nach der Formulierung *Heinrich Triepels*[14], der als Begründer der dualistischen Lehre gilt, können sich Völkerrecht und Landesrecht als unabhängige Rechtsordnungen nur berühren, aber niemals „schneiden".[15] Würde man diese Lehre streng befolgen, hätte Art. 6 Nr. 4 ESC als Bestandteil der völkerrechtlichen Sphäre keinen Einfluss auf das Streikrecht in der Bundesrepublik Deutschland.

Die konsequente Anwendung einer der beiden Lehren führt also entweder dazu, dass Völkerrecht und nationales Recht einander über- bzw. untergeordnete Teilsysteme einer identischen Rechtsordnung sind oder gar keine Berührungspunkte aufweisen. Diese extremen Positionen sind allerdings auf vehemente Kritik gestoßen. So wird dem dualistischen Ansatz entgegengehalten, dass bei einer konsequenten Trennung zwischen Völkerrecht und Landesrecht eine gleichzeitige Geltung beider Rechtsordnungen denklogisch unmöglich sei. Von ein und demselben Blickwinkel aus könnten niemals beide Teilsysteme als gültig anerkannt werden, sondern immer nur jedes einzelne von seinem jeweiligen Standpunkt aus.[16] Auch praktisch sei der strenge Dualismus nicht durchführbar, da das Völkerrecht „zu einem sinnlosen Fragment" würde, wenn das nationale Recht keine Regelungen zur Einbeziehung des Völkerrechts träfe.[17] Außerdem sei die dualistische Haltung nicht mehr zeitgemäß, weil das Völkerrecht inzwischen auch all jene Sachbereiche erfasse, die früher zu den internen Staatsangelegenheiten gehört hätten.[18] Dies zeige sich vor allem im europäischen Menschenrechtsschutz, wo mit der Europäischen Menschenrechtskonvention, der Europäischen Sozialcharta und dem Menschenrechtsschutz auf Unionsebene zahlreiche Gewährleistungen zur Verfügung stünden.[19] Auch die monistische Lehre wird kritisiert. Die Kritik gilt nicht nur dem Monismus mit Staatsrechtsprimat, der sich nicht mit einer immer enger zusammenwachsenden Völkerrechtsgemeinschaft verträgt, sondern auch dem Monismus mit Völkerrechtsprimat, der die nationalstaatliche Souveränität weitgehend negiert.[20]

---

[14] *Triepel*, Völkerrecht und Landesrecht, S. 111.

[15] *Geiger*, Grundgesetz und Völkerrecht, S. 14; *Herdegen*, Völkerrecht, § 22, Rn. 1.

[16] *Kelsen*, Das Problem der Souveränität und die Theorie des Völkerrechts, § 30, S. 121.

[17] *Kelsen*, Das Problem der Souveränität und die Theorie des Völkerrechts, § 30, S. 122.

[18] *Viellechner*, Der Staat Bd. 51 (2012), S. 559 (562); *Viellechner*, in: Matz-Lück/Hong, Grundrechte und Grundfreiheiten im Mehrebenensystem, S. 109 (110 f.).

[19] *Viellechner*, in: Matz-Lück/Hong, Grundrechte und Grundfreiheiten im Mehrebenensystem, S. 109 (110 f.).

[20] Maunz/Dürig/*Herdegen*, Art. 25 GG, Rn. 4 f.; Maunz/Dürig/*Nettesheim*, Art. 59 GG, Rn. 168.

Einer Stellungnahme zu Gunsten der monistischen oder dualistischen Lehre bedarf es nicht, weil die beiden Schulen ihre Ansichten inzwischen weitgehend angeglichen haben. Es besteht inzwischen Konsens, dass Völkerrecht und Landesrecht wechselseitig aufeinander einwirken können.[21] So ist der „gemäßigte" *Monismus* von der Ansicht abgerückt, dass völkerrechtswidriges Landesrecht nichtig sei. Entgegenstehendes nationales Recht behalte seine Geltung bei, bis das Völkerrecht nach den jeweiligen innerstaatlichen Regeln inkorporiert sei. Zu dem gleichen Ergebnis kommt der „gemäßigte" *Dualismus*, der völkerrechtswidrigem Landesrecht lediglich eine vorübergehende Geltung zuspricht – nämlich nur solange, bis eine Konformität mit dem Völkerrecht hergestellt sei. Die Staaten seien nämlich verpflichtet, eine völkerrechtskonforme Lage zu schaffen, insbesondere im Wege der völkerrechtsfreundlichen Auslegung.[22] Überwiegend wird dem gemäßigten Dualismus der Vorzug[23] gegeben, da dieser trotz grundsätzlicher Eigenständigkeit beider Rechtskreise eine wechselseitige Einwirkung beider Rechtskreise für möglich hält.[24] Mit dieser Theorie werde der Rechtswirklichkeit weitgehend entsprochen; denn de facto bestimmen die einzelnen Staaten die Geltung ihrer Rechtsordnungen autonom und leiten sie nicht aus dem Völkerrecht ab.[25] Die moderne Völkerrechtspraxis überlässt es der nationalstaatlichen Autonomie, das Verhältnis von Völkerrecht und Landesrecht festzulegen und Normenkonflikte zu lösen.[26] Dies heißt allerdings nicht, dass sich ein Staat zur Abwendung einer völkervertraglichen Verantwortlichkeit auf entgegenstehendes innerstaatliches Recht berufen kann, vgl. Art. 27 S. 1 WVRK und Art. 46 EMRK. Die Staaten haben daher für eine möglichst weitgehende Konformität mit völkerrechtlichen Verpflichtungen zu sorgen (u. a. durch völkerrechtsfreundliche Auslegung)[27].[28]

Wie die neueren Kompromissbemühungen im Schulenstreit zeigen, entsprechen die überkommenen Erklärungsansätze des Monismus und Dualismus nicht mehr dem modernen Staats- und Völkerrecht.[29] Der „geschlossene" Staat, wie er dem Monismus mit Staatsrechtsprimat oder dem strengen Dualis-

---

[21] *Geiger*, Grundgesetz und Völkerrecht, S. 14; Maunz/Dürig/*Herdegen*, Art. 25 GG, Rn. 5.

[22] *Geiger*, Grundgesetz und Völkerrecht, S. 14, 139; Maunz/Dürig/*Herdegen*, Art. 25 GG, Rn. 5; Näheres dazu siehe unten S. 220 ff.

[23] Anderer Auffassung ist allerdings *Heinz Wagner*, der dem Monismus aus psychologischen Gründen grundsätzlichen Vorzug geben will. Eine monistische Konzeption zerstöre nämlich die Vorstellung von der egozentrischen Allmacht des Staates (*Wagner*, AöR 1964, 212 (240)).

[24] Maunz/Dürig/*Herdegen*, Art. 25 GG, Rn. 4.

[25] *Herdegen*, Völkerrecht, § 22, Rn. 2.

[26] *Viellechner*, in: Matz-Lück/Hong, Grundrechte und Grundfreiheiten im Mehrebenensystem, S. 109 (113 ff.).

[27] Näheres dazu unten S. 220 ff.

[28] *Cremer*, EuGRZ 2011, 225 (227); *Geiger*, Grundgesetz und Völkerrecht, S. 139.

[29] *Fischer-Lescano/Renner*, in: Terhechte, Verwaltungsrecht der EU, § 10, Rn. 53.

mus als Leitbild dient,[30] bildet das Streben des modernen Staates nach selbstbestimmter internationaler „Öffnung"[31] nur unzureichend ab. Der moderne Staat fragt nicht mehr nach dem Primat des Staats- oder Völkerrechts,[32] sondern steht in einer konzeptionellen Wechselbeziehung mit dem Völkerrecht. *Klaus Vogel* beschreibt dies wie folgt:

Mit der Abkehr vom Modell des „geschlossenen Staates" im politischen Raum geht also wiederum eine entsprechende Entwicklung in der Völkerrechtslehre einher. Übereinstimmend wächst ferner auch in der neueren Staatstheorie das Bestreben, den einzelnen Staat nicht allein mehr in seiner theoretischen Isolierung, sondern gleichzeitig auch in seiner Einordnung in die Staatengesamtheit und in seinem Mit- und Gegeneinander mit anderen Staaten zu erfassen und darzustellen. [...]. Die Gleichläufigkeit der geschilderten Entwicklung in Staatspolitik und Dogmengeschichte muss uns [...] notwendig zu der Folgerung führen, dass wir uns hier im Angesicht eines ideengeschichtlichen Vorgangs von wesentlich umfassenderer Bedeutung befinden: es hat sich hier letztlich im Bereich der Rechtswissenschaft wie des allgemeinen politischen Denkens [...] der konkrete Begriff des Staates selber gewandelt.[33]

Demnach verbietet sich die pauschale Schlussfolgerung, dass mit einer zunehmenden Hinwendung zum Völkerrecht eine Einbuße an staatlicher Souveränität verbunden sei. Wenngleich dies bei flüchtiger Betrachtung paradox erscheinen mag, so ist die verstärkte Ausrichtung an völkerrechtlichen Vorgaben gerade ein Ausdruck staatlicher Souveränität durch autonome Selbstbeschränkung.[34]

Kritisch ist die herkömmliche Abgrenzung zwischen dem Monismus und Dualismus auch deshalb zu bewerten, weil der Nationalstaat angesichts einer fortschreitenden Internationalisierung und Europäisierung in ein immer dichteres Netzwerk unterschiedlicher Regelungsregime eingebunden ist. Diese internationalen Regime verfügen über eigene Sanktionsorgane, die eine dynamische Fortbildung des Rechts betreiben – eine Entwicklung, die unter dem Stichwort der „Proliferation"[35] diskutiert wird.[36] Mit der stetigen Fragmentierung des Rechts gehen Normwidersprüche einher. Die Bewältigung dieser Normwidersprüche ist eine neuartige Herausforderung für das

---

[30] *Vogel*, Die Verfassungsentscheidung des GG für eine internationale Zusammenarbeit, S. 21.

[31] *Hobe*, Der offene Verfassungsstaat, S. 409 ff.

[32] *Häberle*, in: FS Schelsky, S. 141 (148).

[33] *Vogel*, Die Verfassungsentscheidung des GG für eine internationale Zusammenarbeit, S. 23 f.

[34] *Schröder*, Gesetzesbindung des Richters und Rechtsweggarantie im Mehrebenensystem, S. 103 f.

[35] *Finke*, Die Parallelität internationaler Streitbeilegungsmechanismen: Untersuchung der aus der Stärkung der internationalen Gerichtsbarkeit resultierenden Konflikte S. 24–68; *Lavranos*, EuR 2007, 440; *Nunner*, Kooperation internationaler Gerichte: Lösung zwischengerichtlicher Konflikte durch herrschaftsfreien Diskurs, S. 1.

[36] *Von Bogdandy/Venzke*, ZaöRV 2010, 1 (2).

„postmoderne" Völkerrecht.[37] In besonderer Deutlichkeit zeigt sich die völkerrechtliche Fragmentierung in Europa, wo vor allem durch die Europäische Sozialcharta, die Europäische Menschenrechtskonvention und die Europäische Grundrechtecharta ein zuweilen inkonsistenter Menschenrechtsschutz errichtet worden ist. Dem wird die monistische Lehre mit ihrer Idee von der Einheit des Rechts nicht gerecht.[38] Hinzu kommt, dass die Hierarchieverhältnisse im europäischen Rechtsverbund nur selten eindeutig sind[39] und dem monistischen Bedürfnis nach „hierarchischer Einheitsbildung" nicht zugänglich sind.[40] Auch der dualistische Ansatz überzeugt nicht, weil er sich angesichts des komplexen Regelungsgeflechts als defizitär erweist.[41] Entgegen der dualistischen Grundannahme kommt es nämlich häufig zu Überschneidungen der Regelungsbereiche nationaler und völkerrechtlicher Verträge – vor allem im europäischen Grundrechtsschutz.[42] Zutreffend ist es daher, die kategoriale Abgrenzung zwischen der monistischen und der dualistischen Denkweise als obsolet zurückzuweisen und stattdessen von einem ebenenneutralen[43] Rechts*pluralismus*[44] zu sprechen.[45] Die Herausforderung dieses Phänomens besteht weniger in der schier unmöglichen Überwindung als in der Akzeptanz von Komplexität und potenzieller Widersprüchlichkeit.[46]

B. „Gemäßigte" Haltung des Grundgesetzes

Dem Grundgesetz liegt eine „gemäßigte" Vorstellung vom Verhältnis zwischen Völkerrecht und innerstaatlichem Recht zu Grunde. Diese Haltung kommt vor allem in Art. 25 und 59 Abs. 2 S. 1 GG zum Ausdruck. Hier zeigt

---

[37] *Franzius*, Europäisches Verfassungsrechtsdenken, S. 17 f.; *Maurer/Renner*, Archiv für Rechts- und Sozialphilosophie, Beiheft (125) 2010, 207; *Paulus*, ZaöRV 2007, 695 und 714; *Viellechner*, AöR 2012, 559 (562).

[38] *Paulus*, ZaöRV 2007, 695 (706).

[39] Darauf wird im vierten (S. 253 ff.) und fünften (S. 353 ff.) Teil dieser Arbeit näher eingegangen.

[40] *Kokott*, VVDStRL 63 (2004), 7 (35); *Wendel*, Permeabilität, S. 20.

[41] *Paulus*, ZaöRV 2007, 695 (714).

[42] *Vesting*, VVDStRL 63 (2004), 41 (60); *Viellechner*, in: Matz-Lück/Hong, Grundrechte und Grundfreiheiten im Mehrebenensystem, S. 109 (110 f.).

[43] Der Begriff „Ebenenneutralität" stammt von *Mattias Wendel*; der Begriff soll die „Gleichgeordnetheit" von EU-Recht und nationaler Verfassung zum Ausdruck bringen (*Wendel*, Permeabilität, S. 28).

[44] Auf diesen Begriff wird im Folgenden näher eingegangen; siehe unten S. 408 ff.

[45] *Fischer-Lescano*, in: Brunkhorst/Voigt, Rechts-Staat, S. 205 ff.; *Fischer-Lescano/Renner*, in: Terhechte, Verwaltungsrecht der EU, § 10, Rn. 53; *Teubner*, in: Liber Amicorum Josef Esser, S. 191; *Viellechner*, Der Staat Bd. 51 (2012), S. 559 (561); *Viellechner*, in: Matz-Lück/Hong, Grundrechte und Grundfreiheiten im Mehrebenensystem, S. 109 (114).

[46] Vgl. *Franzius*, Europäisches Verfassungsrechtsdenken, S. 212; *Maduro*, EuR 2007, 3 (23); ähnlich auch *Fischer-Lescano/Teuber*, Regime-Kollisionen, S. 24.

die Verfassung, dass sie von einer Wechselwirkung des innerstaatlichen und des völkerrechtlichen Normensystems ausgeht. Im Gegensatz zum klassischen „Monismus“[47] bedeutet dies aber nicht, dass die Völkerrechtsordnung und die nationale Rechtsordnung eine untrennbare Einheit darstellen. Im Gegenteil kann das Völkerrecht nur unter bestimmten verfassungsrechtlichen Bedingungen im nationalen Rechtsraum Geltung erlangen:[48] So ordnet Art. 25 GG an, dass die „allgemeinen Regeln des Völkerrechts“ unmittelbar gelten, während sonstiges Völkerrecht nach Art. 59 Abs. 2 S. 1 GG erst durch ein deutsches Zustimmungsgesetz innerstaatlich wirksam wird.[49] Das Zustimmungsgesetz zur Übernahme einer völkervertraglichen Verpflichtung ist aus der Perspektive des Grundgesetzes bereits dann zulässig, wenn der nach Art. 59 Abs. 2 S. 1 GG erforderliche parlamentarische Zustimmungsakt ordnungsgemäß erteilt wurde.[50] Damit bleibt der deutsche Staat also stets die letztentscheidende Instanz.[51] Auch das BVerfG beurteilt das Verhältnis von Völkerrecht und Landesrecht als ein Verhältnis zweier verschiedener Rechtskreise, das ausschließlich aus der Perspektive des nationalen Rechtsraums bestimmt werden könne.[52] Zwar sei nach dem Grundgesetz eine weitgehende Völkerrechtsfreundlichkeit intendiert, dennoch müsse eine verfassungsmäßige Kontrolle stets möglich bleiben. Das BVerfG formuliert mit Blick auf die Europäische Menschenrechtskonvention wie folgt:

> Das Grundgesetz ist jedoch nicht die weitesten Schritte der Öffnung für völkerrechtliche Bindungen gegangen. […]. Dem Grundgesetz liegt deutlich die klassische Vorstellung zu Grunde, dass es sich bei dem Verhältnis des Völkerrechts zum nationalen Recht um ein Verhältnis zweier unterschiedlicher Rechtskreise handelt und dass die Natur dieses Verhältnisses aus der Sicht des nationalen Rechts nur durch das nationale Recht selbst bestimmt werden kann; dies zeigen die Existenz und der Wortlaut von Art. 25 und Art. 59 Abs. 2 GG.[53]

---

[47] Es ist umstritten, ob Art. 25 GG und Art. 59 Abs. 2 GG eher für ein monistisches oder dualistisches Verständnis des Grundgesetzes sprechen. Es wird vertreten, dass sich die Vorschriften in beide Richtungen interpretieren ließen (Maunz/Dürig/*Nettesheim*, Art. 59 GG, Rn. 169). Nach anderer Ansicht spreche die in Art. 59 Abs. 2 GG deutlich angelegte Rechtskreistrennung für einen „dualistisch“ geprägten Ansatz des Grundgesetzes (*Becker*, NVwZ 2005, 289 (290); *Geiger*, Grundgesetz und Völkerrecht, S. 15). Nach Ansicht *Klaus Vogels* ist Art. 25 GG keiner der beiden Richtungen zuzuordnen, sondern stellt eine „neuartige Verschränkung des Völkerrechts und des innerstaatlichen Rechts“ dar (*Vogel*, Die Verfassungsentscheidung des GG für eine internationale Zusammenarbeit, S. 36 ff.). Wie bereits erwähnt, hat die Entscheidung dieses Streits hier jedoch keine praktische Relevanz.

[48] *Geiger*, Grundgesetz und Völkerrecht, S. 15.

[49] *Herdegen*, Völkerrecht, § 22, Rn. 2.

[50] *Becker*, NVwZ 2005, 289.

[51] *Geiger*, Grundgesetz und Völkerrecht, S. 15; Maunz/Dürig/*Herdegen*, Art. 25 GG, Rn. 4.

[52] BVerfG v. 14. 10. 2004 – 2 BvR 1481/04, NJW 2004, 3407 (3408); *Geiger*, Grundgesetz und Völkerrecht, S. 15 f.

[53] BVerfG v. 14. 10. 2004 – 2 BvR 1481/04, NJW 2004, 3407 (3408).

Das BVerfG bringt seine Ansicht auf den Punkt, indem es das „letzte Wort“ dem Grundgesetz zuspricht.[54] Dem nationalen Recht ist es aber unbenommen, sich völkerrechtlichen Einflüssen zu öffnen. Ausdruck dieser Öffnung ist vor allem das Gebot der völkerrechtsfreundlichen Auslegung.[55] Darauf wird später eingegangen.[56]

C. Rangverhältnis des Landes- und Völkerrechts nach dem Grundgesetz

Weiterhin ist die Frage nach dem Rangverhältnis zwischen Völkerrecht und nationalem Recht zu klären. Es ist der Souveränität der einzelnen Staaten geschuldet, dass das Völkervertragsrecht keine verbindliche Aussage über das eigene Verhältnis zur jeweiligen innerstaatlichen Rechtsordnung treffen kann. Folglich ist es jedem Staat selbst überlassen, den Rang des Völkerrechts festzulegen, sofern bei der Rangzuweisung die Wirksamkeit des Völkerrechts gewahrt bleibt.[57] Wie sich aus Art. 59 Abs. 2 S. 1 GG ergibt, bestimmt sich der Rang einer innerstaatlich geltenden Völkerrechtsnorm nach dem Rang des Zustimmungsgesetzes. Das Zustimmungsgesetz wird ausweislich des Art. 59 Abs. 2 S. 1 GG als einfaches Bundesgesetz erlassen.[58] Daher sind völkerrechtliche Normen in der Normenhierarchie zwischen dem höherrangigen Grundgesetz und dem einfachen Recht der Bundesländer angesiedelt.[59] Es bleibt damit beim grundsätzlichen Vorrang des Grundgesetzes vor dem Völkerrecht.[60] Allerdings existiert mit der völkerrechtsfreundlichen Auslegung[61] ein Mechanismus, um dem Völkerrecht einen quasi-verfassungsrechtlichen Rang zu verleihen.[62]

---

[54] BVerfG v. 14. 10. 2004 – 2 BvR 1481/04, NJW 2004, 3407 (3408).

[55] Maunz/Dürig/*Herdegen*, Art. 25 GG, Rn. 5.

[56] Siehe unten S. 220 ff.

[57] *Becker*, NVwZ 2005, 289 (290); *Czerner*, EuR 2007, 537 (539); *Kunig*, in: Vitzthum, Völkerrecht, 2. Abschnitt, I, Rn. 6–9.

[58] *Becker*, NVwZ 2005, 289 (290); *Czerner*, EuR 2007, 537 (539); *Viellechner*, in: Matz-Lück/Hong, Grundrechte und Grundfreiheiten im Mehrebenensystem, S. 109 (120).

[59] *Becker*, NVwZ 2005, 289; *Hohnerlein*, ZESAR 2003, 17 (23).

[60] Vgl. *F. Kirchhof*, NJW 2011, 3681 (3683).

[61] Näheres dazu siehe unten S. 220 ff.

[62] *Czerner*, EuR 2007, 537 f.

D. Wirkung einer Völkerrechtsnorm im nationalen Rechtsraum

Bei der innerstaatlichen Wirkung einer völkerrechtlichen Norm wird zwischen der Geltung und der Anwendbarkeit unterschieden. Die Geltung beantwortet die Frage, ob eine völkerrechtliche Norm im nationalen Rechtsraum (potenziell) wirken *kann*. Die Norm ist dann nicht mehr nur Bestandteil der völkerrechtlichen Sphäre, d. h. sie begründet dann nicht mehr nur eine *völkerrechtliche* Verpflichtung für den Staat, sondern wird selbst Bestandteil der *innerstaatlichen* Rechtsordnung.[63] Die Anwendbarkeit gibt Auskunft darüber, welchen Adressaten eine Norm verpflichtet und unter welchen Bedingungen die Norm im innerstaatlichen Recht *tatsächlich* wirksam ist. Eine *unmittelbare* Anwendbarkeit besteht, wenn die Norm ohne den Erlass weiterer Durchführungsmaßnahmen im innerstaatlichen Rechtsraum wirkt.[64]

I. Geltung

Nach dem „gemäßigten" Dualismus wird eine völkerrechtliche Norm erst dann Teil der nationalen Rechtsordnung, wenn sie dort *gilt*. Gilt sie im innerstaatlichen Rechtsraum, kann sie dort auch wirken.[65] Die bereits dargestellten Art. 25 GG und Art. 59 Abs. 2 S. 1 GG enthalten die erforderlichen Geltungsanordnungen; letztere Norm bezieht sich auf völkerrechtliche Verträge und ist hier relevant.

Die Frage nach der Geltung einer völkerrechtlichen Norm ist Gegenstand eines vergleichbaren Schulenstreits wie die Frage nach dem Verhältnis von Völkerrecht und Landesrecht. Es stehen einander die so genannte Transformationslehre und die Vollzugslehre gegenüber. Beide Lehren klären auf unterschiedliche Weise, in welcher Eigenschaft eine völkerrechtliche Norm im innerstaatlichen Rechtsraum gilt.[66] Nach der erstgenannten Transformationslehre gilt eine völkerrechtliche Norm nicht per se in der innerstaatlichen Rechtsordnung, sondern muss zuvor in innerstaatliches Recht verwandelt werden. Durch die Transformation wird die völkerrechtliche Norm auf das nationale Rechtssubjekt erstreckt.[67] Damit wird aus einer völkerrechtlichen Norm eine innerstaatliche Rechtsnorm.[68] Das Völkerrecht erhält folglich

[63] *Geiger*, Grundgesetz und Völkerrecht, S. 141.

[64] *Bleckmann*, Grundgesetz und Völkerrecht, S. 279; *Geiger*, Grundgesetz und Völkerrecht, S. 141 f.; *Schweitzer/Weber*, Handbuch der Völkerrechtspraxis der Bundesrepublik Deutschland, S. 104.

[65] *Schweitzer/Weber*, Handbuch der Völkerrechtspraxis der Bundesrepublik Deutschland, S. 104.

[66] *Zuleeg*, ZaöRV 1975, 341 (345).

[67] *Bleckmann*, Grundprobleme und Methoden des Völkerrechts, S. 195; *Schweisfurth*, Völkerrecht, Erster Teil, 5. Kapitel, Rn. 11.

[68] *Schweisfurth*, Völkerrecht, Erster Teil, 5. Kapitel, Rn. 11.

einen neuen Geltungsgrund: Fortan richten sich das In-Kraft-Treten, die Wirksamkeit und die Beendigung der transformierten Norm nach Landesrecht.[69] Im Ergebnis existieren damit inhaltsgleiche Normen auf internationaler und innerstaatlicher Ebene.[70]

Demgegenüber steht die Vollzugslehre. Obgleich auch diese Lehre einen staatlichen Zustimmungsakt fordert, damit ein völkerrechtlicher Vertrag innerstaatlich verbindlich wird, behält der völkerrechtliche Vertrag seinen Geltungsgrund bei.[71] Er hat also weiterhin den Charakter eines völkerrechtlichen Vertrags, wird aber auf Grund des staatlichen Vollzugsbefehls von den innerstaatlichen Organen angewendet.[72]

Beide Ansichten sind Gegenstand heftiger Kritik: So wird der strengen Transformationstheorie entgegengehalten, dass sie mit ihrer scharfen Trennung von Völkerrecht und transformiertem nationalen Recht jeden Zusammenhang beider Normsysteme auflöse. Sie entspreche einem strengen, heute nicht mehr vertretenen Dualismus und vermöge nicht zu erklären, warum die *innerstaatliche* Wirksamkeit der transformierten Norm vom Zeitpunkt des *völkerrechtlichen* In-Kraft-Tretens des Vertrags abhängen solle. Dieser Kritik begegnet nun die *gemäßigte* Transformationslehre, indem sie trotz der erforderlichen Transformation einen Zusammenhang zwischen dem Völkerrecht und dem transformiertem Recht herstellt – und zwar derart, dass sich die Transformationswirkung des Zustimmungsgesetzes bereits unter der Bedingung entfaltet, dass die völkerrechtliche Vorschrift in Kraft tritt. Mit dieser Einschränkung sorgt die Transformationslehre im Ergebnis für eine Angleichung an die Vollzugslehre.[73]

Weder dem Grundgesetz noch der Rechtsprechung des BVerfG lässt sich ein eindeutiges Bekenntnis zu Gunsten der einen oder anderen Theorie entnehmen.[74] Im „Görgülü"-Beschluss scheint das BVerfG davon auszugehen, dass es zur innerstaatlichen Geltung einer völkerrechtlichen Norm der Transformation nach Art. 59 Abs. 2 S. 1 GG bedürfe. Im selben Atemzug spricht das BVerfG jedoch von einem „Rechtsanwendungsbefehl", was wiederum darauf hindeutet, dass das BVerfG eher der Vollzugslehre anhängt.[75] Die ungenauen Formulierungen des BVerfG zeigen jedenfalls, dass die praktischen

---

[69] *Becker*, NVwZ 2005, 289 (290 f.); *Geiger*, Grundgesetz und Völkerrecht, S. 140; *Payandeh*, JöR 2009, 465 (474).

[70] *Schweisfurth*, Völkerrecht, Erster Teil, 5. Kapitel, Rn. 11.

[71] *Bleckmann*, Grundprobleme und Methoden des Völkerrechts, S. 195.

[72] *Geiger*, Grundgesetz und Völkerrecht, S. 140.

[73] *Becker*, NVwZ 2005, 289 f.

[74] Maunz/Dürig/*Nettesheim*, Art. 59 GG, Rn. 169; für eine dualistische Grundhaltung des Grundgesetzes siehe *Kunig*, in: Vitzthum, Völkerrecht, 2. Abschnitt, VI 2 g), Rn. 111; a. A. *Czerner*, EuR 2007, 537 (549 f.), der in Art. 59 Abs. 2 S. 1 GG ein Bekenntnis zur Transformationslehre erkennen will.

[75] BVerfG v. 14. 10. 2004 – 2 BvR 1481/04, NJW 2004, 3407 (3408).

Auswirkungen[76] des Schulenstreits gering sind. Trotz der Differenzen gehen nämlich beide Ansichten davon aus, dass der Staat die innerstaatliche Geltung festlegen muss, sei es im Wege der Transformation, sei es durch eine entsprechende Vollzugsanordnung. Im Übrigen sind sich die Rechtsprechung und Literatur weitgehend einig, dass völkerrechtliche Verträge auch im innerstaatlichen Bereich nach völkerrechtlichen Grundsätzen auszulegen sind – nämlich nach Art. 31 ff. WVRK. Auch über das Inkrafttreten und die Beendigung von völkerrechtlichen Verträgen besteht weitgehend Konsens.[77]

Uneinig ist man sich allerdings über das Verhältnis zwischen Geltung und unmittelbarer Anwendbarkeit. Zuweilen werden die Ausführungen des BVerfG dahingehen gedeutet, dass die unmittelbare Anwendbarkeit einer Norm Voraussetzung ihrer Geltung ist.[78] Überwiegend wird allerdings die Geltung als Voraussetzung für die unmittelbare Anwendbarkeit verstanden.[79] Überzeugender ist die letztgenannte Ansicht; denn die Frage nach der *potenziellen* Wirkung im innerstaatlichen Raum ist notwendige Voraussetzung für die Frage, ob eine Norm auch *tatsächlich* im innerstaatlichen Rechtsraum

[76] Zu unterschiedlichen Ergebnissen führt die Anwendung der einen oder anderen Ansicht aber dann, wenn es um den innerstaatlichen Rang einer völkerrechtlichen Norm geht. Nach der Transformationslehre kann der einfache Gesetzesrang leicht begründet werden, da das Völkerrecht den Rang des einfachgesetzlichen Transformators teilt. Hingegen existiert bei der Vollzugslehre kein entsprechender Transformator. Hier muss das Rangverhältnis zwischen dem nationalen Recht und dem Völkerrecht erst festgelegt werden. Im Grundsatz bestimmt die nationale Rechtsordnung den Rang des Völkerrechts. Wenn allerdings die völkerrechtliche Norm ihren Rang selbst bestimmt, könnte ihr ein Vorrang zukommen (*Kunig*, in: Vitzthum, Völkerrecht, 2. Abschnitt, IV 2 g), Rn. 113). Dieser Streit ist hier allerdings nicht entscheidungserheblich, da weder die Europäische Menschenrechtskonvention noch die Europäische Sozialcharta einen Vorrang für sich beanspruchen (zur Europäischen Menschenrechtskonvention siehe *Pache*, EuR 2004, 393 (400); *Schilling*, Deutscher Grundrechtsschutz, S. 210 f.).

[77] *Payandeh*, JöR 2009, 465 (474).

[78] Allerdings sorgt das BVerfG für Missverständnisse (so jedenfalls *Schweitzer/Weber*, Handbuch der Völkerrechtspraxis der Bundesrepublik Deutschland, S. 106), da sich seine Äußerungen auch dahingehend deuten lassen, dass die unmittelbare Anwendbarkeit einer Norm Voraussetzung für deren innerstaatliche Geltung ist (BVerfG v. 9. 12. 1970 – 1 BvL 7/66; zit. nach: juris, Rn. 42): „Nur solche völkerrechtliche Vertragsbestimmungen können durch das Zustimmungsgesetz in innerstaatlich anwendbares Recht umgesetzt werden, die alle Eigenschaften besitzen, welche ein Gesetz nach innerstaatlichem Recht haben muß, um berechtigen oder verpflichten zu können; die Vertragsbestimmung muß nach Wortlaut, Zweck und Inhalt wie eine innerstaatliche Gesetzesvorschrift rechtliche Wirkungen auszulösen geeignet sein. Nur unter diesen Voraussetzungen entstehen für den Staatsbürger verbindliche Rechtsnormen."

[79] *Bleckmann*, Grundgesetz und Völkerrecht, S. 279; MünchKomm BGB/*Drexl*, Internationales Immaterialgüterrecht, Rn. 61; *Geiger*, Grundgesetz und Völkerrecht, S. 142; *von Heinegg*, in: Epping/Hillgruber, BeckOK GG, Art. 25, Rn. 17; *Konzen*, JZ 1986, 157 (162); *Kunig*, in: Vitzthum, Völkerrecht, 2. Abschnitt, III 3, Rn. 41; *Schweitzer/Weber*, Handbuch der Völkerrechtspraxis der Bundesrepublik Deutschland, S. 105 f.; *Verdross/Simma*, Universelles Völkerrecht, S. 550; *Zuleeg*, ZaöRV 1975, 341 (347).

wirkt. Daher setzt die Geltung die unmittelbare Anwendbarkeit denklogisch voraus.[80] Unterscheidet man gemäß dieser vorzugswürdigen Ansicht die Geltung von der unmittelbaren Anwendbarkeit, so *gilt* die Europäische Sozialcharta innerstaatlich, weil sie von der Bundesrepublik gemäß Art. 59 Abs. 2 S. 1 GG akzeptiert und ratifiziert wurde. Damit ist sie – entsprechend dem Rang des Zustimmungsgesetzes – einfaches Bundesrecht. Sie *gilt* im innerstaatlichen Raum und kann hier (potenziell) wirken. Zu klären bleibt aber, wie sie ihre *tatsächliche* Wirkung entfaltet. Dies wiederum richtet sich danach, ob sie unmittelbar anwendbar ist.[81]

II. Unmittelbare Anwendbarkeit

Anders als bei der Geltung geht es bei der unmittelbaren („self-executing") bzw. mittelbaren („non self-executing") Anwendbarkeit um die Frage, ob weitere staatliche Durchführungsmaßnahmen erforderlich sind, damit eine Norm im innerstaatlichen Rechtsraum wirken[82] kann. Bedarf es keiner staatlichen Durchführungsmaßnahmen, können und müssen die innerstaatlichen Behörden und Gerichte eine Rechtsnorm wie originäres innerstaatliches Recht auf den Einzelfall anwenden. Andernfalls kann die Norm nur als Auftrag zur Anpassung der innerstaatlichen Gesetzeslage, d. h. als bloße Staatenverpflichtung, verstanden werden.[83] Da das Arbeitskampfrecht richterrechtlich geregelt ist, der Richter aber nicht befugt ist, entgegenstehendes Gesetzesrecht zu verwerfen,[84] hätte eine Staatenverpflichtung im Bereich des Arbeitskampfrechts nur geringen Einfluss.[85]

Obwohl das BVerfG die maßgebliche Instanz zur Wahrung des Völkerrechts ist,[86] besitzen die nationalen Gerichten und Verwaltungsbehörden eine eigene Beurteilungskompetenz für die Frage der unmittelbaren Anwendbarkeit. Daher kann es dazu kommen, dass dieselbe Völkerrechtsnorm in einem

---

[80] *Geiger*, Grundgesetz und Völkerrecht, S. 142.

[81] Siehe bereits oben S. 200.

[82] Zur Abgrenzung: Die unmittelbare Anwendbarkeit impliziert nicht automatisch, dass eine Norm im innerstaatlichen Recht ein subjektives Recht verleiht (Näheres zur Frage, ob *völkerrechtliche Ve*rpflichtungen subjektive Rechte begründen können bei *Zuleeg*, ZaöRV 1975, 341 (357–359)). Umgekehrt ist aber die unmittelbare Anwendbarkeit eine Voraussetzung dafür, dass nach nationalem Recht ein subjektives Recht besteht (*Steiger*, in: Binder (u. a.), Völkerrecht im innerstaatlichen Bereich, S. 129 (131 f.)). Letzteres betrifft die Aktiv- und Passivlegitimation, die der unmittelbaren Anwendbarkeit logisch nachgelagert ist (*Bleckmann*, Grundgesetz und Völkerrecht, S. 280).

[83] *Geiger*, Grundgesetz und Völkerrecht, S. 141; *Schweitzer/Weber*, Handbuch der Völkerrechtspraxis der Bundesrepublik Deutschland, S. 104; *Verdross/Simma*, Universelles Völkerrecht, S. 550.

[84] Maunz/Dürig/*Maunz*, Art. 100 GG, Rn. 34.

[85] *Dumke*, Streikrecht i. S. des Art. 6 Nr. 4 ESC und deutsches Arbeitskampfrecht, S. 145.

[86] Näheres dazu siehe unten S. 227 ff.

bestimmten Staat als unmittelbar anwendbar gilt,[87] während sie in einem anderen Staat nur eine Staatenverpflichtung begründet.[88] In vielen Rechtsordnungen sind die Hürden für eine unmittelbare Anwendbarkeit recht niedrig. Häufig wird die unmittelbare Anwendbarkeit sogar vermutet, es sei denn, der Vertrag sieht ausdrücklich etwas anderes vor. In den USA fragt man hingegen nach der „Operabilität"[89] einer völkerrechtlichen Norm.[90]

Die deutsche Rechtsprechung und Literatur stellen bei der Untersuchung der unmittelbaren Anwendbarkeit auf den Inhalt der jeweiligen Norm ab. Falsch wäre es demnach, auf den Inhalt des *gesamten* Vertrages abzustellen. Die unmittelbare Anwendbarkeit muss für jede Norm einzeln bestimmt werden. Auf einer ersten Stufe ist zu ermitteln, ob die völkerrechtliche Norm *anwendungswillig* ist, d. h. die unmittelbare Anwendbarkeit darf völkervertraglich nicht ausgeschlossen sein.[91] Auf einer zweiten Stufe ist zu prüfen, ob die Norm *anwendungsfähig* ist.[92] Sie muss in Tatbestand und Rechtsfolgen hinreichend bestimmt sein, ohne dass es einer weiteren Konkretisierung durch innerstaatliche Rechtsakte bedarf.[93] Mit anderen Worten geht es darum, ob sich eine völkerrechtliche Norm zur Anwendung durch die innerstaatlichen Organe *eignet*.[94] Mit dem Erfordernis der Anwendungsfähigkeit soll verhindert werden, dass die Behörden und Gerichte ihre Kompetenzgrenzen überschreiten. Ob des Gewaltenteilungsgrundsatzes nach Art. 20 Abs. 2 S. 2 GG haben die Exekutivorgane grundsätzlich keine Rechtssetzungsbefugnis.[95] Deshalb ist stets gesondert für jede der staatlichen Gewalten (insbesondere für Behörden und Gerichte) zu klären, wie es sich mit der unmittelbaren Anwendbarkeit einer Norm verhält. Dass eine Norm hinreichend bestimmt ist für den Verwaltungsvollzug, besagt also nicht automatisch, dass sich die Norm auch zur unmittelbaren Anwendung durch die Gerichte eignet.[96]

---

[87] Art. 6 Nr. 4 ESC ist in den Niederlanden und Belgien unmittelbar anwendbar; siehe oben S. 56.

[88] *Bleckmann*, Grundgesetz und Völkerrecht, S. 285; *Schweisfurth*, Völkerrecht, Erster Teil, 5. Kapitel, Rn. 32.

[89] US Supreme Court, Foster & Elam v. Neilson – 27 U. S. 253 (1829); eine völkerrechtliche Norm ist unmittelbar anwendbar, „whenever it operates by itself without the aid of any legislative provision".

[90] *Seibert-Fohr*, ZaöRV 2002, 391 (395).

[91] Dies gilt ausdrücklich oder konkludent für die IAO-Übereinkommen oder auch die Charta der UN (*Verdross/Simma*, Universelles Völkerrecht, S. 552).

[92] *Zuleeg*, ZaöRV 1975, 341 (349).

[93] Vgl. BVerfG v. 19. 9. 2006 – 2 BvR 2115/01 (u. a.), NJW 2007, 499 (501), Rn. 53; *Grzeszick*, AVR 2005, 312 (318); *Kunig*, in: Vitzthum, Völkerrecht, 2. Abschnitt, III 3, Rn. 41; *Sauer*, ZaöRV 2005, 35 (39); *Zuleeg*, JA 1983, 1 (6).

[94] *Bleckmann*, Grundgesetz und Völkerrecht, S. 282–284; *Hohnerlein*, ZESAR 2003, 17 (23); *Kunig*, in: Vitzthum, Völkerrecht, 2. Abschnitt, III 3, Rn. 41 und V 3, Rn. 181.

[95] *Zuleeg*, ZaöRV 1975, 341 (350).

[96] *Kunig*, in: Vitzthum, Völkerrecht, 2. Abschnitt, III 3, Rn. 42.

Die von der Literatur aufgestellten Kriterien werden in der Rechtsprechung näher konkretisiert: Nach Ansicht des BVerfG[97] und BVerwG[98] ist eine völkerrechtliche Norm unmittelbar anwendbar, wenn sie nach Wortlaut, Zweck und Inhalt hinreichend bestimmt ist, um ebenso wie eine originär innerstaatliche Vorschrift rechtliche Wirkung zu entfalten. Das sei dann anzunehmen, wenn es keiner weiteren Ausführungsvorschrift bedürfe. Wörtlich formuliert das BVerfG:

> Nur solche völkerrechtlichen Vertragsbestimmungen können durch das Zustimmungsgesetz in innerstaatlich anwendbares Recht umgesetzt werden, die alle Eigenschaften besitzen, welche ein Gesetz nach innerstaatlichem Recht haben muß, um berechtigen oder verpflichten zu können; die Vertragsbestimmung muss nach Wortlaut, Zweck und Inhalt wie eine innerstaatliche Gesetzesvorschrift rechtliche Wirkungen einzulösen geeignet sein. Nur unter diesen Voraussetzungen entstehen für den Staatsbürger verbindliche Rechtsnormen.[99]

[97] BVerfG v. 9. 12. 1970 – 1 BvL 7/66; zit. nach: juris, Rn. 42.
[98] BVerwG v. 8. 11. 1973 – V C 29.71; zit. nach: juris, Rn. 21.
[99] BVerfG v. 9. 12. 1970 – 1 BvL 7/66; zit. nach: juris, Rn. 42.

2. Abschnitt

Keine unmittelbare Anwendbarkeit des Art. 6 Nr. 4 ESC

Zwar hat das BVerfG definiert, unter welchen Voraussetzungen eine Norm grundsätzlich unmittelbar anwendbar ist, jedoch hat es diese Frage im Hinblick auf Art. 6 Nr. 4 ESC bislang offen gelassen.[1] Auch das BAG hat zur unmittelbaren Anwendbarkeit des Art. 6 Nr. 4 ESC noch nicht eindeutig Stellung bezogen.[2] Das BVerwG hat darauf hingewiesen, dass die Europäische Sozialcharta nur staatenverpflichtenden Charakter hat, ohne allerdings explizit auf Art. 6 Nr. 4 ESC einzugehen.[3] Anders als in der Rechtsprechung finden sich jedoch im Schrifttum zahlreiche Äußerungen zur innerstaatlichen Verbindlichkeit des Art. 6 Nr. 4 ESC. In der Vergangenheit wurde die unmittelbare Anwendbarkeit des Art. 6 Nr. 4 ESC überwiegend verneint.[4] Auch die Bundesregierung sprach dem Art. 6 Nr. 4 ESC in der Denkschrift zur Europäischen Sozialcharta jeglichen Einfluss ab, indem sie betonte, dass das Streikrecht hierzulande bereits anerkannt sei und Art. 6 Nr. 4 ESC ohnehin nur zwischenstaatliche Verpflichtungen begründen könne.[5] Allmählich mehrten sich jedoch die Stimmen, die für eine unmittelbare Anwendbarkeit des Art. 6 Nr. 4 ESC plädierten,[6] so dass die Lager der Gegner und Befürworter mittlerweile gleich stark sind.

---

[1] BVerfG v. 20. 10. 1981 – 1 BvR 404/78, AP Nr. 31 zu § 2 TVG, unter B I 5 b) der Gründe; BVerfG v. 2. 3. 1993 – 1 BvR 1213/85, AP Nr. 126 zu Art. 9 GG, unter B II 2 b) der Gründe.

[2] Anfangs ließ das BAG die Frage der unmittelbaren Anwendbarkeit offen: BAG v. 10. 6. 1980 – 1 AZR 822/79, AP Nr. 64 zu Art. 9 GG, unter A II 2 a) der Gründe; später hat das BAG Art. 6 Nr. 4 ESC als Auslegungshilfe herangezogen, ohne dieses Vorgehen jedoch näher zu konkretisieren: BAG v. 12. 9. 1984 – 1 AZR 342/83, AP Nr. 81 zu Art. 9 GG, unter B II 2 c) der Gründe; konkretere Vorgaben dann in BAG v. 10. 12. 2002 – 1 AZR 96/02, AP Nr. 162 zu Art. 9 GG, unter B I 2 a) der Gründe.

[3] BVerwG v. 26. 3. 1982 – 1 C 29/81, NJW 1982, 1958 (1960); BVerwG v. 18. 12. 1992 – 7 C 12.92, AP Nr. 1 zu Art. 16 ESC.

[4] *Bepler*, in: FS Wißmann, S. 97; *Gamillscheg*, Kollektives ArbR, § 20, S. 957 f.; *Kissel*, Arbeitskampfrecht, § 20, Rn. 19 ff.; *Konzen*, JZ 1986, 157 (162); *Otto*, Arbeitskampf- und Schlichtungsrecht, S. 77; *Rieble*, RdA 2005, 200 (203); *Rüthers*, in: Brox/Rüthers, Arbeitskampfrecht, Rn. 124; *Seiter*, Streikrecht und Aussperrungsrecht, S. 137; *Wengler*, Die Unanwendbarkeit der ESC im Staat.

[5] BT-Drucks. IV/2117, S. 31.

[6] So etwa *Becker*, European Social Charter, Max Planck Encyclopedia of Public International Law, 2007; *Czycholl/Frieling*, ZESAR 2011, 322; *Lörcher*, in: Däubler, Arbeitskampfrecht, § 10, Rn. 22 ff.; *Mitscherlich*, Das Arbeitskampfrecht der Bundesrepublik

Welche Rechtsansicht vorzugswürdig ist, wird im Folgenden anhand des Wortlauts, der Systematik, des Telos, der Historie und anhand eines anschließenden Rechtsvergleichs untersucht. Ausgangspunkt der Untersuchung ist die Frage, ob Art. 6 Nr. 4 ESC *anwendungswillig* ist und sich für eine völkerrechtsfreundliche Auslegung *eignet*, d. h. *anwendungsfähig* ist. Bei der Untersuchung werden die bislang von der Rechtsprechung und Literatur vertretenen Ansichten einbezogen und bewertet.

A. Wortlaut

Stimmen, die eine unmittelbare Anwendbarkeit des Art. 6 Nr. 4 ESC befürworten, stützen sich maßgeblich auf das Verb „anerkennen", welches außer in Art. 6 Nr. 4 ESC nur in Art. 4 Nr. 1 bis 4 ESC, Art. 7 Nr. 5 ESC und Art. 18 Nr. 4 ESC verwendet wird. Diese Wortwahl mache deutlich, dass es beim Streikrecht um mehr gehe als um eine Staatenverpflichtung.[7] Mit dem Verb „anerkennen" werde zum Ausdruck gebracht, dass ein Recht bereits bestehe und nicht erst durch einen nationalen Umsetzungsakt geschaffen werden müsse. Die Europäische Sozialcharta habe bewusst zwischen einer bloßen Verpflichtung und der Anerkennung eines bestehenden Rechts unterscheiden wollen. Dies werde durch einen Blick auf Art. 4 Nr. 1 bis 4 ESC und Art. 7 Nr. 5 ESC belegt, da diese beiden Vorschriften auch ein bestehendes Recht voraussetzen und ebenfalls mit dem Verb „anerkennen" arbeiten.[8] Nach Ansicht *Thilo Ramms*[9] besitzt die Europäische Sozialcharta also einen „Doppelcharakter", weil sie nicht nur eine Staatenverpflichtung begründe, sondern mit Art. 6 Nr. 4 ESC auch unmittelbar anwendbares Recht setze.[10]

Soweit ersichtlich, hat sich indes keiner der Autoren die Mühe gemacht, der Wortbedeutung des „Anerkennens" näher auf den Grund zu gehen. „Anerkennen" bedeutet laut *Duden* gutheißen, billigen, akzeptieren oder öffentlich

---

Deutschland und die ESC, S. 36 ff.; *Hackstein*, Streik und Aussperrung nach Art. 6 Nr. 4 ESC, S. 18 ff.; *Ramm*, AuR 1967, 97 (98); *Ramm*, AuR 1971, 65.

[7] *Becker*, European Social Charter, Max Planck Encyclopedia of Public International Law, 2007, Rn. 36; *Lörcher*, in: Däubler, Arbeitskampfrecht, § 10, Rn. 22; *Ramm*, Koalitions- und Streikrecht der Beamten, S. 27 ff.

[8] *Mitscherlich*, Das Arbeitskampfrecht der Bundesrepublik Deutschland und die ESC, S. 38–40.

[9] Der Autor verkennt allerdings den Unterschied zwischen der innerstaatlichen Geltung und der unmittelbaren Anwendbarkeit, wenn er davon ausgeht, dass Art. 6 Nr. 4 ESC wegen seiner unmittelbaren Anwendbarkeit keiner Transformation ins nationale Recht bedarf (*Ramm*, AuR 1967, 97 (98)). Die Transformation ist nämlich eine Frage der innerstaatlichen Geltung und als solche zwingende Voraussetzung für die unmittelbare Anwendbarkeit (siehe oben S. 198).

[10] *Ramm*, AuR 1967, 97 (98); *Ramm*, AuR 1971, 65 (73).

bestätigen.[11] Demnach kann das Verb „anerkennen" zwar darauf hindeuten, dass es sich bei dem Streikrecht um ein bereits bestehendes Recht handelt. Dies schließt aber nicht aus, dass es für die praktische Gewährleistung dieses Rechts staatlicher Durchführungsmaßnahmen bedarf. Legt man ein solches Verständnis zu Grunde, geht das „Anerkennen" in seinem Verbindlichkeitsgrad nicht über die sonst übliche Formulierung des „Verpflichtens" hinaus. Auch wenn man das „Anerkennen" nach *Duden* im Sinne einer öffentlichen Bestätigung auffassen will, ist damit nicht gesagt, dass diese Bestätigung eine unmittelbare Anwendbarkeit mit sich bringt. Nach dem Wortsinn ist es jedenfalls nicht ausgeschlossen, dass die Umsetzung des Streikrechts eine völkervertragliche Verpflichtung impliziert. Für diese Argumentation spricht auch der systematische Verweis auf Art. 4 Nr. 1 bis 4 und Art. 7 Nr. 4 ESC sowie auf Art. 18 Abs. 4 ESC, wo ebenfalls von „Anerkennen" die Rede ist: Die Vorschriften zeigen, dass das „Anerkennen" eine Verpflichtung durchaus *implizieren* kann[12] – nämlich derart, dass das „Anerkennen" nur den groben Gewährleistungsrahmen betrifft, während Regelungsdetails zwingend durch den nationalen Gesetzgeber festgelegt werden müssen. Dass ein Recht als bestehend anerkannt wird, bedeutet also nicht, dass es ohne weiteres zur Umsetzung geeignet ist. Mit dem Begriff des „Anerkennens" kommen allein die fundamentale Bedeutung des gewährten Rechts und die Selbstverständlichkeit zum Ausdruck, mit der es garantiert wird. Eine darüber hinausgehende positive Aussage zur unmittelbaren Anwendbarkeit ist damit aber nicht getroffen. Diese Überlegungen werden durch die *Travaux Préparatoires* gestützt: Auf der *Tripartite*-Konferenz hieß es nämlich von Seiten der Arbeitnehmervertreter:

> [A] Charter meant for the free countries of Europe should expressly recognise the right to strike, in order to establish this basic freedom of the workers in these countries. They therefore proposed to the Committee that it should suggest that this paragraph should be worded as follows: "The contracting parties recognise the right of workers to strike".[13]

Wie sich den Ausführungen entnehmen lässt, wollte man mit dem Verb „anerkennen" die fundamentale Bedeutung des Streikrechts für die freiheitliche Demokratie betonen. Damit enthält diese Wortwahl zugleich eine ideologisch motivierte Stellungnahme zur damaligen politischen Situation in der

[11] *Duden*, Die Deutsche Rechtschreibung, Stichwort „anerkennen"; online einzusehen: http://www.duden.de/rechtschreibung/anerkennen.

[12] In Art. 4 Nr. 1 bis 4 ESC geht es um Entgeltfragen und eine angemessene Kündigungsfrist, in Art. 7 Nr. 5 ESC um ein gerechtes Entgelt für Jugendliche und Lehrlinge. Gerade bei Entgeltfragen wird deutlich, dass eine nähere gesetzliche Ausgestaltung nötig ist. Insofern ist die Argumentation von *Matthias Mitscherlich* nicht stichhaltig. Gleiches gilt auch für Art. 18 Abs. 4 ESC, wo es um die Anerkennung des Ausreiserechts zu Erwerbszwecken geht. Auch dieses Recht kann als selbstverständlich verstanden werden, dennoch sind Detailregelungen der Gewährleistungsmodalitäten erforderlich.

[13] *European Social Charter, Travaux Préparatoires*, Article 6, Document prepared by the Social Division, December 1958, Tripartite Conference, CE/Soc/Tr. Pr. (70) 15, S. 70.

Sowjetunion und in Spanien; denn wie bereits gesehen, wollte man mit der Streikrechtsgarantie ein Zeichen gegen die soziale Ausbeutung durch die kommunistische und faschistische Terrorherrschaft setzen. In Anbetracht dieser Missstände waren sich die Schöpfer der Europäischen Sozialcharta einig, dass das Streikrecht möglichst umfassend zu gewährleisten sei.[14] Ein französischer Repräsentant, der an der Ausarbeitung der Europäischen Sozialcharta beteiligt war, gab diese Haltung anschaulich wieder:

> What European country worthy of the name could refuse to accept [...] Article 6 concerning the right to bargain collectively? Is there a single one of our countries which could say that it did not accept those articles? Certainly not. How could we protest daily against the régime imposed upon the peoples of the Sowiet Union and the satellite countries, raise our voices in protest against the treatment inflicted on the Hungarian workers when they revolted against dictatorship, if we hesitate to affirm that all our countries are ready to ratify Articles 5 and 6 of our Social Charter? If we did that nobody would understand; and we should be discredited throughout the world.[15]

Ein Blick auf andere europäische Vertragswerke, die das Verb „anerkennen“ ebenfalls verwenden, bestätigt dieses Ergebnis: Auch Art. 6 Abs. 1 EUV spricht davon, dass die EU die Garantien der Grundrechtecharta *anerkenne* und ähnlich heißt es im Schlusssatz der Präambel zur Europäischen Grundrechtecharta: „Daher *erkennt* die Union die nachstehend aufgeführten Rechte, Freiheiten und Grundsätze *an.*“ [Hervorhebungen durch die Verfasserin]. Mit dieser Formulierung wird verdeutlicht, dass es sich um fundamentale Rechte handelt, deren Gewährleistung der Staat zwingend sicherzustellen hat.[16] Damit ist aber noch keine Aussage zur rechtlichen Ausgestaltungsbedürftigkeit und zur unmittelbaren Anwendbarkeit getroffen.

Ob sich eine Vorschrift zur unmittelbaren Anwendbarkeit eignet, muss danach beurteilt werden, inwieweit staatliche Durchführungsmaßnahmen zu ergreifen sind.[17] Es wird angeführt, der Wortlaut des Art. 6 Nr. 4 ESC sei hinreichend präzise, um unmittelbar anwendbar zu sein. Zur Bestärkung dieser Auffassung wird auf die weitaus weniger konkreten Vorgaben in Art. 9 Abs. 3 GG und Art. 11 EMRK hingewiesen.[18] Dieser Argumentation ist allerdings entgegenzuhalten, dass die Europäische Sozialcharta nicht über ein dem BVerfG oder dem EGMR vergleichbares Rechtsprechungsorgan verfügt, welches zur näheren Ausgestaltung und Präzisierung der einzelnen

---

[14] Siehe oben S. 118.

[15] *European Social Charter, Travaux Préparatoires*, Article 6, Document prepared by the Social Division, December 1958, Tripartite Conference, CE/Soc/Tr. Pr. (70) 15, S. 66.

[16] *Skouris*, in: Merten/Papier, Handbuch der Grundrechte, Band VI/1, § 157, Rn. 3 f.

[17] Siehe oben S. 198 ff.

[18] *Seiter*, RdA 1986, 165 (173); bestätigt bei *Lörcher*, in: Däubler, Arbeitskampfrecht, § 10, Rn. 24; ähnlich *Mitscherlich*, Das Arbeitskampfrecht der Bundesrepublik Deutschland und die ESC, S. 39.

Charta-Bestimmungen beitragen könnte. Die Spruchpraxis des EKSR und des Ministerkomitees ist – wie bereits gesehen – rechtlich unverbindlich.[19] Im Übrigen zeigt auch ein Blick auf die rechtsvergleichenden Untersuchungen, dass zwar in den einzelnen Vertragsstaaten der Europäischen Sozialcharta ein Streikrecht existiert, jedoch besteht über dessen inhaltliche Ausgestaltung kein Konsens.[20] Das Streikrecht in Art. 6 Nr. 4 ESC muss also unter teleologischen Gesichtspunkten als ein gemeinsamer Nenner der mitgliedstaatlichen Streikrechtskonzepte verstanden werden. Detailvorgaben kann und will die Europäische Sozialcharta hingegen nicht machen.

Die historische Untersuchung stützt dieses Ergebnis; denn mit der Einfügung des Verbs „anerkennen" sollte lediglich die *grundsätzliche* Gewährleistung eines Streikrechts zum Ausdruck gebracht werden.[21] Dies deckt sich mit der hier vorgeschlagenen Interpretation, wonach Art. 6 Nr. 4 ESC nur einen äußeren Gewährleistungsrahmen vorgibt, ohne jedoch weitere Regelungsdetails zu enthalten. Bestätigt wird diese Lesart durch eine Anmerkung des Rates für Allgemeine Angelegenheiten von 1956:

> [I]t is unnecessary to define each of the rights set forth. They are recognized because they exist. Furthermore, they are defined in various connections in national legislation and even in national constitutions. In any case, the measures to be taken by the States serve in themselves to constitute the rights in question, the exercise of which is governed by them.[22]

Gestützt wird diese Lesart schließlich durch die Abkehr von der ursprünglich gewählten Formulierung, wonach jeder Arbeitnehmer ein Streikrecht „hat". Es hieß: „Every worker has the right to strike."[23] Während das Verb „haben" auf ein Individualrecht der Arbeitnehmer hindeutet, das ohne weiteres vor den mitgliedstaatlichen Gerichten eingeklagt werden könnte, hat das Verb „anerkennen" eher eine staatenverpflichtende Konnotation. Nach alledem ist festzuhalten, dass der Wortlaut des Art. 6 Abs. 4 ESC gegen eine unmittelbare Anwendbarkeit des Streikrechts spricht.

---

[19] Siehe oben S. 131 ff.

[20] Siehe oben S. 57 ff.

[21] *European Social Charter, Travaux Préparatoires*, Article 6, Document prepared by the Social Division, September 1958, Consideration by the Assembly Social Charter adopted by the Governmental Social Committee, CE/Soc/Tr. Pr. (70) 15, S. 58.

[22] *Consultative Assembly of the Council of Europe* (Draft Recommendation presented by the Committee on General Affairs), Doc. 536, 27th September 1956, S. 22.

[23] Siehe oben S. 119.

B. Systematik

In systematischer Hinsicht wird zur Begründung der unmittelbaren Anwendbarkeit des Art. 6 Nr. 4 ESC zunächst auf den Anhang zu Teil II und auf Art. 31 Abs. 1 ESC verwiesen. Gemäß dem Anhang zu Teil II kann jede Vertragspartei „die Ausübung des Streikrechts durch Gesetz regeln", unter der Bedingung, „daß jede weitere Einschränkung dieses Rechtes auf Grund des Artikels 31 gerechtfertigt werden kann". Die Vorschrift wäre – so argumentieren die Befürworter der unmittelbaren Anwendbarkeit – sinnlos, wenn es sich bei Art. 6 Nr. 4 ESC nur um eine Staatenverpflichtung handeln sollte. Dann wäre es nämlich selbstverständlich, dass jeder nationale Gesetzgeber Regelungen zum Streikrecht treffen müsste. Um dem Anhang zu Teil II eine sinnvolle und eigenständige Aussage entnehmen zu können, müsse man von einer unmittelbaren Anwendbarkeit des Art. 6 Nr. 4 ESC ausgehen. Der Anhang könne dann nämlich so interpretiert werden, dass der nationale Gesetzgeber in den Grenzen des Art. 31 Abs. 1 ESC *zusätzliche* Regelungen zum Streikrecht treffen dürfe.[24]

Dieses Verständnis ist aber nicht zwingend. Beachtung verdienen vor allem die Formulierung „Ausübung des Streikrechts" und „Einschränkungen". Zwar könnte man die „Einschränkungen" bei isolierter Betrachtung als Indiz für eine unmittelbare Anwendbarkeit ins Feld führen, wenn man nämlich argumentierte, dass eine Vorschrift erst eingeschränkt werden könne, wenn sie bereits unmittelbar anwendbar sei. Einer solchen Lesart steht aber entgegen, dass von „weiteren" Einschränkungen die Rede ist. Das setzt wiederum voraus, dass überhaupt schon staatliche Umsetzungsmaßnahmen getroffen worden sind. Dieses Verständnis wird durch den Begriff „Ausübung" im ersten Halbsatz bestätigt. Hier wird deutlich, dass die Gewährleistung des Streikrechts von Durchführungsvorschriften abhängt, also regelungsbedürftig ist. Schließlich haben auch die Untersuchungen der *Travaux Préparatoires* gezeigt, dass dem Anhang zu Teil II lediglich eine deklaratorische Bedeutung zukommen sollte. Man wollte sich – vor allem von Seiten der Bundesrepublik – gegen eine Lesart des Art. 6 Nr. 4 ESC absichern, wonach das Streikrecht als unmittelbar anwendbar hätte gelten können.[25] Im Übrigen deutet auch die Wortwahl des Art. 31 Abs. 1 ESC – „nach ihrer Verwirklichung" – an, dass zur Gewährleistung der Sozialcharta-Rechte ein „Verwirklichungsakt" durch den nationalen Gesetzgeber grundsätzlich erforderlich ist. Dass für das Streikrecht Gegenteiliges gelten soll, ist nicht ersichtlich.

---

[24] *Lörcher*, in: Däubler, Arbeitskampfrecht, § 10, Rn. 23; *Mitscherlich*, Das Arbeitskampfrecht der Bundesrepublik Deutschland und die ESC, S. 41; *Ramm*, AuR 1971, 65 (71).

[25] Siehe oben S. 121 ff.

In systematischer Hinsicht wird ferner der Anhang zu Teil III angeführt, wonach „die Charta rechtliche Verpflichtungen internationalen Charakters enthält, deren Durchführung ausschließlich der in ihrem Teil IV vorgesehenen Überwachung unterliegt“. Hier wird deutlich, dass die Europäische Sozialcharta nur Staatenverpflichtungen begründen und kein unmittelbar anwendbares Recht setzen möchte. Insofern muss die Anwendungswilligkeit des Art. 6 Nr. 4 ESC verneint werden.[26] *Thilo Ramm* hält einen solchen Schluss für falsch, weil unzulässigerweise ein „Nur“ in den Vertragstext hineingelesen werde. Der Wortlaut erlaube aber eine Lesart, wonach Teil II mehr enthalte als bloße „Verpflichtungen internationalen Charakters“. Auch beim Streikrecht handele es sich nicht nur um eine Staatenverpflichtung, sondern um ein *anzuerkennendes* Recht. Insofern sei der Anhang zu Teil III nicht auf das Streikrecht in Art. 6 Nr. 4 ESC gemünzt.[27] Näher liegt allerdings eine Deutung, wonach der Anhang zu Teil III allgemeine Überlegungen enthält, die auch auf Art. 6 Nr. 4 ESC zu beziehen sind. Andernfalls hätte das Streikrecht explizit ausgeklammert werden müssen. Diese Sichtweise wird durch den Einleitungssatz zu Teil II gestützt, in dem es heißt: „Die Vertragsparteien erachten sich durch die in den folgenden [...] Verpflichtungen nach Maßgabe des Teils III gebunden.“

Bei der systematischen Auslegung lohnt sich auch ein Blick auf Art. 5 ESC, wo mit dem Verb „verpflichten“ auf den staatenverpflichtenden Charakter hingewiesen wird. Es sei widersinnig – so heißt es in der Literatur –, wenn die Vereinigungsfreiheit in Art. 5 ESC nur eine Staatenverpflichtung begründe, dem Streikrecht in Art. 6 Nr. 4 ESC aber eine weitergehende Verbindlichkeit zukommen solle.[28] Dieser Ansicht ist zwar entgegenzuhalten, dass die Vereinigungsfreiheit gerade nicht als Voraussetzung des Streikrechts verstanden werden darf.[29] Gleichwohl stehen diese Vorschriften in engem Zusammenhang, weil es jeweils um die kollektive Interessenvertretung der Arbeitnehmer geht. Daher ist es überzeugender von einer einheitlichen Verbindlichkeit beider

---

[26] *Konzen*, JZ 1986, 157 (162); *Schweisfurth*, Völkerrecht, Zweiter Teil, 17. Kapitel, Rn. 67; *Thüsing*, Der Außenseiter im Arbeitskampf, S. 35 f.; *Wengler*, Die Unanwendbarkeit der ESC im Staat, S. 10 f.

[27] *Ramm*, AuR 1971, 65 (70); nach *Matthias Dumke* lässt sich dem Wortlaut keine eindeutige Aussage zur unmittelbaren Anwendbarkeit entnehmen (*Dumke*, Streikrecht i. S. des Art. 6 Nr. 4 ESC und deutsches Arbeitskampfrecht, S. 169).

[28] Vgl. *Konzen*, JZ 1986, 157 (162); *Mitscherlich*, Das Arbeitskampfrecht der Bundesrepublik Deutschland und die ESC, S. 46; *Thüsing*, der Außenseiter im Arbeitskampf, S. 36.

[29] *Matthias Dumke* hält Art. 5 ESC für die Frage der unmittelbaren Anwendbarkeit des Art. 6 Nr. 4 ESC für nicht aussagekräftig, weil Art. 5 ESC eben nicht der Grundtatbestand des Art. 6 Nr. 4 ESC sei (*Dumke*, Streikrecht i. S. des Art. 6 Nr. 4 ESC und deutsches Arbeitskampfrecht, S. 174 f.). Diese Ansicht ist aber abzulehnen, da es trotzdem bei dem Befund bleibt, dass Art. 5 ESC und Art. 6 Nr. 4 ESC in engem Zusammenhang stehen. Es ist nicht ersichtlich, weshalb hinsichtlich der unmittelbaren Anwendbarkeit zwischen den beiden Vorschriften unterschieden werden sollte.

Vorschriften auszugehen und eine unmittelbare Anwendbarkeit in beiden Fällen zu verneinen.

Schließlich ist auf die Europäische Menschenrechtskonvention zu verweisen, die als Schwesterkonvention der Europäischen Sozialcharta Relevanz für eine systematische Auslegung des Art. 6 Nr. 4 ESC besitzt. Die Vorschriften der Europäischen Menschenrechtskonvention sind nach einhelliger Ansicht unmittelbar anwendbar.[30] Die Europäische Sozialcharta war als Pendant zur Europäischen Menschenrechtskonvention geschaffen worden. Man könnte also mit *Thilo Ramm* argumentieren, dass Art. 6 Nr. 4 ESC nicht nur ideell, sondern auch in seiner Wirkung das Schicksal der Europäischen Menschenrechtskonvention teilt – zumal das Streikrecht deutliche Wesensmerkmale eines Freiheitsrechts aufweist.[31] Ebenso plädiert *Matthias Mitscherlich* dafür, dem Art. 6 Nr. 4 ESC dieselbe Verbindlichkeit zuzusprechen wie der Europäischen Menschenrechtskonvention.[32] Eine solche Argumentation verkennt indes, dass die Europäische Menschenrechtskonvention und Europäische Sozialcharta bewusst unterschiedlich ausgestaltet wurden. Dies ist vor allem den Schwierigkeiten geschuldet, die bei der Normierung sozialer Grundrechte auftreten. Deshalb wurde zur Durchsetzung der Europäischen Sozialcharta ein vergleichsweise schwach ausgestaltetes Berichtsverfahren[33] gewählt.[34] Der systematische Verweis auf das unverbindliche Berichtsverfahren überzeugt auch deshalb, weil die Eignung einer Norm zur unmittelbaren Anwendbarkeit in engem Zusammenhang mit der Frage nach ihrer Durchsetzungs*fähigkeit* und -*willigkeit* steht. Vergleicht man die detailreichen Regelungen in Art. 41 bis 46 EMRK mit dem sanktionslosen Berichtsverfahren der Europäischen Sozialcharta, muss man die *Eignung* und den *Willen* des Art. 6 Nr. 4 ESC zur unmittelbaren Anwendbarkeit verneinen. Hinzu kommt, dass weder das EKSR noch das Ministerkomitee Interpretationshoheit besitzen und Auslegungsfragen daher nicht verbindlich klären dürfen und können.[35] Auch das *opting in*-Modell der Sozialcharta unterstreicht diese Einschätzung: Nach Art. 20 Abs. 1 lit. b ESC müssen die Vertragsstaaten Art. 6 Nr. 4 ESC nicht zwingend als bindend anerkennen, sofern sie jedenfalls fünf andere der sieben dort genannten Artikel ratifizieren. Mit diesem Umsetzungsmodell verträgt sich eine unmittelbare

---

[30] Statt aller: *Dörfler*, Die Vereinbarkeit sozialer Grundrechte mit dem GG, S. 31; *Löwisch/Rieble*, TVG, Grundlagen, Rn. 275; *Meyer-Ladewig*, EMRK, Einleitung, Rn. 33; *Sauer*, ZaöRV 2005, 35 (39); *Viellechner*, in: Matz-Lück/Hong, Grundrechte und Grundfreiheiten im Mehrebenensystem, S. 109 (122).

[31] Vgl. *Ramm*, Koalitions- und Streikrecht der Beamten, S. 26; *Ramm*, AuR 1971, 65 (71).

[32] *Mitscherlich*, Das Arbeitskampfrecht der Bundesrepublik Deutschland und die ESC, S. 56.

[33] Siehe oben S. 94 ff.

[34] Öhlinger, in: Matscher, Die Durchsetzung wirtschaftlicher und sozialer Grundrechte, S. 335 (339 f.); *Rieble*, RdA 2005, 200 (203).

[35] Siehe oben S. 131 ff.

Anwendbarkeit aber nicht. Vielmehr deutet dieser flexible Umsetzungsmechanismus auf einen staatenverpflichtenden Charakter des Art. 6 Nr. 4 ESC hin.

In systematischer Hinsicht ist schließlich auch auf die Streikrechtsgarantie in Art. 28 GRC hinzuweisen. Der Wortlaut des Art. 28 GRC ist eng an die Formulierung in Art. 6 Nr. 4 ESC angelehnt.[36] Die Grundrechtecharta baut also gewissermaßen auf der Europäischen Sozialcharta auf. In den Erläuterungen zu Art. 28 GRC heißt es: „Die Modalitäten und Grenzen der Durchführung von Kollektivmaßnahmen, darunter auch Streiks, werden durch die einzelstaatlichen Rechtsvorschriften und Gepflogenheiten geregelt."[37] Diese Erläuterungen sind u. a. von der Einsicht geleitet, dass es wegen der unterschiedlichen rechtlichen Rahmenbedingungen in den einzelnen EU-Mitgliedstaaten zwingend erforderlich ist, die Regelungsbefugnis für das Streikrecht weitgehend bei den Nationalstaaten zu belassen. In der Grundrechtecharta wurde daher auf eine detaillierte Regelung der Einzelheiten verzichtet.[38] Nichts anderes kann für das Streikrecht in Art. 6 Nr. 4 ESC gelten, wo ebenfalls keine weiteren Details geregelt sind. Wegen des unspezifischen Wortlauts ist hier in vergleichbarer Weise wie bei Art. 28 GRC davon auszugehen, dass man Detailfragen zu Inhalt und Grenzen der Streikrechtsgarantie bei den einzelnen Mitgliedstaaten belassen wollte.

Abschließend lässt sich festhalten, dass die Systematik gegen eine unmittelbare Anwendbarkeit spricht. Art. 6 Nr. 4 ESC erweist sich weder als anwendungswillig noch anwendungsfähig. Insbesondere im systematischen Vergleich mit der Europäischen Menschenrechtskonvention muss Art. 6 Nr. 4 ESC als detailarm und durchsetzungsschwach bewertet werden, was negativ auf seine Anwendungsfähigkeit zurückwirkt.

C. Telos

Das wohl stärkste Argument, das für eine unmittelbare Anwendbarkeit des Art. 6 Nr. 4 ESC ins Feld geführt wird, ist teleologischer Art: Es wird nämlich vorgebracht, dass Art. 6 Nr. 4 ESC kein soziales Grundrecht im *engeren* Sinn sei. Die Schwierigkeiten, die bei der Normierung sozialer Grundrechte im engeren Sinn bestünden,[39] ergäben sich für das Streikrecht nicht in gleicher Weise. Anders als die sozialen Grundrechte im engeren Sinn *eigne* sich

[36] Erläuterungen zur Grundrechtecharta (2007/C 303/02 v. 14. 12. 2007, ABl. Nr. C 303 S. 17), S. 10.

[37] Erläuterungen zur Grundrechtecharta (2007/C 303/02 v. 14. 12. 2007, ABl. Nr. C 303 S. 17), S. 10.

[38] *Jansen*, NZA-Beil. 2006, 59.

[39] Siehe oben S. 102 f.

das Streikrecht also zur unmittelbaren Anwendung.[40] Auf den ersten Blick scheint dieser Einwand berechtigt, gerade deshalb, weil es für die unmittelbare Anwendbarkeit auf die einzelne Norm ankommt,[41] nicht aber auf das gesamte Vertragswerk. Auch ist aus grundrechtsdogmatischer Sicht zuzugeben, dass das Streikrecht als „Freiheitsrecht mit sozialer Zwecksetzung“[42] – anders als die sozialen Grundrechte im *engeren* Sinn – nicht von der Leistungsfähigkeit des Staates abhängt.[43] Die Positivierung des Streikrechts bereitet daher keine *identischen* Probleme. Gleichwohl bestehen andere Schwierigkeiten, vor allem wenn es um Ausmaß und Tragweite des Streikrechts geht. Gerade bei der Abstimmung und Einfügung des Streikrechts in den (sozial-)staatlichen Ordnungsrahmen ergeben sich zahlreiche Regelungsschwierigkeiten. Dies haben bereits die Ausführungen zur Entwicklung des Streikrechts in Deutschland[44] und die rechtsvergleichenden Untersuchungen[45] gezeigt. Es lässt sich immer nur anhand der konkreten Umstände bestimmen, ob ein Streik zulässig ist.[46] Dies hängt schließlich auch von den jeweiligen wirtschaftlichen und sozialen Rahmenbedingungen sowie von den unterschiedlichen Rechtstraditionen der einzelnen Mitgliedstaaten ab. Wie oben dargestellt, wurde diesem Umstand bereits durch das vergleichsweise schwach ausgestaltete Berichtsverfahren Rechnung getragen.[47] Bestätigt wird diese Lesart durch eine Äußerung der Parlamentarischen Versammlung von 1953, wo es hieß: “It does not appear [...] desirable [...] to envisage uniform social legislation in the Member States of the Council of Europe.” Nach dem Vertragszweck der Europäischen Sozialcharta werde eine Harmonisierung, nicht aber eine Uniformisierung der nationalen Rechtspraktiken erstrebt. Dabei seien stets die nationalen Eigenarten zu berücksichtigen.[48] Eine unmittelbare Anwendbarkeit verträgt sich mit dieser Zielsetzung folglich nicht.

Dass sich Art. 6 Nr. 4 ESC seinem Zweck nach nicht zur unmittelbaren Anwendung durch die Mitgliedstaaten eignet, zeigen auch die Ausführungen des EKSR. In einer Schlussfolgerung von 2004 formulierte dieses Komitee wie folgt: “In ratifying the Charter, states undertake to ensure that the rights em-

---

40 *Hackstein*, Streik und Aussperrung nach Art. 6 Nr. 4 ESC, S. 24 f.; *Ramm*, AuR 1971, 65 (71 f.).

41 Siehe oben S. 204.

42 Maunz/Dürig/*Scholz*, Art. 9 Abs. 3 GG, Rn. 158.

43 Siehe oben S. 102 f.

44 Siehe oben S. 9 ff.

45 Siehe oben S. 57 ff.

46 Vgl. *Picker*, DB 1985, Beil. Nr. 7, 1 (13).

47 Siehe oben S. 94 ff.

48 *Consultative Assembly of the Council of Europe* (Request by the Committee of Ministers for an Opinion on a Memorandum by the Secretariat-General concerning the activities which the Council of Europe could properly carry out in the social sphere), Doc. 140, 11th May 1953, S. 414.

bodied in it can be exercised effectively. If they have a choice of various means of enforcing these rights, their legal provisions must satisfy the obligations to achieve the required results in order to comply with the charter.'[49]

Bei der teleologischen Auslegung ist schließlich auch in den Blick zu nehmen, dass die Europäische Sozialcharta vor mehr als 50 Jahren geschaffen wurde. Angesichts sich wandelnder Rahmenbedingungen stellt sich die Frage, ob eine unmittelbare Anwendbarkeit des Art. 6 Nr. 4 ESC überhaupt praktikabel ist oder gar in Widerspruch zu den ursprünglichen Motiven tritt. Bei Schaffung der Europäischen Sozialcharta war die Entwicklung der rechtlichen, wirtschaftlichen und sozialen Rahmenbedingungen in den einzelnen Mitgliedstaaten nicht vorherzusehen. Dennoch wollte man einen wirksamen – und nicht nur deklaratorischen – Rechtsschutz gewährleisten.[50] Starre Regelungen wären diesem Ziel hinderlich gewesen. Vielmehr sind flexible Vorgaben nötig, um eine Anpassung an sich wandelnde Rahmenbedingungen zu ermöglichen. Nur so lässt sich der soziale Fortschritt erreichen, der auch in der Präambel der Europäischen Sozialcharta als Ziel benannt wird. Auch unter diesem Gesichtspunkt ist eine unmittelbare Anwendbarkeit des Art. 6 Nr. 4 ESC abzulehnen.

D. Historie

In engem Zusammenhang mit den teleologischen stehen die historischen Erwägungen: Wie die Genesis des Art. 6 Nr. 4 ESC gezeigt hat, waren die Schöpfer der Europäischen Sozialcharta gewillt, den unterschiedlichen rechtlichen Rahmenbedingungen in den einzelnen Mitgliedstaaten Rechnung zu tragen – vor allem im Hinblick auf den Beamtenstreik oder das Verhältnismäßigkeitsprinzip.[51] Dieses Ziel kommt vor allem in dem bereits zitierten Memorandum des Generalsekretariats zum Ausdruck, wo erstmals von der Schaffung einer Sozialcharta die Rede war:

> The situation today may not seem promising for important social advances. Economic conditions reflect the heavy strains imposed by […] adverse trade conditions and the need for increased exports. These difficulties should, however, not be permitted to overshadow the social aim towards which the Members of the Council of Europe are pledged to strive. A Declaration of the aims and principles of European social policy, and of the obligations which the Member States are willing to undertake in the social field, would inspire confidence in the Council of Europe and further a progressive social development.[52]

---

[49] *Conclusions XVII-1 (2004)*, Germany, S. 12.

[50] Siehe oben S. 87.

[51] Siehe oben S. 121 ff.

[52] *Consultative Assembly of the Council of Europe* (Request by the Committee of Ministers for an Opinion on a Memorandum by the Secretariat-General concerning the activities

Mit diesem Ziel wäre eine „ungefilterte" direkte Anwendbarkeit des Art. 6 Nr. 4 ESC unvereinbar gewesen. In den anfänglichen Vertragsentwürfen zeigt sich ebenfalls eine Tendenz in diese Richtung, indem man zur Verwirklichung des Streikrechts auf „necessary legislative measures" hinwies.[53] Implizit ging man also davon aus, dass das Streikrecht in Art. 6 Nr. 4 ESC nicht ausreichend spezifiziert sei, um unmittelbar anwendungsfähig zu sein. Auf diesen expliziten Zusatz, wonach „gesetzliche Umsetzungsmaßnahmen" erforderlich seien, wurde in späteren Fassungen nur deshalb verzichtet, weil man die Regelungsautonomie der Kollektivpartner nicht beschneiden wollte.[54] Am weiterhin bestehenden Regelungsbedarf hat sich durch den Verzicht auf diesen Zusatz jedoch nichts geändert. Nationalen Besonderheiten sollte schließlich mit Hilfe des Art. 31 Abs. 1 ESC Rechnung getragen werden.[55]

Unter explizitem Hinweis auf Art. 6 ESC hat auch der parlamentarische Sozialausschuss festgehalten, dass eine nähere Definition und weitere nationale Umsetzungsmaßnahmen zur Gewährleistung des Streikrechts notwendig seien. Sonst bestehe das Risiko, dass auf internationaler Ebene Versprechungen gemacht würden, die angesichts der heterogenen Rahmenbedingungen in den einzelnen Mitgliedstaaten niemals zu halten seien.[56] Noch klarer sind die Äußerungen des Sozialausschusses der Parlamentarischen Versammlung zum ersten Vertragsentwurf in Doc. 403:

> With regard to the legal scope of the rights recognised in Part II of the Charter, it seems reasonable to conclude that the subjective right recognised at the beginning of each of these provisions, is in substance only a relative and variable right, determined, from a normative point of view, by provisions relating to its exercise which, for this reason form an integral part of the definition of the right in question. Moreover, in the light of the fact [...] that the aims of some of these provisions are too high to be achieved immediately, it follows that, by and large, the provisions of Part II of the Chapter merely represent a target which should be reached by dint of gradual progress.[57]

---

which the Council of Europe could properly carry out in the social sphere), Doc. 140, 11th May 1953, S. 410.

[53] *Consultative Assembly of the Council of Europe* (Draft Recommendation containing the draft European Social Charter presented by the Committee on Social Questions), Doc. 403, 26th October 1955, S. 6.

[54] *European Social Charter, Travaux Préparatoires, Article 6*, Document prepared by the Social Division, October 1956, Submission of the 3rd Draft Social Charter to the Committee of Ministers, CE/Soc/Tr. Pr. (70) 15, S. 43.

[55] Siehe oben S. 121 ff.

[56] *Consultative Assembly of the Council of Europe* (Draft Recommendation containing the draft ESC presented by the Committee on Social Questions), Doc. 403, 26th October 1955, S. 20.

[57] *Consultative Assembly of the Council of Europe* (Draft Recommendation containing the draft ESC presented by the Committee on Social Questions), Doc. 403, 26th October 1955, S. 21 f.

Schließlich hieß es in Doc. 403, die Europäische Sozialcharta „requires to be developed and completed by a series of subsequent measures at the international, national, local and professional levels".[58] Diese beiden Kommentare beziehen sich auf alle Charta-Rechte in Teil II – folglich auch auf das Streikrecht in Art. 6 ESC.[59] Klarer lässt sich kaum formulieren, dass die Umsetzung *aller* Charta-Rechte von weiteren nationalen Ausführungsvorschriften abhängen soll. Schließlich liefert das zweite Zitat einen weiteren Beweis dafür, dass die Verwendung des Verbs „anerkennen" keinen Rückschluss auf die unmittelbare Anwendbarkeit gestattet. Ausdrücklich hieß es, man wolle kein einklagbares subjektives Recht, sondern eine Staatenverpflichtung schaffen. Auch der dritte Entwurf in Doc. 536 führte diesbezüglich zu keinen Änderungen.[60] Damit liefert die historische Auslegung folgendes Ergebnis: Selbst die Schöpfer des Art. 6 Nr. 4 ESC gingen davon aus, dass das Streikrecht weiterer nationaler Umsetzungsmaßnahmen bedürfe und folglich nicht unmittelbar anwendbar sein könne. Selbst wenn die Historie nur eine nachrangige Bedeutung bei der Auslegung hat, bekräftigt sie mit besonderer Deutlichkeit, dass Art. 6 Nr. 4 ESC weder anwendungswillig noch anwendungsfähig ist.

E. Rechtsvergleich

Zuweilen wird vorgebracht, dass Art. 6 Nr. 4 ESC in den meisten europäischen Verfassungen unmittelbar anwendbar sei und dies auch für Deutschland gelten müsse.[61] Wie bereits gesehen, wird Art. 6 Nr. 4 ESC aber nur in Belgien und den Niederlanden, unmittelbar angewendet.[62] Es kann also nicht von der *Mehrheit* der europäischen Staaten die Rede sein. Im Übrigen verkennt diese Ansicht, dass die Frage der unmittelbaren Anwendbarkeit nach dem jeweiligen nationalen Recht zu beantworten ist und ein Rechtsvergleich insofern keine Aussagekraft besitzen kann.

---

[58] *Consultative Assembly of the Council of Europe* (Draft Recommendation containing the draft ESC presented by the Committee on Social Questions), Doc. 403, 26th October 1955, S. 22.

[59] Hingegen will *Matthias Dumke* Doc. 403 dahingehend interpretieren, dass das Streikrecht unmittelbar anwendbar sein soll (*Dumke*, Streikrecht i. S. des Art. 6 Nr. 4 ESC und deutsches Arbeitskampfrecht, S. 177 f.).

[60] Siehe oben S. 121.

[61] *Lörcher*, in: Däubler, Arbeitskampfrecht, § 10, Rn. 24.

[62] Siehe oben S. 58.

F. Abschließender Befund

Wie die Untersuchungen gezeigt haben, sprechen Wortlaut, Systematik, Telos, Historie und der Rechtsvergleich in ihrer Gesamtschau gegen eine unmittelbare Anwendbarkeit des Art. 6 Nr. 4 ESC. Insbesondere der Hinweis, dass die Sozialcharta lediglich rechtliche Verpflichtungen „internationalen Charakters" enthalte, ist ein deutliches Indiz gegen die *Anwendungswilligkeit* des Art. 6 Nr. 4 ESC.

Gegen die *Anwendungsfähigkeit* lassen sich vor allem die folgenden Punkte anführen: Zwar handelt es sich bei Art. 6 Nr. 4 ESC um ein janusköpfiges „soziales" Freiheitsrecht, dessen Positivierung nicht dieselben Schwierigkeiten aufwirft wie die der sozialen Grundrechte im engeren Sinn. Gleichwohl war man sich bei der Schaffung des Art. 6 Nr. 4 ESC über die unterschiedlichen Rahmenbedingungen in den einzelnen Mitgliedstaaten im Klaren und wollte diesem Umstand durch eine flexible Umsetzung des Streikrechts Rechnung tragen. Im Übrigen verfügt Art. 6 Nr. 4 ESC mit dem Berichtsverfahren über einen schwachen Durchsetzungsmechanismus. Zugleich fehlt es der Europäischen Sozialcharta an einer verbindlich entscheidenden „Auslegungsinstanz". So werden die weitgehenden inhaltlichen Vorgaben des Art. 6 Nr. 4 ESC, die im zweiten Teil dieser Arbeit herausgearbeitet worden sind (keine Tarifbezogenheit des Streiks, kein Verbot von wilden Streiks und Beamtenstreiks), mangels unmittelbarer Anwendbarkeit wieder abgeschwächt. Es besteht nur eine Staatenverpflichtung zur Umsetzung der Vorgaben. Die fehlende unmittelbare Anwendbarkeit darf allerdings nicht darüber hinwegtäuschen, dass die Bundesrepublik völkerrechtlich verpflichtet ist (vgl. Art. 27 S. 1 WVRK), die Vorgaben des Art. 6 Nr. 4 ESC umzusetzen. Welche Möglichkeiten sich bieten, wird im Folgenden untersucht.

3. Abschnitt

Mittelbare Anwendbarkeit des Art. 6 Nr. 4 ESC

Auch wenn eine völkervertragliche Norm nicht unmittelbar anwendbar ist, muss sie bei der Entscheidungsfindung innerstaatlicher Organe – sprich der Gerichte und Behörden – berücksichtigt werden. Die Norm ist dann mittelbar anwendbar.[1] Ziel ist es, einen Völkerrechtsverstoß trotz fehlender unmittelbarer Anwendbarkeit möglichst zu vermeiden. Im Folgenden werden Möglichkeiten dargestellt, wie die inhaltlichen Vorgaben des Art. 6 Nr. 4 ESC indirekt berücksichtigt werden können. Zum einen könnte sich eine Pflicht zur mittelbaren Berücksichtigung aus dem Gebot der völkerrechtsfreundlichen Auslegung des nationalen Rechts ergeben. Zum anderen wäre es denkbar, der Spruchpraxis des EKSR und des Ministerkomitees – trotz deren fehlender Interpretationshoheit – eine Orientierungswirkung zuzusprechen.

A. Berücksichtigung durch völkerrechtsfreundliche Auslegung

Völkerrecht, das durch den Rechtsanwendungsbefehl nach Art. 59 Abs. 2 S. 1 GG im innerstaatlichen Recht gilt, hat einfachgesetzlichen Rang. Das Grundgesetz geht also vor. Doch trotz seines einfachgesetzlichen Rangs wird das Völkerrecht zur völkerrechtsfreundlichen Auslegung des Grundgesetzes herangezogen.[2] Es fragt sich allerdings, ob und inwiefern die Gerichte gehalten sind, die Postulate des Art. 6 Nr. 4 ESC bei der Auslegung des Art. 9 Abs. 3 GG zu beachten. In einer Entscheidung von 1993 hat das BVerfG diese Fra-

---

[1] Vgl. *Seibert-Fohr*, ZaöRV 2002, 391 (394); *Seiter*, Streikrecht und Aussperrungsrecht, S. 137 f.; *Thüsing*, Der Außenseiter im Arbeitskampf, S. 35.

[2] Siehe oben S. 199.

ge dahinstehen lassen.[3] In der Rechtsprechung[4] und Literatur[5] wird mehrheitlich die Ansicht vertreten, dass die inhaltlichen Vorgaben des Art. 6 Nr. 4 ESC im Wege der völkerrechtsfreundlichen Auslegung zu berücksichtigen seien – ohne jedoch näher auf konkrete Rechtsfolgen einzugehen. Dieser Frage wird im Folgenden nachgegangen.

Zunächst wird der Grundsatz der Völkerrechtsfreundlichkeit näher untersucht. Der Grundsatz geht zwar nicht explizit aus dem Grundgesetz hervor, wird aber in der Rechtsprechung und Literatur als gängige Argumentationsfigur anerkannt und verwendet. Zu Recht wird dabei allerdings beklagt, die Rechtswissenschaft habe sich bisher nur oberflächlich mit der Völkerrechtsfreundlichkeit des Grundgesetzes auseinandergesetzt.[6] Möchte man den mittelbaren Einfluss, welchen Art. 6 Nr. 4 ESC im Wege der völkerrechtsfreundlichen Auslegung bei der nationalen Rechtsanwendung erlangen kann, korrekt ermitteln, muss das Institut der völkerrechtsfreundlichen Auslegung zunächst näher erläutert werden.

I. Völkerrechtsfreundlichkeit als ungeschriebenes Verfassungsprinzip

Der Begriff der „Völkerrechtsfreundlichkeit" oder der „offenen Staatlichkeit"[7] wird im Grundgesetz nicht explizit erwähnt. Der Begriff geht auf den Staatsrechtler *Klaus Vogel* zurück, der in einem Werk von 1964 mit dem Titel „Die Verfassungsentscheidung des Grundgesetzes für eine internationale Zusammenarbeit"[8] erstmals von der „Völkerrechtsfreundlichkeit" des Grundgesetzes sprach. Die Völkerrechtsfreundlichkeit ist ein ungeschriebenes

---

[3] BVerfG v. 2. 3. 1993 – 1 BvR 1213/85, AP Nr. 126 zu Art. 9 GG, unter B II 2 b) der Gründe: „Auf die Frage, ob dieses Abkommen für die Auslegung des Art. 9 Abs. 3 GG heranzuziehen ist […], käme es nur an, wenn die Gewährleistungen der Europäischen Sozialcharta über die des Art. 9 Abs. 3 GG hinausgehen könnten […]. Hierfür ist jedoch nichts dargetan."; mit Blick auf Art. 5 ESC ließ das BVerfG diese Frage auch schon in einer Entscheidung von 1981 unbeantwortet (BVerfG v. 20. 10. 1981 – 1 BvR 404/78, AP Nr. 31 zu § 2 TVG, unter B I 5 b) der Gründe).

[4] Statt aller BAG v. 10. 6. 1980 – 1 AZR 168/79, AP Nr. 65 zu Art. 9 GG, unter A II 4 der Gründe; BAG v. 12. 9. 1984 – 1 AZR 342/83, AP Nr. 81 zu Art. 9 GG, unter B II 2 c) der Gründe; BAG v. 5. 3. 1985 – 1 AZR 468/83, AP Nr. 85 zu Art. 9 GG, unter II 3 d) der Gründe; BAG v. 10. 12. 2002 – 1 AZR 96/02, AP Nr. 162 zu Art. 9 GG, unter B I 2 a) der Gründe.

[5] *Kissel*, Arbeitskampfrecht, § 20, Rn. 30 f.; *Löwisch/Rieble*, TVG, Grundlagen, Rn. 292; MünchHdbArbR II/*Ricken*, § 197, Rn. 5; *Treber*, in: Schaub, Arbeitsrechts-Handbuch, § 192, Rn. 32.

[6] *Payandeh*, JöR 2009, 465.

[7] Vgl. *Vogel*, Die Verfassungsentscheidung des GG für eine internationale Zusammenarbeit, S. 33 und 42; *von Bogdandy/Villalón/Huber*, Handbuch Ius Publicum Europaeum: Band II: Offene Staatlichkeit – Wissenschaft vom Verfassungsrecht; *Hobe*, Der offene Verfassungsstaat, S. 409 ff.

[8] *Vogel*, Die Verfassungsentscheidung des GG für eine internationale Zusammenarbeit.

Verfassungsprinzip.[9] Sie lässt sich aber aus der Zusammenschau zahlreicher Artikel des Grundgesetzes herleiten, die der Verfassungsgeber in Abkehr vom Nationalsozialismus und nationalstaatlichem Egoismus konzipiert hat.[10] Von der völkerrechtsfreundlichen Haltung des Grundgesetzes zeugen zunächst die bereits genannten Art. 25 und Art. 59 Abs. 2 S. 1 GG. Die Normen regeln die Einbeziehung des Völkerrechts in den nationalen Rechtsraum. Der im Jahre 1992 geschaffene Art. 23 GG sowie Art. 24 GG und Art. 16 Abs. 2 GG belegen ebenfalls die verfassungsrechtliche Ausrichtung auf eine internationale Zusammenarbeit.[11] Außerdem liefern die Präambel des Grundgesetzes sowie Art. 26 GG und Art. 1 Abs. 2 GG ein materiell-rechtliches Bekenntnis zur Völkerrechtsfreundlichkeit.[12] Im Einzelnen ergibt sich folgendes Bild:

In Art. 25 GG wird ein Vollzugs- oder Rechtsanwendungsbefehl (je nachdem, ob man der Vollzugs- oder Transformationslehre folgt)[13] erteilt, der für einen Gleichlauf zwischen dem Völkerrecht und dem nationalen Recht sorgen soll. Im ersten Satz der Vorschrift werden die „allgemeinen Regeln des Völkerrechts" zu objektiv geltendem und alle Staatsgewalt bindendem Recht erklärt. Einer vorherigen Geltungsanordnung bedarf es dafür nicht.[14] Der Gesetzgeber hat also keinen „kontrollierenden" Einfluss auf den Inhalt einer völkerrechtlichen Norm. Auf Grund dieser Zurückhaltung erweist sich Art. 25 GG als bemerkenswerter „Akt der Unterwerfung unter die Völkerrechtsordnung".[15] In Art. 25 S. 2 GG wird ferner angeordnet, dass die „allgemeinen Regeln des Völkerrechts" den einfachen Gesetzen vorgehen.[16] Die Völkerrechtsfreundlichkeit kommt schließlich auch darin zum Tragen, dass die „allgemeinen Regeln des Völkerrechts" unmittelbare Wirkung für den Bürger entfalten. Hierin zeigt sich die wechselseitige Einwirkung von Völker- und Landesrecht.[17]

Formelle Aussagen zur Völkerrechtsfreundlichkeit trifft auch Art. 59 Abs. 2 S. 1 GG. Nach dieser Vorschrift werden völkerrechtliche Normen durch ein parlamentarisches Zustimmungsgesetz zu einfachem Gesetzesrecht. Zugleich will diese Vorschrift das parlamentarische Gesetzgebungsmonopol wahren.[18]

---

[9] Näheres zur Herleitung der Völkerrechtsfreundlichkeit siehe *Payandeh*, JöR 2009, 465 (467–484).

[10] *Vogel*, Die Verfassungsentscheidung des GG für eine internationale Zusammenarbeit, S. 10 f.

[11] *Payandeh*, JöR 2009, 465 (470–478).

[12] *Payandeh*, JöR 2009, 465 (479 f.); *Sauer*, ZaöRV 2005, 35 (47).

[13] Siehe oben S. 195 ff.

[14] *Payandeh*, JöR 2009, 465 (472); *Sauer*, ZaöRV 2005, 35 (47).

[15] *Payandeh*, JöR 2009, 465 (472).

[16] Zur normenhierarchischen Stellung der „allgemeinen Regeln des Völkerrechts" siehe Maunz/Dürig/*Herdegen*, Art. 25 GG, Rn. 42; *Payandeh*, JöR 2009, 465 (472).

[17] Maunz/Dürig/*Herdegen*, Art. 25 GG, Rn. 47 ff.; *Payandeh*, JöR 2009. 465 (473).

[18] *Kunig*, in: Vitzthum, Völkerrecht, 2. Abschnitt, IV 2 f), Rn. 100.

Wenngleich Art. 59 Abs. 2 S. 1 GG keine unmittelbare Geltung des Völkerrechts anordnet, sondern einen vorherigen parlamentarischen Zustimmungsakt verlangt, hat diese Vorschrift praktisch[19] keine Geltungsbeschränkung des Völkervertragsrechts zur Folge.[20]

Auch Art. 24 GG und der neu geschaffene Art. 23 GG sind von der Leitidee einer internationalen Zusammenarbeit geprägt.[21] Beide Normen begreifen die Teilnahme an Entscheidungsprozessen internationaler Institutionen als Ausdruck staatlicher Souveränität;[22] denn die „völkerrechtsfreundliche Selbstbeschränkung" erfolgt freiwillig und souverän.[23] Hierin kommt eine Geisteshaltung zum Tragen, die *Peter Häberle* als „kooperative[n] Verfassungsstaat westlicher Prägung" bezeichnet, „der von vornherein auf Kooperation im internationalen Feld angelegt" ist.[24] Konkret gestattet Art. 24 Abs. 1 GG die Übertragung von Hoheitsrechten auf zwischenstaatliche Einrichtungen[25] und liefert damit nicht nur die Voraussetzungen für eine internationale und supranationale Bindung Deutschlands. Auch Art. 24 Abs. 2 und 3 GG zeugen mit der Möglichkeit zur sicherheitspolitischen Eingliederung und Beteiligung an internationalen Streitbeilegungsmechanismen von einem Bekenntnis zu einer „institutionalisierten Internationalisierung". Schließlich bekräftigt Art. 23 GG diesen Gedanken im Hinblick auf die Eingliederung Deutschlands in die EU.[26]

Auch Art. 16 Abs. 2 S. 2 GG zeugt von der Völkerrechtsfreundlichkeit des Grundgesetzes. Diese Norm ermöglicht nicht nur den Beitritt Deutschlands zu einer internationalen Jurisdiktion, sondern liefert auch die Legitimationsgrundlage für eine Überstellung Deutscher an einen internationalen Gerichtshof.[27] Internationale Gerichte können Entscheidungen mit unmittelbarer Rechtswirkung für den Bürger treffen.[28]

In materieller Hinsicht zeigt sich die Völkerrechtsfreundlichkeit auch in der Präambel des Grundgesetzes, im Aggressionsverbot des Art. 26 GG und im verfassungsrechtlichen Bekenntnis zu den Menschenrechten nach Art. 1 Abs. 2 GG.[29] Die letztgenannte Norm fungiert als „Transmissionsriemen" zwischen

---

[19] Zum Prozedere beim Abschluss völkerrechtlicher Verträge siehe *Payandeh*, JöR 2009, 465 (473).

[20] *Payandeh*, JöR 2009, 465 (473).

[21] *Sauer*, ZaöRV 2005, 35 (47).

[22] *Payandeh*, JöR 2009, 465 (475 ff.).

[23] *Schröder*, Gesetzesbindung des Richters und Rechtsweggarantie im Mehrebenensystem, S. 103 f.

[24] *Häberle*, in: FS Schelsky, S. 141 (148).

[25] Auf Grundlage des Art. 24 Abs. 1 GG erfolgte die Kompetenzübertragung auf die Montanunion, die Euratom und die EWG sowie auch auf die NATO (*Payandeh*, JöR 2009, 465 (476)).

[26] *Payandeh*, JöR 2009, 465 (476 ff.).

[27] *Payandeh*, JöR 2009, 465 (478).

[28] BVerfG v. 19. 9. 2006 – 2 BvR 2115/01 (u. a.), NJW 2007, 499 (501), Rn. 56.

[29] *Sauer*, ZaöRV 2005, 35 (47).

den nationalen Grundrechten und internationalen Menschenrechtsverbürgungen.[30]

Wie der kurze Überblick zeigt, öffnet sich das Grundgesetz an zahlreichen Stellen gegenüber völkerrechtlichen Einflüssen. Die Völkerrechtsfreundlichkeit rangiert als „verfassungsrechtliche Leitidee“[31] auf derselben Ebene wie das Demokratie-, das Bundesstaats- und das Sozialstaatsprinzip.[32] Alle innerstaatlichen Hoheitsträger[33] sind dieser Verfassungsentscheidung verpflichtet.[34] Die Völkerrechtsfreundlichkeit ist Ausdruck eines gewandelten staatlichen Souveränitätsverständnisses; danach definiert sich Souveränität als selbstbestimmtes Streben nach einer internationalen Ein- und Unterordnung. Der einzelne Verfassungsstaat fügt sich derart in die internationale Gemeinschaft ein, dass er sich den gemeinsamen Zielen unterwirft. Dabei bleibt es aber der staatlichen Autonomie überlassen, wie stark die internationale Bindung ausgestaltet ist.[35] Die Völkerrechtsfreundlichkeit kann folglich nur so weit gehen, wie es die nationalstaatliche Souveränität zulässt. Das BVerfG betont, dass die Völkerrechtsfreundlichkeit ihre Wirkungskraft nur im verfassungsrechtlich vorgezeichneten Rahmen des Demokratie- und Rechtsstaatsprinzips entfalte. Daher komme der Völkerrechtsfreundlichkeit kein Absolutheitsanspruch zu.[36] Das BVerfG erklärt:

Das Grundgesetz ordnet den von ihm verfassten Staat in eine freiheits- und friedenswahrende Völkerrechtsordnung ein, weil es einen Gleichklang der eigenen freiheitli-

---

[30] Vgl. BVerfG v. 14. 10. 2004 – 2 BvR 1481/04, NJW 2004, 3408 (3411); *Payandeh*, JöR 2009, 465 (478–480).

[31] *Stern*, Das Staatsrecht der Bundesrepublik Deutschland I, § 14 I 1, S. 476.

[32] *Vogel*, Die Verfassungsentscheidung des GG für eine internationale Zusammenarbeit, S. 42 f.

[33] Umstritten ist, ob das Gebot der Völkerrechtsfreundlichkeit eine Bindung des parlamentarischen Gesetzgebers begründen kann. Dies wird teilweise abgelehnt (*Payandeh*, JöR 2009, 465 (496)). Dieser Ansicht kann hier allerdings nicht gefolgt werden. Zwar scheint es bei flüchtiger Betrachtung verwunderlich, wenn sich der Gesetzgeber, der die Geltungsanordnung des Völkerrechts ausspricht, diesen Vorgaben für die Zukunft selbst unterwirft. Allerdings beschneidet der Grundsatz *pacta sunt servanda* die „Handlungsfreiheit“ des Gesetzgebers und löst eine gesetzgeberische Bindung aus (*Zuleeg*, ZaöRV 1975, 341 (346 f.)). Im Übrigen halte das Völkerrecht Mechanismen für die Beendigung vertraglicher Bindungen bereit. Folglich könne keine Gesetzgebungskompetenz zum Erlass eines völkervertragswidrigen Gesetzes bestehen. Aus Gründen der Rechtsstaatlichkeit müsse Art. 59 Abs. 2 S. 1 GG dahingehend gedeutet werden, dass der deutsche Gesetzgeber mit dem Zustimmungsgesetz im Rahmen der völkerrechtlichen Verpflichtung auf seine Gesetzgebungskompetenzen verzichtet (*Becker*, NVwZ 2005, 289 (290 f.)). Schließlich ist die Völkerrechtsfreundlichkeit als (ungeschriebenes) *Verfassungs*prinzip Teil der „verfassungsmäßigen Ordnung“ nach Art. 20 Abs. 3 GG und bindet folglich auch die Legislative; Näheres zu dieser Frage siehe auch *Sachs*, in: FS Klein, S. 321 (327 ff.).

[34] *Sauer*, ZaöRV 2005, 35 (36).

[35] *Vogel*, Die Verfassungsentscheidung des GG für eine internationale Zusammenarbeit, S. 26 ff.

[36] BVerfG v. 14. 10. 2004 – 2 BvR 1481/04, NJW 2004, 2307 (3408).

chen Friedensordnung mit einem Völkerrecht sucht, das nicht nur die Koexistenz der Staaten betrifft, sondern Grundlage der Legitimität jeder staatlichen Ordnung sein will [...]. Das Grundgesetz stellt die Staatsorgane mittelbar in den Dienst der Durchsetzung des Völkerrechts und vermindert dadurch das Risiko der Nichtbefolgung internationalen Rechts [...]. Das Grundgesetz will die Öffnung der innerstaatlichen Rechtsordnung für das Völkerrecht und die internationale Zusammenarbeit in den Formen einer kontrollierten Bindung; es ordnet nicht die Unterwerfung der deutschen Rechtsordnung unter die Völkerrechtsordnung und den unbedingten Geltungsvorrang von Völkerrecht vor dem Verfassungsrecht an, sondern will den Respekt vor friedens- und freiheitswahrenden internationalen Organisationen und dem Völkerrecht erhöhen, ohne die letzte Verantwortung für die Achtung der Würde des Menschen und die Beachtung der Grundrechte durch die deutsche öffentliche Gewalt aus der Hand zu geben [...].[37]

Noch deutlicher hebt das BVerfG das Spannungsverhältnis zwischen der Völkerrechtsfreundlichkeit einerseits und der nationalstaatlichen Souveränität andererseits in der „Görgülü"-Entscheidung hervor. Dort heißt es:

Das Grundgesetz erstrebt die Einfügung Deutschlands in die Rechtsgemeinschaft friedlicher und freiheitlicher Staaten, verzichtet aber nicht auf die in dem letzten Wort der deutschen Verfassung liegende Souveränität. Insofern widerspricht es nicht dem Ziel der Völkerrechtsfreundlichkeit, wenn der Gesetzgeber ausnahmsweise Völkervertragsrecht nicht beachtet, sofern nur auf diese Weise ein Verstoß gegen tragende Grundsätze der Verfassung abzuwenden ist.[38]

Die Ausführungen des BVerfG zeigen, dass Inhalt und Grenzen der Völkerrechtsfreundlichkeit schwer zu definieren sind. Die Frage, inwieweit sich völkerrechtliche Vorgaben mit dem nationalen Souveränitätsanspruch vereinbaren lassen, verbietet eine schematische Beantwortung.[39] Aus dem Verfassungsprinzip der Völkerrechtsfreundlichkeit können keine konkreten Rechtsfolgen hergeleitet werden, da sich dieses Prinzip in seinem materiellen Gehalt nicht von den Verfassungsnormen abkoppeln lässt, die es konstituieren. Die einzelnen Verfassungsvorschriften treffen aber keine konkreten Rechtsfolgenregelungen.[40] Der Grundsatz der Völkerrechtsfreundlichkeit ist daher mit einer gewissen Unschärfe behaftet, die aber den Vorteil einer flexible Handhabung und Anpassungsfähigkeit mit sich bringt. Die fortschreitende europäische Integration fordert immer stärker dazu heraus, das nationale Souveränitätsverständnis zu überdenken und den Grad der staatlichen Öffnung an diesen Entwicklungen auszurichten. Dabei muss die Völkerrechtsfreundlichkeit als eine

[37] BVerfG v. 26.10.2004 – 2 BvR 955/00 (u.a.), NVwZ 2005, 560 (562).

[38] BVerfG v. 14.10.2004 – 2 BvR 1481/04, NJW 2004, 3407 (3408).

[39] Vgl. *Vogel*, Die Verfassungsentscheidung des GG für eine internationale Zusammenarbeit, S. 49 f.

[40] In Einzelfällen sollen auch aus dem Grundsatz der Völkerrechtsfreundlichkeit konkrete Rechtsfolgen abzuleiten sein. Weitere Nachweise und Kritik bei *Pfeffer*, Verhältnis von Völkerrecht und Landesrecht, S. 183 f.

Kollisions- bzw. Konfliktvermeidungsregel verstanden werden.[41] Sie dient der Herstellung weitestmöglicher Konformität zwischen dem Völkerrecht und dem nationalen Recht, kann aber nicht zur Selbstaufgabe nationalstaatlicher Identität führen.[42] Diesen Zwiespalt drückt die Bezeichnung „Optimierungsgebot" treffend aus; denn die Völkerrechtsfreundlichkeit erstrebt eine möglichst umfassende Realisierung, ist aber zugleich durch die sie konstituierenden Verfassungsnormen beschränkt.[43]

II. Konfliktvermeidung durch völkerrechtsfreundliche Auslegung

Das Verfassungsprinzip der Völkerrechtsfreundlichkeit erlangt mit dem Gebot der völkerrechtsfreundlichen Auslegung seine wesentliche „justizielle Bedeutung".[44] Seit dem „Pakelli"[45]-Beschluss ergänzt das BVerfG die klassischen Auslegungskanones um das Gebot der *völkerrechtsfreundlichen* Auslegung.[46] Nach diesem Gebot ist einer Norm bei mehreren Auslegungsmöglichkeiten diejenige Bedeutung beizumessen, die mit völkerrechtlichen Vorgaben (möglichst) in Einklang steht.[47] Wenngleich sich aus der Völkerrechtsfreundlichkeit keine konkreten Rechtsfolgen ableiten lassen, gewinnt sie mit dem Gebot der völkerrechtsfreundlichen Auslegung eine „Offenheit"[48], die weit über die sie konstituierenden Normen hinausgeht.[49] Gegenstand der völkerrechtsfreundlichen Auslegung ist das *gesamte* nationale Recht.[50] Auf einfachgesetzlicher Ebene wird die völkerrechtsfreundliche Auslegung vor allem bei verwaltungsrechtlichen Ermessensentscheidungen relevant. Außerdem hat die völkerrechtsfreundliche Auslegung Bedeutung bei der Auslegung von Generalklauseln und unbestimmten Gesetzesbegriffen – auch solchen mit *Verfassungsrang*.[51] Durch diesen Mechanismus kann dem Völkerrecht trotz

---

[41] *Payandeh*, JöR 2009, 465 (485); *Sauer*, in: Matz-Lück/Hong, Grundrechte und Grundfreiheiten im Mehrebenensystem, S. 1 (52); die Berücksichtigungspflicht als Kollisionsregel verstehend: *Viellechner*, in: Matz-Lück/Hong, Grundrechte und Grundfreiheiten im Mehrebenensystem, S. 109 (116 ff.).

[42] *Payandeh*, JöR 2009, 465 (485 ff.); *Sauer*, ZaöRV 2005, 35 (48); *Sauer*, EuGRZ 2011, 195 (198).

[43] *Payandeh*, JöR 2009, 465 (497 f.).

[44] *Vogel*, Die Verfassungsentscheidung des GG für eine internationale Zusammenarbeit, S. 51.

[45] BVerfG v. 11. 10. 1985 – 2 BvR 336/85, NJW 1986, 1425 (1427).

[46] *Rauber*, StudZR 2008, 443 (449).

[47] BVerfG v. 19. 9. 2007 – 2 BvF 3/02, NVwZ 2007, 1396 (1401).

[48] Grundlegend *Tomuschat*, in: Isensee/P. Kirchhof, Handbuch des Staatsrechts, VII, § 172, S. 483.

[49] *Payandeh*, JöR 2009, 465 (485).

[50] BVerfG v. 14. 10. 2004 – 2 BvR 1481/04, NJW 2004, 3407 (3408).

[51] *Geiger*, Grundgesetz und Völkerrecht, S. 170; *Zuleeg*, JA 1983, 1 (6).

seines einfachgesetzlichen Rangs in *faktischer* Hinsicht eine verfassungsrechtliche Wirkung zuteilwerden.[52]

Allerdings handelt es sich auch bei der völkerrechtsfreundlichen Auslegung (nur) um einen Konfliktvermeidungsmechanismus,[53] dem Spannungen naturgemäß immanent sind: Einerseits verlangt das Grundgesetz die Einhaltung völkerrechtlicher Verpflichtungen, andererseits steht das Völkerrecht – mit Ausnahme des supranationalen Unionsrechts – nur auf einfachgesetzlicher Ebene. Daraus folgt, dass nicht jedes völkerrechtlich erstrebenswerte Ergebnis durch eine völkerrechtsfreundliche Auslegung erzielt werden kann. Grenzen zieht die verfassungsmäßige Ordnung des Grundgesetzes.[54] Aus diesem Spannungsverhältnis und der normenhierarchischen „Subsidiarität" des Völkerrechts gegenüber dem Grundgesetz können horizontale Normenkollisionen[55] und Folgeprobleme resultieren, auf die näher einzugehen sein wird.[56]

III. Rechtsprechung des BVerfG als Maßstab

Obwohl das BVerfG nach der *Heck'sche* Formel[57] nur zur Wahrung spezifischen Verfassungsrechts berufen ist und das Grundgesetz den alleinigen Prüfungsmaßstab bildet, sind dem BVerfG auch völkerrechtliche Fragen zugewiesen.[58] Im Verfahren der abstrakten Normenkontrolle nach Art. 93 Abs. 1 Nr. 2 GG oder im Wege der Verfassungsbeschwerde nach Art. 93 Abs. 1 Nr. 4 lit. a GG kann das BVerfG völkerrechtliche Verträge schon *vor* der Ratifizierung auf ihre Verfassungsmäßigkeit überprüfen.[59] Nachdem das Zustimmungsgesetz ratifiziert und in Kraft getreten ist, können völkerrechtliche Verträge vor allem inzident zur Vorlage an das BVerfG gelangen – etwa bei einer konkreten Normenkontrolle nach Art. 100 Abs. 1 GG oder einer Verfassungsbeschwerde.[60] Für Verträge, die gemäß Art. 59 Abs. 2 S. 1 GG ratifiziert wurden, besitzt das BVerfG sogar ein Verwerfungsmonopol.[61] Schließlich kann das BVerfG im Verifikationsverfahren nach Art. 100 Abs. 2 GG entscheiden, ob eine Norm

---

52 *Sauer*, ZaöRV 2005, 35 (39).

53 *Payandeh*, JöR 2009, 465 (485); *Sauer*, in: Matz-Lück/Hong, Grundrechte und Grundfreiheiten im Mehrebenensystem, S. 1 (52); bezogen auf die vom BVerfG entwickelte Berücksichtigungspflicht siehe *Viellechner*, in: Matz-Lück/Hong, Grundrechte und Grundfreiheiten im Mehrebenensystem, S. 109 (116 f.).

54 *Payandeh*, JöR 2009, 465 (483 f.); *Sauer*, ZaöRV 2005, 35 (51).

55 *Sauer*, EuGRZ 2011, 195 (198).

56 Siehe unten S. 413 ff.

57 BVerfG v. 10.6.1964 – 1 BvR 37/63, NJW 1964, 1715 (1716); die *Heck'sche*-Formel hat ihren Namen nach dem Berichterstatter der Entscheidung *Karl Heck*.

58 *Knauff*, DVBl 2010, 533 (534).

59 *Von Arnauld*, Völkerrecht, Rn. 524.

60 *Fiedler*, Bundesverfassungsgericht und Völkerrecht, S. 37 ff.

61 *Von Arnauld*, Völkerrecht, Rn. 525.

des Völkerrechts Bestandteil des Bundesrechts ist und ob sie unmittelbare Rechte für den Einzelnen enthält (Art. 25 GG).[62]

Der kurze Überblick zeigt, dass das BVerfG im Rahmen seiner verfassungskonkretisierenden Funktion maßgeblichen Einfluss auf die Auslegung derjenigen Normen ausübt, die in ihrer Zusammenschau Ausdruck der grundgesetzlichen Völkerrechtsfreundlichkeit sind. Damit ist das BVerfG maßstabgebend für die Frage, ob und wie weit sich die nationale Rechtsordnung für völkerrechtliche Einflüsse öffnet.[63] Überdies ist das BVerfG die oberste Prüfungsinstanz, wenn es um die Kontrolle der fachgerichtlichen Auslegung und Anwendung des Völkerrechts geht; denn um die Einhaltung völkerrechtlicher Verpflichtungen zu gewährleisten, erweitert das BVerfG ausnahmsweise seinen beschränkten Prüfungsmaßstab[64].[65]

Bei der Prüfung völkerrechtlicher Normen spielt die Verfassungsbeschwerde seit geraumer Zeit eine bemerkenswerte Rolle: Zwar kann bei einer Verfassungsbeschwerde nur die Verletzung von Grundrechten oder grundrechtsgleichen Rechten gerügt werden, Art. 93 Abs. 1 Nr. 4 lit. a GG, § 90 Abs. 1 BVerfGG.[66] Allerdings erkennt das BVerfG seit dem „Görgülü“-Beschluss[67] an, dass eine Verfassungsbeschwerde mittelbar auch auf einen Konventionsverstoß gestützt werden kann. Rechtstechnisch muss dabei eine Verletzung des Rechtsstaatsprinzips (Art. 20 Abs. 3 GG) in Verbindung mit einem der Europäischen Menschenrechtskonvention äquivalenten Grundrecht des Grundgesetzes gerügt werden;[68] denn nach Ansicht des BVerfG können „[s]owohl die fehlende Auseinandersetzung mit einer Entscheidung des Gerichtshofs als auch deren gegen vorrangiges Recht verstoßende schematische ‚Vollstreckung‘ [...] gegen Grundrechte in Verbindung mit dem Rechtsstaatsprinzip verstoßen“. Das Gleiche gilt nach Auffassung des BVerfG bei einer Verletzung von Art. 36 Abs. 1 lit. b S. 3 des Wiener Konsularrechtsübereinkommens (WÜK); denn laut BVerfG stellt Art. 36 Abs. 1 lit. b S. 3 WÜK i. V. m. dem Grundrecht auf ein faires Verfahren nach Art. 2 Abs. 1 GG und dem Rechtsstaatsprinzip

[62] *Fiedler*, Bundesverfassungsgericht und Völkerrecht, S. 37 ff.

[63] *Schilling*, Deutscher Grundrechtsschutz, S. 40.

[64] Das BVerfG ist keine Superrevisionsinstanz und darf fachgerichtliche Entscheidungen nicht umfassend auf Rechtsfehler überprüfen. Das BVerfG ist grundsätzlich auf die Prüfung verfassungsrechtlicher Fragen beschränkt. Etwas anderes gilt nur bei der Überprüfung der Anwendung und Auslegung des Völkerrechts durch die Fachgerichte; statt aller BVerfG v. 10. 11. 1981 – 2 BvR 1058/79, NJW 1982, 512 (514); BVerfG v. 14. 10. 2004 – 2 BvR 1481/04, NJW 2004, 3407 (3411); BVerfG v. 19. 9. 2006 – 2 BvR 2115/01 (u. a.), NJW 2007, 499 (504), Rn. 75. Gleichwohl betont das BVerfG in der „Görgülü“-Entscheidung, dass die Aufgabe zur Bestimmung der Rechtswirkungen eines völkerrechtlichen Vertrags „innerstaatlich zunächst Sache der zuständigen Fachgerichte“ ist.

[65] *Fiedler*, Bundesverfassungsgericht und Völkerrecht, S. 37 ff.

[66] *Payandeh*, JöR 2009, 465 (495 f.).

[67] BVerfG v. 14. 10. 2004 – 2 BvR 1481/04, NJW 2004, 3407.

[68] BVerfG v. 14. 10. 2004 – 2 BvR 1481/04, NJW 2004, 3407 (3410).

ebenfalls eine nach Art. 93 Abs. 1 Nr. 4 lit. a GG, § 90 Abs. 1 BVerfGG rügefähige Rechtsposition dar.[69]

Im Rahmen seiner Kompetenzen bei der Auslegung und Anwendung des Völkerrechts ist das BVerfG bemüht, Konflikte zwischen dem Grundgesetz und den völkerrechtlichen Verpflichtungen der Bundesrepublik Deutschland nach Möglichkeit zu vermeiden. Das BVerfG wacht nach eigenem Bekunden nicht nur über die Verfassung, sondern steht zugleich „im Dienst der Durchsetzung des Völkerrechts"[70]. In dieser Doppelrolle kommt dem BVerfG eine maßstabbildende „Schleusenfunktion" für die Öffnung gegenüber völkerrechtlichen Einflüssen zu.[71] Eine rechtskräftige Entscheidung des BVerfG ist von den Fachgerichten im Rahmen des § 31 Abs. 1 BVerfGG stets zu befolgen; denn § 31 Abs. 1 BVerfGG erstreckt die subjektiven Grenzen der Rechtskraft über die Parteien des Rechtsstreits hinaus auf alle Verfassungsorgane, Behörden und Gerichte.[72] Diese Befolgungspflicht kann den Fachgerichten allerdings eine komplizierte Pflichtenkollision bescheren, wenn anderslautende völkerrechtliche Vorgaben existieren.[73] Nach der ständigen Rechtsprechung des BVerfG[74] und der herrschenden Literaturmeinung[75] unterliegen nicht nur der Tenor, sondern auch die tragenden Entscheidungsgründe der Bindungswirkung des § 31 Abs. 1 BVerfGG. Sonstige Begründungselemente, wie *obiter dicta*, binden die Instanzgerichte hingegen nicht.[76] Die völkerrechtlichen Aussagen des BVerfG sind als Vorfragen zu verfassungsgerichtlichen Entscheidungen grundsätzlich kein Bestandteil des Tenors.[77] Die bundesverfassungsgerichtlichen Aussagen zum Völkerrecht sind für den Instanzrichter also nur dann verbindlich, wenn die Aussagen einen Verfassungsbezug aufweisen und „tragend" sind. Letzteres ist dann der Fall, wenn ihre Beantwortung geboten ist, um den verfassungsrechtlichen Entscheidungsmaßstab zu definieren und auf den konkreten Rechtsfall anzuwenden. Mit anderen Worten müssen die Aussa-

---

[69] BVerfG v. 19.9.2006 – 2 BvR 2115/01 (u. a.), NJW 2007, 499 (500 f.): In Rn. 46 heißt es jedenfalls: „Es ist nicht offensichtlich ausgeschlossen, dass sich aus der engen Auslegung des Schutzzwecks von Art. 36 Abs. 1 S. 3 b WÜK eine Grundrechtsverletzung ergibt."

[70] BVerfG v. 5.11.2003 – 2 BvR 1243/03, JuS 2004, 619 (620); BVerfG v. 14.10.2004 – 2 BvR 1481/04, NJW 2004, 3407 (3411).

[71] *Schilling*, Deutscher Grundrechtsschutz, S. 40.

[72] *Bethge*, in: Maunz/Schmidt-Bleibtreu/Klein/Bethge, BVerfGG, § 31, Rn. 30.

[73] *Bergmann*, EuR 2006, 101 (114); *Fiedler*, Bundesverfassungsgericht und Völkerrecht, S. 238; *Payandeh*, JöR 2009, 465 (500).

[74] BVerfG v. 19.7.1966 – 2 BvF 1/65, NJW 1966, 1499 (1500); BVerfG v. 10.6.1975 – 2 BvR 1018/74, NJW 1975, 1355 (1356); BVerfG v. 18.1.2006 – 2 BvR 2194/99, NJW 2006, 1191 (1192).

[75] Statt aller siehe *Bergmann*, EuR 2006, 101 (103); *Bethge*, in: Maunz/Schmidt-Bleibtreu/Klein/Bethge, BVerfGG, § 31, Rn. 84; *Dederer*, ZaöRV 2006, 575 (618); *Fiedler*, Bundesverfassungsgericht und Völkerrecht, S. 243.

[76] *Bethge*, in: Maunz/Schmidt-Bleibtreu/Klein/Bethge, BVerfGG, § 31, Rn. 84.

[77] *Fiedler*, Bundesverfassungsgericht und Völkerrecht, S. 242.

gen unverzichtbar sein, sie dürfen also nicht fehlen, ohne dass damit der Tenor des BVerfG entfiele.[78] Wird die Bindungswirkung nach § 31 Abs. 1 BVerfGG von den Fachgerichten missachtet, führt dies zu einem Verstoß gegen die Bindung an Recht und Gesetz gemäß Art. 20 Abs. 3 GG.[79]

IV. Inhalt der Völkerrechtsfreundlichkeit

Die völkerrechtsfreundliche Auslegung gilt nicht absolut, sondern ist verfassungsrechtlichen Grenzen unterworfen.[80] Welchen Inhalt und welche Grenzen die Völkerrechtsfreundlichkeit hat, definiert das BVerfG. Wie soeben festgestellt, sind die Aussagen des BVerfG von den Fachgerichten nach § 31 Abs. 1 BVerfGG zu befolgen, jedenfalls dann, wenn es sich um „tragende Entscheidungsgründe" handelt. Allerdings hat sich das BVerfG bisher noch nicht zur „sozialchartafreundlichen" Auslegung geäußert. Es finden sich aber bundesverfassungsgerichtliche Äußerungen zur Rechtsauslegung im Lichte anderer völkerrechtlicher Vertragswerke – vor allem der Europäischen Menschenrechtskonvention. Diese Aussagen werden im Folgenden daraufhin überprüft, ob sie allgemeingültige Prinzipien zur Handhabung des Art. 6 Nr. 4 ESC durch die nationalen Gerichte enthalten. Aus Gründen der Übersichtlichkeit wird bei der Darstellung in chronologischer Reihenfolge auf vier prominente BVerfG-Entscheidungen zurückgegriffen – namentlich auf die Rechtssache „Görgülü"[81], den Beschluss zum WÜK[82] und zur „Sicherungsverwahrung II"[83].

1. „Görgülü"-Beschluss

In der „Görgülü"-Entscheidung ging es um den Einfluss des Art. 8 EMRK auf das nationale Familienrecht (Art. 6 GG). Der Beschwerdeführer war Vater eines nichtehelichen Kindes. Die Mutter hatte das Kind nach der Geburt zur Adoption freigegeben und bereits in die Adoption eingewilligt. Daraufhin zog der Beschwerdeführer vor Gericht, um das Sorgerecht und ein Umgangsrecht zu erlangen. Vor den nationalen Gerichten blieb der Beschwerdeführer jedoch erfolglos. Allerdings hatte die anschließende Individualbeschwerde vor

[78] *Bergmann*, EuR 2006, 101 (103); *Fiedler*, Bundesverfassungsgericht und Völkerrecht, S. 245; *Schaller*, EuR 2006, 656 (659 f.); *Ziekow*, Jura 1995, 522 (527 f.); *Ziekow*, NVwZ 1995, 247 (249).

[79] BVerfG v. 10. 6. 1975 – 2 BvR 1018/74, NJW 1975, 1355 (1356); *Schaller*, EuR 2006, 656 (660); a. A. *Ziekow*, Jura 1995, 522 (528), der stattdessen eine Verletzung des Art. 19 Abs. 4 GG annimmt.

[80] Siehe oben S. 220 ff.

[81] BVerfG v. 14. 10. 2004 – 2 BvR 1481/04, NJW 2004, 3407.

[82] BVerfG v. 19. 9. 2006 – 2 BvR 2115/01 (u. a.), NJW 2007, 499.

[83] BVerfG v. 4. 5. 2011 – 2 BvR 2365/09 (u. a.), NJW 2011, 1931 (1936).

dem EGMR[84] Erfolg. Der Straßburger Gerichtshof stellte fest, dass Art. 8 EMRK durch die negative Sorgerechtsentscheidung und die Verweigerung des Umgangsrechts verletzt worden sei. Daraufhin übertrug das zuständige Amtsgericht dem Beschwerdeführer die elterliche Sorge und gewährte ihm ein Umgangsrecht. Im Nachgang entzog das OLG Naumburg das Umgangsrecht jedoch wieder und verwies darauf, dass die Europäische Menschenrechtskonvention nur eine Staatenverpflichtung begründe, nicht aber die innerstaatlichen Gerichte binde.[85] Gegen diese Entscheidung legte der Beschwerdeführer Verfassungsbeschwerde beim BVerfG ein und rügte eine Verletzung der Art. 1 GG, Art. 3 GG und Art. 6 GG sowie eine Verletzung des Rechts auf ein faires Verfahren. Die Verfassungsbeschwerde war erfolgreich.

Das BVerfG nutzt diese Gelegenheit, um sich eingehend zum Verhältnis zwischen der Europäischen Menschenrechtskonvention und dem Grundgesetz zu äußern.[86] Zwar stehe die Europäische Menschenrechtskonvention im Range einfachen Bundesrechts, vgl. Art. 59 Abs. 2 S. 1 GG. Als Menschenrechts-Übereinkommen verdiene sie aber besondere innerstaatliche Beachtung, zumal Art. 1 Abs. 2 GG ein ausdrückliches Bekenntnis zum internationalen Menschenrechtsschutz beinhalte.[87] Daher sei die Europäische Menschenrechtskonvention bei der Auslegung des innerstaatlichen Rechts von den Gerichten wertend zu „berücksichtigen“ – und zwar in der Gestalt, die sie durch die Rechtsprechung des EGMR erhalten habe.[88] Mit der Berücksichtigungspflicht sind die nationalen Gerichte dazu aufgerufen, die konventionsrechtlichen Vorgaben in den richterlichen Willensbildungsprozess einfließen zu lassen und die Rechtsauslegung möglichst völkerrechtsfreundlich zu gestalten.[89] Zugleich erhebt das BVerfG die Europäische Menschenrechtskonvention mittelbar zum verfassungsrechtlichen Prüfungsmaßstab[90]; denn eine Verfassungsbeschwerde kann seither in Verbindung mit einem äquivalenten nationalen Grundrecht und dem Rechtsstaatsprinzip auf die Verletzung einer Konventionsnorm gestützt werden.[91]

Allerdings macht das BVerfG deutlich, dass das Grundgesetz „nicht die weitesten Schritte der Öffnung für völkerrechtliche Bindungen gegangen“ sei. Nach eindeutiger Maßgabe der Art. 59 Abs. 2 GG und Art. 25 GG sei das Völkerrecht nicht mit Verfassungsrang ausgestattet. Das Völkerrecht und das innerstaatliche Recht stellten „unterschiedliche Rechtskreise“ dar. Obschon

---

[84] EGMR v. 26.2.2004 – 74969/01 (Görgülü/Deutschland), NJW 2004, 3397.
[85] OLG Naumburg v. 30.6.2004 – 14 WF 64/04; zit. nach: juris.
[86] *Sachs*, JuS 2005, 164 (165).
[87] BVerfG v. 14.10.2004 – 2 BvR 1481/04, NJW 2004, 3407 (3411).
[88] BVerfG v. 14.10.2004 – 2 BvR 1481/04, NJW 2004, 3407 (3407 ff.).
[89] BVerfG v. 14.10.2004 – 2 BvR 1481/04, NJW 2004, 3407 (3410).
[90] Siehe oben S. 228 ff.
[91] BVerfG v. 14.10.2004 – 2 BvR 1481/04, NJW, 2004, 3407 (3408, 3411).

alle Staatsgewalt die völkerrechtlichen Verpflichtungen der Europäischen Menschenrechtskonvention befolgen müsse, behalte das Grundgesetz seine Souveränität und das „letzte Wort". Daher müsse das Völkerrecht behutsam in das nationale Rechtssystem eingepasst werden, ohne dass es zu einer „schematische[n] Parallelisierung" der beiden Rechtskreise kommen dürfe. Dies könne im – gleichwohl begründungsbedürftigen – Einzelfall dazu führen, dass der nationale Richter von völkerrechtlichen Vorgaben abweichen müsse.[92]

Das BVerfG benennt konkrete Fallgruppen,[93] wann die Völkerrechtsfreundlichkeit zu begrenzen ist: Eine Grenze sei dort zu ziehen, wo die Berücksichtigung der völkerrechtlichen Verpflichtungen zu einer Verletzung „tragender Grundsätze der Verfassung" führe.[94] Neben dieser materiell-rechtlichen Grenze errichtet das BVerfG außerdem ein methodisches Rezeptionshindernis[95] und verweist dabei auf die so genannten „mehrpoligen Grundrechtsverhältnisse"; denn völkerrechtliche Vorschriften dürften dann nicht berücksichtigt werden, wenn sie auf „ein in seinen Rechtsfolgen ausbalanciertes Teilsystem des innerstaatlichen Rechts" stießen, „das verschiedene Grundrechtspositionen miteinander zum Ausgleich bringen will".[96]

Abschließend ist festzuhalten, dass der „Görgülü"-Beschluss zwar nicht in seinem „konventionskonformen" Tenor, wohl aber in seiner Begründung Fragen aufwirft: Einerseits erhebt das BVerfG die Europäische Menschenrechtskonvention (mittelbar) zum verfassungsrechtlichen Prüfungsmaßstab. Dies wird als deutliche Aussage zu Gunsten eines verstärkten Konventionseinflusses auf das nationale Recht gewertet.[97] Andererseits weist das BVerfG auf das Primat des Grundgesetzes hin und stellt restriktive Kriterien für die Handhabung der Völkerrechtsfreundlichkeit auf. Daran wird kritisiert, dass sich das BVerfG unzulässig weit von der Europäischen Menschenrechtskonvention und der Rechtsprechung des EGMR emanzipiert habe.[98] Eine solche Haltung führe unweigerlich zu einer Völkerrechtsverletzung.[99] Ferner sieht man das BVerfG als ein negatives Vorbild. Man fürchtet nämlich, dass sich andere Staaten unter Berufung auf das BVerfG den EGMR-Vorgaben entziehen könnten.[100] Beklagt wird schließlich die Ambivalenz der bundesverfassungsgerichtlichen Aussa-

---

92 BVerfG v. 14. 10. 2004 – 2 BvR 1481/04, NJW 2004, 3407 (3407–3411).

93 Näheres siehe unten S. 335 ff.

94 Zwar hat das BVerfG die Grenze der „tragende Grundsätze der Verfassung" explizit nur für die Legislative errichtet. Allerdings gilt dieses Rezeptionshindernis auch für die völkerrechtsfreundliche Auslegung der Gerichte (*Meyer-Ladewig/Petzold*, NJW 2005, 15 (16)).

95 *Sachs*, JuS 2011, 854 (855).

96 BVerfG v. 14. 10. 2004 – 2 BvR 1481/04, NJW 2004, 3407 (3409–3411).

97 *Sachs*, JuS 2005, 164 (167).

98 *Dederer*, ZaöRV 2006, 575 (617); *Sauer*, ZaöRV 2005, 35 (55); *Wildhaber*, EuGRZ 2005, 743 f.

99 In diese Richtung argumentierend *Schilling*, Deutscher Grundrechtsschutz, S. 101.

100 *Meyer-Ladewig/Petzold*, NJW 2005, 15 (16).

gen: Man könne nicht einerseits von einer Berücksichtigung völkerrechtlicher Verpflichtungen sprechen, andererseits aber die nationale Souveränität (über-) betonen.[101]

Diese Kritik kann allerdings nicht unwidersprochen hingenommen werden, da sie die grundlegende Aussage des „Görgülü"-Beschlusses für das konfliktträchtige Verhältnis zwischen dem Konventionsrecht und dem Grundgesetz verkennt. Die Aussagen der „Görgülü"-Entscheidung müssen nämlich vor dem Hintergrund der bisherigen Rechtsansichten des BVerfG gewürdigt werden. Wie die Rechtsprechungsentwicklung des BVerfG seit dem „Pakelli"[102]-Beschluss, dem Beschluss zur „Unschuldsvermutung"[103] und zur „Feuerwehrabgabe"[104] zeigt, hat sich das BVerfG gegenüber völker- und vor allem europarechtlichen Einflüssen sukzessive geöffnet.[105] Dennoch hatte der EGMR die Bundesrepublik Deutschland in der Rechtssache „Caroline"[106], die dem „Görgülü"-Beschluss unmittelbar vorangegangen war,[107] wegen eines defizitären Schutzes der Privatsphäre in den Medien verurteilt. Mit dieser Rüge hatte der EGMR unmissverständlich zum Ausdruck gebracht, dass eine Konventionskonformität des deutschen Rechts keine Selbstverständlichkeit ist. Der „Görgülü"-Beschluss des BVerfG muss als Reaktion auf die Rüge des EGMR gewertet werden. Die Rechtssache „Görgülü" zeugt davon, dass das BVerfG seine Letztentscheidungskompetenz in Grundrechtsfragen mit zunehmendem Einfluss des EGMR gefährdet sieht. Daher spricht das BVerfG im „Görgülü"-Beschluss[108] das „letzte Wort" der deutschen Verfassung zu.[109] Im selben Atemzug versucht das BVerfG jedoch, dem verfassungsrechtlichen Gebot der Völkerrechtsfreundlichkeit Rechnung zu tragen. So erteilt das BVerfG der angegriffenen Rechtsansicht des OLG Naumburg[110] eine deutliche Absage; denn anders als das OLG Naumburg fälschlicherweise angenommen habe, binde eine Entscheidung des EGMR nicht nur die Bundesrepublik als Völkerrechtssubjekt, sondern auch alle innerstaatlichen Organe, Behörden und Gerichte. In der „Görgülü"-Entscheidung stellt das BVerfG nun ausdrücklich klar, dass das Konventionsrecht konkrete einklagbare Rechte für den Bürger begründet und

[101] Zur kritikwürdigen „Ambivalenz" der „Görgülü"-Entscheidung siehe *Cremer*, EuGRZ 2004, 683 (693); *Schilling*, Deutscher Grundrechtsschutz, S. 99 f.; *Viellechner*, EuGRZ 2011, 203 (204).

[102] BVerfG v. 11. 10. 1985 – 2 BvR 336/85, NJW 1986, 1425 (1427).

[103] BVerfG v. 26. 3. 1987 – 2 BvR 589/79 (u. a.), NJW 1987, 2427.

[104] BVerfG v. 24. 1. 1995 – 1 BvL 18/93 (u. a.), NJW 1995, 1733.

[105] Vgl. *Griebel*, Der Staat Bd. 52 (2013), S. 371 (375).

[106] EGMR v. 24. 6. 2004 – 59320/00 (Caroline von Hannover/Deutschland), NJW 2004, 2647.

[107] Ausdrücklicher Verweis auf die „Caroline"-Entscheidung des EGMR in „Görgülü": BVerfG v. 14. 10. 2004 – 2 BvR 1481/04, NJW 2004, 3407 (3411).

[108] BVerfG v. 14. 10. 2004 – 2 BvR 1481/04, NJW 2004, 3407 (3408).

[109] *Schilling*, Deutscher Grundrechtsschutz, S. 95.

[110] OLG Naumburg v. 30. 6. 2004 – 14 WF 64/04; zit. nach: juris, Rn. 24.

spricht der Europäischen Menschenrechtskonvention über Art. 20 Abs. 3 GG quasi verfassungsrechtliche Wirkung zu. Wie bereits dargestellt, wird dieser „Spagat" des BVerfG von der Literatur als „Ambivalenz" kritisiert. Dahinter steht aber ein souveränitätsbetonendes modernes Völkerrechtsverständnis[111] und ein zunehmender Druck des EGMR – Phänomene, mit denen das BVerfG erst umzugehen lernen muss. Auch wenn man der verfassungsgerichtlichen Wertung zwischen nationaler Souveränität und Konventionsfreundlichkeit nicht zustimmen möchte,[112] muss der „Görgülü"-Beschluss dennoch als „leading case"[113] zum Umgang mit „unliebsamen" völkerrechtlichen Postulaten gewertet werden. In einprägsamer Deutlichkeit stellt das BVerfG den Konflikt zwischen dem Konventionsrecht und dem nationalen Recht heraus. Zugleich drängt das BVerfG auf eine Beachtung völkerrechtlicher Vorgaben durch die Fachgerichte und bewirkt damit eine allgemeine Sensibilisierung für völkerrechtliche Fragestellungen. Gleichwohl ist die abschließende Aussage des BVerfG deutlich: Das „letzte Wort" bleibt nicht nur beim Grundgesetz, sondern auch beim BVerfG selbst.

2. „WÜK"-Beschluss

Weitere Aussagen zum Inhalt der völkerrechtsfreundlichen Auslegung lassen sich dem Beschluss des BVerfG zum Wiener Konsularrechtsübereinkommen entnehmen. Die türkischen Beschwerdeführer wurden wegen Tötungsdelikten zu Freiheitsstrafen verurteilt. Die nationalen Strafgerichte hatten sich bei ihrer Entscheidungsfindung auf Angaben gestützt, die von den türkischen Beschuldigten bei ihrer Festnahme gegenüber der Polizei gemacht worden waren. Im Revisionsverfahren vor dem BGH[114] trugen die Beschuldigten vor, sie hätten anlässlich ihrer Festnahme nach Art. 36 Abs. 1 lit. b S. 3 WÜK darüber belehrt werden müssen, dass sie die konsularische Vertretung ihres Landes kontaktieren dürften. Die fehlende Aufklärung begründe ein Verwertungsverbot für alle Angaben, die von den Beschuldigten bei ihrer polizeilichen Vernehmung gemacht worden seien. Der BGH erklärte die Revisionen für unbegründet, denn der Schutzzweck des Art. 36 Abs. 1 lit. b S. 3 WÜK liege nicht darin, den Festgenommenen vor eigenen unbedachten Äußerungen zu schützen, die er vor der Kontaktaufnahme mit seinem Konsulat gemacht habe.[115] Die daraufhin erhobenen Verfassungsbeschwerden der türkischen Beschwerdeführer waren erfolgreich.

[111] Vgl. *Voßkuhle*, NVwZ 2010, 1 (4 f.).
[112] Eingehend zu dieser wichtigen Frage siehe unten S. 335 ff.
[113] *Rauber*, StudZR 2008, 443 (444).
[114] BGH v. 7. 11. 2001 – 5 StR 116/01, NStZ 2002, 168.
[115] BGH v. 7. 11. 2001 – 5 StR 116/01, NStZ 2002, 168, Rn. 5.

Während die Ausführungen des BVerfG in der „Görgülü"-Entscheidung auf die Europäische Menschenrechtskonvention in ihrer Auslegung durch den EGMR gemünzt sind, erstreckt das BVerfG die verfassungsunmittelbare Berücksichtigungspflicht im „WÜK"-Beschluss nun auch auf jeden anderen „völkervertraglich ins Leben gerufenen" Vertrag und die Entscheidungen des dazugehörigen Sanktionsorgans (hier des IGH).[116] Voraussetzung für eine verfassungsunmittelbare Berücksichtigungspflicht sei allerdings, dass sich die Bundesrepublik der „sachgebietsbezogenen obligatorischen Gerichtsbarkeit" des jeweiligen völkerrechtlichen Vertrags unterworfen habe.[117] Die so begründete Berücksichtigungspflicht gelte auch über den Einzelfall hinaus, d. h. in solchen Fällen, in denen die Bundesrepublik nicht am Verfahren vor dem internationalen Gericht beteiligt war.[118] Deutsche Gerichte müssten die internationalen Vorgaben in „methodisch vertretbarer" Weise berücksichtigen.[119] Die Berücksichtigungspflicht sei verletzt, wenn sich die Gerichte mit der Entscheidung eines internationalen Gerichts gar nicht auseinandergesetzt oder diese erkennbar fehlerhaft rezipiert hätten.[120] Allerdings stoße die Berücksichtigungspflicht an Grenzen, wenn eine internationale Verpflichtung dem in Art. 23 bis 26 GG und in Art. 1 Abs. 2 GG, Art. 16 Abs. 2 S. 2 GG niedergelegten „Verfassungskonzept" widerspreche.[121]

3. „Sicherungsverwahrung II"-Beschluss

Im „Sicherungsverwahrung II"-Beschluss befasste sich das BVerfG mit den Beschwerden mehrerer Sicherungsverwahrter, die sich auf eine EGMR[122]-Entscheidung zur rückwirkenden Verlängerung der Sicherungsverwahrung beriefen. Darin hatte der EGMR die deutschen Vorschriften zur rückwirkenden Verlängerung der Sicherungsverwahrung für unvereinbar mit Art. 5 Abs. 1 EMRK und Art. 7 Abs. 1 EMRK erklärt. In Übereinstimmung mit den Rechtsansichten des EGMR entschied nun auch das BVerfG, dass die Vorschriften zur Anordnung und Dauer der Sicherungsverwahrung wegen einer Verletzung des Freiheitsgrundrechts nach Art. 2 Abs. 2 S. 2 GG verfassungswidrig seien. Die Verfassungsbeschwerden waren erfolgreich.

Wiederum erklärt das BVerfG, dass die Europäische Menschenrechtskonvention und die Rechtsprechung des EGMR bei der Auslegung der nationalen Rechtsordnung zu „berücksichtigen" seien – auch dann, wenn Deutschland

---

116 BVerfG v. 19. 9. 2006 – 2 BvR 2115/01 (u. a.), NJW 2007, 499 (501), Rn. 58.
117 BVerfG v. 19. 9. 2006 – 2 BvR 2115/01 (u. a.), NJW 2007, 499 (502), Rn. 60.
118 BVerfG v. 19. 9. 2006 – 2 BvR 2115/01 (u. a.), NJW 2007, 499 (502), Rn. 61 f.
119 BVerfG v. 19. 9. 2006 – 2 BvR 2115/01 (u. a.), NJW 2007, 499 (501), Rn. 52.
120 BVerfG v. 19. 9. 2006 – 2 BvR 2115/01 (u. a.), NJW 2007, 499 (501 f.), Rn. 54, 63 ff.
121 BVerfG v. 19. 9. 2006 – 2 BvR 2115/01 (u. a.), NJW 2007, 499 (500), Rn. 43.
122 EGMR v. 17. 12. 2009 – 19359/04 (M./Deutschland), NJW 2010, 2495.

nicht am konkreten Verfahren beteiligt gewesen sei.[123] Dies dürfe indes nicht dazu führen, dass das Schutzniveau des Grundgesetzes reduziert werde (vgl. Art. 53 EMRK). Das BVerfG wird gegenüber dem „Görgülü"-Beschluss sogar noch „ehrlicher" und betont, dass die „Heranziehung der Europäischen Menschenrechtskonvention als Auslegungshilfe [...] ergebnisorientiert" sei.[124] Es heißt: „Die menschenrechtlichen Gehalte des jeweils in Rede stehenden völkerrechtlichen Vertrages müssen im Rahmen eines aktiven (Rezeptions-) Vorgangs in den Kontext der aufnehmenden Verfassungsordnung ‚umgedacht' werden."[125] Zur Begrenzung der Konventionsfreundlichkeit greift das BVerfG abermals auf das Kriterium der „mehrpoligen Grundrechtsverhältnisse" zurück. Dabei gehe es um Fälle, „in denen das ‚Mehr' an Freiheit für den einen Grundrechtsträger zugleich ein ‚Weniger' für einen anderen bedeutet". Zur Begrenzung der Völkerrechtsfreundlichkeit verweist das BVerfG am Rande auch auf die Kerngehaltsgrenze des Art. 79 Abs. 3 GG.[126] Anders als noch in der „Görgülü"-Entscheidung geht das BVerfG aber nur indirekt auf die Begrenzung der Völkerrechtsfreundlichkeit durch die „tragenden Grundsätze der Verfassung" ein.[127]

4. Zwischenergebnis

Die dargestellten Entscheidungen des BVerfG zeigen einen deutlichen Trend hin zu einer gesteigerten Konventions- und Völkerrechtsfreundlichkeit. Das BVerfG kehrt klar heraus, dass die Völkerrechtsfreundlichkeit nicht bloß eine Staatenverpflichtung begründet, sondern alle innerstaatlichen Organe bindet. Für die Instanzgerichte bedeutet dies, dass sie internationale Vorgaben im Wege der „wertenden Berücksichtigung" bei der Rechtsanwendung und Rechtsauslegung zu beachten haben. Auch die Verfassung ist völkerrechtsfreundlich auszulegen.

Bei seinen Ausführungen bezieht sich das BVerfG vor allem auf den EGMR als treibende Kraft in der europäischen Grundrechtsentwicklung. Die besondere Bedeutung der Europäischen Menschenrechtskonvention und des EGMR folgt nicht zuletzt daraus, dass das Grundgesetz den internationalen Menschenrechten in Art. 1 Abs. 2 GG eine herausgehobene Bedeutung beimisst. Mit der „WÜK"-Entscheidung erstreckt das BVerfG die verfassungsunmittelbare Berücksichtigungspflicht auch auf alle anderen völkerrechtlichen Verträge. Einschränkend verlangt das BVerfG allerdings, dass sich die Bun-

---

[123] BVerfG v. 4. 5. 2011 – 2 BvR 2365/09 (u. a.), NJW 2011, 1931 (1935), Rn. 89.

[124] BVerfG v. 4. 5. 2011 – 2 BvR 2365/09 (u. a.), NJW 2011, 1931 (1936), Rn. 91.

[125] BVerfG v. 4. 5. 2011 – 2 BvR 2365/09 (u. a.), NJW 2011, 1931 (1936), Rn. 92; *Häberle*, Europäische Verfassungslehre, S. 255.

[126] BVerfG v. 4. 5. 2011 – 2 BvR 2365/09 (u. a.), NJW 2011, 1931 (1936), Rn. 93.

[127] BVerfG v. 4. 5. 2011 – 2 BvR 2365/09 (u. a.), NJW 2011, 1931 (1935 f.).

desrepublik der obligatorischen Gerichtsbarkeit des jeweiligen Vertragswerks zuvor unterworfen hat. Nur wenn diese Voraussetzung erfüllt ist, müssen die nationalen Instanzgerichte die völkerrechtlichen Vorgaben bei der Rechtsanwendung „verfassungsunmittelbar" berücksichtigen.

Die vom BVerfG aufgestellten Kriterien weisen allesamt einen verfassungsrechtlichen Bezug auf und sind erheblich für die konkrete Entscheidungsfindung.[128] Die Entscheidungen hätten nämlich ohne die Ausführungen zur Konventions- und Völkerrechtsfreundlichkeit jeweils anders ausfallen können. Folglich handelt es sich um „tragende Entscheidungsgründe" mit bindender Wirkung nach § 31 Abs. 1 BVerfGG.[129] Angesichts der Unterschiede, die zwischen den Normen der Europäischen Menschenrechtskonvention bzw. Art. 36 Abs. 1 lit. b S. 3 WÜK und Art. 6 Nr. 4 ESC bestehen, stellt sich allerdings die Frage, ob die vom BVerfG aufgestellten Kriterien ohne weiteres auf die völkerrechtsfreundliche Auslegung im Lichte des Art. 6 Nr. 4 ESC übertragbar sind. Dieser Frage wird im Folgenden nachgegangen.

V. Anwendung auf Art. 6 Nr. 4 ESC

Unter Berücksichtigung der „ESC-spezifischen" Eigenschaften wird nun untersucht, ob eine völkerrechtsfreundliche Auslegung im Lichte des Art. 6 Nr. 4 ESC möglich ist und welche Folgen sich für das nationale Streikrecht ergeben. Dabei ist zu beachten, dass das Arbeitskampfrecht ausschließlich Richterrecht ist und stets an die verfassungsrechtlichen Vorgaben des Art. 9 Abs. 3 GG rückgekoppelt sein muss.

1. Begrenztheit richterlicher Kompetenzen

Einer völkerrechtsfreundlichen Auslegung im Lichte des Art. 6 Nr. 4 ESC hat das Schrifttum unterschiedliche Argumente entgegengehalten: Bedenken bestehen zunächst, weil es sich beim Arbeitskampfrecht um Richterrecht handelt, wohingegen Art. 31 Abs. 1 ESC vorschreibt, dass Einschränkungen der Gewährleistungen „gesetzlich vorgeschrieben" sein müssen. Daraus wird gefolgert, dass die Europäische Sozialcharta nur dem Gesetzgeber eine Regelungskompetenz verleihe und dem Richter eine solche Befugnis versage. Auch wenn der Arbeitsrichter im Bereich des Arbeitskampfrechts quasi an die Stelle des Gesetzgebers getreten sei, existiere jedoch keine „Ersatzgesetzgeberschaft" bei Verpflichtungen aus völkerrechtlichen Verträgen. Die Arbeitsgerichte hätten keine Befugnis, die Vorgaben des Art. 6 Nr. 4 ESC zu berücksichtigen. Täten

[128] Vgl. *Czerner*, EuR 2007, 537 (551).
[129] Siehe oben S. 229 f.

sie es dennoch, überschritten sie ihre Kompetenzen und verstießen gegen das Gewaltenteilungsprinzip.[130]

Dieser Ansicht wurden folgende Erwägungen entgegengehalten: Da die Gerichte im „normativ-defizitären“[131] Bereich des Arbeitskampfrechts die Rolle eines „Ersatzgesetzgebers“ hätten einnehmen müssen, seien sie ebenso wie der Gesetzgeber an internationale Abkommen gebunden.[132] Allerdings müssten sich die Gerichte bei der völkerrechtsfreundlichen Auslegung an die zwingenden Vorgaben des Art. 9 Abs. 3 GG halten. Bei der Rechtsfortbildung[133] dürfe sich der Arbeitsrichter auch dann nicht von den verfassungsrechtlichen Vorgaben des Art. 9 Abs. 3 GG lösen, wenn er entgegenstehende völkerrechtliche Vorgaben zu berücksichtigen habe.[134] Das BVerfG formuliert in anderem Kontext wie folgt: Der Richter habe „Wertvorstellungen, die der verfassungsmäßigen Rechtsordnung immanent, aber in den Texten der geschriebenen Gesetze nicht oder nur unvollkommen zum Ausdruck gelangt sind, in einem Akt des bewertenden Erkennens, dem auch willenhafte Elemente nicht fehlen, ans Licht zu bringen und in Entscheidungen zu realisieren“. Allerdings, so heißt es weiter, müsse sich der Richter „von Willkür freihalten; seine Entscheidung muß auf rationaler Argumentation beruhen“.[135] Nur innerhalb des verfassungsrechtlichen Konkretisierungsspielraums sei es den Arbeitsgerichten gestattet, die Postulate des Art. 6 Nr. 4 ESC zu berücksichtigen.[136] Das BAG scheint ebenfalls dem letzteren Ansatz zu folgen; es erlegt dem Arbeitsrichter nämlich die Pflicht auf, Gesetzeslücken anhand der verbindlichen Vorgaben des Art. 6 Nr. 4 ESC auszufüllen:

> Der Richter, der die bestehenden gesetzlichen Lücken an Hand von Wertentscheidungen des Gesetzgebers ausfüllen muß, muß sich an die Regeln halten, die der Gesetzgeber als für die Bundesrepublik Deutschland verbindlich akzeptiert hat. Er darf völkerrechtliche Verpflichtungen nicht verletzten.[137]

[130] *Scholz*, SAE 1985, 33 (39 f.).

[131] *Kissel*, Arbeitskampfrecht, § 20, Rn. 30.

[132] *Rüthers*, in: Brox/Rüthers, Arbeitskampfrecht, Rn. 124; dazu bereits die Ausführungen zur Rechtfertigung nach Art. 31 Abs. 1 ESC; siehe oben S. 165 ff.

[133] BVerfG v. 1. 3. 1979 – 1 BvR 532, 533/77, 419/78, 1 BvL 21/78, NJW 1979, 699 (709); BVerfG v. 26. 6. 1991 – 1 BvR 779/85, AP Nr. 117 zu Art. 9 GG, unter C I 2 a) der Gründe.

[134] Vgl. *Engels*, Verfassung und Arbeitskampfrecht, S. 313; *Konzen*, SAE 1991, 335 (336).

[135] BVerfG v. 14. 2. 1973 – 1 BvR 112/65, AP Nr. 21 zu Art. 2 GG, unter C IV 1 der Gründe.

[136] MünchHdbArbR II/*Ricken*, § 197, Rn. 5.

[137] BAG v. 12. 9. 1984 – 1 AZR 342/83, AP Nr. 81 zu Art. 9 GG, unter B II 2 c) der Gründe; ähnlich auch BAG v. 5. 3. 1985 – 1 AZR 468/83, AP Nr. 85 zu Art. 9 GG, unter II 3 d) der Gründe; BAG v. 10. 12. 2002 – 1 AZR 96/02, unter B I 2 a) der Gründe; BAG v. 19. 6. 2007 – 1 AZR 396/06, AP Nr. 173 zu Art. 9 GG, unter I 2 c) bb) (3) der Gründe.

Außerdem weist das BAG darauf hin, dass sich der rechtsfortbildende Richter der Gesetzesbindung nach Art. 20 Abs. 3 GG nicht entziehen dürfe – auch dann nicht, wenn völkerrechtliche Vorgaben dem nationalen Recht entgegenstünden. Es heißt, der Richter, der eine „ungeregelte Frage“ zu klären habe, sei „nicht in dem Ausmaße wie der Gesetzgeber frei, sondern an die Wertentscheidungen der Rechtsordnung gebunden (Art. 20 Abs. 3 GG). Er muß seine Erkenntnisse auf der Grundlage geltender Normen legitimieren“.[138]

Diese Ansicht ist in der Literatur aufgegriffen worden.[139] Zuweilen wird allerdings vorgebracht, dass es im Arbeitskampfrecht keine Gesetzeslücken gebe, die anhand von völkerrechtlichen Wertentscheidungen ausgefüllt werden könnten.[140] Konsequent zu Ende gedacht, wäre nach dieser Ansicht für die Wertungen des Art. 6 Nr. 4 ESC im richterrechtlich entwickelten Arbeitskampfrecht kein Platz. Die Argumentation stellt aber einen Zirkelschluss dar; denn gerade weil das Arbeitskampfrecht ausgestaltungsbedürftig ist, sind die Gerichte ausgestaltend tätig geworden. Damit ist die Ausgestaltungsbedürftigkeit des Arbeitskampfrechts aber nicht aufgehoben. Im Gegenteil: Eine Berücksichtigung des Art. 6 Nr. 4 ESC ist innerhalb des verfassungsrechtlich vorgegebenen Rahmens der Koalitionsfreiheit sogar geboten.

Deutliche Antworten auf die hier aufgeworfenen Fragen liefert schließlich auch der „Görgülü“-Beschluss. Das BVerfG erklärt, dass das Völkerrecht nicht nur den Staat binde, sondern auch alle innerstaatlichen Organe[141] – also erst Recht den *rechtsfortbildenden* Arbeitsrichter. Im Übrigen wäre nicht einzusehen, wieso der Richter bei seiner rechtsfortbildenden Tätigkeit von denjenigen Bindungen befreit sein soll, denen die Legislative bei einer entsprechenden Gesetzgebung unterläge.[142] Andernfalls könnte man sich den völkerrechtlichen Verpflichtungen des Art. 6 Nr. 4 ESC nur deshalb entziehen, weil das nationale Arbeitskampfrecht richterrechtlich geregelt ist. Ein solches Ergebnis ist weder im Sinne der Europäischen Sozialcharta, die einen möglichst effektiven Menschenrechtsschutz einfordert, noch im Sinne des Grundgesetzes, welches eine möglichst weitgehende Völkerrechtsfreundlichkeit verlangt. Wie das angeführte Zitat belegt, hatte das BAG auch schon vor dem „Görgülü“-Beschluss die besondere Situation des rechtsfortbildenden Arbeitsrichters erkannt und ihm daher die Pflicht auferlegt, völkerrechtliche Vorgaben bei der Ausfüllung von Gesetzeslücken zu befolgen. Mit dem „Görgülü“-Beschluss geht dieses

---

[138] BAG v. 10.6.1980 – 1 AZR 168/79, AP Nr. 65 zu Art. 9 GG, unter A II 4 der Gründe.

[139] *Konzen*, JZ 1986, 157 (162); *Löwisch/Rieble*, TVG, Grundlagen, Rn. 292 f.; MünchHdbArbR II/*Ricken*, § 197, Rn. 5; *Seiter*, Streikrecht und Aussperrungsrecht, S. 138 f.; *Treber*, in: Schaub, Arbeitsrechts-Handbuch, § 192, Rn. 32.

[140] *Konzen*, JZ 1986, 157 (162).

[141] BVerfG v. 14.10.2004 – 2 BvR 1481/04, NJW 2004, 3407 (3412).

[142] Zwar ist teilweise umstritten, ob auch der Gesetzgeber dem Gebot der Völkerrechtsfreundlichkeit in gleicher Weise wie die Gerichte und Behörden unterliegt. Wie bereits dargestellt, ist dies jedoch zu befürworten; siehe oben S. 224.

Postulat aber noch weiter und dürfte insofern vom BAG anzupassen sein: Die Berücksichtigungspflicht ist ein verfassungsrechtliches Gebot gemäß Art. 20 Abs. 3 GG i. V. m. dem Zustimmungsgesetz zum völkerrechtlichen Vertrag. Der rechtsanwendende und -auslegende Richter ist stets zur völkerrechtsfreundlichen Interpretation verpflichtet[143] – sofern der Gesetzeswortlaut dies zulässt. Allerdings muss sich der rechtsfortbildende Richter an die verfassungsrechtlichen Wertenscheidungen des Art. 9 Abs. 3 GG halten.[144]

2. Beschränkte Anwendbarkeit der BVerfG-Kriterien auf Art. 6 Nr. 4 ESC

Aus der „Görgülü“-Entscheidung lässt sich die verallgemeinerungsfähige Aussage ableiten, dass die Arbeitsgerichte bei der Rechtsfortbildung des Art. 9 Abs. 3 GG den Art. 6 Nr. 4 ESC zu „berücksichtigen“ haben. Wie dies im Einzelnen auszusehen hat, bleibt zu klären. Verfehlt ist es jedenfalls, die Aussagen des BVerfG undifferenziert auf Art. 6 Nr. 4 ESC zu übertragen.[145] Bei einem solchen Vorgehen bleibt unbeantwortet, in welcher konkreten Auslegung Art. 6 Nr. 4 ESC vom Rechtsanwender berücksichtigt werden soll und kann; denn wie bereits gesehen, fehlt es der Europäischen Sozialcharta an einer verbindlich entscheidenden Instanz. Um zu überprüfen, ob die vom BVerfG aufgestellten Grundsätze auf eine Auslegung im Lichte des Art. 6 Nr. 4 ESC übertragbar sind, müssen zunächst die Unterschiede zwischen den vom BVerfG besprochenen Vorschriften (Europäische Menschenrechtskonvention bzw. Art. 36 Abs. 1 lit. b S. 3 WÜK) und Art. 6 Nr. 4 ESC herausgestellt werden.

Zwar ließe sich argumentieren, dass die Europäische Sozialcharta ebenso wie die Europäische Menschenrechtskonvention ein Menschenrechts-Übereinkommen ist und daher eine Gleichbehandlung beider Verträge bei der völkerrechtsfreundlichen Auslegung geboten ist. Die gravierenden Unterschiede zwischen der Europäischen Menschenrechtskonvention bzw. dem Art. 36 Abs. 1 lit. b S. 3 WÜK und Art. 6 Nr. 4 ESC sprechen aber gegen eine solch pauschale Annahme: Das BVerfG hat die Europäische Menschenrechtskonvention und Art. 36 Abs. 1 lit. b S. 3 WÜK[146] mittelbar zum verfassungsrechtlichen Prüfungsmaßstab erhoben und eine Verletzung dieser Normen im Rahmen der Verfassungsbeschwerde geprüft.[147] Laut BVerfG gilt die Europäische Menschenrechtskonvention hierzulande zwar nur im Range einfachen Bundesrechts und gehört daher nicht zum verfassungsrechtlichen Prüfungsprogramm

---

143 BVerfG v. 14. 10. 2004 – 2 BvR 1481/04, NJW 2004, 3407 (3408).

144 Maunz/Dürig/*Scholz*, Art. 9 Abs. 3 GG, Rn. 168.

145 *Lörcher*, in: Däubler, Arbeitskampfrecht, § 10, Rn. 17; danach sind die Aussagen zur Europäischen Menschenrechtskonvention auf alle internationalen *Menschenrechts*-Übereinkommen übertragbar.

146 BVerfG v. 19. 9. 2006 – 2 BvR 2115/01 (u. a.), NJW 2007, 499 (503), Rn. 70.

147 Siehe oben S. 228 ff.

des BVerfG. Dennoch sind die nationalen Gerichte zur konventionskonformen Auslegung der nationalen Grundrechte verpflichtet. Daraus leitet das BVerfG seine Legitimation zur umfassenden Nachprüfung von Konventionsvorgaben ab.[148]

Entgegen anderslautender Äußerungen in der Literatur[149] kann aber nicht davon ausgegangen werden, dass dem Art. 6 Nr. 4 ESC dieselbe Bedeutung zukommt wie den Normen der Europäischen Menschenrechtskonvention. Zwar hat das BVerfG die verfassungsunmittelbare Berücksichtigungspflicht im Beschluss zum „WÜK" – mit Einschränkungen – auf alle völkerrechtlichen Verträge erstreckt.[150] Daraus darf aber nicht geschlussfolgert werden, dass die Anwendung und Auslegung eines jeden völkerrechtlichen Vertrags *umfassend* vom BVerfG überprüfbar ist und Gegenstand einer Verfassungsbeschwerde sein kann. Dies käme einer unzulässigen Konstitutionalisierung völkerrechtlicher Verträge gleich und kann auch vom BVerfG nicht gewollt sein; denn ein „verfassungsgleiches" Gewicht ist völkerrechtlichen Verträgen nach dem innerstaatlichen Recht nicht zugedacht. Völkerrechtliche Verträge haben nach der ausdrücklichen Entscheidung des Art. 59 Abs. 2 S. 1 GG nur einfachgesetzlichen Rang. Über den Umweg einer bundesverfassungsgerichtlichen Einhaltungskontrolle darf diese Wertung nicht unterlaufen werden.

In diese Richtung muss auch die „Görgülü"-Entscheidung interpretiert werden, wo es heißt, dass das BVerfG „mittelbar im Dienst der Durchsetzung des Völkerrechts" stehe und daher die Auslegung und Anwendung des Völkerrechts durch die Fachgerichte überprüfen könne. „[I]n besonderem Maße" gelte dies allerdings nur für die Europäische Menschenrechtskonvention, die „eine gemeineuropäische Grundrechtsentwicklung" fördere – auch vor dem Hintergrund des Art. 1 Abs. 2 GG.[151] In anderem Zusammenhang erklärt das BVerfG, dass nur „im Einzelfall eine [...] umfassende Nachprüfung" der

---

148 BVerfG v. 14. 10. 2004 – 2 BvR 1481/04, NJW 2004, 3407 (3408).

149 *Matthias Dumke* geht davon aus, dass die Ausführungen des BVerfG zur Konventionsfreundlichkeit auf Art. 6 Nr. 4 ESC übertragbar sind. Daher könne eine Verfassungsbeschwerde auf eine Verletzung des Art. 6 Nr. 4 ESC gestützt werden (*Dumke*, Streikrecht i. S. des Art. 6 Nr. 4 ESC und deutsches Arbeitskampfrecht, S. 365 ff.). Auch *Thomas Giegerich* geht zwar davon aus, dass die Vorgaben des BVerfG zur Europäischen Menschenrechtskonvention grundsätzlich auf alle Menschenrechts-Übereinkommen des Europarates übertragbar sind. Dazu zähle auch die Möglichkeit der Verfassungsbeschwerde. Allerdings gibt der Autor zu, dass kein Menschenrechts-Übereinkommen des Europarates über eine dem EGMR vergleichbare Instanz verfüge. Es existiere auf europäischer Ebene kein dem EGMR vergleichbares Sanktionsorgan. Insofern gesteht der Autor also doch ein, dass die Menschenrechts-Übereinkommen des Europarates unterschiedlich zu behandeln sind (*Giegerich*, in: Merten/Papier, Handbuch der Grundrechte, Band VI/1, § 148, Rn. 108). Nach der hier vertretenen Ansicht fehlt es damit an den Voraussetzungen, die erforderlich wären, um eine Verfassungsbeschwerde auf eine Verletzung des Art. 6 Nr. 4 ESC zu stützen.

150 Siehe oben S. 236.

151 BVerfG v. 14. 10. 2004 – 2 BvR 1481/04, NJW 2004, 3407 (3411).

fachgerichtlichen Anwendung und Auslegung von Völkerrecht geboten sein kann.[152] Deutlich zeigen diese Ausführungen, dass die fachgerichtliche Anwendung und Auslegung des Völkerrechts nicht ohne weiteres einer *umfassenden* Nachprüfung durch das BVerfG zugänglich ist. Eine umfassende Nachprüfung darf nur im begründungsbedürftigen Ausnahmefall vorgenommen werden. Zu beachten ist auch, dass Art. 6 Nr. 4 ESC im Gegensatz zur Europäischen Menschenrechtskonvention[153] und zu Art. 36 Abs. 1 lit. b S. 3 WÜK[154] nicht unmittelbar anwendbar ist und daher innerstaatlich kein subjektives Recht verleihen kann.[155] Allerdings setzt die Antragsbefugnis im Rahmen der Verfassungsbeschwerde voraus, dass wenigstens ein „grundrechtsgleiches" subjektives Recht nach Art. 93 Abs. 1 Nr. 4 lit. a GG bzw. § 90 Abs. 1 BVerfGG verletzt ist.[156] Zwar kann eine Verfassungsbeschwerde ohnehin nur mittelbar auf eine Verletzung völkerrechtlicher Normen gestützt werden, so dass primär eine Grundrechtsverletzung gerügt werden muss.[157] Fehlt es einer völkerrechtlichen Vorschrift aber bereits an der Qualität eines subjektiven Rechts, so büßt sie damit erheblich an innerstaatlicher Relevanz ein. Dieser Mangel steht einer „verfassungsgleichen" Berücksichtigung des Art. 6 Nr. 4 ESC zusätzlich entgegen.

Bei der Europäischen Menschenrechtskonvention und beim Wiener Konsularrechtsübereinkommen handelt es sich auch deshalb um „besondere" völkerrechtliche Verträge, weil sie mit dem EGMR bzw. dem IGH über rechtsprechende Instanzen verfügen.[158] Vor allem das Individualbeschwerdeverfahren (Art. 34 EMRK) zum EGMR gibt dem Bürger die Möglichkeit, eine verbindliche Entscheidung zu erlangen, ohne dass ein staatlicher Zwischenakt notwendig ist. Entscheidungen des IGH – die zu Art. 36 Abs. 1 lit. b S. 3 WÜK ergangen sind – entfalten gemäß Art. 16 Abs. 2 S. 2 GG ebenfalls eine unmittelbare Wirkung gegenüber dem Bürger.[159] Diese Rechtsschutzmöglichkeiten emanzipieren den Bürger von der für das Völkerrecht typischen „Mediati-

[152] BVerfG v. 10. 11. 1981 – 2 BvR 1058/79, NJW 1982, 512 (514).

[153] Jedenfalls sind die Bestimmungen des ersten Abschnitts (Art. 2 bis 18 EMRK) nach einhelliger Ansicht unmittelbar anwendbar. Die notwendige Bestimmtheit haben die einzelnen Konventionsvorschriften auch durch die Rechtsprechung des EGMR erfahren (statt aller *Meyer-Ladewig*, EMRK, Einleitung, Rn. 33; *Payandeh*, JuS 2009, 212 (214); *Sauer*, ZaöRV 2005, 35 (39)).

[154] BVerfG v. 19. 9. 2006 – 2 BvR 2115/01 (u. a.), NJW 2007, 499 (501), Rn. 53.

[155] Siehe oben S. 206 ff.

[156] BVerfG v. 2. 3. 1993 – 1 BvR 1213/85, AP Nr. 126 zu Art. 9 GG, unter B II 2 b) der Gründe; BVerfG v. 14. 10. 2004 – 2 BvR 1481/04, NJW 2004, 3407 (3408); entsprechend lassen sich auch Ausführungen des BVerfG von 2006 interpretieren: BVerfG v. 19. 9. 2006 – 2 BvR 2115/01 (u. a.), NJW 2007, 499 (501), Rn. 53; *Kunig*, in: Vitzthum, Völkerrecht, 2. Abschnitt, V 3, Rn. 182.

[157] Siehe oben S. 228 ff.

[158] *Kunig*, in: Vitzthum, Völkerrecht, 2. Abschnitt, IV 1, Rn. 55.

[159] BVerfG v. 19. 9. 2006 – 2 BvR 2115/01 (u. a.), NJW 2007, 499 (501), Rn. 56.

sierung"[160] des Staates.[161] Hervorzuheben ist die Europäische Menschenrechtskonvention, weil sie einen nahezu lückenlosen Grundrechtsschutz ermöglicht und umfassende Parallelgewährleistungen zu den Grundrechten des Grundgesetzes enthält. Nahezu jedes Grundrecht des Grundgesetzes hat eine konventionsrechtliche Entsprechung. Wegen dieses weitreichenden Schutzkonzepts erhält die Europäische Menschenrechtskonvention eine besondere verfassungsrechtliche Bedeutung. Aus alldem folgt, dass die Konvention eine gegenüber anderen völkerrechtlichen Verträgen gesteigerte verfassungsrechtliche Relevanz besitzt.[162] Daher wird bei der Europäischen Menschenrechtskonvention auch nicht nur von einer völkerrechtsfreundlichen Auslegung gesprochen, sondern – um dem gesteigerten Einfluss Rechnung zu tragen – von einer „Konventions-Freundlichkeit". Die Europäische Menschenrechtskonvention ist mehr als „normales" Völkerrecht,[163] weil sie – parallel zur EU – eine „prozeßhafte Verdichtung des europäischen Grundrechtsstandards" und einen europäischen „Konstitutionalisierungsprozess" eingeleitet hat.[164] Hingegen fehlt es der Europäischen Sozialcharta an einem verbindlich entscheidenden Sanktionsorgan mit Interpretationshoheit. Es existieren daher keine rechtsverbindlichen Vorgaben, die bei einer „ESC-freundlichen" Auslegung maßgeblich sein könnten. Dieser Umstand schwächt den Einfluss der Europäischen Sozialcharta erheblich ab.[165]

Die Vorgaben des BVerfG können daher keine überzeugenden Ergebnisse für die Auslegung im Lichte des Art. 6 Nr. 4 ESC liefern; denn Art. 6 Nr. 4 ESC ist nicht unmittelbar anwendbar und erlangt daher nicht die Qualität eines subjektiven innerstaatlichen Rechts. Hingegen weisen die bisher vom BVerfG untersuchten völkerrechtlichen Normen diese Eigenschaften auf und können daher mittelbar zum verfassungsrechtlichen Prüfungsmaßstab erhoben werden. Dagegen begründet Art. 6 Nr. 4 ESC nur eine Staatenverpflichtung. Als grundsätzliche Aussage lässt sich aus dem „Görgülü"-Beschluss also lediglich ableiten, dass die Postulate des Art. 6 Nr. 4 ESC „wertend" bei der Rechtsanwendung zu berücksichtigen sind. Es kann aber nicht konkret bestimmen werden, mit welchem Inhalt Art. 6 Nr. 4 ESC zu berücksichtigen ist und inwiefern das geschriebene Recht Raum für diese Wertungen lässt. Dafür fehlt es nämlich an einer dem EGMR und dem IGH vergleichbaren Auslegungsinstanz. Eine einheitliche Auslegung des Art. 6 Nr. 4 ESC ist daher nicht zu erzielen.

---

[160] Zum Begriff siehe bereits oben S. 108.

[161] *Ress*, ZaöRV 2004, 621 (624 f. und 633 f.); *Schilling*, Deutscher Grundrechtsschutz, S. 121.

[162] *Dederer*, ZaöRV 2006, 575 (596); *Sauer*, ZaöRV 2005, 35 (39).

[163] *Sauer*, ZaöRV 2005, 35 (49).

[164] *Walter*, ZaöRV 1999, 461.

[165] Siehe oben S. 131 ff.

3. Zwischenergebnis

Es hat sich gezeigt, dass die nationalen Gerichte mehrfachen Bindungen unterliegen. Einerseits sind sie zur „wertenden" Berücksichtigung des Art. 6 Nr. 4 ESC gezwungen. Dieses Gebot ist über Art. 20 Abs. 3 GG i. V. m. dem Zustimmungsgesetz nach Art. 59 Abs. 2 S. 1 GG verfassungsrechtlich abgesichert. Zugleich haben sich die Fachgerichte gemäß Art. 20 Abs. 3 GG an das geltende Recht zu halten. Zwar ist das geltende Recht ebenfalls völkerrechtsfreundlich auszulegen. Ist eine völkerrechtsfreundliche Auslegung jedoch nicht möglich, darf der Richter das völkerrechtswidrige Gesetz nicht verwerfen, sondern nur unangewendet lassen, bis das BVerfG verbindlich über die Gültigkeit der streitigen Norm entscheidet.[166] Im Übrigen muss sich der rechtsfortbildende Richter im Bereich des Arbeitskampfrechts an den verfassungsrechtlich vorgegebenen Rahmen des Art. 9 Abs. 3 GG und alle sonstigen ausdrücklichen Verfassungsentscheidungen halten. Schließlich sind die Gerichte an die Vorgaben des BVerfG gebunden, die ihrerseits über § 31 Abs. 1 BVerfGG i. V. m. Art. 20 Abs. 3 GG abgesichert sind. Wie angesichts des Art. 6 Nr. 4 ESC mit diesen Bindungen umzugehen ist, lässt sich aber nicht eindeutig beantworten, da es an verbindlichen Aussagen zur Auslegung des Art. 6 Nr. 4 ESC fehlt. Der Wille zur „Berücksichtigung" des Art. 6 Nr. 4 ESC geht damit nicht über ein bloßes Lippenbekenntnis hinaus. De facto wird der Rechtsanwender nicht daran gehindert, seine eigenen Rechtsansichten in Art. 6 Nr. 4 ESC hineinzulesen.

B. Zusätzliche Berücksichtigung des soft law

Nähere Kriterien zum Inhalt des Art. 6 Nr. 4 ESC lassen sich allerdings den Schlussfolgerungen und Empfehlungen des EKSR und des Ministerkomitees entnehmen. Einige Stimmen in der Literatur fordern, dass diese Spruchpraxis bei der völkerrechtsfreundlichen Auslegung des nationalen Rechts zu berücksichtigen ist. Wie dies im Einzelnen aussehen soll, wird allerdings nicht oder nur unzureichend erläutert. Außerdem fehlt es an Erläuterungen zur Rechtsnatur dieser Gremienentscheidungen.[167] Auch die nationale Arbeitsrechtsprechung kann diesbezüglich nicht zur Erhellung beitragen, weil sie die Spruchpraxis zu Art. 6 Nr. 4 ESC überwiegend nur zur Bestätigung der eigenen Entscheidungen herangezogen hat.[168] Zwar hat das BAG unter Hinweis auf das EKSR und

[166] Vgl. *Korioth*, in: Schlaich/Korioth, Das Bundesverfassungsgericht, 4. Teil, Rn. 135.

[167] Derartige Mängel aufweisend: *Däubler*, AuR 1998, 144 (147 f.); *Gumnior*, Die Rechtmäßigkeit des Sympathiestreiks, S. 91 f.; *Lörcher*, in: Däubler, Arbeitskampfrecht, § 10, Rn. 20–53; eine nähere Auseinandersetzung mit dieser Frage erfolgt allerdings bei *Neubeck*, Die Europäische Sozialcharta und deren Protokolle, S. 199–208.

[168] So etwa BAG v. 10. 6. 1980 – 1 AZR 168/79, AP Nr. 65 zu Art. 9 GG, unter A II 2 a) der Gründe.

das Ministerkomitee zuweilen eine Unvereinbarkeit des Art. 6 Nr. 4 ESC mit dem nationalen Streikrecht für möglich gehalten, ohne jedoch Konsequenzen daraus zu ziehen.[169] Im Folgenden wird dargestellt, auf welche Weise die Gremienentscheidungen des EKSR und des Ministerkomitees als so genanntes *soft law*[170] berücksichtigt werden können. In einem nächsten Schritt wird untersucht, welche Folgen daraus für Art. 6 Nr. 4 ESC abzuleiten sind.

I. Grundsätzlicher Einfluss des soft law

Die völkerrechtsfreundliche Auslegung ist ein Einfallstor, durch das nicht nur völkerrechtlich *bindende* Vorgaben, sondern auch *unverbindliche* Standards in das nationale Recht einfließen können. Um eine einheitliche Auslegung des Völkerrechts zu ermöglichen, darf der nationale Rechtsanwender auch internationale Empfehlungen oder Stellungnahmen berücksichtigen. Daher rührt die Bezeichnung *soft law*[171].[172] Im Kontext der europäischen Institutionen zählen zum *soft law* „sollens-finale Sätze oder Standards mit intrinsischer Gemeinwohlvermutung, die zwar nicht rechtsverbindlich sind, aber über ein Bindungselement Rechtswirkungen oder Verhaltenswirkungen auslösen, die einer Rechtsbindung nahe oder gleichkommen".[173] Das *soft law* schöpft seine Geltungskraft aus dem ihm gezollten Respekt. Daher zieht die Nichtbeachtung des *soft law* keine rechtlichen Konsequenzen nach sich, so dass dessen Befolgung eher Ausdruck eines staatsrechtlichen „Könnens" als eines „Müssens" ist.[174] *Michaela Wittinger* veranschaulicht die Eigenart des *soft law* treffend, indem sie es dem „Randgebiet zwischen völkerrechtlicher Bindung und völkerrechtlicher Irrelevanz" zuordnet.[175]

Unverbindliche Einschätzungen internationaler Gremien werden auch von der deutschen Rechtsprechung berücksichtigt. Nach ständiger Rechtsprechung des BGH sind die „guten Sitten" in § 138 Abs. 1 BGB bei Sachverhalten mit Auslandsbezug vor dem Hintergrund des „allgemein zu achtenden Interesses aller Völker" auszulegen.[176] Das ArbG Oldenburg geht sogar noch weiter und verlangt, dass angesichts der Völkerrechtsfreundlichkeit nur „aus triftigen Gründen" von der Spruchpraxis der IAO-Kontrollorgane abgewichen werden

---

[169] BAG v. 12.9.1984 – 1 AZR 342/83, AP Nr. 81 zu Art. 9 GG, unter B II 2 c) der Gründe; BAG v. 10.12.2002, 1 AZR 96/02 – AP Nr. 162 zu Art. 9 GG, unter B I 3 a) der Gründe; BAG v. 19.6.2007 – 1 AZR 396/06, AP Nr. 173 zu Art. 9 GG, unter I 3 b) der Gründe.

[170] Angesprochen bereits oben S. 133.

[171] Näheres zu diesem Begriff im Kontext europäischer Organisationen *Müller-Graff*, EuR 2012, 18.

[172] *Geiger*, Grundgesetz und Völkerrecht, S. 171.

[173] *Müller-Graff*, EuR 2012, 18 (32).

[174] *Bergmann*, in: Bergmann, Handlexikon der Europäischen Union, „soft law", S. 818.

[175] *Wittinger*, Der Europarat, S. 207 ff.

[176] BGH v. 22.6.1972 – II ZR 113/70, NJW 1972, 1575 (1576).

dürfe.[177] Diese Rechtsprechung ist jedoch ein Einzelfall.[178] Nur in der Literatur wird diese Entscheidung zuweilen zitiert, wenn es darum geht, die vereinheitlichende Wirkung der völkerrechtsfreundlichen Auslegung zu betonen.[179]

II. Anwendung auf die Spruchpraxis zu Art. 6 Nr. 4 ESC

Es fragt sich allerdings, ob die Stellungnahmen des EKSR und des Ministerkomitees zu Art. 6 Nr. 4 ESC tatsächlich einen ernstzunehmenden Einflussfaktor für die nationale Rechtsanwendung darstellen. Dies wird zuweilen bejaht – mehr oder weniger konkret jedenfalls: Nach *Matthias Dumke* müssten sich die nationalen Gerichte mit den Stellungnahmen und Empfehlungen des EKSR und des Ministerkomitees auseinandersetzen, sie seien aber nicht strikt zur Befolgung verpflichtet. Weiche ein nationales Gericht von der internationalen Spruchpraxis ab, könne dies jedoch zu einer „Disharmonie" führen.[180] Strenger heißt es zuweilen, dass von den Vorgaben des EKSR nur abgewichen werden dürfe, wenn – in Anlehnung an die Formulierung des ArbG Oldenburg[181] – ein „triftiger Grund" vorliege.[182] *Xenia Neubeck* setzt hinzu, dass der Rechtfertigungsgrund umso gewichtiger sein müsse, je deutlicher die Gremienentscheidung bereits als gefestigte Spruchpraxis gelte.[183] Offen bleibt allerdings, wann ein Grund in diesem Kontext als „triftig" zu bezeichnen ist. Das Kriterium des „triftigen Grundes" birgt den Makel der Konturenlosigkeit und Rechtsunsicherheit.

Problematisch ist auch folgender Aspekt: Folgt man der eingangs angeführten Definition des *soft law*, rechtfertigt sich dessen Heranziehung auf der Grundlage einer Gemeinwohlvermutung. Der Gemeinwohlbezug ist jedoch bei der Spruchpraxis des EKSR und des Ministerkomitees nur schwerlich herzustellen. Zwar lässt sich argumentieren, dass einheitliche Sozialstandards dem Gemeinwohl dienlich sind. Allerdings ist das Überwachungsverfahren der Europäischen Sozialcharta gerade deshalb als unverbindliches Berichtsverfahren ausgestaltet, um den Mitgliedstaaten den nötigen Freiraum für ihre

---

177 ArbG Oldenburg v. 21. 8. 1987 – 2 Ca 284/87, BB 1988, 565.

178 Siehe die ablehnende Revisionsentscheidung: BAG v. 14. 3. 1990 – 7 AZR 345/88; zit. nach: juris.

179 *Däubler*, AuR 1998, 144 (147 f.); *Gumnior*, Die Rechtmäßigkeit des Sympathiestreiks, S. 91 f.; *Lörcher*, in: Däubler, Arbeitskampfrecht, § 10, Rn. 27, 53.

180 *Dumke*, Streikrecht i. S. des Art. 6 Nr. 4 ESC und deutsches Arbeitskampfrecht, S. 207; überraschend ist allerdings die Äußerung auf S. 277, wo der Autor undifferenziert von einer Präjudizwirkung der Schlussfolgerungen des EKSR ausgeht.

181 ArbG Oldenburg v. 21. 8. 1987 – 2 Ca 284/87, BB 1988, 565.

182 *Däubler*, AuR 1998, 144 (147 f.); *Däubler*, NJW 1999, 3537 (3538); *Gumnior*, Die Rechtmäßigkeit des Sympathiestreiks, S. 91 f.; *Lörcher*, in: Däubler, Arbeitskampfrecht, § 10, Rn. 27.

183 *Neubeck*, Die Europäische Sozialcharta und deren Protokolle, S. 197 f., 208.

rechtlichen, wirtschaftlichen und sozialen Entwicklungen zu belassen. Es ist eben nicht im Interesse aller Vertragsparteien, sich bis ins Detail einheitlichen (Sozial-)Standards zu unterwerfen. Daher erlaubt das Überwachungsverfahren eine individuelle Beurteilung der Rechtspraktiken eines jeden Vertragsstaates.[184] Würden die Äußerungen des EKSR und des Ministerkomitees als verbindlich befolgt, liefe dies auf eine Uniformisierung des Rechts hinaus. Dies war aber von den Schöpfern der Europäischen Sozialcharta nicht gewollt. Im Übrigen wäre eine Uniformisierung angesichts der unterschiedlichen rechtlichen, sozialen und wirtschaftlichen Rahmenbedingungen in den einzelnen Mitgliedstaaten auch gar nicht möglich.[185] Vor diesem Hintergrund können die Gremienentscheidungen des EKSR und des Ministerkomitees nur eine begrenzte Autorität besitzen. Bislang hat sich keine gefestigte Rechtspraxis etabliert, wonach die Spruchpraxis Art. 6 Nr. 4 ESC europaweit als gefestigter Standard gelten könnte. Es mangelt ihr auch an Bekanntheit.[186] Hier dürfte jedoch der EGMR zu einem Bedeutungszuwachs des EKSR beitragen.[187]

Gleichwohl ist zu bedenken, dass eine *effektive* Gewährleistung der einzelnen Charta-Rechte intendiert ist. Diesem Ziel liefe es zuwider, wenn bei jeweils eigenständiger Interpretation „eine Sozialcharta nach französischer, nach deutscher und nach dänischer Lesart“[188] entstünde. Auch unter rechtspolitischen Gesichtspunkten kann eine Rechtsangleichung durchaus sinnvoll und wünschenswert sein.[189] Wegen der bereits geäußerten Bedenken ist die Spruchpraxis allerdings nicht mehr als eine „informelle Quelle“ zur Auslegung des nationalen Rechts. Sollten die Einschätzungen des EKSR oder des Ministerkomitees trotz ihrer Unverbindlichkeit in der Rechtsprechungspraxis dennoch Beachtung finden, ist dies eher „eine Folge bewusster politischer Entscheidung“.[190] Ferner ist die strenge Befolgung der Spruchpraxis des EKSR oder des Ministerkomitees auch unter rechtsstaatlichen und legitimatorischen Gesichtspunkten bedenklich.[191] Es fehlt nämlich an einer Übertragung deutscher Staatsgewalt an das EKSR oder an das Ministerkomitee. Daher dürfen diese Gremien keine rechtsverbindlichen Vorgaben machen.[192] Dieser Befund wird aber missachtet, wenn man den Gremienentscheidungen als *soft law* quasi-verbindliche Wirkung zuspricht.

---

[184] Siehe oben S. 94 ff.

[185] Siehe oben S. 81 ff.

[186] *Neubeck*, Die Europäische Sozialcharta und deren Protokolle, S. 206 f.

[187] Dies ist eine Frage, auf die im vierten Teil (S. 254 ff.) dieser Arbeit eingegangen wird.

[188] *Däubler*, NJW 1999, 3537 (3538); vgl. *Lörcher*, in: Däubler, Arbeitskampfrecht, § 10, Rn. 53.

[189] Befürwortend mit Blick auf die Spruchpraxis des EKSR und des Ministerkomitees: *Däubler*, NJW 1999, 3537 (3538); *Lörcher*, in: Däubler, Arbeitskampfrecht, § 10, Rn. 20–34.

[190] *Hohnerlein*, ZESAR 2003, 17 (24).

[191] *Löwisch/Rieble*, TVG, Grundlagen, Rn. 296.

[192] Siehe oben S. 131 ff.

Abschließend ist festzuhalten, dass eine Berücksichtigung der Schlussfolgerungen und Empfehlungen rechtspolitisch zwar wünschenswert sein mag, eine Pflicht dazu besteht hingegen nicht. Dieser Befund spiegelt sich – wie bereits gezeigt – auch in der Rechtsprechungspraxis des BAG wider. Das BAG hat sich von der Spruchpraxis des EKSR und des Ministerkomitees nicht nachhaltig beeinflussen lassen. Zwar hat das BAG diese Spruchpraxis pflichtgemäß erwähnt. Da es den Einschätzungen aber an Rechtsverbindlichkeit fehlt, sah sich das BAG nicht daran gehindert, die nationale Rechtslage überwiegend für „ESC-konform" zu erklären.[193] Dies ist zwar rechtspolitisch fragwürdig, aber rechtsdogmatisch nicht zu beanstanden. Unter rechtsdogmatischen Gesichtspunkten könnte dieses Vorgehen nur dann kritisch werden, wenn die Vorgaben des Art. 6 Nr. 4 ESC durch die Anwendungsmacht des EGMR eine stärkere Verbindlichkeit erlangen sollten. Dies wird an späterer Stelle näher untersucht.[194]

C. Geringer Einfluss des Art. 6 Nr. 4 ESC

Ziel der Untersuchungen war die Klärung der Frage, inwieweit Art. 6 Nr. 4 ESC mittelbar – sprich durch völkerrechtsfreundliche Auslegung – Einfluss auf das nationale Recht nehmen kann. Das BVerfG hat den Grundsatz und die Grenzen der völkerrechtsfreundlichen Auslegung in ständiger Rechtsprechung entwickelt, dabei aber vorwiegend die Europäische Menschenrechtskonvention im Blick gehabt. Aussagen zur Berücksichtigung des Art. 6 Nr. 4 ESC hat das BVerfG dagegen nicht getroffen. Einer Übertragbarkeit der vom BVerfG aufgestellten Grundsätze auf Art. 6 Nr. 4 ESC steht entgegen, dass die Europäische Sozialcharta gegenüber der Europäischen Menschenrechtskonvention und dem Art. 36 Abs. 1 lit. b S. 3 WÜK weniger verbindlich ausgestaltet ist und keine unmittelbare Anwendung findet. Ein „Quasi-Verfassungsrang", wie er der Europäischen Menschenrechtskonvention zugesprochen wird, kommt dem Art. 6 Nr. 4 ESC nicht zu. Schwierigkeiten für eine völkerrechtsfreundliche Auslegung im Lichte des Art. 6 Nr. 4 ESC ergeben sich auch daraus, dass es an einer verbindlichen Interpretation zu Art. 6 Nr. 4 ESC fehlt. Als *soft law* hat die Spruchpraxis des EKSR und des Ministerkomitees de facto keinen signifikanten Einfluss. Es bleibt wegen der fehlenden Interpretationshoheit und der mangelnden Justiziabilität eine rechtspolitische Entscheidung des jeweiligen

---

[193] Ein Sinneswandel wurde allerdings zaghaft angedeutet in den bereits dargestellten Entscheidungen: BAG v. 12. 9. 1984 – 1 AZR 342/83, AP Nr. 81 zu Art. 9 GG, unter B II 2 c) der Gründe; BAG v. 10. 12. 2002 – 1 AZR 96/02, AP Nr. 162 zu Art. 9 GG, unter B I 3 der Gründe; aufgegriffen in: BAG v. 24. 4. 2007 – 1 AZR 252/06, AP Nr. 2 zu § 1 TVG, unter B III 2 a) aa) der Gründe.

[194] Siehe unten S. 253 ff.

nationalen Rechtsanwenders, ob er den Einschätzungen des EKSR oder des Ministerkomitees folgt. Auch wenn im Ergebnis eine Rechtsangleichung sinnvoll sein mag, stellen die Gremienentscheidungen de facto keinen effektiven Einflussfaktor für das nationale Recht dar.

Das BAG spricht davon, dass die Wertentscheidungen des Art. 6 Nr. 4 ESC bei der Ausfüllung von Gesetzeslücken zu beachten sind. Bisher hat dies allerdings nur dazu geführt, dass das BAG Art. 6 Nr. 4 ESC am Rande erwähnt hat. Zwar hat das BAG zaghaft angedeutet, dass einzelne Bereiche des nationalen Arbeitskampfrechts mit Art. 6 Nr. 4 ESC unvereinbar sein könnten.[195] Bisher hat sich aber in der Rechtsprechung nichts geändert. Dies ist bedauerlich, aber nachvollziehbar, da es weder eine verbindliche Spruchpraxis noch völkerrechtliche Sanktionen bei einer Verletzung der Europäischen Sozialcharta gibt – es lässt sich ja noch nicht einmal zweifelsfrei bestimmen, wann eine Verletzung der Sozialcharta anzunehmen ist. Zwar hat die Auslegung des Art. 6 Nr. 4 ESC ergeben, dass die hierzulande etablierten Grundsätze des Arbeitskampfrechts nicht mehr haltbar sind. Solange es aber keine Instanz gibt, die die Einhaltung dieser Vorgaben effektiv überwacht, wird sich an der nationalen Rechtslage nichts ändern. Festzuhalten bleibt also, dass die mittelbaren Einflussmöglichkeiten des Art. 6 Nr. 4 ESC sehr begrenzt sind. In der Praxis wird dies auch so wahrgenommen. Dieser Befund wäre allerdings zu revidieren, wenn Art. 6 Nr. 4 ESC sowie die Spruchpraxis des EKSR und des Ministerkomitees durch die Anwendungsmacht des EGMR eine rechtsverbindliche Bedeutung erlangen könnten. Dieser Frage wird im folgenden vierten Teil dieser Arbeit nachgegangen.

---

[195] BAG v. 12.9.1984 – 1 AZR 342/83, AP Nr. 81 zu Art. 9 GG, unter B II 2 c) der Gründe; BAG v. 10.12.2002 – 1 AZR 96/02, AP Nr. 162 zu Art. 9 GG, unter B I 3 a) der Gründe; BAG v. 24.4.2007 – 1 AZR 252/06, AP Nr. 2 zu § 1 TVG, unter B III 2 a) aa) der Gründe.

4. Abschnitt

Zusammenfassung und Folgefragen

Im dritten Teil der Arbeit wurde gezeigt, dass Art. 6 Nr. 4 ESC im nationalen Recht nicht unmittelbar anwendbar ist. Allerdings muss diese Norm mittelbar angewendet werden – und zwar im Wege der völkerrechtsfreundlichen Auslegung. Die Bundesrepublik ist gemäß Art. 27 S. 1 WVRK völkervertraglich verpflichtet, Art. 6 Nr. 4 ESC zu befolgen. Allerdings ist diese völkerrechtliche Verpflichtung recht konturenlos. Die Konturenlosigkeit ist zunächst der unscharf umrissenen Völkerrechtsfreundlichkeit geschuldet. Die Völkerrechtsfreundlichkeit dient der Konfliktvermeidung zwischen nationalem Recht und Völkerrecht, ohne jedoch die nationalstaatliche Souveränität aufzugeben. Erschwerend kommt hinzu, dass das BVerfG zur Frage, inwieweit Art. 6 Nr. 4 ESC bei der völkerrechtsfreundlichen Auslegung zu beachten ist, bislang noch keine Stellung bezogen hat. Allerdings hat das BVerfG in anderem Zusammenhang Aussagen zur Völkerrechtsfreundlichkeit im Allgemeinen und zur Konventionsfreundlichkeit im Speziellen getroffen. Im Hinblick auf die Europäische Menschenrechtskonvention und Art. 36 Abs. 1 lit. b S. 3 WÜK hat das BVerfG eine „verfassungsunmittelbare Berücksichtigungspflicht" eingefordert. Die Einschätzungen des BVerfG können jedoch nicht ohne weiteres auf Art. 6 Nr. 4 ESC übertragen werden; denn die Normen der Europäischen Menschenrechtskonvention und Art. 36 Abs. 1 lit. b S. 3 WÜK unterscheiden sich insbesondere hinsichtlich ihrer Durchsetzungsfähigkeit deutlich von Art. 6 Nr. 4 ESC. Vor allem den Vorgaben des EGMR kommt ein stärkeres Gewicht zu als der Spruchpraxis des EKSR und des Ministerkomitees zu Art. 6 Nr. 4 ESC. Daher kann Art. 6 Nr. 4 ESC nicht in vergleichbarer Weise bei der Rechtsauslegung berücksichtigt werden wie die Normen der Europäischen Menschenrechtskonvention. Das BAG bietet als Lösung an, die Wertentscheidungen des Art. 6 Nr. 4 ESC (sowie die Spruchpraxis des EKSR und des Ministerkomitees) bei der Lückenausfüllung des nationalen Rechts einfließen zu lassen.

Allerdings darf der nationale (Arbeits-)Richter die Wertungen des Art. 6 Nr. 4 ESC nur unter Einschränkungen in das nationale Recht einfließen lassen. Der Richter ist nämlich an das geltende Recht und gemäß § 31 Abs. 1 BVerfGG an die Vorgaben des BVerfG gebunden. Jede dieser Bindungen ist über Art. 20 Abs. 3 GG verfassungsrechtlich abgesichert. Nur dann, wenn das nationale Recht einen Auslegungsspielraum belässt, können die Vorgaben des Art. 6 Nr. 4

ESC im nationalen Recht wirken. Probleme bereitet schließlich die wichtige Frage, welcher Gewährleistungsgehalt bei einer völkerrechtsfreundlichen Auslegung im Lichte des Art. 6 Nr. 4 ESC maßgeblich sein soll. Es fehlt es an einer (gerichtlichen) Instanz, die verbindliche Auslegungsvorgaben für Art. 6 Nr. 4 ESC formulieren und auf Einhaltung dieser Vorgaben „pochen" kann. Zwar hat die hier vorgenommene Auslegung ergeben, dass der Grundsatz der Tarifbezogenheit des Streiks, das Verbot wilder Streiks und das Beamtenstreikverbot sowie – jedenfalls im Detail – auch das Verhältnismäßigkeitsprinzip nicht mit Art. 6 Nr. 4 ESC vereinbar sind.[1] Mit dieser Erkenntnis ist de facto aber nichts gewonnen, wenn ein Zuwiderhandeln keine völkerrechtlichen Sanktionen auslöst. Der nationale Rechtsanwender ist daher geneigt, Art. 6 Nr. 4 ESC zu seinen Gunsten auszulegen. So verwundert es nicht, dass angesichts des Art. 6 Nr. 4 ESC bisher keine Rechtsprechungs- oder gar Gesetzesänderungen vollzogen wurden.

Als Ergebnis ist festzuhalten, dass mit der ideellen Bedeutung des Art. 6 Nr. 4 ESC, die im zweiten Teil dieser Arbeit ermittelt wurde, keine weitreichende innerstaatliche Bindung korrespondiert. Möglicherweise verschafft aber die Anwendungsmacht des EGMR dem Art. 6 Nr. 4 ESC einen stärkeren Einfluss auf das nationale Recht. Dieser Frage wird im Folgenden nachgegangen.

---

[1] Siehe oben S. 141 ff.

4. Teil

Relevanz des Art. 6 Nr. 4 ESC in der Anwendung des EGMR

Im vierten Teil dieser Arbeit werden Wege aufgezeigt, wie Art. 6 Nr. 4 ESC einen gesteigerten Einfluss auf das deutsche Recht ausüben könnte. Als mögliches Einfallstor kommt die Europäische Menschenrechtskonvention in der Auslegung durch den EGMR in Betracht. Anlass zu dieser Untersuchung geben die bereits erwähnten EGMR-Entscheidungen „Demir und Baykara“ und „Enerji Yapi-Yol Sen“. Anfangs haben diese Entscheidungen in der deutschen Öffentlichkeit nur wenig Aufsehen erregt.[2] Dies änderte sich jedoch rasch, als sich die nationalen Verwaltungsgerichte mit dem Einfluss des EGMR auf das deutsche Beamtenstreikverbot auseinanderzusetzen hatten. Kaum beachtet wurde indes die Tatsache, dass sich der EGMR bei der Herleitung des Streikrechts in besonderem Maße auf Art. 6 Nr. 4 ESC und die Spruchpraxis des EKSR stützt.

Möglicherweise gewinnt Art. 6 Nr. 4 ESC durch die Anwendungsmacht des EGMR einen größeren Einfluss auf das deutsche Streikrecht als bei isolierter Betrachtung. Implizit ist damit die Frage aufgeworfen, ob der EGMR ein „Motor“ zur Harmonisierung des Arbeitskampfrechts sein kann – und zwar unter dem mittelbaren Einfluss des Art. 6 Nr. 4 ESC. Dieser Frage wird im Folgenden nachgegangen: Im ersten Abschnitt wird die EGMR-Rechtsprechung zum Streikrecht untersucht. Im zweiten Abschnitt wird das methodische Vorgehen des EGMR dargestellt und kritisch gewürdigt. Im dritten Abschnitt wird die inhaltliche Tragweite der EGMR-Judikatur ausgelotet und im vierten Abschnitt werden die Rechtswirkungen der Entscheidungen untersucht. Im fünften Abschnitt werden die Auswirkungen auf das nationale Streikrecht ermittelt und im sechsten Abschnitt wird Bilanz gezogen.

---

[2] Dies zeigt sich nicht zuletzt daran, dass diese Urteile in den Fachzeitschriften erst verhältnismäßig spät veröffentlicht wurden. „Demir und Baykara“ vom 12. November 2008 erschien erst in NZA 2010, 1425 und NJOZ 2010, 1897. „Enerji Yapi-Yol Sen“ vom 21. April 2009 wurde in NZA 2010, 1423 veröffentlicht. In NVwZ 2010, 1018 wurden nur die Leitsätze abgedruckt. *Wolfang Lörcher* war der erste, der für eine Übersetzung der Urteile sorgte: AuR 2009, 269 und AuR 2009, 274.

1. Abschnitt

Das „neue" konventionsrechtliche Streikrecht

Die Europäische Menschenrechtskonvention vom 4. November 1950 war das erste Vertragswerk des Europarates und ist inzwischen auch das einflussreichste. Mittlerweile ist die Europäische Menschenrechtskonvention für die mehr als 800 Millionen Bürger Europas in 47 Staaten zum wichtigsten völkerrechtlichen Schutzinstrument ihrer Menschenrechte geworden.[1] Dies ist insbesondere ein Verdienst des Straßburger Gerichtshofs und der bis 1998 bestehenden EKMR, die den Konventionsrechten nach und nach immer schärfere Konturen verliehen haben – auch in sozialrechtlicher Hinsicht.[2] Zwar ist dem EGMR nicht die Aufgabe einer letztinstanzlichen Gerichtsbarkeit zugedacht, sondern primär die eines völkerrechtlichen Streitschlichtungsorgans. Allerdings hat der Gerichtshof mit der Einführung des Individualbeschwerdeverfahrens in Art. 34 EMRK einen bemerkenswerten Einfluss erlangt, der weit über die ihm originär zugedachte Funktion hinausgeht.[3] Die Einführung des EGMR hat der Europäischen Menschenrechtskonvention nicht nur zu einer rechtsverbindlichen Durchsetzbarkeit verholfen (Art. 46 Abs. 1 EMRK), sondern ihr auch eine weitreichende politische Akzeptanz eingebracht.[4]

Zunächst wird näher auf die hier relevante Vereinigungsfreiheit in Art. 11 EMRK eingegangen. Im Anschluss werden die Rechtsprechung des EGMR zum Streikrecht und die jüngsten Entscheidungen zum Streik im öffentlichen Dienst dargestellt.

A. Art. 11 EMRK als Maßstabsnorm

Der offene Diskurs ist Wesensmerkmal einer Demokratie.[5] Damit kommt der Versammlungs- und Vereinigungsfreiheit eine fundamentale Bedeutung innerhalb der Demokratie und auch innerhalb der Europäischen Menschen-

---

[1] *Grote*, in: Grote/Marauhn, Konkordanzkommentar EMRK/GG, 1. Kapitel, Rn. 13; *Heer-Reißmann*, Die Letztentscheidungskompetenz des EGMR in Europa. S. 65 f.; vgl. *Papier*, EuGRZ 2010, 368.

[2] Siehe oben S. 81 f.

[3] *Kadelbach*, in: Ehlers/Schoch, Rechtsschutz im Öffentlichen Recht, § 5, Rn. 6.

[4] *Klein*, in: Merten/Papier, Handbuch der Grundrechte, Band VI/1, § 150, Rn. 1.

[5] *Meyer-Ladewig*, EMRK, Art. 11, Rn. 1.

rechtskonvention zu.[6] In Art. 11 EMRK sind diese beiden Grundrechte zusammengefasst und unterschiedslos allen Bürgern garantiert, die der Hoheitsgewalt eines Konventionsstaates unterliegen.[7] Ausdrücklich benennt Art. 11 Abs. 1 EMRK das Recht, Gewerkschaften zu gründen und ihnen beizutreten. Aus dem Wortlaut geht auch hervor, dass Gewerkschaften Verbände zur Interessenvertretung sind. Es wird allerdings nicht näher auf die geschützten Interessen eingegangen. Hierin liegt ein Unterschied zu Art. 9 Abs. 3 GG, der das Koalitionsrecht einschränkend auf die „Wahrung und Förderung der Arbeits- und Wirtschaftsbedingungen" bezieht. Allerdings soll es auch bei der Koalitionsfreiheit in Art. 11 EMRK um Arbeitsbedingungen im weiteren Sinne gehen.[8] Ein Unterschied zwischen Art. 9 Abs. 3 GG und Art. 11 EMRK besteht außerdem darin, dass Art. 11 EMRK lediglich das Recht auf Kollektivverhandlungen, nicht aber die Tarifautonomie garantiert. Auf welche Weise die Verhandlungsergebnisse rechtlich und tatsächlich wirksam werden, schreibt die Europäische Menschenrechtskonvention nicht vor.[9]

Wie sich aus dem Schrankenvorbehalt des Art. 11 Abs. 2 EMRK ergibt, sind die im ersten Absatz verankerten Rechte nicht absolut gewährleistet. Im ersten Satz fordert der Schrankenvorbehalt eine gesetzliche Regelung, die „in einer demokratischen Gesellschaft notwendig" ist, um eines der aufgezählten legitimen Ziele (nationale oder öffentliche Sicherheit, Aufrechterhaltung der Ordnung oder Verhütung von Straftaten, Schutz der Gesundheit oder der Moral oder Schutz der Rechte und Freiheiten anderer) zu erreichen. Anders als bei Art. 31 Abs. 1 ESC sind die Tatbestandsmerkmale des Art. 11 Abs. 2 S. 1 EMRK eng auszulegen, um einen effektiven Menschenrechtsschutz zu gewährleisten.[10] Der Schrankenvorbehalt nach Art. 11 Abs. 2 S. 2 EMRK spezifiziert die Vorgaben des Art. 11 Abs. 2 S. 1 EMRK für einzelne Berufsgruppen im hoheitlichen Bereich.[11] Danach sind Einschränkungen des Art. 11 Abs. 1 EMRK zulässig, soweit sie „Angehörige der Streitkräfte, der Polizei oder der Staatsverwaltung" betreffen.

Schließlich ist zu beachten, dass Art. 11 EMRK nur einen Mindeststandard darstellt. Dies ergibt sich aus der „Günstigkeitsklausel" in Art. 53 EMRK, wonach die Europäische Menschenrechtskonvention ein höheres mitgliedstaatli-

---

[6] Vgl. EGMR v. 7. 12. 1976 – 5493/72 (Handyside/Vereinigtes Königreich), EuGRZ 1977, 38.

[7] *Bröhmer*, in: Grote/Marauhn, Konkordanzkommentar EMRK/GG, 19. Kapitel, Rn. 11 f.

[8] *Bröhmer*, in: Grote/Marauhn, Konkordanzkommentar EMRK/GG, 19. Kapitel, Rn. 100.

[9] *Schubert*, AöR 2012, 92 (107 f.).

[10] So etwa EGMR v. 5. 4. 2007 – 18147/02 (Scientologie Kirche Moskau/Russland), NJW 2008, 495.

[11] *Meyer-Ladewig*, EMRK, Art. 11, Rn. 35; *Schubert*, AöR 2012, 92 (104).

ches Schutzniveau nicht einschränken darf.[12] Anders als in Art. 6 Nr. 4 ESC ist in Art. 11 EMRK kein Streikrecht erwähnt. Allerdings ist Art. 11 EMRK durch die Kasuistik der früheren EKMR und nunmehr durch den EGMR mit Leben gefüllt worden. So ist das Streikrecht spätestens seit „Demir und Baykara" als wesentlicher Bestandteil des Art. 11 EMRK anerkannt. Die einzelnen „Rechtsprechungs-Etappen" bis zur Anerkennung des Streikrechts werden im Folgenden dargestellt.

B. Bisherige Rechtsprechung des EGMR zum Streikrecht

Da das Streikrecht in Art. 11 EMRK nicht ausdrücklich genannt ist, hielt sich der EGMR in seiner früheren Rechtsprechung sehr zurück, wenn es um die Anerkennung des Streikrechts ging.[13] In der „Gustafsson"-Entscheidung vom 25. April 1996 hieß es lediglich, dass der Schutzbereich des Art. 11 EMRK auch kollektive Maßnahmen erfasse. Der EGMR gestand den Gewerkschaften zwar zu, die Interessenvertretung ihrer Mitglieder durch „Aktionen" wahrzunehmen. Die nähere Ausgestaltung dieses Rechts beließ der EGMR allerdings bei den einzelnen Mitgliedstaaten.[14] Demnach konnten die Mitgliedstaaten selbst bestimmen, welche konkreten Mittel die Koalitionen zur Interessenwahrung ihrer Mitglieder einsetzen durften.[15] Das Recht auf Streik war nach damaliger Rechtsauffassung des EGMR zwar eines der wichtigsten Mittel zur Interessenwahrnehmung der Gewerkschaften, aber kein zwingender Gewährleistungsbestandteil des Art. 11 EMRK.[16] Anschaulich brachte der EGMR seine Haltung in der „Schmidt und Dahlström"-Entscheidung auf den Punkt:

> Der Gerichtshof erinnert daran, daß die Konvention die Freiheit schützt, die beruflichen Interessen der Mitglieder einer Gewerkschaft durch kollektive Maßnahmen zu verteidigen – Maßnahmen, deren Durchführung und Entwicklung die Vertragsstaaten zugleich erlauben und möglich machen müssen. Art. 11 Abs. 1 läßt jedoch dem Staat die Wahl der Mittel, die er zu diesem Zweck einsetzen will; die Gewährleistung des Streikrechts ist zweifellos eines der bedeutendsten dieser Mittel, doch gibt es andere. Das Streikrecht, das in Art. 11 nicht ausdrücklich verankert ist, kann durch das innerstaatliche

---

[12] *Colneric*, in: FS Richardi, S. 21 (22); *Meyer-Ladewig*, EMRK, Art. 53, Rn. 2.

[13] *Lindner*, DöV 2012, 305 (307); *Seifert*, KritV 2009, 357.

[14] EGMR v. 25. 4. 1996 – 15573/89 (Gustafsson/Schweden), AuR 1997, 408 (410), Rn. 45.

[15] *Keilich*, Die Auswirkungen der Grundrechte/Menschenrechte, S. 209; *Seifert*, KritV 2009, 357.

[16] EGMR v. 27. 10. 1975 – 446470 (Nationale Gewerkschaft der Polizei/Belgien), Rn. 39; einzusehen in der Online-Datenbank des EGMR: http://hudoc.echr.coe.int/sites/eng/pages/search.aspx?i=001–57435; EGMR v. 10. 1. 2002 – 53574/99 (Unison/Großbritannien); einzusehen in der Online-Datenbank des EGMR: http://hudoc.echr.coe.int/sites/eng/pages/search.aspx?i=001–22148; *Fütterer*, EuZA 2011, 505 (511).

Recht einer Regelung unterworfen werden, die so gestaltet ist, daß sie seine Ausübung in bestimmten Fällen einschränkt.[17]

In der Entscheidung „Schwedische Lokomotivführergewerkschaft" begründete der EGMR seine zögerliche Haltung zum Streikrecht mit dem *opting in*-Modell[18] der Europäischen Sozialcharta: Nach Art. 20 Abs. 1 lit. b ESC könne ein Vertragsstaat der Europäischen Sozialcharta frei entscheiden, welche fünf Vorschriften er als verbindlich akzeptieren wolle. Habe sich ein Staat gegen die Ratifizierung des Art. 6 Nr. 4 ESC entschieden, sei es allerdings unzulässig, ein Streikrecht in Art. 11 EMRK hineinzulesen. Damit würde das *opting in*-Modell der Europäischen Sozialcharta unterlaufen.[19] In der Rechtssache „Schmidt und Dahlström" argumentierte der EGMR auch mit dem Schrankenvorbehalt des Art. 31 Abs. 1 ESC, der leerliefe, wenn man ein Streikrecht als konstitutives Element in Art. 11 EMRK hineinlesen wolle.[20] Die Literatur folgerte aus der Zurückhaltung des EGMR, dass dieser vor allem den „liberalen Abwehrcharakter" der Vereinigungsfreiheit in Art. 11 EMRK betonen wolle. Überdies – so glaubte man – wolle der EGMR weitere Maßnahmen zur sozialrechtlichen „Effektivierung" dieses Rechts der Europäischen Sozialcharta überlassen.[21]

C. Die „neue" Rechtsprechung des EGMR

In jüngerer Vergangenheit hat der EGMR bei der Auslegung des Art. 11 EMRK einen „Paradigmenwechsel"[22] vollzogen: Der Rechtsprechungswandel deutete

---

[17] EGMR v. 6.2.1976 – 5589/72 (Schmidt und Dahlström/Schweden), EuGRZ 1976, 68, Rn. 36.

[18] Siehe oben S. 93.

[19] EGMR v. 6.2.1976 – 5614/72 (Schwedische Lokomotivführergewerkschaft/Schweden), EuGRZ 1976, 62 (65); *Ewing/Hendy*, Industrial Law Journal Oxford, Vol. 39, Nr. 1 (2010), S. 2 (5).

[20] EGMR v. 6.2.1976 – 5589/72 (Schmidt u. Dahlström/Schweden), EuGRZ 1976, 68 (70).

[21] *Seifert*, KritV 2009, 357 f.

[22] *Fütterer*, EuZA 2011, 505 (511).

sich bereits in einem Urteil vom 14. November 2006[23] an[24].[25] Darin stellte der EGMR eine Verletzung des Art. 11 EMRK fest, weil der Beschwerdeführer infolge einer Streikteilnahme strafversetzt worden war. Weitere Entscheidungen, welche die Trendwende des EGMR bezeugen, sind die Rechtssache „Karaçay“[26] vom 27. März 2007 und „Dilek u. a.“[27] vom 17. Juli 2007. Zwar bezog der EGMR auch in diesen Entscheidungen nicht explizit Stellung zur Verankerung des Streikrechts in Art. 11 EMRK. Gleichwohl erklärte der EGMR die wegen einer Streikbeteiligung gegenüber den Beschwerdeführern verhängte Sanktion für unvereinbar mit Art. 11 EMRK.

Von besonderem Interesse für diese Arbeit sind schließlich die bereits genannten Urteile der Folgezeit: „Demir und Baykara“ [28] und „Enerji Yapi-Yol Sen“[29].[30] Diese Entscheidungen werden in der Literatur unterschiedlich gewürdigt. Einerseits werden sie als „Meilenstein in der Menschenrechtsentwicklung allgemein und im öffentlichen Dienst im Besonderen“[31] gefeiert, andererseits als „ausbrechender Rechtsakt“[32] abgewertet. Weil diese umstrittenen Entscheidungen zentraler Prüfungsgegenstand dieser Arbeit sind, wird jeweils der Sachverhalt dargestellt, bevor anschließend auf die Entscheidungsgründe und Folgefragen eingegangen wird.

[23] EGMR v. 14.11.2006 – 20868/02 (Metin Turan/Türkei), Rn. 24–32; einzusehen in der Online-Datenbank des EGMR: http://hudoc.echr.coe.int/sites/eng/pages/search.aspx?i=001-77971.

[24] Nach a. A. (*Seifert*, KritV 2009, 357 (358)) zeichnete sich der Rechtsprechungswandel bereits in „Wilson und National Union of Journalists“ (EGMR v. 2.7.2002 – 30668/96 (u. a.); einzusehen in der Online-Datenbank des EGMR: http://hudoc.echr.coe.int/sites/eng/pages/search.aspx?i=001-60554) ab. Hier hatte der EGMR den Vertragsstaat verpflichtet, zu gewährleisten, dass gewerkschaftsangehörige Arbeitnehmer nicht daran gehindert werden dürfen, auf gewerkschaftlichem Wege das Verhältnis zu ihren Arbeitgebern zu regeln. Im Übrigen anerkannte der EGMR, dass Arbeitskampfmaßnahmen Teil des Systems der freiwilligen Kollektivverhandlungen sind und forderte, dass Einschränkungen des Streikrechts an den Voraussetzungen des Art. 11 Abs. 2 EMRK zu messen sind.

[25] *Lörcher*, AuR 2011, 306 (307).

[26] EGMR v. 27.3.2007 – 6615/03 (Karaçay/Türkei), AuR 2011, 303.

[27] EGMR v. 17.7.2007 – 74611/01, 26876/02 und 27628/02 (Dilek u. a./Türkei), nicht in der amtlichen Sammlung veröffentlicht; zit. nach: *Iliopoulos-Strangas*, in: Merten/Papier, Handbuch der Grundrechte, Band VI/1, § 145, Rn. 39.

[28] EGMR v. 12.11.2008 – 34503/97 (Demir und Baykara/Türkei), AuR 2009, 269.

[29] EGMR v. 21.4.2009 – 68959/01 (Enerji Yapi-Yol Sen/Türkei), AuR 2009, 274.

[30] Im Folgenden werden diese Urteile stets in der Übersetzung von *Klaus Lörcher* aus der AuR zitiert, sofern sie mit der Übersetzung von *Jens Meyer-Ladewig* und *Herbert Petzold* in der NZA übereinstimmen. Die Übersetzung in der NJOZ stammt ebenfalls von *Meyer-Ladewig* und *Petzold* und ist daher identisch mit der Übersetzung in der NZA. Bei inhaltlichen Abweichungen erfolgt eine Auseinandersetzung mit *beiden* Übersetzungen. Im Übrigen wird im Zweifelsfall auch auf die Originalfassung in französischer und englischer Sprache zurückgegriffen.

[31] *Lörcher*, AuR 2009, 229.

[32] *Löwisch/Rieble*, TVG, Grundlagen, Rn. 286.

I. „Demir und Baykara“

Der Entscheidung „Demir und Baykara“ liegt folgender Sachverhalt zu Grunde: Die beiden türkischen Beschwerdeführer waren Angehörige des öffentlichen Dienstes[33] und Mitglieder der Gewerkschaft *Tüm Bel Sen*. Im Februar 1993 schloss die Gewerkschaft einen Tarifvertrag mit dem Stadtrat von Gaziantep ab, worin die Arbeitsbedingungen der Gemeindebediensteten geregelt wurden. Da der Stadtrat aber nicht alle Verpflichtungen aus dem Tarifvertrag erfüllte, erhob die Gewerkschaft Klage beim LG Gaziantep. Das LG gab der Klage statt. In seiner Revisionsentscheidung hob der Kassationshof das Urteil des LG aber wieder auf – mit folgender Begründung: Angehörige des öffentlichen Dienstes dürften nach türkischem Recht zwar eine Gewerkschaft gründen, aber keine Tarifverträge abschließen. Der Kassationshof verwies die Sache zurück an das LG; letzteres bestätigte jedoch sein früheres Urteil zu Gunsten der Gewerkschaft: Es bestehe nämlich eine Gesetzeslücke im türkischen Recht, die durch Anwendung der IAO-Übereinkommen geschlossen werden müsse. Nach den IAO-Übereinkommen dürften Angehörige des öffentlichen Dienstes allerdings Tarifverträge abschließen. Der Kassationshof hob dieses Urteil erneut auf. Ohne Gesetzesgrundlage im türkischen Recht könne weder eine Gewerkschaft gegründet noch ein Tarifvertrag geschlossen werden; denn nach geltendem türkischen Recht hätten Angehörige des öffentlichen Dienstes weder das Recht, Gewerkschaften zu gründen noch Tarifverträge zu schließen. In der Folge erhoben die beiden Beschwerdeführer Klage vor dem EGMR und rügten eine Verletzung des Art. 11 EMRK.[34] Zunächst erklärte eine Kammer der 3. Sektion die Beschwerde für teilweise zulässig. Die Sache wurde daraufhin an eine Kammer der 2. Sektion übertragen, welche einstimmig entschied, dass Art. 11 EMRK verletzt worden sei. Auf Antrag der türkischen Regierung wurde die Rechtssache dann an die Große Kammer[35] des EGMR verwiesen.

---

[33] Wie bereits dargestellt (siehe oben S. 48), werden in den einzelnen Urteilsübersetzungen jeweils unterschiedliche Begriffe verwendet („Beamter“ oder unverfänglicher: „Angehöriger des öffentlichen Dienstes“ bzw. „Gemeindebediensteter“). Dieser Unterschied ist von Bedeutung. Bei der Darstellung des Sachverhalts soll hier jedoch zunächst auf die allgemeinere Formulierung „Angehöriger des öffentlichen Dienstes“ zurückgegriffen werden. Von dieser Formulierung sind auch Beamte erfasst. Ob tatsächlich *nur* Beamte gemeint sind, wird im Folgenden näher untersucht.

[34] Zusätzlich wurde gerügt, dass das Diskriminierungsverbot des Art. 14 EMRK verletzt worden sei. Hierauf wird im Folgenden jedoch nicht näher eingegangen.

[35] Im Individualbeschwerdeverfahren (Art. 34 EMRK) kann sich die Große Kammer nach Art. 30 EMRK und Art. 43 EMRK mit einer Rechtssache befassen. Vorliegend haben die Parteien von der Möglichkeit des Art. 43 EMRK Gebrauch gemacht und gemäß dem ersten Absatz der Vorschrift innerhalb von drei Monaten nach einem Urteil der Kammer die Verweisung an die Große Kammer beantragt. Über den Antrag hat ein fünfköpfiger Ausschuss entschieden. Der Ausschuss gibt dem Antrag – wie vorliegend – statt, wenn die Rechtssache eine schwerwiegende Frage zur Auslegung oder Anwendung der Europäischen Menschenrechtskonvention und ihrer Protokolle betrifft oder eine schwerwiegende Frage

Die Große Kammer entschied einstimmig, dass ein Verstoß gegen Art. 11 EMRK vorliege, weil den Gemeindebediensteten die Gewerkschaftsgründung verwehrt und der Tarifvertrag für nichtig erklärt worden sei. Außerdem wurde die Türkei zu Schadensersatzzahlungen verurteilt.

Indem der EGMR nun das Recht auf Kollektivverhandlungen und den Abschluss von Kollektivverträgen als konstitutives Element des Art. 11 EMRK anerkennt,[36] vollzieht er eine 180-Grad-Wende zu der noch in den Rechtssachen „Schwedische Lokomotivführergewerkschaft" und „Schmidt und Dahlström" geäußerten Ansicht, wonach das Recht auf Verhandlungen und der Abschluss von Kollektivverträgen keine konstitutiven Elemente des Art. 11 EMRK seien.[37] Von dieser Ansicht verabschiedet sich der EGMR in „Demir und Baykara" ausdrücklich (Rn. 153 f.). Zur Begründung seiner gewandelten Rechtsauffassung verweist der EGMR auf die Entwicklung im internationalen Recht und die darin zum Ausdruck kommende Rechtsanschauung der europäischen Mitgliedstaaten (Rn. 147 bis 154). Namentlich zieht der EGMR die IAO-Übereinkommen Nr. 87[38], Nr. 98[39] und Nr. 151[40] sowie Art. 28 GRC

---

von allgemeiner Bedeutung aufwirft (Art. 43 Abs. 2 EMRK). Laut *Klaus Lörcher* ergibt sich aus der Tatsache, dass in „Demir und Baykara" die Große Kammer (einstimmig!) entschieden hat, eine besondere Legitimation (*Lörcher*, in: Däubler, Arbeitskampfrecht, § 10, Rn. 40).

[36] EGMR v. 12. 11. 2008 – 34503/97 (Demir und Baykara/Türkei), RdA 2009, 269 (273), Rn. 153 f.

[37] Siehe oben S. 256 f.

[38] In dem hier maßgeblichen Art. 2 des Übereinkommens Nr. 87 der IAO heißt es wie folgt: „Die Arbeitnehmer und die Arbeitgeber ohne jeden Unterschied haben das Recht, ohne vorherige Genehmigung Organisationen nach eigener Wahl zu bilden und solchen Organisationen beizutreten, wobei lediglich die Bedingung gilt, dass sie deren Satzung einhalten."

[39] Einschlägig sind hier die Art. 4, 5 und 6 des IAO-Übereinkommens Nr. 98. Art. 4 lautet wie folgt: „Soweit erforderlich, sind den Landesverhältnissen angemessene Maßnahmen zu treffen, um im weitesten Umfang Entwicklung und Anwendung von Verfahren zu fördern, durch die Arbeitgeber und Organisationen von Arbeitgebern einerseits und Organisationen von Arbeitnehmern andererseits freiwillig über den Abschluss von Gesamtarbeitsverträgen zur Regelung von Lohn- und Arbeitsbedingungen verhandeln können." In Art. 5 Nr. 1 und 2 heißt es: „1. Die innerstaatliche Gesetzgebung bestimmt, inwieweit die in diesem Übereinkommen vorgesehenen Rechte auf das Heer und die Polizei Anwendung finden. 2. Die Ratifikation dieses Übereinkommens durch ein Mitglied lässt bereits bestehende Gesetze, Entscheidungen, Gewohnheiten oder Vereinbarungen, die den Angehörigen des Heeres und der Polizei irgendwelche in diesem Übereinkommen vorgesehenen Rechte einräumen, nach dem Grundsatz des Artikels 19 Absatz 8 der Verfassung der Internationalen Arbeitsorganisation unberührt." Art. 6 lautet wie folgt: „Dieses Übereinkommen lässt die Stellung der öffentlichen Beamten unberührt und darf in keinem für die Rechte und die Rechtsstellung dieser Beamten irgendwie nachteiligen Sinn ausgelegt werden."

[40] Dieses Übereinkommen überlässt es den einzelnen Staaten, inwiefern sie den Angehörigen der Polizei oder der Streitkräfte das Recht geben wollen, bei der Regelung ihrer Beschäftigungsbedingungen mitzuwirken. Das Übereinkommen Nr. 151 kann gemäß Art. 1 Abs. 1 nicht zur Minderung der in dem Übereinkommen Nr. 98 gewährten Rechte herangezogen werden. Siehe auch: EGMR v. 12. 11. 2008 – 34503/97 (Demir und Baykara/Türkei), AuR 2008, 269 (273), Rn. 148.

und ferner Art. 5 ESC und Art. 6 Nr. 2 ESC heran. Im Übrigen verweist der EGMR auf die Spruchpraxis der jeweils zuständigen Sachverständigengremien – darunter auch auf eine Schlussfolgerung des EKSR zum deutschen Beamtenstreikverbot[41] (Rn. 50).[42] Damit etabliert der EGMR eine Auslegungsmethodik, die eine umfassende Berücksichtigung internationaler Verträge vorsieht. Vor allem kommt es dem EGMR nicht darauf an, ob die jeweiligen internationalen Normen von dem betreffenden Vertragsstaat ratifiziert wurden oder nicht (Rn. 79 ff.).[43] So kommt der EGMR schließlich zu dem Ergebnis, dass Mitglieder der Staatsverwaltung nach Art. 11 Abs. 2 S. 2 EMRK nicht pauschal aus dem Schutzbereich des Art. 11 EMRK ausgenommen werden können (Rn. 107). Zwar sei es gemäß Art. 11 Abs. 2 S. 2 EMRK möglich, die Ausübung der Gewerkschaftsfreiheit für „Angehörige der Polizei, der Streitkräfte oder der Staatsverwaltung“ zu beschränken. Allerdings dürfe sich diese Beschränkung nur auf die *Ausübung* des Vereinigungsrechts beziehen, ohne dabei den Kerngehalt dieses Rechts anzutasten. Der Schrankenvorbehalt in Art. 11 Abs. 2 S. 2 EMRK sei eng auszulegen; die beschwerdeführenden Gemeindebediensteten seien keine Angehörigen der Staatsverwaltung im Sinne dieser Vorschrift (Rn. 97). Für den konkreten Fall stellt der Gerichtshof daher einen Eingriff in Art. 11 Abs. 1 EMRK fest:

> Dementsprechend bemerkt der Gerichtshof, dass die Kollektivverhandlung im vorliegenden Fall und der daraus resultierende Kollektivvertrag für die betreffende Gewerkschaft ein wesentliches Mittel zur Förderung und Sicherung der Interessen ihrer Mitglieder darstellte. Das Fehlen einer Gesetzesgrundlage, die notwendig ist, um den Bestimmungen der internationalen Arbeitsübereinkommen, die die Türkei bereits ratifiziert hatte, Wirksamkeit zu verleihen, [...] begründe[t] einen Eingriff in die Gewerkschaftsfreiheit der Beschwerdeführer, wie sie von Art. 11 der Konvention geschützt ist.[44]

---

[41] *Conclusions III (1973)*, Germany, S. 34–35. Hier heißt es: “With regard to the denial of the right of public officials to strike, the Committee was unable to accept the Federal Government’s arguments in favour of such denial whereby public officials were not considered as workers under Federal laws. [...] [I]t was clear that the term ‘worker’ in the Charter embraced public officials. However, the provisions of Article 31 of the Charter and those of its Appendix make it possible, as indicated above: a. to restrict the right to strike or, in some cases, exclude it altogether for certain high ranking officials; b. to treat differently, in legislation, workers belonging to the public sector and those working in private enterprises. However, the Federal Republic of Germany did not claim or even attempt to claim that all the public officials to whom it denied the right to strike should come under the restriction mentioned under (a.) above and, moreover, the approved rules governing the exercise of the right to strike could not, except in such a case, go so far as to deny this right.”

[42] Rn. 50 ist in den deutschen Übersetzungen nicht abgedruckt, aber einzusehen in der Online-Datenbank des EGMR: http://hudoc.echr.coe.int/sites/eng/pages/search.aspx?i=001-89558.

[43] *Lörcher*, AuR 2009, 229 (231); *Seifert*, KritV 2009, 357 (360).

[44] EGMR v. 12. 11. 2008 – 34503/07 (Demir und Baykara/Türkei), AuR 2009, 269 (273), Rn. 157.

Eine Rechtfertigung des Eingriffs nach Art. 11 Abs. 2 EMRK[45] lehnt der Gerichtshof ab. Nur überzeugende und zwingende Gründe kämen zur Rechtfertigung des Eingriffs in Betracht (Rn. 119). Dass die Gemeindebediensteten gegenüber anderen Arbeitnehmern einen privilegierten Status genössen, tauge nicht als Rechtfertigungsargument zur Vorenthaltung der Verhandlungsfreiheit (Rn. 160 bis 169). Im Übrigen sieht sich der EGMR nicht dazu veranlasst (Rn. 158), auf ein etwaiges Streikrecht der Beschwerdeführer einzugehen.[46] Doch schafft der EGMR bereits hier das dogmatische Fundament, das er in „Enerji Yapi-Yol Sen“ alsbald aufgreifen wird, um den Gewährleistungsrahmen des Art. 11 EMRK auch auf das Streikrecht auszuweiten.

II. „Enerji Yapi-Yol Sen“

Der Entscheidung „Enerji Yapi-Yol Sen“ liegt ein ähnlicher Sachverhalt zu Grunde wie der Rechtssache „Demir und Baykara“: Die Beschwerdeführerin war eine türkische Gewerkschaft aus Ankara. Ihre Mitglieder waren ausschließlich Angehörige des öffentlichen Dienstes. Die Vereinigung der Gewerkschaften des öffentlichen Dienstes plante Streiks, um geltend zu machen, dass den Angehörigen des öffentlichen Dienstes ein Recht auf Kollektivverhandlungen zustehe. Am 13. April 1996 veröffentlichte die Personalabteilung des türkischen Premierministers einen Runderlass. Dort hieß es, man habe von den rechtswidrigen Streikplänen der Gemeindebediensteten erfahren; daher wurde zum Schutz der öffentlichen Sicherheit und Ordnung und der Funktionsfähigkeit des öffentlichen Dienstes ein Streikverbot ausgesprochen. Für den Fall der Zuwiderhandlung wurden Sanktionen angedroht. Dennoch nahmen drei Verwaltungsratsmitglieder der beschwerdeführenden Gewerkschaft an den geplanten Streiks teil. Daraufhin erhielten sie die bereits angedrohten Disziplinarstrafen. Ein Antrag der Gewerkschaft auf Aufhebung des Runderlasses wurde zurückgewiesen. Die Beschwerdeführerin legte schließlich Beschwerde zum EGMR ein und rügte eine Verletzung des Art. 11 EMRK durch die türkischen Behörden.[47] Der EGMR stellte am 21. April 2009 einstimmig fest, dass Art. 11 EMRK verletzt worden sei. Die Türkei wurde zu Schadensersatzzahlungen an die beschwerdeführende Gewerkschaft verurteilt.

---

[45] Der EGMR differenziert nicht explizit zwischen den Anforderungen des Art. 11 Abs. 2 S. 1 und 2 EMRK. Bei der Rechtfertigungsprüfung dürfte sich der EGMR aber ausschließlich auf Art. 11 Abs. 2 S. 1 EMRK bezogen haben, da er den Eingriffsvorbehalt des Art. 11 Abs. 2 S. 2 EMRK bereits bei der Eröffnung des Schutzbereichs diskutiert hatte.

[46] *Iliopoulos-Strangas*, in: Merten/Papier, Handbuch der Grundrechte, Band VI/1, § 145, Rn. 39; *Lörcher*, AuR 2009, 229 (236).

[47] Zusätzlich wurde gerügt, dass das Diskriminierungsverbot in Art. 14 EMRK verletzt worden sei. Hierauf wird im Folgenden jedoch nicht näher eingegangen.

In dieser Entscheidung erörtert der EGMR nicht lediglich das Recht auf Kollektivverhandlungen, sondern gesteht den Gemeindebediensteten auch ein Streikrecht zu. Der EGMR erklärt recht apodiktisch, dass die von der türkischen Regierung verhängten Sanktionen einen Eingriff in die Koalitionsfreiheit des Art. 11 EMRK darstellen. Ebenso wie das Recht auf Kollektivverhandlungen sei auch der Streik ein konstitutiver Aspekt des Art. 11 EMRK. Der Streik sei unerlässlich zum Schutz und zur Interessenwahrung der Gewerkschaftsmitglieder.[48] Der EGMR erklärt:

> Was die Konvention verlangt, ist, dass die Gesetzgebung den Gewerkschaften erlaubt, für die Verteidigung der Interessen ihrer Mitglieder unter Bedingungen zu kämpfen, die nicht in Widerspruch zu Art. 11 stehen. Der Streik, der einer Gewerkschaft ermöglicht, gehört zu werden, stellt einen wichtigen Aspekt für die Mitglieder einer Gewerkschaft dar, ihre Interessen zu schützen.[49]

Zur Begründung verweist EGMR auf „Demir und Baykara" und rekurriert damit indirekt auf die Vorschriften der IAO (hier Übereinkommen Nr. 87) und das Streikrecht der Europäischen Sozialcharta sowie die Spruchpraxis zu den jeweiligen Normen (Rn. 16). Mittelbar wird damit auch die bereits in „Demir und Baykara" zitierte Schlussfolgerung des EKSR erwähnt, die zum Thema „Beamtenstreikverbot" gegenüber der Bundesrepublik Deutschland ergangen ist.[50] Bei der rechtlichen Würdigung erinnert der Gerichtshof daran, „dass die ESC ebenfalls das Streikrecht als ein Mittel anerkennt, um die wirksame Ausübung des Rechts auf Kollektivverhandlungen zu gewährleisten".[51] Allerdings – so stellt der EGMR sogleich klar – gelte das Streikrecht nicht absolut, sondern könne nach Art. 11 Abs. 2 EMRK beschränkt werden. Hierzu heißt es in der französischen Originalfassung:

> La Cour reconnait que le droit de grève n'a pas de caractère absolu. Il peut être soumis à certaines conditions et faire l'objet de certaines restrictions. Ainsi, le principe de la liberté syndicale peut être compatible avec l'interdiction du droit de grève des *fonctionnaires* exerçant des fonctions d'autorité au nom de l'Etat. Toutefois, si l'interdiction du droit de grève peut concerner certaines catégories de fonctionnaires (voir, mutatis mutandis, Pellegrin c. France [GC], no 28541/95, §§ 64g–67, CEDH 1999VIII), elle ne peut pas s'étendre *aux fonctionnaires en général*, comme en l'espèce, ou aux travailleurs publics des entreprises commerciales ou industrielles de l'Etat.[52] [Hervorhebungen durch die Verfasserin].

---

[48] Vgl. *Ewing/Hendy*, Industrial Law Journal Oxford, Vol. 39, Nr. 1 (2010), S. 2 (14).

[49] EGMR v. 21.4.2009 – 68959/01 (Enerji Yapi-Yol Sen/Türkei), AuR 2009, 274 (275), Rn. 24.

[50] Siehe oben S. 261.

[51] EGMR v. 21.4.2009 – 68959/01 (Enerji Yapi-Yol Sen/Türkei), AuR 2009, 274 (275), Rn. 24.

[52] EGMR v. 21.4.2009 – 68959/01 (Enerji Yapi-Yol Sen/Türkei), Rn. 32; einzusehen in der Online-Datenbank des EGMR: http://hudoc.echr.coe.int/sites/eng/pages/search.aspx?i=001–92266.

Bewusst ist an dieser Stelle die französische Originalfassung zitiert worden. Umstritten ist nämlich die Frage, wie der Begriff „fonctionnaire“ oder in der englischen Fassung „civil servant“[53] zu übersetzen ist. An dieser Frage scheiden sich die Geister. Folgt man der Lesart *Klaus Lörchers*, ist dieser Begriff mit „Beamter“ zu übersetzen.[54] Hingegen wählen *Jens Meyer-Ladewig* und *Herbert Petzold* in ihrer Übersetzung den Begriff der „Angehörigen des öffentlichen Dienstes“.[55] Die Frage der richtigen Übersetzung ist von entscheidender Bedeutung, wenn es darum geht, die Folgen des EGMR-Urteils für das deutsche Beamtenstreikverbot zu ermitteln. Eindeutig unzulässig wäre das statusbezogene Beamtenstreikverbot in Deutschland nur nach der ersten Übersetzung. Verstünde man den Begriff des „fonctionnaire“ hingegen als Oberbegriff für alle Angehörigen des öffentlichen Dienstes, so ließe sich argumentieren, dass die Gruppe der Beamten einem Streikverbot unterliegen dürfe.[56] Aber auch diese Schlussfolgerung ist nicht zwingend. Auf diese folgenschwere Unterscheidung wird im Folgenden näher eingegangen.

Fest steht jedenfalls, dass der Schrankenvorbehalt in Art. 11 Abs. 2 EMRK nach Maßgabe des EGMR eng auszulegen ist. Ein pauschales Streikverbot ist nach Einschätzung des EGMR unzulässig. Einschränkungen kämen aber für solche Personengruppen in Betracht, die Hoheitsgewalt ausübten – allerdings nur dann, wenn anhand materieller Kriterien nachvollziehbar und konkret bestimmbar sei, welchen Personen das Streikrecht verwehrt werden solle. Im Übrigen müsse die Einschränkung des Streikrechts im Hinblick auf das verfolgte Ziel angemessen sein (Rn. 32). *Mutatis mutandis* verweist der EGMR an dieser Stelle auf sein „Pellegrin“[57]-Urteil von 1999, wo er im Rahmen des Art. 6 Abs. 1 EMRK ebenfalls eine *funktionsbezogene* Differenzierung zwischen den Angehörigen des öffentlichen Dienstes vorgenommen hatte.[58] Es zeigt sich also, dass der EGMR nur ein funktionsbezogenes Streikverbot gestattet, mit dem – unter Wahrung hinreichender Bestimmtheit und sachlicher Rechtfertigung – lediglich eine eindeutig abgrenzbare Personengruppe innerhalb des

---

[53] „Enerji Yapi-Yol Sen“ ist nicht in englischer Sprache veröffentlicht worden. „Demir und Baykara“ ist sowohl in englischer als auch französischer Sprache erschienen. Aus den beiden Sprachfassungen ergibt sich, dass „civil servant“ die richtige Übersetzung für „fonctionnaire“ ist; EGMR v. 12. 11. 2008 – 34503/97 (Demir and Baykara/Türkei); einzusehen in der Online-Datenbank des EGMR: http://hudoc.echr.coe.int/sites/eng/pages/search.aspx?i=001-89558.

[54] EGMR v. 21. 4. 2009 – 68959/01 (Enerji Yapi-Yol Sen/Türkei), AuR 2009, 247 (275), Rn. 32.

[55] EGMR v. 21. 4. 2009 – 68959/01 (Enerji Yapi-Yol Sen/Türkei), NZA 2010, 1423 (1424 f.), Rn. 32.

[56] *Lindner*, DöV 2011, 305 (308).

[57] EGMR v. 8. 12. 1999 – 28541/95 (Pellegrin/Frankreich), NVwZ 2000, 661.

[58] EGMR v. 8. 12. 1999 – 28541/95 (Pellegrin/Frankreich), NVwZ 2000, 661 (663), Rn. 64–66.

öffentlichen Dienstes vom Streikrecht ausgenommen werden darf.[59] Daher kommt der EGMR in „Enerji Yapi-Yol Sen" zu dem Ergebnis, dass das pauschale Streikverbot in der Türkei eine Verletzung des Art. 11 Abs. 1 EMRK darstellt. Maßgebliches Kriterium für die EGMR-Entscheidung ist also die „Funktionsbezogenheit". Um die Bedeutung dieses Begriffs zu erhellen, wird im Folgenden auf die soeben angesprochene „Pellegrin"-Entscheidung eingegangen.

III. Einbeziehung der „Pellegrin"- und „Eskelinen"-Entscheidung

In „Enerji Yapi-Yol Sen" spricht der EGMR davon, dass ein pauschales Streikverbot unzulässig sei. Einschränkungen kämen nur unter den engen Voraussetzungen des Art. 11 Abs. 2 EMRK in Betracht, wenn nämlich Hoheitsgewalt im Namen des Staates ausgeübt werde (Rn. 32). Zusätzliche Kriterien für die Rechtfertigungsanforderungen in Art. 11 Abs. 2 EMRK benennt der EGMR aber nicht. Allerdings verweist der EGMR – wie soeben angesprochen – zur Definition der Rechtfertigungsanforderungen in Art. 11 Abs. 2 EMRK *mutatis mutandis* auf die Rechtssache „Pellegrin" (Rn. 32). In dieser Entscheidung hatte sich der EGMR mit der Frage beschäftigt, ob „fonctionnaires" bzw. „civil servants" zivilrechtliche Ansprüche geltend machen und sich auf die Verfahrensgarantie des Art. 6 Abs. 1 EMRK berufen können – eine Frage, die deutliche Parallelen zum Problemkreis des Beamtenstreikverbots aufweist. In der „Pellegrin"-Entscheidung wählte der EGMR zur Beantwortung der ihm präsentierten Rechtsfrage funktionsbezogene Kriterien:

> Insoweit ist der Gerichtshof der Auffassung, dass für die Abgrenzung der Anwendbarkeit von Art. 6 Abs. 1 EMRK auf Angehörige des öffentlichen Dienstes, einerlei, ob sie Beamte oder Angestellte sind, ein *funktionales Merkmal* gewählt werden muss, das auf die *Natur der Aufgaben und Verpflichtungen*, die der Bedienstete erfüllt, abstellt. Dabei muss entsprechend den Absichten und Zielen der Konvention eine restriktive Auslegung der Ausnahmen von den in Art. 6 Abs. 1 EMRK verankerten Garantien zu Grunde gelegt werden. Der Gerichtshof stellt fest, dass in den staatlichen Verwaltungen bestimmte Posten Verpflichtungen im allgemeinen Interesse mit sich bringen oder eine *Beteiligung an der Ausübung der Staatsgewalt*. Die Inhaber eines solchen Amtes haben einen Anteil an der Staatsgewalt inne. Der Staat hat deswegen ein legitimes Interesse daran, von diesen Bediensteten ein besonderes Vertrauensverhältnis und eine besondere Loyalität zu verlangen. Dagegen gibt es kein solches Interesse für andere Dienstposten, die nicht diese Dimension der „öffentlichen Verwaltung" haben. Der Gerichtshof entscheidet aus diesen Erwägungen, dass vom Anwendungsbereich des Art. 6 Abs. 1 EMRK nur Streitigkeiten solcher Angehöriger des öffentlichen Dienstes ausgenommen sind, deren Dienstpflichten für den besonderen Tätigkeitsbereich der öffentlichen Verwaltung *charakteristisch* sind, insoweit, als sie als *Träger der Staatsgewalt* handeln, der damit betraut ist, die allgemeinen Interessen des Staates oder anderer öffentlicher

[59] Diese Urteilsinterpretation auch bei *Lindner*, DöV 2012, 305 (307).

Körperschaften zu wahren. Beispiele für solche Tätigkeiten bilden die *Streitkräfte und die Polizei.* (Rn. 64–66) [Hervorhebungen durch die Verfasserin].

Die Aussagen in der „Pellegrin“-Entscheidung sind weitaus detaillierter als in der Rechtssache „Enerji Yapi-Yol Sen“. Deutlich hat der EGMR herausgestellt, wie sich die Tätigkeitsbereiche im öffentlichen Dienst unterscheiden können. Nur jene Personen, die Staatsgewalt ausübten und zur Interessenwahrung des Staates tätig würden, könnten legitimerweise aus dem Schutzbereich des Art. 6 Abs. 1 EMRK herausgenommen werden. Als Beispiel hat der EGMR die Polizei und die Streitkräfte benannt. Entsprechende Erwägungen treffen auch auf die Rechtfertigungsanforderungen in Art. 11 Abs. 2 EMRK zu. So jedenfalls sind die Ausführungen des EGMR zu verstehen, wenn er für die Rechtfertigung klare und eindeutige Kriterien verlangt und dazu auf die Rechtssache „Pellegrin“ verweist. Dieses Ergebnis deckt sich auch mit dem Verweis auf die Spruchpraxis des EKSR zu Art. 6 Nr. 4 ESC; denn das EKSR hält ebenfalls nur ein „funktionsbezogenes“ Beamtenstreikverbot für zulässig.[60]

Demnach ist nur ein „funktionsbezogenes“ Beamtenstreikverbot mit Art. 11 EMRK vereinbar. Ein Streikverbot für Angehörige des öffentlichen Dienstes kommt also nur in Betracht, wenn die betreffende Person Staatsgewalt ausübt. Wenngleich es dabei auf die *konkret* ausgeübte Funktion ankommt, dürfte es allerdings zulässig sein, die in Art. 11 Abs. 2 S. 2 EMRK genannten Berufsgruppen als grobe Anhaltspunkte für die Ausübung von Staatsgewalt heranzuziehen – nämlich Mitglieder der Streitkräfte und der Polizei sowie der Staatsverwaltung. Offen bleibt jedoch die Frage, welche Tätigkeitsbereiche unter den Begriff der Staatsverwaltung fallen. Eine konkrete Definition erfolgt weder in „Enerji Yapi-Yol Sen“ noch in „Pellegrin“. In „Demir und Baykara“ nimmt der EGMR allerdings eine Negativdefinition vor, indem er erklärt, dass Gemeindebedienstete nicht der Staatsverwaltung angehörten (Rn. 97). Auf weitere Einzelheiten wird an späterer Stelle näher eingegangen.[61]

Allerdings hat sich der EGMR in der „Eskelinen“[62]-Entscheidung von 2007 – auf die er in „Demir und Baykara“ an anderer Stelle ebenfalls verweist (Rn. 80, 153) – von einem kategorischen[63] Funktionsbezug abgewendet. Um im Einzelfall unbillige Ergebnisse zu vermeiden, sei bei zivilrechtlichen Streitigkeiten im öffentlichen Dienst die Anwendbarkeit des Art. 6 Abs. 1 EMRK zu vermuten.[64] Weiterhin bleibe es aber dabei, dass der Staat den Ausschluss des Art. 6 Abs. 1 EMRK rechtfertigen müsse, indem er darlege, dass der Betreffende im konkreten Fall an der Ausübung von staatlicher Gewalt beteiligt

[60] Siehe oben S. 127 und S. 261.
[61] Siehe unten S. 443 ff.
[62] EGMR v. 19. 4. 2007 – 63235/00 (Eskelinen u. a./Finnland), NJOZ 2008, 1188.
[63] EGMR v. 19. 4. 2007 – 63235/00 (Eskelinen u. a./Finnland), NJOZ 2008, 1188 (1191), Rn. 48.
[64] *Werres*, DöV 2011, 873 (875).

sei oder dass es andernfalls zur einer Gefährdung des Treueverhältnisses komme. Die Tatsache, dass ein solches Treueverhältnis nur abstrakt bestehe, reiche zur Rechtfertigung indes nicht aus. Der Gerichtshof formulierte:

Dass der Betroffene in einem Bereich oder einer Abteilung tätig ist, die an der Ausübung staatlicher Gewalt beteiligt ist, ist allein nicht entscheidend. Um den Ausschluss zu rechtfertigen, genügt es nicht, dass der Staat nachweist, dass der Angehörige des öffentlichen Dienstes an der Ausübung staatlicher Gewalt beteiligt ist, oder dass – um die Worte des Gerichtshofs in dem Urteil Pellegrin/Frankreich [...] zu wiederholen – ein „besonderes Band des Vertrauens und der Loyalität“ zwischen dem Angehörigen des öffentlichen Dienstes und dem Staat als Arbeitgeber besteht. Der Staat muss außerdem dartun, dass sich der *Gegenstand der Streitigkeit* auf die *Ausübung von staatlicher Gewalt* bezieht oder das *besondere Vertrauensverhältnis gefährdet*. So kann es grundsätzlich keine Rechtfertigung für den Ausschluss der Garantien nach Art. 6 EMRK wegen des besonderen Verhältnisses zwischen dem einzelnen Angehörigen des öffentlichen Dienstes und dem Staat für gewöhnliche arbeitsrechtliche Streitigkeiten geben, wie die, die sich auf Gehalt, Zulagen oder ähnliche Rechte beziehen.[65] [Hervorhebungen durch die Verfasserin].

In der Folgezeit hat der EGMR diese Rechtsansicht auch gegenüber Deutschland wiederholt und Art. 6 Abs. 1 EMRK sogar im beamtenrechtlichen Disziplinarverfahren für anwendbar erklärt.[66] Jedenfalls bei beamtenrechtlichen Streitigkeiten über das Gehalt, Zulagen oder vergleichbare Ansprüche ist Art. 6 Abs. 1 EMRK grundsätzlich anwendbar.[67] Das BVerwG hat diese Vorgaben in seiner Rechtsprechung zuweilen beherzigt.[68] Hingegen hat das BVerfG bei der rechtlichen Behandlung von Beamten (verbeamteten Lehrkräften) bislang keine funktionsbezogene Differenzierung nach Maßgabe der „Pellegrin“-Entscheidung vorgenommen.[69]

Wie dieser Exkurs gezeigt hat, fügen sich die Entscheidungen „Demir und Baykara“ und vor allem „Enerji Yapi-Yol Sen“ in ein Gesamtkonzept des EGMR ein. Darauf weist der EGMR selbst hin, indem er die Rechtssache „Pellegrin“ *mutatis mutandis* zitiert. Damit konnte hier ansatzweise erhellt werden, was der EGMR meint, wenn er von klaren und eindeutigen Rechtfertigungsanforderungen für ein Streikverbot im öffentlichen Dienst spricht: Ebenso wie bei Art. 6 EMRK verlangt der EGMR auch bei Art. 11 Abs. 2 S. 1 EMRK eine Rechtfertigung durch die *konkret* ausgeübte Funktion. Nur bei einer hoheitli-

---

[65] EGMR v. 19.4.2007 – 63235/00 (Eskelinen u. a./Finnland), NJOZ 2008, 1181 (1195), Rn. 62.

[66] EGMR v. 16.7.2009 – 8453/04 (Bayer/Deutschland), NVwZ 2010, 1015 (1016), Rn. 39.

[67] EGMR v. 16.7.2009 – 8453/04 (Bayer/Deutschland), NVwZ 2010, 1015 (1016), Rn. 37; *Werres*, DöV 2011, 873 (875 f.).

[68] BVerwG v. 16.12.1999 – 4 CN 9/98, NVwZ 2000, 810 (811); BVerwG v. 16.5.2012 – 2 B 3/12, NVwZ-RR 2012, 609 (611), Rn. 11 ff.

[69] Anlass dazu hätte etwa bestanden in: BVerfG v. 19.9.2007 – 2 BvF 3/02, NVwZ 2007, 1396.

chen Tätigkeit bzw. einer Teilhabe an der Ausübung von Staatsgewalt kommt eine Rechtfertigung in Betracht. Wenngleich damit nicht alle Abgrenzungsfragen für die Rechtsanwendung abschließend geklärt sind – insbesondere bleibt Definitionsbedarf für die „hoheitlichen Befugnisse“ und die „Staatsverwaltung“[70] –, liefert die Rechtssache „Pellegrin“ näheren Aufschluss für die vom EGMR aufgestellten Rechtfertigungsvoraussetzungen nach Art. 11 Abs. 2 EMRK. Diese Ergebnisse werden durch den Verweis auf die Schlussfolgerungen des EKSR, die übrigens gegenüber Deutschland ergangen sind (Rn. 50 in „Demir und Baykara“), bestätigt. Wie bereits gesehen, hat das EKSR nämlich schon mehrfach gerügt, dass ein statusbezogenes Beamtenstreikverbot mit den Vorgaben der Europäischen Sozialcharta unvereinbar ist.[71] Diese Verweise verdeutlichen, was der EGMR meint, wenn er in „Enerji Yapi-Yol Sen“ von den Schranken des Art. 11 Abs. 2 EMRK spricht. In einem späteren Schritt wird zu klären sein, wie ein deutsches Beamtenstreikverbot nach diesen Vorgaben zulässigerweise aussehen könnte.[72]

IV. Fortführung der eigenen Rechtsprechung

Dass die Rechtsprechung des EGMR zu Art. 11 EMRK Teil eines kohärenten Gesamtkonzepts ist, bestätigen die Entscheidungen der Folgezeit. In unmittelbarem Anschluss an „Enerji Yapi-Yol Sen“ bekräftigt der EGMR seine Rechtsauffassung in der Rechtssache „Kaya und Seyhan“[73] vom 15. Dezember 2009 und „Çerikci“[74] vom 13. Juli 2010. Diesen Fällen liegen ebenfalls Sanktionen von Streiks im öffentlichen Dienst zu Grunde. Ohne Umschweife bejaht der Gerichtshof beide Male eine Verletzung des Art. 11 EMRK.[75] Die Entscheidungen belegen, dass es sich bei den vorausgegangenen Fällen „Demir und Baykara“ und „Enerji Yapi-Yol Sen“ nicht etwa um „ausbrechende Rechtsakte“[76] handelt. Es wird deutlich, dass sich die „neue“ Rechtsprechung des EGMR

---

[70] Näheres dazu siehe unten S. 447 ff.

[71] Siehe oben S. 127.

[72] Siehe unten S. 447 ff.

[73] EGMR v. 15. 12. 2009 – 30946/04 (Kaya und Seyhan/Türkei), AuR 2011, 304.

[74] EGMR v. 13. 7. 2010 – 33322/07 (Çerikci/Türkei), AuR 2011, 306.

[75] Es wird behauptet, der EGMR treffe in „Kaya und Seyhan“ und „Çerikci“ keine Aussagen zum Streikrecht oder zu Koalitionsfreiheit, sondern nur zur Demonstrationsfreiheit (*Böhm*, PersV 2012, 164 (168)). Diese Interpretation ist aber abzulehnen. In der französischen Originalfassung spricht der Gerichtshof in beiden Fällen von der Vereinigungsfreiheit („liberté d'association“). Siehe Rn. 15 bei „Kaya und Seyhan“ und Rn. 12 bei „Çerikci“. Im Übrigen wird in Rn. 26 und 28 der ersteren Entscheidung ausdrücklich auf die Rechtssache „Enerji Yapi-Yol Sen“ verwiesen; Urteile einzusehen in der Online-Datenbank des EGMR: http://hudoc.echr.coe.int/sites/eng/pages/search/aspx?i=001–93993 bzw. http://hudoc.echr.coe.int/sites/eng/pages/search.aspx?i=001–99946.

[76] So aber *Löwisch/Rieble*, TVG, Grundlagen, Rn. 286.

über einen längeren Zeitraum angebahnt hat und auch im Anschluss an „Demir und Baykara" und „Enerji Yapi-Yol Sen" fortgesetzt wird.

Um diese Rechtsprechung und ihre Folgen für das deutsche Recht gebührend zu würdigen, ist es erforderlich, sich eingehend mit den argumentativen und methodischen Grundlagen auseinanderzusetzen. Eine argumentativer Anknüpfungspunkt des Gerichtshofs ist der für diese Arbeit zentrale Art. 6 Nr. 4 ESC. Im Folgenden wird dargestellt, in welchem Verhältnis Art. 6 Nr. 4 ESC und Art. 11 EMRK zueinander stehen und welche Konsequenzen sich daraus für die erstgenannte Norm ergeben.

D. Bedeutung für Art. 6 Nr. 4 ESC

Wie bereits gesehen, haben sich Freiheitsrechte und soziale Grundrechte in der völkerrechtlichen Praxis immer weiter angenähert. Auch der EGMR hat nicht immer strikt zwischen der auf Freiheitsrechte spezialisierten Europäischen Menschenrechtskonvention und der auf sozialrechtlichen Gewährleistungen basierenden Europäischen Sozialcharta unterschieden. Vielmehr geht der EGMR in ständiger Rechtsprechung[77] von einer wechselseitigen Abhängigkeit der beiden Vertragswerke aus. Dabei leitet er aus den Gewährleistungen der Europäischen Menschenrechtskonvention nicht nur „sozialrechtliche Folgewirkungen" ab, sondern zieht die Europäische Sozialcharta bei der Konventionsauslegung explizit heran und verleiht ihr damit Gestaltungsmacht.[78]

In seiner „neuen" Rechtsprechung zum Streikrecht treibt der EGMR diese Auslegungsweise auf die „Spitze", indem er Art. 11 EMRK und Art. 6 Nr. 4 ESC in eine „symbiotische" Beziehung bringt; denn im Gegensatz zu Art. 11 EMRK gewährt Art. 6 Nr. 4 ESC explizit ein Streikrecht. Hingegen verfügt Art. 6 Nr. 4 ESC – anders als Art. 11 EMRK – über keinen effektiven Durchsetzungsmechanismus. Indem der EGMR den Art. 6 Nr. 4 ESC und die Spruchpraxis des EKSR nun zur Auslegung des durchsetzungsmächtigeren Art. 11 EMRK heranzieht, werden die „Schwächen" der beiden Vertragswerke durch die „Stärke" des jeweils anderen kompensiert. Dabei fragt der EGMR nicht, ob Art. 6 Nr. 4 ESC von dem jeweiligen Konventionsstaat ratifiziert wurde oder nicht. Vielmehr versteht der EGMR den Art. 6 Nr. 4 ESC und die Spruchpra-

[77] Siehe etwa EGMR v. 30.6.1993 – 16130/90 (Sigurdur A. Sigurjonsson/Island), Rn. 35; einzusehen in der Online-Datenbank des EGMR: http://hudoc.echr.coe.int/sites/eng/pages/search.aspx?i=001-57844; EGMR v. 2.7.2002 – 30668/96 (u. a.), Rn. 30 f.; einzusehen in der Online-Datenbank des EGMR: http://hudoc.echr.coe.int/sites/eng/pages/search.aspx?i=001-60554.

[78] *Giegerich*, in: Merten/Papier, Handbuch der Grundrechte, Band VI/1, § 148, Rn. 87; *Hohnerlein*, ZESAR 2003, 17 (25).

xis des EKSR als Ausdruck einer gemeineuropäischen Rechtstradition.[79] Das Vorgehen des Gerichtshofs hat zur Konsequenz, dass auch die Spruchpraxis des EKSR durch die Anwendungsmacht des EGMR eine übersteigerte Bedeutung erhält, die ihr wegen der fehlenden Interpretationshoheit an sich gar nicht zukommen dürfte.

---

[79] Siehe oben S. 260 f.

2. *Abschnitt*

„Neue" Auslegungsmethodik des EGMR

Der EGMR hat mit den Entscheidungen „Demir und Baykara" und „Enerji Yapi-Yol Sen" einen Rechtsprechungswandel zur Vereinigungsfreiheit in Art. 11 EMRK vollzogen. „Neu" ist die Rechtsprechung des EGMR nicht nur wegen der Ausweitung des Schutzbereichs, sondern auch deshalb, weil der EGMR sein methodisches Vorgehen geändert hat. Die neue Methodik hat zu einem Bedeutungszuwachs für Art. 6 Nr. 4 ESC und die Spruchpraxis des EKSR im europäischen Grundrechtsschutz geführt. In diesem Abschnitt werden die „neuen" Auslegungsmethoden des EGMR näher betrachtet und kritisch gewürdigt. Dabei wird das Augenmerk ausschließlich auf den hier interessierenden Art. 6 Nr. 4 ESC gerichtet, nicht aber auf den vom EGMR ebenfalls herangezogenen Art. 28 GRC oder die IAO-Übereinkommen.

A. Darstellung der „neuen" Methodik

Im Folgenden wird das bisherige Vorgehen des EGMR mit seinen „neuen" Methoden kontrastiert – und zwar anhand der Rechtssachen „Demir und Baykara" und „Enerji Yapi-Yol Sen". Während die letztgenannte Entscheidung von ihrem streikrelevanten Ergebnis her interessanter für diese Arbeit sein dürfte, lassen sich die wesentlichen methodischen Grundlagen in „Demir und Baykara" finden.[1]

I. Methodisches Vorgehen in „Demir und Baykara"

Wie der EGMR in Rn. 65 der Entscheidung „Demir und Baykara" klar stellt, sind die in den Art. 31 bis 33 WVRK niedergelegten Auslegungsregeln Ausgangspunkt seines methodischen Vorgehens. Seit jeher lasse er sich von diesen Vorgaben leiten. Der EGMR verweist hierzu auf die Rechtssachen „Golder"[2],

[1] Vgl. *Seifert*, KritV 2009, 357 (362).
[2] EGMR v. 21. 2. 1975 – 4451 / 70 (Golder / Vereinigtes Königreich), EuGRZ 1975, 91.

„Johnston u. a.“[3], „Lithgow“[4] sowie „Witold Litwa“[5], wo er seine Auslegung ebenfalls nach Art. 31 bis Art. 33 WVRK vorgenommen habe. Darüber hinaus betont der EGMR in Rn. 66, dass die Europäische Menschenrechtskonvention als *Menschenrechts*-Instrument so anzuwenden und zu deuten sei, dass die Rechte „praktisch und wirksam“ garantiert würden und „nicht theoretisch und illusorisch“.[6] Daher greife der EGMR zur Auslegung der Europäischen Menschenrechtskonvention stets auf internationale Normen zurück. Exemplarisch verweist der EGMR auf seine Entscheidungen in den Rechtssachen „Saadi“[7], „Al-Adsani“[8] und „Bosphorus“[9] (Rn. 67). Der EGMR führt aus, er habe die Konvention seit jeher als ein „living instrument“[10] behandelt – als ein „in die Zeit gestelltes“[11] Schutzinstrument zur flexiblen Wahrung der Menschenrechte. Um diesem Schutzauftrag zu entsprechen, müsse die Europäische Menschenrechtskonvention stets im Lichte sich wandelnder wirtschaftlicher und sozialer Rahmenbedingungen sowie allgemeiner Rechtsüberzeugungen ausgelegt werden (Rn. 68). Bereits in der Rechtssache „Tyrer“[12] vom 25. April 1978 hat der EGMR diese „dynamisch-evolutive“ Auslegung als eine spezielle Form der teleologischen Auslegung[13] etabliert.[14] Dabei meint „Dynamik“ die Flexibilität der Auslegung, die aber „evolutiv“ rückgekoppelt sei muss, d. h.

---

[3] EGMR v. 18. 12. 1986 – 9697/82 (Johnston u. a./Irland), EuGRZ 1987, 313.

[4] EGMR v. 8. 7. 1986 – 9006/80 u. a. (Lithgow u. a./Vereinigtes Königreich); einzusehen in der Online-Datenbank des EGMR: http://hudoc.echr.coe.int/sites/eng/pages/search.aspx?i=001–57526.

[5] EGMR v. 4. 4. 2000 – 26629/95 (Witold Litwa/Poland); einzusehen in der Online-Datenbank des EGMR: http://hudoc.echr.coe.int/sites/eng/pages/search.aspx?i=001–58537.

[6] So auch bereits in EGMR v. 12. 11. 2008 – 34503/97 (Demir und Baykara/Türkei), AuR 2009, 269 (271), Rn. 66; EGMR v. 24. 6. 2004 – 59320/00 (Caroline von Hannover/Deutschland), NJW 2004, 2647 (2650), Rn. 71; EGMR v. 20. 3. 1991 – 46/1990/237/307, NJW 1991, 3079 (3082), Rn. 99.

[7] EGMR v. 29. 1. 2008 – 13229/03 (Saadi/Vereinigtes Königreich); einzusehen in der Online-Datenbank des EGMR: http://hudoc.echr.coe.int/sites/eng/pages/search.aspx?i=001–84709.

[8] EGMR v. 21. 11. 2001 – 35763/97 (Al-Adsani/Vereinigte Königreich); einzusehen in der Online-Datenbank des EGMR: http://hudoc.echr.coe.int/sites/eng/pages/search.aspx?i=001–59885.

[9] EGMR v. 30. 6. 2005 – 45036/98 (Bosphorus Hava Yollari Turizm ve Ticaret Anonim Sirketi/Ireland), NJW 2006, 197 (202).

[10] Eine solche Auslegung rechtfertigt sich vor dem Hintergrund der EMRK-Präambel, wo von einer „Wahrung und Fortentwicklung der Menschenrechte und Grundfreiheiten“ die Rede ist (*Klein*, in: Merten/Papier, Handbuch der Grundrechte, Band VI/1, § 150, Rn. 37).

[11] *Meyer*, in: Meyer, Charta der Grundrechte der EU, Art. 4 GRC, Rn. 18.

[12] EGMR v. 25. 4. 1978 – 5856/72 (Tyrer/Vereinigtes Königreich), EuGRZ 1979, 162 (164 f.).

[13] *Meyer*, in: Meyer, Charta der Grundrechte der EU, Art. 4 GRC, Rn. 18; nach a. A. handelt es sich um einen Unterfall der rechtsvergleichenden Methode: *Wiethoff*, Das konzeptionelle Verhältnis von EuGH und EGMR, S. 109.

[14] *Wiethoff*, Das konzeptionelle Verhältnis von EuGH und EGMR, S. 109.

lediglich den Wandel in der sozialen Wirklichkeit nachvollziehen darf.[15] Anschaulich begründete der Gerichtshof dieses Vorgehen in der bereits erwähnten „Eskelinen"-Entscheidung:

Es ist zwar im Interesse der Rechtssicherheit, Vorhersehbarkeit und Gleichheit vor dem Gesetz, dass der Gerichtshof nicht ohne gute Gründe von früheren Entscheidungen abweicht. Wenn er aber einen dynamischen und evolutiven Ansatz verfehlt, besteht die Gefahr, dass jede Reform und Verbesserung ausgeschlossen wäre [...].[16]

Nur mit dieser „evolutiven Dynamik" kann dem „increasingly high standard" im europäischen Menschenrechtsschutz Genüge getan werden.[17] Neben den international anerkannten Normen – so der EGMR – sei außerdem auf „die Auslegung der Normen durch die zuständigen Organe und die Praxis der europäischen Staaten, die ihre gemeinsamen Werte reflektieren", zurückzugreifen (Rn. 85). Diese Spruchpraxis reflektiere eine Rechtswirklichkeit, die bei der Auslegung und Anwendung der Konvention nicht ignoriert werden dürfe. Dies gelte auch dann, wenn die herangezogenen Verträge nicht übereinstimmend, wohl aber von der Mehrheit der europäischen Staaten ratifiziert worden seien (Rn. 76).

Es reicht [...] aus, dass die einschlägigen internationalen Normen eine kontinuierliche Entwicklung der Normen und Grundsätze aufweisen, die im internationalen Recht oder im nationalen Recht der Mehrheit der Mitgliedstaaten des Europarates angewandt werden und belegen, dass es zu einem konkreten Aspekt ein gemeinsames Verständnis in den modernen Gesellschaften gibt (Rn. 85).

Im Übrigen verweist der EGMR darauf, dass er in seiner bisherigen Rechtsprechung auch unverbindliche Empfehlungen und Entschließungen zur Auslegung der Europäischen Menschenrechtskonvention herangezogen habe – etwa in der Rechtssache „Öneryildiz"[18] (Rn. 74). Ferner sei er in der „Marckx"-Entscheidung[19] bei der Auslegung des Konvention auf zwei internationale Übereinkommen rekurriert, die Belgien als Adressat der Entscheidung seinerzeit noch nicht ratifiziert hatte (Rn. 78). Aufbauend auf diesen grundsätzlichen Erwägungen sieht sich der EGMR in der Rechtssache „Demir und Baykara" dazu veranlasst, u. a. auf den hier relevanten Art. 6 Nr. 4 ESC und die Spruchpraxis des EKSR zurückzugreifen. Dieses Vorgehen stellt jedoch kein Novum innerhalb der EGMR-Judikatur dar. Bereits in der Rechtssache

---

[15] *Heer-Reißmann*, Die Letztentscheidungskompetenz des EGMR in Europa. S. 93.

[16] EGMR v. 19.4.2007 – 63235/00 (Eskelinen u. a./Finnland), NJOZ 2008, 1188 (1193).

[17] *Meyer*, in: Meyer, Charta der Grundrechte der EU, Art. 4 GRC, Rn. 18.

[18] EGMR v. 30.11.2004 – 48939/99 (Öneryildiz/Türkei); einzusehen in der Online-Datenbank des EGMR: http://hudoc.echr.coe.int/sites/eng/pages/search.aspx?i=001-67614; der Verweis in „Demir und Baykara" bezieht sich wohl auf Rn. 61 des Urteils.

[19] EGMR v. 13.6.1979 – 6833/74 (Marckx/Belgien), NJW 1979, 2449 (2451).

„Sigurdur A. Sigurjonsson"[20] vom 30. Juni 1993 hatte sich der Gerichtshof zur Anerkennung der negativen Koalitionsfreiheit auf die Europäische Sozialcharta gestützt – namentlich auf Art. 5 ESC und die dazu ergangene Spruchpraxis des EKSR.[21]

II. Stärkere Lösung vom Konventionstext

Seit „Demir und Baykara" spricht die rechtswissenschaftliche Literatur nahezu einhellig von einer „überraschenden Neuausrichtung"[22] und einer neuartigen „ganzheitlichen"[23] Auslegungsmethodik des EGMR. Dagegen betont der EGMR in „Demir und Baykara" unablässig, dass seine Auslegungsmethoden mit der ständigen Rechtsprechungspraxis konform seien und führt zahlreiche Beispiele dafür an. Nachdrücklich betont der EGMR, dass er die Konvention schon seit jeher als ein „lebendiges Instrument" behandelt habe und sich bei deren Auslegung stets von internationalen Verträgen und den nationalen Rechtsstandards der einzelnen Mitgliedstaaten habe leiten lassen. Tatsächlich könnte man in Anbetracht dessen die Überzeugung gewinnen, das methodische Vorgehen des EGMR sei gar nicht neu.[24] Zu klären bleibt daher, was das überwiegende Schrifttum dennoch zu einer solchen Annahme verleitet.

Zugegeben, die einzelnen Auslegungsschritte des EGMR sind für sich genommen nicht neu: In seiner Rechtsprechungspraxis hat der Gerichtshof schon des Öfteren auf internationale Normen und die Spruchpraxis der dazugehörigen Gremien zurückgegriffen. Gelegentlich fanden sich darunter auch solche Normen, die wegen fehlender Ratifikation für den betreffenden Mitgliedstaat nicht verbindlich waren. Außerdem hat der EGMR seit der Etablierung seiner „dynamisch-evolutiven" Auslegungsmethodik auch rechtsvergleichend gearbeitet. Neu dürfte allerdings sein, dass sich der EGMR immer stärker vom Wortlaut der Konvention löst und umfassender auf internationale Normen und Wertvorstellungen rekurriert.[25] Waren es bis dato nur Einzelfälle, in denen der EGMR auf nicht ratifizierte Normen oder die Spruchpraxis entsprechender Gremien zurückgegriffen hat, präsentiert er sein Vorgehen nunmehr als eine ausgefeilte Systematik.[26] Kumulativ fließen völkerrechtliche – ratifizierte oder nicht ratifizierte – Normen und die Spruchpraxis der jeweils zuständi-

---

[20] EGMR v. 30. 6. 1993 – 16130/90 (Sigurdur A. Sigurjonsson/Island), Rn. 35; einzusehen in der Online-Datenbank des EGMR: http://hudoc.echr.coe.int/sites/eng/pages/search.aspx?i=001-57844.

[21] *Fütterer*, EuZA 2011, 505 (513).

[22] *Schubert*, AöR 2012, 92 (103).

[23] *Lörcher*, AuR 2011, 88.

[24] Ähnliche Einwände bei *Fütterer*, EuZA 2011, 505 (513); *Lörcher*, AuR 2011, 88 (89); *Seifert*, KritV 2009, 356 (362).

[25] Vgl. *Lörcher*, AuR 2009, 229 (231).

[26] *Lörcher*, AuR 2011, 88 (89).

gen Gremien sowie rechtsvergleichende Elemente ein. Damit verdeutlicht der EGMR stärker als zuvor, dass er in den Vorgaben der Europäischen Sozialcharta, der Grundrechtecharta und den IAO-Übereinkommen einen zwingend zu beachtenden Rechtsstandard der europäischen Staaten und eine moderne Rechtswirklichkeit erkennt. Zugleich rückt der EGMR nicht ratifizierte Normen und die Spruchpraxis internationaler Sachverständigengremien in ein neues Licht, das sie bedeutungsvoller erscheinen lässt.[27] Mit der Ausweitung des Referenzrahmens für die Konventionsauslegung erhöht der EGMR die Anforderungen im europäischen Menschenrechtsschutz.[28] Einzelne Staaten mit geringerer wirtschaftlicher und sozialer Leistungsfähigkeit dürften sich angesichts dieser Entwicklung überfordert fühlen. Kritisch heißt es daher, der EGMR löse sich immer weiter vom ursprünglichen Willen der Konventionsschöpfer und verstärke den Charakter der Europäischen Menschenrechtskonvention als eines „lebendigen Instruments".[29] Damit gehe aber eine Einbuße an demokratischer Legitimation einher.[30]

B. Methodenkritik

Das „neue" Vorgehen des EGMR zeichnet sich – wie bereits erwähnt – durch eine *kumulative* Anwendung verschiedener Auslegungsmethoden aus: Zum einen bedient sich der EGMR bei der Auslegung des Art. 11 EMRK internationaler Arbeitsrechts-normen – trotz deren fehlender Ratifikation. Zum anderen greift der EGMR auf die Spruchpraxis des EKSR zurück und arbeitet außerdem rechtsvergleichend. Im Folgenden wird geprüft, ob die jeweilige Methode des Gerichtshofs – mit Blick auf Art. 6 Nr. 4 ESC – rechtstechnisch überzeugen kann oder verfehlt ist.[31] So lässt sich abschätzen, ob die Rechtsprechung des EGMR dauerhaft Konfliktpotenzial für das deutsche Streikrecht bieten wird. Gleichzeitig kann auf diese Weise bewertet werden, ob der faktische Einfluss des Art. 6 Nr. 4 ESC methodisch zu rechtfertigen ist.

I. Heranziehung (nicht ratifizierter) internationaler Normen

Ausgangspunkt für die Beurteilung, ob der EGMR bei der Auslegung des Art. 11 EMRK legitimerweise auf Art. 6 Nr. 4 ESC zurückgreifen darf, sind die in Art. 31 bis 33 WVRK gesetzten Standards. Die dort niedergelegten Ausle-

[27] *Seifert*, KritV 2009, 357 (363).

[28] Vgl. *Meyer-Ladewig*, EMRK, Einleitung, Rn. 37 f.; kritisch *Weiß*, EuZA 2010, 457.

[29] *Ewing/Hendy*, Industrial Law Journal Oxford, Vol. 39, Nr. 1 (2010), S. 2 (6).

[30] Vgl. *von Bogdandy/Venzke*, ZaöRV 2010, 1 (2); *Schröder*, Gesetzesbindung des Richters und Rechtsweggarantie im Mehrebenensystem, S. 309 f.

[31] So *Ewing/Hendy*, Industrial Law Journal Oxford, Vol. 39, Nr. 1 (2010), S. 2 (20).

gungsregeln bringen einen völkerrechtlichen Konsens zum Ausdruck.[32] Nach Art. 31 Abs. 3 lit. c WVRK kann zur Auslegung „jeder in den Beziehungen zwischen den Vertragsparteien anwendbare einschlägige Völkerrechtssatz“ genutzt werden. Dieser systematische Ansatz gestattet einen Rückgriff auf den weiteren Regelungskontext der Europäischen Menschenrechtskonvention.[33] Daher ist es jedenfalls im Grundsatz unbedenklich, dass der EGMR bei der Auslegung der Europäischen Menschenrechtskonvention auf die als Schwesterkonvention konzipierte Europäische Sozialcharta zurückgreift. Legitim ist auch, dass der EGMR die Europäische Menschenrechtskonvention als ein „lebendiges Instrument“ behandelt; denn laut EMRK-Präambel wird gerade die „Fortentwicklung der Menschenrechte und Grundfreiheiten“ angestrebt. Eine Legitimation für dieses Vorgehen findet sich auch in Art. 32 Abs. 1 EMRK, wonach der EGMR eine umfassende Kompetenz zur „Auslegung und Anwendung der Konvention“ besitzt. Dies impliziert die Anpassung an sich ständig wandelnde Rahmenbedingungen. Zur Wahrnehmung dieser Aufgabe darf der EGMR billigerweise auf internationale Rechtsquellen zurückgreifen.[34] Überdies ist nicht zu beanstanden, dass der EGMR als internationales Gericht die Verletzung anderer völkerrechtlicher Vorschriften prüft. Dieses Vorgehen wird sogar begrüßt, weil der EGMR auf diese Weise zur Entstehung eines „widerspruchsfreien, sich ergänzenden corpus menschenrechtlicher Garantien“ beiträgt.[35] Der EGMR möchte eine einheitliche Völkerrechtsordnung schaffen – ein *Topos*, der aus dem nationalen Recht bekannt ist; denn auch im innerstaatlichen Rechtsraum wird eine Einheit der Verfassung angestrebt und unterstellt, dass die Legislative ein stimmiges Konzept verfolgt.[36]

Die Heranziehung des Art. 6 Nr. 4 ESC in den Fällen „Demir und Baykara“ und „Enerji Yapi-Yol Sen“ ist aber aus folgenden Gründen problematisch: Zunächst ist zu beachten, dass Art. 6 Nr. 4 ESC stets in Zusammenschau mit Art. 31 Abs. 1 ESC gelesen und interpretiert werden muss. Wird dieser Schrankenvorbehalt bei der Bestimmung des Schutzbereichs von Art. 11 Abs. 1 EMRK ausgeblendet, ergibt sich ein verzerrtes Bild von den europäischen Wertvorstellungen, die Art. 6 Nr. 4 ESC nach Einschätzung des EGMR zum Ausdruck bringen soll. Art. 31 Abs. 1 ESC zeigt gerade, dass nationale Unterschiede zu berücksichtigen sind und nicht nivelliert werden dürfen. In seiner früheren Rechtsprechung hatte der EGMR den Schrankenvorbehalt des Art. 31 Abs. 1 ESC bei der Auslegung des Art. 11 EMRK im Blick gehabt. In der Rechtssache „Schmidt und Dahlström“ hieß es, dass das Streikrecht kein konstitutives Element des Art. 11 EMRK sein dürfe, weil dann die in Art. 31

32 Siehe oben S. 136 ff.
33 *Heer-Reißmann*, Die Letztentscheidungskompetenz des EGMR in Europa, S. 89.
34 *Schlachter*, RdA 2011, 341 (345); *Seifert*, KritV 2009, 357 (362).
35 *Klein*, in: Merten/Papier, Handbuch der Grundrechte, Band VI/1, § 150, Rn. 38.
36 *Kadelbach*, ZaöRV 2004, 1 (18).

Abs. 1 ESC vorgesehenen Einschränkungsmöglichkeiten ignoriert würden.[37] Art. 31 Abs. 3 lit. c WVRK darf daher nicht herangezogen werden, um über die systematischen Unterschiede zwischen der Europäischen Sozialcharta und der Europäischen Menschenrechtskonvention hinwegzuhelfen.[38] Somit erweist sich die Heranziehung des Art. 6 Nr. 4 ESC bei der Auslegung des Art. 11 Abs. 1 EMRK als unsauber und beliebig.

Umso problematischer ist das Vorgehen des EGMR in den hier untersuchten Fällen, weil Art. 6 Nr. 4 ESC von der Türkei nicht ratifiziert worden ist. Der EGMR sieht sich dennoch zum Rückgriff auf unverbindliche Normen berechtigt, weil darin ein „mehrheitliches“ Werteverständnis zum Ausdruck komme (Rn. 85). Die Argumentation erinnert an das Vorgehen des EuGH[39]; denn auch der Luxemburger Gerichtshof zieht in ständiger Rechtsprechung internationale Normen als Rechtserkenntnisquellen heran, weil er in ihnen eine gemeinsame Rechtstradition erkennt.[40] Dieser Auslegungsgrundsätze bedient sich nun auch der EGMR in „Demir und Baykara“ und „Enerji Yapi-Yol Sen“. Ein Vergleich mit der Rechtsprechung des EuGH kann das Vorgehen des EGMR jedoch nicht rechtfertigen. Kaum zu lösende Schwierigkeiten bereitet bereits die Frage, welches Ratifikations-Quorum erforderlich ist, damit von einer „gemeinsamen“ Rechtstradition die Rede sein kann.[41] Mit einem so vage formulierten „Mehrheitserfordernis“ ist die Rechtssicherheit im sensiblen Bereich des europäischen Grundrechtsschutz gefährdet.[42] Wenngleich Europa über eine gemeinsame Grundrechtstradition verfügt,[43] bestehen gerade beim Koalitions- und Streikrecht gravierende Unterschiede, die nicht bedenkenlos ignoriert werden dürfen.[44]

Für das neuerliche Vorgehen des EGMR ließe sich allerdings anführen, dass die Europäische Sozialcharta als Schwesterkonvention der Europäischen Menschenrechtskonvention konzipiert wurde und diese beiden Vertragswerke

---

[37] EGMR v. 6.2.1976 – 5589/72 (Schmidt u. Dahlström/Schweden), EuGRZ 1976, 68 (70), Rn. 36.

[38] *Löwisch/Rieble*, TVG, Grundlagen, Rn. 286; *Schubert*, AöR 2012, 92 (101); *Widmaier/Alber*, ZEuS 2012, 387 (408 f.); ähnlich auch *Di Fabio*, Das beamtenrechtliche Streikverbot, S. 6.

[39] Siehe beispielsweise EuGH v. 2.2.1988 – C-24/86 (Blaizot u. a.); zit. nach: juris, Rn. 17; EuGH v. 22.11.2005 – C-144/04 (Mangold), AP Nr. 1 zu Richtlinie 2000/78/EG, Rn. 74; EuGH v. 11.12.2007 – C-438/05 (Viking), NZA 2008, 124 (127), Rn. 43; EuGH v. 18.12.2007 – C-341/05 (Laval), NZA 2008, 159 (165), Rn. 90.

[40] *Heer-Reißmann*, Die Letztentscheidungskompetenz des EGMR in Europa, S. 126 f.; *Mahlmann*, EuR 2011, 469 (478).

[41] *Rebhahn*, ZESAR 2008, 109 (111).

[42] Vgl. Äußerungen zur Grundrechtsjudikatur des EuGH siehe *Heer-Reißmann*, Die Letztentscheidungskompetenz des EGMR in Europa, S. 125 f.; vgl. auch *Viellechner*, EuGRZ 2011, 203.

[43] Siehe oben S. 103 ff.

[44] Vgl. *Dieterich*, in: FS Jaeger, S. 95 (109); *Rebhahn*, ZESAR 2008, 109.

quasi auf „Interaktion“ angelegt sind.[45] Zur Rechtfertigung dieser Vorgehensweise werden auch praktische Gründe angeführt. Dem EGMR sei es bereits sachlogisch nicht möglich, die Auslegung des Konventionstextes jedem einzelnen Mitgliedstaat anzupassen. Andernfalls hätte es ein jeder Mitgliedstaat in der Hand, einer internationalen Norm die Akzeptanz zu verweigern und könnte damit Einfluss auf die Auslegung der Konvention nehmen.[46] Ferner wird das Vorgehen des EGMR auch deshalb gutgeheißen, weil bereits die Präambel der Europäischen Menschenrechtskonvention ein Bekenntnis zur „Fortentwicklung der Menschenrechte“ abliefere und nicht nur einen Minimalkonsens der Vertragsstaaten festlege. Diese Rechtsprechung sei daher als konsequente Fortführung der bisherigen EGMR-Judikatur zu begrüßen.[47]

Zweifelhaft ist aber, ob der Auftrag zur „Fortentwicklung“ auch die Inbezugnahme nicht ratifizierter Normen rechtfertigen kann, zumal sich die Auslegung damit immer weiter vom Wortlaut der Konvention löst. Die Grenzen zulässiger EGMR-Auslegung sind erreicht, wenn Recht nach Belieben geschöpft wird.[48] Nichts anderes geschieht aber, wenn undifferenziert auf nicht ratifizierte Normen rekurriert wird.[49] Im Übrigen verstößt der EGMR mit seinem Vorgehen gegen Art. 31 Abs. 3 lit. c WVRK; diese Norm basiert nämlich auf der Annahme, dass Staaten nur dann einer Bindung unterliegen, wenn sie selbst Vertragspartei sind.[50] Kritikwürdig ist ferner, dass der EGMR der Europäischen Sozialcharta – unter dem „Vorwand“ einer „lebendigen“ Normauslegung – eine Geltungskraft beimisst, die vom Willen ihrer Schöpfer nicht mehr gedeckt ist. Zum einen gehen die sozialen Gewährleistungen der Europäischen Sozialcharta – und so auch des Art. 6 Nr. 4 ESC – deutlich über diejenigen der Europäischen Menschenrechtskonvention hinaus. Aus diesem Grund haben einige europäische Staaten, die den geforderten Schutzstandard aus wirtschaftlichen oder sozialpolitischen Gründen nicht gewährleisten können, von einer Ratifikation der Europäischen Sozialcharta abgesehen. Diese souverän getroffene Entscheidung der Nicht-Ratifizierung wird missachtet, wenn die Europäische Sozialcharta über den konventionsrechtlichen „Umweg“ dennoch Verbindlichkeit erlangt.[51] Zum anderen verfügt die Europäische Sozialcharta über keinen rechtsverbindlichen Durchsetzungsmechanismus. Über die Anwendungsmacht des EGMR wird auch dieser systematische Unterschied

[45] Siehe oben S. 79 ff.

[46] *Schlachter*, RdA 2011, 341 (346).

[47] *Fütterer*, EuZA 2011, 505 (514).

[48] *Eiffler*, Die Auslegung unbestimmter Schrankenbegriffe der EMRK, S. 74; *Fischborn*, Enteignung ohne Entschädigung nach der EMRK?, S. 154.

[49] Vgl. *Eiffler*, Die Auslegung unbestimmter Schrankenbegriffe der EMRK, S. 76–79.

[50] *Heer-Reißmann*, Die Letztentscheidungskompetenz des EGMR in Europa, S. 89 f.; *Löwisch/Rieble*, TVG, Grundlagen, Rn. 285.

[51] Siehe auch bereits oben S. 269 f.

unzulässigerweise ignoriert.[52] Kritikwürdig ist das Vorgehen des EGMR auch deshalb, weil Art. 20 Abs. 1 lit. b ESC unterlaufen wird, der den Mitgliedstaaten die Ratifikation des Art. 6 Nr. 4 ESC anheimstellt.[53] Zu Recht handelt sich der Gerichtshof mit diesem Vorgehen den Vorwurf ein, er wende eine „nivellierende Methode wertender Rechtsvergleichung"[54] an. Zudem verstößt der EGMR gegen den Grundsatz der Relativität völkerrechtlicher Vertragsbeziehungen gemäß Art. 26 WVRK, wenn er einzelne Rechtssätze auf Nicht-Vertragsparteien erstreckt. Auch im Hinblick auf den *pacta tertiis*-Grundsatz, demzufolge sich Verträge nicht zu Lasten Dritter auswirken dürfen, ist die EGMR-Auslegung kritikwürdig.[55]

II. Heranziehung der Spruchpraxis des EKSR

In Anlehnung an Art. 31 Abs. 1 lit. c WVRK kann grundsätzlich nicht beanstandet werden, dass sich der EGMR an der Auslegungspraxis internationaler Gremien orientiert. Geleitet von der Idee einer Widerspruchsfreiheit internationaler Normen hat sich der EGMR in der Vergangenheit schon des Öfteren auf das EKSR bezogen. Häufig hat es sich dabei sogar um eine wechselseitige Bezugnahme gehandelt, da auch das EKSR Entscheidungen des EGMR adaptiert hat.[56] Für das Vorgehen des EGMR spricht also, dass eine Kohärenzsicherung im europäischen Grundrechtsschutz grundsätzlich wünschenswert ist; schließlich würde eine divergierende Auslegung durch die unterschiedlichen Gremien, Gerichte und Spruchkörper zu erheblichen Unsicherheiten im europäischen Menschenrechtsschutz führen. Daher ist es sinnvoll, dass sich die einzelnen Sanktionsorgane bemühen, die Kriterien der jeweils anderen Auslegungsinstanz zu berücksichtigen und ggf. zu befolgen.[57] Ferner heißt es, die Sachverständigenentscheidungen des EKSR genössen im Völkerrecht eine hohe Autorität.[58] Überdies sei zu beachten, dass dem EGMR ursprünglich die Aufgabe zugedacht war, die Europäische Menschenrechtskonvention sozialrechtlich fortzuentwickeln[59] und eine spätere Kodifizierung der sozialen Grundrechte

---

52 *Löwisch/Rieble*, TVG, Grundlagen, Rn. 285; *Schlachter*, RdA 2011, 341 (343 ff.); *Schubert*, AöR 2012, 92 (101); *Seifert*, KritV 2009, 357 (366); *Weiß*, EuZA 2010, 457 (467).

53 *Seifert*, KritV 2009, 357 (366).

54 *Dieterich*, in: FS Jaeger, S. 95 (109).

55 *Weiß*, EuZA 2010, 457 (468).

56 Weitere Nachweise zur entsprechenden Spruchpraxis des EKSR bei: *Akandji-Kombé*, in: de Búrca/de Witte, Social Rights in Europe, S. 89 (100 ff.).

57 *Schlachter*, RdA 2011, 341 (346).

58 Dies wurde bereits unter dem Stichwort *soft law* diskutiert; siehe oben S. 133 und S. 241 ff.

59 Siehe oben S. 81 f.

vorzubereiten. Mit der Europäischen Sozialcharta sei dieser Entwicklung vorgegriffen worden. Der EGMR zeichne diesen Weg nun billigerweise nach.[60]

Zugegeben, eine widerspruchsfreie Völkerrechtsordnung ist erstrebenswert. Jedoch verkennen die befürwortenden Ansichten folgende Punkte: Das EKSR verfügt nicht über eine verbindliche Entscheidungskompetenz. Seine Berichte dienen lediglich als Grundlage für die Entscheidungsfindung des Ministerkomitees im Berichtsverfahren, vgl. Art. 27 ESC.[61] Schon aus der Grundkonzeption der Europäischen Sozialcharta lässt sich schließen, dass es einen verbindlich entscheidenden Spruchkörper – sowohl nach dem Willen der Schöpfer als auch nach Eigenart der sozialen Grundrechte – nicht geben soll. Hierin liegt ein bedeutender Unterschied zur Europäischen Menschenrechtskonvention, welche mit dem EGMR über ein verbindlich entscheidendes Sanktionsorgan verfügt. Diese bewusste Differenzierung zwischen dem letztgenannten Vertragswerk und der Europäischen Sozialcharta wird nun konterkariert, wenn der EGMR die Vereinigungsfreiheit des Art. 11 Abs. 1 EMRK nach Maßgabe der Spruchpraxis des EKSR auslegt.[62] Im Übrigen wird durch die Auslegungsmethoden des EGMR eine inakzeptable Rechtsunsicherheit geschaffen.[63] Dieser Ansicht neigt auch die Bundesregierung zu. In ihrer Antwort auf eine kleine Anfrage zur Fortentwicklung der Europäischen Sozialcharta vom 28. Januar 1998 antwortete sie:

Eine „Integration" von sozialen Grundrechten in die Europäische Menschenrechtskonvention (EMRK) sowie die Unterwerfung unter die Gerichtsbarkeit des Europäischen Gerichtshofes für Menschenrechte würde die Konzeption der wirtschaftlichen und sozialen Rechte völlig verändern und könnte zu unabsehbaren finanziellen Konsequenzen für die öffentlichen Haushalte sowie zu erheblichen Kostenbelastungen der Wirtschaft und anderer gesellschaftlicher Gruppierungen führen. Die Zuordnung zur EMRK würde bedeuten, daß der einzelne aus der EMRK Rechtsansprüche ableiten könnte, die beim Europäischen Menschenrechtsgerichtshof durchsetzbar wären. Solche Rechtsansprüche sind bei bürgerlichen und politischen Rechten (wie sie in der EMRK geregelt sind) annehmbar. Denn bürgerliche und politische Rechte sind Abwehrrechte gegen staatliche Eingriffe in die Sphäre des Bürgers. Hier können Gerichte allgemeingültige Aussagen über die Tragweite dieser Rechte treffen. Demgegenüber begründen die in der ESC geregelten „sozialen Rechte" Verpflichtungen der Vertragsstaaten, durch innerstaatliche Maßnahmen sicherzustellen, daß die betreffenden Personengruppen bestimmte wirtschaftliche oder soziale Rechte genießen. Bei der Umsetzung dieser Verpflichtungen haben die Staaten ein Gestaltungsermessen, das von den Gesetzgebungsorganen ausgeübt wird. Außerdem haben bei der Ausgestaltung sozialer Rechte in Deutschland auch die Sozialpartner einen weiten Gestaltungsrahmen; schon das

[60] *Fütterer*, EuZA 2011, 505 (513).
[61] *Seifert*, KritV 2009, 357 (365 f.).
[62] *Löwisch/Rieble*, TVG, Grundlagen, Rn. 285.
[63] *Widmaier/Alber*, ZEuS 2012, 387 (408).

verbietet das Eingehen internationaler Verpflichtungen, die diesen Gestaltungsraum verletzen.[64]

Augenscheinlich ist die deutsche Bundesregierung vornehmlich daran interessiert, die Einklagbarkeit sozialer Rechte abzuwenden. Gleichwohl ist der Bundesregierung darin zuzustimmen, dass zwischen der Europäischen Sozialcharta und der Europäischen Menschenrechtskonvention ein kategorialer Unterschied besteht, der nicht ohne weiteres übergangen werden darf. Zwar ist eine beiderseitige Bezugnahme grundsätzlich gewollt. Doch der Grat zwischen einer zulässigen Bezugnahme auf das jeweils andere Vertragswerk und einer unzulässigen Nivellierung der Unterschiede ist schmal. Jedenfalls ist es erforderlich, dass der EGMR sein methodisches Vorgehen transparent macht und offen reflektiert. Diesen Anforderungen genügt der EGMR in „Demir und Baykara" und „Enerji Yapi-Yol Sen" allerdings nicht.

III. Wertende Rechtsvergleichung

Eng verknüpft mit den bereits genannten Punkten ist die rechtsvergleichende Methode des EGMR. Unter Berufung auf eine gemeinsame Rechtstradition greift der Gerichtshof auf unverbindliche *internationale* Vorschriften zurück und rekurriert damit implizit auf die *nationalen* Rechtsansichten der „überwiegenden Mehrheit" der Mitgliedstaaten" (Rn. 76). Der EGMR entnimmt den mehrheitlich anerkannten „Regeln und Grundsätzen" des Völkerrechts „Indizien"[65] für einen „gemeinsamen internationalen und staatlichen Standard", den er bei der Konventionsauslegung nicht missachten dürfe (Rn. 76). Auch hier handelt es sich um ein Vorgehen, das bis dato vor allem vom EuGH[66] praktiziert wurde.[67] *Konrad Zweigert*[68] hat hierfür den Begriff der „wertenden Rechtsvergleichung" geprägt. Die wertende Rechtsvergleichung bezeichnet eine Methode, anhand derer ein allgemeiner Rechtsgrundsatz des internationalen Rechts ermittelt wird. Diese Methode ist – nach der Definition *Konrad Zweigerts* – allerdings nicht mit dem Mehrheitsprinzip zu verwechseln; denn ein „allgemeiner Rechtsgrundsatz ist nicht, was die Mehrheit der Rechtsordnungen übereinstimmend anordnet. Allgemeiner Rechtsgrundsatz ist vielmehr, was sich bei einer kritischen Analyse der Lösungen, die sich nach einer rechts-

[64] BT-Drucks. 13/11415, S. S. 24 f.

[65] *Wiethoff*, Das konzeptionelle Verhältnis von EuGH und EGMR, S. 113.

[66] Siehe beispielsweise EuGH v. 14.5.1974 – C-4/73 (Nold); zit. nach: juris, Rn. 13; EuGH v. 9.3.2006 – C-499/04 (Werhof); zit. nach: juris, Rn. 32 f.

[67] *Heer-Reißmann*, Die Letztentscheidungskompetenz des EGMR in Europa, S. 125; *Mahlmann*, EuR 2011, 469 (478); *Skouris*, in: Merten/Papier, Handbuch der Grundrechte, Band VI/1, § 157, Rn. 32.

[68] *Zweigert*, RabelsZ Bd. 28 (1964), S. 601 (611).

vergleichenden Umschau ergeben, als die beste Lösung darstellt.“[69] Unter verschiedenen gleichwertigen Auslegungsmöglichkeiten wird schließlich derjenigen Auslegung der Vorzug gegeben, die den Zielen des Vertrags am ehesten entspricht (*effet utile*)[70]. Auf diese Weise wird eine Rechtssprechungsdynamik erzeugt.[71] Zugleich soll der rechtsvergleichende Ansatz mitgliedstaatliche Akzeptanz sichern[72] – ein Ziel, das aber bei unsauberer rechtsvergleichender Analyse leicht verfehlt werden kann.

Das Vorgehen des EGMR ist kritikwürdig, weil er nicht nach einer *gemeinsamen* Verfassungsüberlieferung, sondern nur nach *mehrheitlichen* Standards der Mitgliedstaaten fragt.[73] Damit verkennt der EGMR das Wesen des Rechtsvergleichs; denn wie soeben dargestellt, ist der Rechtsvergleich an der *bestmöglichen* Vertragsauslegung interessiert. Was die bestmögliche Lösung ist, wird vom EGMR jedoch gar nicht erörtert. Stattdessen legt der EGMR ein zweifelhaftes Mehrheitskriterium zu Grunde. Dabei lässt der Gerichtshof unerwähnt, dass der Beamtenstatus in den Konventionsstaaten unterschiedlich definiert und das Streikrecht im Allgemeinen unterschiedlich gehandhabt[74] wird.[75] Die Ausführungen zur europaweiten Handhabung des Rechts auf Kollektivverhandlungen erschöpften sich allein in der Feststellung, dass die Mitgliedstaaten „in der überwiegenden Mehrheit das Recht der Beamten, mit den Behörden Kollektivverhandlungen zu führen, [...] erkannt haben“ (Rn. 151).

Zwar haben die rechtsvergleichenden Untersuchungen im ersten Teil dieser Arbeit gezeigt, dass die Zulässigkeit des Streiks im öffentlichen Dienst mehrheitlich nach funktionsbezogenen Kriterien bewertet wird. Dies hat zur Folge, dass auch solche Personen streiken dürfen, die in der jeweiligen Rechtsordnung einen Beamtenstatus besitzen.[76] Die Ausführungen des EGMR haben aber nur „wenig substanziellen Aussagewert“[77], weil sie eine eingehende und differenzierende rechtsvergleichende Analyse vermissen lassen.[78] Auch wenn eine detaillierte Analyse vom notorisch überlasteten EGMR[79] nicht zu leisten ist, wäre es jedenfalls wünschenswert, wenn der EGMR eine größe

[69] *Zweigert*, RabelsZ Bd. 28 (1964), S. 601 (611).
[70] Siehe oben S. 138 f.
[71] *Heer-Reißmann*, Die Letztentscheidungskompetenz des EGMR in Europa, S. 125.
[72] Siehe oben S. 139 f.
[73] *Laubinger*, in: FS Klein, S. 1141 (1160 f.); *Seifert*, KritV 2009, 357 (367 f.).
[74] Siehe oben S. 57 ff.
[75] *Widmaier/Alber*, ZEuS 2012, 387 (410); *Seifert*, KritV 2009, 357 (367).
[76] Siehe oben S. 64 ff.
[77] *Widmaier/Alber*, ZEuS 2012, 387 (410).
[78] Entsprechende Bewertung auch bei *Seifert*, KritV 2009, 357 (367).
[79] Zur „Überlastung“ des EGMR siehe *Egli*, ZaöRV 2004, 759 (760 ff.); *F. Kirchhof*, NJW 2011, 3681 (3682); *Meyer-Ladewig*, EMRK, Einleitung, Rn. 6; *Schweisfurth*, Völkerrecht, Zweiter Teil, 17. Kapitel, Rn. 62; *Vondung*, Die Architektur des europäischen Grundrechtsschutzes nach dem Beitritt der EU zur EMRK, S. 15.

re Sensibilität gegenüber nationalen Besonderheiten zum Ausdruck brächte. Dafür muss sich der EGMR eingehend mit der Frage befassen, was für *alle* Mitgliedstaaten die – nach der Definition des wertenden Rechtsvergleichs – bestmögliche Auslegungsvariante ist. Andernfalls kann die rechtsvergleichende Methode schnell einen nivellierenden Charakter annehmen – insbesondere dann, wenn keine gründliche Auseinandersetzung mit den einzelnen Rechtsordnungen stattfindet. Nach *Peter Häberle* besteht die Gefahr eines unsorgfältigen Rechtsvergleichs darin, dass die „kulturell faßbare Individualität des einzelnen Verfassungsstaates [...] eingeebnet" wird und nationale Identitäten „verarmen". Abhilfe könne nur geschaffen werden, indem die fremden Normen in den Kontext der aufnehmenden Rechtsordnung „umgedacht" würden.[80] Ein solches „Umdenken" lässt der EGMR in „Demir und Baykara" allerdings vermissen.

IV. Abschließende Würdigung

So begrüßenswert der Richtungswechsel des EGMR inhaltlich ist, hat sich doch gezeigt, dass das methodische Vorgehen des EGMR kritikwürdig ist. Vor allem fehlt es an einer sauberen rechtsvergleichenden Analyse und einer ehrlichen Reflexion über die Begrenztheit der eigenen Kapazitäten. *Udo Di Fabio* trifft den Nagel auf den Kopf, wenn er von einem „Normshopping" in den europäischen Grundrechtskatalogen spricht.[81] Gleichwohl ist trotz aller Kritik zuzugeben, dass sich der EGMR in einer schwierigen Lage befindet, die sein Vorgehen ansatzweise verständlich macht. Dem EGMR ist von den Mitgliedstaaten der Auftrag erteilt worden, die Menschenrechte effektiv zu wahren. Auch im Bereich der sozialen Grundrechte ist dem EGMR die Rolle eines „Integrationsmotors" zugedacht.[82] Seit der Gerichtshof mit dem 11. Zusatzprotokoll ermächtigt wurde,[83] Individualbeschwerden anzunehmen und vertragsbrüchige Staaten zu verurteilen, hat sich sein Einfluss zu Lasten der mitgliedstaatlichen Souveränität weiter verstärkt.[84] Gleichwohl bleiben die Mitgliedstaaten die „Herren der Verträge".[85] Daraus ergibt sich ein Spannungsfeld für den EGMR. Zum einen hat er die aktuelle Rechtspraxis der Vertragsstaaten zu beachten, zum anderen muss er seinen Auftrag zur Fortentwicklung

---

[80] *Häberle*, JZ 1989, 913 (917 f.); die Ausführungen beziehen sich zwar auf den nationalen Verfassungsstaat. Gleichwohl treffen die Befürchtungen auch auf die Auslegung des EGMR zu.

[81] Primär bezogen auf den nationalen Rechtsanwender *Di Fabio*, RdA 2012, 262 (265).

[82] Vgl. oben S. 81 f.

[83] Siehe unten S. 302 f.

[84] Vgl. *Heer-Reißmann*, Die Letztentscheidungskompetenz des EGMR in Europa, S. 92.

[85] *Heer-Reißmann*, Die Letztentscheidungskompetenz des EGMR in Europa, S. 93.

des Menschenrechtsschutzes verantwortungsvoll wahrnehmen.[86] Es ist dem EGMR daher nicht zu verdenken, wenn er im Wege „dynamisch-evolutiver“ Auslegung bestrebt ist, einen Rechtsschutz zu gewährleisten, der „die Rechte praktisch und wirksam macht, nicht theoretisch und illusorisch“.[87] Zugleich gilt es, die Konvention in einer Weise auszulegen, die allgemeingültig und für alle Vertragsstaaten vertretbar ist.[88] Verständlich ist, dass der Gerichtshof dabei nicht nach dem kleinsten gemeinsamen Nenner sucht, da andernfalls eine stetige Menschenrechtsentwicklung aufgehalten würde, vgl. auch Art. 53 EMRK. Vielmehr kreiert der EGMR unter indizieller Bezugnahme auf die einzelnen Rechtsordnungen neue europäische Standards.[89] Zu diesem Zweck legt der EGMR bei allen Vertragsstaaten dieselben Maßstäbe an.[90] Im Verhältnis zwischen der Europäischen Menschenrechtskonvention und der Europäischen Sozialcharta ist eine wechselseitige Bezugnahme besonders naheliegend. Die ursprünglich politisch motivierte Trennung der beiden Vertragswerke ließ sich wegen der Interdependenz der beiden Regelungsbereiche auf Dauer nicht durchhalten.[91] Daher liegt es auf der Hand, dass sich der EGMR zur Auslegung des Art. 11 EMRK maßgeblich auf Art. 6 Nr. 4 ESC stützt. Verständlich ist auch, dass er dabei die Auslegungspraxis des EKSR heranzieht; denn das EKSR ist die einzige Instanz, die überhaupt konkrete Aussagen – wenngleich nur unverbindliche – zur Auslegung der Europäischen Sozialcharta trifft. Unangemessen ist dieses Vorgehen aber dann, wenn der EGMR seine Methoden kumulativ anwendet und nicht mehr danach differenziert, ob der einzelne Mitgliedstaat – hier die Türkei – eine internationale Norm wie Art. 6 Nr. 4 ESC ratifiziert hat. Dieses Vorgehen ist eher dynamisch als evolutiv und nicht mehr ausreichend an der rechtlichen und sozialen Wirklichkeit in der Türkei orientiert.[92] Vor allem fehlt es diesem Vorgehen an Transparenz.

Ferner wird kritisiert, dass die Anerkennung des Rechts auf Kollektivverhandlungen und das Streikrecht in den letzten Jahren keine Neuausrichtung erfahren hätten, die eine Rechtsprechungsänderung des EGMR rechtfertigen könnte. Für eine so grundsätzliche Änderung habe es weder im internationalen Recht noch in der Sozialcharta eine Veranlassung gegeben.[93] Dieser Ansicht kann jedoch nicht undifferenziert zugestimmt werden: Auf interna-

[86] *Ress*, ZaöRV 2009, 289 (308).

[87] Siehe etwa EGMR v. 12. 11. 2008 – 34503/97 (Demir und Baykara/Türkei), AuR 2009, 269 (271), Rn. 66; EGMR v. 24. 6. 2004 – 59320/00 (Caroline von Hannover/Deutschland), NJW 2004, 2647 (2650), Rn. 71; EGMR v. 20. 3. 1991 – 46/1990/237/307, NJW 1991, 3079 (3082), Rn. 99.

[88] *Ress*, ZaöRV 2009, 289 (308).

[89] *Wiethoff*, Das konzeptionelle Verhältnis von EuGH und EGMR, S. 113.

[90] *Meyer-Ladewig*, EMRK, Einleitung, Rn. 47; kritisch *Schubert*, AöR 2012, 92 (106).

[91] *Schlachter*, RdA 2011, 341 (344).

[92] Vgl. *Heer-Reißmann*, Die Letztentscheidungskompetenz des EGMR in Europa, S. 93.

[93] *Schubert*, AöR 2012, 92 (103).

tionaler Ebene fordern zahlreiche Normen ein Streikrecht – namentlich die IAO-Übereinkommen, die Grundrechtecharta und schließlich die Europäische Sozialcharta.[94] Überdies fordert das EKSR seit seinem Bestehen ein Streikrecht für Beamte. Vor diesem Hintergrund bringt der Rechtsprechungswandel des EGMR inhaltlich nichts Neues für das internationale Recht. Es verwundert aber – und darin kann nun doch eine gewisse „Neuausrichtung" gesehen werden –, dass der EGMR in puncto Streikrecht verstärkt auf internationale Normen rekurriert. Grund dürfte sein, dass der EGMR vor allem mit Blick auf die neuerliche Verbindlichkeit der Europäischen Grundrechtecharta einen zusätzlichen Druck im europäischen Recht verspürt, der nun letzter Anstoß für einen Rechtsprechungswandel war. Letztlich ist der Rechtsprechungswandel des EGMR bei genauerem Hinsehen aber gar nicht überraschend, da er sich bereits über Jahre angebahnt hat.[95]

Trotzdem ist das Vorgehen des EGMR kritikwürdig. Es kann nicht darüber hinweggetäuscht werden, dass sich der EGMR immer stärker vom Vertragswortlaut löst und weiter auf das Terrain unzulässiger Rechtsschöpfung vorwagt – ein Vorgehen, das er im Jahre 1986 noch ausdrücklich ablehnte:

> An evolutive interpretation allows variable and changing concepts already contained in the Convention to be construed in the light of modern-day conditions [...], but it does not allow entirely new concepts or spheres of application to be introduced into the Convention: that is a legislative function that belongs to the member States of the Council of Europe.[96]

Indem der EGMR die genannten Auslegungsmethoden neuerdings *kumulativ* anwendet, betreibt er aber unzulässige Rechtsschöpfung. Er koppelt sich immer stärker vom Vertragswortlaut ab und beschneidet die mitgliedstaatliche Souveränität.[97] Zwar haben die Mitgliedstaaten bei der Unterzeichnung der Europäischen Menschenrechtskonvention ein gewisses Fortentwicklungsrisiko in Kauf genommen. Außerdem war absehbar, dass sich dieses Risiko mit der Einrichtung des EGMR vergrößern würde.[98] Allerdings entsteht ein Legitimationsproblem, wenn die Vertragsstaaten plötzlich an Vorgaben gebunden sind, die sie weder eingegangen sind noch haben absehen können.[99] Diese Gefahr kann allerdings durch eine gesteigerte Transparenz in der Rechtsprechung gebannt werden. Wünschenswert sind demnach eine ehrliche Selbstreflexion

---

94 *Hensche*, in: Däubler, Arbeitskampfrecht, § 18a, Rn. 77.

95 Siehe oben S. 256 ff.

96 EGMR v. 29.5.1986 – 9384/81 (Deumeland/Deutschland), Rn. 24; einzusehen in der Online-Datenbank des EGMR: http://hudoc.echr.coe.int/sites/eng/pages/search.aspx?i=001-57468.

97 *Di Fabio*, Das beamtenrechtliche Streikverbot, S. 6–8; *Schubert*, AöR 2012, 92 (102).

98 Vgl. *Fischborn*, Enteignung ohne Entschädigung nach der EMRK?, S. 154.

99 *Schröder*, Gesetzesbindung des Richters und Rechtsweggarantie im Mehrebenensystem, S. 124 f.

des EGMR und eine klare Offenlegung der Methoden. Auch inhaltlich begrüßenswerte Entscheidungen lassen sich nur so legitimieren.

C. Versuch einer Prognose

Angesichts der methodischen Mängel stellt sich die Frage, ob es bei der Rechtsprechung des EGMR zu Art. 11 EMRK bleiben wird oder zutreffend von einem „ausbrechenden Rechtsakt"[100] die Rede sein kann. Letzteres ist aber abzulehnen; denn zum einen sind die Urteile „Demir und Baykara" und „Enerji Yapi-Yol Sen" einstimmig ergangen. In der erstgenannten Rechtssache hat sogar die Große Kammer des EGMR einstimmig entschieden[101] und den Aussagen damit besondere Autorität verliehen, vgl. Art. 43 Abs. 2 EMRK.[102] Zum anderen handelt es sich um eine Rechtsprechungsentwicklung, die sich bereits über einen längeren Zeitraum angebahnt hat.[103]

Die Bemerkung des EGMR, wonach „bei der Beurteilung von Sinn und Zweck der Konvention auch der juristische Hintergrund im internationalen Recht"[104] zu berücksichtigen sei, ist als eindeutiger Hinweis zu werten, dass der Gerichtshof bei seiner Auslegungspraxis auch künftig auf internationale Verträge zurückgreifen wird. Welche Rechtsprechungsentwicklung bevorsteht, kann schon jetzt bei eingehender Lektüre internationaler Verträge antizipiert werden. Vor allem die Spruchpraxis des EKSR liefert Aufschluss für die Entwicklung des konventionsrechtlichen Streikrechts. Damit vollzieht der EGMR das konzeptionelle Komplementaritätsverhältnis zwischen der Europäischen Menschenrechtskonvention und der Europäischen Sozialcharta in eindrucksvoller Weise nach. Obwohl das methodische Vorgehen des EGMR Rechtsunsicherheiten schafft, kann der Rechtsanwender mit einem Blick auf die Parallelgewährleistungen in der Europäischen Sozialcharta eine gewisse Kalkulierbarkeit wiederherstellen.

Nach alledem ist nicht davon auszugehen, dass der EGMR von dem eingeschlagenen Kurs abweichen wird. Daher muss der nationale Rechtsanwender das Vorgehen des EGMR zunächst einmal hinnehmen. Aller Methodenkritik zum Trotz hat man sich mit den Konsequenzen dieser Rechtsprechung auseinanderzusetzen, wenn man einen EMRK-Verstoß nicht riskieren will. Ohnehin geben die Entscheidungen wertvolle materiell-rechtliche Impulse. Im Folgenden wird geprüft, welche Konsequenzen die EGMR-Rechtsprechung für das

[100] *Löwisch/Rieble*, TVG, Grundlagen, Rn. 286.
[101] *Schubert*, AöR 2012, 92 (99).
[102] *Seifert*, KritV 2009, 357 (360 und 371).
[103] Siehe oben S. 256 ff.
[104] EGMR v. 12. 11. 2008 – 34503/97 (Demir und Baykara/Türkei), AuR 2009, 269 (271), Rn. 76.

nationale Streikrecht hat. Im Anschluss wird geklärt, welche Bindungswirkung die EGMR-Entscheidungen im nationalen Recht haben.

3. Abschnitt

Materielle Tragweite für das nationale Recht

Mit der neuen Methodik des EGMR korrespondiert auch eine inhaltliche Neuausrichtung, d. h. eine Erweiterung des Schutzbereichs von Art. 11 Abs. 1 EMRK. Im Folgenden wird untersucht, welche materiell-rechtlichen Konsequenzen die Urteile des EGMR[1] für das nationale Streikrecht haben könnten. Dabei ist zu beachten, dass die EGMR-Entscheidungen gegenüber der Türkei ergangen sind. In einem Verfahren vor dem EGMR werden immer nur konkrete Einzelfälle und keine abstrakten Auslegungsprobleme behandelt.[2] Daher müssen die Aussagen des EGMR primär fallbezogen verstanden werden, bevor generelle Aussagen abgeleitet werden können.

Im Schrifttum sind die Folgen der EGMR-Judikatur bisher fast ausschließlich für den Streik im öffentlichen Dienst diskutiert worden. Allerdings dürfte die „neue" Auslegungsmethodik des EGMR bei konsequenter Fortsetzung dazu führen, dass künftig der gesamte Gewährleistungsgehalt des Art. 6 Nr. 4 ESC und die Spruchpraxis des EKSR in den Art. 11 EMRK hineingelesen werden müssen. Im Folgenden wird daher untersucht, ob die Urteile des EGMR nicht nur Aussagen zum Beamtenstreik, sondern (implizit) auch zum Grundsatz der Tarifbezogenheit des Streiks, dem Verbot des politischen und wilden Streiks sowie zum Verhältnismäßigkeitsprinzip enthalten. Da die letztgenannten Punkte vom EGMR nicht explizit erörtert worden sind, können sie hier allerdings nur angerissen werden.

A. Deutliche Absage an das deutsche Beamtenstreikverbot

Es ist umstritten, ob das deutsche Beamtenstreikverbot den Vorstellungen des EGMR entspricht. Der Streit entfacht sich zunächst an dem Begriff des „fonctionnaire" bzw. „civil servant". Das deutsche Beamtenstreikrecht wäre wesentlich schwerer mit den Entscheidungen des EGMR in Einklang zu bringen, wenn die einzig zulässige Übersetzung des französischen und englischen

---

[1] Es werden die Fälle „Demir und Baykara", „Enerji Yapi-Yol Sen", „Kaya und Seyhan" und „Çerikci" untersucht.

[2] *Meyer-Ladewig*, EMRK, Einleitung, Rn. 46; *Viellechner*, in: Matz-Lück/Hong, Grundrechte und Grundfreiheiten im Mehrebenensystem, S. 109 (128).

Begriffs „Beamter" und nicht „Angehöriger des öffentlichen Dienstes" wäre. Nach der erstgenannten Übersetzung läge nämlich eine Interpretation nahe, wonach das generelle Beamtenstreikverbot in Deutschland unzulässig ist. Hingegen könnte man bei der zweiten Übersetzungsvariante argumentieren, dass in Deutschland ja gar kein generelles Streikverbot im öffentlichen Dienst besteht, sondern eben nur für die Gruppe der Beamten.

Allerdings liefert die Übersetzung ins Deutsche kein eindeutiges Ergebnis. Zwar ist die gängige Übersetzung für „fonctionnaire"[3] und „civil servant"[4] „Beamter", jedoch kann die Semantik allein keine abschließende Antwort auf die Frage liefern, ob das deutsche Beamtenstreikverbot mit den Ausführungen des EGMR vereinbar ist. Die Interpretationsschwierigkeiten sind vor allem der Tatsache geschuldet, dass der Beamtenstatus europaweit unterschiedlich definiert und rechtlich ausgestaltet ist.[5] Die Urteilswiedergaben in der AuR, NZA oder NJOZ, die mit unterschiedlichen Begriffen arbeiten, bieten für diese Streitfrage ebenfalls keine taugliche Hilfestellung. Diese Übersetzungen sind nicht vom Gerichtshof autorisiert und können daher keinen Anspruch auf Authentizität erheben.[6] Der EGMR seinerseits legt die Konvention „autonom" aus. Er bedient sich also nicht der jeweiligen mitgliedstaatlichen Definition, sondern greift zur Auslegung kumulativ auf die Systematik der Europäischen Menschenrechtskonvention, die Ratio der einzelnen Vorschriften und rechtsvergleichend auf die mitgliedstaatlichen Rechtsordnungen zurück.[7]

Bei der nachfolgenden Urteilsanalyse geht es also weniger um die Wortbedeutung als um die Ratio der EGMR-Entscheidungen. Im Wege des *Distinguishing*[8] ist zu entscheiden, ob die Ratio allgemeingültig ist und im deutschen Kontext Sinn ergibt.[9] Während der EGMR in „Enerji Yapi-Yol Sen" explizit zum Streikrecht der „fonctionnaires" Stellung nimmt, schafft er die dogmatischen Grundlagen bereits in „Demir und Baykara".[10] Neben diesen beiden Urteilen sind auch die vom EGMR erwähnten Rechtssachen „Pellegrin" und „Eskelinen" in die Analyse einzubeziehen.[11] Außerdem wird auf die Spruch-

---

3 http://de.pons.eu/dict/search/results/?q=fonctionnaire&l=defr&in=&lf=de&kbd=fr.

4 http://de.pons.eu/dict/search/results/?q=civil+servant&l=deen&in=&lf=de.

5 Siehe oben S. 64 ff.

6 OVG Münster v. 7.3.2012 – 3d A 317/11.O; zit. nach: juris, Rn. 213.

7 *Grewe*, ZaöRV 2001, 459 ff.; *Menzel*, Völkerrechtsprechung, S. 54; *Meyer-Ladewig*, EMRK, Einleitung, Rn. 44; *Polakiewicz/Kessler*, NVwZ 2012, 841 (842).

8 Die Regel des *Distinguishing* stammt aus den *Common Law*-Jurisdiktionen und wird zum *Overruling* von Präzedenzfällen angewendet; Näheres bei *Schlüchter*, Mittlerfunktion der Präjudizien, S. 96.

9 Vgl. *Hoffmann-Riem*, NJW 2009, 20 (26).

10 Siehe oben S. 271.

11 Siehe oben S. 264 ff.

praxis des EKSR zu Art. 6 Nr. 4 ESC eingegangen, die der EGMR ebenfalls zur Auslegung des Art. 11 EMRK herangezogen hat.[12]

I. Kontroverser Meinungsstand zum Verständnis der EGMR-Urteile

Weil der EGMR keine direkten Vorgaben für den nationalen Rechtsanwender formuliert hat, stehen die Rechtsprechung und die Literatur vor der schwierigen Aufgabe, die EGMR-Urteile zu interpretieren. Im Folgenden wird zunächst der Meinungsstand skizziert, um anschließend Stellung zu nehmen.

Das VG Düsseldorf[13] und das VG Kassel[14] kommen zu dem Auslegungsergebnis, dass die Entscheidungen des EGMR dem deutschen Beamtenstreikverbot entgegenstehen. So nun ausdrücklich auch das BVerwG.[15] Andere Ansichten vertreten hingegen noch das VG Osnabrück, das OVG Münster, das VG Bremen und das OVG Lüneburg: Das VG Osnabrück[16] erklärt, dass die EGMR-Entscheidungen wegen der Doppeldeutigkeit des Begriffs „fonctionnaire" nicht als eindeutige Absage an das nationale Beamtenstreikverbot interpretiert werden dürften. Im Übrigen sei zu beachten, dass die Beschäftigungssysteme der einzelnen Konventionsstaaten unterschiedlich ausgestaltet seien und die gegenüber der Türkei ergangenen Entscheidungen nicht „schematisch" auf das deutsche Rechtssystem übertragen werden dürften. Dennoch meldet das Gericht Bedenken an und räumt ein, es spreche vieles dafür, dass das absolute Streikverbot für Beamte den Vorgaben des EGMR widerspreche. Ähnlich argumentiert später das OVG Münster[17] in seiner umfassenden Entscheidungsbegründung. Das gegenüber der Türkei ergangene Urteil sei nicht ohne weiteres auf das deutsche Recht übertragbar, da die Tätigkeiten der türkischen Beschwerdeführer nicht mit denen der deutschen Kommunalbeamten vergleichbar seien; denn im deutschen Recht übten auch Kommunalbeamte Hoheitsgewalt aus und dürften daher als Mitglieder der Staatsverwaltung – auch nach Ansicht des EGMR – vom Streikrecht ausgenommen werden (Rn. 207). Ferner bezieht sich das Gericht auf den Begriff „fonctionnaire", welcher nicht mit „Beamter" zu übersetzen sei, sondern mit „Angehöriger des öffentlichen Dienstes". Dazu verweist das OVG Münster auf einschlägige Rechtswörterbücher und auf frühere Urteile des EGMR. Auch in der „Pellegrin"-Entscheidung habe der Gerichtshof zwischen den verschiedenen Kategorien der Beschäftigten im öffentlichen Dienst differenziert. In der französischen Sprachfassung der „Pellegrin"-Entscheidung sei – anders als in „Demir und Baykara" und

---

[12] Siehe oben S. 260 f.
[13] VG Düsseldorf v. 15. 12. 2010 – 31 K 3904/10.O; zit. nach: juris.
[14] VG Kassel v. 27. 7. 2011 – 28 K 1208/10.KS.D; zit. nach: juris.
[15] BVerwG v. 27. 2. 2014 – 2 C 1/13, NZA 2014, 616.
[16] VG Osnabrück v. 19. 8. 2011 – 9 A 1/11, NVwZ-RR 2012, 323 ff.
[17] OVG Münster v. 7. 3. 2012 – 3d A 317/11.O; zit. nach: juris.

„Enerji Yapi-Yol Sen" – explizit zwischen den „agents contractuels" und den „agents titulaires" unterschieden worden. Erstere seien Angestellte im öffentlichen Dienst, letztere Beamte im statusrechtlichen Sinn. Dass der EGMR in „Demir und Baykara" nun allgemein von „fonctionnaires" spreche, zeige, dass er nicht nur die Beamten im statusrechtlichen Sinn meine, sondern alle Angehörigen des öffentlichen Dienstes. Da das deutsche Streikverbot nicht pauschal für den *gesamten* öffentlichen Dienst gelte, sondern nur für den Bereich der Beamten, sei das hiesige Beamtenstreikverbot konventionskonform (Rn. 213 bis 221). Und selbst wenn man die Aussagen des EGMR als Absage an das deutsche Beamtenstreikverbot verstehen wolle, stünde Art. 33 Abs. 5 GG einer konventionskonformen Anpassung des nationalen Rechts entgegen (Rn. 236). Das VG Bremen[18] schließt sich dieser Ansicht weitgehend an (Rn. 25 ff.). Kritischer ist schließlich das OVG Lüneburg.[19] Es lässt dahinstehen, wie der Begriff „fonctionnaire" auszulegen ist. Einer Änderung des geltenden Beamtenstreikverbots stehe jedenfalls Art. 33 Abs. 5 GG entgegen (Rn. 76 bis 84). Im Anschluss an die Entscheidung des BVerwG vom 27. Februar werden die Instanzgerichte ihre Ansichten allerdings zu revidieren haben.

In der Literatur ist ebenfalls umstritten, welcher Auslegung der Vorzug zu geben ist: *Josef Franz Lindner* geht davon aus, dass der EGMR als Oberbegriff den gesamten öffentlichen Dienst meine und ein Ausschluss der Beamten folglich zulässig sei. Der Autor sieht sich durch die Ausführungen in „Enerji Yapi-Yol Sen" bestätigt, wonach das Streikrecht nicht absolut gewährleistet werden müsse, sondern bestimmten Personengruppen vorenthalten werden könne. Da die Angestellten des öffentlichen Dienstes hierzulande streiken dürften, sei das Beamtenstreikverbot also formell klar und auch in materieller Hinsicht wegen der besonderen Treuebindung des Beamten zu rechtfertigen.[20] *Christian Bitsch* vertritt ebenfalls diese Ansicht, ohne dies an der Übersetzung des „fonctionnaire"-Begriffs festzumachen. Nach deutschem Recht bestehe wegen der klaren Einteilung in Beamte und Angestellte des öffentlichen Dienstes kein Zweifel, wer einem Streikverbot unterliege. Überdies werde der Beamtenstatus hierzulande nur restriktiv verliehen. Der Personenkreis, der einem Streikverbot unterliege, sei also ausreichend eng umgrenzt.[21] *Stefan Werres* verweist außerdem auf den spezifischen Charakter des deutschen Beamtentums, das grundsätzlich nur zur Aufgabenwahrnehmung im hoheitlichen Bereich diene. Damit weise das deutsche Beamtenstreikverbot den vom EGMR geforderten Funktionsbezug auf.[22] Auch *Hans-Werner Laubinger* hält das deutsche Beamtenstreikverbot für funktionsbezogen und EGMR-konform. Der Funk-

[18] VG Bremen v. 3. 7. 2012 – D K 20/11; zit. nach: juris.
[19] OVG Lüneburg v. 12. 6. 2012 – 20 BD 7/11; zit. nach: juris.
[20] *Lindner*, DöV 2011, 305 (307 f.).
[21] *Bitsch*, ZTR 2012, 78 (83).
[22] *Werres*, DöV 2011, 873 (879 f.).

tionsbezug ergebe sich nämlich aus § 5 BBG, § 3 Abs. 2 BeamtStG und den entsprechenden landesgesetzlichen Vorschriften.[23] Danach werden nur solche Berufsgruppen verbeamtet, die entweder hoheitliche Aufgaben wahrnehmen oder solche Tätigkeiten, „die zur Sicherung des Staats oder des öffentlichen Lebens nicht ausschließlich solchen Personen übertragen werden dürfen, die in einem privatrechtlichen Arbeitsverhältnis stehen". Einschränkend heißt es aber bei *Stefan Werres,* dass eine Ausnahme vom Streikrecht nur zulässig sei, wenn tatsächlich hoheitliche Befugnisse ausgeübt oder besonders staatsnahe und für das Gemeinwesen essentielle Dienste erbracht würden. In welchen Tätigkeitsbereichen ein Streikverbot konkret zulässig sei, müsse anhand des Einzelfalls entschieden werden. Eine abstrakt-funktionale Festlegung sei nicht zielführend, da sie die im Einzelfall entstehenden Anwendungsfragen nicht lösen könne.[24]

Diesen Argumenten wird Folgendes entgegengehalten: *Ulrich Widmaier* und *Siegbert Alber* verweisen darauf, dass in „Demir und Baykara" von *Disziplinarmaßnahmen* die Rede sei. Auch wenn europaweit sprachliche Differenzen bei der Auslegung des Begriffs „fonctionnaire" bestünden, seien aber Disziplinarmaßnahmen gemeinhin als beamtenspezifische Regelungen bekannt. Die Urteile des EGMR müssten also als Absage an das deutsche Beamtenstreikverbot interpretiert werden.[25] Hingegen gehen *Jörg Polakiewicz* und *Adriana Kessler* zwar davon aus, dass der Begriff „fonctionnaire" bzw. „civil servant" mit „Angehöriger des öffentlichen Dienstes" zu übersetzen sei. Trotzdem widerspreche das deutsche Beamtenstreikverbot den Vorgaben des EGMR; denn die Gruppe der Beamten lasse sich hinsichtlich der ausgeübten Funktion nicht von den Angestellten des öffentlichen Dienstes unterscheiden. Häufig übten beide Gruppen sogar dieselbe Tätigkeit aus. Die Verbeamtung sei vor allem von Kostenfragen abhängig; ein einheitliches Konzept werde bei der Verbeamtung aber nicht verfolgt.[26] *Klaus Lörcher* weist ferner darauf hin, dass der EGMR in „Demir und Baykara" eine Schlussfolgerung des EKSR zum deutschen Beamtenstreikverbot zitiert habe. Darin hatte das EKSR das statusbezogene Beamtenstreikverbot der Bundesrepublik Deutschland für unvereinbar mit Art. 6 Nr. 4 ESC erklärt.[27] Dass der EGMR in „Demir und Baykara" auf diese Schlussfolgerung verweist, zeige – so *Klaus Lörcher* –, dass der EGMR die Ansicht des EKSR teile und das deutsche Beamtenstreikverbot ebenfalls für unzulässig halte.[28]

---

[23] *Laubinger*, in: FS Klein, S. 1141 (1166); siehe auch *Werres*, DöV 2011, 873 (879).
[24] *Werres*, DöV 2011, 873 (879 f.).
[25] *Widmaier/Alber*, ZEuS 2012, 387 (399).
[26] *Polakiewicz/Kessler*, NVwZ 2012, 841 (842 f.).
[27] *Conclusions III (1973)*, Germany, S. 34 f.
[28] *Lörcher*, AuR 2009, 229 (234–241).

II. Stellungnahme

Wie der Meinungsstand belegt, orientiert sich die nationale Rechtsprechung in ihrer Argumentation vorwiegend am Begriff des „fonctionnaire“. Dieses Vorgehen ist kritikwürdig, da eine semantische Untersuchung – wie gezeigt – nur bedingt Aufschluss geben kann. Die Schwächen der Wortlautargumentation scheinen schließlich auch die Gerichte zu erkennen, wenn sie eine endgültige Entscheidung über das Begriffsverständnis dahinstehen lassen und sich stattdessen darauf zurückziehen, dass Art. 33 Abs. 5 GG einem Beamtenstreik ohnehin entgegenstehe. Gleichwohl ist es nachvollziehbar, dass sich die deutschen Gerichte zunächst auf eine weite Wortlautinterpretation („Angehöriger des öffentlichen Dienstes“) berufen, mit der sie bereits eine Vergleichbarkeit des zu Grunde liegenden Sachverhalts ablehnen können. Auf diese Weise umschiffen die nationalen Gerichte eine mögliche Konfliktlage zwischen den Vorgaben des Grundgesetzes und der Europäischen Menschenrechtskonvention bzw. dem EGMR auf dem (scheinbar) einfachsten Weg. Zu begrüßen ist, dass nun das BVerwG den Mut bewiesen hat, eine Konventionswidrigkeit des nationalen Rechts einzugestehen. Es geht dem EGMR nämlich darum, Staatsbedienstete mit vergleichbarer Funktion in allen Konventionsstaaten gleich zu behandeln.[29]

Auch die Literatur setzt sich mit der inhaltlichen Frage auseinander, ob und wie das deutsche Streikrecht mit dem funktionsbezogenen Ansatz des EGMR in Einklang zu bringen ist. Diese Herangehensweise überzeugt; denn wenn man die Auslegung der EGMR-Entscheidungen allein an der Wortbedeutung des „fonctionnaire“ festmacht, wird verkannt, dass der öffentliche Dienst in den einzelnen europäischen Mitgliedstaaten unterschiedlich ausgestaltet ist. Der Beamtenstatus hat keine einheitliche Prägung.[30] Dies dürfte auch der Grund sein, warum sich der EGMR ausdrücklich nicht am Beamtenstatus orientieren will (Rn. 32 „Enerji Yapi-Yol Sen“). Folglich sind die Argumente abzulehnen, die den Begriff des „fonctionnaire“ als Anknüpfungspunkt wählen. Ebenfalls nicht überzeugen kann die Ansicht, die sich auf den Begriff der „Disziplinarmaßnahmen“ stützt und daraus die Unzulässigkeit des deutschen Beamtenstreikverbots ableiten will. Das Disziplinarrecht ist ein „hergebrachter Grundsatz des Berufsbeamtentums“ i. S. d. Art. 33 Abs. 5 GG und richtet sich nach den spezifischen Pflichten des Beamten aus. Ebenso wie der Beamtenstatus selbst sind auch Disziplinarmaßnahmen europaweit unterschiedlich ausgestaltet.[31] Daher läuft eine Orientierung am Begriff des „Disziplinarrechts“ letztlich wiederum auf eine statusbezogene Argumentation hinaus.

---

[29] BVerwG v. 27.2.2014 – 2 C 1/13, NZA 2014, 616 (619).

[30] Siehe oben S. 64 ff.

[31] Vgl. *Battis*, BBG-Kommentar, § 77, Rn. 5.

Abzulehnen ist auch der Verweis des OVG Münster auf das „Pellegrin"-Urteil, wo zwischen „agents contractuels" und „agents titulaires" unterschieden wird. Bei genauerem Hinsehen zeigt sich, dass der Begriff des „agent titulaire" in diesem Urteil als Synonym für den Begriff des „fonctionnaire" verwendet wird.[32] Die Annahme, dass der „fonctionnaire" ein Oberbegriff für die „agents titulaires" und die „agents contractuels" sein soll, ist also verfehlt. Auch in der englischen Fassung der „Pellegrin"-Entscheidung wird innerhalb des öffentlichen Dienstes begrifflich zwischen „officials under contract" und „civil servants" unterschieden.[33] Der EGMR scheint also dasselbe zu meinen, wenn er von „civil servants", „fonctionnaires" oder „agent titulaires" spricht. Damit ist gezeigt, dass der EGMR tatsächlich Beamte im statusrechtlichen Sinn meint, wenn er in „Demir und Baykara" von „fonctionnaires" bzw. „civil servants" spricht. Die Interpretation des OVG Münster ist damit widerlegt. Zuzustimmen ist dem OVG Münster und dem VG Osnabrück allein darin, dass sich eine schematische Adaption der EGMR-Urteile verbietet. Falsch ist indes die Schlussfolgerung, dass wegen fehlender Vergleichbarkeit des Beamtenstatus eine Übertragung der EGMR-Entscheidungen auf das deutsche Recht nicht in Betracht kommt.

Worauf es ankommt, ist die Ratio, die der EGMR mit seinen Entscheidungen verfolgt und ob sich diese in den deutschen Kontext übertragen lässt. Deutlich lässt sich der Rechtssache „Demir und Baykara" entnehmen, dass allen Angehörigen des öffentlichen Dienstes ein Recht auf Gewerkschaftsgründung und Kollektivverträge zustehe.[34] Explizit heißt es in Rn. 107, dass Mitglieder der Staatsverwaltung nicht vom Schutzbereich des Art. 11 EMRK ausgeschlossen werden dürften. Das ist eine allgemeingültige Aussage, die im nationalen Recht hinzunehmen ist. Hier formulieren auch die einzelnen Übersetzungen in der AuR, NZA und NJOZ einheitlich. Die Aussagen zum Streikrecht in „Enerji Yapi-Yol Sen" sind daher wie folgt zu bewerten: „Enerji Yapi-Yol Sen" muss als

[32] Französische Fassung einzusehen in der Online-Datenbank des EGMR: http://hudoc.echr.coe.int/sites/eng/pages/search.aspx?i=001–62931.

[33] Englische Fassung einzusehen in der Online-Datenbank des EGMR: http://hudoc.echr.coe.int/sites/eng/pages/search.aspx?i=001–58402; hier relevant Rn. 62.

[34] Diese Aussage ist allerdings einzuschränken. Der EGMR bezieht sich in der Entscheidung „Demir und Baykara" auf die Spruchpraxis des EKSR. In Rn. 50 findet sich ein Verweis auf die gegenüber Deutschland ergangenen *Conclusions III (1973)*, Germany, S. 34 f. Danach müssen die Mitgliedstaaten Kollektivverträge im öffentlichen Dienst nicht zwingend zulassen. Daraus folgert der EGMR, dass die Konventionsstaaten lediglich verpflichtet sind, Personalvertreter bei der Regelung der anzuwendenden Beschäftigungsbedingungen einzubeziehen (Rn. 149). Daher könnte die deutsche Rechtspraxis mit den Vorgaben in „Demir und Baykara" konform sein. Schließlich besteht nach § 118 BBG und § 53 BeamtStG die Möglichkeit, Beamte an Kollektivverhandlungen zu beteiligen. Zugleich betont der EGMR aber, dass eine Förderungspflicht zum Abschluss von Kollektivverträgen im gesamten öffentlichen Dienst besteht (Rn. 149). Darauf soll es im Folgenden allerdings nicht ankommen, da das Streikrecht im Zentrum der Auseinandersetzung steht.

konsequente Fortführung von „Demir und Baykara“ verstanden werden. Daher gilt auch hier, dass grundsätzlich allen Angehörigen des öffentlichen Dienstes ein Streikrecht zusteht. Der Verweis auf die Spruchpraxis des EKSR bestätigt diese Interpretation. Der Straßburger Gerichtshof möchte zum Ausdruck bringen, dass Angehörige des öffentlichen Dienstes in puncto Streikrecht bei gleichwertiger Tätigkeit gleich zu behandeln sind. Dies gilt ungeachtet der Frage, ob das Beschäftigungsverhältnis öffentlich-rechtlich oder privatrechtlich ausgestaltet ist. In der Tat muss das Ziel der Europäischen Menschenrechtskonvention gewürdigt werden, dass „Staatsbedienstete mit gleichen Aufgaben [...] in allen Konventionsstaaten gleich behandelt werden, d. h. gleiche Rechte nach der Europäischen Menschenrechtskonvention haben“.[35]

Diese Interpretation leuchtet bereits deshalb ein, weil die einzelnen mitgliedstaatlichen Rechtsordnungen den öffentlichen Dienst unterschiedlich geregelt haben.[36] Insofern liegt es nahe, dass der EGMR bei der Ausgestaltung des Art. 11 EMRK nicht am Beamten*status*, sondern an der ausgeübten *Funktion* anknüpfen möchte. Ferner macht der Verweis auf die Spruchpraxis des EKSR deutlich, wie die Entscheidungen des EGMR zu verstehen sind. Das Streikrecht der Beamten nach Art. 11 EMRK ist an die Rechtsauffassungen des EKSR zu Art. 6 Nr. 4 ESC angelehnt. Da das EKSR ein statusbezogenes Beamtenstreikverbot für unzulässig hält,[37] gilt Entsprechendes für Art. 11 EMRK. Festzuhalten ist also, dass das Beamtenstreikverbot des EGMR nur nach funktionsbezogenen Kriterien zu legitimieren ist. Dies zeigen auch die bereits untersuchten Verweise auf das „Pellegrin“-Urteil.[38]

Im nächsten Schritt ist zu fragen, ob sich das deutsche Beamtenstreikverbot mit diesen Vorgaben vereinbaren lässt. Wenn *Christian Bitsch* anführt, dass die Verbeamtung nach restriktiven Kriterien vorgenommen werde, sagt dies nur etwas über die Exklusivität des Beamtenstatus aus, jedoch nichts über die Anforderungen an die konkret ausgeübte Funktion. Abzulehnen ist auch die Ansicht von *Stefan Werres*, der einen Funktionsbezug des deutschen Beamtenstreikverbots deshalb bejaht, weil Beamte ausschließlich hoheitliche Tätigkeiten ausführten; denn wie schon die unterschiedliche Handhabung der Beschäftigung von Lehrkräften zeigt, trifft es gerade nicht zu, dass die Verbeamtung stets nach der Art der auszuübenden Tätigkeit erfolgt. Auch das BVerfG hat diese Entwicklung wahrgenommen und gebilligt.[39] Abzulehnen ist daher auch das Argument *Hans-Werner Laubingers*, der auf die § 5 BBG und § 3 Abs. 2 BeamtStG verweist, wonach die Verbeamtung an die ausgeübte Funktion anknüpft. Das mag zwar *de lege lata* der Fall sein. Wie die Praxis

---

35 BVerwG v. 27.2.2014 – 2 C 1/13, NZA 2014, 616 (619).

36 *Polakiewicz/Kessler*, NVwZ 2012, 841 (842).

37 Siehe oben S. 127 f.

38 Siehe oben S. 264 ff.

39 BVerfG v. 19.9.2007 – 2 BvF 3/02, NVwZ 2007, 1396.

zeigt – und darauf kommt es dem EGMR an –, üben Beamte und Angestellte jedoch häufig dieselben Funktionen aus.

Was der EGMR verlangt, ist ein anhand formeller und materieller Kriterien festzustellender Funktionsbezug. Dafür reicht – entgegen der dargestellten Behauptung von *Josef Franz Lindner* – die bloße Treuebindung des Beamten nicht aus. Dies lässt sich dem Verweis auf die „Pellegrin"- und „Eskelinen"-Entscheidung entnehmen; danach ist ausdrücklich auf die konkret ausgeübte Funktion abzustellen.[40] Daher ist *Jörg Polakiewicz* und *Adriana Kessler* zuzustimmen, wenn sie darauf verweisen, dass im deutschen Beamtenrecht gerade keine funktionsbezogene Abgrenzung erfolge, weil häufig dieselbe Tätigkeit von Angestellten und Beamten ausgeübt werde. Schließlich kann auch der mögliche Einwand nicht überzeugen, wonach der deutsche Beamtenstatus im europäischen Vergleich erheblich mehr Privilegien bietet und daher Einbußen beim Streikrecht kompensiert. Eine solche Argumentation hat der EGMR in „Demir und Baykara" ausdrücklich zurückgewiesen (Rn. 168).

Abschließend ist festzuhalten, dass sich das deutsche Beamtenstreikverbot nicht mit den Vorstellungen des EGMR deckt. Eine Konformität ließe sich allenfalls erreichen, wenn Beamte tatsächlich – hier besteht allerdings weiterer Konkretisierungsbedarf[41] – nur im hoheitlichen Bereich eingesetzt würden.[42] Der negative Befund zum nationalen Beamtenstreikverbot deckt sich mit der Schlussfolgerung des EKSR zum deutschen Beamtenstreikverbot, die der EGMR in „Demir und Baykara" zitiert.[43] Indirekt trifft der EGMR also bereits in „Demir und Baykara" eine negative Aussage zum deutschen Beamtenstreikverbot.[44]

B. Unklare Aussage zur Tarifbezogenheit des Streiks

Zwar bezieht der EGMR zur Frage der zulässigen Streikziele nicht explizit Stellung, doch segnet er die jeweiligen Streikziele konkludent ab: In allen hier untersuchten Fällen haben sich die Beschwerdeführer an gewerkschaftlich ausgerufenen Aktionstagen beteiligt. In „Kaya und Seyhan" sollte gegen einen Gesetzesentwurf über die geplante Umorganisation des öffentlichen Dienstes

[40] Siehe oben S. 264 ff.
[41] Siehe unten S. 447 ff.
[42] Vgl. *Schubert*, AöR 2012, 92 (105).
[43] Siehe oben S. 260 f.
[44] Siehe bereits die Argumentation *Wolfgang Lörchers* auf S. 285.

gestreikt werden.[45] In „Çerikci» wollte man den Tag der Arbeit[46] feiern[47] und in „Enerji Yapi-Yol Sen“ plante man einen Streik zur Anerkennung des Rechts auf Kollektivverhandlungen im öffentlichen Dienst[48]. All diese Streiks haben keine tariflich regelbaren Ziele zum Gegenstand. Sie wären nach nationalem Rechtsverständnis also verboten.[49] Es ist allerdings umstritten, ob man dem EGMR damit eine negative Aussage zum Grundsatz der Tarifbezogenheit in den Mund legen darf.

Im Schrifttum heißt es, der EGMR folge offenbar einer „nicht tarifakzessorischen Streikrechtskonzeption“.[50] Das aus den Urteilen abgeleitete Streikrecht für Beamte würde ausgehöhlt, wenn man es schließlich doch am Erfordernis der Tarifbezogenheit des Streiks scheitern ließe.[51] Das VG Kassel[52] teilt diese Einschätzung. Zwar hätten die von den beschwerdeführenden Lehrkräften durchgeführten Streiks eine Änderung von beamtenrechtlichen Beschäftigungsbedingungen zum Ziel und seien einer tariflichen Regelung an sich nicht zugänglich. Dennoch müssten die Streikziele vor dem Hintergrund der neueren EGMR-Entscheidungen als zulässig gelten, damit das soeben erschaffene Beamtenstreikrecht nicht sogleich wieder sinnentleert werde; denn wenn man die Tarifakzessorietät des Streiks ernst nehme, könnten Beamte hierzulande niemals streiken. Dieser Grundsatz müsse also im Hinblick auf die neuerlichen Konventionsvorgaben dahingehend abgewandelt werden, dass ein Beamtenstreik „nur dann als rechtmäßig anzusehen ist, wenn das Streikziel der Beamten in unmittelbarem Zusammenhang mit ihren eigenen Arbeitsbedingungen steht“. Der erforderliche Beschäftigungsbezug besteht nach Ansicht des VG Kassel „insbesondere bei der Festlegung von Arbeitszeiten, Besoldung, Versorgung, Krankenversorgung (Beihilfe) und sonstigen materiellen Arbeitsbedingungen“.[53]

Dieser Ansicht ist allerdings nur eingeschränkt zuzustimmen. Zwar ergibt sich nach deutschem Recht schon aus der Natur der Tarifautonomie, dass die Tarifakzessorietät des Streiks hinfällig ist, wenn ein Beamtenstreikrecht anerkannt wird; denn wie bereits dargelegt, werden die Beschäftigungsbedingungen von Beamten per Gesetz geregelt und sind einer tariflichen Regelung

[45] EGMR v. 15.12.2009 – 30946/04 (Kaya und Seyhan/Türkei), AuR 2011, 304.

[46] Der Tag der Arbeit war in der Türkei zum damaligen Zeitpunkt kein gesetzlicher Feiertag.

[47] EGMR v. 13.7.2010 – 33322/07 (Çerikci/Türkei), AuR 2011, 306; einzusehen auch in der Online-Datenbank des EGMR: http://hudoc.echr.coe.int/sites/eng/pages/search.aspx?i=001–99948.

[48] EGMR v. 21.4.2009 – 68959/01 (Enerji Yapi-Yol Sen/Türkei), AuR 2009, 274.

[49] *Lörcher*, AuR 2011, 306 f.

[50] *Fütterer*, EuZA 2011, 505 (512).

[51] *Lörcher*, Der Personalrat 2011, 452 (456).

[52] VG Kassel v. 27.7.2011 – 28 K 1208/10.KS.D; zit. nach: juris.

[53] VG Kassel v. 27.7.2011 – 28 K 1208/10.KS.D; zit. nach: juris, Rn. 38.

unzugänglich.[54] Ein Beamtenstreik stünde also zwangsläufig im Widerstreit mit dem Grundsatz der Tarifbezogenheit des Streiks. Da der EGMR aber nur implizit auf die Zulässigkeit der Streikziele Bezug nimmt, kann den Entscheidungen lediglich die Aussage entnommen werden, dass der Tarifbezug jedenfalls beim Beamtenstreik aufzugeben ist. Ob dies jedoch in allen denkbaren Konstellationen gilt, kann höchstens gemutmaßt, jedoch nicht eindeutig aus den Entscheidungen des Gerichtshofs gefolgert werden.

C. Unklare Aussage zum Verbot des politischen Streiks

Möglicherweise kann den Urteilen des EGMR eine positive Aussage zum politischen Streik entnommen werden; denn schließlich sollte mit den Streiks in „Kaya und Seyhan" und „Enerji Yapi-Yol Sen" auf gesetzgeberische Maßnahmen hingewirkt werden. Ob dem EGMR damit eine positive Haltung zum politischen Streik unterstellt werden kann, wird in Rechtsprechung und Literatur unterschiedlich beurteilt:

Das OVG Münster[55] geht davon aus, dass es sich bei dem der Entscheidung „Kaya und Seyhan" zu Grunde liegenden Sachverhalt um einen politischen Streik gehandelt habe. Hierin sieht das OVG Münster ein weiteres Argument gegen die Zulässigkeit des Beamtenstreiks (Rn. 222 bis 226). Aus denselben Gründen hält auch das OVG Lüneburg[56] den Beamtenstreik für unzulässig (Rn. 89). Ebenso argumentieren das VG Osnabrück[57] und das VG Düsseldorf.[58] Ähnlich wird auch in der Literatur geschlussfolgert, dass die EGMR-Urteile zwangsläufig eine Anerkennung des politischen Streiks mit sich brächten, was aber nach nationalem Rechtsverständnis unzulässig und daher abzulehnen sei.[59]

Anders lauten allerdings die Einschätzungen des VG Kassel:[60] In seiner Entscheidung wendet sich das VG Kassel ebenfalls dem Problem des politischen Streik zu, sieht darin aber kein weiteres Zulässigkeitshindernis für einen Beamtenstreik. Zwar gesteht das VG Kassel ein, dass sich die streitgegenständlichen Streiks der verbeamteten Lehrkräfte nicht auf ein tariflich regelbares Ziel richteten, sondern gegen den Gesetzgeber, der die Beschäftigungsbedingungen für Beamte festlege. Wollte man aber mit dieser Argumentation die Streikteilnahme eines verbeamteten Lehrers untersagen, würde die konven-

[54] Siehe oben S. 44 f.
[55] OVG Münster v. 7.3.2012 – 3d A 317/11.O; zit. nach: juris.
[56] OVG Lüneburg v. 12.6.2012 – 20 BD 7/11, zit. nach: juris.
[57] VG Osnabrück v. 19.8.2011 – 9 A 1/11, NVwZ-RR 2012, 323 (324).
[58] VG Düsseldorf v. 15.12.2010 – 31 K 3904/10.O; zit. nach: juris, Rn. 13 f.
[59] *Bitsch*, ZTR 2012, 78 (85).
[60] VG Kassel v. 27.7.2011 – 28 K 1208/10.KS.D; zit. nach: juris.

tionsrechtliche Entscheidung für den Beamtenstreik ausgehöhlt. Wollte man nämlich die Streikteilnahme eines Beamten stets als einen unzulässigen politischen Streik bewerten, dürften Beamte de facto gar nicht streiken. Folglich seien die Rechtmäßigkeitsanforderungen eines Beamtenstreiks dahingehend zu modifizieren, dass das Streikziel in unmittelbarem Zusammenhang mit den Beschäftigungsbedingungen der Beamten stehen müsse. Damit bleibe es aber weiterhin dabei, dass allgemein politisch motivierte Streiks unzulässig seien (Rn. 38 f.).

Das Meinungsspektrum lässt sich also wie folgt zusammenfassen: Diejenigen Stimmen, die die EGMR-Entscheidungen als negative Aussage zum deutschen Beamtenstreikverbot interpretieren, wollen dem EGMR keine positive Grundaussage zum politischen Streik entnehmen. Es bleibt also trotz Anerkennung des Beamtenstreiks weiterhin beim Verbot des politischen Streiks. Dieses Ergebnis wird erzielt, indem die Rechtmäßigkeitsanforderungen für Beamtenstreiks modifiziert werden – und zwar derart, dass das Streikziel einen Bezug zum Beschäftigungsverhältnis des Beamten aufweisen muss. Diejenigen, die den Beamtenstreik ablehnen und weiterhin am deutschen Beamtenstreikverbot festhalten, berufen sich hingegen darauf, dass die Urteile des EGMR eine positive Aussage zum politischen Streik beinhalten und nutzen dies als zusätzliches Argument gegen den Beamtenstreik. Alle Ansichten kommen aber zu dem Ergebnis, dass es bei der deutschen Rechtsauffassung zum Verbot des politischen Streiks bleiben muss. Dies ist zu begrüßen, da der Schwerpunkt der EGMR-Urteile auf dem Streik im öffentlichen Dienst liegt. Die Streikziele bedurften daher keiner näheren Erörterung. Will man dem EGMR dennoch eine positive Aussage zum politischen Streik und einen entsprechenden Änderungsauftrag an die Mitgliedstaaten in den Mund legen, ist dies eine unzulässige Überinterpretation.

Gleichwohl zeigen die EGMR-Urteile, dass die Anerkennung des Beamtenstreiks Folgefragen aufwirft. Wenn die Urteile nämlich – wie hier befürwortet – als Absage an das deutsche Beamtenstreikverbot gewertet werden, kann jedenfalls beim Beamtenstreik nicht mehr an dem Grundsatz festgehalten werden, dass sich Streiks unter keinen Umständen gegen den Staat richten dürfen. Man wird nicht umhinkommen, ähnlich wie das VG Kassel eine Differenzierung vorzunehmen. Es ist zu prüfen, ob der Beamtenstreik schwerpunktmäßig politisch motiviert ist oder einen Bezug zu den konkreten Beschäftigungsbedingungen aufweist. Der mitschwingende politische Bezug ist im letztgenannten Fall nachrangig und verstößt dann nicht gegen das grundsätzlich geltende Verbot politischer Streiks. Auch die dem EGMR zur Entscheidung vorgelegten Fälle weisen einen konkreten Bezug zu den Beschäftigungsbedingungen der Streikenden auf und sind nicht schwerpunktmäßig politisch motiviert. Schließlich lässt sich auch die Methodik des EGMR fruchtbar machen, um die inhaltlichen Aussagen des EGMR zweifelsfrei zu bestimmen. Es ist zu beachten, dass der EGMR auf die Spruchpraxis des EKSR zu Art. 6 ESC verweist. Wie bereits gesehen, hält das EKSR den politischen Streik für unzulässig.[61] Es ist nicht davon auszugehen, dass sich der EGMR beim politischen Streik in Widerspruch zur Spruchpraxis des EKSR setzen will. Auch unter diesem Aspekt darf dem EGMR keine positive Aussage zum politischen Streik in den Mund gelegt werden.

D. Unklare Aussage zum Verbot des wilden Streiks

Der Entscheidung „Enerji Yapi-Yol Sen" liegt die Individualbeschwerde einer Gewerkschaft zu Grunde. Über die individuelle Berechtigung zum Streik ist daher keine Aussage getroffen. Dennoch wird zuweilen behauptet, dass die EGMR-Urteile eine negative Aussage zur Koalitionsgetragenheit des Streiks enthielten. Da die Mitwirkung jedes Einzelnen eine unerlässliche Voraussetzung für die Wirksamkeit eines Streiks sei, dürfe geschlussfolgert werden, dass der EGMR ein Gewerkschaftsmonopol ablehne. Bestätigt werde diese Lesart durch die Folgeentscheidungen „Çerikci" und „Kaya und Seyhan".[62] In diesen Entscheidungen bezieht der EGMR nämlich auch einzelne Gewerkschaftsmitglieder in den Schutzbereich des Art. 11 EMRK ein.

Diese Lesart kann allerdings nicht überzeugen. Auch in „Kaya und Seyhan" und «Çerikci» waren die Streiks gewerkschaftlich veranlasst. Dass in diesen Fällen nicht die Gewerkschaften, sondern die einzelnen Gewerkschaftsmitglieder als Beschwerdeführer auftraten, ist unerheblich. Eine explizite Aussage zur Zulässigkeit des wilden Streiks trifft der EGMR nicht. Selbst wenn der EGMR – sollte er seine Methodik künftig konsequent befolgen – hinsichtlich der Gewerkschaftsgetragenheit dieselben Ansichten wie das EKSR verfolgen wird, beruht diese Interpretation *bisher* nur auf Mutmaßungen und ist daher unzulässig.

E. Unklare Aussage zum Verhältnismäßigkeitsprinzip

Der EGMR macht keine expliziten Ausführungen zum Verhältnismäßigkeitsprinzip. Das VG Kassel[63] scheint die Entscheidungen dennoch dahingehend zu verstehen, dass der EGMR dem Verhältnismäßigkeitsprinzip keine besondere Relevanz beimisst.[64] Zwar mag es zutreffen, dass der EGMR bei

---

[61] Siehe oben S. 126.
[62] *Schubert*, AöR 2012, 92 (99).
[63] VG Kassel v. 27.7.2011 – 28 K 1208/10.KS.D; zit. nach: juris.
[64] So jedenfalls die Urteilsinterpretation bei *Lörcher*, Der Personalrat 2011, 452 (456).

konsequenter Berücksichtigung der Spruchpraxis des EKSR[65] künftig geringere Verhältnismäßigkeitsanforderungen stellen wird, als sie hierzulande gelten. Dennoch verbietet sich eine solche Aussage, solange der EGMR diesbezüglich keine konkreten Vorgaben gemacht hat.

F. Abschließender Befund

Eine eindeutige Aussage trifft der EGMR nur zum Streik im öffentlichen Dienst. Erforderlich ist eine funktionsbezogene Differenzierung. Demnach kommt ein Streikverbot nur für solche Personengruppen in Betracht, die hoheitliche Befugnisse ausüben. Das deutsche Beamtenstreikverbot entspricht diesen Vorgaben allerdings nicht. Wie ein Beamtenstreik nach Maßgabe des EGMR hierzulande aussehen könnte, wird an späterer Stelle untersucht.[66] Im Übrigen können den Urteilen des EGMR keine konkreten Aussagen zur Tarifbezogenheit des Streiks, zum wilden Streik, zum politischen Streik oder zum Verhältnismäßigkeitsprinzip entnommen werden. Die weitere Prüfung zum Einfluss des EGMR wird sich daher auf das deutsche Beamtenstreikverbot beschränken.

---

65 Siehe oben S. 128 ff.
66 Siehe unten S. 447 ff.

4. Abschnitt

Rechtswirkungen der EGMR-Entscheidungen im nationalen Recht

Ebenso wie die Europäische Sozialcharta steht die Europäische Menschenrechtskonvention kraft Rechtsanwendungsbefehls nach Art. 59 Abs. 2 S. 1 GG im Rang eines einfachen Bundesgesetzes[1] und ist – anders als Art. 6 Nr. 4 ESC – nach einhelliger Ansicht auch unmittelbar anwendbar.[2] Die unmittelbare Anwendbarkeit begründet einen wesentlichen Unterschied zwischen der Europäischen Menschenrechtskonvention und der Europäischen Sozialcharta; denn mit ihrer unmittelbaren Anwendbarkeit derogiert die Europäische Menschenrechtskonvention schon formal jedes Landesrecht und jede Rechtsverordnung des Bundes (*lex superior derogat legi inferior*) sowie jedes früher erlassene gleichrangige Gesetz (*lex posterior derogat legi prior*).[3] Im Kollisionsfall mit höherrangigen Grundrechten gilt dagegen Folgendes: An sich müssten die einfachgesetzlichen und daher rangniedrigeren Vorschriften der Europäischen Menschenrechtskonvention hinter dem Grundgesetz zurücktreten.[4] Allerdings ist laut BVerfG *jede* Verfassungsbestimmung konventionskonform auszulegen, unabhängig vom Zeitpunkt ihres Erlasses. Damit ist die *lex posterior*-Regel zu Gunsten der Europäischen Menschenrechtskonvention faktisch außer Kraft gesetzt.[5] Außerdem kann die Verletzung einer Konventionsvorschrift im Wege der Verfassungsbeschwerde (mittelbar) gerügt werden.[6] Die Europäische Menschenrechtskonvention besitzt also neben ihrer unmittelbaren einfachgesetzlichen Wirkung eine – gegenüber Art. 6 Nr. 4 ESC erheblich gesteigerte – verfassungsrechtliche Relevanz.[7]

Mit dem EGMR verfügt die Europäische Menschenrechtskonvention seit Inkrafttreten des 11. Zusatzprotokolls[8] über einen ständigen Gerichtshof, der

---

[1] Zustimmungsgesetz des Bundestages vom 7. August 1952, BGBl. II 1952, S. 685.

[2] Siehe oben S. 242.

[3] *Dederer*, ZaöRV 2006, 575 (595); *Sauer*, ZaöRV 2005, 35 (39).

[4] *Sachs*, in: FS Klein, S. 321 (324).

[5] Zu Gunsten der Konventionsfreundlichkeit gilt also weder der Grundsatz *lex posterior derogat legi prior* (so ausdrücklich: BVerfG v. 14. 10. 2004 – 2 BvR 1481/04, NJW 2004, 3407 (3410); siehe auch *Sauer*, ZaöRV 2005, 35 (48)) noch der Grundsatz *lex specialis derogat legi gernerali*.

[6] Siehe oben S. 228 f.

[7] Siehe oben S. 242 ff.

[8] Zustimmungsgesetz des Bundestages vom 24. Juli 1995, BGBl. II S. 578.

gemäß Art. 19 EMRK die Einhaltung der Konventionsvorgaben überwacht.[9] Darin liegt eine Besonderheit gegenüber anderen (regionalen) Völkerrechtsverträgen, die in der Regel durchsetzungsschwächer ausgestaltet sind.[10] Nach Art. 32 Abs. 1 EMRK besitzt der EGMR eine umfassende Kompetenz zur „Auslegung und Anwendung" der Konvention[11] und eine Leitbildfunktion für den europäischen Grundrechtsschutz.[12] Innerhalb des gerichtlichen Rechtsschutzes besitzt vor allem das Individualbeschwerdeverfahren nach Art. 34 EMRK eine Vitalfunktion für die effektive Durchsetzung der Konventionsrechte.[13] Dieses Rechtsmittel emanzipiert die Europäische Menschenrechtskonvention von ihren völkervertraglichen Wurzeln und stärkt die Subjektstellung des Bürgers.[14] Die zahlreichen Individualbeschwerden, die jährlich beim Gerichtshof eingehen,[15] bezeugen, dass die materiell-rechtliche Bedeutung des Art. 34 EMRK der gelebten Rechtswirklichkeit entspricht. Demgegenüber hat die Staatenbeschwerde nach Art. 33 EMRK, die bislang nur in Fällen von „grundsätzlicher Bedeutung und großer politischer Tragweite"[16] eingelegt wurde, weitaus geringere Bedeutung.[17] Schließlich kann der EGMR vorläufige Maßnahmen treffen oder Gutachten zur Auslegung der Konvention verfassen (Art. 47 EMRK).[18] Der Fokus der folgenden Untersuchungen wird auf denjenigen Entscheidungen des Gerichtshofs liegen, die auf Grund eines Individualbeschwerdeverfahrens Art. 34 EMRK ergangen sind.

A. Völkerrechtliche Bindungswirkung

Hält der EGMR eine Konventionsbestimmung für verletzt, stellt er die Verletzung lediglich fest (vgl. Art. 41 EMRK), ohne konkrete Handlungsaufträge zu formulieren.[19] Zwar wäre eine rechtsgestaltende Urteilswirkung für eine effektive Wahrung der Europäischen Menschenrechtskonvention sinnvoll, je-

---

[9] *Kadelbach*, in: Ehlers/Schoch, Rechtsschutz im Öffentlichen Recht, § 5, Rn. 6.

[10] Siehe oben S. 250 ff.

[11] *Sauer*, ZaöRV 2005, 35 (41).

[12] *Dörr*, DVBl 2006, 1088 (1089 f.).

[13] *Meyer-Ladewig*, EMRK, Art. 34, Rn. 1.

[14] Siehe oben S. 250 ff.

[15] *Egli*, ZaöRV 2004, 759 (760 ff.); *F. Kirchhof*, NJW 2011, 3681 (3682); *Meyer-Ladewig*, EMRK, Einleitung, Rn. 6; *Schweisfurth*, Völkerrecht, Zweiter Teil, 17. Kapitel, Rn. 62.

[16] EGMR v. 10. 5. 2001 – 25781/94 (Zypern/Türkei); einzusehen in der Online-Datenbank des EGMR: www.hudoc.echr.coe/int/sites/eng/pages/serach.aspx?i=001–59454; *Meyer-Ladewig*, EMRK, Art. 33, Rn. 2.

[17] *Kadelbach*, in: Ehlers/Schoch, Rechtsschutz im Öffentlichen Recht, § 5, Rn. 24; *Meyer-Ladewig*, EMRK, Art. 33, Rn. 2.

[18] *Kadelbach*, in: Ehlers/Schoch, Rechtsschutz im Öffentlichen Recht, § 5, Rn. 27.

[19] *Gusy*, JA 2009, 406 (408); *F. Kirchhof*, NJW 2011, 3681 (3683); *Meyer-Ladewig*, EMRK, Art. 41, Rn. 1; *Schweisfurth*, Völkerrecht, Zweiter Teil, 17. Kapitel, Rn. 64.

doch ist eine solche Wirkung im Vertragstext nicht angelegt und wird auch vom EGMR nicht beansprucht.[20] Gemäß Art. 42 und 44 EMRK erwachsen die Entscheidungen des Gerichtshofs in formelle Rechtskraft. Die materielle Rechtskraft ergibt sich gemäß Art. 46 Abs. 1 EMRK, wonach die Entscheidungen als verbindlich[21] zu befolgen sind.[22] Die Entscheidungen des EGMR haben jedoch keine kassatorische oder rechtskraftdurchbrechende[23] Wirkung.[24] Dafür hätte es einer Übertragung von Hoheitsrechten bedurft, was gemäß Art. 23 Abs. 1 S. 2 und Art. 24 Abs. 1 GG für die EU und zwischenstaatliche Einrichtungen vorgesehen ist. Dass sich die Bundesrepublik Deutschland der Jurisdiktion des EGMR unterworfen hat, liefert hingegen keine ausreichende Legitimation für eine Durchgriffswirkung.[25] Daher führt eine Rüge des EGMR zunächst nur dazu, dass sich der betreffende Vertragsstaat nicht mehr auf ein konventionskonformes Verhalten berufen kann. Des Weiteren ist der Vertragsstaat verpflichtet, einen konventionskonformen Zustand herzustellen.[26] Die gerügten Staaten können in der Regel[27] frei entscheiden,[28] welche Mittel sie zur Beseitigung einer Konventionsverletzung einsetzen.[29] Für den Fall, dass dem Vertragsstaat nur eine unvollkommene Wiedergutmachung möglich ist,

---

[20] *Schilling*, Deutscher Grundrechtsschutz, S. 103 ff.

[21] Umstritten ist, ob Art. 46 Abs. 1 EMRK über den Wortlaut hinaus („Vertragsstaaten") eine unmittelbare völkerrechtliche Bindungswirkung nationaler Hoheitsträger begründet. Eine solche Wirkung muss jedoch bejaht werden, wenn die Europäische Menschenrechtskonvention ihre Effektivität bewahren möchte (siehe dazu *Schilling*, Deutscher Grundrechtsschutz, S. 117 ff.). Vorliegend kommt es hierauf aber nicht an, weil es im Weiteren um die *innerstaatliche* (und nicht um die *konventionsrechtliche*) Bindungswirkung geht.

[22] BVerfG v. 14. 10. 2004 – 2 BvR 1481/04, NJW 2004, 3407 (3409).

[23] Allerdings ist im Strafprozess nach § 359 Nr. 6 StPO und im Zivilprozess nach § 580 Nr. 8 ZPO die Wiederaufnahme des Verfahrens möglich, wenn eine Konventionsverletzung vom EGMR feststellt wurde (*Payandeh*, JöR 2009, 465 (493 f.)).

[24] *F. Kirchhof*, NJW 2011, 3681 (3683); *Sauer*, ZaöRV 2005, 35 (40, 50); *Schaller*, EuR 2006, 656 (658); Näheres zur Wirkung der EGMR-Urteile bei *Gusy*, JA 2009, 406 (408 f.); *Polakiewicz*, Verpflichtungen der Staaten aus den Urteilen des EGMR, S. 217 ff.

[25] *Dederer*, ZaöRV 2006, 575 (592).

[26] BVerfG v. 14. 10. 2004 – 2 BvR 1481/04, NJW 2004, 3407 (3409).

[27] Allerdings hat die Parlamentarische Versammlung des Europarates gefordert, dass der EGMR die innerstaatlichen Organe konkret anweisen soll, wie die EGMR-Entscheidungen umzusetzen sind. Daher hat der EGMR in einer Entscheidung gegen die Türkei vom 13. November 2003 (53968/00 (Ismail Günes/Türkei), unveröff.) eine Verletzung des Art. 6 EMRK festgestellt und konkret darauf hingewiesen, dass eine erneute Verhandlung vor einem unabhängigen Gericht die beste Art der Wiedergutmachung ist. Auch in der Rechtssache „Görgülü" verlangte der EGMR, dass dem Vater ein Umgangsrecht mit dem Kind eingeräumt wird. Obgleich diese Aufforderungen nicht bindend sind, beschränken sie de facto die den Staaten grundsätzlich zugebilligte freie Wahl der „Wiedergutmachungsmittel" (*Breuer*, NVwZ 2005, 412 (414); *Meyer-Ladewig/Petzold*, NJW 2005, 15 (18)).

[28] *Sauer*, ZaöRV 2005, 35 (40).

[29] EGMR v. 30. 6. 2009 – 32772/02 (Verein gegen Tierfabriken/Schweiz), NJW 2010, 3699; *Dieterich*, in: FS Jaeger, S. 95 (105 f.); *Grabenwarter*, in: Merten/Papier, Handbuch der Grundrechte, Band VI/2, § 169, Rn. 33 ff.; *F. Kirchhof*, NJW 2011, 3681 (3683).

kann der Gerichtshof der verletzten Partei gemäß Art. 41 EMRK eine gerechte Entschädigung zusprechen.[30] Wird allerdings eine Rüge des EGMR von dem betreffenden Staat gänzlich ignoriert, kommt es zu einer erneuten Konventionsverletzung, die wiederum Sanktionen auslösen kann.[31]

Relativierend ist allerdings zu beachten, dass die Aufgabe zur Wahrung der Europäischen Menschenrechtskonvention primär den Mitgliedstaaten und nur subsidiär dem EGMR zugewiesen ist.[32] Die konventionsrechtliche Subsidiarität geht aus Art. 1, 13 und 35 EMRK hervor.[33] Zentral ist Art. 35 Abs. 1 EMRK. Danach darf eine Individualbeschwerde erst nach „Erschöpfung aller innerstaatlichen Rechtsbehelfe“ eingelegt werden. Nach einhelliger Ansicht schließt dies auch die Verfassungsbeschwerde zum BVerfG mit ein.[34] Die prozessuale Subsidiaritätsregel basiert auf dem völkerrechtlichen Grundsatz, dass Streitigkeiten erst dann auf zwischenstaatlicher Ebene zu klären sind, wenn zuvor eine innerstaatliche Streitbeilegung versucht wurde.[35] Die Sachverhaltsermittlung und Beweissicherung sollen möglichst umfassend von nationaler Seite vorgenommen werden; denn der Menschenrechtsschutz lässt sich umso effektiver verwirklichen, je stärker die sachnäheren[36] staatlichen Behörden und Gerichte involviert sind.[37] Nach der konventionsrechtlichen Aufgabenzuweisung soll der EGMR also vorrangig Vertragsverletzungen der Mitgliedstaaten feststellen, nicht aber die nationale Rechtsanwendung überprüfen.[38]

Die konventionsrechtlich angeordnete Subsidiarität findet in der *Margin of Appreciation*-Doktrin ihr justizielles Korrelat. Mit diesem „Kunstgriff“[39] gewährt der EGMR den Mitgliedstaaten im Einzelfall einen Beurteilungs- oder

---

[30] *Meyer-Ladewig*, EMRK, Art. 41, Rn. 4.

[31] *Sauer*, ZaöRV 2005, 35 (40).

[32] *Krieger*, DVBl 2009, 1469 (1471).

[33] *Klein*, in: Merten/Papier, Handbuch der Grundrechte, Band VI/1, § 150, Rn. 45.

[34] EGMR v. 31.5.2001 – 37591/97 (Metzger/Deutschland), NJW 2002, 2856; *Dederer*, ZaöRV 2006, 575 (618 f.); *Ekardt/Lessmann*, Kritische Justiz 2006, 381 (386 f.); *Hoffmann-Riem*, EuGRZ 2002, 473 (475); *Jaeger*, EuGRZ 2005, 193 (200); *Klein*, in: Merten/Papier, Handbuch der Grundrechte, Band VI/1, § 150, Rn. 64; *Schröder*, Gesetzesbindung des Richters und Rechtsweggarantie im Mehrebenensystem, S. 187.

[35] *Kadelbach*, in: Ehlers/Schoch, Rechtsschutz im Öffentlichen Recht, § 5, Rn. 47.

[36] Das Verhältnis zwischen dem EGMR und den nationalen Gerichten ist vergleichbar mit der Zuständigkeit des BVerfG (vgl. § 90 Abs. 2 BVerfGG). Das BVerfG kann Entscheidungen der Fachgerichte nur überprüfen, wenn eine Verletzung „spezifischen Verfassungsrechts“ im Raum steht (*Klein*, in: Merten/Papier, Handbuch der Grundrechte, Band VI/1, § 150, Rn. 47).

[37] EGMR v. 18.9.2009 – 16064/90 u. a. (Varnava u. a./Türkei), NVwZ-RR 2011, 251 (256), Rn. 164.

[38] *Menzel*, Völkerrechtsprechung, S. 54 f.

[39] *Thürer*, ZSR 2005, 51: online einzusehen unter: http://www.ivr.uzh.ch/institutsmitglieder/thuerer/forschung/ZSRJuristentagEndfassung.pdf, S. 12.

Ermessensspielraum[40].[41] Der Doktrin liegt ebenso wie dem Subsidiaritätsprinzip die Erwägung zu Grunde, dass die Staaten einen Sachverhalt und die damit einhergehenden Rechtsfragen besser bewerten können als der EGMR.[42] Zugleich soll Konflikten vorgebeugt werden, die im Widerstreit zwischen Harmonisierungsstreben und Rücksicht auf nationale Ordnungssysteme entstehen können.[43] Es geht letztlich um eine souveränitätswahrende „Gewaltenteilung" zwischen der nationalen und konventionsrechtlichen Ebene sowie um eine flexible Implementierung der Konventionsvorgaben.[44] Ein in der Literatur häufig vorzufindender Begründungsansatz für die *Margin of Appreciation*-Doktrin ist der *Judicial Self Restraint*: Nach diesem Erklärungsmodell reduziert der Gerichtshof seine Kontrolldichte, um die Souveränität der Mitgliedstaaten zu wahren und Konflikte zu vermeiden, die vor allem auf Grund seiner autonomen Begriffsbestimmung[45] entstehen können. Dadurch erhofft sich der EGMR eine stärkere mitgliedstaatliche Legitimation.[46]

Die *Margin of Appreciation*-Doktrin schließt allerdings nicht aus, dass der EGMR nachträglich eine höhere Kontrolldichte wieder einführt. Dies ist nötig, um den Menschenrechtsschutz stetig fortzuentwickeln.[47] Auch im Übrigen handhabt der EGMR die *Margin of Appreciation*-Doktrin flexibel.[48] Vor allem wird die Doktrin bei der Rechtfertigung von Eingriffen genutzt, insbesondere bei den Schranken der Art. 8 bis 11 EMRK.[49] Dabei ist die Prüfung des EGMR umso strenger, je deutlicher ein einheitlicher europäischer Schutzstandard erkennbar ist.[50] Im Übrigen ist die *Margin of Appreciation*-Doktrin bislang nur in solchen Regelungsbereichen angewendet worden, die wegen rechtlicher oder tatsächlicher Besonderheiten eine sensible Handhabung erfordern.[51] Es zeigt sich, dass der EGMR mit der *Margin of Appreciation*-Doktrin

---

[40] Die *Margin of Appreciation*-Doktrin geht weiter als der Beurteilungs- und Ermessensspielraum im nationalen Recht. Der EGMR gewährt den Mitgliedstaaten bereits bei der Sachverhaltsermittlung einen weiten Spielraum (*Wiethoff*, Das konzeptionelle Verhältnis von EuGH und EGMR, S. 183).

[41] *Klein*, in: Merten/Papier, Handbuch der Grundrechte, Band VI/1, § 150, Rn. 48; *Wiethoff*, Das konzeptionelle Verhältnis von EuGH und EGMR, S. 183.

[42] *Wiethoff*, Das konzeptionelle Verhältnis von EuGH und EGMR, S. 183.

[43] *Thürer*, ZSR 2005, 51: online einzusehen unter: http://www.ivr.uzh.ch/institutsmitglieder/thuerer/forschung/ZSRJuristentagEndfassung.pdf, S. 12.

[44] *Klein*, in: Merten/Papier, Handbuch der Grundrechte, Band VI/1, § 150, Rn. 48.

[45] Siehe oben S. 289.

[46] *Wiethoff*, Das konzeptionelle Verhältnis von EuGH und EGMR, S. 186 f.

[47] *Wiethoff*, Das konzeptionelle Verhältnis von EuGH und EGMR, S. 186 f.

[48] Näheres bei *Wiethoff*, Das konzeptionelle Verhältnis von EuGH und EGMR, S. 184 f.

[49] *Klein*, in: Merten/Papier, Handbuch der Grundrechte, Band VI/1, § 150, Rn. 49.

[50] *Menzel*, Völkerrechtsprechung, S. 54 f.; *Widmaier/Alber*, ZEuS 2012, 387 (413).

[51] *Klein*, in: Merten/Papier, Handbuch der Grundrechte, Band VI/1, § 150, Rn. 50; *Krieger*, DVBl 2009, 1469 (1472 f.); *Menzel*, Völkerrechtsprechung, S. 54 f.; *Viellechner*, in: Matz-Lück/Hong, Grundrechte und Grundfreiheiten im Mehrebenensystem, S. 109 (158); *Widmaier/Alber*, ZEuS 2012, 387 (413).

ein Instrument zur notwendigen Feinabstimmung und Kooperation mit den nationalen Gerichten geschaffen hat. Allerdings fehlt es bislang an eindeutigen Kriterien zur Handhabung der *Margin of Appreciation*-Doktrin. Insbesondere ist bisher intransparent geblieben, wann nationale Besonderheiten die Bindung an Konventionsvorgaben relativieren können.

B. Innerstaatliche Bindungswirkung

Obwohl die Völkerrechtsfreundlichkeit eine möglichst weitgehende Harmonisierung zwischen dem nationalen Recht und den Vorgaben des EGMR gebietet, können die konventionsrechtlichen Pflichten und die innerstaatliche Bindungswirkung auseinanderklaffen. Das Konventionsrecht überlässt es nämlich den Mitgliedstaaten, welchen Rang sie der Europäischen Menschenrechtskonvention im nationalen Recht zuweisen[52] und wie sie die Urteile des EGMR befolgen.[53] Im Folgenden wird dargestellt, wie die innerstaatliche Bindung an die EGMR-Rechtsprechung „funktioniert“. Dazu wird exemplarisch auf drei prominente Entscheidungen des BVerfG – namentlich „Görgülü“[54], „Caroline III“[55] und „Sicherungsverwahrung II“[56] – zurückgegriffen.

In der „Görgülü“-Entscheidung nimmt das BVerfG nicht nur – wie bereits gesehen – Stellung zur innerstaatlichen Bindungswirkung der Europäischen Menschenrechtskonvention,[57] sondern erstmals auch zur innerstaatlichen Befolgung von EGMR-Entscheidungen. Den Judikaten des Straßburger Gerichtshofs komme besondere Bedeutung zu, weil sich in ihnen „der aktuelle Entwicklungsstand der Konvention und ihrer Protokolle widerspiegelt“.[58] Wegen der Bindung an Recht und Gesetz nach Art. 20 Abs. 3 GG seien alle staatlichen Organe an die EGMR-Vorgaben gebunden. Für die fachgerichtliche Rechtsanwendung und -auslegung bedeute dies, „dass die entsprechenden Texte und Judikate zur Kenntnis genommen werden und in den Willensbildungsprozess […] einfließen“ müssen.[59] Das BVerfG verlangt von den Fachgerichten eine tiefgreifende Auseinandersetzung mit den Entscheidungen des EGMR.

---

[52] BVerfG v. 14. 10. 2004 – 2 BvR 1481/04, NJW 2004, 3407 (3409); *Schilling*, Deutscher Grundrechtsschutz, S. 103 ff.; *Viellechner*, in: Matz-Lück/Hong, Grundrechte und Grundfreiheiten im Mehrebenensystem, S. 109 (124).

[53] Siehe oben S. 303 ff.

[54] BVerfG v. 14. 10. 2004 – 2 BvR 1481/04, NJW 2004, 3407 (3410).

[55] BVerfG v. 26. 2. 2008 – 1 BvR 1602/07 (u. a.), NJW 2008, 1793.

[56] BVerfG v. 4. 5. 2011 – 2 BvR 2365/09 (u. a.), NJW 2011, 1931.

[57] Siehe oben S. 230 ff.

[58] BVerfG v. 14. 10. 2004 – 2 BvR 1481/04, NJW 2004, 3407 (3409); so auch: BVerfG v. 4. 5. 2011 – 2 BvR 2365/09 (u. a.), NJW 2011, 1931 (1945), Rn. 165.

[59] BVerfG v. 14. 10. 2004 – 2 BvR 1481/04, NJW 2004, 3407 (3410).

Notfalls müssten die Gerichte „nachvollziehbar begründen, warum sie der völkerrechtlichen Rechtsauffassung gleichwohl nicht folgen".[60]

Laut BVerfG ist die Berücksichtigungspflicht der Fachgerichte aber zu relativieren; denn – wie bereits gezeigt[61] – müsse die Einpassung der EGMR-Rechtsprechung in das innerstaatliche Recht *schonend* erfolgen.[62] Die „wertende Berücksichtigung" der EGMR-Vorgaben dürfe nicht zu einer Einschränkung des nationalen Grundrechtsschutzes[63] führen (Art. 53 EMRK) oder den „Rahmen methodisch vertretbarer Gesetzesauslegung" sprengen.[64] Die Berücksichtigungspflicht stößt daher zum einen an *materiell-rechtliche* Grenzen und zum anderen an *methodische* Grenzen:[65]

Die materiell-rechtliche Grenze wird laut BVerfG durch höherrangiges Recht errichtet, vor allem durch Verfassungsrecht.[66] Explizit heißt es im „Görgülü"-Beschluss, dass „tragende Grundsätze der Verfassung"[67] gegenüber Konventionseinflüssen gewahrt werden müssten.[68] Konkretisierend weist das BVerfG im „Sicherungsverwahrung II"-Beschluss auf die Kerngehaltsgrenze nach Art. 79 Abs. 3 GG hin.[69]

Zusätzlich zu der materiell-rechtlichen Rezeptionsgrenze der „tragenden Grundsätze der Verfassung" benennt das BVerfG außerdem eine methodische Grenze:[70] Eine „schematische Vollstreckung" der EGMR-Judikatur verbiete sich nämlich auch dann, wenn die konventionsrechtlichen Vorgaben auf ein „in seinen Rechtsfolgen ausbalanciertes Teilsystem des innerstaatlichen Rechts" stießen, „das verschiedene Grundrechtspositionen miteinander zum Ausgleich bringen will".[71] Vor allem so genannte „mehrpolige Grundrechtsverhältnisse" verlangten eine behutsame Abwägung der involvierten Rechtspositionen. Es könne allerdings der Fall eintreten, dass eine Abwägungsentscheidung des EGMR im Ergebnis anders ausfalle als die der nationalen Gerichte. Dagegen

---

60 BVerfG v. 14.10.2004 – 2 BvR 1481/04, NJW 2004, 3407 (3410).

61 Siehe oben S. 231 f.

62 BVerfG v. 4.5.2011 – 2 BvR 2365/09 (u.a.), NJW 2011, 1931 (1936), Rn. 94.

63 BVerfG v. 14.10.2004 – 2 BvR 1481/04, NJW 2004, 3407 (3408); so auch: BVerfG v. 4.5.2011 – 2 BvR 2365/09 (u.a.), NJW 2011, 1931 (1935), Rn. 88.

64 BVerfG v. 14.10.2004 – 2 BvR 1481/04, NJW 2004, 3407 (3410 f.); ähnlich auch BVerfG v. 4.5.2011 – 2 BvR 2365/09 (u.a.), NJW 2011, 1931 (1935), Rn. 86.

65 Siehe oben S. 231 f.

66 BVerfG v. 14.10.2004 – 2 BvR 1481/04, NJW 2004, 3407 (3411).

67 Zwar hat das BVerfG die Grenze der „tragenden Grundsätze der Verfassung" explizit nur für die Legislative aufgestellt. Dieses Rezeptionshindernis gilt aber auch für die völkerrechtsfreundliche Auslegung durch die Gerichte (*Meyer-Ladewig/Petzold*, NJW 2005, 15 (16)).

68 BVerfG v. 14.10.2004 – 2 BvR 1481/04, NJW 2004, 3407 (3411).

69 BVerfG v. 4.5.2011 – 2 BvR 2365/09 (u.a.), NJW 2011, 1931 (1936), Rn. 93.

70 *Sachs*, Jus 2011, 854 (855).

71 BVerfG v. 14.10.2004 – 2 BvR 1481/04, NJW 2004, 3407 (3411); ähnlich auch BVerfG v. 4.5.2011 – 2 BvR 2365/09 (u.a.), NJW 2011, 1931 (1936), Rn. 91.

bestünden aber verfassungsrechtliche Bedenken, weil der EGMR im Individualbeschwerdeverfahren die beteiligten Rechtspositionen nicht vollständig erfasse. Neben dem Beschwerdeführer sei im Verfahren vor dem EGMR nämlich nur die betroffene Vertragspartei – d. h. der gerügte Mitgliedstaat – beteiligt, nicht aber ein möglicherweise ebenfalls betroffener Dritter. Bei einer unreflektierten Übernahme der EGMR-Urteile bestehe – so das BVerfG – die Gefahr, dass die Rechtspositionen des Dritten, der nicht zum Verfahren vor dem EGMR hinzugezogen wurde, auch im nationalen Recht „unter den Tisch" fielen.[72]

Bei der Einpassung einer EGMR-Entscheidung in das nationale Recht belässt das BVerfG den Fachgerichten ihren üblichen Beurteilungsspielraum. Das BVerfG prüft also lediglich, ob die fachgerichtliche Auslegung und Anwendung der Konventionsvorgaben willkürlich ist und ob dabei die Bedeutung eines Grundrechts oder einer Verfassungsvorgabe verkannt wurde.[73]

Eingehend beschäftigt sich das BVerfG im „Caroline III"-Beschluss mit dem fachgerichtlichen Beurteilungsspielraum, der bei der Grundrechtsabwägung und Einpassung konventionsrechtlicher Vorgaben besteht. Der Entscheidung lag ein Widerstreit zwischen der Pressefreiheit nach Art. 5 Abs. 1 S. 2 Var. 1 GG und dem allgemeinen Persönlichkeitsrecht der Beschwerdeführerin gemäß Art. 2 Abs. 1 i. V. m. Art. 1 Abs. 1 GG zu Grunde. Die Fachgerichte standen vor der Frage, ob sie §§ 22 ff. KUG zu Gunsten der einen oder anderen Grundrechtsposition auslegen sollten.[74] Dabei hatten die Fachgerichte außerdem eine Entscheidung des EGMR zu berücksichtigen, worin der EGMR die Bundesrepublik Deutschland bereits vier Jahre zuvor wegen eines defizitären Schutzes der Privatsphäre gegenüber der Presse verurteilt hatte.[75] In dieser komplexen Interessenlage entschied sich der letztinstanzlich zuständige BGH im Wesentlichen zu Gunsten des Persönlichkeitsschutzes.[76] Der BGH folgte damit der Rechtsansicht des EGMR und wich zugleich von seiner bis dato bundesverfassungsgerichtlich gebilligten[77] ständigen Rechtsprechung ab, indem er das Institut der „Person der Zeitgeschichte" verwarf.[78]

Das zur Entscheidung berufen BVerfG segnet das fachgerichtliche Vorgehen in der „Caroline III"-Entscheidung nachträglich ab und stellt heraus, dass der fachgerichtliche Beurteilungsspielraum besonders groß sei, wenn Grundrechtskollisionen anhand von Generalklauseln einem schonenden Ausgleich

---

[72] BVerfG v. 14. 10. 2004 – 2 BvR 1481/04, NJW 2004, 3407 (3410).

[73] BVerfG v. 14. 10. 2004 – 2 BvR 1481/04, NJW 2004, 3407 (3411).

[74] *Hoffmann-Riem*, NJW 2009, 20 (21 f.).

[75] EGMR v. 24. 6. 2004 – 59320/00 (Caroline von Hannover/Deutschland), NJW 2004, 2647.

[76] BGH v. 6. 3. 2007 – VI ZR 51/06, NJW 2007, 1977, Rn. 4.

[77] BVerfG v. 15. 12. 1999 – 1 BvR 653/96, NJW 2000, 1021.

[78] BGH v. 6. 3. 2007 – VI ZR 51/06, NJW 2007, 1977 (1978), Rn. 11.

zugeführt werden müssten. Es sei primär Aufgabe der Fachgerichte, bei der Gesetzesauslegung und -anwendung „die Grundrechte des Grundgesetzes unter Berücksichtigung der Vorgaben der Europäischen Menschenrechtskonvention zu beachten".[79] Die Kontrolle des BVerfG beschränke sich allein darauf, ob die Fachgerichte bei der Auslegung und Anwendung und bei der Abwägung kollidierender Rechtspositionen die Bedeutung der Grundrechte ausreichend gewürdigt hätten. „Auf diesen Umfang ist auch die verfassungsgerichtliche Nachprüfung begrenzt, ob die Fachgerichte ihrer Aufgabe nachgekommen sind, die Entscheidungen des EGMR in die betroffene Teilrechtsordnung der nationalen Rechtsordnung einzupassen."[80] Ein bundesverfassungsgerichtlich zu beanstandender Verfassungsverstoß liege demnach erst vor, wenn Grundrechte oder sonstige Verfassungsvorgaben fehlerhaft gewichtet worden seien oder „verfassungsrechtlich zu beachtende Maßgaben der EMRK nicht hinreichend berücksichtigt worden sind".[81] Es kommt also darauf an, ob das BVerfG eine andere Wertung für „verfassungsrechtlich vorgegeben" hält. Nur wenn dies der Fall ist, kann das BVerfG die instanzgerichtliche Entscheidung, sofern sie im Wege der Verfassungsbeschwerde angegriffen wurde, aufheben.[82] Explizit heißt es von Seiten des BVerfG:

> Die Auslegung und Anwendung [...] durch die Fachgerichte hat der interpretationsleitenden Bedeutung der [...] berührten Grundrechtsposition Rechnung zu tragen sowie die betroffenen Gewährleistungen der Europäischen Menschenrechtskonvention zu berücksichtigen. Das Bundesverfassungsgericht ist auf eine Nachprüfung begrenzt, ob der Einfluss der deutschen Grundrechte, auch unter Berücksichtigung der Gewährleistungen der Europäischen Menschenrechtskonvention, auf die Auslegung der zivilrechtlichen Normen und auf die Abwägung der kollidierenden Schutzgüter hinreichend beachtet ist. Das ist nicht schon allein deshalb zu verneinen, weil das Ergebnis auch anders hätte ausfallen können.[83]

Die bundesverfassungsgerichtlichen Äußerungen zeigen, dass die Fachgerichte die Vorgaben des EGMR grundsätzlich im Wege „wertender Berücksichtigung" einfließen lassen müssen – allerdings nur unter Vorbehalt. Die Grenzen der Konventionsfreundlichkeit verlaufen dort, wo „tragende Grundsätze der Verfassung" berührt sind oder ein „mehrpoliges Grundrechtsverhältnis" Gegenstand der Entscheidung ist. In der letzteren Konstellation räumt das BVerfG den Fachgerichten einen weiten Beurteilungsspielraum ein und gestattet ihnen eine eigenständige Wertung, die von den Vorgaben des EGMR abweichen darf. Gleichwohl kann das BVerfG nachprüfen, ob sich die fachgerichtliche Wertung innerhalb des verfassungsrechtlich vorgegebenen Rahmens hält.

---

79 BVerfG v. 26.2.2008 – 1 BvR 1602/07 (u.a.), NJW 2008, 1793 (1797), Rn. 74.

80 BVerfG v. 26.2.2008 – 1 BvR 1602/07 (u.a.), NJW 2008, 1793 (1797), Rn. 75.

81 BVerfG v. 26.2.2008 – 1 BvR 1602/07 (u.a.), NJW 2008, 1793 (1797), Rn. 75 f.

82 *Schilling*, Deutscher Grundrechtsschutz, S. 156.

83 BVerfG v. 26.2.2008 – 1 BvR 1602/07 (u.a.), NJW 2008, 1793 (1795), Rn. 49.

Der verfassungsrechtlich vorgegebene Rahmen ist aber seinerseits durch das Gebot der Konventionsfreundlichkeit determiniert. Auf diese Weise räumt sich das BVerfG selbst die Möglichkeit ein, die fachgerichtliche Auslegung und Anwendung der Europäischen Menschenrechtskonvention zu überprüfen. Zugleich eröffnet sich das BVerfG damit die Möglichkeit, seine eigenen Wertungen an die Stelle der Rechtsansichten des EGMR zu setzen.

C. Orientierungswirkung erga omnes

Die bisher dargestellten Grundsätze zur völkerrechtlichen und innerstaatlichen Bindungswirkung betreffen explizit nur solche Konstellationen, in denen die Bundesrepublik Deutschland selbst Adressat einer EGMR-Entscheidung ist. Die vorliegende Konstellation ist jedoch eine andere. Zur Frage des Beamtenstreiks ist nicht Deutschland selbst, sondern die Türkei Partei des Individualbeschwerdeverfahrens (Art. 34 EMRK) gewesen. Es stellt sich also die Frage, ob eine Entscheidung des EGMR im Individualbeschwerdeverfahren auch gegenüber denjenigen Konventionsstaaten eine völkerrechtliche Bindungswirkung entfaltet, die selbst nicht am Verfahren beteiligt sind. Ausdrücklich beschränkt Art. 46 Abs. 1 EMRK die materielle Rechtskraft auf den konkreten Streitgegenstand (*res iudicata*).[84] Die EGMR-Entscheidungen haben auch keine Gesetzesqualität und eine dem § 31 Abs. 1 BVerfGG vergleichbare Vorschrift gibt es in der Konvention nicht.[85] Damit gelten die Verpflichtungen aus einer EGMR-Entscheidung zunächst nur *inter partes*, d. h. für denjenigen Staat, der an dem Verfahren beteiligt war und nicht für drittbeteiligte oder unbeteiligte Staaten.[86]

Gleichwohl besteht weitgehend Konsens, dass die EGMR-Entscheidungen auch über den Einzelfall hinaus (*erga omnes*) jedenfalls *indirekt* zu beachten sind.[87] In der Rechtsprechung und der Literatur spricht man von einer fakti-

---

[84] BVerfG v. 11. 10. 1985 – 2 BvR 336/85, NJW 1986, 1425 (1427); *Ekardt/Lessmann*, Kritische Justiz 2006, 381 (386); *Klein*, in: Merten/Papier, Handbuch der Grundrechte, Band VI/1, § 150, Rn. 121; *Meyer-Ladewig/Petzold*, NJW 2005, 15 (16).

[85] BVerfG v. 14. 10. 2004 – 2 BvR 1481/04, NJW 2004, 3407 (3409); *Meyer-Ladewig*, EMRK, Art. 46, Rn. 15; *Meyer-Ladewig/Petzold*, NJW 2005, 15 (18); *Weiß*, EuZA 2010, 457 (464).

[86] BVerfG v. 14. 10. 2004 – 2 BvR 1481/04, NJW 2004, 3407 (3409); OVG Münster v. 7. 3. 2012 – 3d A 317/11.O; zit. nach: juris, Rn. 185; *Cremer*, EuGRZ 2004, 683 (690); *Meyer-Ladewig*, EMRK, Art. 46, Rn. 15; *Weiß*, EuZA 2010, 457 (464).

[87] *Grabenwarter*, in: Merten/Papier, Handbuch der Grundrechte, Band VI/2, § 169, Rn. 45; vgl. *Gusy*, JA 2009, 406 (410); *Klein*, in: Merten/Papier, Handbuch der Grundrechte, Band VI/1, § 150, Rn. 130.

schen Orientierungs-[88] oder Präjudizwirkung[89] bzw. einer normativen Leitfunktion[90]. Allerdings unterliegt die *erga omnes*-Wirkung der Voraussetzung, dass die einer EGMR-Entscheidung zu Grunde liegende Sach- und Rechtslage mit der nationalen Fallgestaltung vergleichbar sind.[91] In den Worten des BVerwG ist es erforderlich, dass sich eine „verallgemeinerungsfähige und allgemeine Gültigkeit beanspruchende Auslegung einer Konventionsbestimmung feststellen" lässt.[92] Weitere Details der Orientierungswirkung sind umstritten – insbesondere die dogmatische Verankerung und Reichweite. Im Folgenden wird die Orientierungswirkung näher erläutert und anschließend geprüft, ob sie von den Entscheidungen „Demir und Baykara" und „Enerji Yapi-Yol Sen" ausgeht.

I. Herleitung

Seit Ende der 1990er Jahre ist in der nationalen Rechtsprechung und Literatur weitgehend anerkannt, dass die Auslegung der Europäischen Menschenrechtskonvention durch den EGMR von den deutschen Gerichten zu beachten ist.[93] Der EGMR besitzt allerdings kein völkerrechtliches Auslegungsmonopol und es besteht über den Einzelfall hinaus auch keine völkerrechtliche Pflicht zur Beachtung seiner Entscheidungen.[94] Das konventionsrechtliche Rechtsschutzsystem ist aber darauf ausgelegt, dass die EGMR-Entscheidungen auch über den Einzelfall hinaus Beachtung finden.[95] Eine entsprechende Bindung wird namentlich aus Art. 1 EMRK[96] i. V. m. Art. 19 und Art. 32 Abs. 1 EMRK[97]

---

[88] BVerfG v. 4. 5. 2011 – 2 BvR 2365/09 (u. a.), NJW 2011, 1931 (1935); BVerwG v. 27. 2. 2014 – 2 C 1/13, NZA 2014, 616; *Masuch*, NVwZ 2000, 1266 f.; *Meyer-Ladewig*, EMRK, Art. 46, Rn. 18; *Polakiewicz/Kessler*, NVwZ 2012, 841 (843); *Schröder*, Gesetzesbindung des Richters und Rechtsweggarantie im Mehrebenensystem, S. 191 f.

[89] *Dieterich*, in: FS Jaeger, S. 95 (108).

[90] BVerfG v. 4. 5. 2011 – 2 BvR 2365/09 (u. a.), NJW 2011, 1931; BVerwG v. 30. 7. 2001 – 4 BN 41/01, NVwZ 2002, 87; *Jaeger*, EuGRZ 2005, 193 (194); *Meyer-Ladewig*, EMRK, Art. 46, Rn. 18.

[91] Vgl. die Regel des *Distinguishing*, die in *Common Law*-Jurisdiktionen zum *Overruling* von Präzedenzfällen angewendet wird; Näheres bei *Schlüchter*, Mittlerfunktion der Präjudizien, S. 96.

[92] BVerwG v. 30. 7. 2001 – 4 BN 41/01, NVwZ 2002, 87.

[93] *Pache*, EuR 2004, 393 (407).

[94] *Haß*, Urteile des EGMR, S. 163; *Masuch*, NVwZ 2000, 1266 (1267); *Pache*, EuR 2004, 393 (406).

[95] BVerwG v. 16. 12. 1999 – 4 CN 9/98, NVwZ 2000, 810 (812).

[96] *Heer-Reißmann*, Die Letztentscheidungskompetenz des EGMR in Europa, S. 86 ff.; *Meyer-Ladewig/Petzold*, NJW 2005, 15 (18); *Rixe*, FPR 2008, 222 (223): Als dogmatischen Anknüpfungspunkt für die Orientierungswirkung ziehen diese Autoren lediglich Art. 1 EMRK heran.

[97] *Klein*, in: Merten/Papier, Handbuch der Grundrechte, Band VI/1, § 150, Rn. 130; *Payandeh*, JöR 2009, 465 (491 f.); *Schröder*, Gesetzesbindung des Richters und Rechtsweggarantie im Mehrebenensystem, S. 191.

sowie aus dem nationalen Zustimmungsgesetz nach Art. 59 Abs. 2 S. 1 GG hergeleitet. Das BVerfG stützt sich dagegen auf Art. 13 Abs. 1, Art. 52 EMRK, das nationale Zustimmungsgesetz gemäß Art. 59 Abs. 2 S. 1 GG und rechtsstaatliche Anforderungen im Allgemeinen.[98]

Trotz teilweise unterschiedlicher dogmatischer Herleitung basieren aber alle Begründungsansätze auf derselben Annahme: Die Vertragsstaaten haben sich mit der Erteilung des innerstaatlichen Rechtsanwendungsbefehls[99] im Voraus verpflichtet, allen Bürgern die Rechte der Europäischen Menschenrechtskonvention umfassend zu garantieren (vgl. Art. 1 EMRK) – und zwar in dem Gepräge, das die Gewährleistungen durch den EGMR erhalten haben.[100] In der EGMR-Rechtsprechung spiegelt sich nämlich der „aktuelle Entwicklungsstand der Konvention und ihrer Protokolle wider".[101] Der für die Europäische Menschenrechtskonvention nach Art. 59 Abs. 2 S. 1 GG erteilte Rechtsanwendungsbefehl impliziert folglich eine Billigung der EGMR-Judikatur. Die Orientierungswirkung ist Bestandteil der konventionsrechtlichen Verpflichtungskraft[102] zur Effektuierung eines umfassenden Menschenrechtsschutzes.[103]

II. Kritik an der dogmatischen „Unschärfe"

Erst kürzlich haben die Konventionsstaaten in der Erklärung von Brighton[104] die Orientierungswirkung der EGMR-Judikatur vertraglich anerkannt. Die Konventionsstaaten erklärten, dass sie die Rechtsprechung des EGMR „mit vorauseilendem Gehorsam" befolgen wollten, d. h. ohne eine eigene Verurteilung durch den EGMR abzuwarten.[105] Dennoch ist die Orientierungswirkung umstritten.[106] Kritisch wird vorgebracht, dass die Entscheidungen des EGMR von unbeteiligten Drittstaaten nicht unreflektiert übernommen werden *dürften*, „weil sie häufig vor dem Hintergrund einer ganz konkreten Rechtsordnung ergangen sind". In Anbetracht dessen könne die Orientierungswirkung keine normative Kraft entfalten und stelle einen unverbindlichen „Nebelbegriff" dar.[107] Es stehe allein im Ermessen der nationalen Gerichte, ob sie die Ent-

98 BVerfG v. 14. 10. 2004 – 2 BvR 1481/04, NJW 2004, 3407 (3409 f.).

99 *Payandeh*, JöR 2009, 465 (491); kritisch aber *Sauer*, ZaöRV 2005, 35 (43 f.).

100 *Meyer-Ladewig*, EMRK, Art. 46, Rn. 17; *Meyer-Ladewig/Petzold*, NJW 2005, 15 (18).

101 BVerfG v. 14. 10. 2004 – 2 BvR 1481/04, NJW 2004, 3407 (3409).

102 BVerwG v. 16. 12. 1999 – 4 CN 9/98, NVwZ 2000, 810 (812).

103 BVerfG v. 4. 5. 2011 – 2 BvR 2365/09 (u. a.), NJW 2011, 1931 (1935), Rn. 89.

104 Brighton Declaration vom 20. April 2012, Punkt 9 c) iv; online einzusehen: http://hub.coe.int/20120419-brighton-declaration.

105 *Nußberger*, RdA 2012, 270 (273); siehe auch *Polakiewicz/Kessler*, NVwZ 2012, 841 (843).

106 Näheres dazu bei *Haß*, Urteile des EGMR, S. 162 ff.

107 *Grabenwarter*, EuGRZ 2011, 229 (230).

scheidungen des EGMR berücksichtigen wollten.[108] Im Übrigen sei eine *erga omnes*-Bindung rechtstechnisch kaum begründbar, da eine solche Wirkung konventionsrechtlich nicht vorgesehen sei. Eine umfassende rechtliche Bindung an EGMR-Entscheidungen lasse sich nur konstruieren, wenn man den Relativsatz in Art. 46 Abs. 1 EMRK („in denen sie Partei sind") streiche.[109]

Den Kritikern ist nur teilweise zuzustimmen. Zugegeben, die Orientierungswirkung ist ein unscharfer Begriff, der sich dogmatisch schwer einordnen lässt. Dennoch darf die Orientierungswirkung nicht grundsätzlich abgelehnt werden; denn zum einen ist die Orientierungswirkung spätestens seit der Erklärung von Brighton von einem mitgliedstaatlichen Konsens getragen. Zum anderen ist eine Ausrichtung an der EGMR-Judikatur auch deshalb sinnvoll, weil deren Nichtbefolgung stets zu einer eigenständigen Konventionsverletzung führen kann.[110] Mit der Orientierungswirkung wird die Konventionsauslegung vereinheitlicht und die Rechtssicherheit gestärkt. Dies dient nicht nur dem Menschenrechtsschutz, sondern auch der Entlastung[111] des EGMR.

Überdies besteht aber Einigkeit, dass eine Bindung an EGMR-Entscheidungen über die nationale (Verfassungs-)Rechtsprechung erzielt werden kann.[112] Das BVerfG hat bereits die erforderlichen Weichen gestellt; denn spätestens seit dem „Pakelli"[113]-Beschluss erkennt das BVerfG an, dass den EGMR-Entscheidungen eine materielle Rechtskraft zukommt. In den Rechtssachen „Görgülü" und „Sicherungsverwahrung II" hat das BVerfG außerdem eine fachgerichtliche Berücksichtigungspflicht[114] entwickelt und der EGMR-Judikatur eine Orientierungswirkung[115] zugesprochen. Die Orientierungswirkung darf zwar nicht im Sinne einer strikten völkerrechtlichen Bindung verstanden werden, sondern – wie der Begriff bereits besagt – eher als Leitlinie und Orientierungshilfe. Die von den Kritikern beklagte Unschärfe des Begriffs ist letztlich der Tatsache geschuldet, dass die Orientierungswirkung nicht aus einer strengen konventionsrechtlichen Verpflichtung resultiert, sondern schon vorab eingreift. Die Orientierungswirkung soll über die konventionsrechtlichen Pflichten hinausgehen und eine „überobligatorische" Bindung erzielen. Damit ist die Orientierungswirkung Ausdruck einer besonderen Konventionsfreundlichkeit des nationalen Rechts. Zugleich werden konventionsrechtliche Vorgaben an-

[108] *Haß*, Urteile des EGMR, S. 161, 173.
[109] *Haß*, Urteile des EGMR, S. 173; Kritik an diesem Vorschlag bei *Okresek*, EuGRZ 2003, 168 (174).
[110] *Klein*, in: Merten/Papier, Handbuch der Grundrechte, Band VI/1, § 150, Rn. 131.
[111] *Gusy*, JA 2009, 406 (409); *Pache*, EuR 2004, 393 (406).
[112] *Haß*, Die Urteile des EGMR, S. 161.
[113] BVerfG v. 11. 10. 1985 – 2 BvR 336/85, NJW 1986, 1425 (1427).
[114] BVerfG v. 14. 10. 2004 – 2 BvR 1481/04, NJW 2004, 3407 (3408); BVerfG v. 4. 5. 2011 – 2 BvR 2365/09 (u. a.), NJW 2011, 1931 (1935), Rn. 89.
[115] BVerfG v. 4. 5. 2011 – 2 BvR 2365/09 (u. a.), NJW 2011, 1931 (1935).

tizipiert, um künftige Konventionsverstöße zu vermeiden.[116] Nach der hier vertretenen Ansicht handelt es sich um eine sinnvolle Lösung zur eingehenden Reflexion und schrittweisen Anpassung an Konventionsvorgaben. Was mit der Orientierungswirkung in jedem Fall erreicht wird, ist die notwendige Auseinandersetzung mit der EGMR-Judikatur – eine Grundvoraussetzung für jedes Bekenntnis zur Konventionsfreundlichkeit.

III. Inhalt und Reichweite

Mit der grundsätzlichen Befürwortung der Orientierungswirkung ist allerdings noch keine Aussage über ihren konkreten Inhalt und ihre Reichweite getroffen. Wertet man die Entscheidungen des BVerfG aus, so ergibt sich folgendes Bild: In der „Görgülü"-Entscheidung heißt es an relevanter Stelle:

> Die Entscheidungen des Gerichtshofs in Verfahren gegen andere Vertragsparteien geben den nicht beteiligten Staaten lediglich Anlass, ihre nationale Rechtsordnung zu überprüfen und sich bei einer möglicherweise erforderlichen Änderung an der einschlägigen Rechtsprechung des Gerichtshofs zu orientieren [...].[117]

In der Entscheidung zur „Sicherungsverwahrung II" setzt das BVerfG hinzu:

> Im Rahmen der Heranziehung der EMRK als Auslegungshilfe berücksichtigt das BVerfG Entscheidungen des EGMR auch dann, wenn sie nicht denselben Streitgegenstand betreffen. Dies beruht auf der jedenfalls faktischen Orientierungs- und Leitfunktion, die der Rechtsprechung des EGMR für die Auslegung der EMRK auch über den konkret entschiedenen Einzelfall hinaus zukommt [...]. Die Heranziehung der EMRK und der Rechtsprechung des EGMR als Auslegungshilfe auf der Ebene des Verfassungsrechts über den Einzelfall hinaus dient dazu, den Garantien der Menschenrechtskonvention in der Bundesrepublik Deutschland möglichst umfassend Geltung zu verschaffen, und kann darüber hinaus Verurteilungen der Bundesrepublik Deutschland vermeiden helfen.[118]

Die Gegenüberstellung der Entscheidungen liefert folgenden Befund: Eher vage formuliert das BVerfG noch in der „Görgülü"-Entscheidung, dass sich nationale Gerichte an der Rechtsprechung des EGMR zu orientieren hätten. Im „Sicherungsverwahrung II"-Beschluss verwendet das BVerfG dann erstmals den Begriff der „Orientierungswirkung" und macht sie zum Gegenstand der fachgerichtlichen Berücksichtigungspflicht. Danach seien die EGMR-Entscheidungen von den nationalen Gerichten zur Kenntnis zu nehmen und in den richterlichen Willensbildungsprozess einzubeziehen.[119] Es wird deutlich, dass die Orientierungswirkung Ausdruck der Konventionsfreundlichkeit des

---

[116] BVerfG v. 14.10.2004 – 2 BvR 1481/04, NJW 2004, 3407; BVerfG v. 4.5.2011 – 2 BvR 2365/09 (u. a.), NJW 2011, 1931 (1935), Rn. 89 f.

[117] BVerfG v. 14.10.2004 – 2 BvR 1481/02, NJW 2004, 3407 (3409).

[118] BVerfG v. 4.5.2011 – 2 BvR 2365/09 (u. a.), NJW 2011, 1931 (1935), Rn. 89 f.

[119] BVerfG v. 14.10.2004 – 2 BvR 1481/04, NJW 2004, 3407 (3410).

Grundgesetzes ist. Mit der schrittweisen Anerkennung der Orientierungswirkung bekräftigt das BVerfG sein Bekenntnis zur Konventionsfreundlichkeit.

Zu beachten ist allerdings, dass die Orientierungs- oder Leitfunktion nicht bereits von einer einzelnen Entscheidung des EGMR ausgehen kann, sondern nur von einer gefestigten Rechtsprechung.[120] Bereits der Wortsinn (*Leit*funktion) macht deutlich, dass diese Wirkung nicht schon einer einmaligen Entscheidung zukommt, sondern erst einer „repräsentativen" und „verallgemeinerungsfähigen"[121] Rechtsansicht zugesprochen werden kann. Es müsse daher geprüft werden, ob eine Entscheidung des EGMR die erforderliche „Stabilität" aufweise und „von überragender rechtlicher Autorität"[122] sei.[123] Dies könne etwa dann angenommen werden, wenn der EGMR eine eigene Entscheidung später wiederhole.[124] Kritisch wird aber eingewandt, dass die Identifizierung der verallgemeinerungsfähigen Entscheidungselemente kaum möglich sei, weil die EGMR-Judikatur sehr einzelfallbezogen sei.[125] Diesem Zweifel kann allerdings nicht zugestimmt werden. Zwar ist eine „unreflektierte" Übernahme jeder beliebigen Einzelfallentscheidung des EGMR weder im Sinne der Konvention noch der einzelnen Mitgliedstaaten – zumal daraus erhebliche Rechtsunsicherheiten resultieren können. Im Übrigen würde damit dem Ziel der Konventionsfreundlichkeit nicht entsprochen.[126] Allerdings kann diese Unsicherheit durch eine eingehende Auseinandersetzung mit der EGMR-Judikatur beseitigt werden. Wie bereits gezeigt, lässt sich eine „ausbrechende" Einzelfallentscheidung sehr wohl von einer konsequent aufeinander aufbauenden Rechtsprechungsentwicklung unterscheiden.[127]

IV. Orientierungswirkung im konkreten Fall

Die vorangegangen Ausführungen haben gezeigt, dass von den Rechtssachen „Demir und Baykara" und „Enerji Yapi-Yol Sen" nur dann eine Orientierungswirkung ausgehen kann, wenn die Urteile „repräsentative" und „verallgemeinerungsfähige" Aussagen enthalten. Was die „Repräsentativität" anbelangt, gilt Folgendes: „Demir und Baykara" und „Enerji Yapi-Yol Sen" müssen als gefestigte Rechtsauffassung des EGMR bewertet werden; denn wie bereits dargestellt, knüpft „Enerji Yapi-Yol Sen" ausdrücklich an „Demir und Baykara" an und zudem hat sich der Rechtsprechungswandel des EGMR zu Art. 11

---

120 *Viellechner*, EuGRZ 2011, 203 (204); *Viellechner*, in: Matz-Lück/Hong, Grundrechte und Grundfreiheiten im Mehrebenensystem, S. 109 (128 und 130).

121 BVerwG v. 16. 12. 1999 – 4 CN 9/98, NVwZ 2000, 810 (811 f.).

122 *Fiedler*, in: Geiger, Völkerrechtlicher Vertrag und staatliches Recht, S. 11 (17).

123 *Gusy*, JA 2009, 406 (410); *Masuch*, NVwZ 2000, 1266 (1268).

124 *Gusy*, JA 2009, 406 (410).

125 Vgl. *Hoffmann-Riem*, NJW 2009, 20 (26).

126 Vgl. BVerfG v. 4. 5. 2011 – 2 BvR 2365/09 (u a.), NJW 2011, 1931 (1936), Rn. 94.

127 Siehe oben S. 286 f.

EMRK über einen langen Zeitraum angebahnt. Außerdem erging die erstgenannte Entscheidung durch die Große Kammer und beide Entscheidungen wurden einstimmig getroffen, so dass mit einer künftigen Rechtsprechungskorrektur nicht zu rechnen ist.[128] Hinsichtlich der „Verallgemeinerungsfähigkeit" gilt Folgendes: Der EGMR hat die Aussage getroffen, dass das Recht auf Kollektivverhandlungen und Streik allen Angehörigen des öffentlichen Dienstes zustehen solle und nur bei hinreichendem Funktionsbezug entzogen werden könne. Auf den Beamten*status* komme es dabei nicht an. Diese Rechtsansicht hat allgemeingültigen Charakter und kann daher auf das deutsche Recht übertragen werden, wo sie in Widerspruch zum statusbezogenen Beamtenstreikverbot tritt.[129]

Vorliegend eine Orientierungswirkung anzunehmen, ist also angebracht und im Sinne der Konventionsfreundlichkeit sogar geboten. Die Nichtbefolgung der Orientierungswirkung führt nach einhelliger Ansicht zwar nicht zu einem Konventionsverstoß, da es an verbindlichen Vorgaben i. S. d. Art. 46 Abs. 1 EMRK fehlt.[130] Allerdings wird auf Betreiben der Gewerkschaft GEW bereits eine Prüfung des Beamtenstreikverbots durch das BVerfG und den EGMR angestrebt.[131] Wenn der EGMR künftig – was aller Wahrscheinlichkeit nach zu erwarten ist – bei seiner Rechtsansicht zum Streikrecht bleibt,[132] *würde* Deutschland bei der gegenwärtigen Rechtslage zum Beamtenstreikverbot wegen einer Verletzung des Art. 11 EMRK verurteilt. Wird allerdings die Orientierungswirkung der EGMR-Judikatur alsbald befolgt, kann eine Verurteilung der Bundesrepublik Deutschland abgewendet werden.

D. Konfliktpotenzial zwischen BVerfG und EGMR

Die Gegenüberstellung der konventionsrechtlichen und innerstaatlichen Bindungswirkung hat gezeigt, dass ein Konfliktpotenzial zwischen den beiden Rechtsebenen besteht. Zwar fordert das Konventionsrecht selbst keine Vorrangstellung im nationalen Recht ein,[133] es pocht jedoch auf unbedingte Einhaltung, vgl. Art. 46 Abs. 1 EMRK. Dagegen beharrt das BVerfG – stellvertretend für das Grundgesetz – auf dem „letzte Wort".[134] Obwohl die Europäische

[128] Siehe oben S. 286 f.

[129] Siehe oben S. 288 ff.

[130] Siehe oben S. 311 ff.

[131] Siehe oben S. 50 f.

[132] Siehe oben S. 286 f.

[133] *Dederer*, ZaöRV 2006, 575 (616 f.); *Hilf*, in: Marenholz/Hilf/Klein, Entwicklung der Menschenrechte, S. 19 (31); *Pache*, EuR 2004, 393 (400); *Schilling*, Deutscher Grundrechtsschutz, S. 210 f.

[134] BVerfG v. 14. 10. 2004 – 2 BvR 1481/04, NJW 2004, 3407 (3408).

Menschenrechtskonvention hierzulande nur als einfaches Gesetzesrecht gilt (Art. 59 Abs. 2 S. 1 GG), ist man bei der Rechtsanwendung und -auslegung um eine weitgehende Konventionsfreundlichkeit bemüht: Das BVerfG verlangt von den Fachgerichten eine „wertende Berücksichtigung“ der EGMR-Judikatur.[135] Auch über den Einzelfall hinaus besitzen die EGMR-Entscheidungen eine Orientierungswirkung, die bei der fachgerichtlichen Rechtsanwendung und -auslegung zu berücksichtigen ist.[136] Dabei überlässt es das BVerfG der fachgerichtlichen Beurteilung, wie die Konventionsvorgaben schonend in das nationale Recht einzupassen sind. Überdies hat das BVerfG konkrete Rezeptionsgrenzen für das Konventionsrecht benannt: Eine äußerste Grenze bilden die „tragenden Grundsätzen der Verfassung“. Außerdem haben die Fachgerichte bei „mehrpoligen Grundrechtsverhältnissen“ einen weiten Beurteilungsspielraum und dürfen bei nachvollziehbarer Begründung von den Vorgaben des EGMR abweichen.[137] Diese Einschränkungen zeigen, dass die Konventionsfreundlichkeit nicht absolut gilt, sondern von der innerstaatlichen Befolgungsbereitschaft abhängt. Indem das BVerfG Rezeptionsgrenzen aufstellt, relativiert es die Autorität des EGMR und den unbedingten Beachtungsanspruch des Konventionsrechts. Es tut sich ein Spannungsfeld auf zwischen nationaler Souveränität und konventionsrechtlichen Pflichten.

Leidtragende sind vor allem die Fachgerichte, die im Einzelfall zu entscheiden haben, ob und wie konventionsrechtlichen Vorgaben zu folgen ist: Zum einen unterliegen die Fachgerichte den Vorgaben des EGMR, zum anderen denen des BVerfG. An die jeweiligen Verpflichtungen sind die Fachgerichte nach Art. 20 Abs. 3 GG gebunden.[138] Hinzu kommt, dass das BVerfG seine Prüfung nicht auf die Verletzung „spezifischen Verfassungsrechts“ beschränkt. Es prüft auch, ob konventionsrechtliche Vorgaben bei der fachgerichtlichen Rechtsanwendung und -auslegung angemessen berücksichtigt wurden. Damit gibt das BVerfG aber zugleich eine eigene Wertentscheidung zum Konventionsrecht ab, die durchaus von der Rechtsansicht des EGMR abweichen kann.[139] Die fachgerichtliche Entscheidung muss sich also einer doppelten Nachprüfung beugen: der des BVerfG und der u. U. noch strengeren Prüfung des EGMR. Dass hier eine Gefahr für die Rechtssicherheit besteht, liegt auf der Hand.

---

[135] Siehe oben S. 307 ff.

[136] Siehe oben S. 316 f.

[137] Siehe oben S. 308 ff.

[138] *Fiedler*, Bundesverfassungsgericht und Völkerrecht, S. 239; *Viellechner*, in: Matz-Lück/Hong, Grundrechte und Grundfreiheiten im Mehrebenensystem, S. 109 (135).

[139] Siehe oben S. 310.

5. Abschnitt

Konsequenzen für das Beamtenstreikverbot

Wie bereits festgestellt wurde, fordert der EGMR eine funktionsbezogene Differenzierung für das Streikrecht im gesamten öffentlichen Dienst – also auch für den Beamtenstreik. Diese Vorgabe ist hierzulande im Wege der Orientierungswirkung zu befolgen. Allerdings steht die Rechtsansicht des EGMR in Widerspruch zum deutschen Beamtenstreikverbot. Im Folgenden wird untersucht, ob und wie das geltende deutsche Recht unter Einfluss der konventionsrechtlichen Orientierungswirkung angepasst werden kann. In der nationalen Rechtsprechung und der Literatur ist umstritten, ob Art. 33 Abs. 4 und Abs. 5 GG sowie Art. 9 Abs. 3 GG eine Abschaffung des geltenden Beamtenstreikverbots zulassen. Teils wird eine Anpassung des nationalen Rechts durch fachgerichtliche Rechtsauslegung[1] für ausreichend erachtet, teils wird allerdings eine bundesverfassungsgerichtliche Rechtsprechungsänderung[2] verlangt. Andere Stimmen halten dagegen eine Gesetzesänderung[3] oder gar eine Anpassung des Grundgesetzes durch den Verfassungsgesetzgeber[4] für notwendig. Wichtig ist an dieser Stelle die Unterscheidung zwischen einer *ausdrücklichen Verfassungsentscheidung* und *auslegungsfähigem Verfassungsrecht*. Im erstgenannten Fall könnte eine Harmonisierung mit der EGMR-Rechtsprechung nur durch den verfassungsändernden Gesetzgeber mit der erforderlichen Zweidrittelmehrheit (Art. 79 Abs. 2 GG) erfolgen. Angesichts des (noch) vorherrschenden Widerwillens, ein Beamtenstreikrecht anzuerkennen, ist aber sehr zweifelhaft, ob einer Verfassungsänderung Erfolg beschieden wäre.[5] Ginge man hingegen davon aus, dass ein Beamtenstreikrecht in Art. 33 Abs. 4 und 5 GG bzw. Art. 9 Abs. 3 GG „hineingelesen" werden könnte, ließe sich eine Konventionskonformität bereits im Wege der Auslegung erzielen. Einer aufwändigen Verfassungsänderung bedürfte es dann nicht. Damit entscheidet bereits die „Interpretationsoffenheit" des nationalen Rechts über

[1] VG Kassel v. 27. 7. 2011 – 28 K 1208/10.KS.D; zit. nach: juris, Rn. 31.

[2] *Battis*, ZBR 2011, 397 (399).

[3] *Dieterich*, in: FS Jaeger, S. 95 (109).

[4] OVG Münster v. 7. 3. 2012 – 3d A 317/11.O; zit. nach: juris, Rn. 238; OVG Lüneburg v. 12. 6. 2012 – 20 BD 7/11; zit. nach: juris, Rn. 88; VG Osnabrück v. 19. 8. 2011 – 9 A 1/11, NVwZ-RR 2012, 323 (325 f.); *Bitsch*, ZTR 2012, 78 (81); *Dumke*, Streikrecht i. S. des Art. 6 Nr. 4 ESC und deutsches Arbeitskampfrecht, S. 298, 375 f.; *Schubert*, AöR 2012, 92 (114 ff.); *Seifert*, KritV 2009, 357 (374).

[5] *Seifert*, KritV 2009, 357 (377).

den praktischen Erfolg des konventionsrechtlichen Einflusses auf das deutsche Beamtenstreikverbot.

A. Verfassungsrechtliche Rahmenbedingungen

Im Folgenden wird geklärt, ob Art. 9 Abs. 3 GG und Art. 33 Abs. 4 und 5 GG eine Rezeption der EGMR-Judikatur zulassen. Konkret geht es dabei um die Frage, ob ein Beamtenstreikrecht in diese Vorschriften „hineingelesen" werden kann.

I. Interpretationsoffenheit des Art. 9 Abs. 3 GG

Art. 9 Abs. 3 GG räumt „jedermann" das Recht ein, „zur Wahrung und Förderung der Arbeits- und Wirtschaftsbedingungen Vereinigungen zu bilden". Bei unvoreingenommener Lesart sperrt sich der Wortlaut nicht gegen einen Beamtenstreik.

Konflikte könnten allerdings mit der Tarifautonomie auftreten, die vom BVerfG und BAG in Art. 9 Abs. 3 GG hineingelesen wird. Wegen der Tarifautonomie wird ein Tarifbezug des Streiks verlangt.[6] Bei einem Beamtenstreik bestünde ein Tarifbezug aber nicht, da die Beschäftigungsbedingungen der Beamten vom Gesetzgeber festgelegt werden und einer tariflichen Regelung nicht zugänglich sind. Allerdings wurde bereits dargestellt, dass man im Falle eines Beamtenstreiks die Rechtmäßigkeitsanforderungen an den Streik modifizieren könnte, indem man die Tarifakzessorietät lockert. Ein Beamtenstreik wäre demnach zulässig, wenn das Streikziel einen engen Bezug zum Beschäftigungsverhältnis des Beamten aufweist.[7] Überdies bleibt es aber auch nach dieser vermittelnden Auffassung weiterhin beim Grundsatz der Tarifbezogenheit. Damit steht Art. 9 Abs. 3 GG einem Beamtenstreik nicht entgegen.

II. Interpretationsoffenheit der Art. 33 Abs. 4 und 5 GG

Viel schwieriger zu beantworten ist die Frage, ob Art. 33 Abs. 4 und 5 GG einen Beamtenstreik nach Maßgabe der EGMR-Judikatur zulassen. Der recht unspezifisch formulierte Verfassungstext bereitet kaum ein Auslegungshindernis. Es darf allerdings nicht ausgeblendet werden, dass Art. 33 Abs. 4 und 5 GG eine bundesverfassungsgerichtliche Prägung erhalten haben, die ihrerseits nach § 31 Abs. 1 BVerfGG zu beachten ist und einer Rezeption der EGMR-Judikatur entgegenstehen könnte.

---

[6] Vgl. OVG Lüneburg v. 12. 6. 2012 – 20 BD 7/11; zit. nach: juris, Rn. 89.

[7] Siehe oben S. 297 f.

1. Untersuchung des Wortlauts

Zunächst soll bei unbefangener Betrachtung festgestellt werden, ob Art. 33 Abs. 4 und 5 GG einen Beamtenstreik nach Maßgabe des EGMR zulassen. Besondere Relevanz für die Wortlautanalyse besitzen die „hergebrachten Grundsätze des Berufsbeamtentums" und der Zusatz in Art. 33 Abs. 5 Hs. 2 GG, wonach das öffentliche Dienstrecht „fortzuentwickeln" ist. Die so genannte Fortentwicklungsklausel wurde mit dem 52. Gesetz zur Änderung des Grundgesetzes vom 28. August 2006[8] eingeführt. Ihre Bedeutung ist jedoch umstritten. Vor allem ist bislang ungeklärt, ob mit einer Fortentwicklung des öffentlichen Dienstrechts ein Beamtenstreik ermöglicht werden könnte. Im Folgenden wird eine kritische Auseinandersetzung mit den unterschiedlichen Ansichten in Rechtsprechung und Literatur vorgenommen.

a. Fortentwicklung möglich

Das VG Kassel geht davon aus, dass sich die Bedeutung der „hergebrachten Grundsätze des Berufsbeamtentums" unter dem Einfluss der EGMR-Rechtsprechung derart gewandelt habe, dass nun auch ein Beamtenstreik darunter zu subsumieren sei. Dabei macht das Gericht die Fortentwicklungsklausel des Art. 33 Abs. 5 Hs. 2 GG zum zentralen Anknüpfungspunkt seiner Argumentation.[9] Auch in der Literatur findet diese Ansicht Anhänger.[10] Die Streikrechtsvorgaben des EGMR stünden nicht in Widerspruch zu den „hergebrachten Grundsätzen des Berufsbeamtentums". Es sei angezeigt, die Fortentwicklungsklausel als Einfallstor zu nutzen, um die EGMR-Judikatur in die verfassungsrechtliche Systematik einzufügen.[11] Mit seinen offenen Rechtsbegriffen sei Art. 33 Abs. 5 GG einer konventionskonformen Auslegung ohne weiteres zugänglich.[12] Vermittelnd heißt es jedenfalls, dass die Fortentwicklungsklausel eine Anpassung an sich wandelnde soziale Rahmenbedingungen zulasse – u. U. auch an die europäische Rechtsentwicklung.[13]

b. Fortentwicklung ausgeschlossen

Überwiegend wird eine Fortentwicklung der „hergebrachten Grundsätze des Berufsbeamtentums" nach Maßgabe der EGMR-Judikatur abgelehnt: Im Schrifttum heißt es, dass ein Streikrecht für Beamte die Wortlautgrenze des

---

[8] Art. 1 Nr. 3 des Gesetzes, BGBl. I 2006, S. 2034.
[9] VG Kassel v. 27. 7. 2011 – 28 K 1208/10.KS.D; zit. nach: juris, Rn. 29 ff.
[10] *Hoffmann*, NdsVBl 2012, 151 (155); *Werres*, DöV 2011, 873 (880).
[11] *Werres*, DöV 2011, 873 (880).
[12] *Lörcher*, in: Däubler, Arbeitskampfrecht, § 10, Rn. 78; vgl. auch *Nußberger*, RdA 2012, 270 (273).
[13] *Schlachter*, RdA 2011, 341 (343).

Art. 33 Abs. 5 GG sprenge. Der Beamtenstreik brächte eine strukturelle Veränderung der in Art. 33 Abs. 5 GG angeordneten Traditionsprinzipien mit sich. Zu dieser Änderung seien die Fachgerichte jedoch nicht befugt.[14] Darüber hinaus wird auf den verfassungsrechtlich-institutionellen Gewährleistungsgehalt des Art. 33 Abs. 5 GG verwiesen, der bei Anerkennung eines Beamtenstreiks verletzt würde.[15] An anderer Stelle heißt es, dass der „Wesensgehalt" des verfassungsrechtlich gesicherten Berufsbeamtentums angetastet und eine Neuorganisation des gesamten öffentlichen Dienstes erforderlich machen würde.[16] Das Beamtenstreikverbot lasse sich nicht von der Rechtsstellung des Beamten abspalten.[17] Daher müsste das Institut des Berufsbeamtentums grundlegend geändert werden, wenn ein Beamtenstreik eingeführt würde.[18] Undenkbar sei auch ein Beamtenstatus „zweiter Klasse" mit geminderten Rechten und Pflichten für bestimmte Beamtenkategorien im nicht-hoheitlichen Tätigkeitsbereich.[19] Eine funktionsbezogene Differenzierung nach Maßgabe des EGMR würde nämlich zwangsläufig zu einer verfassungswidrigen Duplizierung des Beamtenstatus führen.[20] Im Übrigen widerspräche die Kombination aus Lebenszeitprinzip und voller Alimentation bei einem gleichzeitig bestehenden Streikrecht dem allgemeinen Gerechtigkeitsempfinden und fände daher auch in der Öffentlichkeit keinen Zuspruch.[21] Eine konventionsfreundliche Auslegung sei also nicht möglich. Sie hätte das inakzeptable Ergebnis zur Folge, dass der normative Gehalt des Art. 33 Abs. 5 GG und die Bedeutung des Berufsbeamtentums verfälscht würden.[22]

In der Rechtsprechung wird diese Ansicht überwiegend geteilt. Laut BVerwG handelt es sich beim Beamtenstreikverbot um ein „verfassungsunmittelbares" Postulat aus Art. 33 Abs. 5 GG.[23] Das OVG Lüneburg betont, dass eine Anpassung der beamtenrechtlichen Strukturen nur durch eine Änderung des Grundgesetzes erfolgen könne.[24] Diese Ansicht vertritt auch das OVG Münster und stellt zur Begründung darauf ab, dass im öffentlichen Dienst streng zwischen den Rechten und Pflichten eines Beamten und eines Angestellten unterschieden werden müsse. Eine Mischform aus einem Beamten-

---

[14] *Schubert*, AöR 2012, 92 (115).

[15] *Di Fabio*, Das beamtenrechtliche Streikverbot, S. VI; *Landau/Steinkühler*, DVBl 2007, 133 (135).

[16] *Widmaier/Alber*, ZEuS 2012, 387 (402).

[17] *Di Fabio,* Das beamtenrechtliche Streikverbot, S. 58 f.

[18] *Schubert*, AöR 2012, 92 (115).

[19] Deutscher Beamtenbund zum Thema „Beamte und Streik"; online einzusehen: http://www.dbb.de/themen/beamte/beamte-und-streik.html.

[20] *Di Fabio*, Das beamtenrechtliche Streikverbot, S. 28 f.

[21] Deutscher Beamtenbund zum Thema „Beamte und Streik"; online einzusehen: http://www.dbb.de/themen/beamte/beamte-und-streik.html.

[22] *Widmaier/Alber*, ZEuS 2012, 387 (401).

[23] BVerwG v. 27.2.2014 – 2 C 1/13, NZA 2014, 616 (621).

[24] OVG Lüneburg v. 12.6.2012 – 20 BD 7/11; zit. nach: juris, Rn. 88.

und Angestelltenverhältnis komme wegen der „hergebrachten Grundsätze des Berufsbeamtentums" nicht in Betracht. Die Einführung eines Beamtenstreiks hätte aber zur Folge, dass die beamtenrechtlichen Strukturprinzipien mit Elementen des privatrechtlichen Beschäftigungsverhältnisses unzulässig vermengt würden.[25] Eine andere Bewertung lasse auch die Fortentwicklungsklausel in Art. 33 Abs. 5 Hs. 2 GG nicht zu; denn die Fortentwicklungsklausel enthalte nur einen Auftrag an den Gesetzgeber, das Recht des öffentlichen Dienstes „fortzuentwickeln". Nach Maßgabe des BVerfG[26] dürften jedoch die „hergebrachten Grundsätze des Berufsbeamtentums" nicht geändert werden.[27] Ein Beamtenstreik könne daher nicht in Art. 33 Abs. 5 GG hineingelesen werden: Eine konventionsfreundliche Auslegung sei unvertretbar und unzulässig, „wenn hierdurch die verfassungsrechtliche Kernstruktur in Frage gestellt würde. [...]. Die Fachgerichte hingegen sind unter Berücksichtigung des Hierarchieverhältnisses zwischen Verfassungsrecht und einfachem Recht an die Vorgaben des Grundgesetzes und die Auslegung des Grundgesetzes durch das Bundesverfassungsgericht gebunden."[28] Ähnlich lauten nun auch die Aussagen des BVerwG. Das Gericht kommt jedoch zu dem Schluss, dass allein der Gesetzgeber „den Geltungsanspruch eines hergebrachten Grundsatzes in Wahrnehmung seines Auftrags zur Regelung und Fortentwicklung des Beamtenrechts in Grenzen einschränken" könne.[29]

c. Stellungnahme

Ohne hier eine rechtspolitische Wertentscheidung treffen zu wollen, ist jedenfalls festzuhalten, dass sowohl die „hergebrachten Grundsätze des Berufsbeamtentums" als auch die Fortentwicklungsklausel abstrakte und daher auslegungs*fähige* Rechtsbegriffe sind. Ein Beamtenstreikverbot ist Art. 33 Abs. 4 und 5 GG nicht ausdrücklich zu entnehmen. Konkrete Aussagen liefern allein die Gesetzgebungsmaterialien zu Art. 33 Abs. 4 und 5 GG und die Rechtsprechung des BVerfG[30], nicht aber die Verfassung selbst. Zwar ist den Argumenten zuzustimmen, wonach es sich beim Berufsbeamtentum um eine Institution und einen Grundpfeiler des Verfassungslebens handelt.[31] Dass auch das Beamtenstreikverbot automatisch diese Bedeutungsdimension teilt, ist

[25] OVG Münster v. 7.3.2012 – 3d A 317/11.O; zit. nach: juris, Rn. 159.
[26] BVerfG v. 19.9.2007 – 2 BvF 3/02, NVwZ 2007, 1396 (1398 f.); Vgl. BVerfG v. 28.5.2008 – 2 BvL 11/07, NVwZ 2008, 873, Rn. 69.
[27] OVG Münster v. 7.3.2012 – 3d A 317/11.O; zit. nach: juris, Rn. 144–148; OVG Lüneburg v. 12.6.2012 – 20 BD 7/11; zit. nach: juris, Rn. 97; VG Osnabrück v. 19.8.2011 – 9 A 1/11, NVwZ-RR 2011, 323 (326).
[28] OVG Münster v. 7.3.2012 – 3d A 317/11.O; zit. nach: juris, Rn. 236 ff.
[29] BVerwG v. 27.2.2014 – 2 C 1/13, NZA 2014, 616 (621).
[30] So etwa BVerfG v. 19.9.2007, NVwZ 2007, 1396 (1399).
[31] Siehe oben S. 321 f.

Art. 33 Abs. 4 und 5 GG jedoch nicht zu entnehmen. Auch das Argument, wonach das Beamtenstreikrecht eine Neuorganisation des gesamten öffentlichen Dienstes mit sich bringe, kann nicht überzeugen, da die Verfassung selbst keine konkreten Vorgaben für die Ausgestaltung des öffentlichen Dienstes trifft. Bei unbefangener Lesart liegt es näher, dass ein Beamtenstreik nach Vorstellung des EGMR mit Art. 33 Abs. 4 und 5 GG vereinbar ist. Gegenteilige Ansichten stützen sich vor allem auf die verfassungsauslegende Rechtsprechung des BVerfG. Die Rechtsprechung des BVerfG darf aber nicht mit der Verfassung selbst gleichgesetzt werden. Welche Autorität dem BVerfG bei der Verfassungsauslegung zukommt und ob die Bindung nach § 31 Abs. 1 BVerfGG der Konventionsfreundlichkeit im Wege steht, ist erst in einem zweiten Schritt zu untersuchen.[32]

Gleichwohl ist den Ansichten zuzustimmen, wonach die Bedeutung einer Verfassungsnorm auch von der historisch-teleologischen Intention des Gesetzgebers determiniert ist.[33] Dreh- und Angelpunkt der Auslegung ist also die Frage, welche Ratio hinter der Fortentwicklungsklausel steckt und ob diese Ratio einer Interpretation des Art. 33 Abs. 5 GG nach Maßgabe der EGMR-Judikatur entgegenstehen könnte.

Ausweislich der Gesetzesbegründung[34] will die Fortentwicklungsklausel die Modernisierung und Anpassung des öffentlichen Dienstrechts an sich ändernde Rahmenbedingungen erleichtern. Die Legislative und die Judikative sollen befähigt werden, Anpassungen vorzunehmen, um das Beamtenrecht zeitgemäß zu gestalten.[35] Weiter heißt es in der Gesetzesbegründung jedoch, dass weder die „hergebrachten Grundsätze" noch das verfassungsrechtliche Institut des Berufsbeamtentums angetastet werden dürften. Das BVerfG leitet daraus ab, es bleibe bei dem bisherigen Regelungsgehalt des Art. 33 Abs. 5 GG. Ausschließlich das Recht des öffentlichen Dienstes könne fortentwickelt werden. Die „hergebrachten Grundsätze" seien bei der Fortentwicklung auch zukünftig maßgeblich. Folglich seien solche Gesetzesänderungen verfassungswidrig, die mit dem Leitbild des deutschen Beamtentums (Art. 33 Abs. 5 GG) nicht in Einklang zu bringen seien.[36] Der normative Grundgehalt des Art. 33 Abs. 5 GG müsse gewahrt werden.[37] Dem trage das BVerfG Rechnung, indem es für den Kernbestand an Strukturprinzipien nicht nur eine „Berücksichtigung" verlangt, sondern eine darüber hinausgehenden „Beachtenspflicht"[38] aufstellt. Diese Ansicht ist allerdings umstritten. Der Bundesverfassungsrich-

---

[32] Siehe unten S. 327 ff.
[33] Siehe oben S. 321 f.
[34] BT-Drucks. 16/813, S. 10.
[35] Maunz/Dürig/*Badura*, Art. 33 GG, Rn. 63.
[36] BVerfG v. 19. 9. 2007 – 2 BvF 3/02, NVwZ 2007, 1396 (1398 ff.).
[37] *Di Fabio*, Das beamtenrechtliche Streikverbot, S. 34 und 55 ff.
[38] Siehe etwa BVerfG v. 19. 9. 2007 – 2 BvF 3/02, NVwZ 2007, 1396 (1398).

ter *Michael Gerhardt* erklärt in einem abweichenden Sondervotum zur Zulässigkeit der Teilzeitbeschäftigung von Beamten, es sei nicht nachvollziehbar, wieso trotz der Fortentwicklungsklausel weiterhin von einem unveränderten Wortlaut des Art. 33 Abs. 5 GG ausgegangen werde; denn für die Auslegung einer Verfassungsnorm sei nicht allein die subjektive Gesetzesbegründung maßgeblich, sondern der objektivierte Wille des Gesetzgebers, so wie er sich aus dem Wortlaut und der Systematik ergebe. In Anbetracht dessen könne die Fortentwicklungsklausel „kaum etwas anderes als eine weitere Relativierung der Verbindlichkeit der hergebrachten Grundsätze des Berufsbeamtentums bedeuten".[39] Es sei daher zu prüfen, ob und inwieweit die „hergebrachten Grundsätze" einen Wandel erfahren hätten.

Die konsequente Fortsetzung der bisherigen Rechtsprechung wird dazu führen müssen, dass die bisher im Ergebnis angenommene Zweiteilung innerhalb der von Art. 33 Abs. 5 GG an sich erfassten Traditionstatbestände in solche, die strikt, und andere, die weniger strikt einzuhalten sind, im Einzelfall neu zu überdenken ist. Andernfalls läuft die Rechtsprechung Gefahr, den an den Gesetzgeber gerichteten Verfassungsauftrag leer laufen zu lassen.[40]

Tatsächlich stellt sich die Frage, welchen Mehrwert die Fortentwicklungsklausel mit sich bringt, wenn es ohnehin bei den „hergebrachten Grundsätzen" bleiben soll.[41] Auch wenn man der Fortentwicklungsklausel lediglich eine klarstellende Funktion zuschreiben will,[42] kann sie aber nach der hier vertretenen Ansicht eine konventionsfreundliche Auslegung nicht hindern; denn selbst wenn man die Fortentwicklungsklausel hinwegdenkt, bleibt es ausweislich des Wortlauts bei den „hergebrachten Grundsätzen". Dass zu den „hergebrachten Grundsätzen" ein historisch unumstößliches Streikverbot zählen soll, ist aber keine zwingende Verfassungsvorgabe, sondern allein die Rechtsansicht des BVerfG. Im Übrigen ist selbst der Rechtsprechung des BVerfG nicht eindeutig zu entnehmen, ob es sich beim Beamtenstreikverbot um einen eigenständigen „hergebrachten Grundsatz" handelt oder einen Grundsatz, der sich erst aus der Zusammenschau mit der Treuepflicht nach Art. 33 Abs. 4 GG ergibt.[43] Im Gegenteil ließe sich sogar argumentieren, dass die Treuepflicht in Art. 33 Abs. 4 GG nicht nur Beamte trifft, sondern alle Angehörigen des öffentlichen Dienstes. Dass die Treuepflicht in zwingendem Zusammenhang mit Art. 33 Abs. 5 GG steht und daraus ein Beamtenstreikverbot abzuleiten

[39] Abweichende Meinung des Verfassungsrichters *Michael Gerhardt*, BVerfG v. 19. 9. 2007 – 2 BvF 3/02, NVwZ 2007, 1396 (1405).

[40] Abweichende Meinung des Verfassungsrichters *Michael Gerhardt*, BVerfG v. 19. 9. 2007 – 2 BvF 3/02, NVwZ 2007, 1396 (1405).

[41] Näheres dazu bei *Battis*, BBG-Kommentar, § 4, Rn. 11; *Knopp*, NVwZ 2006, 1216 (1219).

[42] *Battis*, BBG-Kommentar, Einleitung, Rn. 7; *Leppek*, Beamtenrecht, 1. Teil, § 1, Rn. 10.

[43] Siehe oben S. 40 ff.

ist, liegt jedenfalls nicht auf der Hand.[44] Aus alledem ergibt sich, dass die Herleitung des Beamtenstreikverbots nach dem Wortlaut des Grundgesetzes nicht zwingend geboten ist und einer EGMR-konformen Auslegung durch die Fachgerichte zunächst nicht entgegensteht.

Abzulehnen ist daher auch die Auffassung des BVerwG, wonach Art. 33 Abs. 5 GG eine verfassungsunmittelbares Verbot des Beamtenstreiks enthält, das einer konventionsfreundlichen Auslegung entgegensteht. Das BVerwG folgert daraus, dass der Gesetzgeber konventionsfreundlich nachbessern müsse. Diese Schlussfolgerung ist problematisch, weil der Gesetzgeber ebenfalls an unmittelbare Verfassungsvorgaben gebunden ist. Eine gesetzgeberische Neuregelung des Beamtenrechts darf nur erfolgen, wenn es der Sache nach um eine „Fortentwicklung" i. S. d. Art. 33 Abs. 5 GG geht. Demnach muss auch das BVerwG eine Möglichkeit zur „Fortentwicklung" erkannt haben, weil es sonst keinen „legislativen Handlungsauftrag" hätte formulieren dürfen. Daher verwundert es, dass das BVerwG nicht selbst den Mut zur konventionsfreundlichen Auslegung bewiesen hat. Stattdessen hat es nur einen schwammigen Gesetzgebungsauftrag formuliert; denn das BVerwG lässt weder erkennen, bis wann eine gesetzgeberische Nachbesserung erfolgen und wie lange die konventionswidrige Lage andauern soll, noch ist klar, ob der „Handlungsauftrag" des BVerwG den Gesetzgeber tatsächlich binden kann. Die bundesverwaltungsgerichtliche Aufforderung zur gesetzgeberischen Nachbesserung ist nicht Bestandteil der tragenden Entscheidungsgründe, sondern lediglich ein obiter dictum. Damit wird aber allenfalls ein politischer Handlungsdruck für die Legislative erzeugt, jedoch keine rechtliche Verpflichtung. Ferner sind vom Gesetzgeber im Bereich des Streikrechts keine mutigen Maßnahmen zu erwarten. Die erfolglosen Versuche zur Kodifikation eines Streikrechts haben dies bereits überdeutlich gemacht. Damit verliert die Entscheidung des BVerwG einiges an Schlagkraft. Wenn der Beamtenstreik nämlich ein aufrichtiges Anliegen des BVerwG gewesen wäre, hätte es der klagenden Lehrerin schon jetzt ein Streikrecht gewährt. So hätte sich auch die Legislative in der Pflicht gesehen, alsbald die notwendigen Anpassungen im Beamtenrecht vorzunehmen.[45]

2. Keine Einschränkung der Instanzgerichte durch § 31 Abs. 1 BVerfGG

Zwar fordert der Wortlaut des Art. 33 Abs. 5 GG nicht ausdrücklich ein Beamtenstreikverbot, wohl aber das BVerfG. Nach ständiger Rechtsprechung des BVerfG ist das Beamtenstreikverbot als fester Bestandteil der „hergebrachten

---

[44] Vgl. *Däubler*, Der Streik im öffentlichen Dienst, S. 116 f.; *Ramm*, Koalitions- und Streikrecht der Beamten, S. 38.

[45] *Buchholtz*, DVBl 2014, 786 (787 ff.).

Grundsätze des Berufsbeamtentums" zu „beachten".[46] Daran knüpfen das OVG Münster, das OVG Lüneburg, das VG Osnabrück und das VG Bremen an und erklären das Beamtenstreikverbot zum unantastbaren Wesensgehalt des Art. 33 Abs. 5 GG. Auf diese Weise können die Gerichte den Bindungskonflikt zwischen bundesverfassungsgerichtlichen Vorgaben und Konventionsfreundlichkeit zu Gunsten der ersteren auflösen und der Rechtsprechung des EGMR die Gefolgschaft verweigern. Es wird nun geprüft, ob die Bindungswirkung nach § 31 Abs. 1 BVerfGG tatsächlich ein valides Argument gegen eine konventionsfreundliche Auslegung der Art. 33 Abs. 4 und 5 GG ist.

a. Entgegenstehende Bindung an § 31 Abs. 1 BVerfGG

Laut BVerfG werde die Konventionsfreundlichkeit durch die fachgerichtliche Bindung an § 31 Abs. 1 BVerfGG begrenzt.[47] Daran anknüpfend weisen einige Verwaltungsgerichte in puncto Beamtenstreik eine EGMR-konforme Auslegung der Art. 33 Abs. 4 und 5 GG zurück: Das VG Bremen[48] und das VG Osnabrück[49] vertreten in den bereits zitierten Entscheidungen die Ansicht, sie seien gemäß § 31 Abs. 1 BVerfGG an die bundesverfassungsgerichtliche Auslegung des Art. 33 Abs. 5 GG gebunden. Das OVG Lüneburg lässt zwar offen, ob es sich bei der bundesverfassungsgerichtlichen Rechtsauffassung zum Beamtenstreikverbot um tragende Entscheidungsgründe mit Bindungswirkung nach § 31 Abs. 1 BVerfGG handele. In jedem Fall – so das OVG – sei aber nur das BVerfG zur Änderung seiner Verfassungsauslegung befugt.[50] So bejaht das OVG Lüneburg eine Bindungswirkung letztlich doch, wenngleich es diese offenbar nicht ausdrücklich aus § 31 Abs. 1 BVerfGG herleiten will.

Insgesamt zeugen die jüngeren Verwaltungsgerichtsentscheidungen zum Beamtenstreikverbot von „Konfliktscheue"; denn keines der Verwaltungsgerichte lässt sich näher auf den Widerstreit zwischen der Bindung nach § 31 Abs. 1 BVerfGG und der Konventionsfreundlichkeit ein. Stets räumen die Gerichte der bundesverfassungsgerichtlichen Rechtsauffassung Vorrang ein, ohne dass eine argumentative Abwägung zwischen der Bindung nach § 31 Abs. 1 BVerfGG und dem kollidierenden Verfassungsgebot der Konventionsfreundlichkeit erfolgt.

Eine weitergehende Auseinandersetzung hat aber im Schrifttum stattgefunden. Dort wird auf die verfassungsrechtliche Dimension des § 31 Abs. 1

[46] Ständige Rechtsprechung: BVerfG v. 11. 6. 1958 – 1 BvR 1/52 (u. a.), NJW 1958, 1228 (1230); BVerfG v. 30. 3. 1977 – 2 BvR 1039, 1045/75, NJW 1977, 1869; BVerfG v. 19. 9. 2007 – 2 BvF 3/02, NVwZ 2007, 1396 (1399 f.).

[47] BVerfG v. 4. 5. 2011 – 2 BvR 2365/09 (u. a.), NJW 2011, 1931 (1945), Rn. 165.

[48] VG Bremen v. 3. 7. 2012 – D K 20/11; zit. nach: juris, Rn. 19.

[49] VG Osnabrück v. 19. 8. 2011 – 9 A 1/11, NVwZ-RR 2012, 323 (324).

[50] OVG Lüneburg v. 12. 6. 2012 – 20 BD 7/11; zit. nach: juris, Rn. 92 f.

BVerfGG abgestellt, weil sich die Bindungswirkung gerade auf verfassungsrelevante Fragen erstrecke. Im Übrigen seien die EGMR-Entscheidungen im deutschen Recht lediglich zu „berücksichtigen“, während die Entscheidungen des BVerfG sogar „verbindlich“ seien.[51] Daher gehe die Bindungswirkung nach § 31 Abs. 1 BVerfGG anderslautendem Konventionsrecht vor. Andernfalls werde der Vorrang des Grundgesetzes unterlaufen.[52]

b. Gelockerte Bindung an § 31 Abs. 1 BVerfGG

Im Hinblick auf das Beamtenstreikverbot liefern die einschlägigen Urteile der Verwaltungsgerichte keine nähere Erklärung zum Umgang mit der Bindung nach § 31 Abs. 1 BVerfGG: Zwar nehmen das VG Kassel[53] und das VG Düsseldorf[54] im Ergebnis eine EGMR-freundliche Auslegung vor und kehren sich in puncto Beamtenstreik von den Rechtsansichten des BVerfG ab, jedoch äußert sich keines der Gerichte zur Frage, wie mit einer etwaigen Bindung an § 31 Abs. 1 BVerfGG umzugehen ist und weshalb diese zu Gunsten der EGMR-Freundlichkeit abgestreift werden kann.

Näheren Aufschluss können aber vergleichbare Gerichtsentscheidungen liefern: Zu einer ähnlichen Frage hat sich nämlich das KG Berlin geäußert. Es ging um die Einpassung des EGMR-Urteils „Caroline“[55] in das deutsche Recht, wobei die Vorgaben des EGMR in Widerstreit zur Rechtsansicht des BVerfG traten. Das KG Berlin erklärte die Bindungswirkung des § 31 BVerfGG wegen der Konventionsfreundlichkeit des Grundgesetzes für gelockert und setzte sich auf diese Weise über eine entgegenstehende Parallelentscheidung des BVerfG hinweg.[56] Mit einem ähnlichen Problem hatte sich anschließend – wie bereits erwähnt[57] – auch der BGH[58] auseinanderzusetzen. Mit Blick auf die „Caroline“-Entscheidung[59] des EGMR änderte der BGH seine bisherige Rechtsprechung[60]. Anders als das KG Berlin ging der BGH jedoch davon aus, dass sich sein Rechtsprechungswandel mit der Rechtsansicht des BVerfG vereinbaren

---

51 *Benda*, Anwaltsblatt 2005, 602 (607).

52 *Gersdorf*, AfP 2005, 221 (226).

53 VG Kassel v. 27.7.2011 – 28 K 1208/10.KS.D; zit. nach: juris, Rn. 31.

54 VG Düsseldorf v. 15.12.2010 – 31 K 3904/10.O; zit. nach: juris, Rn. 34.

55 EGMR v. 24.6.2004 – 59320/00 (Caroline von Hannover/Deutschland), NJW 2004, 2647.

56 KG Berlin v. 29.10.2004 – 9 W 128/04, NJW 2005, 605 (606 f.); *Bergmann*, EuR 2006, 101 (114).

57 Siehe oben S. 309.

58 BGH v. 6.3.2007 – VI ZR 51/06, NJW 2007, 1977.

59 EGMR v. 24.6.2004 – 59320/00 (Caroline von Hannover/Deutschland), NJW 2004, 2647.

60 Die bisherige Rechtsprechung war bundesverfassungsgerichtlich gebilligt: BVerfG v. 15.12.1999 – 1 BvR 653/96, NJW 2000, 1021.

lasse.[61] Nachträglich akzeptierte das BVerfG[62] die Rechtsprechungsänderung und musste sich folglich nicht näher mit der Frage auseinandersetzen, wie der Widerstreit zwischen § 31 Abs. 1 BVerfGG und der Konventionsfreundlichkeit des Grundgesetzes zu lösen sei.[63] Interessanterweise konzedierte das BVerfG, dass seine vorherige Rechtsansicht kein absolutes Verfassungsgebot dargestellt habe. Die Besonderheit der Fallgestaltung lag nämlich darin, dass eine multipolare Konfliktlage bestand, deren Beurteilung im Einzelfall den Fachgerichten überlassen werden müsse. Der BGH habe sich – so führte das BVerfG aus – bei der Rechtsprechungsänderung im Rahmen des verfassungsrechtlich Zulässigen bewegt. Daher habe der BGH von seiner bisherigen – bundesverfassungsgerichtlich gebilligten – Rechtsprechung abweichen dürfen, um dem Postulaten des EGMR zu folgen.[64]

Die Ansicht, wonach § 31 BVerfGG einer konventionsfreundlichen Auslegung zugänglich ist, hat auch im Schrifttum eine breite Anhängerschaft gefunden. Rechtstechnisch wird teils eine konventionsfreundliche „Reduzierung"[65] oder „Lockerung"[66] des § 31 BVerfGG erwogen, teils wird eine konventionsrechtliche „Überlagerung"[67] der entgegenstehenden BVerfG-Entscheidung vorgeschlagen. Die Judikatur des EGMR müsse gegenüber § 31 BVerfGG vorrangig sein, weil andernfalls eine konventionswidrige Lage perpetuiert und der Einfluss des EGMR geschwächt würde.[68] Zwar gelte die Konventionsfreundlichkeit nicht absolut, doch liege das „letzte Wort" nicht beim BVerfG, sondern bei der Verfassung. Die Auslegung der Verfassung sei aber nicht die alleinige Aufgabe des BVerfG, sondern auch eine Aufgabe der Fachgerichte. Die Bindung an § 31 Abs. 1 BVerfGG könne die Fachgerichte nicht von dieser Aufgabe freistellen. Daher müssten die Fachgerichte bei entgegenstehendem Konventionsrecht von der BVerfG-Rechtsprechung abweichen.[69] In diesem Fall vollzögen die Fachgerichte das, was nach ihrem Verständnis vom BVerfG getan werden müsste – nämlich die Befolgung völkerrechtlicher Vorgaben. Zwar dürften die Fachgerichte den § 31 BVerfGG nicht ignorieren. Jedoch sei § 31 BVerfGG nur einfaches Gesetzesrecht und könne ohne weiteres im Lichte

---

[61] BGH v. 6.3.2007 – VI ZR 51/06, NJW 2007, 1977 (1979), Rn. 22.

[62] BVerfG v. 26.2.2008 – 1 BvR 1602/07 (u. a.), NJW 2008, 1793 (1798), Rn. 79.

[63] *Hoffmann-Riem*, NJW 2009, 20 (21).

[64] BVerfG v. 26.2.2008 – 1 BvR 1602/07 (u. a.), NJW 2008, 1793 (1798), Rn. 82 ff.

[65] *Bergmann*, EuR 2006, 101 (114); *Cremer*, EuGRZ 2004, 683 (697); vgl. *Groh*, FPR 2009, 153 (155); *Hoffmann*, NdsVBl 2012, 151 (154); *Payandeh*, JöR 2009, 465 (500).

[66] *Polakiewicz/Kessler*, NVwZ 2012, 841 (844).

[67] *Mückl*, Der Staat Bd. 44 (2005), S. 403 (429 f.); der Autor bezieht sich zwar nur auf solche Fälle, in denen eine EGMR-Entscheidung gegenüber der Bundesrepublik Deutschland ergangen ist. Die Ausführungen dürften aber auch auf die hier untersuchte Orientierungswirkung zutreffen.

[68] *Rauber*, StudZR 2008, 443 (459 f.).

[69] *Hoffmann*, NdsVBl 2012, 151 (153).

des höherrangigen Grundsatzes der Konventionsfreundlichkeit ausgelegt werden.[70] Die Konventionsfreundlichkeit diene einer weitgehenden Harmonisierung zwischen dem Konventionsrecht und dem nationalen Recht. Diesem Ziel habe sich das Grundgesetz selbst untergeordnet. Folglich sei der verfassungsrechtliche Hintergrund des § 31 Abs. 1 BVerfGG kein valider Einwand gegen eine konventionsfreundliche Auslegung.[71]

c. *Stellungnahme*

Die Bindungswirkung nach § 31 Abs. 1 BVerfGG ist schon an sich problematisch und umstritten. Vor allem die Ermittlung der tragenden Entscheidungsgründe bereitet Schwierigkeiten.[72] Im Hinblick auf das Beamtenstreikverbot muss allerdings davon ausgegangen werden, dass die Rechtsansicht des BVerfG „tragend" und daher bindend i. S. d § 31 Abs. 1 BVerfGG ist.[73] Abzulehnen ist der Einwand[74], wonach die Bindungswirkung des § 31 Abs. 1 BVerfGG mit der Zeit abnehme; denn eine solche Einschränkung ist in § 31 Abs. 1 BVerfGG nicht vorgesehen. Damit besteht vorliegend eine „Doppelbindung" der Fachgerichte: Einerseits sind die Fachgerichte an die Rechtsansicht des EGMR gebunden, anderseits an die Vorgaben des BVerfG. Beide Bindungen sind über Art. 20 Abs. 3 GG abgesichert.[75] Im Schrifttum ist daher von einem „Dilemma"[76] der Fachgerichte die Rede. Um abschließend zu klären, wie sich die Fachgerichte in puncto Beamtenstreikverbot zu verhalten haben und ob ihre Lage tatsächlich so ausweglos ist, wie zuweilen behauptet wird, ist es zunächst erforderlich, die Ratio des § 31 Abs. 1 BVerfGG zu entschlüsseln.

In § 31 BVerfGG manifestiert sich der Wille des Gesetzgebers zur umfassenden Verfassungsverwirklichung. Zu diesem Zweck erfüllt das BVerfG eine „Anleitungsfunktion" bei der Verfassungsauslegung.[77] Die fachgerichtliche Bindung gemäß § 31 Abs. 1 BVerfGG soll eine einheitliche Anwendung der Verfassung sichern und einen effektiven Grundrechtsschutz gewährleisten.[78]

[70] *Hoffmann*, NdsVBl 2012, 151 (154); *Polakiewicz/Kessler*, NVwZ 2012, 841 (844 f.).

[71] *Fiedler*, Bundesverfassungsgericht und Völkerrecht, S. 274.

[72] Näheres dazu bei *Fiedler*, Bundesverfassungsgericht und Völkerrecht, S. 247 ff.; *Hensel*, Der Staat Bd. 50 (2011), S. 581; *Ziekow*, Jura 1995, 522; *Ziekow*, NVwZ 1995, 247.

[73] So auch VG Osnabrück v. 19. 8. 2011 – 9 A 1/11, NVwZ-RR 2012, 323 (324); VG Bremen v. 3. 7. 2012 – D K 20/11; zit. nach: juris, Rn. 19; offen lassend dagegen OVG Lüneburg v. 12. 6. 2012 – 20 BD 7/11; zit. nach: juris, Rn. 93.

[74] So der Klägervortrag in der Entscheidung des OVG Lüneburg vom 12. Juni 2012 (10 BD 7/11; zit. nach: juris, Rn. 19).

[75] *Fiedler*, Bundesverfassungsgericht und Völkerrecht, S. 239; *Viellechner*, in: Matz-Lück/Hong, Grundrechte und Grundfreiheiten im Mehrebenensystem, S. 109 (135).

[76] *Nußberger*, RdA 2012, 270 (273); *Polakiewicz/Kessler*, NVwZ 2012, 841 (844).

[77] *Grigoleit*, BVerfG und deutsche Frage, S. 166; *Hoffmann*, NdsVBl 2012, 151 (153).

[78] *Fiedler*, Bundesverfassungsgericht und Völkerrecht, S. 273; *Hoffmann*, NdsVBl 2012, 151 (154).

Zu bedenken ist allerdings, dass den verbindlichen Rechtsansichten des BVerfG wegen des nur einfachgesetzlichen Rangs von § 31 Abs. 1 BVerfGG kein Verfassungsrang zukommt.[79] Zwar legt das BVerfG die Verfassung aus, allerdings besitzt eine bundesverfassungsgerichtliche Rechtsansicht selbst keinen Verfassungsrang.[80] Dennoch verbleibt dem § 31 Abs. 1 BVerfGG eine verfassungsrechtliche Dimension, weil sich die Bindungswirkung dieser Vorschrift nur auf verfassungsrechtliche Aussagen des BVerfG erstreckt.[81]

Im Lichte der Ratio des § 31 Abs. 1 BVerfGG entschärft sich die vermeintliche „Dilemma"-Situation der Fachgerichte: Zwar sind die Fachgerichte an die Rechtsansichten des BVerfG gebunden. Allerdings müssen die Vorgaben des BVerfG stets an die Verfassung rückgekoppelt und damit ihrerseits verfassungsrechtlich legitimiert sein. Steht eine Rechtsansicht des BVerfG in Widerstreit mit einer EGMR-Entscheidung, darf der Konventionsfreundlichkeit im Hinblick auf § 31 Abs. 1 BVerfGG keine Absage erteilt werden. Sinnvollerweise gilt dies jedenfalls dann, wenn eine bundesverfassungsgerichtliche Vorgabe – wie auch hier – *vor* einer anderslautenden EGMR-Entscheidung getroffen wurde. In diesem Fall hatte das BVerfG noch keine Gelegenheit, sich mit den konventionsrechtlichen Vorgaben auseinanderzusetzen. Man darf in diesem Fall zu Gunsten des BVerfG unterstellen, dass es in Kenntnis der Konventionsvorgaben anders entschieden hätte. Die bundesverfassungsgerichtliche Autorität und „Anleitungsfunktion" würden in einem solchen Fall nicht untergraben. § 31 Abs. 1 BVerfGG will vor allem die Verfassung sichern. Zur Verfassung gehört aber auch der (ungeschriebene) Grundsatz der Konventionsfreundlichkeit. Nur eine BVerfG-Entscheidung, die ihrerseits verfassungsrechtlich legitimiert ist, kann eine Bindungswirkung nach § 31 Abs. 1 BVerfGG entfalten. Daher ist die Ansicht vorzuziehen, wonach § 31 Abs. 1 BVerfGG bei einem konventionswidrigen BVerfG-Judiz teleologisch zu reduzieren ist. Ein ebenso gangbarer Weg ist die konventionsfreundliche Auslegung des § 31 Abs. 1 BVerfGG. Dem steht auch die verfassungsrechtliche Dimension des § 31 Abs. 1 BVerfGG nicht entgegen, da eine verfassungswidrige Auslegung durch das BVerfG vom Grundgesetz nicht gedeckt ist. § 31 Abs. 1 BVerfGG bezieht seine Legitimation aber allein aus der Verfassung.

Angewendet auf die konkrete Problemstellung ergibt sich folgendes Bild: Die Fachgerichte dürfen durch eine EGMR-freundliche Auslegung der Art. 33 Abs. 4 und 5 GG von der bundesverfassungsgerichtlichen Rechtsansicht zum Beamtenstreikverbot abweichen. Da die relevanten Entscheidungen des BVerfG *vor* den EGMR-Urteilen ergangen sind, wird die „Anleitungsfunktion" des BVerfG nicht beschädigt; es ist nämlich nach der hier vertretenen

---

79 *Grigoleit*, BVerfG und deutsche Frage, S. 165; *Hensel*, Der Staat Bd. 50 (2011), S. 581 (593).

80 *Fiedler*, Bundesverfassungsgericht und Völkerrecht, S. 253.

81 *Hoffmann-Riem*, NJW 2009, 20 (21).

Ansicht zu vermuten, dass das BVerfG von seiner Rechtsprechung zum Beamtenstreik(-verbot) abgewichen wäre, wenn es die neuerliche Rechtsansicht des EGMR gekannt hätte. Rechtstechnisch lässt sich dieses Ergebnis durch eine konventionsfreundliche Auslegung oder durch eine teleologische Reduktion des § 31 Abs. 1 BVerfGG erreichen.

Schließlich könnte die fachgerichtliche Bindung an die Rechtsansicht des BVerfG zum Beamtenstreik auch unter folgendem Gesichtspunkt zu lockern sein: Wie bereits gesehen, räumt das BVerfG den Fachgerichten in „mehrpoligen Grundrechtsverhältnissen" einen weiten Beurteilungsspielraum ein und „mischt" sich erst wieder ein, wenn Verfassungsrecht verletzt ist.[82] Sollte man – was im Folgenden zu prüfen ist – die Frage des Beamtenstreiks als ein „mehrpoliges Grundrechtsverhältnis" ansehen, wäre in diesem Fall nur „begrenzt Raum für bindende Aussagen i. S. des § 31 Abs. 1 BVerfGG"; denn in mehrpoligen Konfliktlagen beschränkt das BVerfG seine Prüfung darauf, ob die Fachgerichte gegen *zwingende* Verfassungsgebote verstoßen haben.[83] Sieht man das Beamtenstreikverbot mit der hier vertretenen Ansicht nicht als ein zwingendes Verfassungsgebot, müsste das BVerfG eine Anpassung an die Vorgaben des EGMR gestatten. Darauf wird im Folgenden zurückzukommen sein.[84]

III. Ergebnis der Untersuchungen

Die Untersuchungen haben gezeigt, dass der Wortlaut von Art. 33 Abs. 4 und 5 GG hinreichend offen formuliert ist, um eine konventionsfreundliche Auslegung vorzunehmen. Einer solchen Auslegung steht § 31 Abs. 1 BVerfGG nicht entgegen. Diese Norm ist ihrerseits konventionsfreundlich auszulegen oder teleologisch zu reduzieren. Nach der hier vertretenen Auffassung gilt dies jedenfalls dann, wenn die maßgebliche Entscheidung des BVerfG auf einen Zeitpunkt rückdatiert, der *vor* dem der entgegenstehenden EGMR-Entscheidung liegt. Die Kollisionslage zwischen dem nationalen Recht und der Europäischen Menschenrechtskonvention ließe sich also im Wege der Auslegung auflösen. Eine mühsame Verfassungsänderung wäre dagegen nicht erforderlich, um eine Konformität mit den Vorgaben des EGMR zu erreichen.

Im Übrigen ist auch nicht ausgeschlossen, dass das BVerfG nachträglich eine konventionskonforme Auslegung durch die Fachgerichte billigen könnte. Entsprechende Weichen hat das BVerfG bereits gestellt, indem es erklärte:

> Nicht jede Regelung des Beamtenrechts, die sich als hergebracht erweist, wird von der institutionellen Garantie erfasst […]. Bezugspunkt des Art. 33 Abs. 5 GG ist nicht

---

[82] Siehe oben S. 309 ff.

[83] Vgl. *Hoffmann-Riem*, NJW 2009, 20 (21 f.).

[84] Siehe unten S. 338 ff.

das gewachsene Berufsbeamtenrecht, sondern das Berufsbeamtentum [...]. Geschützt sind daher nur diejenigen Regelungen, die das *Bild des Berufsbeamtentums* in seiner überkommenen Gestalt *maßgeblich prägen*, sodass ihre Beseitigung auch das Wesen des Berufsbeamtentums antasten würde [...]. Dies ergibt sich bereits aus dem Wesen einer Einrichtungsgarantie, deren Sinn gerade darin liegt, den Kernbestand der Strukturprinzipien – mithin die Grundsätze, die nicht *hinweggedacht werden können, ohne dass damit zugleich die Einrichtung selbst in ihrem Charakter grundlegend verändert würde* – dem gestaltenden Gesetzgeber verbindlich als Rahmen vorzugeben [...]. Das BVerfG hat dies mit der Formulierung zum Ausdruck gebracht, dass Art. 33 Abs. 5 GG bei diesen Grundsätzen nicht nur „Berücksichtigung", sondern auch „Beachtung" verlangt [...].[85] [Hervorhebungen durch die Verfasserin].

Diese Ausführungen liefern dem BVerfG ein argumentatives „Hintertürchen", mit dem es die Einführung eines Beamtenstreiks auch vor sich selbst rechtfertigen könnte. Zur Begründung könnte das BVerfG nämlich darauf verweisen, dass das geltende Beamtenstreikverbot keinen „maßgeblich prägenden" Faktor des geltenden Beamtenrechts darstellt und durchaus hinweggedacht werden kann, ohne dass damit das Berufsbeamtentum in seinem „Charakter grundlegend verändert würde". Im Übrigen gilt auch beim Beamtenstreikverbot, was das BVerfG in der bereits zitierten „Caroline III"-Entscheidung[86] gesagt hat: Bestehen keine zwingenden Verfassungsgebote, ist der Abwägungsspielraum der Fachgerichte umso größer. Dies muss schließlich auch dann gelten, wenn die Fachgerichte zu Gunsten einer EGMR-Entscheidung von bundesverfassungsgerichtlichen Rechtsansichten abweichen wollen.

Das „Dilemma"-Szenario der Fachgerichte, welches im Schrifttum heraufbeschworen wird, besteht also nicht im Konflikt zwischen der Bindung an § 31 Abs. 1 BVerfGG und der Konventionsfreundlichkeit. Viel schwieriger zu beantworten ist nämlich die Frage, inwieweit die Fachgerichte ihre „Freiheit" zur konventionsfreundlichen Auslegung konkret ausschöpfen können. Als „Garanten von Bürgerteilhabe und Bürgerfreiheiten" sind die Fachgerichte nicht nur dem grundgesetzlichen, sondern auch dem europäischen Grundrechtsschutz verpflichtet. Hinzu kommt, dass die Fachgerichte anders als das BVerfG oder der EGMR nicht nur spezifisch verfassungsrechtliche Fragen entscheiden, sondern konkrete Streitfälle einer angemessenen Bewertung zuführen müssen. „Sie sind es, die am Ende den Grundrechtsschutz ungeachtet seiner Pluralität bestmöglich zu effektuieren haben."[87] Die Fachgerichte konkretisieren im Einzelfall, was die „Konventionsfreundlichkeit" bedeutet und wo ihre Grenzen verlaufen. Diese Aufgabe stellt das eigentliche „Dilemma" dar; denn wie bereits gesehen, ist der Grundsatz der völkerrechtsfreundlichen Auslegung nicht absolut zu verstehen, sondern belässt das „letzte Wort" bei der Verfassung. Das

---

85 BVerfG v. 19.9.2007 – 2 BvF 3/02, NVwZ 2007, 1396 (1398).
86 BVerfG v. 26.2.2008 – 1 BvR 1602/07 (u. a.), NJW 2008, 1793.
87 *Eckertz-Höfer*, EuGRZ 2011, 193 (194).

BVerfG hat es sich kraft seiner verfassungskonkretisierenden Kompetenz zur Aufgabe gemacht, dieses „letzte Wort" zu präzisieren. Das BVerfG hat Kriterien entwickelt, anhand derer sich das Verhältnis zwischen dem Grundgesetz und der Europäischen Menschenrechtskonvention bzw. dem BVerfG und dem EGMR bestimmen lässt: zum einen die „tragenden Grundsätze der Verfassung" und zum anderen die „mehrpoligen Grundrechtsverhältnisse". Mit der letztgenannten Argumentationsfigur räumt das BVerfG den Fachgerichten einen weiten Beurteilungsspielraum ein, der einer bundesverfassungsgerichtlichen Überprüfung nur dann zugänglich ist, wenn „spezifisches Verfassungsrecht" verletzt wird.[88] Diese Rechtsansichten zur Begrenzung der Konventionsfreundlichkeit hat das BVerfG im „Görgülü"-Beschluss erstmals explizit formuliert und in der Folgezeit immer wieder aufgegriffen. Diese Rechtsansichten sind mit Bindungswirkung nach § 31 Abs. 1 BVerfGG ausgestattet. Nach der hier vertretenen Auffassung taugen die bundesverfassungsgerichtlichen Äußerungen aber nur dann als bindende Vorgaben i. S. d. § 31 Abs. 1 BVerfGG, wenn sie ihrerseits verfassungsrechtlich legitimiert sind.[89] Konkret bedeutet dies, dass die vom BVerfG aufgestellten Rezeptionshindernisse dem verfassungsrechtlichen Grundsatz der Konventionsfreundlichkeit entsprechen müssen. Zwar besitzt die Konventionsfreundlichkeit keinen Absolutheitsanspruch, sondern ist mit nationalen Souveränitätsansprüchen in Ausgleich zu bringen. Es fragt sich allerdings, ob die Rezeptionsgrenzen des BVerfG eine verfassungskonforme Verhältnisbeschreibung zwischen nationaler Souveränität und Konventionsfreundlichkeit darstellen. Dies wird nachfolgend untersucht.[90]

Schließlich haben die vorangegangenen Überlegungen deutlich gemacht, dass der Konflikt zwischen dem nationalen Recht und dem Konventionsrecht weniger im materiellen Recht fußt als im Verhältnis zwischen dem EGMR und dem BVerfG;[91] denn die Gewährleistungen der Europäischen Menschenrechtskonvention und des Grundgesetzes sind wegen ihrer unbestimmten Rechtsbegriffe bei unbefangener Lesart durchaus kompatibel. Die Widersprüche zwischen den beiden Rechtskreisen entstehen erst durch die Auslegung des BVerfG und des EGMR. Der Konflikt zwischen dem nationalen Recht und dem Konventionsrecht ist also primär institutioneller Art.[92] Gerade im konfliktträchtigen Bereich des Streikrechts wird deutlich, wie viel Einfluss der EGMR und das BVerfG auf den Gewährleistungsgehalt des Konventionsrechts bzw. des Grundgesetzes haben. Es konnte gezeigt werden, dass sich vor allem der EGMR – etwa durch die Heranziehung nicht ratifizierter Normen – immer

---

88 Siehe oben S. 307 ff.

89 Siehe oben S. 330 ff.

90 Siehe unten S. 335 ff.

91 *Klein*, NVwZ 2010, 221; *Viellechner*, in: Matz-Lück/Hong, Grundrechte und Grundfreiheiten im Mehrebenensystem, S. 109 (112).

92 *Klein*, NVwZ 2010, 221.

stärker vom Konventionswortlaut gelöst hat. Aber auch die bundesverfassungsgerichtliche Rechtsansicht zum Beamtenstreikverbot ergibt sich nicht zwingend aus dem Wortlaut des Grundgesetzes. Eine Koordinierung der Rechtsebenen muss folglich nicht im materiellen Recht ansetzen, sondern durch die Rechtsprechungsinstanzen erfolgen. Es geht – um in den Worten *Ferdinand Kirchhofs* zu sprechen – um einen „Dialog der Gerichte statt Hierarchie der Normen".[93]

B. Vorbehalte des BVerfG

Mangels Verfassungsrangs und eines Absolutheitsanspruchs kann die Konventionsfreundlichkeit des Grundgesetzes ihre Wirkung nur in den Grenzen staatlicher Souveränität entfalten. Das BVerfG hat mit den „tragenden Grundsätzen der Verfassung" und den „mehrpoligen Grundrechtsverhältnissen" erste Ansätze für eine prozessuale Kompetenzverteilungs- und Kollisionsregel geliefert. Dabei geht es um die materielle und prozessuale Koordination zwischen dem Konventionsrecht und dem nationalen Recht. Im Folgenden werden die Kriterien des BVerfG näher definiert, auf das Beamtenstreikverbot angewendet und einer kritischen Prüfung unterzogen.

I. „Mehrpolige Grundrechtsverhältnisse"

In „mehrpoligen Grundrechtsverhältnissen" verbietet sich laut BVerfG eine schematische Übertragung der EGMR-Vorgaben. Den Fachgerichten ist ein weiter Beurteilungsspielraum eingeräumt, ob und wie sie den konventionsrechtlichen Postulaten folgen. Wäre ein möglicher Beamtenstreik als ein „mehrpoliges Grundrechtsverhältnis" zu behandeln, würde sich nach Ansicht des BVerfG eine schematische Übertragung der konventionsrechtlichen Vorgaben verbieten. Umstritten ist indes, was unter einem „mehrpoligen Grundrechtsverhältnis" zu verstehen ist und ob es sich dabei um ein valides Kriterium zur Beschränkung der Konventionsfreundlichkeit handelt.

1. Begriffsverständnis

Das BVerfG trägt bereits selbst zur Begriffsklärung der „mehrpoligen Grundrechtsverhältnisse" bei, indem es im „Görgülü"-Beschluss zu bedenken gibt, dass sich die EGMR-Judikatur nicht ohne weiteres in die ausdifferenzierte

[93] *F. Kirchhof*, NJW 2011, 3681 (3682); zu den unterschiedlichen Erscheinungsformen des „Dialogs der Gerichte" im Hinblick auf die Legitimität der dritten Gewalt: *Randall*, EuGRZ 2014, 5 ff.

Systematik nationaler Teilrechtssysteme einpassen lasse. Zu diesen Teilrechtsystemen zähle vor allem das Familien- und Ausländerrecht sowie das Recht zum Schutz der Persönlichkeit, wo Grundrechtspositionen „durch die Bildung von Fallgruppen und abgestuften Rechtsfolgen zu einem Ausgleich gebracht werden".[94] Exemplarisch verweist das BVerfG auf die „Caroline"-Entscheidung[95] des EGMR, wo das allgemeine Persönlichkeitsrecht mit dem Presserecht in Widerstreit trat. In diesen Konstellationen verbiete sich eine schematische Übertragung der EGMR-Rechtsprechung – und zwar aus folgenden Gründen: Im Individualbeschwerdeverfahren nach Art. 34 EMRK habe der EGMR nur das bipolare Verhältnis zwischen dem Beschwerdeführer und dem jeweiligen Konventionsstaat im Blick. Dabei bestehe – so das BVerfG – die Gefahr, dass der EGMR „die beteiligten Rechtspositionen und Interessen möglicherweise nicht vollständig abbildet" und letztlich den nationalen Grundrechtsschutz untergrabe.[96]

Den Ausführungen des BVerfG ist zu entnehmen, dass mit den „mehrpoligen Grundrechtsverhältnissen" Konfliktsituationen gemeint sind, die nicht nur das abwehrrechtliche Verhältnis zwischen Bürger und Staat betreffen. Es geht um komplexere Konfliktlagen, die nach einem schonenden Ausgleich der Rechtspositionen verlangen. Anschaulich spricht das BVerfG davon, dass in derartigen Konfliktlagen das „Mehr" an Freiheit des einen Grundrechtsträgers zugleich ein „Weniger" für den anderen mit sich bringe.[97] Auf Grund der komplizierten Gemengelage verbietet sich jedenfalls eine eindimensionale Beurteilung des grundrechtlichen Schutzniveaus.

Die Literatur trägt zur weiteren Erhellung des Kriteriums der „mehrpoligen Grundrechtsverhältnisse" bei: In mehrpoligen Rechtsverhältnissen sei die Beurteilungslage erheblich komplizierter als in der bipolaren Beziehung zwischen Staat und Bürger.[98] Auch ein hohes nationales Schutzniveau könne sich in mehrpoligen Rechtsbeziehungen u. U. als konventionswidrig erweisen, wenn nämlich die Gewichtung auf nationaler Ebene anders vorgenommen werde als vom EGMR. Mit dem Günstigkeitsprinzip in Art. 53 EMRK könne dieses Problem nicht bewältigt werden.[99] Zwar gestatte dieses Prinzip nationale Unterschiede, jedoch nur so lange, wie der konventionsrechtliche Mindeststandard gewahrt werde. In mehrpoligen Konfliktlagen könne aber noch nicht einmal für den konventionsrechtlichen Mindeststandard garantiert werden, da sich die

---

[94] BVerfG v. 14. 10. 2004 – 2 BvR 1481/04, NJW 2004, 3407 (3411).

[95] EGMR v. 24. 6. 2004 – 59320/00 (Caroline von Hannover/Deutschland), NJW 2004, 2647.

[96] BVerfG v. 14. 10. 2004 – 2 BvR 1481/04, NJW 2004, 3407 (3411).

[97] BVerfG v. 4. 5. 2011 – 2 BvR 2365/09 (u. a.), NJW 2011, 1931 (1936).

[98] *Mayer*, EuGRZ 2011, 234 ff.

[99] *Meyer-Ladewig*, EMRK, Art. 53, Rn. 3; *Schilling*, Deutscher Grundrechtsschutz, S. 10 f.; a. A. *Hoffmann-Riem*, EuGRZ 2006, 492 (499); der Autor will Art. 53 EMRK vor dem Hintergrund multipolarer Konflikte einschränkend auslegen.

einzelnen Rechtspositionen gewöhnlich *unversöhnlich* gegenüberstünden.[100] Das Grundrechtsschutzniveau sei in diesen Fällen nicht vergleichbar. Allenfalls könne die Andersartigkeit der Gewichtung festgestellt werden.[101]

Insbesondere der ehemalige Bundesverfassungsrichter *Wolfgang Hoffmann-Riem* hat sich näher mit dem Phänomen der „multipolaren Grundrechtsverhältnisse" auseinandergesetzt. Er versteht multipolare Konfliktlagen als gesellschaftliche Autonomiebereiche, die zu regeln eine zentrale, weil freiheitssichernde Aufgabe des modernen Gewährleistungsstaates sei.[102] Ein fachgerichtlicher Beurteilungsspielraum müsse in diesen Fällen bestehen, um die – bereits dargestellte – Unterkomplexität der EGMR-Judikatur auszugleichen. *Wolfgang Hoffmann-Riem* plädiert daher für eine „Korridor"-Lösung[103]: Nationale Fachgerichte dürften nur dann von EGMR-Vorgaben abweichen, wenn letztere den „Korridor" des verfassungsrechtlich Zulässigen überschritten. Auf diese Weise werde ein Gleichlauf hergestellt zwischen dem konventionsrechtlichen Einflussrahmen und dem fachgerichtlichen Entscheidungsspielraum. Die Grenze sei jeweils das gerade noch verfassungsrechtlich Zulässige. Nach *Wolfgang Hoffmann-Riem* entspricht also die Beziehung zwischen den Fachgerichten und dem EGMR derjenigen zwischen den Fachgerichten und dem BVerfG.[104]

Bei der Subsumtion unter die „mehrpoligen Grundrechtsverhältnisse" ist schließlich zu bedenken, dass grundrechtliche Schutzpositionen naturgemäß in Wechselwirkung mit Drittbelangen treten. Dies gilt für zivilrechtliche Konfliktfälle ebenso wie in der Leistungs- oder Eingriffsverwaltung.[105] Tatsächlich ist die Vorstellung von rein bipolaren Rechtsverhältnissen in einer zunehmend komplexen Rechtswirklichkeit nur eine Friktion. Alle grundrechtlichen Konfliktsituationen sind stets multipolar abbildbar. Insofern muss das Kriterium der „mehrpoligen Grundrechtsverhältnisse" als ein Versuch zur Bewältigung zunehmender Wertepluralität verstanden werden.[106] Angesichts der Konturenlosigkeit des Kriteriums ist in der Literatur die Frage aufgekommen, ob die „mehrpoligen Grundrechtsverhältnisse" zur besseren Wahrung der Konventionsfreundlichkeit einzuschränken seien. So wird etwa vorgeschlagen, ein Rezeptionshindernis nur dann zuzulassen, wenn in „mehrpoligen Grundrechtsverhältnissen" wesentliche Grundsätze des nationalen Rechts

---

100 *Lübbe-Wolff*, in: Hochhuth, Nachdenken über Staat und Recht, S. 193 (196).

101 *Breuer*, NVwZ 2005, 412 (414).

102 *Hoffmann-Riem*, EuGRZ 2006, 492 (493 f.).

103 Dieser Vorschlag wurde von *Heiko Sauer* aufgegriffen, der fordert, dass sich in mehrpoligen Konfliktlagen anstatt einer einzigen richtigen Lösung ein „Korridor" vertretbarer Lösungen durchsetzen müsse (*Sauer*, EuGRZ 2011, 195 (198 f.)).

104 *Hoffmann-Riem*, EuGRZ 2006, 492 (496 f.).

105 *Schilling*, Deutscher Grundrechtsschutz, S. 142.

106 *Hoffmann-Riem*, EuGRZ 2006, 492 f.

niedergelegt sind.[107] Nach einem anderen Ansatz dürfen die „mehrpoligen Grundrechtsverhältnisse“ nur dann als Argumentationsfigur herangezogen werden, wenn eine Entscheidung des EGMR einer grundgesetzlichen Wertung eindeutig widerspricht[108] oder wenn andernfalls ein Verstoß gegen „wesentliche Grundsätze des deutschen Rechts“[109] droht.

2. *Anwendung auf den Beamtenstreik*

Unter Einbeziehung der vorgenannten Restriktionsversuche wird nun untersucht, ob ein mögliches Streikrecht der Beamten als ein „mehrpoliges Grundrechtsverhältnis“ gelten kann und sich nach Auffassung des BVerfG einer EGMR-freundlichen Auslegung sperren müsste. Auf den ersten Blick liegt es nahe, das gesamte Arbeitskampfrecht wegen der konfliktträchtigen Verflechtungen von Arbeitgeber-, Arbeitnehmer- und Drittinteressen als ein „mehrpoliges Grundrechtsverhältnis“ einzustufen. Möglicherweise muss aber für den (potenziellen) Beamtenstreik eine abweichende Wertung vorgenommen werden. Zwar verfügt das Beamtenrecht über eine ausdifferenzierte Systematik. Allerdings würden hier – so heißt es in der Literatur – keine kollidierenden Grundrechtspositionen zum Ausgleich gebracht. Zwar stehe auf der einen Seite des Konflikts der Beamte mit seinen Individualinteressen. Ihm stehe aber kein schutzwürdiges Individualinteresse gegenüber, sondern nur Art. 33 Abs. 5 GG als objektives Verfassungsrecht.[110] Im Übrigen beeinträchtige die neue EGMR-Judikatur den Schutzbereich des Art. 9 Abs. 3 GG gerade nicht, sondern führe im Gegenteil zu einer erweiterten Anwendung auf Beamte.[111] Allenfalls bei einem *Lehrer*streik sei denkbar, dass es zu Beeinträchtigungen des Elternrechts aus Art. 6 Abs. 2, 3 GG und des Bildungsrechts der Schüler aus Art. 7 Abs. 1 GG komme. Die Beeinträchtigungen im Falle eines Lehrerstreiks seien aber zu vernachlässigen. Außerdem begründe das Bildungsrecht keine einklagbaren Ansprüche der Schüler.[112] In eine andere Richtung deuten dagegen die Äußerungen des VG Osnabrück[113], des VG Bremen[114] und schließlich des BVerwG[115]: Zwar sprechen die beiden unterinstanzlichen Gerichte nicht explizit von einem „mehrpoligen Grundrechtsverhältnis“, allerdings verweisen

[107] *Viellechner*, EuGRZ 2011, 203 (206).

[108] *Payandeh*, JöR 2009, 465 (499).

[109] *Viellechner*, EuGRZ 2011, 203 (206).

[110] *Hoffmann*, NdsVBl 2012, 151 (155).

[111] OVG Lüneburg v. 12.6.2012 – 20 BD 7/11; zit. nach: juris, Rn. 85 ff.; *Battis*, ZBR 2011, 397 (399).

[112] *Battis*, ZBR 2011, 397 (399); Näheres zur Rechtsnatur des Art. 7 Abs. 1 GG siehe Maunz/Dürig/*Badura*, Art. 7 GG, Rn. 5.

[113] VG Osnabrück v. 19.8.2011 – 9 A 1/11, NVwZ-RR 2012, 323 (325).

[114] VG Bremen v. 3.7.2012 – D K 20/11; zit. nach: juris, Rn. 28.

[115] BVerwG v. 27.2.2014 – 2 C 1/13, NZA 2014, 616 (618).

sie darauf, dass das deutsche Beamtentum ein „ausbalanciertes“ Rechtsgebiet sei und sich daher einer Anpassung an konventionsrechtliche Vorgaben sperre. Das BVerwG ist noch deutlicher und erklärt ausdrücklich, dass das „beamtenrechtliche Regelungsgefüge in einem austarierten Zustand zu halten“ sei. Dabei erläutert das BVerwG die vom BVerfG aufgestellten Rezeptionsgrenzen – darunter auch die „Folgen [...] für das Regelungsgefüge eines nationalen Teilrechtssystems“ – und resümiert, dass das statusbezogene Beamtenstreikverbot „[n]ach diesen Maßstäben [...] nach wie vor geltendes Recht“ sei.[116]

Den Einwänden der Literatur ist insofern zuzustimmen, als der (potenzielle) Beamtenstreik nicht der klassischen Konfliktsituation entspricht, wie sie der „Görgülü“- oder „Caroline“-Entscheidung zu Grunde liegt. Es handelt sich beim Streik der Beamten nicht allein um einen Interessenkonflikt unter Bürgern, da mit Art. 33 Abs. 5 GG ein staatliches Interesse hinzutritt. Bevor daraus aber voreilig der Schluss gezogen wird, der (potenzielle) Beamtenstreik sei kein „mehrpoliges Grundrechtsverhältnis“ im Sinne des BVerfG, ist nach der Ratio dieses Kriteriums zu fragen: Nach eigenem Bekunden geht es dem BVerfG um die Bewältigung von Konfliktlagen, die im nationalen Recht durch eine differenzierte Kasuistik ausgeformt worden sind und ein in sich kohärentes System darstellen. Das BVerfG befürchtet, dass der intern gefundene Ausgleich durch externen – sprich konventionsrechtlichen Einfluss – zu Fall gebracht werden könne. Legt man diese Ratio beim Beamtenstreik(-verbot) zu Grunde, müsste das BVerfG konsequenterweise zu dem Ergebnis gelangen, dass auch das Beamtenrecht ein ausdifferenziertes Teilsystem darstellt, das externe Einflüsse nicht dulden kann, ohne seine Stabilität zu verlieren. Auch die Restriktionserfordernisse der Literatur dürften das BVerfG zu keiner anderen Bewertung veranlassen. Wie bereits dargestellt, will die Literatur ein Rezeptionshindernis in mehrpoligen Konfliktlagen nur dann zulassen, wenn andernfalls das „Wesen“ des nationalen Rechts angetastet würde.[117] Diese Hürde kann das BVerfG jedoch leicht überwinden, indem es das statusbezogene Beamtenstreikverbot weiterhin als „hergebrachten Grundsatz“ i. S. d. Art. 33 Abs. 5 GG einstuft. Ebenso tut es nun auch das BVerwG. Daher ist anzunehmen, dass auch das BVerfG eine Aufhebung des deutschen Beamtenstreikverbots ablehnen würde – jedenfalls dann, wenn es starr an seiner Argumentationsfigur der „mehrpoligen Grundrechtsverhältnisse“ festhält.

3. *Kritische Würdigung*

Mit dem Kriterium der „mehrpoligen Grundrechtsverhältnisse“ will das BVerfG eine vollständige Bewertung komplexer Konfliktlagen ermöglichen.

---

[116] BVerwG v. 27.2.2014 – 2 C 1/13, NZA 2014, 616 (618 ff.).

[117] Siehe oben S. 338.

Außerdem möchte es die Eigenrationalität und Balance nationaler Teilrechtssysteme gegenüber „externen" Einflüssen verteidigen. Sieht das BVerfG diese Belange bedroht, gestattet es den Fachgerichten, von den Wertungen des EGMR abzuweichen. Fraglich ist aber, ob die Argumentationsfigur der „mehrpoligen Grundrechtsverhältnisse" überhaupt zu verfassungskonformen und wünschenswerten Ergebnissen führen kann.

Tatsächlich besteht in mehrpoligen Konfliktlagen die Gefahr, dass der Grundrechtsschutz durch den EGMR anders austariert wird als im nationalen Recht. Damit muss aber nicht zwingend eine Verletzung des nationalen Grundrechtsschutzes einhergehen. Obwohl das Rechtsschutzsystem der EGMR in multipolaren Konfliktlagen defizitär ist,[118] bestehen nämlich zahlreiche Möglichkeiten, Dritte umfassend in das Verfahren vor dem EGMR einzubeziehen. Zum einen kann der EGMR nach Art. 36 Abs. 2 EMRK jede drittbetroffene Person, die nicht Beschwerdeführer ist, am Verfahren beteiligen.[119] Bis dato mussten Drittbetroffene in Deutschland die Kosten für eine Verfahrensbeteiligung nach Art. 36 Abs. 2 EMRK selbst aufbringen. Weil der Zugang zum EGMR häufig an der mangelnden finanziellen Leistungsfähigkeit des Drittbetroffenen scheiterte, dies aber unter „rechts- und sozialstaatlichen Gesichtspunkten nicht hinnehmbar" war,[120] wurde hierzulande am 20. April 2013 das EGMR-Kostenhilfegesetz (EGMRKHG) erlassen.[121] Seitdem wird in Verfahren vor dem EGMR „einer dritten in ihren Menschenrechten betroffenen Person auf Antrag Kostenhilfe bewilligt" (§ 1 EGMRKHG). Damit sind Drittbetroffene den Beschwerdeführern faktisch gleichgestellt.[122] Zum anderen kann der EGMR den Mitgliedstaaten mit Hilfe der *Margin of Appreciation*-Doktrin einen Spielraum für eigenständige Wertentscheidungen einräumen.[123] Außerdem verliert die Problematik der „mehrpoligen Grundrechtsverhältnisse" an Brisanz, wenn man sich vor Augen führt, dass bei einer Verfassungsbeschwerde vor dem BVerfG ebenfalls kein Antragsgegner auftritt. Trotzdem sieht sich

---

118 *Hoffmann-Riem*, EuGRZ 2006, 492 (497); *Schilling*, Deutscher Grundrechtsschutz, S. 198.

119 KG Berlin v. 29. 10. 2004 – 9 W 128/04, NJW 2005, 605 (607); *Bergmann*, EuR 2006, 101 (108); *Kadelbach*, in: Ehlers/Schoch, Rechtsschutz im Öffentlichen Recht, § 5, Rn. 35.

120 Begründung der Gesetzesinitiatoren in Aktuelle Meldung des Deutschen Bundestages vom 22. November 2012; online einzusehen: http://www.bundestag.de/presse/hib/2012_11/2012_537/02.html.

121 Gesetz zur Einführung von Kostenhilfe für Drittbetroffene in Verfahren vor dem Europäischen Gerichtshof für Menschenrechte vom 20. April 2013 (BGBl. I S. 829); online einzusehen: http://www.gesetze-im-internet.de/bundesrecht/egmrkhg/gesamt.pdf.

122 Aktuelle Meldung des Deutschen Bundestages vom 22. November 2012; online einzusehen: http://www.bundestag.de/presse/hib/2012_11/2012_537/02.html.

123 Siehe oben S. 305 ff.

das BVerfG in der Lage, mehrpolige Konfliktlagen angemessen beurteilen zu können.[124]

Schließlich wird deutlich, dass die Bewältigung „mehrpoliger Grundrechtsverhältnisse“ kein spezifisches Problem im Verhältnis zwischen dem EGMR und dem BVerfG ist, sondern vorrangig ein nationales. Ein Blick auf das hiesige Recht zeigt, dass die gesetzliche Ausgestaltung von multipolaren Konfliktlagen nicht zwingend als Grundrechtseingriff gewertet wird, wenn sie einem Grundrechtsträger im Einzelfall zum Nachteil gereicht.[125] *Wolfgang Hoffmann-Riem* ist zuzustimmen, wenn er der Bewältigung multipolarer Konfliktlagen eine herausragende Bedeutung für das (Sozial-) Staatsgefüge beimisst. Allerdings ist nicht einzusehen, wieso sich diese Konfliktbewältigung ausschließlich nach innerstaatlichen Rationalitäten vollziehen und Impulsen von außen verschließen soll. Zutreffend ist die Frage aufgeworfen worden, warum eine andere als die nationale Abwägung deutsche Grundrechte verletzten könne, wenn doch nach Ansicht des BVerfG[126] mehrere Abwägungsergebnisse denkbar und zulässig seien.[127] Es liegt gerade in der Natur einer multipolaren Konfliktlage, dass sie unterschiedliche Gewichtungen zulässt. Hier ist Raum für neue – und auch konventionsrechtliche – Denkanstöße, ohne dass damit zugleich eine Grundrechtsverletzung einhergehen muss. Die Befürchtungen des BVerfG sind daher nur ein Scheinargument; denn in erster Linie geht es dem BVerfG darum, sich bei der Bewältigung multipolarer Konfliktlagen nicht vom EGMR „hineinreden“ zu lassen. Dies ist zwar verständlich, vor dem Hintergrund der verfassungsrechtlich gebotenen Konventionsfreundlichkeit sind derartige Pauschalvorbehalte aber unzulässig. Ferner führt die Tatsache, dass sich nahezu jeder Grundrechtskonflikt als ein mehrpoliger darstellen lässt, zu einer beliebigen Einsetzbarkeit dieser Argumentationsfigur. Warum in allen erdenklichen Fallkonstellationen auf einen „Beurteilungskorridor“ zurückgegriffen werden darf, bleibt angesichts der verfassungsrechtlichen Völkerrechts- und Konventionsfreundlichkeit unklar. Sinnvolle Ergebnisse kann die „Korridor“-Lösung erst liefern, wenn kollisionsrechtliche Vorgaben existieren, die ihre Anwendung überhaupt erst zulassen. Entsprechende Vorgaben gilt es im Laufe dieser Arbeit zu entwickeln.

Kritikwürdig ist ferner, dass die „mehrpoligen Grundrechtsverhältnisse“ nicht nur ein *verfassungs*rechtliches Rezeptionshindernis darstellen, sondern auch ein *einfach*gesetzliches: Werden nämlich multipolare Konflikte einfach-

---

[124] *Bergmann*, EuR 2006, 101 (108); *Breuer*, NVwZ 2005, 412 (414); *Kadelbach*, in: Ehlers/Schoch, Rechtsschutz im Öffentlichen Recht, § 5, Rn. 35.

[125] BVerfG v. 24.1.2001 – 1 BvR 2623/95, NJW 2001, 1633 (1638); *Hoffmann-Riem*, EuGRZ 2006, 492 (494 f.).

[126] Siehe etwa BVerfG v. 26.2.2008 – 1 BvR 1602/07 (u. a.), NJW 2008, 1793 (1797), Rn. 71.

[127] *Schilling*, Deutscher Grundrechtsschutz, S. 145.

gesetzlich geregelt, stößt die EGMR-Judikatur bereits an die Grenzen einfachen Rechts. Damit ist den nationalen Gerichten gleichsam ein Freifahrtsschein ausgestellt, ihre Wertentscheidungen an die Stelle der EGMR-Vorgaben zu setzen.[128] Zugleich gerät die Rechtssicherheit in Gefahr, wenn das BVerfG den Fachgerichten in allen multipolaren Konfliktlagen einen Beurteilungsspielraum einräumt. Die Fachgerichte dürfen dann nämlich eigenständig entscheiden, ob und wie sie den Postulaten des EGMR folgen. Die Prüfung des BVerfG setzt erst dann ein, wenn Grundrechte oder Verfassungsvorgaben verletzt werden.[129] Dies führt nicht nur zu einer Relativierung verbindlicher EGMR-Vorgaben, sondern auch zu einer Relativierung der fachgerichtlichen Bindung an § 31 Abs. 1 BVerfGG.[130] Folgerichtig resümiert *Wolfgang Hoffmann-Riem*, dass das BVerfG im Einzelfall prüfen müsse, ob den tragenden Gründen einer eigenen vorherigen Entscheidung „zu entnehmen ist, dass in ihnen auch das verfassungsrechtlich einzig Mögliche umschrieben worden ist".[131]

Demnach wird sich das BVerfG beim Beamtenstreikverbot die Frage stellen müssen, ob das Streikverbot tatsächlich – wie es auch das BVerwG andeutet – ein unumstößliches Verfassungspostulat ist.[132] Käme das BVerfG zu dem Ergebnis, dass das Beamtenstreikverbot ein unumstößliches Verfassungspostulat ist, könnte es den fachgerichtlichen Beurteilungsspielraum auf Null reduzieren und zugleich eine konventionsfreundliche Auslegung verhindern. Dies ist aber bedenklich, denn nach der hier vertretenen Ansicht ist das Beamtenstreikverbot *kein* unumstößliches Verfassungspostulat. Vielmehr kann Art. 33 Abs. 5 GG ohne weiteres konventionsfreundlich ausgelegt werden. Käme das BVerfG demnach zu dem Ergebnis, dass das Beamtenstreikverbot kein unumstößliches Verfassungsgebot ist, stünde den Fachgerichten ein Beurteilungsspielraum zu. Innerhalb dieses Beurteilungsspielraums hätten die Fachgerichte die Wahl, ob sie der EGMR-Judikatur folgen wollen oder nicht. Dieses Ergebnis zeigt aber, dass das BVerfG mit der Argumentationsfigur der „mehrpoligen Grundrechtsverhältnisse" das gewünschte Ziel verfehlt, da ein ausbalanciertes nationales Teilrechtssystem nicht gewahrt werden kann, wenn man es zur Disposition der Fachgerichte stellt. Zu welchem Ergebnis das BVerfG auch kommt, mit der Argumentationsfigur der „mehrpoligen Grundrechtsverhältnisse" ist weder der Rechtssicherheit noch der Konventionsfreundlichkeit Genüge getan.

Damit liefern die Untersuchungen folgendes Ergebnis: Auch in multipolaren Konfliktlagen muss es vorrangiges Ziel sein, den Vorgaben des EGMR zu entsprechen. Hinzunehmen ist die mögliche Konsequenz, dass ggf. ein ausbalan-

---

128 *Breuer*, NVwZ 2005, 412 (414).

129 Siehe oben S. 309 ff.

130 *Hoffmann-Riem*, NJW 2009, 20 (21 f.); siehe auch bereits oben S. 324 f.

131 *Hoffmann-Riem*, NJW 2009, 20 (22).

132 Vgl. BVerfG v. 26. 2. 2008 – 1 BvR 1602/07 (u. a.), NJW 2008, 1793 (1798), Rn. 79.

ciertes nationales Teilrechtssystem neu zu überdenken und anzupassen ist.[133] Es ist daher nach Regeln zu suchen, die das Verhältnis zwischen dem „letzten Wort" der Verfassung einerseits und der Einhaltung konventionsrechtlicher Vorgaben andererseits angemessen abbilden. Mit dem Hinweis auf „mehrpolige Grundrechtsverhältnisse" liefert das BVerfG zwar einen nachvollziehbaren, allerdings keinen überzeugenden Ansatz.

II. „Tragende Grundsätze der Verfassung"

Als weiteres Kriterium zur Begrenzung der Konventionsfreundlichkeit verweist das BVerfG auf die „tragenden Grundsätze der Verfassung". Auch hier ist umstritten, wann ein Verfassungsgrundsatz als „tragend" zu qualifizieren ist und ob es sich dabei um ein valides Kriterium zur Begrenzung der Konventionsfreundlichkeit handelt.

1. Begriffsverständnis

Das BVerfG definiert die „tragenden" Verfassungsgrundsätze nicht näher. Im „Görgülü"-Beschluss führt das BVerfG lediglich aus, dass auch eine Nichtbeachtung des Völkerrechts mit der Völkerrechtsfreundlichkeit vereinbar sein kann, wenn nämlich „nur auf diese Weise ein Verstoß gegen tragende Grundsätze der Verfassung abzuwenden ist".[134] In der „Sicherungsverwahrung II"-Entscheidung heißt es etwas konkreter, die völkerrechtsfreundliche Auslegung dürfe den Rahmen der vertretbaren Gesetzesauslegung und Verfassungsinterpretation nicht sprengen. Dabei verweist das BVerfG auch auf die absolute Kernbereichsgrenze nach Art. 79 Abs. 3 GG.[135]

Auch in der Literatur wird die Ansicht geteilt, dass die Völkerrechtsfreundlichkeit des Grundgesetzes (erst) an den Grenzen des Art. 79 Abs. 3 GG ende.[136] Die Rezeptionsgrenze des Art. 79 Abs. 3 GG entspreche der dualistischen Haltung des BVerfG; denn die Europäische Menschenrechtskonvention gelte im nationalen Recht nur auf Grund des Rechtsanwendungsbefehls nach Art. 59 Abs. 2 S. 1 GG. Mit Hilfe des Art. 59 Abs. 2 S. 1 GG könne aber keine Zustimmung zu einem Gesetz erteilt werden, das den Vorgaben in Art. 79 Abs. 3 GG widerspreche.[137] Nach differenzierter Lesart sind die „tragenden Grundsätze der Verfassung" als Kern- oder Wesensgehalt der Grundrechte zu

---

[133] Vgl. *Dederer*, ZaöRV 2006, 575 (617).

[134] BVerfG v. 14. 10. 2004 – 2 BvR 1481/04, NJW 2004, 3407 (3408).

[135] BVerfG v. 4. 5. 2011 – 2 BvR 2365/09 (u. a.), NJW 2011, 1931 (1936), Rn. 93.

[136] *Dumke*, Streikrecht i. S. des Art. 6 Nr. 4 ESC und deutsches Arbeitskampfrecht, S. 194; *Groh*, FPR 2009, 153 (154 f.); *Payandeh*, JöR 2009, 465 (498); *Sauer*, ZaöRV 2005, 35 (53 f.); *Schilling*, Deutscher Grundrechtsschutz, S. 138 f.

[137] *Payandeh*, JöR 2009, 465 (498).

verstehen. Werde der Kerngehalt angetastet, müsse sich der Geltungsanspruch des Grundgesetzes gegenüber dem Konventionsrecht durchsetzen.[138]

2. *Anwendung auf den Beamtenstreik*

In Ermangelung einer klaren Begriffsbestimmung lässt sich nicht zweifelsfrei beantworten, ob das BVerfG das Beamtenstreikverbot als einen „tragenden Grundsatz der Verfassung" einstufen würde. Den Aussagen des BVerfG ist zu entnehmen, dass das Streikverbot als „hergebrachter Grundsatz des Berufsbeamtentums" eine rechtsstaatliche Funktion besitzt und insofern eine „tragende" Bedeutung hat.[139] Auch die nationale Verwaltungsgerichtsbarkeit ordnet das Beamtenstreikverbot mehrheitlich dem „Kernbestand" der „hergebrachten Grundsätze" in Art. 33 Abs. 5 GG zu.[140] Deutlich sind vor allem die Ausführungen des VG Osnabrück. Dieses lehnt eine konventionsfreundliche Auslegung des Art. 33 Abs. 5 GG mit dem Hinweis ab, dass das Beamtenstreikverbot einen „tragenden Grundsatz der Verfassung" darstelle.[141] Unmissverständlich ist nun der Verweis des BVerwG auf die „Görgülü"-Entscheidung, wonach die konventionsfreundliche Auslegung an den Grenzen der „tragenden Verfassungsgrundsätze" ende. Diese Grenze gelte auch für das Beamtenstreikverbot.[142] Allerdings unterliegt das Beamtenstreikverbot nach einhelliger Ansicht nicht der Kernbereichsgrenze des Art. 79 Abs. 3 GG.[143] Durch den Verweis auf die Ewigkeitsgarantie in der „Sicherungsverwahrung II"-Entscheidung dürfte sich das BVerfG im Ergebnis aber nicht daran gehindert sehen, das statusbezogene Beamtenstreikverbot dennoch als „tragenden Grundsatz der Verfassung" einzustufen. Naheliegender ist es nämlich, dass das BVerfG mit der Kernbereichsgrenze eine äußerste Grenze für die Konventions- und Völkerrechtsfreundlichkeit meint.

---

138 *Payandeh*, JöR 2009, 465 (498); *Sauer*, ZaöRV 2005, 35 (53).

139 Vgl. BVerfG v. 19. 9. 2007 – 2 BvF 3/02, NVwZ 2007, 1396 (1398 f.).

140 OVG Münster v. 7. 3. 2012 – 3d A 317/11.O; zit. nach: juris, Rn. 70 ff.; OVG Lüneburg v. 12. 6. 2012 – 20 BD 7/11; zit. nach: juris, Rn. 58; auch wenn das Beamtenstreikverbot kein eigenständiger „hergebrachter Grundsatz" ist, wurzelt es jedenfalls in der Treuepflicht – so das VG Osnabrück v. 19. 8. 2011 – 9 A 1/11, NVwZ-RR 2012, 323 f.; ähnlich auch VG Bremen v. 3. 7. 2012 – D K 20/11; zit. nach: juris, Rn. 19.

141 VG Osnabrück v. 19. 8. 2011 – 9 A 1/11, NVwZ-RR 2012, 323.

142 BVerwG v. 27. 2. 2014 – 2 C 1/13, NZA 2014, 616 (621).

143 Art. 33 Abs. 4 und 5 GG gehören nicht zum änderungsfesten Kernbestand des Grundgesetzes, unterfallen also nicht der Ewigkeitsgarantie des Art. 79 Abs. 3 GG (*Battis*, BBG-Kommentar, § 4, Rn. 11); zum Beamtenstreikverbot vgl. *Kissel*, Arbeitskampfrecht, § 45, Rn. 39.

3. Kritische Würdigung

In der Literatur ist zuweilen darauf verwiesen worden, dass die „tragenden Grundsätze der Verfassung“ bloß ein „symbolisches“ Rezeptionshindernis darstellten, weil ein Konflikt zwischen dem EGMR und dem BVerfG in Grundrechtsfragen undenkbar sei.[144] Diese Einschätzung muss aber im Hinblick auf die „Görgülü“[145]- und „Caroline“[146]-Entscheidung des EGMR, spätestens jedoch seit „Demir und Baykara“ und „Enerji Yapi-Yol Sen“ als irrig zurückgewiesen werden. Wie diese Fälle bezeugen, ist ein Konflikt zwischen der Europäischen Menschenrechtskonvention und den nationalen Grundrechten nicht nur denkbar, sondern Realität.[147] In Anbetracht dessen darf dem Kriterium der „tragenden Grundsätze der Verfassung“ die grundsätzliche Relevanz jedenfalls nicht abgesprochen werden.

Das BVerfG setzt diese Argumentationsfigur ein, um nationale Souveränität möglichst flexibel wahren zu können. Wie bereits angesprochen, kann aber entgegenstehendes Verfassungsrecht nicht pauschal als Argument gegen die Konventionsfreundlichkeit ins Feld geführt werden. Auch „tragende Grundsätze der Verfassung“ müssten demnach völkerrechts- bzw. konventionsfreundlich ausgelegt werden. Es ist daher zu begrüßen, dass das BVerfG mit dem Hinweis auf „tragende“ Verfassungsprinzipien jedenfalls eine qualifizierte Anforderung stellt. Allerdings ist dieses Kriterium konturenlos – zumal es an eindeutigen Hinweisen zur Bedeutungsbestimmung fehlt. Eine rechtssichere Handhabung lässt nur die Kernbereichsgrenze des Art. 79 Abs. 3 GG zu. Auch dieses Kriterium kann jedoch nicht als valides Rezeptionshindernis überzeugen; denn der Europäischen Menschenrechtskonvention würde faktisch Verfassungsrang eingeräumt, wenn man ihren Einfluss erst an der Kernbereichsgrenze des Art. 79 Abs. 3 GG enden ließe. Allerdings besitzt die Europäische Menschenrechtskonvention im nationalen Recht keinen Verfassungsrang. Die Europäische Menschenrechtskonvention fordert auch selbst keinen Vorrang vor dem nationalen Recht ein.[148] Um eine Vorrangstellung zu begründen, hätte es einer Übertragung von Hoheitsrechten i. S. d. Art. 24 Abs. 1 GG bedurft. Räumte man der Europäischen Menschenrechtskonvention trotz Fehlens einer ausreichenden Legitimation i. S. d. Art. 24 Abs. 1 GG dennoch *absoluten* Vor-

---

144 Vgl. *Bergmann*, EuR 2006, 101 (106); *Groh*, FPR 2009, 153 (154 f.); *Schröder*, Gesetzesbindung des Richters und Rechtsweggarantie im Mehrebenensystem, S. 194.

145 EGMR v. 26. 2. 2004 – 74969/01 (Görgülü/Deutschland), NJW 2004, 3397.

146 EGMR v. 24. 6. 2004 – 59320/00 (Caroline von Hannover/Deutschland), NJW 2004, 2647.

147 Vgl. *Sachs*, in: FS Klein, S. 321 (322).

148 *Dederer*, ZaöRV 2006, 575 (616 f.); *Hilf*, in: Marenholz/Hilf/Klein, Entwicklung der Menschenrechte, S. 19 (31); *Pache*, EuR 2004, 393 (400); *Schilling*, Deutscher Grundrechtsschutz, S. 210 f.

rang ein, entstünde ein Konflikt mit dem Demokratieprinzip.[149] Daher darf das Kriterium der „tragenden Grundsätze der Verfassung" lediglich als eine äußerste Rezeptionsgrenze für Konventionsvorgaben verstanden werden, darüber hinaus lässt das Kriterium aber keine klaren Aussagen zu.

C. Kritikwürdige Selbstbehauptungsversuche des BVerfG

Wie die Untersuchungen gezeigt haben, sind die vom BVerfG errichteten Rezeptionshindernisse primär Maßnahmen zur Selbstbehauptung. Das BVerfG möchte nationale Teilrechtssysteme möglichst umfassend und flexibel gegenüber konventionsrechtlichen Einflüssen verteidigen können; denn der konventionsrechtliche Druck wird immer stärker. Während sich das BVerfG früher noch ungetadelt darauf zurückziehen konnte, dass das Konventionsrecht keine weitergehenden Anforderungen als das deutsche Recht enthalte,[150] zeigt sich mittlerweile deutlich, dass dies ein Irrglaube war.[151] Diesen Irrtum scheint das BVerwG bereits bemerkt zu haben, indem es eine Konventionswidrigkeit des statusbezogenen Beamtenstreikverbots zwar anerkennt, aber dennoch an den vom BVerfG aufgestellten Rezeptionsgrenzen festhält. Diese Rezeptionsgrenzen hat das BVerfG aus einer Angst vor einem nationalstaatlichen Bedeutungsverlust entwickelt und daher auf möglichst dehnbare Argumentationsfiguren zurückgegriffen – nämlich die besagten „mehrpoligen Grundrechtsverhältnisse" und die „tragenden Grundsätze der Verfassung". Die hierin zum Ausdruck kommenden Befürchtungen des BVerfG sind angesichts der dynamischen Rechtsprechungsentwicklung und des zunehmenden Harmonisierungsdrucks durch den EGMR zwar nachvollziehbar. Die Vorbehalte des BVerfG überzeugen jedoch nicht – weder unter institutionellen noch unter materiellen Gesichtspunkten:

In institutioneller Hinsicht erinnern die „mehrpoligen Grundrechtsverhältnisse" und die „tragenden Grundsätze der Verfassung" an die Kompetenzverteilung zwischen dem BVerfG und den Fachgerichten.[152] Das BVerfG ist keine „Revisionsinstanz", sondern zieht sich bei der Kontrolle der Fachgerichte auf die Verletzung „spezifischen Verfassungsrechts"[153] zurück. Gegenüber dem EGMR möchte das BVerfG eine ähnliche Position behaupten. Diesen Anschein erweckt das BVerfG jedenfalls, wenn es auf die „tragenden Grundsätze der Verfassung" und die „mehrpolige Grundrechtsverhältnisse" zurückgreift,

---

149 *Viellechner*, EuGRZ 2011, 203 (205).

150 So noch BVerfG v. 10.5.1957 – 1 BvR 550/52, NJW 1957, 865 (869); BVerfG v. 15.5.1995 – 2 BvL 19/91, NJW 1995, 1811 (1813).

151 Vgl. *Sachs*, in: FS Klein, S. 321 (322).

152 Vgl. *Schilling*, Deutscher Grundrechtsschutz, S. 88.

153 Siehe etwa BVerfG v. 26.4.2001 – 1 BvR 758/97, JuS 2002, 184 (185).

um den Einfluss des EGMR zurückzudrängen. Bei der Kompetenzabgrenzung zum EGMR verkennt das BVerfG jedoch, dass die Beziehung zum EGMR kein einfach zu handhabendes Über-/Unterordnungsverhältnis darstellt. Der EGMR ist zwar nur subsidiär zuständig (Art. 35 Abs. 1 EMRK), allerdings ist ihm mit dem Individualbeschwerdeverfahren nach Art. 34 EMRK eine judikative Kontrollmöglichkeit eingeräumt, die weit über die gängigen völkervertraglichen Sanktionsmittel hinausreicht. Mit diesem Machtmittel hat der EGMR eine Leitfunktion im europäischen Menschenrechtsschutz eingenommen.[154]

Wie bereits dargestellt, hat das BVerfG der zunehmenden Bedeutung des EGMR schrittweise Rechnung getragen und – allerdings unter Vorbehalt – eine fachgerichtliche Berücksichtigungspflicht entwickelt. Daher ist es widersprüchlich und kritikwürdig, den EGMR entgegen seiner rechtstatsächlichen Bedeutung wie ein untergeordnetes Fachgericht zu behandeln und ihm enge Kompetenzgrenzen zu setzen. Am Beispiel der EGMR-Judikatur zum Streikrecht zeigt sich, dass der EGMR einen zunehmenden Harmonisierungsdruck ausübt. Um diesem Druck standzuhalten und nationale Souveränität nicht gänzlich aufzugeben, kann das Mittel der Wahl nur eine Kommunikation auf Augenhöhe sein.[155] Dem werden die pauschalen Vorbehalte des BVerfG jedoch nicht gerecht. Im Gegenteil führen sie zu einer Verhärtung der Fronten, ohne den zunehmenden Bedeutungszuwachs und den Harmonisierungsdruck des EGMR aufhalten zu können. Seiner eigenen Ohnmacht kann das BVerfG nur entgegenwirken, wenn es sich bewusst auf eine fruchtbare Auseinandersetzung mit dem EGMR einlässt und pauschale Rezeptionshindernisse beseitigt.

Auch in materieller Hinsicht erweisen sich die Argumentationsfiguren des BVerfG als mangelhaft. Mit dem Kriterium der „mehrpoligen Grundrechtsverhältnisse“ errichtet das BVerfG bereits bei einfachem Gesetzesrecht ein Rezeptionshindernis. Hingegen würden die „tragenden Grundsätze der Verfassung“ bei einer Auslegung i. S. d. Art. 79 Abs. 3 GG zu einem faktischen Verfassungsrang der Europäischen Menschenrechtskonvention führen. Dieses Ergebnis wäre aber weder von der Konvention gewollt,[156] noch mit den Vorgaben des Grundgesetzes vereinbar[157]. Hält man hingegen jede Norm des Grundgesetzes für einen „tragenden Grundsatz der Verfassung“, wäre der Konventionsfreundlichkeit nicht Genüge getan; denn auch das Verfassungsrecht ist konventionsfreundlich auszulegen. Die pauschalen Rezeptionshindernisse des BVerfG zeugen von einem überkommenen Völkerrechtsverständnis, das auf einer Hierarchisierung zwischen Völker- und Landesrecht aufbaut. Wo sich

---

[154] Siehe oben S. 305 ff.

[155] *F. Kirchhof*, NJW 2011, 3681 (3682).

[156] *Dederer*, ZaöRV 2006, 575 (616 f.); *Hilf*, in: Marenholz/Hilf/Klein, Entwicklung der Menschenrechte, S. 19 (31); *Pache*, EuR 2004, 393 (400); *Schilling*, Deutscher Grundrechtsschutz, S. 210 f.

[157] *F. Kirchhof*, NJW 2011, 3681 (3682).

plurale Rechtsbeziehungen einer Hierarchisierung entziehen, versagen diese Argumentationsfiguren jedoch. Zum einen lösen sie die Kollisionslage einseitig zu Gunsten nationalstaatlicher Souveränität auf.[158] Zum anderen führen die vagen Vorbehalte des BVerfG zu Rechtsunsicherheiten, da sie letztlich dem Fachrichter die Entscheidung überlassen, ob und wie er im Einzelfall eine Entscheidung des EGMR befolgt.[159]

Von konventionsrechtlicher Seite müssen die Rezeptionsgrenzen des BVerfG als Konventionsverstoß gewertet werden. Dies ergibt sich bereits aus Art. 57 Abs. 1 S. 1 EMRK, wonach ein Vorbehalt gegenüber der Konvention nur bei Unterzeichnung oder bei Hinterlegung der Ratifikationsurkunde erhoben werden kann. Im Übrigen könnte ein solcher Vorbehalt auch nicht vom BVerfG erklärt werden, sondern nur durch ein zur Außenvertretung der Bundesrepublik ermächtigtes Organ.[160] Auch im Hinblick auf den *pacta sunt servanda*-Grundsatz in Art. 27 S. 1 WVRK darf sich ein Konventionsstaat nicht auf entgegenstehendes nationales (Verfassungs-)Recht berufen. Ausnahmen können zwar völkervertraglich vereinbart werden. Dass die Europäische Menschenrechtskonvention bzw. der EGMR zu Gunsten des deutschen Beamtenstreikverbots eine Abweichung zulässt, ist aber *de lege lata* nicht ersichtlich.

---

[158] *Sauer*, ZaöRV 2005, 35 (51).

[159] *Bergmann*, EuR 2006, 101.

[160] *Schilling*, Deutscher Grundrechtsschutz, S. 194 f.

6. Abschnitt

Zusammenfassung und Folgefragen

Im vierten Teil dieser Arbeit hat sich gezeigt, dass der EGMR einen Rechtsprechungswandel zu Art. 11 EMRK vollzogen hat – nicht nur inhaltlich, sondern auch methodisch: Zum einen erkennt der Gerichtshof das Streikrecht als integralen Bestandteil des Art. 11 EMRK an und zum anderen stützt er sich dabei in umfassender Weise auf internationale Normen – so auch auf Art. 6 Nr. 4 ESC. Das methodische Vorgehen des EGMR ist kritikwürdig, da er sich immer weiter vom Konventionstext löst und Rechtssicherheit nicht mehr umfassend gewährleistet ist. Gleichwohl müssen die Entscheidungen „Demir und Baykara“ und „Enerji Yapi-Yol Sen“ als Ergebnis einer lang angelegten Rechtsprechungsentwicklung ernst genommen werden.

Im Hinblick auf Art. 6 Nr. 4 ESC führt die Rechtsprechung des EGMR zu weitreichenden Konsequenzen. Im dritten Teil dieser Arbeit wurde bereits festgestellt, dass Art. 6 Nr. 4 ESC bei isolierter Betrachtung einen nur schwer identifizierbaren Einfluss besitzt. Dies ist vor allem der Tatsache geschuldet ist, dass die Europäische Sozialcharta über kein Sanktionsorgan verfügt, das rechtsverbindliche Entscheidungen zur Auslegung der Charta treffen könnte. Anders gestaltet sich die Lage unter der Anwendungsmacht des EGMR. Durch den Straßburger Gerichtshof erhalten Art. 6 Nr. 4 ESC und die Spruchpraxis des EKSR eine Bedeutungsdimension, die der Norm bei isolierter Betrachtung nicht zukommt. Die konsequente Fortführung der EGMR-Rechtsprechung dürfte zur Folge haben, dass künftig nicht nur das Beamtenstreikverbot, sondern auch die Tarifbezogenheit des Streiks, das Verbot wilder Streiks und ggf. das Verhältnismäßigkeitsprinzip für unvereinbar mit Art. 11 EMRK erklärt werden müssen. Eine entsprechende Prognose lässt jedenfalls die EKSR-Spruchpraxis zu. Bislang können der Rechtsprechung des EGMR aber nur zum Beamtenstreikverbot konkrete Aussagen entnommen werden. Die Anwendungsmacht des EGMR für Art. 6 Nr. 4 ESC bleibt daher (zunächst) auf das Beamtenstreikverbot beschränkt.

Die Rechtsansichten des EGMR in „Demir und Baykara“ und „Enerji Yapi-Yol Sen“ entfalten hierzulande eine Orientierungswirkung: Im Wege der konventionsfreundlichen Auslegung haben die nationalen Gerichte Art. 9 Abs. 3 GG und Art. 33 Abs. 5 GG mit den Vorgaben des EGMR zu harmonisieren. Nach der hier vertretenen Ansicht lässt der Wortlaut der Verfassung eine Anpassung an die Vorgaben des EGMR zu. Die Fachgerichte sind an einer konventionsfreundlichen Auslegung auch nicht durch § 31 Abs. 1 BVerfGG gehindert, da diese Norm ihrerseits konventionsfreundlich auszulegen bzw. teleologisch zu reduzieren ist. Dies gilt jedenfalls dann, wenn eine Entscheidung des BVerfG auf einen Zeitpunkt rückdatiert, der *vor* dem einer entgegenstehenden EGMR-Entscheidung liegt. In diesem Fall hatte das BVerfG noch keine Gelegenheit, sich mit den konventionsrechtlichen Vorgaben auseinanderzusetzen. Man darf in diesem Fall zu Gunsten des BVerfG vermuten, dass es in Kenntnis der Konventionsvorgaben anders entschieden hätte. Die bundesverfassungsgerichtliche Autorität und „Anleitungsfunktion" wird in diesem Fall nicht untergraben.

Offen bleibt allerdings, in welchem Rahmen die Konventionsfreundlichkeit wirken kann und soll. Das BVerfG zieht die Grenzen dort, wo „mehrpolige Grundrechtsverhältnisse" oder „tragende Grundsätze der Verfassung" berührt sind. Unter Zugrundelegung dieser Kriterien würde das BVerfG eine Anpassung des geltenden Beamtenstreikverbots an die Vorgaben des EGMR vermutlich ablehnen. Diese vagen Kriterien können allerdings nicht überzeugen. Zum einen werden sie der Konfliktbewältigung zwischen gleichrangigen Rechtsregimen – wie der Europäischen Menschenrechtskonvention und dem nationalen Recht – nicht gerecht. Derartige Vorbehalte gegen die Europäische Menschenrechtskonvention sind daher weder konventionsrechtlich noch verfassungsrechtlich zulässig.[1] Zum anderen bergen die bundesverfassungsgerichtlichen Argumentationsfiguren Rechtsunsicherheiten, die es gerade im sensiblen Bereich des europäischen Grundrechtsschutzes zu vermeiden gilt.

Schließlich ist festzuhalten, dass der Konflikt im europäischen Grundrechtsgefüge nicht allein im materiellen Recht fußt, sondern vor allem im Verhältnis zwischen dem EGMR und dem BVerfG. Der Konflikt ist primär institutioneller Art; denn weder das Grundgesetz noch die Europäische Menschenrechtskonvention treffen definitive Aussagen zur Zulässigkeit des Beamtenstreiks. Erst über die Rechtsprechung der nationalen Gerichte und des EGMR ergeben sich konkrete Postulate, die in Widerstreit treten. Obwohl die Fachgerichte eine entscheidende Rolle bei der Einzelfallbeurteilung spielen, gibt das BVerfG seine Letztentscheidungskompetenz nicht aus der Hand. Es ist *de lege lata* maßstabgebend für Inhalt und Grenzen der Völkerrechtsfreundlichkeit. Dem BVerfG steht der EGMR gegenüber, der sich mit seiner dynamischen Auslegung immer weiter vom Konventionstext löst. In Anbetracht dessen darf eine Konfliktlösung nicht im materiellen Recht gesucht werden, sondern muss vor allem durch eine gegenseitige Abstimmung der Gerichte erfolgen. Dieses Ziel kann aber nicht durch eine kategorische Ablehnung externer Einflüsse erreicht werden, sondern nur durch eine Zusammenarbeit anhand rechtsicherer Ko-

[1] Ebenfalls in diese Richtung argumentierend *Schilling*, Deutscher Grundrechtsschutz, S. 22.

operationskriterien. Andernfalls bleibt es bei dem inakzeptablen Befund der Völkerrechtsverletzung (vgl. Art. 27 S. 1 WVRK). Zu klären bleibt daher, wie die Kollision zwischen der Europäischen Menschenrechtskonvention bzw. dem EGMR und dem nationalen Recht angemessen gehandhabt werden kann. Nur auf dieser Grundlage kann auch die Streikrechtsproblematik gelöst werden. Auf diese Fragen wird im sechsten Teil dieser Arbeit eingegangen.

Zunächst wird allerdings im nachfolgenden fünften Teil dieser Arbeit untersucht, welchen Einfluss das Unionsrecht und der EuGH auf den Konflikt zwischen dem nationalen Recht und dem Konventionsrecht haben. Dabei könnte Art. 6 Nr. 4 ESC in der Anwendung des EuGH ein ganz anderes Gepräge erhalten als in der Anwendung des EGMR. Ob hier ein Konflikt für den nationalen Rechtsanwender entsteht und wie dieser zu lösen ist, wird im Folgenden untersucht.

5. Teil

Relevanz des Art. 6 Nr. 4 ESC in der Anwendung des EuGH

Möglicherweise erhält Art. 6 Nr. 4 ESC im Gewande des Unionsrechts ein neues Gepräge, das den Vorgaben des EGMR widersprechen könnte. Als Referenzfälle des EuGH dienen hier die Entscheidungen „Viking"[1] und „Laval"[2]. Darin hat der Luxemburger Gerichtshof – unter Bezugnahme auf Art. 6 Nr. 4 ESC – ein unionsrechtliches Grundrecht auf Streik entwickelt,[3] dieses aber gegenüber den wirtschaftlichen Grundfreiheiten sehr „stiefmütterlich" behandelt. Die Entscheidungen zeigen, dass die Rechtsansicht des EuGH zum Streik deutlich restriktiver ist als die des EGMR.

Seit dem Vertrag von Lissabon garantiert das Unionsrecht in Art. 28 GRC die Koalitionsfreiheit und schließt ausdrücklich ein Streikrecht ein. Angesichts der Rechtsverbindlichkeit des Art. 28 GRC und des avisierten Beitritts der Union zur Europäischen Menschenrechtskonvention ist nun zu klären, ob der EuGH seine Rechtsprechung den Vorgaben des EGMR möglicherweise anzupassen hat.[4] Die Frage nach dem Verhältnis zwischen dem Konventionsrecht und dem Unionsrecht ist deshalb interessant, weil letzteres Anwendungsvorrang gegenüber dem nationalen Recht genießt.[5] Auf diese Weise könnten die konventionsrechtlichen Vorgaben vom Anwendungsvorrang des Unionsrechts „profitieren". Dies hätte wiederum zur Folge, dass die Vorrangstellung des Grundgesetzes gegenüber dem Konventionsrecht umgangen würde.[6] Damit könnten die Vorgaben des Art. 6 Nr. 4 ESC in der Anwendungsmacht des EuGH einen gegenüber dem EGMR gesteigerten Harmonisierungsdruck auf das nationale Recht ausüben. Dies gilt es zu prüfen.

Im ersten Abschnitt wird das unionsrechtliche Streikrecht untersucht. Im zweiten Abschnitt wird geprüft, inwiefern der EuGH und der EGMR in puncto Streikrecht voneinander abweichen und ob sich daraus ein Bindungskonflikt des nationalen Rechtsanwenders ergibt. Im dritten Abschnitt werden die Kon-

---

[1] EuGH v. 11. 12. 2007 – C-438/05 (Viking), NZA 2008, 124.

[2] EuGH v. 18. 12. 2007 – C-341/05 (Laval), NZA 2008, 159.

[3] EuGH v. 11. 12. 2007 – C-438/05 (Viking), NZA 2008, 124 (127), Rn. 43; EuGH v. 18. 12. 2007 – C-341/05 (Laval), NZA 2008, 159 (165), Rn. 90.

[4] Vgl. *Fütterer*, EuZA 2011, 505 (514 ff.).

[5] *Di Fabio*, Das beamtenrechtliche Streikverbot, S. 61.

[6] *Di Fabio*, Das beamtenrechtliche Streikverbot, S. 62.

sequenzen der EuGH-Judikatur für das nationale Streikrecht ausgelotet und schließlich werden im vierten Abschnitt ein Fazit und Folgefragen formuliert.

1. Abschnitt

Das unionsrechtliche Streikrecht

Um im Folgenden das unionsrechtliche Streikrecht darzustellen, ist zunächst auf die Rechtsnatur des Unionsrechts einzugehen. Sodann werden die dogmatischen Grundlagen des unionsrechtlichen Streikrechts und dessen Ausformung durch die Rechtsprechung des EuGH untersucht. Dabei ist auch auf die beschränkten Kompetenzen der EU im Bereich des Streikrechts einzugehen. Gemäß Art. 153 Abs. 5 AEUV ist die Union nämlich „nicht für das Arbeitsentgelt, das Koalitionsrecht, das Streikrecht sowie das Aussperrungsrecht" zuständig. Es fragt sich daher, in welchem Rahmen und mit welchem materiellen Gehalt das unionsrechtliche Streikrecht des Art. 28 GRC überhaupt eine rechtsverbindliche Wirkung für die Mitgliedstaaten entfalten kann. Im Anschluss wird untersucht, ob und inwieweit die Anwendungsmacht des EuGH dem Art. 6 Nr. 4 ESC ein neues Gepräge gibt.

A. Rechtsnatur des Unionsrechts

In seiner Rechtsnatur unterscheidet sich das Unionsrecht von den rein völkerrechtlichen Verträgen des Europarates – der Europäischen Menschenrechtskonvention[7] und der Europäischen Sozialcharta. Zwar ist auch das Gemeinschafts- bzw. das heutige Unionsrecht durch einen völkerrechtlichen Vertrag geschaffen worden.[8] Allmählich hat es sich aber von seinen völkerrechtlichen Wurzeln gelöst und zu einem supranationalen Recht entwickelt: Die Besonderheit des Unionsrechts besteht darin, dass es in den Mitgliedstaaten unmittelbar anwendbar ist und über eine unmittelbare Durchgriffswirkung verfügt. Diese Wirkung ist nötig, um eine effektive und einheitliche Geltung des Unionsrechts zu gewährleisten.[9] Die Emanzipation des Unionsrechts von

---

[7] Zwar weist die Europäische Menschenrechtskonvention einige Merkmale auf, die sie von klassisch völkerrechtlichen Verträgen unterscheidet (siehe oben S. 242 ff.). Nach überzeugender Ansicht besitzt die Europäische Menschenrechtskonvention aber keinen supranationalen Charakter. Dafür hätten Hoheitsrechte auf den Europarat bzw. den EGMR übertragen werden müssen (*Czerner*, EuR 2007, 537).

[8] *Kunig*, in: Vitzthum, Völkerrecht, 2. Abschnitt, IV 2 h), Rn. 119.

[9] *Nettesheim*, in: Grabitz/Hilf/Nettesheim, Das Recht der EU, Art. 1 AEUV, Rn. 65, 67 ff.

seinen völkerrechtlichen Wurzeln wurde maßgeblich vom EuGH befördert. In „Van Gend & Loos“ weist der EuGH zum ersten Mal auf die „Spezialität“ des Unionsrechts hin:

Das Ziel des EWG-Vertrages ist die Schaffung eines gemeinsamen Marktes, dessen Funktionieren die der Gemeinschaft angehörigen Einzelnen unmittelbar betrifft; damit ist zugleich gesagt, daß dieser Vertrag mehr ist als ein Abkommen, das nur wechselseitige Verpflichtungen zwischen den vertragschließenden Staaten begründet. Diese Auffassung wird durch die Präambel des Vertrages bestätigt, die sich nicht nur an die Regierungen, sondern auch an die Völker richtet. Sie findet eine noch auffälligere Bestätigung in der Schaffung von Organen, welchen Hoheitsrechte übertragen sind, deren Ausübung in gleicher Weise die Mitgliedstaaten wie die Staatsbürger berührt. [...]. Auch die dem Gerichtshof im Rahmen von Art. 177[10], der die einheitliche Auslegung des Vertrages durch die nationalen Gerichte gewährleisten soll, zukommende Aufgabe ist ein Beweis dafür, daß die Staaten davon ausgegangen sind, die Bürger müßten sich vor den nationalen Gerichten auf das Gemeinschaftsrecht berufen können. Aus alledem ist zu schließen, daß die Gemeinschaft eine *neue Rechtsordnung des Völkerrechts darstellt, zu deren Gunsten die Staaten, wenn auch in begrenztem Rahmen, ihre Souveränitätsrechte eingeschränkt haben, eine Rechtsordnung, deren Rechtssubjekte nicht nur die Mitgliedstaaten, sondern auch die Einzelnen sind.*[11] [Hervorhebungen durch die Verfasserin].

Die „Spezialität“ des Unionsrechts gegenüber reinem Völkerrecht macht der EuGH an drei Merkmalen fest: Zum einen stellt der Gerichtshof die unmittelbare Anwendbarkeit[12] des Unionsrechts und die Subjektstellung des einzelnen Marktbürgers innerhalb der Unionsrechtsordnung heraus. Dies hat zur Folge, dass sich jeder Unionsbürger vor den mitgliedstaatlichen Gerichten auf das für ihn unmittelbar anwendbare Unionsrecht berufen kann.[13] Zum anderen verweist der EuGH darauf, dass die Mitgliedstaaten Hoheitsrechte auf die EU übertragen und ihr damit weitgehende Autonomie verliehen haben. Schließlich betont der EuGH seinen Auftrag zur einheitlichen Auslegung des Unionsrechts und seinen Rechtsschutzauftrag zu Gunsten der Marktbürger. In der Folgeentscheidung „Costa/E.N.E.L“ kehrt der EuGH den Autonomieaspekt des Unionsrechts und den damit einhergehenden Souveränitätsverlust der Mitgliedstaaten noch deutlicher heraus:

Denn durch die Gründung einer Gemeinschaft für unbegrenzte Zeit, die mit [...] Hoheitsrechten ausgestattet ist, haben die Mitgliedstaaten, wenn auch auf einem begrenzten Gebiet, ihre *Souveränitätsrechte beschränkt* und so einen *Rechtskörper geschaffen,*

---

[10] Entspricht Art. 234 EGV-Nizza; nunmehr Art. 267 AEUV.

[11] EuGH v. 5.2.1963 – C-26/62 (Van Gend & Loos), NJW 1963, 974 (976).

[12] Näheres zur unmittelbaren Wirksamkeit des Unionsrechts und den Voraussetzungen bei *Nettesheim*, in: Grabitz/Hilf/Nettesheim, Das Recht der EU, Art. 249 EGV-Nizza, Rn. 28 ff.

[13] *Bergmann*, EuR 2006, 101 (104).

der für ihre Angehörigen und sie selbst verbindlich ist.[14] [Hervorhebungen durch die Verfasserin].

Welche Auswirkungen der Vorrang des Unionsrechts und der damit einhergehende Souveränitätsverlust für das Recht der EU-Mitgliedstaaten haben, verdeutlicht der EuGH in der Rechtssache „Internationale Handelsgesellschaft“:

Die *einheitliche Geltung des Gemeinschaftsrechts* würde beeinträchtigt, wenn bei der Entscheidung über die Gültigkeit von Handlungen der Gemeinschaftsorgane Normen oder Grundsätze des nationalen Rechts herangezogen würden. Die Gültigkeit solcher Handlungen kann nur nach dem Gemeinschaftsrecht beurteilt werden; denn dem vom Vertrag geschaffenen, somit aus einer *autonomen Rechtsquelle* fließenden Recht *können wegen seiner Eigenständigkeit keine wie immer gearteten innerstaatlichen Rechtsvorschriften vorgehen* [...]. Daher kann es die Gültigkeit einer Gemeinschaftshandlung oder deren Geltung in einem Mitgliedstaat nicht berühren, wenn geltend gemacht wird, die Grundrechte in der ihnen von der Verfassung dieses Staates gegebenen Gestalt oder die Strukturprinzipien der nationalen Verfassung seien verletzt.[15] [Hervorhebungen durch die Verfasserin].

Die Rechtsprechungsentwicklung zeigt, wie sich das Unionsrecht in der Judikatur des EuGH immer weiter von seinen völkerrechtlichen Wurzeln emanzipieren konnte. Während in „Van Gend & Loss“ noch von einer „neue[n] Rechtsordnung des Völkerrechts“ gesprochen wird, ist dann in der Rechtssache „Costa / E. N. E. L“ von einem (neuartigen) „Rechtskörper“ die Rede, der für die Gemeinschaft und ihre Angehörigen rechtsverbindlich ist. Schließlich bezeichnet der EuGH die Gemeinschaft in der Entscheidung „Internationale Handelsgesellschaft“ als eine „autonome“ Rechtsordnung. Die Autonomie besagt, dass das Unionsrechts allein durch Unionsgewalt begründet wird.[16] Daher bedarf das Unionsrecht – anders als reines Völkerrecht – zu seiner Geltung keines Zustimmungsaktes gemäß Art. 59 Abs. 2 S. 1 GG und ist in seiner Entwicklung weitgehend von den nationalen Rechtsordnungen losgekoppelt.[17] Daraus folgt, dass das Unionsrecht seinen Rang eigenständig festlegen kann und die Rangzuweisung nicht den mitgliedstaatlichen Rechtsordnungen überlassen muss.[18] Die Autonomie impliziert ferner einen Vorrang des EU-Rechts vor allen innerstaatlichen Rechtsvorschriften – einschließlich des Verfassungsrechts.[19] Eine solche Wirkung ist notwendig, weil das Unionsrecht auf eine einheitliche und

[14] EuGH v. 15. 7. 1964 – C-6 / 64 (Costa / E. N. E. L), NJW 1964, 2371 (2372).

[15] EuGH v. 17. 12. 1970 – C-11 / 70 (Internationale Handelsgesellschaft), NJW 1971, 343.

[16] *Nettesheim*, in: Grabitz / Hilf / Nettesheim, Das Recht der EU, Art. 249 EGV-Nizza, Rn. 16.

[17] Vgl. *Nettesheim*, in: Grabitz / Hilf / Nettesheim, Das Recht der EU, Art. 1 AEUV, Rn. 61 f.

[18] *Ruffert*, in: Calliess / Ruffert, EUV / AEUV, Art. 1 AEUV, Rn. 16 f.

[19] EuGH v. 19. 6. 1990 – C-213 / 89 (Factortame Ltd.), NJW 1991, 2271; *Nettesheim*, in: Grabitz / Hilf / Nettesheim, Das Recht der EU, Art. 1 AEUV, Rn. 77.

effektive Geltung (*effet utile*)[20] angewiesen ist. Eine einheitliche Wirksamkeit kann sich nur entfalten, wenn mitgliedstaatliche Normen im Kollisionsfall zurücktreten.[21] Daher ist das Vorrangprinzip zum einen eine *Kollisionsregel*;[22] denn das Vorrangprinzip hat zur Folge, „daß [...] jede entgegenstehende Bestimmung des geltenden staatlichen Rechts ohne weiteres unanwendbar wird" und „daß ein wirksames Zustandekommen neuer staatlicher Gesetzgebungsakte insoweit verhindert wird, als diese mit Gemeinschaftsnormen unvereinbar wären".[23] Allerdings kann der Anwendungsvorrang nur zur Unanwendbarkeit der kollidierenden Vorschriften des nationalen Rechts führen, aber nicht zur Nichtigkeit. Die Nichtigkeitsfolge kommt nur innerhalb der Normenhierarchie ein- und derselben Rechtsordnung in Betracht. Das Unionsrecht und das mitgliedstaatliche Recht sind aber separate Rechtsordnungen.[24]

Zum anderen ist die Vorrangregel als eine *Rangordnungsregel* zu verstehen, mit der das Unionsrecht sich selbst einen Rang oberhalb der mitgliedstaatlichen Rechtsordnungen zuweist. Auf diese Weise kann das Unionsrecht eine verbindliche und maßstabbildende Wirkung für die einzelnen Mitgliedstaaten entfalten.[25] Zu den dogmatischen Grundlagen des Vorrangs schweigt das Primärrecht, Anhaltspunkte lassen sich aber in Art. 4 Abs. 3 EUV und in Art. 288 Abs. 2 AEUV finden.[26] Das BVerfG erkennt den Vorrang des Unionsrechts ausdrücklich an.[27] Allerdings geht das BVerfG[28] davon aus, dass ein nationaler Rechtsanwendungsbefehl – wie er in Art. 23 Abs. 1 S. 2 GG enthalten ist – als Grundlage für die innerstaatliche Geltung des Unionsrechts erforderlich ist.[29] Weil aber die Geltung des Unionsrechts „längst als Auftrag der nationalen Verfassungsordnung von innen betrachtet werden muss, hat das Bundesverfassungsgericht mit dem Vorrangprinzip nur wenig Probleme".[30]

---

[20] Siehe oben S. 138 f.

[21] *Nettesheim*, in: Grabitz / Hilf / Nettesheim, Das Recht der EU, Art. 1 AEUV, Rn. 73; *Ruffert*, in: Calliess / Ruffert, EUV / AEUV, Art. 1 AEUV, Rn. 17.

[22] *Dederer*, ZaöRV 2006, 575 (582); es ist allerdings umstritten, ob es sich beim Vorrangprinzip um eine Kollisionsregel handelt. Zu den dogmatischen Grundlagen und Rechtsfolgen der Vorrangregelung siehe *Nettesheim*, in: Grabitz / Hilf / Nettesheim, Das Recht der EU, Art. 1 AEUV, Rn. 74 ff.

[23] EuGH v. 9. 3. 1978 – C-106 / 77 (S. p. A. Simmenthal), NJW 1978, 1741.

[24] *Nettesheim*, in: Grabitz / Hilf / Nettesheim, Das Recht der EU, Art. 1 AEUV, Rn. 60 ff. und 79 f.

[25] *Dederer*, ZaöRV 2006, 575 (582).

[26] Vgl. *Biervert*, in: Schwarze / Becker / Hatje / Schoo, EU-Kommentar, Art. 288 AEUV, Rn. 1 ff.; *Nettesheim*, in: Grabitz / Hilf / Nettesheim, Das Recht der EU, Art. 1 AEUV, Rn. 78.

[27] Grundlegend siehe BVerfG v. 30. 6. 2009 – 2 BvE 2 / 08 (u. a.), NJW 2009, 2267.

[28] BVerfG v. 22. 10. 1986 – 2 BvR 197 / 83, AP Nr. 42 zu Art. 101 GG, unter B 1 a) bb) der Gründe; BVerfG v. 12. 10. 1993 – 2 BvR 2134 / 92 und 2 BvR 2159 / 92, NJW 1993, 3047 (3052).

[29] *Nettesheim*, in: Grabitz / Hilf / Nettesheim, Das Recht der EU, Art. 1 AEUV, Rn. 70.

[30] *Franzius*, Europäisches Verfassungsrechtsdenken, S. 45.

Allerdings wirft der unionsrechtliche Anwendungsvorrang verfassungstheoretische Probleme für den nationalen Souveränitätsanspruch auf; denn die nationale Souveränität impliziert ein Letztentscheidungsrecht der Mitgliedstaaten über ihren Verbleib und ihre Stellung innerhalb der Union. Dieses Letztentscheidungsrecht wird aber durch den unionsrechtlichen Anwendungsvorrang beschnitten. Zudem wird bezweifelt, ob der Vorrang des Unionsrechts dem Art. 50 EUV und den Strukturprinzipien der EU entspricht.[31] Jedenfalls dürfen die Supranationalität und der Anwendungsvorrang des Unionsrechts nicht als Hierarchisierung der Rechtsordnungen[32] fehlinterpretiert werden.[33] Konflikte im Verhältnis zwischen dem Unionsrecht und dem nationalen Recht können – ebenso wie die Konflikte zwischen dem Konventionsrecht und dem nationalen Recht[34] – nicht durch eine hierarchische Einheitsbildung im Sinne des Monismus bewältigt werden. Der monistische Ansatz taugt hier nicht zur Lösung von Normkonflikten, da das Unionsrecht über einen autonomen Geltungsgrund verfügt.[35] Aber auch der dualistische Ansatz kann wegen der vielfältigen Verzahnungen und Wechselwirkungen zwischen dem Unionsrecht und dem nationalen Recht – ähnlich wie im Verhältnis zwischen dem Konventionsrecht und dem nationalen Recht[36] – nicht überzeugen.[37] Zutreffend formuliert *Udo Di Fabio*, dass wegen der zahlreichen Verflechtungen der Entscheidungsebenen eine klare Kompetenzabgrenzung und eine gewohnte Hierarchisierung nicht konsequent durchzuhalten seien.[38]

Die Interdependenzen von Unionsrecht und nationalem Recht zeigen sich vor allem in der beschränkten Verbandskompetenz der Union;[39] denn nach dem so genannten „Prinzip der begrenzten Einzelermächtigung" ist die Union nur dann zum Erlass einer Regelung befugt, wenn sie in den Verträgen dazu ermächtigt ist, d. h. wenn die Mitgliedstaaten der EU die erforderlichen Hoheitsrechte übertragen und damit eine nationalstaatliche Legitimation geschaffen haben. Die Mitgliedstaaten bleiben weitgehend souverän und „Herren

[31] *Nettesheim*, in: Grabitz/Hilf/Nettesheim, Das Recht der EU, Art. 1 AEUV, Rn. 78.

[32] *Gerhardt*, ZRP 2010, 161 (165).

[33] Dieser Befund deckt sich mit der Verhältnisbeschreibung zwischen der Europäischen Menschenrechtskonvention und dem nationalen Recht (siehe oben S. 346 ff.). Hier kann allerdings nicht weiter auf das Verhältnis zwischen dem Unionsrecht und dem nationalen Recht eingegangen werden. Näheres dazu bei *Nettesheim*, in: Grabitz/Hilf, Das Recht der EU, Art. 249 EGV-Nizza, Rn. 16 ff.

[34] Siehe oben S. 346 ff.

[35] Vgl. *Wendel*, Permeabilität, S. 20.

[36] Siehe oben S. 346 ff.

[37] *Nettesheim*, in: Grabitz/Hilf/Nettesheim, Das Recht der EU, Art. 249 EGV-Nizza, Rn. 18 f.

[38] *Di Fabio*, RdA 2012, 262 (264).

[39] *Bergmann*, in: Bergmann, Handlexikon der Europäischen Union, „Prinzip der begrenzten Einzelermächtigung", S. 750.

der Verträge".[40] Dies ist ausdrücklich in Art. 5 EUV festgeschrieben, wo es im ersten und zweiten Satz des zweiten Absatzes heißt, dass „die Union nur innerhalb der Grenzen der Zuständigkeiten tätig [wird], die die Mitgliedstaaten ihr in den Verträgen zur Verwirklichung der darin niedergelegten Ziele übertragen haben". Alle darüber hinausgehenden „Zuständigkeiten verbleiben bei den Mitgliedstaaten". Bei der Ausübung dieser Zuständigkeiten ist die Union an das Subsidiaritätsprinzip des Art. 5 Abs. 3 EUV gebunden und kann nur tätig werden, „sofern und soweit die Ziele [...] wegen ihres Umfangs oder ihrer Wirkungen auf Unionsebene besser zu verwirklichen sind". Bei der vertraglichen Kompetenzverteilung ist zwischen absoluter und geteilter Zuständigkeit zu unterscheiden. Während die Mitgliedstaaten bei einer ausschließlichen Zuständigkeit der EU gehindert sind, nationale Regelungen zu erlassen (Art. 2 Abs. 1, Art. 3 AEUV), dürfen sie im Rahmen der geteilten Zuständigkeit eigene Regelungen treffen (Art. 2 Abs. 2, Art. 4 AEUV). Letzteres gilt jedenfalls dann, wenn die Union von ihrer Rechtssetzungskompetenz noch keinen Gebrauch gemacht hat.[41] Zum letztgenannten Bereich gehört gemäß Art. 4 Abs. 2 lit. b AEUV auch die Sozialpolitik; die Unionskompetenzen gelten allerdings nur „hinsichtlich der in diesem Vertrag genannten Aspekte". Ob und inwieweit diese Kompetenzen auch ein Streikrecht einschließen können, ist angesichts der Art. 151 ff. AEUV (Titel X „Sozialpolitik") zweifelhaft, da Art. 153 Abs. 5 AEUV das Streikrecht ausdrücklich von den Kompetenzen der Union ausnimmt.

Darüber hinaus existieren zahlreiche Mechanismen zur Bewältigung möglicher Konflikte zwischen dem Unionsrecht und dem nationalen Recht. Grundlegend ist Art. 4 Abs. 2 EUV, wonach die Union die nationale Identität der Mitgliedstaaten achtet und einen Gleichklang zwischen dem Grundgesetz und dem EU-Recht anstrebt. In Art. 4 Abs. 3 EUV ist der „Grundsatz der loyalen Zusammenarbeit" festgeschrieben.[42] Auf Seiten des nationalen Rechts wird mit dem Grundsatz der Europarechtsfreundlichkeit, wie er sich insbesondere aus Art. 23 GG ergibt,[43] eine harmonisierende Auslegung und Anwendung des nationalen Rechts ermöglicht. Außerdem hat das BVerfG das Vorabentscheidungsverfahren nach Art. 267 AEUV über Art. 19 Abs. 4 GG und Art. 101 Abs. 1 S. 2 GG grundgesetzlich abgesichert.[44] Ferner ist zu beachten, dass sich das BVerfG[45] gegenüber dem EuGH weitgehend

[40] BVerfG v. 12. 10. 1993 – 2 BvR 2134/92 und 2 BvR 2159/92, NJW 1993, 3047 (3052); einschränkend aber *Nettesheim*, in: Grabitz/Hilf/Nettesheim, Das Recht der EU, Art. 1 AEUV, Rn. 19.

[41] *Kahl*, in: Calliess/Ruffert, EUV/AEUV, Art. 4 EUV, Rn. 86 ff.

[42] *Gerhardt*, ZRP 2010, 161 (162).

[43] Siehe oben S. 217 ff.

[44] *Gerhardt*, ZRP 2010, 161 (162).

[45] Ständige Rechtsprechung: BVerfG v. 30. 6. 2009 – 2 BvE 2/08 (u. a.), NJW 2009, 2267; BVerfG v. 6. 7. 2010 – 2 BvR 2661/06, NJW 2010, 3422.

zurücknimmt. Das BVerfG beschränkt seine Prüfung darauf, ob die europäischen Organe und Einrichtungen *ultra vires* gehandelt haben, d. h. ob sich unionale Rechtsakte in den Grenzen der begrenzten Einzelermächtigung und des Subsidiaritätsprinzips halten.[46] Allmählich hat das BVerfG die Anforderungen an einen „ausbrechenden Hoheitsakt“ zu Gunsten des Europarechts weiter abgesenkt. Eine *Ultra vires*-Kontrolle kommt inzwischen nur noch in Betracht, „wenn ein Kompetenzverstoß der europäischen Organe hinreichend qualifiziert ist“. Das ist der Fall, wenn ein Unionsakt „offensichtlich kompetenzwidrig“ war und das Kompetenzgefüge „strukturell bedeutsamen“ zu Lasten der Mitgliedstaaten verschoben wurde.[47] Darüber hinaus führt das BVerfG seit der „Lissabon“-Entscheidung eine so genannte Identitätskontrolle durch; das BVerfG prüft dabei, ob Akte der Unionsgewalt den Kerngehalt des Grundgesetzes (Art. 79 Abs. 3 GG) verletzen. Ist dies der Fall, kann Unionsrecht für unanwendbar erklärt werden.[48]

Ähnliche Beschränkungen erlegt sich das BVerfG beim Grundrechtsschutz auf. Seit seinem „Solange I“[49]-Beschluss weist sich das BVerfG gegenüber dem Grundrechtsschutz des EuGH eine „Reservekompetenz“[50] zu. Anfangs behielt sich das BVerfG noch eine Grundrechtsüberprüfung in jedem Einzelfall vor. Seit dem „Solange II“[51]-Beschluss verzichtet das BVerfG *generell* auf eine Überprüfung von Unionsakten, *solange* die EU und vor allem der EuGH „einen wirksamen Schutz der Grundrechte gegenüber der Hoheitsgewalt der Gemeinschaften generell gewährleisten, der dem vom Grundgesetz als unabdingbar gebotenen Grundrechtsschutz im wesentlichen gleichzuachten ist, zumal den Wesensgehalt der Grundrechte generell verbürgt“.[52] Ist dieser grundsätzliche Schutz gewahrt, nimmt das BVerfG weder eine Verfassungsbeschwerde noch Richtervorlagen an.[53] In der „Maastricht“-Entscheidung[54] und im Beschluss zur „Bananenmarktordnung“[55] bestätigt das BVerfG diese Rechtsansicht und führt dazu aus: „Deshalb muss die Begründung der Vorlage

---

[46] In diese Richtung bereits: BVerfG v. 23. 6. 1981 – 2 BvR 1107/77; zit. nach: juris; BVerfG v. 8. 4. 1987 – 2 BvR 687/85, NJW 1988, 1459; BVerfG v. 12. 10. 1993 – 2 BvR 2134/92 (u. a.), NJW 1993, 3047; *Gerhardt*, ZRP 2010, 161 (163 f.).

[47] BVerfG v. 6. 7. 2010 – 2 BvR 2661/06, NJW 2010, 3422 (3434), Rn. 61 und (3425), Rn. 71.

[48] BVerfG v. 30. 6. 2009 – 2 BvE 2/08 (u. a.), NJW 2009, 2267 (2268), Rn. 208; zuletzt wieder BVerfG v. 14. 1. 2014 – 2 BvE 13/13 (u. a.); zit. nach: juris, Rn. 27; *Heuschmid*, in: Däubler, Arbeitskampfrecht, § 11, Rn. 186; *Korioth*, in: Schlaich/Korioth, Das Bundesverfassungsgericht, 4. Teil, Rn. 360b.

[49] BVerfG v. 29. 5. 1974 – 2 BvL 52/71, NJW 1974, 1697.

[50] *Voßkuhle*, NVwZ 2010, 1 (6).

[51] BVerfG v. 22. 10. 1986 – 2 BvR 197/83, NJW 1987, 577.

[52] BVerfG v. 22. 10. 1986 – 2 BvR 197/83, NJW 1987, 577 (582).

[53] ErfK/*Wißmann*, Vorbemerkung zum AEUV, Rn. 34.

[54] BVerfG v. 12. 10. 1993 – 2 BvR 2134/92 und 2 BvR 2159/92, NJW 1993, 3047 (3049).

[55] BVerfG v. 7. 6. 2000 – 2 BvL 1/97, NJW 2000, 3124 (3125).

eines nationalen Gerichts oder einer Verfassungsbeschwerde, die eine Verletzung in Grundrechten des Grundgesetzes durch sekundäres Gemeinschaftsrecht geltend macht, im Einzelnen darlegen, dass der jeweils als unabdingbar gebotene Grundrechtsschutz generell nicht gewährleistet ist.“[56] Zugleich betont das BVerfG in ständiger Rechtsprechung sein Kooperationsverhältnis mit dem EuGH.[57]

B. Art. 28 GRC als Maßstabsnorm

Seitdem die Europäische Grundrechtecharta mit dem Vertrag von Lissabon[58] gemäß Art. 6 Abs. 1 UAbs. 1 Hs. 2 EUV in den Rang des Primärrechts gehoben wurde,[59] ist das „Recht auf Durchführung einer kollektiven Maßnahme einschließlich des Streikrechts“ nicht mehr länger ein ungeschriebener Grundsatz des Unionsrechts,[60] sondern rechtsverbindlich in Art. 28 GRC verankert.[61] Art. 28 GRC steht unter Titel IV „Solidarität“ der Europäischen Grundrechtecharta. Nach dieser Norm haben

> die Arbeitnehmerinnen und Arbeitnehmer sowie die Arbeitgeberinnen und Arbeitgeber oder ihre jeweiligen Organisationen [...] nach dem Unionsrecht und den einzelstaatlichen Rechtsvorschriften und Gepflogenheiten das Recht, Tarifverträge auf den geeigneten Ebenen auszuhandeln und zu schließen sowie bei Interessenkonflikten kollektive Maßnahmen zur Verteidigung ihrer Interessen, einschließlich Streiks, zu ergreifen.

Art. 28 GRC ist eine Spezialregelung zur Koalitionsfreiheit in Art. 12 GRC. Während Art. 12 GRC in enger Anlehnung an Art. 11 EMRK formuliert ist, greift Art. 28 GRC die Formulierung des Art. 6 Nr. 4 ESC auf. Dass die Parallelen zur Europäischen Sozialcharta und zur Europäischen Menschenrechtskonvention bewusst gezogen wurden, belegen die Erläuterungen zur Grund-

[56] BVerfG v. 7. 6. 2000 – 2 BvL 1/97, NJW 2000, 3124 (3125).

[57] So etwa: BVerfG v. 12. 10. 1993 – 2 BvR 2134/92 und 2 BvR 2159/92, NJW 1993, 3047 (3049 f.); BVerfG v. 7. 6. 2000 – 2 BvL 1/97, NJW 2000, 3124 (3125).

[58] Vollständige Bezeichnung: „Vertrag von Lissabon zur Änderung des Vertrags über die Europäische Union und des Vertrags zur Gründung der Europäischen Gemeinschaft“; unterzeichnet am 13. Dezember 2007 und in Kraft getreten am 1. Dezember 2009; veröffentlicht im ABl. 2007/C 306/01.

[59] Näheres dazu bei *Jarass*, EuR 2013, 29; *Schubert*, in: Däubler/Hjort/Schubert/Wolmerath, Arbeitsrecht, Art. 267 AEUV, Rn. 20 ff.; umstritten ist der feine Unterschied, ob die Grundrechtecharta selbst Primärrecht ist oder lediglich im Rang des Primärrechts steht. Die Formulierung in Art. 6 Abs. 1 UAbs. 1 Hs. 2 EUV legt Letzteres nahe. Auf den Unterschied kommt es hier allerdings nicht an.

[60] EuGH v. 11. 12. 2007 – C-438/05 (Viking), NZA 2008, 124 (127), Rn. 43; ähnlich auch EuGH v. 18. 12. 2007 – C-341/05 (Laval), NZA 2008, 159 (165), Rn. 91.

[61] *Calliess*, in: Calliess/Ruffert, EUV/AEUV, Art. 1 GRC, Rn. 1; *Holoubek*, in: Schwarze/Becker/Hatje/Schoo, EU-Kommentar, Art. 28 GRC, Rn. 9; *Thüsing/Traut*, RdA 2012, 65; vgl. auch ErfK/*Wißmann*, Vorbemerkung zum AEUV, Rn. 4.

rechtecharta. Darin heißt es, dass sich Art. 28 GRC auf Art. 6 Nr. 4 ESC stützt. Überdies wird darauf verwiesen, dass das Recht auf kollektive Maßnahmen vom EGMR als ein wesentlicher Bestandteil des gewerkschaftlichen Vereinigungsrechts in Art. 11 EMRK anerkannt wurde.[62] Inhaltlich geht Art. 28 GRC jedoch über Art. 12 GRC und Art. 11 EMRK hinaus; er begründet eine „umfassende Gewährleistungsverantwortung für eine Gestaltung der Arbeitsverhältnisse aufgrund einer funktionierenden Tarifautonomie".[63] Gleichwohl steht Art. 28 GRC unter dem Vorbehalt des „Unionsrecht[s] und de[r] einzelstaatlichen Rechtsvorschriften und Gepflogenheiten".[64] Ferner stellt Art. 6 Abs. 1 UAbs. 2 EUV klar, dass die Grundrechtecharta die beschränkten EU-Kompetenzen nicht erweitert. Hieran wird bereits deutlich, dass das Streikrecht nach Art. 28 GRC nicht ohne weiteres in den Mitgliedstaaten wirkt, sondern kompetenzielle Probleme aufwirft, die ihrerseits auf den Gewährleistungsgehalt des Art. 28 GRC zurückwirken.

Die Grundrechtecharta gilt gemäß Art. 51 Abs. 1 S. 1 Var. 1 GRC stets für die Organe der EU.[65] Diese sind sowohl beim Erlass von Rechtsakten als auch bei tatsächlichem Handeln an die Grundrechtecharta gebunden.[66] Würden nämlich die Handlungen der Unionsorgane nach nationalem Recht beurteilt, wäre die einheitliche Geltung des Unionsrechts nicht gewährleistet. Andererseits entstünden Lücken im supranationalen Grundrechtsschutz,[67] wenn die EU nicht an die mitgliedstaatlichen Grundrechte gebunden wäre.[68] Die Schutzlücken würden zu Legitimationsverlusten des unionsrechtlichen Anwendungsvorrangs führen. Um einem solchen Befund vorzubeugen, muss das Unionsrecht seinerseits einen umfassenden Grundrechtsschutz bieten.[69] Daher ist die Grundrechtecharta für die Unionsorgane rechtsverbindlich (Art. 6 Abs. 1 EUV). Für die Mitgliedstaaten ist die Grundrechtecharta dagegen ausschlie*ß*lich bei der „Durchführung von Unionsrecht" bindend. Dies ergibt sich

---

[62] Erläuterungen zur Grundrechtecharta (2007/C 303/02 v. 14. 12. 2007, ABl. Nr. C 303 S. 17); online einzusehen (dieser Link gilt auch für alle folgenden Verweise auf die Erläuterungen zur Grundrechtecharta): http://eur-lex.europa.eu/LexUriServ/LexUriServ.do?uri=OJ:C:2007:303:0017:0035:DE:PDF, S. 10.

[63] *Holoubek*, in: Schwarze/Becker/Hatje/Schoo, EU-Kommentar, Art. 28 GRC, Rn. 11.

[64] *Thüsing/Traut*, RdA 2012, 65 (69).

[65] Dass Art. 28 GRC von den Unionsorganen beim Erlass von Rechtsakten und tatsächlichem Handeln beachtet werden muss, ist selbstredend. Hierauf soll aber nicht näher eingegangen werden. Vielmehr interessiert die Frage, inwiefern und mit welchem Gewährleistungsgehalt Art. 28 GRC für *mitgliedstaatliches* Handeln gilt. Dieser Frage wird im Folgenden nachgegangen.

[66] *Jarass*, EuR 2013, 29 (37); *Kingreen*, in: Calliess/Ruffert, EUV/AEUV, Art. 51 GRC, Rn. 5.

[67] *Dederer*, ZaöRV 2006, 575 (583 f.); *Lindner*, Jura 2008, 401 (404); *Skouris*, in: Merten/Papier, Handbuch der Grundrechte, Band VI/1, § 157, Rn. 11.

[68] *Haratsch*, in: Merten/Papier, Handbuch der Grundrechte, Band VI/1, § 165, Rn. 1 f.

[69] *Kingreen*, in: Calliess/Ruffert, EUV/AEUV, Art. 51 GRC, Rn. 4; *Ludwig*, EuR 2011, 715 (718 f.).

aus Art. 51 Abs. 1 S. 1 Var. 2 GRC.[70] Bei der „Durchführung von Unionsrecht" sind die nationalen Grundrechte wegen des unionsrechtlichen Anwendungsvorrangs nämlich nicht anwendbar. Um mögliche Lücken im Grundrechtsschutz zu schließen, sind die Mitgliedstaaten „als verlängerter Arm der EU"[71] an die europäischen Grundrechte gebunden.[72] Für die Mitgliedstaaten gilt Art. 28 GRC also nur, wenn der Anwendungsbereich des Unionsrechts eröffnet und das mitgliedstaatliche Handeln nach Unionsrecht zu beurteilen ist.[73] Daher ist von einer „Akzessorietät" der Unionsgrundrechte die Rede. Das bedeutet, dass Art. 28 GRC nur dann anwendbar ist, wenn die Union eine Regelungskompetenz besitzt.[74] Ausdrücklich verbieten jedoch Art. 51 Abs. 2 GRC und Art. 6 Abs. 1 S. 2 EUV eine Kompetenzerweiterung der EU. Danach erstreckt die Charta den Geltungsbereich des Unionsrechts nicht über die Zuständigkeiten der EU hinaus und begründet keine neuen Kompetenzen. Aus Art. 28 GRC kann also keine ungeschriebene Kompetenz der EU hergeleitet werden.[75] Probleme könnten sich im Hinblick auf Art. 153 Abs. 5 AEUV ergeben, wonach die EU im Bereich des Streikrechts gerade keine Regelungsbefugnis hat. Dieses Problem wird im Folgenden untersucht. Ist diese Hürde genommen, kann anschließend darauf eingegangen werden, inwiefern die Union und die Mitgliedstaaten dem Art. 28 GRC inhaltliche Konturen verleihen können und welchen materiellen Gehalt Art. 28 GRC hat.

I. Eingeschränkte Kompetenzen der Union im Bereich des Streikrechts

Die beschränkten Regelungsbefugnisse der Union begrenzen wiederum den Anwendungsbereich der Grundrechtecharta und somit auch den des Art. 28 GRC.[76] Ob des Prinzips der begrenzten Einzelermächtigung kann die Union nur dann eine Regelung treffen, wenn ihr eine entsprechende Kompetenz ausdrücklich zugewiesen ist. Eine Bindung der Mitgliedstaaten an das unionsrechtliche Streikrecht kann also nur bestehen, wenn der Vertrag über die Arbeitsweise der Europäischen Union die EU zum Erlass „streikrechtsrelevanter" Regelungen ermächtigt.[77] Zwar weist Art. 153 Abs. 1 lit. f AEUV der Union eine unterstützende Funktion für die „Vertretung und kollektive Wahr-

---

[70] *Willemsen/Sagan*, NZA 2011, 258; a. A. *Heuschmid*, in: Däubler, Arbeitskampfrecht, § 11, Rn. 31.

[71] *Ludwig*, EuR 2011, 715 (719).

[72] *Wagner*, Der Arbeitskampf als Gegenstand des Rechts der Europäischen Union, S. 58; *Willemsen/Sagan*, NZA 2011, 258.

[73] *Wagner*, Der Arbeitskampf als Gegenstand des Rechts der Europäischen Union, S. 57.

[74] *Wagner*, Der Arbeitskampf als Gegenstand des Rechts der Europäischen Union, S. 57 f.

[75] Vgl. ErfK/*Wißmann*, Vorbemerkung zum AEUV, Rn. 5.

[76] Statt aller *Krebber*, in: Calliess/Ruffert, EUV/AEUV, Art. 28 GRC, Rn. 4; *Thüsing/Traut*, RdA 2012, 65 (66); im Allgemeinen siehe *Jarass*, EuR 2013, 29 (32).

[77] Vgl. ErfK/*Wißmann*, Vorbemerkung zum AEUV, Rn. 5.

nehmung der Arbeitnehmer- und Arbeitgeberinteressen" zu, indes steht die Befugnis unter dem Vorbehalt des Art. 153 Abs. 5 AEUV. Danach wird der EU eine Kompetenz für das Streikrecht ausdrücklich abgesprochen. Hinter dieser Ausnahmeregelung steht die Ratio, dass der Streik als ein Rechtsbereich, der stark von nationalen Eigenheiten geprägt ist, der mitgliedstaatlichen Regelungskompetenz überlassen bleiben soll.[78] Daher ist eine Vereinheitlichung dieses Rechtsbereichs durch das EU-Recht weder wünschenswert noch praktikabel.[79] Inwieweit der Union trotz des Art. 153 Abs. 5 AEUV dennoch eine Regelungszuständigkeit verbleibt, ist strittig:

Art. 153 Abs. 5 AEUV wird zuweilen als Bereichsausnahme verstanden,[80] die eine Anwendung des Unionsrechts auf den Streik gänzlich verbietet.[81] Eine selbstständige Garantie des Streikrechts sei dieser Norm nicht zu entnehmen.[82] Art. 28 GRC fungiere nur als „Scharnier für die Anerkennung der nach nationalem Recht legalen Arbeitskampfmaßnahmen".[83] Inhaltliche Fragen würden aber von Art. 28 GRC nicht beantwortet[84] und blieben allein der mitgliedstaatlichen Regelungskompetenz *über*lassen.[85] Folglich – so der Befund – sei Art. 28 GRC „eine überflüssige Norm".[86]

Zwar bestand im Grundrechtekonvent anfangs keine Einigkeit darüber, ob das Streikrecht in die Grundrechtecharta aufzunehmen sei.[87] Daraus lässt sich aber nicht herleiten, dass Art. 28 GRC überflüssig ist. Dies wäre auch mit der Ratio des Art. 153 Abs. 5 AEUV nicht vereinbar. Diese Vorschrift stellt lediglich eine Ausnahme von den in Art. 153 Abs. 1 AEUV aufgelisteten Rechtssetzungskompetenzen der Union dar, sie will aber die Anwendung des Unionsrechts – zu dem nun ausdrücklich auch das Streikrecht gehört – nicht ausschließen. Die Unionsgrundrechte gelten unabhängig von der Rechtssetzungsbefugnis der EU;[88] denn der Vorrang des Unionsrechts impliziert, dass die Mitgliedstaaten die Unionsgrundrechte – zu denen auch Art. 28 GRC ge-

---

[78] *Joussen*, ZESAR 2008, 333 (335); *Zwanziger*, RdA-Beil. 2009, 10 (18).

[79] *Zwanziger*, RdA-Beil. 2009, 10 (18).

[80] *Benecke*, in: Grabitz/Hilf/Nettesheim, Das Recht der EU, Art. 153 AEUV, Rn. 6; *Böhm*, PersV 2012, 164 (169); *Krebber*, in: Calliess/Ruffert, EUV/AEUV, Art. 28 GRC, Rn. 4; *Jansen*, NZA-Beil. 2006, 59.

[81] *Wagner*, Der Arbeitskampf als Gegenstand des Rechts der Europäischen Union, S. 53.

[82] *Krebber*, in: Calliess/Ruffert, EUV/AEUV, Art. 28 GRC, Rn. 3.

[83] *Thüsing/Traut*, RdA 2012, 65 (73).

[84] *Krebber*, in: Calliess/Ruffert, EUV/AEUV, Art. 28 GRC, Rn. 3.

[85] *Thüsing/Traut*, RdA 2012, 65 (70).

[86] *Krebber*, in: Calliess/Ruffert, EUV/AEUV, Art. 28 GRC, Rn. 3.

[87] Eingehend zu den Diskussionen im Grundrechtekonvent siehe *Holoubek*, in: Schwarze/Becker/Hatje/Schoo, EU-Kommentar, Art. 28 GRC, Rn. 1 ff.; *Riedel*, in: Meyer, Charta der Grundrechte der EU, Art. 28 GRC, Rn. 9 ff.

[88] *Joussen*, ZESAR 2008, 333 (335); *Wagner*, Der Arbeitskampf als Gegenstand des Rechts der Europäischen Union, S. 54.

hört – beachten müssen.[89] Zu klären bleibt aber, in welchen Konstellationen und mit welchem materiellen Gehalt Art. 28 GRC von den Mitgliedstaaten zu befolgen ist. Da das Streikrecht wegen Art. 153 Abs. 5 AEUV kein *unmittelbarer* Gegenstand des Unionsrechts sein kann, könnten Streiks allenfalls *mittelbar*[90] von der EU geregelt werden. Dreh- und Angelpunkt dieser Frage ist, wie man die Formulierung „Durchführung des Unionsrechts" in Art. 51 Abs. 1 S. 1 Var. 2 GRC auslegt.

Unumstritten ist eine Auslegung des Art. 51 Abs. 1 S. 1 Var. 2 GRC, wonach die EU-Mitgliedstaaten die Charta-Grundrechte beim Vollzug von Verordnungen und ausnahmsweise unmittelbar anwendbaren Richtlinien beachten müssen sowie bei der Durchführung von nationalem Recht, das der Umsetzung von Richtlinien dient.[91] Zuweilen wird wegen Art. 153 Abs. 5 AEUV pauschal davon ausgegangen, dass im Bereich des Streikrechts eine Durchführung von Unionsrecht ausgeschlossen sei.[92] Damit werden aber unzulässigerweise all jene Konstellationen ausgeklammert, in denen die EU auf der Grundlage eines anderen Kompetenztitels das Streikrecht (am Rande) *mitregeln* kann.[93] Zwar ist der Streik nicht unionsrechtlich verbürgt und kann daher nur unionsrechtlich *mit*geregelt werden. Demnach muss ein Unionsakt einen *anderen* Zweck verfolgen als die *unmittelbare* Regelung des Streiks. Eine *mittelbare* Regelung des Streiks steht dem Art. 153 Abs. 5 AEUV aber nicht entgegen.[94] Dass Unionskompetenzen durchaus einen streikrechtlichen Bezug aufweisen können, zeigt sich beispielsweise im Transport- oder Verkehrswesen. In diesen Regelungsbereichen kann Art. 115 AEUV als Ermächtigungsgrundlage für einen Unionsakt dienen, der am Rande auch streikrechtsrelevante Fragen umfasst. Dass „kompetenzfremde" Aspekte mitgeregelt werden, ändert nichts an der unionsrechtlichen Regelungsbefugnis nach Art. 115 AEUV.[95] Führen die Mitgliedstaaten diese Vorgaben aus, haben sie Art. 28 GRC zu beachten;[96] denn in diesen Konstellationen müssen die Mitgliedstaaten denselben grundrechtlichen Bindungen unterliegen wie die EU, die die Rechtsakte erlassen hat. Andernfalls entstünden – wie bereits dargestellt – Schutzlücken im Grund-

[89] *Wagner*, Der Arbeitskampf als Gegenstand des Rechts der Europäischen Union, S. 54.

[90] Vgl. *Wagner*, Der Arbeitskampf als Gegenstand des Rechts der Europäischen Union, S. 218.

[91] Diese Konstellation wurde erstmals in der „Wachauf"-Entscheidung vom EuGH diskutiert; siehe EuGH v. 13. 7. 1989 – C-5/88 (Wachauf), Slg. 1989, 2609; siehe auch *Heuschmid*, in: Däubler, Arbeitskampfrecht, § 11, Rn. 13; *Lindner*, EuR 2007, 160 (174 f.); *Ludwig*, EuR 2011, 715 (719).

[92] *Krebber*, in: Calliess/Ruffert, EUV/AEUV, Art. 28 GRC, Rn. 4.

[93] *Wagner*, Der Arbeitskampf als Gegenstand des Rechts der Europäischen Union, S. 218.

[94] *Wagner*, Der Arbeitskampf als Gegenstand des Rechts der Europäischen Union, S. 218 f.

[95] *Wagner*, Der Arbeitskampf als Gegenstand des Rechts der Europäischen Union, S. 71 f.

[96] EuGH v. 15. 7. 2010 – C-271/08 (Kommission/Deutschland); zit. nach: juris, Rn. 44; *Thüsing/Traut*, RdA 2012, 65 (69).

rechtsbereich. Art. 28 GRC wird daher in den Mitgliedstaaten relevant, wenn Unionsakte vollzogen werden, die das Streikrecht *mit*regeln.[97] Zuweilen wird daraus geschlussfolgert, dass etwa ein Streik um einen Tarifvertrag, der einen Frauenförderplan enthalten soll – eine Maßnahme, die in der RL 2000/78 EG vorgesehen ist – an Art. 28 GRC zu messen sei. In Anbetracht der „Fülle" des europäischen Sekundärrechts sei jedoch fraglich, ob der Anwendungsbereich des Art. 28 GRC damit nicht uferlos ausgeweitet werde.[98] In der Tat ist Vorsicht geboten, da die Wertentscheidung des Art. 153 Abs. 5 AEUV nicht unterlaufen werden darf, wonach der Arbeitskampf einer unionsrechtlichen Regelungskompetenz grundsätzlich entzogen ist. Bei einer extensiven Anwendung des Art. 28 GRC würde folglich gegen den Grundsatz der begrenzten Einzelermächtigung und das Subsidiaritätsprinzip verstoßen. Es kann daher nicht angehen, jeden Streik, der einen bloß *mittelbaren* Sekundärrechtsbezug aufweist, nach Art. 28 GRC zu bewerten. Nur weil ein künftiger Tarifvertrag *zufällig* Themen streift, die sekundärrechtlich geregelt sind, darf ein Streik nicht bereits nach Art. 28 GRC bewertet werden; denn die Verknüpfung zwischen Streik und sekundärem Unionsrecht wäre in diesem Fall willkürlich. Zwar kann kein finaler Bezug zwischen dem Streikziel und einer unionsrechtlichen Regelung verlangt werden, da ein Streik zur bloßen Rechtsdurchsetzung des sekundären Unionsrechts dem hierzulande geltenden Grundsatz der Tarifbezogenheit widersprechen würde.[99] Allerdings kann verlangt werden, dass der Tarifvertrag, um den gestreikt wird, jedenfalls *beschäftigungsrelevante* Unionsvorgaben enthalten soll. Dann besteht ein hinreichender Bezug zwischen dem Streik und dem sekundären Unionsrecht, der eine Anwendung des Art. 28 GRC rechtfertigen kann. Der hier beispielhaft angeführte Streik um einen Tarifvertrag mit Frauenförderplan würde diesen Anforderungen genügen.

Umstrittener ist die Frage, ob die „Durchführung des Unionsrechts" in Art. 51 Abs. 1 S. 1 Var. 2 GRC extensiv interpretiert und auf all jene Konstellationen erstreckt werden kann, in denen Unionsrecht anwendbar ist.[100] Dabei geht es vornehmlich um Fälle mit „Grundfreiheitsrelevanz",[101] d. h. Konstellationen, in denen Grundfreiheiten und Unionsgrundrechte in Konflikt treten und zu einem schonenden Ausgleich gebracht werden müssen.[102] Die

---

[97] *Heuschmid*, in: Däubler, Arbeitskampfrecht, § 11, Rn. 169.

[98] *Heuschmid*, in: Däubler, Arbeitskampfrecht, § 11, Rn. 169.

[99] Vgl. MünchHdbArbR II/*Ricken*, § 200, Rn. 30; *Treber*, in: Schaub, Arbeitsrechts-Handbuch, § 193, Rn. 20.

[100] Kritisch *Huber*, NJW 2011, 2385 (2386 ff.); siehe auch *Willemsen/Sagan*, NZA 2011, 258 (259 f.).

[101] *Wagner*, Der Arbeitskampf als Gegenstand des Rechts der Europäischen Union, S. 57 f.

[102] Eine solche Konstellation (sprich das Verhältnis von Dienstleistungsfreiheit und unionsrechtlich geschützter Meinungsfreiheit) lag der „ERT"-Rechtsprechung des EuGH zu Grunde; siehe EuGH v. 18. 6. 1991 – C-260/89 (ERT); zit. nach: juris.

Unions- und Charta-Grundrechte sind in jenen Fällen über den Schutzbereich der Grundfreiheiten anwendbar.[103] Sie können in zwei Konstellationen relevant werden: Einerseits können sie zur Rechtfertigung für einen Eingriff in die Grundfreiheiten herangezogen werden,[104] andererseits können die Grundfreiheiten ihrerseits einen Eingriff in Unionsgrundrechte rechtfertigen:[105]

Die erste Variante lag der Rechtssache „Schmidberger"[106] zu Grunde, wo der EuGH Einschränkungen der Warenverkehrsfreiheit im Hinblick auf die Meinungs- und Versammlungsfreiheit für gerechtfertigt hielt.[107] Dabei bezog sich der EuGH auf die Grundrechte, die als „allgemeine Rechtsgrundsätze" in den Verfassungen der Mitgliedstaaten und in internationalen Verträgen anerkannt werden.[108] Der Schutz dieser Rechte stelle ein „berechtigtes Interesse dar, das grundsätzlich geeignet ist, eine Beschränkung von Verpflichtungen zu rechtfertigen, die nach dem Gemeinschaftsrecht, auch kraft einer durch den Vertrag gewährleisteten Grundfreiheit wie dem freien Warenverkehr, bestehen".[109] Zwar erging dieses Urteil, bevor die Grundrechtecharta als rechtsverbindlich anerkannt wurde. Allerdings ist davon auszugehen, dass der EuGH diese Rechtsprechung auch auf die Grundrechtecharta übertragen wird.[110] Im Hinblick auf Art. 28 GRC gilt daher Folgendes: Das Streikrecht nach Art. 28 GRC wird immer dann „aktiviert", wenn ein nationaler Streik eine Grundfreiheit potenziell beeinträchtigt. Denkbar sind Fallgestaltungen, bei denen nationale Streiks in Konflikt mit der Warenverkehrsfreiheit (Art. 28 ff. AEUV), der Arbeitnehmerfreizügigkeit (Art. 45 ff. AEUV), der Niederlassungsfreiheit (Art. 49 ff. AEUV) oder der Dienstleistungsfreiheit (Art. 56 ff. AEUV) treten.[111]

Nach der zweiten Variante werden die Unionsgrundrechte relevant, wenn sie von den Mitgliedstaaten zu Gunsten einer Grundfreiheit eingeschränkt wer-

---

[103] *Heuschmid*, in: Däubler, Arbeitskampfrecht, § 11, Rn. 170; *Skouris*, RdA-Beil. 2009, 25 (27).

[104] *Ludwig*, EuR 2011, 715 (719).

[105] *Jarass*, EuR 2013, 29 (31).

[106] EuGH v. 12. 6. 2003 – C-112/00 (Schmidberger), EuR 2003, 657.

[107] *Jarass*, EuR 2013, 29 (31).

[108] EuGH v. 12. 6. 2003 – C-112/00 (Schmidberger), EuR 2003, 657 (666), Rn. 71 f.

[109] EuGH v. 12. 6. 2003 – C-112/00 (Schmidberger), EuR 2003, 657 (667), Rn. 74.

[110] *Tscherner*, Arbeitsbeziehungen und Europäische Grundfreiheiten, S. 355 f.; ebenfalls in diese Richtung argumentierend *Schubert*, in: Däubler/Hjort/Schubert/Wolmerath, Arbeitsrecht, Art. 267 AEUV, Rn. 15; *Thüsing/Traut*, RdA 2012, 65 (69); kritische Auseinandersetzung mit dieser Frage auch bei *Ludwig*, EuR 2011, 715 (717 ff.); *Willemsen/Sagan*, NZA 2011, 258 (259 f.); Näheres zur (unterschiedlichen) Behandlung von geschriebenen und ungeschriebenen Unionsgrundrechten siehe auch *Löwisch/Rieble*, TVG, Grundlagen, Rn. 271.

[111] *Wagner*, Der Arbeitskampf als Gegenstand des Rechts der Europäischen Union, S. 218; *Willemsen/Sagan*, NZA 2011, 258 (259 f.).

den. Den Fällen „Viking“[112] und „Laval“[113] lag diese Konstellation zu Grunde.[114] Diese Rechtsprechung datiert ebenso wie die Rechtssache „Schmidberger“ auf einen Zeitpunkt vor Verbindlichwerden der Grundrechtecharta. Allerdings bezog sich der EuGH bereits damals auf Art. 28 GRC.[115] Es ist also davon auszugehen, dass der EuGH den Anwendungsbereich des Art. 28 GRC für eröffnet hält, wenn eine mitgliedstaatliche Maßnahme das Streikrecht zu Gunsten einer Grundfreiheit beschränkt.[116]

Die beiden dargestellten Fallkonstellationen, in denen der Anwendungsbereich des Art. 28 GRC bei „Grundfreiheitsrelevanz“ eröffnet sein soll, sind allerdings umstritten. Es wird nämlich befürchtet, dass der Anwendungsbereich der Grundrechtecharta uferlos ausgeweitet werde;[117] denn die Grundfreiheiten sind bereits bei einer potenziellen Beeinträchtigung der Grundfreiheiten und einem grenzüberschreitenden Bezug anwendbar. In all jenen Fällen wäre folglich auch der Anwendungsbereich der Charta-Grundrechte eröffnet.[118] Es sei aber unzulässig – so heißt es in der Literatur –, den Schutzbereich der Grundrechtecharta derart auszuweiten. Bereits die Systematik der Grundrechtecharta und der Grundsatz der begrenzten Einzelermächtigung verböten eine extensive Anwendung der Grundrechtecharta.[119] Überdies fürchtet man eine Überlagerung der mitgliedstaatlichen Grundrechte und eine inakzeptable Beschneidung des nationalen Gestaltungsspielraums.[120] Nach der hier vertretenen Ansicht sind die Befürchtungen jedoch weitgehend unbegründet, da den Mitgliedstaaten vom EuGH[121] ein weiter Beurteilungsspielraum zugebilligt wird, wenn sie zwischen den Grundfreiheiten und den Grundrechten

---

[112] EuGH v. 11. 12. 2007 – C-438/05 (Viking), NZA 2008, 124.

[113] EuGH v. 18. 12. 2007 – C-341/05 (Laval), NZA 2008, 159.

[114] *Thüsing/Traut*, RdA 2012, 65 (69).

[115] EuGH v. 11. 12. 2007 – C-438/05 (Viking), NZA 2008, 124 (127), Rn. 44; EuGH v. 18. 12. 2007 – C-341/05 (Laval), NZA 2008, 159 (165), Rn. 91.

[116] Kritische Auseinandersetzung mit dieser Frage bei *Ludwig*, EuR 2011, 715 (717 ff.); *Willemsen/Sagan*, NZA 2011, 258 (259 f.).

[117] *Heuschmid*, in: Däubler, Arbeitskampfrecht, § 11, Rn. 170.

[118] Siehe dazu die „Dassonville“-Rechtsprechung des EuGH (EuGH v. 11. 6. 1974 – C-8/74, NJW 1975, 515). Danach liegt bereits eine Beeinträchtigung der Warenverkehrsfreiheit vor, wenn eine Handelsregelung „geeignet ist, den innergemeinschaftlichen Handel unmittelbar, mittelbar, tatsächlich oder potenziell zu behindern“. Diese Rechtsprechung erging im Hinblick auf die Warenverkehrsfreiheit. Mittlerweile hat der EuGH die „Dassonville“-Formel auf alle anderen Grundfreiheiten übertragen und sie damit vom ursprünglichen Diskriminierungsverboten zu einem Beschränkungsverbot weiterentwickelt (*Kingreen*, in: Calliess/Ruffert, EUV/AEUV, Art. 36 AEUV, Rn. 41).

[119] *Ludwig*, EuR 2011, 715 (720 ff.).

[120] *Huber*, NJW 2011, 2385 (2387).

[121] EuGH v. 11. 12. 2007 – C-438/05 (Viking), NZA 2008, 124 (130), Rn. 87; EuGH v. 18. 12. 2007 – C-341/05 (Laval), NZA 2008, 159 (165), Rn. 87.

abwägen.[122] Dabei ist zu beachten, dass sich der EuGH immer nur auf entscheidungsrelevante Aspekte beziehen und keine abschließenden Vorgaben zum nationalen Grundrechtsschutz machen kann. Dass der mitgliedstaatliche Grundrechtsschutz über die Maßen zurückgedrängt wird, ist daher nicht zu befürchten. Um eine dennoch drohende unbillige Beschneidung des mitgliedstaatlichen Gestaltungsspielraums zu verhindern, ist es allerdings sinnvoll, eine *qualifizierte* Beeinträchtigung der Grundfreiheiten zu fordern: Nur dann, wenn die Beeinträchtigung der Grundfreiheiten eine – noch näher zu definierende – Erheblichkeitsschwelle überschreitet, sollte der Anwendungsbereich des Art. 28 GRC eröffnet sein.[123] Auf diese Weise kann in Fällen mit „Grundfreiheitsrelevanz" der mitgliedstaatliche Gestaltungsspielraum angemessen gewahrt werden, ohne dass die Bedeutung der Grundrechtecharta vernachlässigt wird; denn gerade als „Gegengewicht zu den europäischen Grundfreiheiten"[124] entfaltet letztere ihre sozialpolitische und integrationsfördernde Wirkung. Diese Wirkung ist möglichst umfassend zu schützen.

II. Unscharfer Gewährleistungsgehalt

Zu klären bleibt, welchen Gewährleistungsgehalt Art. 28 GRC hat, d. h. welche materiellen Vorgaben von den Mitgliedstaaten zu befolgen sind. Zunächst heißt es in Art. 52 Abs. 3 GRC, dass die einzelnen Garantien der Grundrechtecharta „die gleiche Bedeutung und Tragweite" wie die entsprechenden Gewährleistungen der Europäischen Menschenrechtskonvention haben sollen. Im Übrigen gebietet Art. 53 GRC, dass keine Bestimmung der Grundrechtecharta als eine Einschränkung der Menschenrechte und Grundfreiheiten ausgelegt werden dürfe, die „durch das Recht der Union und das Völkerrecht sowie durch die internationalen Übereinkünfte, [...] darunter insbesondere die Europäische Konvention zum Schutz der Menschenrechte und Grundfreiheiten, sowie durch die Verfassungen der Mitgliedstaaten anerkannt werden". Hieraus lassen sich möglicherweise Rückschlüsse auf den materiellen Gehalt des Art. 28 GRC ziehen. Dem könnte allerdings entgegenstehen, dass das Streikrecht in Art. 28 GRC „nach dem Unionsrecht und einzelstaatlichen Rechtsvorschriften und Gepflogenheiten" gewährleistet wird. Es handelt sich um einen Regelungs- und Ausgestaltungsvorbehalt,[125] dessen Bedeutung umstritten ist:

[122] *Wagner,* Der Arbeitskampf als Gegenstand des Rechts der Europäischen Union, S. 218.

[123] Restriktionsvorschlag nach *Heuschmid,* in: Däubler, Arbeitskampfrecht, § 11, Rn. 170.

[124] *Willemsen/Sagan*, NZA 2011, 258 (262).

[125] *Jarass*, Charta der Grundrechte der EU, Art. 28 GRC, Rn. 14; *Thüsing/Traut*, RdA 2012, 65 (69).

Der Streit um die Bedeutung dieses Vorbehalts dreht sich um die Frage, ob Art. 28 GRC Mindestvorgaben für die mitgliedstaatliche Ausgestaltung des Streikrechts enthält oder ob der Schutzbereich des Art. 28 GRC überhaupt erst durch die unionsrechtliche und mitgliedstaatliche Ausformung festgelegt wird. Letzteres hätte zur Folge, dass das Streikrecht in Art. 28 GRC nur in dem Umfang gewährleistet wird, in dem es durch das Unionsrecht oder durch nationales Recht ausgeformt ist.[126] Konsequent wird in der Literatur geschlussfolgert, dass der Schutzbereich des Art. 28 GRC wegen der eingeschränkten Kompetenzen der Union erst durch die Mitgliedstaaten definiert werde.[127] Andere Stimmen wollen dem Art. 28 GRC einen materiellen Gehalt sogar gänzlich absprechen.[128] Diese Ansichten würden jedoch die Gewährleistung des Art. 28 GRC ad absurdum führen. Zwar können von Art. 28 GRC immer nur Mindestvorgaben ausgehen, weil es der Union an einer Regelungskompetenz für das Streikrecht fehlt.[129] Dass Art. 28 GRC aber gar keinen materiellen Gehalt haben oder nur durch die Mitgliedstaaten definiert werden soll, verträgt sich nicht mit dem Grundrechtscharakter der Vorschrift.[130] Die Grundrechtecharta ist Ausdruck eines „progressiven" Grundrechtsverständnisses. Ausweislich ihrer Präambel will sie den unionsrechtlichen Grundrechtsschutz „sichtbarer" gestalten, indem „durch sorgfältige dogmatische Strukturierungsarbeit" ihre Reichweite näher definiert wird.[131] Vermittelnd heißt es daher, dass ein verbindlicher Mindestschutzumfang bzw. ein Wesensgehalt des Art. 28 GRC unionsrechtlich vorgegeben sei. Darüber hinaus dürften solche Ausgestaltungen vorgenommen werden, die der Ratio des Art. 28 GRC entsprächen.[132] Welche Ratio dem Art. 28 GRC zu Grunde liege, sei den Erläuterungen des Grundrechtekonvents zu entnehmen.[133] Im Hinblick auf Art. 28 GRC heißt es dort:

> Dieser Artikel stützt sich auf Artikel 6 der Europäischen Sozialcharta sowie auf die Gemeinschaftscharta der sozialen Grundrechte der Arbeitnehmer (Nummern 12 bis 14). Das Recht auf kollektive Maßnahmen wurde vom Europäischen Gerichtshof für Menschenrechte als einer der Bestandteile des gewerkschaftlichen Vereinigungsrechts anerkannt, das durch Artikel 11 EMRK festgeschrieben ist.[134]

---

126 *Thüsing/Traut*, RdA 2012, 65 (69 ff.).

127 *Thüsing/Traut*, RdA 2012, 65 (70).

128 *Krebber*, in: Calliess/Ruffert, EUV/AEUV, Art. 28 GRC, Rn. 3.

129 A. A. *Thüsing/Traut*, RdA 2012, 65 (73).

130 *Zwanziger*, RdA-Beil. 2009, 10 (17).

131 Vgl. *Langenfeld*, in: Merten/Papier, Handbuch der Grundrechte, § 163, Band VI/1, Rn. 20 f.

132 *Zwanziger*, RdA-Beil. 2009, 10 (17); ebenfalls für einen Mittelweg plädierend *Rebhahn*, in: GS Heinze, S. 649 (655 ff.).

133 *Zwanziger*, RdA-Beil. 2009, 10 (17 f.).

134 Erläuterungen zur Grundrechtecharta (2007/C 303/02 v. 14. 12. 2007, ABl. Nr. C 303 S. 17), S. 10.

Diese Erläuterungen sind zwar nicht rechtsverbindlich,[135] aber gemäß Art. 52 Abs. 7 GRC bei der Auslegung der Grundrechtecharta von den Gerichten der Union und den Mitgliedstaaten gebührend zu berücksichtigen. Deutlich geht aus den Erläuterungen hervor, dass bei der Auslegung des Art. 28 GRC neben den einschlägigen Vorschriften der Gemeinschaftscharta der sozialen Grundrechte der Arbeitnehmer auch die hier relevanten Normen der Europäischen Sozialcharta und der Europäischen Menschenrechtskonvention heranzuziehen sind – nämlich Art. 6 Nr. 4 ESC und Art. 11 EMRK. In der Literatur werden vor allem im Hinblick auf die letztgenannte Norm weitreichende Schlussfolgerungen gezogen, wonach das Streikrecht in Art. 28 GRC umfassend am Streikrecht der Europäischen Menschenrechtskonvention zu messen sei.[136] Eine solche Lesart wird durch die Charta-Erläuterungen zu Art. 12 GRC bestätigt, wo es heißt, dass die Koalitionsfreiheit in der Grundrechtecharta derjenigen in der Europäischen Menschenrechtskonvention entspreche und sogar eine „größere Tragweite" besitze, „weil sie auf alle Ebenen, auch auf die europäische Ebene" anwendbar sei.[137] Dieses Verständnis wird schließlich durch Art. 52 Abs. 3 GRC bekräftigt, welcher nach den Erläuterungen des Grundrechtekonvents „die notwendige Kohärenz zwischen der Charta und der EMRK" herstellen solle, indem den Rechten der Charta „die gleiche Bedeutung und Tragweite" beigemessen werde wie denen der Europäischen Menschenrechtskonvention.[138] Überdies heißt es in den Erläuterungen des Grundrechtekonvents, dass der Verweis auf die Europäische Menschenrechtskonvention auch die Rechtsprechung des EGMR einschließe.[139] Diese Auffassung wird von der Literatur begrüßt.[140] Allerdings bleibe der EuGH die maßgebliche Instanz für die Auslegung der Grundrechtecharta; denn die Europäische Menschenrechtskonvention und die EGMR-Judikatur fungierten trotz ihrer ausdrücklichen Erwähnung in Art. 52 Abs. 3 GRC (bloß) als eine Rechtserkenntnisquelle.[141] So heißt es auch in den Erläuterungen des Grundrechtekonvents zu Art. 52 Abs. 3 GRC, dass „die Eigenständigkeit des Unionsrechts und des Gerichtshofs der Europäischen Union" nicht berührt werde.[142] Im Übrigen besteht nach den Erläuterun-

---

[135] *Borowsky*, in: Meyer, Charta der Grundrechte der EU, Art. 52 GRC, Rn. 12; *Fütterer*, EuZA 2011, 505 (515 f.); *Thüsing/Traut*, RdA 2012, 65 (68); ErfK/*Wißmann*, Vorbemerkung zum AEUV, Rn. 7.

[136] *Fütterer*, EuZA 2011, 505 (515 f.).

[137] Erläuterungen zur Grundrechtecharta (2007/C 303/02 v. 14.12.2007, ABl. Nr. C 303 S. 17), S. 6 und 18.

[138] Erläuterungen zur Grundrechtecharta (2007/C 303/02 v. 14.12.2007, ABl. Nr. C 303 S. 17), S. 17.

[139] Erläuterungen zur Grundrechtecharta (2007/C 303/02 v. 14.12.2007, ABl. Nr. C 303 S. 17), S. 17.

[140] *Fütterer*, EuZA 2011, 505 (515 f.); *Jarass*, EuR 2013, 29 (42 f.).

[141] *Jarass*, EuR 2013, 29 (42 f.).

[142] Erläuterungen zur Grundrechtecharta (2007/C 303/02 v. 14.12.2007, ABl. Nr. C 303 S. 17), S. 33.

gen zur Grundrechtecharta die Möglichkeit, dass die Union einen intensiveren Schutz gewährleistet als die Europäische Menschenrechtskonvention und der EGMR. Jedenfalls dürfe der durch die Grundrechtecharta errichtete Standard das Schutzniveau der Menschenrechtskonvention nicht unterschreiten.[143] Was die Bedeutung der Europäischen Sozialcharta für das Unionsrecht anbelangt, ist außerdem auf Art. 151 AEUV zu verweisen, wonach die EU ihre Sozialpolitik „eingedenk“ der „sozialen Grundrechte, wie sie in der am 18. Oktober 1961 in Turin unterzeichneten Europäischen Sozialcharta und in der Gemeinschaftscharta der sozialen Grundrechte der Arbeitnehmer von 1989 festgelegt sind“, verfolgt. Obwohl auf die Europäische Sozialcharta nur mit dem Begriff „eingedenk“ verwiesen wird, „wird man diese Bestimmung als rechtlich bindendes Bekenntnis des Primärrechts [...] anzusehen haben. [...] Eine gegenteilige Annahme würde dem Gemeinschaftsgesetzgeber bloße Rechtslyrik unterstellen“.[144]

Überdies gebietet die „Querschnittsklausel“[145] in Art. 53 GRC die Wahrung der Europäischen Menschenrechtskonvention und der Europäischen Sozialcharta. Danach darf keine Vorschrift der Grundrechtecharta derart ausgelegt werden, dass sie Menschenrechte beeinträchtigt, die im Völkerrecht oder in internationalen Übereinkünften, „bei denen die Union oder alle Mitgliedstaaten Vertragsparteien sind“, darunter insbesondere die Europäische Menschenrechtskonvention, anerkannt werden. Gemäß den Erläuterungen des Grundrechtekonvents soll mit dieser Vorschrift sichergestellt werden, dass das konventionsrechtlich, völkerrechtlich und mitgliedstaatlich garantierte Schutzniveau unangetastet bleibt. Wegen ihrer besonderen Bedeutung – so das Grundrechtekonvent – sei die Europäische Menschenrechtskonvention explizit erwähnt.[146] Art. 53 GRC führt damit zu einer kumulativen Anwendung der konventionsrechtlichen bzw. völkerrechtlichen Vorgaben und der Grundrechtecharta.[147] Art. 6 Nr. 4 ESC erfüllt die Voraussetzungen des Art. 53 GRC allerdings nicht, da weder die Union noch alle EU-Mitgliedstaaten der Europäischen Sozialcharta beigetreten sind. Dies ändert jedoch nichts daran, dass das Streikrecht der Europäischen Sozialcharta bei der Ausgestaltung des Art. 28 GRC zu beachten ist; denn Art. 6 Nr. 4 ESC wird in den Erläuterungen des Grundrechtekonvents ausdrücklich als „Inspirationsquelle“ für Art. 28 GRC benannt. Im Übrigen ist nicht ausgeschlossen, dass alle Mitgliedstaaten

---

143 Erläuterungen zur Grundrechtecharta (2007/C 303/02 v. 14. 12. 2007, ABl. Nr. C 303 S. 17), S. 33; so auch *Jarass*, EuR 2013, 29 (42).

144 *Zwanziger*, RdA-Beil. 2009, 10 (15).

145 *Riedel*, in: Meyer, Charta der Grundrechte der EU, Vorbemerkungen Titel IV, Rn. 26; *Thüsing/Traut*, RdA 2012, 65 (69).

146 Erläuterungen zur Grundrechtecharta (2007/C 303/02 v. 14. 12. 2007, ABl. Nr. C 303 S. 17), S. 35.

147 *Jarass*, EuR 2013, 29 (40).

der Revidierten Europäischen Sozialcharta beitreten werden.[148] Bedeutung gewinnt Art. 6 Nr. 4 ESC schließlich auch über Art. 52 Abs. 4 GRC, wonach die Charta-Grundrechte im Einklang mit den „gemeinsamen Verfassungsüberlieferungen" der Mitgliedstaaten auszulegen sind. Dazu zählen laut EuGH[149] nämlich auch internationale Verträge wie die Europäische Sozialcharta.[150] Korrigierend muss nach der hier vertretenen Auffassung allerdings im Einzelfall geprüft werden, ob das Streikrecht der Europäischen Sozialcharta tatsächlich nicht nur eine mehrheitliche, sondern eine *gemeinsame* Rechtsanschauung zum Ausdruck bringt. Da das Streikrecht in den einzelnen Mitgliedstaaten sehr unterschiedlich ausgestaltet ist,[151] kann lediglich in Grundsatzfragen von einer „gemeinsamen Verfassungsüberlieferung" die Rede sein. Nur in diesem Rahmen können die Wertungen des Art. 6 Nr. 4 ESC über Art. 52 Abs. 4 ESC bei der Auslegung des Art. 28 GRC direkt einfließen.

Folglich sind sowohl Art. 11 EMRK – in seiner Ausformung durch den EGMR – als auch Art. 6 Nr. 4 ESC bei der unionsrechtlichen[152] und mitgliedstaatlichen Ausgestaltung des Art. 28 GRC zu beachten. Dies gilt sowohl für den Schutzbereich als auch für die Einschränkungsmöglichkeiten des Art. 28 GRC.[153] Anderslautende Erwägungen, wonach die Europäische Menschenrechtskonvention wegen der fehlenden Unionskompetenz für das Streikrecht keinen Einfluss auf die Auslegung des Art. 28 GRC haben soll,[154] sind abzulehnen. Die Union selbst ist an Art. 28 GRC gebunden, wenn sie europäische Regelungen zum Tarif- und Streikrecht – wie etwa dem Streikrecht von EU-Beamten[155] – trifft. Dabei hat sich die Union nach einhelliger Ansicht an Art. 6 Nr. 4 ESC und Art. 11 EMRK zu orientieren, wobei letzteres sogar ausdrücklich über Art. 52 Abs. 3 GRC abgesichert ist. Oben wurde bereits erörtert, dass der Union trotz des Art. 153 Abs. 5 AEUV eine „Mit"-Regelungsbefugnis für das Streikrecht zusteht, nämlich zum einen dann, wenn das Streikrecht

---

148 *Becker*, in: Schwarze/Becker/Hatje/Schoo, EU-Kommentar, Art. 53 GRC, Rn. 5.

149 Siehe etwa: EuGH v. 14.5.1974 – C-4/73 (Nold); zit. nach: juris, Rn. 13; EuGH v. 27.6.2006 – C-540/03 (Europäisches Parlament/Rat der Europäischen Union), EuZW 2006, 566 (567), Rn. 37 f.

150 *Schorkopf*, in: Grabitz/Hilf/Nettesheim, Das Recht der EU, Art. 6 EUV, Rn. 51, Fn. 90.

151 Siehe oben S. 57 ff.

152 Es ist allgemein anerkannt, dass die Vorgaben des Art. 11 EMRK jedenfalls dann bei der Auslegung des Art. 28 GRC zu beachten sind (siehe Art. 52 Abs. 3 GRC), wenn Art. 28 GRC durch das Unionsrecht selbst ausgestaltet wird, wenn also europäische Regelungen zum Tarifvertrags- und Streikrecht getroffen werden (*Traut/Thüsing*, RdA 2012, 65 (70)). Entsprechendes dürfte für die Vorgaben des Art. 6 Nr. 4 ESC gelten, welche in den Erläuterungen zur Grundrechtecharta als „Inspirationsquelle" für Art. 28 GRC benannt werden.

153 Explizit nur für die Europäische Menschenrechtskonvention siehe *Fütterer*, EuZA 2011, 505 (515).

154 *Thüsing/Traut*, RdA 2012, 65 (68 f.).

155 Siehe unten S. 445.

von einer unionsrechtlichen Regelungskompetenz am Rande miterfasst wird und zum anderen in Fällen mit „Grundfreiheitsrelevanz".[156] Hier müssen konsequenterweise dieselben Vorgaben gelten, welche die Union bei der Regelung ihres eigenen Tarif- und Arbeitskampfrechts zu beachten hat. Andernfalls würde Art. 28 GRC unterschiedlich ausgelegt und interpretiert werden. Das liefe jedoch dem Grundrechtscharakter der Vorschrift zuwider.[157] Sinnvoller ist es daher, einen festen materiellen Kernbestand des Art. 28 GRC anzunehmen und diesen u. a. aus Art. 6 Nr. 4 ESC und Art. 11 EMRK herzuleiten. Art. 11 EMRK hat hierbei allerdings eine größere Bedeutung, weil die Europäische Menschenrechtskonvention ausdrücklich als Rechtserkenntnisquelle hervorgehoben wird. Art. 6 Nr. 4 ESC tritt dahinter zurück, da die Europäische Sozialcharta nicht von allen Mitgliedstaaten ratifiziert wurde und daher auch nicht unter die „Querschnittsklausel" des Art. 53 GRC fällt. Im Übrigen gehört Art. 6 Nr. 4 ESC nur in seinen Grundzügen zu den „gemeinsamen Verfassungsüberlieferungen" nach Art. 52 Abs. 4 ESC.

Da aber der EGMR in seiner Rechtsprechung auf Art. 6 Nr. 4 ESC und die Spruchpraxis des EKSR zurückgreift, muss das Streikrecht der Europäischen Sozialcharta über diesen „Umweg" bei der Ausgestaltung des Art. 28 GRC Beachtung finden. Zudem wird Art. 6 Nr. 4 ESC in den Erläuterungen zur Grundrechtecharta ausdrücklich als „Inspirationsquelle" benannt und besitzt auch insofern Relevanz für die Auslegung des Art. 28 GRC. Folglich müssen bei der Ausgestaltung des Streikrechts die bereits ermittelten Aussagen des EGMR zu Grunde gelegt werden: Demzufolge ist Art. 28 GRC so zu verstehen, dass kein generelles Streikverbot für Beamte besteht. Was die Tarifbezogenheit des Streiks, das Verbot wilder Streiks und das Verhältnismäßigkeitsprinzip anbelangt, hat der EGMR zwar noch keine konkreten Aussagen getroffen.[158] Da der EGMR jedoch aller Wahrscheinlichkeit nach an seiner Methodik festhalten und auch künftig auf die Spruchpraxis des EKSR zurückgreifen wird,[159] werden die Vorgaben des EKSR künftig als Kernbestand des Art. 28 GRC anzuerkennen sein. Mittelbar wird dann der gesamte Gewährleistungsgehalt des Art. 6 Nr. 4 ESC – wie er durch die Spruchpraxis des EKSR definiert ist – Eingang in den unionsrechtlichen Grundrechtsschutz finden.

---

[156] Siehe oben S. 367 ff.
[157] Vgl. oben S. 371.
[158] Siehe oben S. 296 ff.
[159] Siehe oben S. 286 f.

III. Ergebnis der Untersuchungen

Aus alledem folgt, dass den EU-Mitgliedstaaten die Ausgestaltung des Streikrechts grundsätzlich überlassen ist,[160] nämlich dann, wenn die Union wegen Art. 153 Abs. 5 AEUV keine Regelungskompetenz besitzt. Allerdings sind die Mitgliedstaaten nach der hier vertretenen Ansicht an unionsrechtliche Mindestvorgaben gebunden, wenn der EU in den oben dargestellten Konstellationen eine „Mit“-Regelungskompetenz zukommt – also zum einen dann, wenn das Streikrecht mittelbar Gegenstand einer Unionskompetenz ist und zum anderen bei „Grundfreiheitsrelevanz“[161]. Die Mindestvorgaben ergeben sich aus Art. 6 Nr. 4 ESC und der Gemeinschaftscharta der sozialen Grundrechte der Arbeitnehmer. Ferner sind Art. 11 EMRK und die Rechtsprechung des EGMR zu beachten. Es ist also unionsrechtlich ein Streikrecht „vorausgesetzt“, das den Vorstellungen der Europäischen Menschenrechtskonvention und der Europäischen Sozialcharta entspricht. Damit fungiert die Grundrechtecharta nicht nur als eine bedeutungsleere Hülse, sondern trifft auch konkrete materielle Vorgaben. Gleichwohl konnte gezeigt werden, dass der Einflussbereich dieser Vorgaben wegen des Art. 153 Abs. 5 AEUV sehr begrenzt ist und den Mitgliedstaaten überdies ein weiter Ausgestaltungsspielraum zusteht. Eine explizite Regelung zur Tarifbezogenheit des Streiks, zum Verbot des wilden Streiks, zum Beamtenstreikverbot oder zum Verhältnismäßigkeitsprinzip darf die EU nicht treffen. Allerdings kann sie in den aufgezeigten Fallkonstellationen entsprechende Wertungen mitschwingen lassen.

Abschließend ist festzustellen, dass Art. 28 GRC trotz der begrenzten Unionskompetenzen ein stärkeres Harmonisierungspotenzial besitzt, als auf den ersten Blick anzunehmen ist – und zwar aus folgenden Gründen: Es konnte gezeigt werden, dass die Grundrechtecharta, die Europäische Menschenrechtskonvention und die Europäische Sozialcharta eng aneinander angelehnt sind und wechselseitig aufeinander Bezug nehmen. Von diesen Konvergenzbestrebungen ist auch das Streikrecht erfasst. Obgleich dem Art. 28 GRC nur ein begrenzter Anwendungsbereich verbleibt, sind die EU-Mitgliedstaaten mehrheitlich an Art. 6 Nr. 4 ESC und jedenfalls an Art. 11 EMRK gebunden. Dass Art. 28 GRC auf den Vorgaben der Europäischen Sozialcharta und der Europäischen Menschenrechtskonvention aufbaut, ist ein potenzieller Harmonisierungsfaktor für das mitgliedstaatliche Streikrecht – auch außerhalb des unionsrechtlichen Kompetenzbereichs; denn Art. 28 GRC bringt eine europarechtliche Wertentscheidung zum Ausdruck, der sich die EU-Mitgliedstaaten kaum mehr entziehen können. Im Folgenden wird geprüft, ob und wie der EuGH dieses Harmonisierungspotenzial bisher nutzen konnte.

---

[160] So auch EuGH v. 11. 12. 2007 – C-438/05 (Viking), NZA 2008, 124 (127), Rn. 44; EuGH v. 18. 12. 2007 – C-341/05 (Laval), NZA 2008, 159 (165), Rn. 91.

[161] Siehe oben S. 367 ff.

C. Rechtsprechung des EuGH

Bei der näheren Ausgestaltung des Art. 28 GRC kommt dem EuGH eine maßgebliche Rolle zu. Welche Vorgaben der EuGH macht und ob er sich dabei an die Mindestvorgaben aus Art. 6 Nr. 4 ESC und Art. 11 EMRK hält, ist im Folgenden zu untersuchen: In den Rechtssachen „Viking"[162] und „Laval"[163] erkannte der EuGH erstmals ein „Recht auf Durchführung einer kollektiven Maßnahmen einschließlich des Streikrechts" als „feste[n] Bestandteil der allgemeinen Grundsätze des Gemeinschaftsrechts" an.[164] Dabei verwies der EuGH – ebenso wie nun auch der EGMR – auf internationale Verträge wie das IAO-Übereinkommen Nr. 87 und Art. 6 Nr. 4 ESC sowie den damals noch unverbindlichen Art. 28 GRC. Allerdings machte der EuGH wegen seiner beschränkten Regelungskompetenzen nur rudimentäre Angaben zum Streikrecht; vorwiegend untersuchte der Luxemburger Gerichtshof die Wechselbeziehung zwischen dem Streikrecht und den Grundfreiheiten.[165] Auch im Übrigen zeigte der EuGH keine besondere Sympathie für das Grundrecht auf Streik,[166] sondern unterzog es einer strengen Verhältnismäßigkeitsprüfung und ließ es sowohl in „Viking" als auch in „Laval" hinter den Grundfreiheiten zurücktreten. Diese Wertentscheidungen brachten dem EuGH erhebliche Kritik ein.[167] Vor allem im Hinblick auf die neuere EGMR-Rechtsprechung in den Rechtssachen „Demir und Baykara" und „Enerji Yapi-Yol Sen" wurde der EuGH kritisiert. Es hieß, der EuGH sei nun einem erheblichen Rechtfertigungszwang ausgesetzt, zumal er sich bis dato stets an der Europäischen Menschenrechtskonvention und der Rechtsprechung des EGMR orientiert habe, um ein vergleichbares Schutzniveau auf Unionsebene zu garantieren.[168] Inwiefern diese Einschätzungen des Schrifttums zutreffen und tatsächlich von einem Konflikt zwischen den beiden Gerichtshöfen die Rede sein kann, wie dieser aufzulösen ist und ob damit relevante Auswirkungen auf das Streikrecht in Deutschland verbunden sind, wird im Folgenden untersucht.

---

[162] EuGH v. 11. 12. 2007 – C-438/05 (Viking), NZA 2008, 124.

[163] EuGH v. 18. 12. 2007 – C-341/05 (Laval), NZA 2008, 159.

[164] EuGH v. 11. 12. 2007 – C-438/05 (Viking), NZA 2008, 124 (127), Rn. 44; ähnlich auch EuGH v. 18. 12. 2007 – C-341/05 (Laval), NZA 2008, 159 (165), Rn. 91.

[165] *Mayer*, in: Grabitz/Hilf/Nettesheim, Das Recht der EU, Grundrechtsschutz und rechtsstaatliche Grundsätze, Rn. 174.

[166] Vgl. *Löwisch/Rieble*, TVG, Grundlagen, Rn. 269.

[167] Näheres zur Kritik bei *Skouris*, RdA-Beil. 2009, 25.

[168] *Ewing/Hendy*, Industrial Law Journal Oxford, Vol. 39, Nr. 1 (2010), S. 2; *Fütterer*, EuZA 2011, 505 (513).

I. Aufgabe und Funktion des EuGH

Der EuGH ist gemäß Art. 13 EUV ein Verfassungsorgan der EU und nach Art. 19 Abs. 1 S. 2 EUV mit der Aufgabe betraut, die Wahrung der (Grund-) Rechte bei der „Auslegung und Anwendung der Verträge" zu sichern.[169] Zwar werden unionspolitische Leitentscheidungen vorwiegend von anderen Unionsorganen getroffen, doch auch die Überwachung der Rechtsauslegung und -anwendung durch den EuGH gewinnt zunehmend eine politische Dimension.[170] Der EuGH will einen lückenlosen Rechtsschutz gewährleisten, um dem Charakter der Union als Rechtsgemeinschaft Rechnung zu tragen.[171] Deshalb unterliegt das Handeln der Mitgliedstaaten und der Unionsorgane einer umfassenden Kontrolle des EuGH.[172] Zugleich vervollständigt und stabilisiert der EuGH mit seiner Rechtsfortbildung das EU-Recht und treibt damit den Integrationsprozess voran.[173] Dabei stützt sich der EuGH vor allem auf den „Integrationshebel" in Art. 6 Abs. 3 EUV, wonach die Grundrechte der Europäischen Menschenrechtskonvention und die gemeinsamen Verfassungsüberlieferungen der Mitgliedstaaten „als allgemeine Grundsätze Teil des Unionsrechts" sind. Vor dem Hintergrund der begrenzten Unionskompetenzen ist allerdings bedenklich, dass der EuGH das Unionsrecht stetig „dynamisiert" und das Recht der Mitgliedstaaten einer immer strengeren Kontrolle unterzieht.[174]

Außerdem ist der Einfluss des EuGH durch den Katalog der primärrechtlich festgelegten Verfahrensarten (Art. 251 ff. AEUV) und durch die begrenzte Wirkung seiner Entscheidungen beschränkt. Der Luxemburger Gerichtshof stellt insbesondere Vertragsverletzungen der Unionsorgane oder der Mitgliedstaaten fest, erklärt Handlungen der Unionsorgane für nichtig oder entscheidet über deren Auslegung sowie die Auslegung der Verträge (Art. 264, 267 AEUV). Art. 260 AEUV bzw. 266 AEUV verpflichten den jeweiligen Adressaten, die zur Umsetzung der Entscheidung erforderlichen Maßnahmen zu ergreifen. Ferner besteht bei Zuwiderhandlungen oder Untätigkeit eine Sanktionsmöglichkeit nach Art. 260 Abs. 2 AEUV.[175]

Anders als der EGMR ist der EuGH kein Gericht des individuellen Bürgerschutzes. Es fehlt dem EuGH an einer individuellen Beschwerdemöglichkeit wie der Verfassungsbeschwerde oder der Individualbeschwerde nach Art. 34 EMRK. Natürliche Personen können den EuGH lediglich im Rahmen der

---

[169] *Haratsch*, in: Merten/Papier, Handbuch der Grundrechte, Band VI/1, § 165, Rn. 2; *Mayer*, in: Grabitz/Hilf/Nettesheim, Das Recht der EU, Art. 19 EUV, Rn. 2; vgl. *Ziller*, ZÖR 2010, 157 (173).

[170] *Mayer*, in: Grabitz/Hilf/Nettesheim, Das Recht der EU, Art. 19 EUV, Rn. 3.

[171] *Mayer*, in: Grabitz/Hilf/Nettesheim, Das Recht der EU, Art. 19 EUV, Rn. 8.

[172] EuGH v. 23.4.1986 – C-294/83 (Les Verts/Parlament); zit. nach: juris, Rn. 23.

[173] *Margedant*, in: Bergmann, Handlexikon der Europäischen Union, „EuGH", S. 442.

[174] *Löwisch/Rieble*, TVG, Grundlagen, Rn. 272.

[175] *Mayer*, in: Grabitz/Hilf/Nettesheim, Das Recht der EU, Art. 19 EUV, Rn. 13.

Untätigkeitsklage nach Art. 265 AEUV anrufen. Ansonsten wird der Bürgerschutz nur dann „aktiviert", wenn nationale Gerichte im Wege des Vorabentscheidungsverfahrens eine Vorlagefrage an den EuGH richten.[176] Der Grundrechtsschutz des EuGH ist gegenüber dem des EGMR auch deshalb andersartig, weil die EU – und also auch der EuGH – ihr Hauptaugenmerk stets auf die wirtschaftlichen Grundfreiheiten gelegt haben.[177] Doch obwohl die EU im „Kern [eine] Wirtschaftsgemeinschaft"[178] ist, hat sich der EuGH mittlerweile auch den (sozialen) Grundrechten zugewendet. Bereits mit seiner Entscheidung in der Rechtssache „Stauder"[179] von 1969 hat der EuGH die Grundrechte der Person als allgemeine Grundsätze des Gemeinschaftsrechts anerkannt.[180] Seither verwendet der EuGH die Grundrechte des Öfteren, um gegenzuprüfen, ob ein Auslegungsergebnis zum Unionsrecht mit den Grundrechten vereinbar ist.[181] Auch in der Rechtssache „Internationale Handelsgesellschaft" aus dem Jahre 1970 betonte der Luxemburger Gerichtshof, dass geprüft werden müsse, „ob nicht eine entsprechende gemeinschaftsrechtliche Garantie verkannt worden ist".[182] Als Rechtserkenntnisquelle griff der EuGH auf die gemeinsamen Verfassungsüberlieferungen der Mitgliedstaaten zurück und schließt seit der Rechtssache „Nold" von 1974 auch die von den EU-Mitgliedstaaten eingegangenen internationalen Verpflichtungen zum Schutz der Menschenrechte mit ein:

> Der Gerichtshof hat bereits entschieden, dass die Grundrechte zu den allgemeinen Rechtsgrundsätzen gehören, die er zu wahren hat, und dass er bei der Gewährleistung dieser Rechte von den gemeinsamen Verfassungsüberlieferungen der Mitgliedstaaten auszugehen hat. Hiernach kann er keine Maßnahmen als rechtens anerkennen, die unvereinbar sind mit den von den Verfassungen dieser Staaten anerkannten und geschützten Grundrechten. Auch die internationalen Verträge über den Schutz der Menschenrechte, an deren Abschluss die Mitgliedstaaten beteiligt waren oder denen sie beigetreten sind, können Hinweise geben, die im Rahmen des Gemeinschaftsrechts zu berücksichtigen sind.[183]

Einen weiteren bedeutsamen Schritt in der Grundrechtsprechung des EuGH stellt die Rechtssache „Wachauf"[184] dar.[185] Darin entschied der EuGH, dass nicht nur die Unionsorgane an die Grundrechte gebunden sind, sondern auch

---

[176] *F. Kirchhof*, NJW 2011, 3681 (3684).
[177] Grundlegend siehe EGMR v. 30.6.2005 – 45036/98 (Bosphorus Hava Yollari Turizm ve Ticaret Anonim Sirketi/Ireland), NJW 2006, 197.
[178] *Zwanziger*, RdA-Beil. 2009, 10 (18).
[179] EuGH v. 12.11.1969 – C-29/69 (Stauder), NJW 1970, 1016.
[180] *Grote*, in: Grote/Marauhn, Konkordanzkommentar EMRK/GG, 1. Kapitel, Rn. 50.
[181] *Skouris*, RdA-Beil. 2009, 25 (26).
[182] EuGH v. 17.12.1970 – C-11/70 (Internationale Handelsgesellschaft), NJW 1971, 343.
[183] EuGH v. 14.5.1974 – C-4/73 (Nold); zit. nach: juris, Rn. 13.
[184] EuGH v. 13.7.1989 – C-5/88 (Wachauf), Slg. 1989, 2609.
[185] *Skouris*, RdA-Beil. 2009, 25 (27).

die Mitgliedstaaten – nämlich dann, wenn sie Unionsrecht ausführen. In der Rechtssache „ERT“ von 1991 hat der EuGH herausgestellt, dass der Europäischen Menschenrechtskonvention eine „besondere Bedeutung“ bei der Festlegung des unionsrechtlichen Grundrechtsschutzes zukommt[186] und hat dies seither[187] immer wieder betont.[188] Mittlerweile misst der EuGH der Europäischen Menschenrechtskonvention nicht mehr nur einen „Hinweischarakter“ für den unionsrechtlichen Grundrechtsschutz zu,[189] sondern behandelt sie als „privilegierte Rechtserkenntnisquelle“[190].[191] Zuweilen zieht der EuGH sogar einzelne Konventionsgarantien und die Rechtsprechung des EGMR heran,[192] wenn er Eingriffe in die Grundfreiheiten auf ihre Rechtfertigung überprüft.[193] Es ist daher von einem grundsätzlichen „Gleichlauf des Schutzniveaus“ von Konventions- und Unionsrecht die Rede.[194] Diese Rechtsprechungsentwicklung wurde mit dem Vertrag von Lissabon primärrechtlich flankiert, indem nun die Verbürgungen der Europäischen Menschenrechtskonvention gemäß Art. 6 Abs. 3 EUV „als [...] Teil des Unionsrechts“ anerkannt sind. Dies und die Tatsache, dass die Grundrechtecharta gemäß Art. 6 Abs. 1 UAbs. 1 Hs. 2 EUV in den Rang des Primärrechts aufgestiegen ist, tragen zu einer intensivierten Grundrechtsprüfung durch den EuGH bei. Die verstärkte Kontrolle zeigte sich erst kürzlich in den Rechtssachen „Schecke“[195] vom 9. November 2010 und „Test Achats“[196] vom 1. März 2011.[197] Im Bemühen um einen Gleichlauf mit der Europäischen Menschenrechtskonvention hat der EuGH in diesen Fällen zu Gunsten des Arbeitnehmerschutzes entschieden. Allerdings heißt es seit den Entscheidungen „Viking“ und „Laval“, dass der EuGH von seiner Funktion als

[186] EuGH v. 18.6.1991 – C-260/89 (ERT); zit. nach: juris, Rn. 41.

[187] So etwa: EuGH v. 25.3.2004 – C-71/02 (Herbert Karner Industrie-Auktionen GmbH/Troostwijk GmbH), GRUR Int 2004, 626 (628), Rn. 48; EuGH v. 27.6.2006 – C-540/03 (Europäisches Parlament/Rat der Europäischen Union), EuZW 2006, 566 (567), Rn. 35.

[188] *Skouris*, RdA-Beil. 2009, 25 (27).

[189] In der Rechtssache „Nold“ war von „Hinweisen“ die Rede (EuGH v. 14.5.1974 – C-4/73 (Nold); zit. nach: juris, Rn. 13).

[190] Dies wird nunmehr ausdrücklich in Art. 6 Abs. 3 EUV eingefordert, wonach die Europäische Menschenrechtskonvention „Teil des Unionsrechts“ ist (siehe auch Art. 52 Abs. 3 sowie Art. 53 GRC).

[191] *Grote*, in: Grote/Marauhn, Konkordanzkommentar EMRK/GG, 1. Kapitel, Rn. 50.

[192] So etwa: EuGH v. 26.6.1997 – C-368/95 (Familiapress); zit. nach: juris, Rn. 24ff.

[193] *Grote*, in: Grote/Marauhn, Konkordanzkommentar EMRK/GG, 1. Kapitel, Rn. 50.

[194] *Fütterer*, EuZA 2011, 505 (514); ähnlich auch *Colneric*, in: FS Richardi, S. 21 (27); *Uerpmann-Wittzack*, EuR-Beil. 2012, 167 (184).

[195] EuGH v. 9.11.2010 – C-92, 93/09 (Schecke GbR u. a./Land Hessen), EuZW 2010, 939.

[196] EuGH v. 1.3.2011 – C-236/09 (Association belge des Consommateurs Test-Achats ASBL u. a./Conseil des ministres), EuZW 2011, 301.

[197] *Reich*, EuZW 2011, 379 (383).

„Hüter der Sozialvorschriften […] abgerückt“ sei.[198] In „Viking“ und „Laval“ – so die Literatur – ließen sich deutliche Widersprüche zur neuen EGMR-Judikatur erkennen.[199] Ob dieser Einschätzung zugestimmt werden kann, wird im Folgenden untersucht:

II. Rechtsprechung des EuGH zum Streikrecht

Welche Haltung der EuGH zum unionsrechtlichen Streikrecht einnimmt, lässt sich den Rechtssachen „Viking“ und „Laval“ entnehmen. In beiden Fällen hatte sich der EuGH mit grenzüberschreitenden Arbeitskämpfen auseinanderzusetzen, die zur Behinderung unternehmerischer Maßnahmen führten.[200] Zunächst werden beide EuGH-Entscheidungen dargestellt und anschließend einer kritischen Würdigung unterzogen.

1. „Viking“ und „Laval“

In „Viking“ hatte der EuGH über den Streik einer finnischen Gewerkschaft zu befinden, der mit dem Ziel geführt wurde, auf einem nach Estland umgeflaggten Schiff finnische Arbeitsbedingungen zu erhalten. Im Fall „Laval“ hatte eine schwedische Gewerkschaft einen Boykott eines lettischen Unternehmers angeregt, um dessen lettischen Bauarbeitnehmern Tarifverhandlungen und Tarifvertragsabschlüsse innerhalb des schwedischen Tarifrechts zu ermöglichen. In beiden Entscheidungen machte der EuGH deutlich, dass er die gewerkschaftlichen Maßnahmen für unvereinbar mit den europäischen Grundfreiheiten hielt.

In den beiden Fällen fielen die gewerkschaftlichen Aktionen in den Anwendungsbereich der unionsrechtlichen Grundfreiheiten – namentlich der Niederlassungsfreiheit in Art. 49 AEUV[201] und der Dienstleistungsfreiheit in Art. 56 AEUV[202]. Gleichzeitig wurde in beiden Fällen die nationale Koalitionsfreiheit berührt. Der EuGH anerkannte erstmals das „Recht auf Durchführung einer kollektiven Maßnahme einschließlich des Streikrechts“ als unionsrechtlichen Grundsatz an, der

> […] in unterschiedlichen internationalen Rechtsakten, bei denen die Mitgliedstaaten mitgewirkt haben oder denen sie beigetreten sind – wie der am 18. 10. 1961 in Turin unterzeichneten *Europäischen Sozialcharta*, die überdies ausdrücklich in Art. 136 EG erwähnt wird, und dem am 9. 7. 1948 von der Internationalen Arbeitsorganisation angenommenen Übereinkommen 87 über die Vereinigungsfreiheit und den Schutz des Ver-

---

198 Vgl. *Schubert/Jerchel*, EuZW 2010, 687 (693).
199 *Fütterer*, EuZA 2011, 505 (516).
200 ErfK/*Dieterich*, Art. 9 GG, Rn. 110.
201 Entspricht Art. 43 EGV-Nizza.
202 Entspricht Art. 49 EGV-Nizza.

einigungsrechtes –, als auch in Rechtsakten anerkannt wird, die die Mitgliedstaaten auf Gemeinschaftsebene oder im Rahmen der Union erarbeitet haben, wie der anlässlich der Sitzung des Europarats in Straßburg am 9.12.1989 angenommenen und ebenfalls in Art. 136 EG erwähnten Gemeinschaftscharta der sozialen Grundrechte der Arbeitnehmer und der am 7.12.2000 in Nizza proklamierten *Charta der Grundrechte der Europäischen Union* [...].[203] [Hervorhebungen durch die Verfasserin].

Der EuGH sah sich wegen der bereits dargestellten „Grundfreiheitsrelevanz" nicht durch Art. 153 Abs. 5 AEUV[204] gehindert, über das Streikrecht zu judizieren. Zwar könnten die Mitgliedstaaten selbstständig über die Gewährleistung des Streikrechts und die Modalitäten seiner Ausübung bestimmen. Gleichwohl hätten die Mitgliedstaaten das „Gemeinschaftsrecht bei der Ausübung dieser Befugnis zu beachten".[205] Nach dem Diktum des EuGH besteht eine mitgliedstaatliche Bindung an die Grundfreiheiten also auch dann, wenn die nationale Regelungsbefugnis vom Unionsrecht grundsätzlich unangetastet ist. Über die Grundfreiheiten wird der Anwendungsbereich des unionsrechtlich geschützten Streikrechts eröffnet und der EuGH kann dann „mitentscheiden". Diese Herangehensweise des EuGH ist nicht neu. Er behandelt das Koalitions- und das Streikrecht nun ebenso, wie er bereits zuvor mit der Eigentumsordnung umgegangen ist.[206] Diese zu regeln, ist gemäß Art. 345 AEUV ebenfalls den Mitgliedstaaten überlassen, doch trotz der unionsrechtlichen „Neutralität"[207] fordert der EuGH, dass die mitgliedstaatlichen Eigentumsordnungen mit dem EU-Recht – insbesondere mit den Grundfreiheiten – vereinbar sind.[208]

Einschränkend wies der EuGH jedoch darauf hin, dass dieses neu anerkannte Grundrecht auf Kollektivverhandlungen und Streik nicht absolut gelte und keinen Vorrang vor den Grundfreiheiten genieße: „[S]eine Ausübung [kann] bestimmten Beschränkungen unterworfen werden. Denn wie in Art. 28 der Charta der Grundrechte der Europäischen Union erneut bekräftigt wird, werden die genannten Rechte nach dem Gemeinschaftsrecht und den einzel-

[203] EuGH v. 11.12.2007 – C-438/05 (Viking), NZA 2008, 124 (127), Rn. 43; EuGH v. 18.12.2007 – C-341/05, NZA 2008, 159 (165), Rn. 90.

[204] Entspricht Art. 137 Abs. 5 EGV-Nizza.

[205] EuGH v. 11.12.2007 – C-438/05 (Viking), NZA 2008, 124 (127), Rn. 40; EuGH v. 18.12.2007 – C-341/05, NZA 2008, 159 (165), Rn. 87; bestätigt in EuGH v. 15.7.2010 – C-271/08 (Kommission/Deutschland); zit. nach: juris, Rn. 43.

[206] *Zwanziger*, RdA-Beil. 2009, 10 (13).

[207] *Ruge*, Anmerkungen zum EuGH v. 13.5.2003 – C-98/01 (Kommission der Europäischen Gemeinschaften/Vereinigtes Königreich), EuZW 2003, 540 (542).

[208] Zu Art. 295 EGV-Nizza (nunmehr Art. 345 AEUV) siehe die „Goldenen Aktien"-Entscheidungen: EuGH v. 4.6.2002 – C-503/99 (Kommission der EG/Königreich Belgien), EuZW 2002, 429 (432), Rn. 44; EuGH v. 4.6.2002 – C-483/99 (Kommission der Europäischen EG/Französische Republik), EuZW 2002, 433 (436), Rn. 44; EuGH v. 4.6.2002 – C-367/98 (Kommission der EG/Portugiesische Republik), EuZW 2002, 437 (440), Rn. 48; EuGH v. 13.5.2003 – C-463/00 (Kommission der EG/Königreich Spanien), EuZW 2003, 529 (533), Rn. 41; EuGH v. 13.5.2003 – C-98/01 (Kommission der EG/Vereinigtes Königreich Großbritannien und Nordirland), EuZW 2003, 536.

staatlichen Rechtsvorschriften und Gepflogenheiten geschützt."[209] Die Grundrechtsausübung „muss mit den Erfordernissen hinsichtlich der durch den Vertrag geschützten Rechte in Einklang gebracht werden und dem Verhältnismäßigkeitsgrundsatz entsprechen".[210] Bei seiner Verhältnismäßigkeitsprü*ü*fung knüpfte der EuGH primär an der Niederlassungsfreiheit[211] bzw. der Dienstleistungsfreiheit[212] an und untersuchte, ob die gewerkschaftlichen Maßnahmen[213], die durch das unionsrechtliche Grundrecht auf Kollektivverhandlungen und Streik geschützt werden, eine Beschränkung der Grundfreiheiten rechtfertigen können:

In „Viking" stellte der EuGH heraus, dass „das Recht auf Durchführung einer kollektiven Maßnahme, die den Schutz der Arbeitnehmer zum Ziel hat, ein berechtigtes Interesse darstellt, das grundsätzlich eine Beschränkung einer der vom Vertrag gewährleisteten Grundfreiheiten rechtfertigen kann". Im Übrigen zähle „der Schutz der Arbeitnehmer zu den bereits vom EuGH anerkannten zwingenden Gründen des Allgemeininteresses".[214] Dabei betonte der EuGH, dass „die Gemeinschaft [...] nicht nur eine wirtschaftliche, sondern auch eine soziale Zielrichtung hat", und daher „die sich aus den Bestimmungen des Vertrags über den freien Waren-, Personen-, Dienstleistungs- und Kapitalverkehr ergebenden Rechte gegen die mit der Sozialpolitik verfolgten Ziele abgewogen werden" müssen. Zu diesen sozialpolitischen Zielen zähle „insbesondere die Verbesserung der Lebens- und Arbeitsbedingungen, [...], ein angemessener sozialer Schutz und der soziale Dialog".[215] Bei der Abwägung räumte der EuGH den Mitgliedstaaten einen weiten Beurteilungsspielraum ein,[216] erklärte aber einschränkend, dass die gewerkschaftliche Maßnahme nur dann zur Rechtfertigung tauge, „wenn erwiesen wäre, dass die fraglichen Arbeitsplätze oder Arbeitsbedingungen [...] gefährdet oder ernstlich bedroht waren".[217] Mit anderen Worten muss die gewerkschaftliche Maßnahme den

---

209 EuGH v. 11.12.2007 – C-438/05 (Viking), NZA 2008, 124 (127), Rn. 44; EuGH v. 18.12.2007 – C-341/05 (Laval), NZA 2008, 159 (165), Rn. 91.

210 EuGH v. 11.12.2007 – C-438/05 (Viking), NZA 2008, 124 (127), Rn. 46; EuGH v. 18.12.2007 – C-341/05 (Laval), NZA 2008, 159 (165), Rn. 94.

211 EuGH v. 11.12.2007 – C-438/05 (Viking), NZA 2008, 124 (129); zum Vorliegen einer Beschränkung siehe Rn. 68 ff.; zur Rechtfertigung der Beschränkung siehe Rn. 75 ff.

212 EuGH v. 18.12.2007 – C-341/05 (Laval), NZA 2008, 159 (165), Rn. 86 ff.

213 Der EuGH stellte in Rn. 57 der Rechtssache „Viking" klar, dass auch gewerkschaftliche Maßnahmen an den Grundfreiheiten zu messen seien; denn die Grundfreiheiten wären gefährdet, „wenn die Abschaffung der Schranken staatlichen Ursprungs durch Hindernisse neutralisiert werden könnte, die nicht dem öffentlichen Recht unterliegende Vereinigungen und Einrichtungen im Rahmen ihrer rechtlichen Autonomie setzen". Ähnlich äußerte sich der EuGH auch in Rn. 98 der Rechtssache „Laval".

214 EuGH v. 11.12.2007 – C-438/05 (Viking), NZA 2008, 124 (129), Rn. 77.

215 EuGH v. 11.12.2007 – C-438/05 (Viking), NZA 2008, 124 (130), Rn. 79.

216 EuGH v. 11.12.2007 – C-438/05 (Viking), NZA 2008, 124 (130), Rn. 80 ff.

217 EuGH v. 11.12.2007 – C-438/05 (Viking), NZA 2008, 124 (130), Rn. 81.

Arbeitnehmern also einen „objektiven Vorteil“ einräumen.[218] Ferner sei zu prüfen, ob die Gewerkschaft keine milderen Mittel hätte ergreifen können und ob sich die Mittel im Rahmen dessen hielten, was für den Arbeitnehmerschutz erforderlich sei. Diese Kriterien sah der EuGH nicht erfüllt.[219]

In „Laval“ prüfte der EuGH, ob die gewerkschaftlichen Maßnahmen eine Beeinträchtigung der Dienstleistungsfreiheit rechtfertigen könnten. Grundsätzlich komme eine Rechtfertigung nur in Betracht, „wenn mit ihr ein berechtigtes und mit dem Vertrag zu vereinbarendes Ziel verfolgt wird und wenn sie durch zwingende Gründe des Allgemeininteresses gerechtfertigt ist, soweit sie in einem solchen Fall geeignet ist, die Erreichung des verfolgten Ziels zu gewährleisten, und nicht über das hinausgeht, was zur Erreichung dieses Ziels erforderlich ist“.[220] Wie in „Viking“ verwies der EuGH darauf, dass das „Recht auf Durchführung einer kollektiven Maßnahme, die den Schutz der Arbeitnehmer des Aufnahmemitgliedstaats gegen ein etwaiges Sozialdumping zum Ziel habe, ein zwingender Grund des Allgemeininteresses im Sinne der Rechtsprechung des EuGH“ sein könne und „grundsätzlich eine Beschränkung […] der vom Vertrag gewährleisteten Grundfreiheiten zu rechtfertigen vermag“.[221] Allerdings müssten die Grundfreiheiten mit den sozialpolitischen Zielsetzungen der EU zu einem schonenden Ausgleich gebracht werden.[222] Der EuGH kam hier zu dem Ergebnis, dass der Boykott der schwedischen Gewerkschaft zwar grundsätzlich „unter das Ziel des Arbeitnehmerschutzes fällt“. Ein legitimes Ziel habe im konkreten Fall aber nicht vorgelegen, weil die schwedische Gewerkschaft dem lettischen Unternehmen einen schwedischen Bautarifvertrag habe aufzwingen wollen. Die damit einhergehende Beeinträchtigung der Dienstleistungsfreiheit lasse sich auch im Hinblick auf den Arbeitnehmerschutz nicht rechtfertigen.[223]

2. Kritische Rezeption

Wie bereits angedeutet, hat die Rechtsprechung des EuGH erhebliche Kritik ausgelöst – vor allem, weil der EuGH trotz seiner nach Art. 153 Abs. 5 AEUV beschränkten Kompetenzen eine strenge Verhältnismäßigkeitsprüfung durchgeführt hat und dabei eine angemessene Wertschätzung des Grundrechts auf kollektive Maßnahmen und Streik vermissen ließ:[224] Zwar sind weder die

[218] *Zwanziger*, RdA-Beil. 2009, 10 (15 f.).

[219] Deutliche Hinweise: EuGH v. 11.12.2007 – C-438/05 (Viking), NZA 2008, 124 (130), Rn. 86 ff.

[220] EuGH v. 18.12.2007 – C-341/05 (Laval), NZA 2008, 159 (166), Rn. 101.

[221] EuGH v. 18.12.2007 – C-341/05 (Laval), NZA 2008, 159 (166), Rn. 103.

[222] EuGH v. 18.12.2007 – C-341/05 (Laval), NZA 2008, 159 (166), Rn. 105 ff.

[223] EuGH v. 18.12.2007 – C-341/05 (Laval), NZA 2008, 159 (166), Rn. 107 f.

[224] Statt vieler siehe *Blanke*, Die Entscheidungen des EuGH in den Fällen Viking, Laval

Grundfreiheiten noch die unionsrechtlichen Grundrechte absolut geschützt und können daher nicht uneingeschränkt gelten. Ein *Über*-/Unterordnungsverhältnis besteht allerdings nicht. Es ist stets eine einzelfallgerechte Abwägung vorzunehmen.[225] De facto benachteiligt der EuGH das unionsrechtliche Grundrecht auf Streik aber gegenüber den Grundfreiheiten. Dies zeigt sich daran, dass der EuGH bei seiner Rechtfertigungsprüfung ausschließlich an den Grundfreiheiten anknüpft. Zwar ist diese Prüfungsreihenfolge insofern nachvollziehbar, als der Anwendungsbereich des Unionsrechts erst über die Grundfreiheiten eröffnet wird.[226] Zwingend geboten ist diese Prüfungsreihenfolge dennoch nicht, da auch bei der Ausübung einer Grundfreiheit eine Beeinträchtigung des in Art. 28 GRC verankerten Streikrechts nur dann zulässig ist, wenn sie ihrerseits gerechtfertigt, d. h. verhältnismäßig ist, und dem materiellen Gehalt des Grundrechts ausreichend Rechnung getragen wird.[227] Auch die Generalanwältin *Verica Trstenjak* konzediert in ihren Schlussanträgen zur Rechtssache „Kommission/Deutschland"[228], dass der Pr*ü*fungsaufbau in „Viking" und „Laval" tatsächlich eine Vorrangigkeit der Grundfreiheiten suggerieren könnte.[229] Ein Hierarchieverhältnis zwischen den Grundfreiheiten und den Grundrechten bestehe jedoch nicht;[230] denn bei einer Beschränkung der Grundfreiheiten oder der Grundrechte müsse gleichermaßen geprüft werden, ob eine Rechtfertigung nach dem Verhältnismäßigkeitsprinzip in Betracht komme.[231] Ziel sei stets „eine optimale Wirksamkeit von Grundrechten und Grundfreiheiten".[232]

Eine „optimale Wirksamkeit" des unionsrechtlichen Grundrechts auf Streik wird in den Rechtssachen „Viking" und „Laval" de facto allerdings nicht erzielt. Der EuGH gewährt nämlich das Grundrecht auf Kollektivverhandlungen und Streik nur insoweit, als die Grundfreiheiten dies nach seiner Einschätzung

und Rueffert, S. 9 f.; ErfK/*Dieterich*, Art. 9 GG, Rn. 110; *Krebber*, RdA 2009, 224 (233); *Löwisch/Rieble*, TVG, Grundlagen, Rn. 269 ff.; *Zwanziger*, RdA-Beil. 2009, 10 (18).

[225] SA *Trstenjak* EuGH v. 14. 4. 2010 – C-271/08 (Kommission/Deutschland); zit. nach: juris, Rn. 184 ff.; *Skouris*, RdA-Beil. 2009, 25 (30).

[226] *Skouris*, RdA-Beil. 2009, 25 (27).

[227] *Holoubek*, in: Schwarze/Becker/Hatje/Schoo, EU-Kommentar, Art. 28 GRC, Rn. 24.

[228] SA *Trstenjak* EuGH v. 14. 4. 2010 – C-271/08 (Kommission/Deutschland); zit. nach: juris.

[229] SA *Trstenjak* EuGH v. 14. 4. 2010 – C-271/08 (Kommission/Deutschland); zit. nach: juris, Rn. 184.

[230] SA *Trstenjak* EuGH v. 14. 4. 2010 – C-271/08 (Kommission/Deutschland); zit. nach: juris, Rn. 186.

[231] SA *Trstenjak* EuGH v. 14. 4. 2010 – C-271/08 (Kommission/Deutschland); zit. nach: juris, Rn. 199.

[232] SA *Trstenjak* EuGH v. 14. 4. 2010 – C-271/08 (Kommission/Deutschland); zit. nach: juris, Rn. 191.

zulassen.[233] Der EuGH nutzt den Grundsatz der Verhältnismäßigkeit als „Universalschlüssel" zur Schw*ä*chung von Arbeitnehmerrechten und verkennt, dass das Verhältnismäßigkeitsprinzip seinerseits im Lichte der Tarifautonomie und den Besonderheiten von Kollektivverträgen einschränkend auszulegen ist.[234] Zwar sind die Motive des EuGH nachvollziehbar, da der Gerichtshof seit jeher primär an den wirtschaftlichen Grundfreiheiten interessiert ist. Allerdings entspricht die Gewichtung des EuGH inzwischen nicht mehr dem „Stand des Gemeinschaftsrechts";[235] denn spätestens seitdem die Grundrechtecharta und die Europäische Menschenrechtskonvention gemäß Art. 6 Abs. 1 und 3 EUV rechtsverbindlich sind, dürfen die europäischen Grundrechte nicht nur als leere Argumentationsfiguren herangezogen werden. Sie verfügen über einen eigenständigen materiellen Gehalt, dem in der Abwägung mit den Grundfreiheiten Rechnung zu tragen ist. Prägend für den materiellen Gehalt des unionsrechtlichen Streikrechts sind Art. 11 EMRK einschließlich der Rechtsprechung des EGMR und Art. 6 Nr. 4 ESC.[236] Zwar nimmt der EuGH Bezug auf diese „Rechtserkenntnisquellen", de facto beherzigt der EuGH diese Rechtserkenntnis aber nicht: Er verlangt zur Rechtfertigung einer Grundfreiheitsbeschränkung eine Gefährdung oder ernstliche Bedrohung der Arbeitsplätze oder Arbeitsbedingungen und nimmt damit den Gewerkschaften jeglichen Einschätzungs- oder Gestaltungsfreiraum.[237] Damit reduziert der EuGH den materiellen Gehalt des Grundrechts auf Kollektivverhandlungen und Streik auf ein Minimum, nämlich auf den Arbeitnehmerschutz als „zwingendes Allgemeininteresse".[238] Was in materieller Hinsicht übrig bleibt, ist letztlich nur die Abwägung zwischen den Grundfreiheiten und den unionsrechtlichen Zielen der Sozialpolitik.[239] Dieser Befund lässt sich aber nicht mit den parallelen Verbürgungen in der Europäischen Menschenrechtskonvention und in der Europäischen Sozialcharta vereinbaren. Zudem ist weder dem Art. 11 EMRK noch dem Art. 6 Nr. 4 ESC zu entnehmen, dass eine Einschränkung des Streikrechts zum Schutz der wirtschaftlichen Grundfreiheiten in Betracht kommt. Außerdem ist fraglich, ob eine Beschränkung des Streikrechts wegen der grenzüberschreitenden Wirtschaftstätigkeit gemäß Art. 11 Abs. 2 EMRK „in einer demokratischen Gesellschaft notwendig" ist. Auch die „effektive Gewährleistung des Streikrechts", welche von Art. 6 Nr. 4 ESC intendiert ist,

---

233 *Zwanziger*, RdA-Beil. 2009, 10 (19).

234 *Blanke*, Die Entscheidungen des EuGH in den Fällen Viking, Laval und Rueffert, S. 11.

235 *Zwanziger*, RdA-Beil. 2009, 10 (18).

236 Siehe oben S. 372 ff.

237 ErfK/*Dieterich*, Art. 9 GG, Rn. 110.

238 *Zwanziger*, RdA-Beil. 2009, 10 (16).

239 Besonders deutlich in EuGH v. 18.12.2007 – C-341/05 (Laval), NZA 2008, 159 (166), Rn. 105 ff.

entspricht der vom EuGH vorgenommenen Gewichtung nicht.[240] *Überdies* hat der EuGH die Rechtfertigungsanforderungen des Art. 31 Abs. 1 ESC und des Art. 11 Abs. 2 EMRK weder ausdrücklich erwähnt noch implizit berücksichtigt.[241] Dem neuerdings verbindlichen Art. 52 Abs. 3 GRC, wonach das Schutzniveau der Charta-Grundrechte dem der Europäischen Menschenrechtskonvention entsprechen soll, genügt der EuGH in seiner Rechtsprechung folglich nicht.

In summa lässt sich festhalten, dass der EuGH zwar ein Grundrecht der Koalitionsfreiheit und Streik entwickelt und sich dabei u. a. auf die Europäische Sozialcharta berufen hat. Gleichwohl ist das vom EuGH erschaffene Grundrecht inhaltsleer und ohne rechtstatsächliche Auswirkungen.[242] Anders als in seiner bisherigen Rechtsprechung lässt der EuGH „das soziale Recht im Verhältnis zur Grundfreiheit sang- und klanglos untergehen".[243] Um die negativen Folgewirkungen dieser EuGH-Judikatur auszubügeln, ist von Gewerkschaftsseite eine soziale Fortschrittsklausel gefordert worden. Wie bereits dargestellt, sind entsprechende Bemühungen bisher jedoch erfolglos geblieben.[244] Auf europapolitischer Ebene machte die Europäische Kommission den so genannten „Monti II"-Vorschlag. Nach diesem Verordnungsentwurf sollte den sozialen Grundrechten – insbesondere dem Streikrecht – gegenüber den wirtschaftlichen Grundfreiheiten ein größeres Gewicht beigemessen werden. Der Entwurf scheiterte aber an der so genannten Subsidiaritätsrüge; dabei handelt es sich um die schärfste Sanktion, welche wegen Kompetenzüberschreitung gegen die Kommission verhängt werden kann.[245] Infolgedessen zog die EU-Kommission im September 2012 den Gesetzesvorschlag zurück. Es zeigt sich also, dass ein Einlenken weniger auf politischer Ebene als durch die Rechtsprechung des EuGH zu erreichen ist. Der EuGH muss seine Rechtsansichten zum Streik ändern, um den in Art. 6 Abs. 1 und 3 EUV zum Ausdruck kommenden Konvergenzbestrebungen im europarechtlichen Grundrechtsgefüge Rechnung zu tragen. Der einzig gangbare Weg ist eine Harmonisierung mit den Vorgaben des EGMR und implizit denen des Art. 6 Nr. 4 ESC.

III. Rechtswirkungen der EuGH-Entscheidungen im nationalen Recht

Mit dem umfassenden Rechtsschutzauftrag[246] des EuGH korrespondiert eine weitreichende Bindungswirkung seiner Entscheidungen. Zwar fungiert

---

[240] *Fütterer*, EuZA 2011, 505 (517).
[241] *Fütterer*, EuZA 2011, 505 (515).
[242] *Zwanziger*, RdA-Beil. 2009, 10 (22).
[243] *Krebber*, RdA 2009, 224 (236).
[244] Siehe oben S. 114 ff.
[245] *Bruun/Brücker*, NZA 2012, 1136.
[246] Siehe oben S. 378 ff.

der EuGH – ähnlich wie der EGMR – nicht als Kassationsgericht. Er kann mitgliedstaatliche Gerichtsentscheidungen also nicht unmittelbar ändern, sondern beschränkt sich auf die Feststellung von Vertragsverletzungen, Nichtigkeitsfeststellungen oder die Auslegung von Unionsrecht. Die Mitgliedstaaten sind umfassend verpflichtet, den Feststellungen des EuGH zu folgen.[247] Die Entscheidungen des Luxemburger Gerichtshofs[248] wirken – ähnlich wie die Entscheidungen des Straßburger Gerichtshofs – zunächst nur *inter partes*.[249] Danach werden im konkreten Fall sowohl das vorlegende Gericht als auch alle anderen Instanzgerichte desselben Rechtsstreits gebunden.[250] Desgleichen entfalten die Entscheidungen[251] des EuGH faktisch auch eine *erga omnes*-Wirkung für alle Unionsbürger und alle nicht am konkreten Verfahren beteiligten Mitgliedstaaten.[252]

Welche Pflichten für den nationalen Richter entstehen, hängt davon ab, ob das Unionsrecht unmittelbar anwendbar ist oder einer vorherigen Umsetzung durch die Mitgliedstaaten bedurfte. Im erstgenannten Fall ist der nationale Richter verpflichtet, eine entgegenstehende Vorschrift des nationalen Rechts unangewendet zu lassen.[253] Insoweit haben die Entscheidungen des EuGH dennoch eine „Durchgriffswirkung", die dem Vorrang des Unionsrechts geschuldet ist.[254] Im letztgenannten Fall – wenn das entgegenstehende Unionsrecht nicht unmittelbar anwendbar ist – müssen die mitgliedstaatlichen Gerichte das innerstaatliche Recht unionsrechtskonform auslegen. Sollte der nationale Richter „offenkundig"[255] gegen diese Verpflichtungen verstoßen, hat der geschädigte Unionsbürger einen Staatshaftungsanspruch.[256]

---

[247] *F. Kirchhof*, NJW 2011, 3681 (3684).

[248] Die folgenden Ausführungen beziehen sich auf das Vorabentscheidungsverfahren nach Art. 267 AEUV. Entsprechend wirken aber auch Urteile im Vertragsverletzungsverfahren nach Art. 258–260 AEUV und bei einer Nichtigkeitsklage nach Art. 263 f. AEUV (*Bergmann*, EuR 2006, 101 (104 ff.)).

[249] *Wegener*, in: Calliess / Ruffert, EUV / AEUV, Art. 267 AEUV, Rn. 47.

[250] *Wegener*, in: Calliess / Ruffert, EUV / AEUV, Art. 267 AEUV, Rn. 47; ErfK / *Wißmann*, Art. 267 AEUV, Rn. 43.

[251] Weitgehend unstrittig ist diese Wirkung für Entscheidungen im Vertragsverletzungsverfahren, im Nichtigkeitsverfahren und für Entscheidungen im Vorabentscheidungsverfahren, mit denen die Ungültigkeit von Unionsrecht festgestellt wird. Ob dies auch für Entscheidungen gilt, die die Gültigkeit einer unionsrechtlichen Regelung positiv feststellen, ist zwar umstritten, dürfte aber im Hinblick auf die notwendige Rechtseinheitlichkeit zu bejahen sein (*Bergmann*, EuR 2006, 101 (105 f.)).

[252] *Bergmann*, EuR 2006, 101 (105).

[253] *Bergmann*, EuR 2006, 101 (105).

[254] Exemplarisch die „Mangold"-Entscheidung: EuGH v. 22. 11. 2005 – C-144 / 04 (Mangold), AP Nr. 1 zu Richtlinie 2000 / 78 / EG, Rn. 78; siehe auch *Dederer*, ZaöRV 2006, 575 (586 f.).

[255] EuGH v. 30. 9. 2003 – C-224 / 01 (Gerhard Köbler / Republik Österreich), NJW 2003, 3539 (3541), Rn. 53 ff.

[256] *Bergmann*, EuR 2006, 101 (105).

In Anbetracht der kritikwürdigen Rechtsprechung des EuGH in den Rechtssachen „Viking“ und „Laval“ ist in der Literatur die Frage aufgeworfen worden, ob nicht eine verfassungsrechtliche Pflicht bestehe, die EuGH-Rechtsprechung *nicht* zu befolgen; denn da der EuGH das Streikrecht mit seiner strengen Verhältnismäßigkeitspr*ü*fung faktisch leerlaufen lasse, aktiviere sich der subsidiäre Grundrechtsschutz des BVerfG.[257] Gegen diese Auffassung ist aber Folgendes einzuwenden: Der subsidiäre Grundrechtsschutz des BVerfG greift erst dann ein, wenn die Grundrechtsprechung des EuGH *generell*[258] hinter dem deutschen Grundrechtsschutz zurückbleibt. Dieser Nachweis lässt sich allein im Hinblick auf das Streikrecht jedoch nicht erbringen.[259]

Allerdings zeichnet sich ein Konflikt für den nationalen Richter ab, weil er den unterschiedlichen Postulaten des EGMR und des EuGH ausgesetzt ist; beide Rechtsansichten hat der nationale Richter als verbindlich zu befolgen bzw. – im Fall des Konventionsrechts – zu „berücksichtigen“:[260] Einerseits ist er an die „streikrechtsfreundlichen“ Vorgaben des EGMR gebunden, andererseits an die restriktiven Vorgaben des EuGH. Für derartige Konkurrenzfälle ist an sich Art. 30 Abs. 2 WVRK maßgeblich. Nach dieser Vorschrift kommt der frühere Vertrag – also die Europäische Menschenrechtskonvention – nur dann zur Anwendung, wenn das nachträglich erlassene Recht – also das Unionsrecht – die eigene Nachrangigkeit anordnet. Das Unionsrecht lässt die Europäische Menschenrechtskonvention nach der Anordnung in Art. 351 AEUV grundsätzlich unberührt.[261] Demnach müsste der Kollisionsfall zwischen dem Konventions- und dem Unionsrecht zu Gunsten des ersteren aufgelöst werden. So einfach ist das Zusammenwirken zwischen den beiden Rechtsebenen und ihren jeweiligen gerichtlichen Akteuren allerdings nicht zu koordinieren. Ebenso wie im Verhältnis zwischen dem BVerfG und dem EGMR sowie zwischen dem BVerfG und dem EuGH besteht eine komplexe Rechtsprechungsbeziehung zwischen dem EGMR und dem EuGH, die ihrerseits ein „Kooperationsverhältnis“ sein will.[262] Wie das Zusammenspiel zwischen dem EuGH und dem EGMR zu gestalten ist und welchen Postulaten die deutschen Gerichte zu folgen haben, ist im Folgenden näher zu untersuchen. Bereits an dieser Stelle sei aber darauf hingewiesen, dass der EuGH bis dato deutliche Anstrengungen unternommen hat, um seine Rechtsprechung mit der Judikatur des EGMR zu harmonisieren. Diese Angleichung wird seit dem Vertrag von Lissabon sogar primärrechtlich

---

[257] *Heuschmid*, in: Däubler, Arbeitskampfrecht, § 11, Rn. 187; *Zwanziger*, RdA-Beil. 2009, 10 (19).

[258] Siehe Beschluss des BVerfG zur „Bananenmarktordnung“: BVerfG v. 7. 6. 2000 – 2 BvL 1/97, NJW 2000, 3124 (3125); Näheres dazu auch bereits oben S. 361 f.

[259] Ähnliche Einschätzung bei *Heuschmid*, in: Däubler, Arbeitskampfrecht, § 11, Rn. 187.

[260] *Schaller*, EuR 2006, 656.

[261] Vgl. *Schohe*, EuZW 2006, 33.

[262] Siehe etwa *Haratsch*, ZaöRV 2006, 927.

eingefordert – nämlich in Art. 6 Abs. 3 EUV sowie Art. 52 Abs. 3 und Art. 53 GRC. Die Entscheidungen „Viking“ und „Laval“ dürften insoweit als ausbrechende Rechtsakte zu klassifizieren sein. Auch im Bereich des Streikrechts wird sich der EuGH den Vorgaben des EGMR fügen müssen.

D. Bedeutung für Art. 6 Nr. 4 ESC

Wie die Untersuchungen gezeigt haben, wird Art. 6 Nr. 4 ESC vom EuGH zur Begründung eines unionsrechtlichen Streikrechts herangezogen. Das Streikrecht der Europäischen Sozialcharta fungiert also als „Inspirationsquelle“ des EuGH. Allerdings kommt der materielle Gehalt des Art. 6 Nr. 4 ESC faktisch nicht zum Tragen, da der EuGH das unionsrechtliche Streikrecht einer strengen Verhältnismäßigkeitsprüfung unterzieht und den Grundfreiheiten damit eine Vorrangstellung einräumt. Der Verweis des EuGH auf Art. 6 Nr. 4 ESC ist daher nicht viel mehr als eine bedeutungsleere Floskel ohne materielle Tragweite. Darin liegt jedoch ein Verstoß gegen Art. 52 Abs. 4 GRC, wonach die Charta-Grundrechte – und also auch Art. 28 GRC – im Einklang mit den „gemeinsamen Verfassungsüberlieferungen“ der Mitgliedstaaten auszulegen sind. Jedenfalls zählt der Kerngehalt des Art. 6 Nr. 4 ESC nach der hier vertretenen Auffassung zu den „gemeinsamen Verfassungsüberlieferungen“ der Mitgliedstaaten. Eine strenge Verhältnismäßigkeitsprüfung, wie sie vom EuGH vorgenommen wird, widerspricht dem Geist des Art. 6 Nr. 4 ESC und den Rechtsansichten der EU-Mitgliedstaaten. Der EuGH vernachlässigt damit in unzulässiger Weise die „gemeinsamen Verfassungsüberlieferungen“ im Sinne des Art. 52 Abs. 4 ESC.[263]

Deutlich verstärkt wird die unionsrechtliche Bedeutung des Art. 6 Nr. 4 ESC durch die Ausrichtung der EU an der Europäischen Menschenrechtskonvention. Anders als die Europäische Sozialcharta ist die Europäische Menschenrechtskonvention von einer bloßen „Inspirationsquelle“ zur verbindlichen „Rechtsquelle“ avanciert. Sie steht gemäß Art. 6 Abs. 3 EUV im Rang des Unionsrechts und fungiert als verbindlicher Auslegungs- und Schutzmaßstab für die Grundrechtecharta.[264] In der „Querschnittsklausel“ des Art. 52 Abs. 3 und in Art. 53 GRC wird ein Gleichlauf mit den Verbürgungen der Europäischen Menschenrechtskonvention – einschließlich der Rechtsprechung des EGMR – explizit eingefordert. Das führt dazu, dass Art. 28 GRC neben Art. 11 EMRK parallel anzuwenden ist. Entsprechend hat der EuGH erst

---

[263] Siehe oben S. 374 f.

[264] *Iliopoulos-Strangas*, in: Merten/Papier, Handbuch der Grundrechte, Band VI/1, § 145, Rn. 84 ff.

kürzlich in der Rechtssache „Murat Dereci“[265] festgehalten, dass die Europäische Menschenrechtskonvention dasselbe Schutzniveau gewährt wie die Grundrechtecharta.[266] Die Europäische Menschenrechtskonvention besitzt eine „besondere Bedeutung“ für die europäischen Grundrechte;[267] mittelbar hat Art. 6 Nr. 4 ESC an dieser Bedeutung teil, da der EGMR das Streikrecht der Sozialcharta bei der Auslegung des Art. 11 EMRK heranzieht. Die Rechtsansichten des EGMR sind gemäß Art. 52 Abs. 3 GRC bei der Auslegung des Art. 28 GRC zu beachten. Zwar hat der EuGH die Rechtsprechung des EGMR in der Vergangenheit überwiegend beherzigt, allerdings besteht im Bereich des Streikrechts bislang keine Konformität. Dieser Befund wird sich allerdings ändern. Mittlerweile wird nämlich auch primärrechtlich eine Angleichung an die Europäische Menschenrechtskonvention gefordert (Art. 52 Abs. 3 und Art. 53 GRC). Diesen rechtstatsächlichen Bedingungen wird sich der EuGH auch im Bereich des Streikrechts beugen müssen. Mittelbar bewirken die Konvergenzbestrebungen zwischen der Grundrechtecharta und der Europäischen Menschenrechtskonvention einen Bedeutungszuwachs für Art. 6 Nr. 4 ESC und die Spruchpraxis des EKSR. Damit besitzt Art. 6 Nr. 4 ESC seinerseits eine „konvergenzfördernde“ Funktion für die Rechtsprechung des EuGH; denn der Harmonisierungsdruck, der – unter dem Einfluss von Art. 6 Nr. 4 ESC – durch die Grundrechtecharta und die Europäische Menschenrechtskonvention entsteht,[268] wirkt wiederum auf den EuGH zurück.

E. Abschließender Befund

Der Streik ist zwar kein unmittelbarer Regelungsgegenstand des Unionsrechts, kann jedoch unionsrechtlich *mitgeregelt* werden: Dies gilt zum einen in Konstellationen, in denen die EU auf Grundlage einer anderen Kompetenzvorschrift tätig wird und dabei streikrechtsrelevante Fragen tangiert werden, die zwingend mitzuregeln sind. Zum anderen kann der EuGH in Fällen mit „Grundfreiheitsrelevanz“ über die EU-Grundrechte judizieren. Der Anwendungsbereich der Grundfreiheiten ist nämlich mit den unionsrechtlichen Grundrechten synchronisiert. Beide sind gleichwertig und müssen im Kollisionsfall zu einem schonenden Ausgleich gebracht werden. Dabei ist zu beachten, dass nicht nur der Eingriff in eine Grundfreiheit, sondern auch der Eingriff in ein Grundrecht rechtfertigungsbedürftig ist. Über die dargestellten Konstellationen hi-

---

[265] Zur Achtung des Privat- und Familienlebens (Art. 7 GRC) siehe EuGH v. 15. 11. 2011 – C-256/11 (Murat Dereci u. a./Bundesministerium für Inneres), NVwZ 2012, 97 (100), Rn. 70.

[266] *Jarass*, EuR 2013, 29 (41).

[267] *Jarass*, EuR 2013, 29 (41).

[268] Siehe oben S. 376.

naus steht es dem EuGH nicht zu, Vorgaben zum Streikrecht zu treffen. Der Bestand und die Ausgestaltung des Streikrechts sind grundsätzlich von den Mitgliedstaaten vorzunehmen. Nur in den genannten Konstellationen sind die Mitgliedstaaten gehalten, die Unionsgrundrechte zu beachten. Wegen der sehr partiellen Regelungsbefugnis der EU sind auch die verfügbaren Aussagen des EuGH zum Streikrecht in den Fällen „Viking" und „Laval" nur rudimentär.

Mit der eingeschränkten Regelungsbefugnis der Union geht die Frage einher, ob und wenn ja, welchen eigenständigen materiellen Gehalt Art. 28 GRC besitzt oder ob der Gewährleistungsgehalt allein von den Mitgliedstaaten definiert wird. Nach der hier vertretenen Ansicht verfügt Art. 28 GRC über einen eigenständigen materiellen Gehalt, der sich aus Art. 6 Nr. 4 ESC und der Gemeinschaftscharta der sozialen Grundrechte der Arbeitnehmer speist. Ferner ist bei der Auslegung des Art. 28 GRC auf Art. 11 EMRK und die Rechtsprechung des EGMR zu rekurrieren. Dies ergibt sich seit dem Vertrag von Lissabon ausdrücklich aus Art. 52 Abs. 3 und 4 GRC, wo ein Gleichlauf des unionsrechtlichen Schutzniveaus mit der Europäischen Menschenrechtskonvention und den „gemeinsamen Verfassungsüberlieferungen" der Mitgliedstaaten gefordert wird. Diese Regelungen werden durch Art. 6 Abs. 3 EUV flankiert, wonach die Grundrechte aus der Europäischen Menschenrechtskonvention und aus den „gemeinsamen Verfassungsüberlieferungen" der Mitgliedstaaten „als allgemeine Grundsätze Teil des Unionsrechts" sind.

Zwar fällt Art. 6 Nr. 4 ESC nicht unter die „Querschnittsklausel" des Art. 53 GRC, wonach der Grundrechtsschutz der Grundrechtecharta das Schutzniveau internationaler Verträge nicht unterschreiten darf. Voraussetzung ist nämlich, dass die internationalen Verträge von den Mitgliedstaaten ratifiziert wurden. Art. 6 Nr. 4 ESC erfüllt diese Voraussetzung jedoch nicht. Allerdings kann Art. 6 Nr. 4 ESC zu den „gemeinsamen Verfassungsüberlieferungen" der Mitgliedstaaten gerechnet werden, die in Art. 52 Abs. 4 GRC benannt sind. Zwar ist das Streikrecht in den einzelnen europäischen Mitgliedstaaten sehr unterschiedlich ausgestaltet; es verbietet sich also eine pauschale Einschätzung, wonach Art. 6 Nr. 4 ESC und die Spruchpraxis des EKSR in jeglicher Hinsicht eine „gemeinsame Verfassungsüberlieferung" darstellen. Fest steht aber, dass die restriktive Verhältnismäßigkeitsprüfung des EuGH weder den Wertentscheidungen des Art. 6 Nr. 4 ESC noch der Rechtslage in den einzelnen EU-Mitgliedstaaten entspricht. Jedenfalls dieser negative Aussagegehalt des Art. 6 Nr. 4 ESC kann als „gemeinsame Verfassungsüberlieferung" im Sinne des Art. 52 Abs. 4 ESC gewertet werden.

Die in Art. 6 Nr. 4 ESC und Art. 11 EMRK niedergelegten Grundsätze sind bei der Auslegung und Anwendung des Art. 28 GRC zu beachten. Dies gilt auch dann, wenn der EuGH eine Kollision zwischen Grundfreiheiten und Unionsgrundrechten aufzulösen hat. In den Fällen „Viking" und „Laval" hat der EuGH die materiellen Vorgaben aus Art. 6 Nr. 4 ESC und Art. 11 EMRK jedoch nicht ausreichend berücksichtigt. Der Luxemburger Gerichtshof stellte lediglich fest, dass ein unionsrechtliches Grundrecht auf Kollektivverhandlungen und Streik existiert. Bei seiner Prüfung hat sich der EuGH aber allein darauf beschränkt, ob dieses Grundrecht einen Eingriff in die Grundfreiheiten rechtfertigen kann. Dabei hat der EuGH vor allem auf den Arbeitnehmerschutz abgestellt und diesen den Grundfreiheiten gegenübergestellt. Kritikwürdig ist vor allem die restriktive Verhältnismäßigkeitsprüfung des EuGH. Damit stellt sich der EuGH deutlich in Opposition zu den Vorgaben des Art. 6 Nr. 4 ESC und den zu Art. 11 EMRK formulierten Ansichten des EGMR. Als inkonsequent muss das Vorgehen des EuGH deshalb gewertet werden, weil er bis dato um einen Gleichlauf mit der Europäischen Menschenrechtskonvention und dem EGMR bemüht war. Dass der EuGH in „Viking" und „Laval" von seiner grundsätzlichen Konventionsfreundlichkeit abwich, ist vor allem der Tatsache geschuldet, dass der EuGH nur eine marginale Regelungsbefugnis für den Streik besitzt und traditionell ohnehin den Grundfreiheiten den Vorzug gibt. Wenn sich der EuGH aber künftig nicht dem Vorwurf eines Konventionsverstoßes aussetzen will, wird er streikrechtsrelevante Fragen spätestens seit „Demir und Baykara" und „Enerji Yapi-Yol Sen" anders behandeln müssen als in „Viking" und „Laval". Trotz der begrenzten Unionskompetenzen im Bereich des Streikrechts muss der EuGH jedenfalls seine Rechtserkenntnisquellen klarer benennen und Eingriffe in die Unionsgrundrechte am Rechtfertigungsmaßstab des Art. 31 Abs. 1 ESC und des Art. 11 Abs. 2 EMRK messen.

Schließlich hat sich gezeigt, dass die einander widersprechenden Entscheidungen des EGMR und EuGH ein erhebliches Konfliktpotenzial für den nationalen Rechtsanwender darstellen; denn die Vorgaben beider Gerichtshöfe sind innerstaatlich als verbindlich zu befolgen. Inwiefern sich hieraus tatsächlich ein handgreifliches Problem für die nationalen Fachgerichte ergibt, ist im folgenden Abschnitt zu klären. Dabei ist auch zu prüfen, ob der in Art. 6 Abs. 2 EUV avisierte Beitritt der EU zur Europäischen Menschenrechtskonvention zur Konfliktentschärfung beitragen kann.

2. Abschnitt

Bindungskonflikt des nationalen Rechtsanwenders

Sowohl der EGMR als auch der EuGH betreiben innerhalb ihres jeweiligen Zuständigkeitsbereichs eine dynamische Rechtsfortbildung durch „wertende Rechtsvergleichung“[1] und fungieren dabei als „Motor der Integration“.[2] Beide Gerichte ziehen zur Auslegung der konventionsrechtlichen bzw. unionsrechtlichen Streikrechtsgarantie den hier interessierenden Art. 6 Nr. 4 ESC heran. Trotz des vergleichbaren Referenzrahmens messen die Gerichte der Streikrechtsgarantie jedoch eine unterschiedliche (materiell-rechtliche) Bedeutung bei; denn während der EGMR das Streikrecht nach Art. 11 EMRK extensiv auslegt, tendiert der EuGH zu einem restriktiven Verständnis und bleibt damit hinter dem konventionsrechtlichen Schutzniveau zurück.

Die unterschiedlichen Postulate der beiden Gerichte sind für den nationalen Richter jeweils als verbindlich zu befolgen. Für die EGMR-Entscheidungen ergibt sich die Verbindlichkeit *inter partes* aus Art. 46 Abs. 1 EMRK und außerdem besteht *erga omnes* bei vergleichbarer Sach- und Rechtslage eine Orientierungswirkung.[3] Der EuGH hingegen sichert gemäß Art. 19 Abs. 1 S. 2 EUV die Auslegung und Anwendung der Verträge. Seine Vorgaben sind ebenfalls für die Parteien des Rechtsstreits verbindlich und entfalten darüber hinaus eine Orientierungswirkung.[4] Da der EuGH im Bereich des Streikrechts deutlich hinter dem konventionsrechtlichen Schutzniveau zurückbleibt, könnte die Befolgung der unionsrechtlichen Vorgaben dem nationalen Rechtsanwender u. U. eine Rüge durch den EGMR einbringen. Inwiefern in puncto Streikrecht tatsächlich von einem ausweglosen „Bindungsdilemma“[5] die Rede sein kann, wird im Folgenden näher untersucht. Dabei wird auch geprüft, welche Konsequenzen der nach Art. 6 Abs. 2 EUV avisierte Beitritt der Union zur Europäischen Menschenrechtskonvention haben könnte.

---

[1] *Skouris*, in: Merten/Papier, Handbuch der Grundrechte, Band VI/1, § 157, Rn. 31 f.
[2] Ausdrücklich nur im Hinblick auf den EuGH: *Voßkuhle*, NVwZ 2010, 1 (3).
[3] Siehe oben S. 311 ff.
[4] Siehe oben S. 387 ff.
[5] So jedenfalls *Knauff*, DVBl 2010, 533 (542).

A. Widersprüchliche Streikrechtskonzeptionen von EuGH und EGMR

Wie bereits angedeutet, stimmt die Rechtsprechung des EuGH in „Viking“ und „Laval“ nicht mit der neueren EGMR-Judikatur in „Demir und Baykara“ und „Enerji Yapi-Yol Sen“ überein[6] – weder inhaltlich noch methodisch: *Inhaltlich* hat der EuGH deutlich restriktivere Vorstellungen vom Streikrecht als der EGMR. Dies zeigt sich insbesondere in der Abwägung zwischen den Grundfreiheiten und dem Grundrecht auf Streik. Im Rahmen der Verhältnismäßigkeitsprüfung erkennt der Luxemburger Gerichtshof nur den Arbeitnehmerschutz als legitimes Ziel an.[7] Dieses Erfordernis kennt der EGMR indes nicht. De facto führt die Verhältnismäßigkeitsprüfung des EuGH zu einer Bevorzugung der Grundfreiheiten gegenüber dem unionsrechtlichen Grundrecht auf Streik. Gemessen an den Rechtfertigungsanforderungen des Art. 11 Abs. 2 EMRK („Notwendigkeit in einer demokratischen Gesellschaft“) ist ein Vorrang der Grundfreiheiten aber nicht tragbar. Auch *methodisch* weicht der EuGH vom EGMR ab: Zwar bewegt sich der EuGH in einem ähnlichen Referenzrahmen wie der EGMR, indem er zur Begründung des unionsrechtlichen Streikrechts auch auf Art. 6 Nr. 4 ESC verweist. Doch zieht der EuGH aus diesem Verweis keine Rückschlüsse auf den Gewährleistungsgehalt des unionsrechtlichen Streikrechts. Der EuGH verwendet Art. 6 Nr. 4 ESC nur als inhaltsleere Hülse, ohne sich im Detail mit dem materiellen Gehalt und den Schranken dieser Norm auseinanderzusetzen.

Anders als in „Viking“ und „Laval“ war der EuGH bisher stets um eine Harmonisierung mit der Rechtsprechung des EGMR bemüht. Inzwischen wird eine Konvergenz zwischen der Europäischen Menschenrechtskonvention und dem unionsrechtlichen Grundrechtsschutz auch ausdrücklich in Art. 6 Abs. 3 EUV, Art. 52 Abs. 3 und Art. 53 GRC eingefordert. Die Mitgliedstaaten müssen sich nämlich darauf verlassen können, dass die EU konventionsrechtliche Vorgaben einhält, um einer möglichen „Bürgenhaftung“[8] beim Vollzug konventionswidrigen Unionsrechts zu entgehen; denn die Zuständigkeit für einen wirksamen Grundrechtsschutz liegt grundsätzlich beim EuGH,[9] während das BVerfG gemäß der „Solange II“[10]-Judikatur nur eine „Reservekompetenz“[11] beansprucht. Allerdings ist die EU der Europäischen Menschen-

---

[6] So auch *Dieterich*, in: FS Jaeger, S. 95 (112).

[7] Siehe oben S. 383 f.

[8] *Dederer*, ZaöRV 2006, 575 (599).

[9] *Dederer*, ZaöRV 2006, 575 (584); vgl. *Krieger*, DVBl 2009, 1469 (1472).

[10] BVerfG v. 22. 10. 1986 – 2 BvR 197/83, NJW 1987, 577.

[11] *Voßkuhle*, NVwZ 2010, 1 (6).

rechtskonvention bislang nicht beigetreten und daher nicht rechtsverbindlich an die konventionsrechtlichen Vorgaben gebunden.[12]

Hier erwächst ein erhebliches Konfliktpotenzial – nicht nur im Verhältnis zwischen dem EGMR und dem EuGH, sondern auch im Verhältnis der beiden Gerichte zu den nationalen Rechtsanwendern. Es zeigt sich außerdem, dass ein vielschichtiger Grundrechtsschutz – durch die EU, die Europäische Menschenrechtskonvention und die nationalen Grundrechte – nicht zwingend zu einer Schutzverstärkung führen muss, wenn nämlich die jeweiligen Akteure unterschiedliche Rechtsansichten vertreten. Bei diesem unkoordinierten Zusammenspiel kann die Rechtssicherheit leicht in Gefahr geraten.[13] Die nationalen Gerichte stehen vor der schwierigen Frage, welchen Postulaten zu folgen ist. De facto ergeben sich für den nationalen Rechtsanwender aber solange keine Schwierigkeiten, wie der EGMR und der EuGH untereinander für Koh*ä*renz sorgen. Anders liegen die Verhältnisse aber, wenn der EGMR und der EuGH unterschiedliche Postulate aussprechen, die jeweils Bindungswirkung für den nationalen Rechtsanwender entfalten. Bleibt der unionsrechtliche Schutzstandard hinter dem der Europäischen Menschenrechtskonvention zurück, aktualisiert sich die konventionsrechtliche „Bürgenhaftung" der Mitgliedstaaten. Die Mitgliedstaaten müssen auf Unionsebene ein der Europäischen Menschenrechtskonvention gleichwertiges Schutzniveau herstellen.[14] Gelingt dies nicht, können die Mitgliedstaaten wegen des Vollzugs konventionswidrigen Unionsrechts vom EGMR verurteilt werden.[15]

Tats*ächlich* sind der Luxemburger und der Straßburger Gerichtshof in der Vergangenheit – soweit ersichtlich – erst zwei Mal voneinander abgewichen.[16] Hinzu treten nun die Entscheidungen zum Streikrecht in den Rechtssachen „Viking" und „Laval" bzw. „Enerji Yapi-Yol Sen" und „Demir und Baykara". Dabei ist jedoch zu beachten, dass die Entscheidungen des EGMR erst *nach* den EuGH-Entscheidungen ergangen sind. Zwar hat sich die EGMR-Rechtsprechung zum Streik bereits über einen längeren Zeitraum angebahnt,[17] allerdings ist erst mit den Rechtssachen „Demir und Baykara" und „Enerji Yapi-Yol Sen" ein gesteigerter Rechtfertigungszwang für den EuGH

---

12 Näheres dazu bei *Obwexer*, EuR 2012, 115; *Uerpmann-Wittzack*, EuR-Beil. 2012, 167.

13 *Huber*, NJW 2011, 2385; *F. Kirchhof*, NJW 2011, 3681 f.

14 *Dederer*, ZaöRV 2006, 575 (599).

15 *Dederer*, ZaöRV 2006, 575 (599 f.).

16 Erste Konstellation: EuGH v. 18. 10. 1989 – C-374/87 (Orkem); zit. nach: juris; dagegen deutlich liberaler EGMR v. 25. 2. 1993 – 10828/84 (Funke/Frankreich); einzusehen in der Online-Datenbank des EGMR: http://hudoc.echr.coe.int/sites/eng/pages/search.aspx?i=001–57809; zweite Konstellation: EuGH v. 21. 9. 1989 – C-46/87 (Hoechst); zit. nach: juris; dagegen wiederum deutlich liberaler EGMR v. 16. 12. 1992 – 13710/88 (Niemietz/Deutschland), EuGRZ 1993, 65.

17 Siehe oben S. 257 ff.

entstanden.[18] Insofern bleibt abzuwarten, ob der EuGH auch im Hinblick auf die nun deutlich liberaleren Entscheidungen des EGMR bei seiner restriktiven Handhabung des Streikrechts bleibt. Um die Rechtsprechungsentwicklung zu prognostizieren, ist zunächst das bisherige Verhältnis zwischen dem EGMR und dem EuGH zu beleuchten. Sodann werden die Folgen des avisierten EU-Beitritts zur Europäischen Menschenrechtskonvention eingehend untersucht und der (vermeintliche) Bindungskonflikt des nationalen Rechtsanwenders wird neu bewertet.

B. Bisheriges Verhältnis zwischen EuGH und EGMR

Bisher ist die Union nicht rechtsverbindlich an die Europäische Menschenrechtskonvention gebunden, da der Beitritt nach Art. 6 Abs. 2 EUV noch nicht vollzogen ist. Allerdings hat der EGMR in ständiger Rechtsprechung eine mittelbare Konventionsbindung der EU konstruiert – und zwar über die mitgliedstaatliche Bindung an die Europäische Menschenrechtskonvention.[19] Der EGMR argumentiert, dass die Mitgliedstaaten nicht von ihren Konventionspflichten freigesprochen werden können, indem sie Hoheitsrechte und Verantwortung an die Union übertragen. Sonst wäre die effektive Gewährleistung der Konventionsrechte gefährdet.[20] Diese Haltung hat der EGMR in ständiger Rechtsprechung entwickelt und sich dabei am Zusammenspiel zwischen dem BVerfG und dem EuGH orientiert:[21]

Das Verhältnis zwischen der konventionsrechtlichen und unionsrechtlichen Judikatur lässt sich anhand von drei richtungsweisenden EKMR- bzw. EGMR-Entscheidungen skizzieren – und zwar „M & Co.“[22], „Matthews“[23] und „Bosphorus“[24]: In der Rechtssache „M & Co.“[25] erklärte die vormals amtierende EKMR, dass sich ein Vertragsstaat der Europäischen Menschenrechtskonvention grundsätzlich nicht von den konventionsrechtlichen Bindungen befreien könne, indem er Hoheitsrechte auf die Europäische Gemeinschaft

---

[18] *Ewing/Hendy*, Industrial Law Journal Oxford, Vol. 39, Nr. 1 (2010), S. 2; *Fütterer*, EuZA 2011, 505 (513).

[19] *Ranacher/Frischhut*, Handbuch Anwendung des EU-Rechts, S. 214.

[20] Ständige Rechtsprechung: EKMR v. 9. 2. 1990 – 13258/87 (M & Co./Deutschland), ZaöRV 1990, 865; EGMR v. 18. 2. 1999 – 24833/94 (Matthews/Vereinigtes Königreich), EuGRZ 1999, 200.

[21] *Haratsch*, ZaöRV 2006, 927 (928).

[22] EKMR v. 9. 2. 1990 – 13258/87 (M & Co./Deutschland), ZaöRV 1990, 865.

[23] EGMR v. 18. 2. 1999 – 24833/94 (Matthews/Vereinigtes Königreich), EuGRZ 1999, 200, Rn. 26 ff.

[24] EGMR v. 30. 6. 2005 – 45036/98 (Bosphorus Hava Yollari Turizm ve Ticaret Anonim Sirketi/Ireland), NJW 2006, 197.

[25] EKMR v. 9. 2. 1990 – 13258/87 (M & Co./Deutschland), ZaöRV 1990, 865.

übertrage. Allerdings könne den Mitgliedstaaten nicht zugemutet werden, in jedem Einzelfall zu prüfen, ob ein Akt der Gemeinschaft mit dem Konventionsrecht vereinbar sei. Eine mitgliedstaatliche Haftung komme demnach nur in Betracht, sofern im Gemeinschaftsrecht kein gleichwertiger Grundrechtsschutz gewährt werde.[26] In der darauffolgenden „Matthews"[27]-Entscheidung stellte die EKMR restriktivere Kriterien auf und erklärte, dass die Gemeinschaft zwar kein Vertragsstaat der Europäischen Menschenrechtskonvention sei und ihre Handlungen daher auch nicht unmittelbar am Maßstab des Konventionsrechts überprüft werden könnten. Gleichwohl müssten die Konventionsstaaten ihren Bürgern konventionsrechtlichen Schutz gegenüber den Rechtsakten der Gemeinschaft zusichern. Dies zu überprüfen, sei Aufgabe des EGMR. Aus diesem Grund sind die Mitgliedstaaten seither an beide Regime gebunden und können sich nicht aus der Verantwortung stehlen – getreu der Formel: „Keine Flucht aus den Bindungen der EMRK über die EU."[28] In seiner richtungsweisenden „Bosphorus"[29]-Entscheidung bestätigte der EGMR diese Haltung, stellte aber zugleich die Vermutung auf, dass auf Unionsebene ein „gleichwertiger" Grundrechtsschutz bestehe. Der EGMR formulierte:

> Wenn sich zeigt, dass die internationale Organisation [hier die EU bzw. der EuGH] einen solchen gleichwertigen Schutz bietet, gilt die Vermutung, dass sich ein Staat den Anforderungen der Konvention nicht entzogen hat, wenn er lediglich den rechtlichen Verpflichtungen nachkommt, die sich für ihn aus seiner Mitgliedschaft in der Organisation ergeben.[30]

Die Vermutung eines „gleichwertigen" Grundrechtsschutzes könne nur dann widerlegt werden, wenn im Einzelfall das Schutzniveau in der Union „offensichtlich unzureichend" sei.[31] Anders als das BVerfG, das den Nachweis eines *generellen* Absinkens des unionsrechtlichen Grundrechtsschutzes verlangt,[32] prüft der EGMR nur im jeweiligen Einzelfall, ob das unionsrechtliche Schutzniveau dem konventionsrechtlichen entspricht. Stellt der EGMR Gegenteiliges fest, kann er das nationale Recht, das in Umsetzung einer EU-Vorgabe erlassen wurde, umfassend überprüfen. Der EGMR kann also für das BVerfG „in die

---

[26] EKMR v. 9.2.1990 – 13258/87 (M & Co./Deutschland), ZaöRV 1990, 865 (866f.); *Haratsch*, ZaöRV 2006, 927 (929f.).

[27] EGMR v. 18.2.1999 – 24833/94 (Matthews/Vereinigtes Königreich), EuGRZ 1999, 200, Rn. 26ff.

[28] *Bergmann*, EuGRZ 2004, 620 (624).

[29] EGMR v. 30.6.2005 – 45036/98 (Bosphorus Hava Yollari Turizm ve Ticaret Anonim Sirketi/Ireland), NJW 2006, 197.

[30] EGMR v. 30.6.2005 – 45036/98 (Bosphorus Hava Yollari Turizm ve Ticaret Anonim Sirketi/Ireland), NJW 2006, 197 (202), Rn. 156.

[31] EGMR v. 30.6.2005 – 45036/98 (Bosphorus Hava Yollan/Turizm ve Ticaret Anonim Şirketi/Irland), NJW 2006, 197 (202), Rn. 156.

[32] Beschluss des BVerfG zur „Bananenmarktordnung": BVerfG v. 7.6.2000 – 2 BvL 1/97, NJW 2000, 3124 (3125).

Bresche […] springen", wenn das BVerfG wegen seiner „Reservekompetenz"[33] im Grundrechtsbereich an einer Überprüfung des EU-Rechts gehindert ist. Die zurückgenommene Prüfungskompetenz des BVerfG aktualisiert sich erst dann, wenn das unionsrechtliche Schutzniveau *generell* unter das Schutzniveau des Grundgesetzes absinkt. Die Prüfung des EGMR setzt hingegen schon dann ein, wenn das unionsrechtliche Schutzniveau *im Einzelfall* hinter dem der Europäischen Menschenrechtskonvention zurückbleibt. Mittelbar wird damit auch der von den Mitgliedstaaten vollzogene Unionsrechtsakt vom EGMR überprüft. Daher haften die Mitgliedstaaten gegenüber der EU für einen *im Einzelfall* der Europäischen Menschenrechtskonvention „gleichwertigen" Grundrechtsschutz auf Unionsebene.[34]

In Übereinstimmung mit den Rechtsauffassungen des EGMR bemüht sich der EuGH in ständiger Rechtsprechung um einen kohärenten und effektiven Grundrechtsschutz in Europa.[35] Dass eine Harmonisierung mit den Vorgaben der Europäischen Menschenrechtskonvention und des EGMR wünschenswert ist, wurde primärrechtlich durch Art. 6 Abs. 3 EUV, Art. 52 Abs. 3 und Art. 53 GRC abgesichert. In Anbetracht dessen ist davon auszugehen, dass sich der EuGH in künftigen Entscheidungen zum Streikrecht verstärkt auf die Rechtsansichten des EGMR beziehen wird. Wenngleich dem EuGH ein Einlenken wegen seiner primären Ausrichtung an den binnenmarktorientierten Grundfreiheiten nicht leicht fallen wird, ist jedenfalls davon auszugehen, dass er in seiner Argumentation stärker auf die Ausführungen des EGMR eingehen wird. Vor allem im Hinblick auf die Verhältnismäßigkeitsanforderungen ist mit einer großzügigeren Haltung des EuGH zu rechnen. Allerdings ist das Zusammenspiel zwischen dem EGMR und dem EuGH bisher nicht rechtsverbindlich geregelt und hängt noch zu sehr vom Belieben der beteiligten Akteure ab. Die EU muss sich nicht offiziell vor dem EGMR für ihr Verhalten verantworten.[36] Dieser Makel wird jedoch behoben werden, sobald es zu dem nach Art. 6 Abs. 2 EUV avisierten Unionsbeitritt zur Europäischen Menschenrechtskonvention kommt.

---

[33] *Voßkuhle*, NVwZ 2010, 1 (6).

[34] *Dederer*, ZaöRV 2006, 575 (598 f.).

[35] *Bergmann*, EuR 2006, 101 (112).

[36] *Schaller*, EuR 2006, 656 (668); *Uerpmann-Wittzack*, EuR-Beil. 2012, 167 (184 f.).

C. Konfliktentschärfung durch den Beitritt der EU zur Europäischen Menschenrechtskonvention

Um Bindungskonflikte im europarechtlichen Grundrechtsschutz zu lösen, wird seit den 1970er Jahren ein Beitritt des europäischen Integrationsverbunds zur Europäischen Menschenrechtskonvention diskutiert.[37] Mit der völkerrechtlichen Bindung der EU an die Europäische Menschenrechtskonvention soll Kohärenz und Rechtssicherheit im Grundrechtsgefüge Europas geschaffen und eine externe Kontrolle der Union durch den EGMR ermöglicht werden.[38] Anfangs hielt die Literatur den Beitritt allerdings für unwahrscheinlich[39] und auch der EuGH war skeptisch. Noch am 28. März 1996 kam der Luxemburger Gerichtshof zu dem Befund, dass die Beitrittsvoraussetzungen nicht erfüllt seien:

Zwar ist die Wahrung der Menschenrechte eine Voraussetzung für die Rechtmäßigkeit der Handlungen der Gemeinschaft, doch hätte der Beitritt zur Konvention eine *wesentliche Änderung des gegenwärtigen Gemeinschaftssystems des Schutzes der Menschenrechte* zur Folge, da er die Einbindung der Gemeinschaft in ein völkerrechtliches, *andersartiges institutionelles System* und die Übernahme sämtlicher Bestimmungen der Konvention in die Gemeinschaftsrechtsordnung mit sich brächte. Eine solche Änderung des Systems des Schutzes der Menschenrechte in der Gemeinschaft, die *grundlegende institutionelle Auswirkungen* sowohl auf die Gemeinschaft als auch auf die Mitgliedstaaten hätte, wäre von *verfassungsrechtlicher Dimension* und ginge daher ihrem Wesen nach über die Grenzen des Art. 235 EGV[40] hinaus. Sie kann nur im Wege einer *Vertragsänderung* vorgenommen werden.[41] [Hervorhebungen durch die Verfasserin].

Mittlerweile sind sowohl im Konventions- als auch im Unionsrecht die Vorkehrungen für einen Beitritt getroffen worden: Die *konventionsrechtlichen* Voraussetzungen für einen EU-Beitritt wurden am 1. Juni 2010 mit Inkrafttreten des 14. Zusatzprotokolls zur Europäischen Menschenrechtskonvention geschaffen. Eine Anpassung war nötig, da gemäß Art. 59 Abs. 1 S. 1 EMRK a. F. nur Mitglieder des Europarates der Europäischen Menschenrechtskonvention beitreten konnten. Seit dem Zusatzprotokoll enthält Art. 59 Abs. 2

---

[37] *Obwexer*, EuR 2012, 115; *Schaller*, EuR 2006, 656 (662); *Schorkopf*, in: Grabitz/Hilf/Nettesheim, Das Recht der EU, Art. 6 EUV, Rn. 35.

[38] Siehe Erwägungsgrund 1 und 3 in der Präambel im Entwurf des Beitrittsabkommens CDDH (2011) 009 vom 14. Oktober 2011; online einzusehen: http://www.coe.int/t/dghl/standardsetting/hrpolicy/Accession/Meeting_reports/CDDH_2011_009_en.pdf.

[39] *Lachmayer/Bauer*, Praxiswörterbuch Europarecht, S. 293; *Robertson*, Human Rights in Europe, S. 287.

[40] Nunmehr Art. 351 AEUV.

[41] EuGH v. 28.3.1996 – C-2/94, JZ 1996, 623 (624), Rn. 34f.

EMRK eine „Öffnungsklausel“[42], die einen EU-Beitritt zur Europäischen Menschenrechtskonvention ausdrücklich vorsieht.[43] Die konventionsrechtlichen Beitrittsvoraussetzungen werden jedoch durch unionsrechtliche Anforderungen „verschärft“[44]: Die *unionsrechtliche* Rechtsgrundlage für den Beitritt der EU findet sich seit dem Vertrag von Lissabon in Art. 6 Abs. 2 S. 1 EUV. Inhaltliche Anforderungen an den Beitritt werden in Protokoll Nr. 8 zu Art. *6 Abs.* 2 EUV[45] definiert und verfahrensrechtliche Bedingungen in Art. 218 Abs. 8 UAbs. 2 S. 2 AEUV benannt.[46] Außerdem verlangt das Unionsrecht in Art. 1 des Protokolls Nr. 8 den Abschluss einer „Übereinkunft über den Beitritt“ der Union zur Europäischen Menschenrechtskonvention. Es bedarf also eines Beitrittsabkommens zwischen der EU und den Vertragsstaaten der Europäischen Menschenrechtskonvention; ein Beitritt durch eine einseitige Erklärung der EU ist damit ausgeschlossen.[47] Bereits am 7. Juli 2010 wurden die offiziellen Beitrittsverhandlungen aufgenommen.[48] Der bevorstehende Beitritt wirft zahlreiche rechtlich und politisch umstrittene Fragen auf, die vor allem das Verhältnis zwischen dem EuGH und dem EGMR betreffen.[49] Im Folgenden wird nacheinander auf die Beitrittsfolgen[50] für das Unions- und Konventionsrecht sowie das nationale Recht eingegangen, wobei der Schwerpunkt der Darstellung auf den rechtsprechungsrelevanten Folgen liegt:

Auf *Unionsebene* wird sich der Beitritt zur Europäischen Menschenrechtskonvention vor allem durch die Bindungswirkung von EGMR-Urteilen bemerkbar machen. Diese Änderung ist allerdings nur formaler Art, da sich der EuGH schon in der Vergangenheit an der Rechtsprechung des EGMR orientiert hat. Stärker als bisher wird der EuGH vor allem bei der Auslegung der Grundrechtecharta auf die Europäische Menschenrechtskonvention rekurrieren *müssen*[51] – was im Übrigen durch Art. 52 Abs. 3 GRC und Art. 53 GRC abgesichert wird. Der wesentliche „Mehrwert“ des formalen EU-Beitritts zur

---

42 *Obwexer*, EuR 2012, 115 (122).

43 Näheres zum Beitritt: Reflexionspapier des EuGH vom 5. Mai 2010 zu den Folgen seines Beitritts zur Europäischen Menschenrechtskonvention abgedruckt in EuGRZ 2010, 366 f.

44 *Obwexer*, EuR 2012, 115 (122).

45 Konsolidierte Fassung ABl. EU 2010 C 83/273.

46 *Uerpmann-Wittzack*, EuR-Beil. 2012, 167.

47 *Obwexer*, EuR 2012, 115 (122); *Sauer*, in: Matz-Lück/Hong, Grundrechte und Grundfreiheiten im Mehrebenensystem, S. 1 (18); *Uerpmann-Wittzack*, EuR-Beil. 2012, 167 (172).

48 Pressemitteilung des Europarates vom 7. Juli 2010; online einzusehen: http://europa.eu/rapid/press-release_IP-10-906_de.htm.

49 *Sauer*, in: Matz-Lück/Hong, Grundrechte und Grundfreiheiten im Mehrebenensystem, S. 1 (18).

50 Näheres zu den Voraussetzungen und Rechtsfolgen des EU-Beitritts zur Europäischen Menschenrechtskonvention siehe *Obwexer*, EuR 2012, 115; *Uerpmann-Wittzack*, EuR-Beil. 2012, 167.

51 Vgl. *Bergmann*, EuGRZ 2004, 620 (624); *Obwexer*, EuR 2012, 115 (143).

Europäischen Menschenrechtskonvention liegt darin, dass eine Individualbeschwerde gemäß Art. 34 EMRK zum EGMR ermöglicht wird. Auf diesem Wege kann der EuGH unmittelbar vom EGMR zur Rechenschaft gezogen werden.[52] Ohne hier näher auf Detailfragen einzugehen, inwieweit der EGMR den EuGH künftig kontrollieren darf,[53] ist jedenfalls festzuhalten, dass sich der Rechtfertigungsdruck auf den EuGH erhöht. Er wird sich umso eingehender mit Entscheidungen des EGMR auseinanderzusetzen haben, um einer Rüge des Straßburger Gerichtshofs und einer Disharmonie im europäischen Grundrechtsschutz vorzubeugen.

Für die *Europäische Menschenrechtskonvention* führt der EU-Beitritt zu einem erheblichen Bedeutungszuwachs im Grundrechtsgefüge des Europarechts und letztlich auch des nationalen Rechts.[54] In ihrer Auslegung durch den EGMR wird die Europäische Menschenrechtskonvention auch offiziell am Anwendungsvorrang[55] des Unionsrechts teilhaben und sich noch stärker als bisher von ihren völkerrechtlichen Wurzeln emanzipieren.[56] Zwar wird die Europäische Menschenrechtskonvention infolge des EU-Beitritts nur dem sekundären EU-Recht vorgehen (vgl. Art. 216 Abs. 2 AEUV), während das primäre Unionsrecht weiterhin vorrangig ist.[57] Jedenfalls steht aber die Beitrittsübereinkunft der Konventionsstaaten im Rang des Primärrechts.[58] Insoweit ist zutreffend von einer „unionsrechtlichen Verpflichtung auf die EMRK" die Rede.[59] Auf Grund dieser Verpflichtungskraft wird die Europäische Menschenrechtskonvention nun auch formal – und nicht nur in der Rechtsprechung des EuGH – zum „Referenzzentrum"[60] des europäischen Grundrechtsgefüges. Für den EGMR hat der Unionsbeitritt zur Folge, dass er die bereits dargestellte Selbstbeschränkung nach Maßgabe der „Bosphorus"-Judikatur[61] aufgegeben kann. Dass der EGMR bisher nur eine reduzierte Kontrolle durchgeführt hat, ist der Tatsache geschuldet, dass die Union bis dato nicht an die Europäische Menschenrechtskonvention gebunden ist und daher nicht formal und unmittelbar zur Rechenschaft gezogen werden kann. Daher hat der EGMR über den „Umweg" der Mitgliedstaaten eine Prüfungskompetenz „konstruiert", um indirekt eine Verantwortlichkeit der Union zu begründen.[62] Nach dem EU-Beitritt wird

---

[52] *Uerpmann-Wittzack*, EuR-Beil. 2012, 167 (184 f.).

[53] Näheres dazu siehe *Obwexer*, EuR 2012, 115 (120 ff., insbesondere 145 f.); *Uerpmann-Wittzack*, EuR-Beil. 2012, 167 (176 ff.).

[54] *Dederer*, ZaöRV 2006, 575 (615).

[55] Kritik am unionsrechtlichen Anwendungsvorrang siehe oben S. 359.

[56] *Knauff*, DVBl 2010, 533 (542); ähnlich auch *Schaller*, EuR 2006, 656 (663 ff.).

[57] *Jarass*, EuR 2013, 29 (43); *Obwexer*, EuR 2012, 115 (143).

[58] *Obwexer*, EuR 2012, 115 (143 f.).

[59] *Jarass*, EuR 2013, 29 (43).

[60] *Dederer*, ZaöRV 2006, 575 (615).

[61] Siehe oben S. 397 f.

[62] *Schaller*, EuR 2006, 656 (672 f.).

aber der „Grundsatz der Gleichheit aller Vertragsparteien" gelten, d. h. Unionsrechtsakte können ebenso wie die Maßnahmen aller anderen Vertragsparteien umfassend auf ihre Konventionskonformität überprüft werden. Ein reduzierter Prüfungsmaßstab des EGMR gemäß der „Bosphorus"-Judikatur ist danach nicht mehr erforderlich.[63] Vielmehr wird der EGMR die maßgebliche Instanz für die Auslegung und Fortbildung des europäischen Grundrechtsschutzes.[64] Etwaige Meinungsverschiedenheiten zwischen dem EGMR und dem EuGH werden künftig zu Lasten des letzteren gelöst.[65] Der EGMR wird das „oberste Grundrechtsgericht" in Europa sein.[66] Unter seinem „einheitsstiftenden" Regime können Schutzlücken und Rechtsunsicherheiten im Grundrechtsgefüge Europas einfacher verhindert werden.[67]

Im *nationalen Recht* wird der EU-Beitritt zur Europäischen Menschenrechtskonvention vor allem eine klarstellende Wirkung haben. Der vermeintliche Bindungskonflikt der deutschen Rechtsanwender wird – jedenfalls auf lange Sicht – zu Gunsten der konventionsrechtlichen Vorgaben aufgelöst.[68] Zuweilen ist zwar vorgebracht worden, dass die Urteile des EGMR im innerstaatlichen Recht künftig unterschiedlich wirken würden, da ihnen im Kompetenzbereich der EU Vorrangwirkung zugesprochen werden müsse, ansonsten seien sie aber weiterhin „nur" zu „berücksichtigen".[69] Insofern stehe zu befürchten, dass es in Deutschland zu unterschiedlichen Grundrechtsstandards und einem Verlust an Rechtssicherheit komme.[70] Dem ist allerdings entgegenzuhalten, dass diese formal unterschiedlich begründete Wirkung faktisch keine Auswirkungen hat. Nach der hier vertretenen Ansicht ist die Pflicht zur Berücksichtigung der Europäischen Menschenrechtskonvention und der EGMR-Rechtsprechung ohnehin weit zu verstehen; denn die vom BVerfG aufgestellten Rezeptionshindernisse der „tragenden Grundsätze der Verfassung" und der „mehrpoligen Grundrechtsverhältnisse" können nicht überzeugen.[71]

In diesem Zusammenhang ist auch zu beachten, dass der EU-Beitritt zur Europäischen Menschenrechtskonvention einen relativen Bedeutungsverlust des BVerfG innerhalb der Dreiecksbeziehung mit dem EGMR und dem EuGH nach sich ziehen wird. Das BVerfG wird nicht umhinkommen, sein bisheriges Selbstverständnis zu überdenken.[72] Die gängigen Argumentationsmuster, mit denen das BVerfG unionsrechtlichen Vorgaben wegen des vermeintlich

---

[63] *Obwexer*, EuR 2012, 115 (147); *Uerpmann-Wittzack*, EuR-Beil. 2012, 167 (181).
[64] *Uerpmann-Wittzack*, EuR-Beil. 2012, 167 (182).
[65] *Knauff*, DVBl 2010, 533 (542).
[66] *Lindner*, Jura 2008, 401 (405).
[67] Vgl. *Bergmann*, EuGRZ 2004, 620 (624).
[68] *Knauff*, DVBl 2010, 533 (542).
[69] *Schaller*, EuR 2006, 656 (666).
[70] *Schaller*, EuR 2006, 656 (674).
[71] Siehe oben S. 346 ff.
[72] So im Ergebnis auch *Griebel*, Der Staat Bd. 52 (2013), S. 371 (398 f.).

defizitären EU-Grundrechtsschutzes die Gefolgschaft verweigert hat, sind künftig nicht mehr haltbar. Ebenso können pauschale Vorbehalte[73] gegenüber der Europäischen Menschenrechtskonvention und dem EGMR nicht mehr durchgreifen, da das Konventionsrecht nun – jedenfalls im Kompetenzbereich der EU – mit Vorrangwirkung[74] ausgestattet sein wird.[75]

Schließlich zeigt sich, dass der EU-Beitritt zur Europäischen Menschenrechtskonvention die überkommene Normenpyramide – mit dem Unionsrecht an der Spitze, dem Grundgesetz in der Mitte und der Europäischen Menschenrechtskonvention auf unterster Ebene – „gewissermaßen auf den Kopf stellt".[76] Ebenso wie das Vorrangprinzip im Verhältnis zwischen dem nationalen Recht und der Konventionsebene[77] als Abstimmungsmechanismus versagt, taugt das Vorrangprinzip auch im Verhältnis zwischen dem nationalen Recht und dem Unionsrecht nicht mehr zur Konfliktlösung. Zutreffend heißt es in der Literatur, das BVerfG habe anlässlich des Unionsbeitritts zu entscheiden, ob es sich künftig allein auf den „Staatsschutz" beschränken oder die europäische Grundrechtslandschaft aktiv mitgestalten wolle.[78] Letzteres ist aber nur möglich, wenn sich das BVerfG von überkommenen, weil normenhierarchisch geprägten Denkmustern löst. Im Zweifel hat sich der nationale Rechtsanwender an die konventionsrechtlichen Vorgaben zu halten, die als „Referenzzentrum" dienen. Damit hat der EU-Beitritt auch für die hier zu untersuchende Streikrechtsproblematik eine klärende Wirkung. Mit dem Unionsbeitritt zur Europäischen Menschenrechtskonvention wird der EuGH – sofern er künftig zur Entscheidung berufen ist – primärrechtlich verpflichtet sein, den Rechtsansichten des EGMR zu folgen. In puncto Streikrecht wird dies zur Konsequenz haben, dass der EuGH von seinem restriktiven Kurs abweichen muss. Der EuGH wird künftig genau zu prüfen haben, nach welchen Kriterien das unionsrechtliche Grundrecht auf Streik (Art. 28 GRC) zu Gunsten der Grundfreiheiten eingeschränkt werden darf. Als Maßstab ist Art. 11 Abs. 2 EMRK heranzuziehen. Es wird im Einzelfall genau zu untersuchen sein, ob eine Einschränkung des unionsrechtlichen Streikrechts ein legitimes Ziel gemäß Art. 11 Abs. 2 S. 1 EMRK verfolgt und „in einer demokratischen Gesellschaft notwendig" ist.

---

[73] Damit erweisen sich die pauschalen Vorbehalte des BVerfG („tragende Grundsätze der Verfassung" und „mehrpolige Grundrechtsverhältnisse") auch im Hinblick auf den avisierten EU-Beitritt zur Europäischen Menschenrechtskonvention als verfehlt.

[74] Kritik am unionsrechtlichen Anwendungsvorrang siehe oben S. 359.

[75] *Knauff*, DVBl 2010, 533 (542).

[76] *Bergmann*, EuR 2006, 101 (112).

[77] Siehe oben S. 345 f.

[78] *Knauff*, DVBl 2010, 533 (542).

3. Abschnitt

Geringe Konsequenzen für das nationale Streikrecht

Im Allgemeinen löst die „Doppelbindung" des nationalen Rechtsanwenders an den EGMR und den EuGH keinen schwerwiegenden Bindungskonflikt aus, weil der Straßburger und der Luxemburger Gerichtshof grundsätzlich auf Kohärenzsicherung bedacht sind. Gleichwohl hat sich am Beispiel des Streikrechts gezeigt, dass die Harmonisierung der Rechtsprechung nicht immer konsequent durchgehalten wird. Nach den hier angestellten Überlegungen wird sich der EuGH künftig den Vorgaben des EGMR zu fügen haben. Vor allem der bevorstehende EU-Beitritt zur Europäischen Menschenrechtskonvention löst einen erheblichen Rechtfertigungsdruck aus und wird den EuGH in puncto Streikrecht zum Einlenken zwingen. Solange der EU-Beitritt aber noch nicht vollzogen ist und eine konventionskonforme Entscheidung des EuGH zum Streikrecht noch nicht vorliegt, stellt sich die Frage, ob und inwiefern die Rechtssachen „Viking" und „Laval" im nationalen Streikrecht überhaupt konkrete Auswirkungen haben und wo sie mit den Vorgaben des EGMR konkurrieren.

Welche konkreten Auswirkungen die Rechtssachen „Viking" und „Laval" im nationalen Recht haben, hängt zunächst von der Unionskompetenz im Bereich des Streikrechts ab. Wie bereits dargestellt, ist es möglich, dass die Union auf Grund einer anderweitig begründeten Kompetenzvorschrift das Streikrecht am Rande *mit*regelt.[1] Besonders im Bereich der wirtschaftsorientierten Grundfreiheiten ergeben sich zahlreiche Überschneidungen mit dem Streikrecht, das seinerseits sogar auf die Beeinträchtigung unternehmerischer Wirtschaftstätigkeit abzielt. Da bereits eine mögliche Behinderung grenzüberschreitender Wirtschaftstätigkeit als Eingriff in eine Grundfreiheit gewertet wird,[2] steht das deutsche Streikrecht jedenfalls potenziell auf dem unionsrechtlichen „Prüfstand".[3]

Inhaltlich hat der EuGH zu keinem der hier untersuchten Streikrechtsgrundsätze des deutschen Rechts ausdrücklich Stellung genommen. Allerdings hat der EuGH darauf hingewiesen, dass als legitimes Ziel eines Streiks nur der Arbeitnehmerschutz in Betracht kommt.[4] Diese Aussage lässt sich sowohl

[1] Siehe oben S. 366 ff.
[2] Siehe oben S. 369.
[3] *Zwanziger*, RdA-Beil. 2009, 10 (12).
[4] Siehe oben S. 383 f.

im Hinblick auf den hierzulande geltenden Grundsatz der Tarifbezogenheit des Streiks als auch im Hinblick auf das Verhältnismäßigkeitsprinzip fruchtbar machen. In der Literatur ist geäußert worden, dass sich die Streikrechtsvorgaben des EuGH mit dem nationalen Streikrecht weitgehend decken. Eine Änderung der deutschen Arbeitskampfjudikatur sei demnach nicht erforderlich. Die Verhältnismäßigkeitsanforderungen des BAG seien – so heißt es weiter – sogar restriktiver als die des EuGH. Neben der Erforderlichkeit prüfe das BAG nämlich auch die Angemessenheit des Arbeitskampfes.[5] Allerdings gewährt die deutsche Arbeitskampfjudikatur den Koalitionen eine Einschätzungsprärogative hinsichtlich des legitimen Ziels, der Geeignetheit und der Erforderlichkeit.[6] Damit ist jedoch der Befund abzulehnen, wonach sich das deutsche Arbeitskampfrecht mit den Vorgaben des EuGH deckt. Im Übrigen kennt das deutsche Recht auch keine Beschränkung des legitimen Ziels auf den Arbeitnehmerschutz. Die Ausführungen des EuGH sind allerdings nicht konkret genug, um hieraus eine dezidierte Aussage für das nationale Streikrecht ableiten zu können. Vielmehr zeugen die Entscheidungen des EuGH von einer restriktiven Grundhaltung zum Streikrecht, die sich aber nicht ohne weiteres mit der ausdifferenzierten nationalen Streikrechtsdogmatik abgleichen lässt. Insofern ist festzuhalten, dass die Entscheidungen des EuGH für das deutsche Streikrecht keine konkreten Aussagen enthalten. Nur im Einzelfall kann ein deutsches Gericht u. U. gehalten sein, eine Abwägungsentscheidung bei vergleichbarer Sach- und Rechtslage in Anlehnung an „Viking“ und „Laval“ zu treffen. Im Übrigen ist die Bedeutungsdimension von „Viking“ und „Laval“ allgemeingültiger Art und zeugt davon, dass der EuGH die Grundfreiheiten den Grundrechten vorzieht. Für den nationalen Rechtsanwender enthalten die Aussagen des EuGH aber nur allgemeine Wertungen, die bei der Entscheidungsfindung keine *konkreten* Konsequenzen zeitigen.

Was den Widerstreit zwischen dem EGMR und dem EuGH anbelangt, ergibt sich folgendes Bild für den nationalen Rechtsanwender: Relevante Konflikte zwischen der Rechtsprechung des EGMR und des EuGH können sich allein bei der Frage des Beamtenstreiks ergeben, da die Entscheidungen des EGMR – wie gezeigt wurde – bisher nur für das deutsche Beamtenstreikverbot *konkrete* innerstaatliche Auswirkungen haben.[7] Ein innerstaatlich relevanter Widerspruch zwischen den EGMR-Vorgaben und den Rechtsansichten des EuGH ergäbe sich nur dann, wenn die Union eine Kompetenz zur Regelung des Beamten(streik-)rechts hätte. Wie bereits ermittelt wurde, kann eine solche Kompetenz bei Vorliegen einer unionsrechtlichen *Mit*regelungsbefugnis oder bei „Grundfreiheitsrelevanz“ bestehen.[8] Allerdings betrifft die Zulässigkeit

---

[5] *Zwanziger*, RdA-Beil. 2009, 10 (20).
[6] *Zwanziger*, RdA-Beil. 2009, 10 (20).
[7] Siehe oben S. 288 ff.
[8] Siehe oben S. 366 ff.

eines Beamtenstreiks in Deutschland nicht die Durchführung von Unionsrecht gemäß Art. 51 Abs. 1 S. 1 GRC.[9] Gleiches gilt für die Regelung der nationalen Staatsverwaltung; die EU besitzt auch hier keine Regelungskompetenz.[10] Dennoch kann in seltenen Ausnahmefällen eine unionsrechtliche *Mit*regelungsbefugnis bestehen; denn wie bereits festgestellt, kann die Union *mit*regelnd tätig werden, wenn ein zu erstreikender Tarifvertrag *beschäftigungsrelevante* Unionsvorgaben umfassen soll.[11] Auch ein Beamten-Kollektivvertrag könnte *beschäftigungsrelevante* Unionsvorgaben – etwa im Zusammenhang mit dem Diskriminierungsschutz – enthalten und unterfiele dann dem Anwendungsbereich des Art. 28 GRC. Da der EuGH aber keine konkreten Aussagen zur Zulässigkeit eines Beamtenstreiks treffen kann und darf, können im Rahmen der unionsrechtlichen *Mit*regelungskompetenz nur unionsrechtliche Wertungen über Art. 28 GRC in das nationale Recht einfließen. Ein handgreifliches Problem entsteht für den nationalen Rechtsanwender allerdings nicht. Außerdem fällt das deutsche Beamtenstreikverbot auch nicht wegen einer möglichen „Grundfreiheitsrelevanz" in den Anwendungsbereich des Unionsrechts; denn das Beamtenstreikverbot wird nur in nationalen Fallkonstellationen relevant, die in der Regel keine Berührung mit den Grundfreiheiten aufweisen. Bei einem etwaigen Beamtenstreik ginge es nämlich um die Beschäftigungsbedingungen *deutscher* Beamter. Eine grenzüberschreitende Relevanz bestünde dabei nicht. Damit ist gezeigt, dass der Widerspruch zwischen der Judikatur des EuGH und des EGMR innerstaatlich keine konkreten Konsequenzen hat.

Allerdings ist durch die Gegenüberstellung der einander widersprechenden Entscheidungen des EGMR und EuGH ein Problembewusstsein geschaffen worden: Der Luxemburger und der Straßburger Gerichtshof haben unterschiedliche „Moralvorstellungen" und setzen entsprechend unterschiedliche Prioritäten. Die Prioritäten des EuGH liegen auf den Grundfreiheiten, hingegen sieht sich der EGMR vor allem den Grundrechten verpflichtet. Ohne dem EuGH eine „böse" Absicht unterstellen zu wollen, ist er in „Viking" und „Laval" immer noch dieser überkommenen Prioritätensetzung verhaftet. Wenngleich sich hieraus keine konkreten Auswirkungen für das nationale Streikrecht ergeben, tragen die unterschiedlichen Grundhaltungen von EGMR und EuGH jedenfalls zur „Verwirrung" des nationalen Rechtsanwenders bei. Überdies ist eine solche Disharmonie dem Erfolg des europäischen „Integrationsprojekts" abträglich. Allerdings wird der EuGH seit Einführung des Art. 6 Abs. 3 EUV sowie der Art. 52 Abs. 3 und Art. 53 GRC verstärkt zu einem Umdenken gezwungen. Spätestens dann, wenn die Union der Europäischen Menschenrechtskonvention beitritt (Art. 6 Abs. 2 EUV), sollte sich der EuGH

---

[9] *Widmaier/Alber*, ZEuS 2012, 387 (405).

[10] *Lindner*, DöV 2011, 305 (309).

[11] Siehe oben S. 367.

von seiner überkommenen Prioritätensetzung gelöst haben und die EGMR-Judikatur weitgehend adaptieren. Damit wird dem nationalen Rechtsanwender die schwierige Wahl zwischen widersprüchlichen „Moralvorstellungen" abgenommen und der Rechtssicherheit im europäischen Grundrechtsschutz ein wichtiger Dienst erwiesen.

4. Abschnitt

Zusammenfassung und Folgefragen

Im fünften Teil dieser Arbeit wurde gezeigt, dass der EuGH zur Begründung eines unionsrechtlichen Streikrechts ebenso wie der EGMR auf Art. 6 Nr. 4 ESC rekurriert. Trotz dieses vergleichbaren Referenzrahmens unterscheiden sich die materiell-rechtlichen Wertungen des Straßburger und des Luxemburger Gerichtshofs grundlegend. Während der EGMR vorwiegend am Grundrechtsschutz der Bürger interessiert ist, liegt die Priorität des EuGH auf den binnenmarktorientierten Grundfreiheiten. Wie unterschiedlich die Ansichten der beiden Gerichtshöfe sind, zeigt die Gegenüberstellung der Fälle „Viking" und „Laval" mit „Demir und Baykara" und „Enerji Yapi-Yol Sen". Während sich der EuGH bei der Verhältnismäßigkeitsabwägung klar zu Gunsten der Grundfreiheiten entscheidet, schlägt der EGMR immer liberalere Töne an und gewährt inzwischen ein weitreichendes Streikrecht. Die unterschiedliche Gewichtung und Motivation der beiden europäischen Gerichtshöfe ist zwar entwicklungsbedingt verständlich, aber dennoch kritikwürdig – vor allem wegen drohender Rechtsunsicherheiten im europäischen Grundrechtsschutz. Auch im Hinblick darauf, dass Art. 28 GRC nunmehr rechtsverbindlich ist, kann das Vorgehen des EuGH nicht überzeugen; denn Art. 28 GRC besitzt nach den hier angestellten Überlegungen einen eigenständigen materiellen Gewährleistungsgehalt, der sich u. a. aus Art. 6 Nr. 4 ESC und Art. 11 EMRK speist. Diesen verbindlichen Vorgaben entspricht der EuGH nicht.

Allerdings haben die EuGH-Entscheidungen zum Streikrecht hierzulande keine konkreten Auswirkungen und der Widerspruch zur EGMR-Judikatur wird im deutschen Streikrecht praktisch nicht relevant. Dies ist vor allem der Tatsache geschuldet, dass die Kompetenzen der Union im Bereich des Streikrechts wegen Art. 153 Abs. 5 AEUV sehr beschränkt sind. Nach den hier angestellten Überlegungen darf die Union nur *mit*regelnd tätig werden. Überdies kann der EuGH in Fällen mit „Grundfreiheitsrelevanz" Aussagen zum Streikrecht treffen, jedoch ebenfalls nur partiell. Für den Bereich des Beamtenstreikrechts hat der EuGH bisher jedoch keine relevanten Aussagen getroffen und wird wegen mangelnder Kompetenzen auch künftig daran gehindert sein. In puncto Beamtenstreik können lediglich unionsrechtliche Wertungen über Art. 28 GRC bei der nationalen Rechtsanwendung einfließen. Dabei liefert die Rechtsprechungsdivergenz zwischen dem EGMR und dem EuGH aber derzeit kein handgreifliches Problem für den nationalen Rechtsanwender.

Obwohl die EuGH-Entscheidungen hierzulande keine konkreten Auswirkungen haben, sind die unterschiedlichen Wertungen des EuGH und EGMR dem europäischen „Integrationsprojekt“ hinderlich – zumal der EuGH den Wertungen des Art. 28 GRC nicht entspricht. Die einander widersprechenden Schutzkonzepte gehen zu Lasten des individuellen Bürgerschutzes und der Rechtssicherheit. Ein schutzverstärkender Effekt kann nur erzielt werden, wenn sich die einzelnen Rechtskreise um Abstimmung und Kohärenz bemühen. Dies ist nicht nur im Hinblick auf einen effektiven Bürgerschutz, sondern auch im Hinblick auf eine erfolgreiche Fortführung des europäischen Integrationsprozesses zwingend notwendig – zumal der europäische Grundrechtsschutz einen besonders sensiblen Umgang verlangt.

In der Vergangenheit waren der EGMR und der EuGH bestrebt, ihre Rechtsprechung weitgehend zu harmonisieren. Allerdings war die Abstimmung bisher nur informeller Art, so dass sich in einzelnen Bereichen immer noch (eklatante) Abweichungen ergeben konnten. Dies hat sich am Beispiel des Streikrechts eindrücklich gezeigt. Begrüßenswert ist es daher, dass der bevorstehende Unionsbeitritt zur Europäischen Menschenrechtskonvention auch rechtsverbindlich für eine Kohärenz zwischen der Judikatur des EGMR und des EuGH sorgen wird. Der nationale Rechtsanwender ist daher stets auf der „richtigen Seite“, wenn er sich auf die Europäische Menschenrechtskonvention und die Rechtsprechung des EGMR stützt. Im Bereich des Streikrechts ist also der liberale Ansatz des EGMR als richtungsweisend zu befolgen. Für den EuGH erwächst aus der Rechtsverbindlichkeit der Konventionsvorgaben ein gesteigerter Rechtfertigungsbedarf: Der EuGH muss sich künftig verstärkt mit den Entscheidungen des EGMR auseinandersetzen und Einschränkungen der Unionsgrundrechte am Maßstab der konventionsrechtlichen Rechtfertigungsanforderungen prüfen. Für Art. 28 GRC hat dies zur Folge, dass Einschränkungen des unionsrechtlichen Streikrechts auch an Art. 11 Abs. 2 EMRK zu messen sind. Im Widerstreit zwischen dem Grundrecht auf Streik und einer Grundfreiheit kommt es also darauf an, ob letztere ein legitimes Ziel nach Art. 11 Abs. 2 S. 1 EMRK verfolgt und „in einer demokratischen Gesellschaft notwendig“ ist. Sobald die notwendige Kohärenz durch die Rechtsprechung der Gerichtshöfe hergestellt ist, kann Art. 28 GRC sein Harmonisierungspotenzial voll ausschöpfen.

Ferner haben die Untersuchungen des vierten Teils bestätigt, dass die überkommene Normenpyramide, an deren Spitze das Unionsrecht rangiert, kein sinnvolles Konzept zur Lösung von Normkollisionen innerhalb des komplexen Grundrechtsgefüges mehr darstellt. Mit dem Unionsbeitritt zur Europäischen Menschenrechtskonvention werden die Konventionsvorgaben Rechtsverbindlichkeit erlangen und am – gleichwohl zweifelhaften – Anwendungsvorrang des EU-Rechts teilhaben. Das Konventionsrecht steht allerdings im nationalen Recht nur auf einfachgesetzlicher Ebene gemäß Art. 59 Abs. 2 S. 1 GG. Damit wird deutlich, dass sich mit Begriffen wie „Vorrang" oder „Supranationalität" die europäische Rechtswirklichkeit nicht bewältigen lässt. Vielmehr ist das Verhältnis der Rechtsregime als eine gleichberechtigte und wechselseitige Kontrollbeziehung im Sinne der „Checks and Balances" zu charakterisieren. Das wechselseitige Bemühen um Kohärenz im Grundrechtsgefüge des Europarechts ist daher auch unter legitimatorischen Gesichtspunkten erstrebenswert.

Aus alledem folgt, dass die Europäische Menschenrechtskonvention zum „Referenzzentrum" im europäischen Grundrechtsschutz geworden ist. Im Hinblick auf das Streikrecht sind Art. 11 EMRK und die Rechtsprechung des EGMR die maßstabbildenden Faktoren. Zugleich gewinnen Art. 6 Nr. 4 ESC und die Spruchpraxis des EKSR an Bedeutung, da der EGMR diese bei der Auslegung des Art. 11 EMRK heranzieht. Es bestätigt sich die eingangs aufgeworfene These, wonach Art. 6 Nr. 4 ESC indirekt einen erheblichen Harmonisierungsdruck auslöst, der weit über die an sich nur geringe Durchsetzungsfähigkeit der Europäischen Sozialcharta hinausreicht. Auf der Unionsebene ist dieser Harmonisierungs*druck* gegenwärtig jedoch nur ein Harmonisierungs*potenzial*: Der EuGH hat zwar Bezug auf Art. 6 Nr. 4 ESC genommen, ohne aber materiell-rechtliche Konsequenzen daraus zu ziehen. Allerdings zeigen die Erörterungen des Grundrechtekonvents, dass dem Art. 6 Nr. 4 ESC bei der Auslegung des Art. 28 GRC eine maßgebliche Bedeutung zukommt. Dies und der bevorstehende Unionsbeitritt zur Europäischen Menschenrechtskonvention werden ihr Übriges tun, um den EuGH künftig zu einer liberaleren Handhabung des Streikrechts zu bewegen.

Damit ergibt sich folgendes Bild: Art. 6 Nr. 4 ESC und Art. 11 EMRK werden dem unionsrechtlichen Streikrecht künftig sein materiell-rechtliches Gepräge verleihen. Auch wenn die Unionskompetenzen für das Streikrecht sehr begrenzt sind, fungiert Art. 28 GRC als ein zusätzlicher Harmonisierungsfaktor im europäischen Grundrechtsverbund[1]; denn Art. 28 GRC liegt die Wertentscheidung zu Grunde, dass im Bereich des Streikrechts eine europaweite Konvergenz erzielt werden soll. Die Konvergenz soll u. a. durch einen Rückgriff auf Art. 6 Nr. 4 ESC und Art. 11 EMRK erreicht werden. Dabei wirkt der Vorrang des Unionsrechts auf Art. 6 Nr. 4 ESC und Art. 11 EMRK zurück und gibt diesen Normen eine gesteigerte Durchschlagskraft. Es besteht also eine Wechselbeziehung zwischen dem materiellen Gehalt des Art. 6 Nr. 4 ESC und Art. 11 EMRK einerseits und der Anwendungsmacht des EU-Rechts andererseits. Die maßgebliche Bezugsnorm des EuGH ist allerdings nicht Art. 6 Nr. 4 ESC, sondern Art. 11 EMRK, der mit dem EGMR über ein verbindlich entscheidendes Sanktionsorgan verfügt. Hier bestätigt sich die Beobachtung[2], wonach die Sozialrechtsentwicklung nicht – wie zu erwarten – von sozialrecht-

[1] Begriff nach *Kingreen*, EuR 2010, 338.
[2] Siehe oben S. 103 ff.

lichen Einzelregelungen oder sozialen Grundrechten bestimmt wird, sondern vor allem durch die Freiheitsrechte vorangetrieben wird. Letztere übernehmen eine gestalterische Funktion, indem sie „über verschiedene interpretatorische Umwege auch auf sozialrechtliche Rechtspositionen zur Anwendung gebracht werden". Maßgeblich tragen hierzu die Europäische Menschenrechtskonvention und der EGMR bei.[3] Ein konkreter Anpassungsdruck für das nationale Streikrecht geht daher nicht primär von dem ohnehin kompetenzbeschränkten Unionsrecht aus, sondern von der Europäischen Menschenrechtskonvention. Der Fokus der folgenden Untersuchungen wird daher auf den Anpassungsdruck durch Art. 11 EMRK und die Rechtsprechung des EGMR gerichtet, wobei freilich die Wertungen des Art. 6 Nr. 4 ESC und des EKSR indirekt mitschwingen.

---

[3] *Nußberger*, in: von Maydell/Ruland/Becker, Sozialrechtshandbuch, § 34, Rn. 89.

6. Teil

Vorschlag zur Anpassung des deutschen Rechts

Abschließend bleibt zu klären, wie das nationale Recht auf die konventionsrechtlichen Vorgaben reagieren *sollte.* Dabei soll der Fokus auf dem deutschen Beamtenstreikverbot liegen; denn wie bereits dargestellt, hat der EGMR zum Grundsatz der Tarifbezogenheit des Streiks, zum Verbot wilder und politischer Streiks sowie zum Verhältnismäßigkeitsprinzip bisher keine konkreten Aussagen getroffen.[1] Das Beamtenstreikverbot ist ein Politikum, das hierzulande kontrovers und leidenschaftlich diskutiert wird. Im Folgenden wird auf die hinlänglich bekannten Argumentationsmuster verzichtet, die sich rein introspektiv auf den nationalen Verfassungs- und Wirtschaftskontext beschränken; denn die vorhergehenden Untersuchungen haben gezeigt, dass das Arbeitskampfrecht längst keine rein nationale Angelegenheit mehr ist, sondern immer stärker europarechtlich beeinflusst wird. Das Hauptaugenmerk der folgenden Untersuchungen liegt daher nicht auf dem materiellen nationalen Recht, sondern auf einer verfahrensrechtlichen „Europa-Perspektive".

Es wurde gezeigt, dass die Urteile des EGMR – wenn man die bisherigen Rechtsansichten des BVerfG konsequent zu Ende denkt – nach geltender Rechtslage keine Auswirkungen auf das nationale Beamtenstreikverbot haben, weil Art. 33 Abs. 4 und 5 GG gemäß dem BVerfG eine konventionsfreundliche Auslegung wohl nicht zulassen würden.[2] Dies ist freilich abzulehnen, da die überkommenen Argumentationsfiguren des BVerfG nach der hier vertretenen Ansicht nicht überzeugen können.[3] Die Probleme im Verhältnis zwischen dem Konventionsrecht und dem innerstaatlichen Recht lassen sich mit dem herkömmlichen Verständnis von Dualismus und Monismus nicht mehr beherrschen. Weder die strikte Trennung noch die hierarchische Einheitsbildung taugen zur Konfliktbewältigung zwischen den gleichgeordneten Rechtsebenen.[4] Es sind neue Denkansätze zu entwickeln, die dem erhöhten Harmonisierungsdruck und dem Gebot der Konventionsfreundlichkeit angemessen Rechnung tragen. Fußend auf diesem theoretischen Unterbau werden anschließend Verbesserungsvorschläge gemacht, wie mit dem deutschen Beamtenstreikverbot umzugehen ist.

[1] Siehe oben S. 296 ff.
[2] Siehe oben S. 335 ff.
[3] Siehe oben S. 345 ff.
[4] Siehe oben S. 345 ff.

Die folgende Untersuchung vollzieht sich vom Abstrakten zum Konkreten, und zwar derart, dass im ersten Abschnitt die konfliktträchtige Situation zwischen dem nationalen Recht und dem Konventionsrecht zusammenfassend dargestellt und im zweiten Abschnitt ein allgemeiner Lösungsansatz formuliert wird. Dabei wird auf sozialwissenschaftliche Erkenntnisse zurückgegriffen. Dann werden im dritten Abschnitt die gewonnenen Ergebnisse auf das Beamtenstreikverbot angewendet und es wird Stellung zur Anpassung des nationalen Rechts bezogen. Im vierten Abschnitt werden schließlich Vorschläge zur Gestaltung eines deutschen Beamtenstreikrechts gemacht.

1. Abschnitt

Herausforderungen der diffizilen Konfliktsituation

Zunächst werden also die Ursachen und Folgeprobleme des Konflikts im europäischen Grundrechtsschutz dargestellt, um Lösungsansätze vorzubereiten. Vorrangig geht es um das Verhältnis zwischen der Europäischen Menschenrechtskonvention und dem nationalen Recht, denn – wie bereits gesehen – bieten Art. 6 Nr. 4 ESC und das Unionsrecht jeweils nur geringes Reibungspotenzial für das nationale Recht. Erst die Anwendungsmacht des EGMR und die künftige Bindung der Union an die Europäische Menschenrechtskonvention lassen einen folgeschweren Harmonisierungsdruck entstehen. Der Fokus der folgenden Ausführungen wird daher auf dem Verhältnis zwischen dem Konventionsrecht und dem nationalen Recht – einschließlich der jeweiligen rechtsprechenden Akteure – liegen.

A. „Horizontale Grundrechtskollision"

Das komplizierte Verhältnis zwischen den konventionsrechtlichen und den nationalen Streikrechtsvorgaben sowie den jeweiligen rechtsprechenden Akteuren ist Ausdruck eines postmodernen „Rechtspluralismus",[1] der die „dynamische[n] Wechselwirkungen in einer Vielzahl von Normordnungen innerhalb eines gesellschaftlichen Feldes" beschreibt.[2] Es geht beim Rechtspluralismus nicht allein um eine Verhältnisbeschreibung zwischen gesellschaftlichen Regelungsregimen,[3] sondern auch um den Konflikt zwischen einzelnen Teilrechtsordnungen innerhalb des nationalen Rechtsraums. Darin eingeschlossen ist der Konflikt zwischen nationalem Recht und Völker- bzw. Europarecht.[4] Der Rechtspluralismus birgt erhebliches Spannungspotenzial, weil den einzelnen

---

[1] *Eckert-Höfer*, EuGRZ 2011, 193 (194); *Vesting*, VVDStRL, 63 (2004), 41 (59 ff.); *Viellechner*, EuGRZ 2011, 203; siehe bereits oben S. 193; Zu den rechtssoziologischen und rechtshistorischen Ursprüngen dieses Begriffs siehe *Teubner*, in: Liber Amicorum Josef Esser, S. 191 (208 f.); *Viellechner*, Der Staat Bd. 51 (2012), S. 559 (564 ff.). Der Begriff wurde von *John Griffiths* neu eingeführt, um die postmoderne Beziehung von Recht und Gesellschaft zu beschreiben als „presence in a social field of more than one legal order" (*Griffiths*, Journal of Legal Pluralism 24 (1986), 1).

[2] *Teubner*, in: Liber Amicorum Josef Esser, S. 191 (198).

[3] *Fischer-Lescano / Teubner*, Regime-Kollisionen, S. 7 ff.

[4] Grundlegend siehe *Teubner*, Recht als autopoietisches System, S. 123 ff.

Teilrechtsordnungen eine übergeordnete und daher streitschlichtende Einheit fehlt.[5] Es ist folglich unsauber, von einem „Mehrebenensystem“[6] zu sprechen, weil dieser Begriff eine Hierarchisierbarkeit der einzelnen Rechtsregime im Sinne einer systemimmanenten Stufenordnung impliziert.[7] Viel treffender beschreibt *Georg Ress* das Verhältnis zwischen dem Konventionsrecht und dem nationalen Recht mit dem Begriff der „horizontalen Grundrechtskollision“[8].

Im Ausgangspunkt der Kollision steht die konkurrierende Anwendbarkeit der Europäischen Menschenrechtskonvention und des nationalen Rechts. Staatliche Maßnahmen sind an den Vorgaben beider Rechtsregime zu messen.[9] Diese latente Konkurrenzsituation führt immer dann zu einem Konflikt, wenn die Rechtsordnungen unterschiedliche Normbefehle enthalten.[10] Vorliegend resultieren die Divergenzen im Streikrecht weniger aus dem geschriebenen Gesetzesrecht als aus der Rechtsprechung des EGMR und der nationalen Gerichte – vor allem aus der Rechtsprechung des BVerfG.[11] Zwar judizieren der EGMR und das BVerfG anhand unterschiedlicher Prüfungsmaßstäbe, doch bestehen zahlreiche materiell-rechtliche Überschneidungen der Gewährleistungen.[12] Prozessrechtliche Vorkehrungen gegen einen Jurisdiktionskonflikt bilden die zunehmende Verzahnung zwischen den beiden Regelungsregimen und den jeweiligen Gerichten nur unzureichend ab. Die Schutzgegenstände der Europäischen Menschenrechtskonvention und des Grundgesetzes überschneiden sich weitgehend und fordern die zur Entscheidung berufenen Gerichte zu eigenständigen Wertungen heraus:[13]

Eine Individualbeschwerde vor dem EGMR setzt gemäß Art. 35 Abs. 1 EMRK zwar die innerstaatliche Rechtswegerschöpfung – einschließlich einer erfolglosen Verfassungsbeschwerde vor dem BVerfG voraus.[14] Infolgedes-

---

[5] *Viellechner*, Der Staat Bd. 51 (2012), S. 559 (567); *Wendel*, Permeabilität, S. 23.

[6] Diesen Begriff wählen *Meinhard Schröder* (Gesetzesbindung des Richters und Rechtsweggarantie im Mehrebenensystem) sowie *Nele Matz-Lück* und *Mathias Hong* (Grundrechte und Grundfreiheiten im Mehrebenensystem) – auch für das Verhältnis zwischen der Europäischen Menschenrechtskonvention und dem nationalen Recht. Auch *Josef Franz Lindner* spricht im Hinblick auf den europäischen Grundrechtsschutz von einem „Mehrebenen-System“ (*Lindner*, EuR 2007, 160).

[7] Kritik am Begriff des „Mehrebenensystems“ äußert auch *Vesting*, VVDStRL 63 (2004), 41 (64).

[8] Begriff nach *Ress*, in: GS Bleckmann, S. 313; dem folgend *Sauer*, EuGRZ 2011, 195.

[9] *Sauer*, EuGRZ 2011, 195 (196).

[10] *Sauer*, EuGRZ 2011, 195.

[11] *Klein*, NVwZ 2010, 221; *Korioth*, in: Schlaich/Korioth, Das Bundesverfassungsgericht, 4. Teil, Rn. 358.

[12] *Bergmann*, EuGRZ 2004, 620 (621); *Dörr*, DVBl 2006, 1088 (1093); *Knauff*, DVBl 2010, 533 (535).

[13] *Knauff*, DVBl 2010, 533 (535 f.).

[14] EGMR v. 31. 5. 2001 – 37591/97 (Metzger/Deutschland), NJW 2002, 2856; *Dederer*, ZaöRV 2006, 575 (618 f.); *Ekardt/Lessmann*, Kritische Justiz 2006, 381 (386 f.); *Hoff-*

sen prüft der EGMR Entscheidungen des BVerfG „letztinstanzlich“ auf ihre Konventionskonformität. In derselben Rechtssache kann sich das BVerfG dann nicht mehr mit den Ansichten des Gerichtshofs auseinandersetzen.[15] Allerdings überprüfen das BVerfG und alle innerstaatlichen Gerichte nationale Maßnahmen schon von vornherein mittelbar am Maßstab der Europäischen Menschenrechtskonvention, indem sie diese trotz ihres nur einfachgesetzlichen Rangs als Auslegungshilfe heranziehen. Dies hat zur Folge, dass eine Verfassungsbeschwerde vor dem BVerfG mittelbar auf eine Verletzung der Europäischen Menschenrechtskonvention gestützt werden kann.[16] Damit ist derselbe Rechtsfall einer doppelten Beurteilung durch die beiden Gerichte zugänglich.[17] Die materiell-rechtliche Subsidiaritätsregel in Art. 35 Abs. 1 EMRK kann kaum zu einer Konfliktmilderung beitragen, weil sie der sich materiell-rechtlich herausbildenden Verzahnung zwischen dem nationalen und dem konventionsrechtlichen Menschenrechtsschutz nicht gerecht wird.[18] Die rechtsprechenden Akteure der beiden Rechtsebenen bemühen sich – mehr oder weniger erfolgreich – um eine Angleichung ihrer Schutzstandards. Folglich messen der EGMR und das BVerfG mitgliedstaatliche Maßnahmen anhand vergleichbarer Maßstäbe.[19] Konfliktverstärkend kommt hinzu, dass die Subsidiaritätsregel nach Art. 35 Abs. 1 EMRK – wie bereits erörtert – eine vorherige erfolglose Anrufung des BVerfG verlangt. Damit führt eine Individualbeschwerde gegen die Bundesrepublik stets zu einer konventionsrechtlichen Kontrolle des bundesverfassungsgerichtlichen Grundrechtsschutzes.[20] Umgekehrt kann eine Verfassungsbeschwerde seit dem „Görgülü“-Beschluss mittelbar auf eine Verletzung der Europäischen Menschenrechtskonvention gestützt werden.[21] Dass die Gerichte dabei zu unterschiedlichen Werturteilen gelangen und abweichende Normbefehle formulieren, ist sehr wahrscheinlich[22] und hat sich nun auch in der Frage des Beamtenstreikrechts gezeigt. Welche Rechtsebene das „letzte Wort“ hat, lässt sich folglich nicht eindeutig ermitteln. Die prozessrechtlich angelegte Letztentscheidungskompetenz des EGMR findet im materiellen Verfassungsrecht der Bundesrepublik Deutschland keine Entsprechung. Eine klare Hierarchisierung der Rechtsebenen ist auch deshalb nicht

---

mann-Riem, EuGRZ 2002, 473 (475); *Jaeger*, EuGRZ 2005, 193 (200); *Klein*, in: Merten / Papier, Handbuch der Grundrechte, Band VI / 1, § 150, Rn. 64; *Schröder*, Gesetzesbindung des Richters und Rechtsweggarantie im Mehrebenensystem, S. 187; siehe auch bereits oben S. 305.

[15] *Knauff*, DVBl 2010, 533 (536).

[16] Siehe oben S. 228 f.

[17] *Knauff*, DVBl 2010, 533 (535).

[18] *Knauff*, DVBl 2010, 533 (536).

[19] Vgl. *Dörr*, DVBl 2006, 1088 (1098).

[20] *Dörr*, DVBl 2006, 1088 (1095).

[21] BVerfG v. 14. 10. 2004 – 2 BvR 1481 / 04, NJW 2004, 3407.

[22] Vgl. *Gusy*, JA 2009, 406 (407).

möglich, weil die Europäische Menschenrechtskonvention auf Grund ihrer völkerrechtlichen Wurzeln – anders als das Unionsrecht[23] – keinen Vorrang einfordert.[24] Im Außenverhältnis verlangt das Konventionsrecht zwar die unbedingte innerstaatliche Befolgung, trifft aber keine Aussage darüber, welche Stellung ihm im nationalen Recht einzuräumen ist. In der Bundesrepublik sind diese unbedingte Befolgungspflicht und der einfachgesetzliche Rang der Europäischen Menschenrechtskonvention (Art. 59 Abs. 2 S. 1 GG) mit dem „Kunstgriff" der konventionsfreundlichen Auslegung noch nicht zufriedenstellend auf einen Nenner gebracht worden.[25] Eine zusätzliche Schwäche liegt darin, dass die Entscheidungen des Straßburger Gerichtshofs keine kassatorische oder rechtskraftdurchbrechende Wirkung besitzen.[26]

In Ermangelung eines einheitlichen Grundrechtskatalogs und eines klaren Instanzenzugs fühlen sich sowohl das BVerfG als auch der EGMR dazu herausgefordert, ein Letztentscheidungsrecht für sich zu reklamieren. *Oliver Dörr* beschreibt das Verhältnis der Gerichte daher zutreffend als einen durch die widersprüchliche Zuständigkeitsverteilung bedingten „Kontrollkonflikt".[27] Die grundgesetzlichen Kompetenzzuweisungen an das BVerfG tun ihr Übriges, um das Selbstbewusstsein der Verfassungsrichter zu stärken. Nach dem Grundgesetz ist das BVerfG nämlich auch für die Auslegung derjenigen Verfassungsbestimmungen zuständig, die als Einfallstor für europarechtliche Einflüsse dienen.[28] Auf diese Weise kann das BVerfG die innerstaatliche Verbindlichkeit und die „Kontrollfolgen"[29] der EGMR-Entscheidungen eigenständig festlegen.[30] Seit dem „Görgülü"-Beschluss greift das BVerfG auf die Argumentationsfiguren der „tragenden Grundsätze der Verfassung" und der „mehrpoligen Grundrechtsverhältnisse" zurück. Vor allem in multipolaren Konfliktlagen bezweifelt das BVerfG die Kompetenzen des EGMR und erklärt die Konventionsvorgaben in diesen Konstellationen quasi für unbeachtlich.[31] Das BVerfG spricht damit nicht nur der deutschen Verfassung, sondern auch sich selbst das „letzte Wort" zu.[32] Damit rücken aber die Selbstbehauptungs-

[23] Siehe oben S. 355 ff.

[24] *Dederer*, ZaöRV 2006, 575 (616 f.); *Hilf*, in: Marenholz/Hilf/Klein, Entwicklung der Menschenrechte, S. 19 (31); *Pache*, EuR 2004, 393 (400); *Schilling*, Deutscher Grundrechtsschutz, S. 210 f.

[25] *Schilling*, Deutscher Grundrechtsschutz, S. 12 f.

[26] *F. Kirchhof*, NJW 2011, 3681 (3683); *Sauer*, ZaöRV 2005, 35 (50); *Schaller*, EuR 2006, 656 (658).

[27] *Dörr*, DVBl 2006, 1088 (1094); Begriff stammt von: *Lutz*, Kompetenzkonflikte und Aufgabenverteilung zwischen nationalen und internationalen Gerichten, S. 21.

[28] Siehe oben S. 229 ff.

[29] Begriff nach *Hoffmann-Riem*, EuGRZ 2006, 492.

[30] *Schilling*, Deutscher Grundrechtsschutz, S. 16.

[31] Siehe oben S. 335 ff.

[32] *Griebel*, Der Staat Bd. 52 (2013), S. 371 (380); *Schilling*, Deutscher Grundrechtsschutz, S. 94 f.

versuche des BVerfG in das kritikwürdige Licht der eigenen Machterhaltung. Angesichts einer zunehmenden Rechtsprechungsdynamik und eines verstärkten Harmonisierungsdrucks durch den EGMR ist diese Entwicklung zwar nachvollziehbar, aber im Ergebnis verfehlt. Das BVerfG bleibt in hierarchischen Denkmustern verhaftet und überbewertet nationalstaatliche Souveränität. Im Übrigen birgt der den Fachgerichten gewährte Beurteilungsspielraum die Gefahr der Rechtsunsicherheit und führt zu einer Destabilisierung des Menschenrechtsschutzes.[33] Zugleich vernachlässigt das BVerfG die rechtspolitische Bedeutung der Konvention. Schon der Grundsatz *pacta sunt servanda* und das Loyalitätsgebot in Art. 52 EMRK verpflichten zu einer Einhaltung der vom EGMR formulierten Konventionsvorgaben.[34] Ferner kann die Nichtbefolgung der EGMR-Entscheidungen einschneidende Folgen für den europäischen Zusammenhalt haben.[35] Wenn sich ein Konventionsstaat einer Vorgabe des EGMR widersetzt, drohen ein Nachahmeffekt und eine Schwächung des Konventionsschutzes. Daher wird mit Recht gefordert, die „Folgen für das Konventionsregime im Ganzen" zu berücksichtigen.[36] Diese rechtspolitische Bedeutung des Konventionsrechts ist nach der hier vertretenen Ansicht auch dann zu wahren, wenn die EGMR-Judikatur nur eine Orientierungswirkung entfaltet.

Im Zusammenspiel der Gerichte ist aber nicht nur das Verhalten des BVerfG kritikwürdig; denn wie gezeigt werden konnte, neigt der EGMR zu einer übersteigerten Dynamisierung und löst sich immer weiter vom Wortlaut der Europäischen Menschenrechtskonvention, ohne dabei ausreichend auf nationale Rahmenbedingungen einzugehen.[37] Wenngleich sich die Rechtsprechungsentwicklung des EGMR anhand „artverwandter" Vertragswerke prognostizieren lässt und in der Sache durchaus zu begrüßen ist, wäre dennoch eine transparentere Argumentation im Sinne der Rechtssicherheit notwendig und wünschenswert.[38]

B. Versagen überkommener Denkmuster

Die „horizontale Grundrechtskollision" wirft Probleme auf, die sich mit herkömmlichen Denkmustern nicht mehr bewältigen lassen. Allen voran muss das nationale Souveränitätsverständnis angepasst werden. Dies hat zur Folge,

---

[33] Siehe oben S. 346 ff.

[34] *Sauer*, ZaöRV 2005, 35 (52).

[35] Vgl. zum Bruch völkervertraglicher Pflichten im Allgemeinen *Payandeh*, JöR 2009, 465 (497 f.).

[36] *Sauer*, ZaöRV 2005, 35 (52).

[37] Siehe oben S. 283 ff.

[38] Siehe oben S. 285 f.

dass mit den Erklärungsmodellen des Monismus und Dualismus nicht mehr gearbeitet werden kann:

Dem verstärkten konventionsrechtlichen Einfluss hat das BVerfG in der Vergangenheit immer wieder die nationalstaatliche Souveränität entgegengehalten, ihre Bedeutung aber Schritt für Schritt relativiert. Im „Görgülü"-Beschluss heißt es noch:

> Das Grundgesetz erstrebt die Einfügung Deutschlands in die Rechtsgemeinschaft friedlicher und freiheitlicher Staaten, verzichtet aber nicht auf die in dem letzten Wort der deutschen Verfassung liegende Souveränität.[39]

An anderer Stelle des Beschlusses korrigiert das BVerfG diese Einschätzung jedoch und gibt zu, dass die nationalstaatliche Souveränität gerade durch völkervertraglich eingegangene Bindungen und durch eine internationale Zusammenarbeit dokumentiert werde.[40] Im „Sicherungsverwahrung II"-Beschluss geht das BVerfG noch einen Schritt weiter und erklärt:

> Die Völkerrechtsfreundlichkeit des Grundgesetzes ist damit Ausdruck eines Souveränitätsverständnisses, das einer Einbindung in inter- und supranationale Zusammenhänge sowie deren Weiterentwicklung nicht nur nicht entgegensteht, sondern diese voraussetzt und erwartet. Vor diesem Hintergrund steht auch das „letzte Wort" der deutschen Verfassung einem internationalen und europäischen Dialog der Gerichte nicht entgegen, sondern ist dessen normative Grundlage.[41]

Die Gegenüberstellung der bundesverfassungsgerichtlichen Aussagen verdeutlicht, dass das BVerfG sein Souveränitätsverständnis dem verstärkten europäischen – und vor allem dem konventionsrechtlichen – Harmonisierungsdruck angepasst hat. Jedenfalls möchte das BVerfG diesen Anschein erwecken. Die Argumentationsfiguren der „mehrpoligen Grundrechtsverhältnisse" und der „tragenden Grundsätze der Verfassung" sprechen jedoch eine andere Sprache. Wie bereits gezeigt, zeugen diese Vorbehalte von einer Überbewertung nationalstaatlicher Souveränität, die sich schließlich zu Lasten der Rechtssicherheit und auch der Konventionsfreundlichkeit auswirkt.[42] Festzuhalten bleibt, dass sich das BVerfG im Ergebnis nicht konsequent an seine eigenen Postulate hält. Gleichwohl ist deutlich geworden, dass sich beim Souveränitätsverständnis ein Bewusstseinswandel vollzogen hat – Grund genug, sich die Ursachen des Wandels und dessen Einfluss auf die Konfliktlösung zwischen dem Konventionsrecht und dem nationalen Recht vor Augen zu führen:

Der Staat wird traditionellerweise als Dreiklang aus Staatsvolk, Staatsgebiet und Staatsgewalt definiert,[43] wobei die Souveränität als Element der letzteren

---

39 BVerfG v. 14.10.2004 – 2 BvR 1481/04, NJW 2004, 3407 (3408).
40 BVerfG v. 14.10.2004 – 2 BvR 1481/04, NJW 2004, 3407 (3408).
41 BVerfG v. 4.5.2011 – 2 BvR 2365/09 (u.a.), NJW 2011, 1931 (1935).
42 Siehe oben S. 345 ff.
43 *Jellinek*, Allgemeine Staatslehre, S. 394 ff.

verstanden wird.[44] Seit dem 19. Jahrhundert hat sich der Staat allmählich vom allmächtigen Souverän zum integrationsoffenen und völkerrechtsfreundlichen Staat entwickelt.[45] Die „offene Staatlichkeit"[46] versteht freiwillig eingegangene Völkerrechtsbindungen als Ausdruck nationaler Autonomie.[47] Vor allem im Bereich des europäischen Menschenrechtsschutzes hat sich der Staat immer stärker in ein Netz unterschiedlicher Regelungsregime verstrickt.[48] Daher musste im Staats- und Völkerrecht die Vorstellung von einer „Aufgabenallzuständigkeit des Staates"[49] allmählich verabschiedet werden.[50] „Klassische" Staatsaufgaben werden nun im „Verfassungsverbund"[51] aus supra- und internationalen Teilrechtsordnungen wahrgenommen. Besonders deutlich lässt sich diese Entwicklung am Beispiel der Europäischen Gemeinschaften bzw. der heutigen EU nachvollziehen[52] – aber nicht nur dort, sondern auch im Verhältnis zwischen dem Konventionsrecht und dem Recht der Mitgliedstaaten. Das Grundgesetz lässt diese Entwicklung nicht nur zu, sondern fordert eine Öffnung gegenüber internationalen und europäischen Einflüssen ausdrücklich ein; hierin zeigt sich die Völkerrechts- und Konventionsfreundlichkeit der Verfassung.[53] Auch die hiesige Verfassungsrechtsprechung hat sich konventionsrechtlichen Einflüssen immer stärker geöffnet: Mit Vehemenz hat sich das BVerfG im „Görgülü"-Beschluss der bilateralistischen[54] Rechtsansicht des OLG Naumburg[55] entgegengestellt, wonach Entscheidungen des EGMR nur die Bundesrepublik als Völkerrechtssubjekt binden, nicht aber die innerstaatlichen Organe, Behörden und Gerichte. Im Gegenteil – so das BVerfG – begründe das Konventionsrecht konkrete einklagbare Rechte für den Bürger. Im „Sicherungsverwahrung II"-Beschluss hat das BVerfG diese Rechtsprechung – wie bereits eingehend erörtert – konsequent fortgesetzt. Vor diesem

---

[44] *Kokott*, VVDStRL 63 (2004), 7 (17).

[45] *Vesting*, VVDStRL 63 (2004), 41 (60 f.).

[46] *Vogel*, Die Verfassungsentscheidung des GG für eine internationale Zusammenarbeit, S. 33 und 42; *von Bogdandy/Villalón/Huber*, Handbuch Ius Publicum Europaeum: Band II: Offene Staatlichkeit – Wissenschaft vom Verfassungsrecht; *Hobe*, Der offene Verfassungsstaat, insbesondere S. 409 ff.

[47] Maunz/Dürig/*Maunz*, Präambel, Rn. 22.

[48] *Kokott*, VVDStRL 63 (2004), 7 (23 f.).

[49] *Hobe*, Der offene Verfassungsstaat, S. 409.

[50] Vgl. *Vesting*, VVDStRL 63 (2004), 41 (53).

[51] Begriff nach *Pernice*, Das Verhältnis europäischer zu nationalen Gerichten im europäischen Verfassungsverbund.

[52] *Kokott*, VVDStRL 63 (2004), 7 (21 f.); *Schilling*, Deutscher Grundrechtsschutz, S. 36.

[53] BVerfG v. 4. 5. 2011 – 2 BvR 2365/09 (u. a.), NJW 2011, 1931 (1935); BVerfG v. 30. 6. 2009 – 2 BvE 2/08 (u. a.), NJW 2009, 2267 (2270), Rn. 219 f.; *Hobe*, der offene Verfassungsstaat, S. 409 ff.; *Voßkuhle*, NVwZ 2010, 1 (2).

[54] *Ress*, ZaöRV 2004, 621 (623).

[55] OLG Naumburg v. 30. 6. 2004 – 14 WF 64/04; zit. nach: juris, Rn. 24.

Hintergrund sind die pauschalen Vorbehalte, die das BVerfG gegenüber den EGMR-Entscheidungen formuliert hat, als inkonsequent zu bewerten.[56]

Der Mangel der bundesverfassungsgerichtlichen Vorbehalte liegt darin, dass sie auf einem überkommenen Verständnis des Verhältnisses zwischen Konventionsrecht und nationalem Recht aufbauen. Der Dualismus taugt nicht als Erklärungsmodell, weil er die Verzahnung zwischen dem Konventionsrecht und dem nationalen Recht nicht zutreffend abbilden kann.[57] Aber auch die monistische Vorstellung von der Einheit des Rechts wird dem „horizontalen", d. h. gleichrangigen Verhältnis zwischen dem Konventionsrecht und dem nationalen Recht sowie der Beziehung zwischen den rechtsprechenden Akteuren nicht gerecht.[58] Eine pauschale Trennung oder Hierarchisierung der Rechtsebenen verbietet sich – und zwar sowohl aus konventionsrechtlicher als auch aus nationaler Perspektive: Ein Vorrang des nationalen Rechts trägt dem konventionsrechtlichen Menschenrechtsschutz und dem zunehmenden Harmonisierungsdruck nicht ausreichend Rechnung. Hingegen würde auch ein pauschaler Vorrang des Konventionsrechts zu einer inakzeptablen Vernachlässigung nationaler Eigenarten führen, die sich aus den geschichtlichen, politischen und kulturellen Rahmenbedingungen Deutschlands entwickelt haben.[59] Hieran zeigt sich, dass der Konflikt mit einer pauschalen Vorrangregelung nicht zu lösen ist. Die Frage „nach der Letztentscheidung" erweist sich nämlich als „falsch gestellt".[60]

Als verfehlt muss folglich auch ein Ansatz gelten, wonach der Europäischen Menschenrechtskonvention wegen ihrer angeblichen Supranationalität eine absolute Vorrangwirkung[61] zuzusprechen ist.[62] Eine Organisation gilt als supranational, wenn sie dazu ermächtigt ist, die Mitgliedstaaten auch ohne deren Zustimmung unmittelbar rechtlich zu verpflichten.[63] Dem EuGH wird die Supranationalität wegen des unionsrechtlichen Anwendungsvorrangs[64] einhellig zugesprochen.[65] Die Europäische Menschenrechtskonvention mag

---

[56] Vgl. *Schilling*, Deutscher Grundrechtsschutz, S. 192 f.

[57] Vgl. *Kokott*, VVDStRL 63 (2004), 7 (21 f.).

[58] Vgl. *Kokott*, VVDStRL 63 (2004), 7 (35); vgl. auch *Fischer-Lescano/Renner*, in: Terhechte, Verwaltungsrecht der EU, § 10, Rn. 53.

[59] *F. Kirchhof*, NJW 2011, 3681 (3682).

[60] *Franzius*, Europäisches Verfassungsrechtsdenken, S. 121.

[61] Für die „Supranationalität" der Europäischen Menschenrechtskonvention plädierend *Ress*, ZaöRV 2004, 621; grundlegend *Uerpmann-Wittzack*, Die Europäische Menschenrechtskonvention und die deutsche Rechtsprechung; siehe auch *Walter*, ZaöRV 1999, 961.

[62] *Czerner*, EuR 2007, 537.

[63] *Di Fabio*, Das beamtenrechtliche Streikverbot, S. 61 f.; *Ress*, ZaöRV 2004, 621; *Schilling*, Deutscher Grundrechtsschutz, S. 29.

[64] EuGH v. 5. 2. 1963 – C-26/62 (van Gend & Loos), NJW 1963, 974; EuGH v. 15. 7. 1964 – C-6/64 (Costa/E. N. E. L), NJW 1964, 2371.

[65] Statt aller *Nettesheim*, in: Grabitz/Hilf/Nettesheim, Das Recht der EU, Art. 1 AEUV, Rn. 65; *Ress*, ZaöRV 2004, 621; differenzierter dazu siehe oben S. 347 ff.

zwar wegen ihres mächtigen Sanktionsorgans EGMR und dessen dynamischer Rechtsprechung sowie dem prägenden konventionsrechtlichen Einfluss auf den europäischen Menschenrechtsschutz und nicht zuletzt wegen der innerstaatlichen Orientierungswirkung supranationale Züge aufweisen.[66] Dennoch ist es verfehlt, hieraus eine absolute Vorrangwirkung der Europäischen Menschenrechtskonvention und der EGMR-Judikatur abzuleiten. Zum einen wird mit der Annahme einer Vorrangwirkung in hierarchische Denkmuster verfallen, die der horizontalen Kollisionslage jedoch nicht gerecht werden. Zum anderen fehlt es den Entscheidungen des EGMR an einer Durchgriffswirkung[67] und außerdem fordert die Europäische Menschenrechtskonvention eine Vorrangwirkung gegenüber dem nationalen Recht auch selbst nicht ein.[68]

C. Dialog als normativer Auftrag

Während bisher eine deskriptive Herangehensweise gewählt wurde, geht es im Folgenden um die Frage, wie mit der „horizontalen Grundrechtskollision" umgegangen werden *sollte*. Nur so lässt sich im Anschluss ein systematischer Ansatz erarbeiten, wie das Streikrechtsproblem zu handhaben ist.

Eine befriedigende Konfliktlösung muss von dem Ziel geleitet sein, sowohl die Eigenrationalität der nationalen Rechtsordnung als auch die Konventionsvorgaben so weit wie möglich zu wahren. Insofern sind die Überlegungen des BVerfG nachvollziehbar und zutreffend. Allerdings sind die vom BVerfG gewählten Argumentationsfiguren reduktionistisch und daher im Ergebnis abzulehnen.[69] Grundvoraussetzung für ein fruchtbares Zusammenwirken zwischen dem EGMR und den nationalen Gerichten ist, dass sich die Gerichte gegenseitig beobachten und rezipieren.[70] Dabei muss die Bereitschaft zur *wechselseitigen* Anpassung bestehen, die auch ein kritisches Hinterfragen der eigenen Kompetenzansprüche impliziert.[71]

Über die „genauen Techniken des Zusammenspiels"[72] bestehen allerdings Uneinigkeiten. In der Literatur ist des Öfteren vorgeschlagen worden, die Zuständigkeiten der Gerichte aufzuteilen. Nach *Ferdinand Kirchhof* sei die Abgrenzung anhand der den Gerichten zugewiesenen Funktionen vorzunehmen.

---

[66] *Pache*, EuR 2004, 393 (399 f.); *Schilling*, Deutscher Grundrechtsschutz, S. 28.

[67] *F. Kirchhof*, NJW 2011, 3681 (3683); *Sauer*, ZaöRV 2005, 35 (44).

[68] *Dederer*, ZaöRV 2006, 575 (616 f.); *Hilf*, in: Marenholz/Hilf/Klein, Entwicklung der Menschenrechte, S. 19 (31); *Pache*, EuR 2004, 393 (400); *Schilling*, Deutscher Grundrechtsschutz, S. 210 f.

[69] Siehe oben S. 345 ff.

[70] *Möllers*, EuR 2006, 424 (429).

[71] *Cremer*, EuGRZ 2011, 225 (228); *Jaeger*, EuGRZ 2005, 193 (194).

[72] *Voßkuhle*, NVwZ 2010, 1 (3).

Zwar sei der EGMR mit dem Menschenrechtsschutz betraut, allerdings habe dieser Auftrag nur begrenzt Gültigkeit: Sowohl die konventionsrechtlichen Vorgaben – insbesondere Art. 53 EMRK – als auch die beschränkten Rechtsprechungskapazitäten wiesen darauf hin, dass der EGMR lediglich verbindliche Mindeststandards setzen könne.[73] Ähnlich möchte auch *Hans-Jürgen Papier* dem EGMR lediglich eine subsidiäre Funktion zuweisen, wenn Grundrechte im nationalen Recht bereits ausreichend berücksichtigt würden. Die Kontrolle des EGMR sei auf Fälle zu beschränken, in denen sich der mitgliedstaatliche Schutz als „systematisch unterentwickelt und defizitär" erweise.[74] Bei *Meinhard Schröder* heißt es schließlich, die Zuständigkeiten zwischen den Gerichten seien nach Grundsatzfragen aufzuteilen. Der EGMR solle sich – ähnlich wie das BVerfG – ausschließlich mit „spezifischen Menschenrechtsverletzungen" befassen. Auf diese Weise wäre der EGMR im Stande, richtungsweisende und grundlegende Schutzstandards zu definieren, ohne eine vollständige Rechtsangleichung zu erzwingen und nationale Besonderheiten zu nivellieren.[75]

Diese Vorschläge sind jedoch abzulehnen, da sie unter dem Deckmantel der Dialogbereitschaft Vorbehalte aufrechterhalten, die sich mit der „Horizontalität" von Europäischer Menschenrechtskonvention und nationalem Recht nicht vertragen. Ebenso ist auch eine „Supranationalitätsfiktion"[76] zu Gunsten der Europäischen Menschenrechtskonvention verfehlt.[77] Derartige Ansichten wollen entgegen dem Willen der Europäischen Menschenrechtskonvention und des Grundgesetzes ein Rangverhältnis der Rechtsebenen konstruieren und verhindern eine eingehende Auseinandersetzung mit der Rechtsprechung des EGMR. Eine eingehende Auseinandersetzung ist aber unerlässlich für ein respektvolles und fruchtbares Zusammenwirken der Rechtsebenen und ihrer jeweiligen Akteure. Überzeugender ist daher das an beide Seiten gerichtete Postulat, einander „Autonomiespielräume" zu belassen.[78] In eine ähnliche Richtung geht der Vorschlag von *Wolfgang Hoffmann-Riem*, wonach der EGMR den nationalen Gerichten einen „Korridor" vertretbarer Lösungen einräumen solle.[79] Kritikwürdig ist diese Ansicht allerdings deshalb, weil *Wolfgang Hoffmann-Riem* diese Lösung pauschal auf alle multipolaren Konfliktlagen bezieht. Im Ergebnis lässt sich ein derart inflationärer Gebrauch des fachgerichtlichen Beurteilungsspielraums aber weder mit dem Anliegen des

[73] *F. Kirchhof*, NJW 2011, 3681 (3682 f.).
[74] *Papier*, EuGRZ 2010, 368.
[75] *Schröder*, Gesetzesbindung des Richters und Rechtsweggarantie im Mehrebenensystem, S. 228 ff.
[76] *Ress*, ZaöRV 2004, 621; grundlegend *Uerpmann-Wittzack*, Die Europäische Menschenrechtskonvention und die deutsche Rechtsprechung; siehe auch *Walter*, ZaöRV 1999, 961.
[77] Siehe bereits oben S. 422 ff.
[78] *Mayer*, EuGRZ 2011, 234 (236).
[79] *Hoffmann-Riem*, EuGRZ 2006, 492.

effektiven Menschenrechtsschutzes vereinbaren, noch kann auf diese Weise Rechtssicherheit gewährleistet werden.[80] Dass aber unter bestimmten Umständen ein Entscheidungsspielraum eingeräumt wird, ist einer Kooperation im Gerichtsverbund durchaus zuträglich. Unter eingeschränkten Anwendungsvoraussetzungen kann die „Korridor"-Lösung also auch nach der hier vertretenen Ansicht ein praktikabler Ansatz zur Abstimmung der Rechtsebenen sein.

Auch in der Rechtswirklichkeit lassen sich bereits konkrete Bemühungen um eine fruchtbare Zusammenarbeit beobachten;[81] denn trotz der kritikwürdigen Vorbehalte, die das BVerfG in der „Görgülü"-Entscheidung gegenüber den EGMR-Judikaten anbringt, ist anzuerkennen, dass das BVerfG den Fachgerichten eine Kenntnisnahme- und Berücksichtigungspflicht auferlegt.[82] Darin kommt eine Wertschätzung für die EGMR-Judikate zum Ausdruck, die unerlässlich für ein fruchtbares Zusammenwirken ist. Diese Haltung des BVerfG ist beim EGMR auf Zuspruch gestoßen. In seiner Entscheidung zur Menschenrechtskonformität der primären Sicherungsverwahrung nach § 66 Abs. 1 StGB begrüßte der Gerichtshof

> den Ansatz des BVerfG, die Bestimmungen des Grundgesetzes auch im Lichte der Konvention und der Rechtsprechung dieses Gerichtshofs auszulegen, was den fortwährenden Einsatz des BVerfG für den Grundrechtsschutz nicht nur auf nationaler, sondern auch auf europäischer Ebene unterstreicht.[83]

Im Übrigen erweist sich der EGMR als ein kooperativer Dialogpartner, wenn er den mitgliedstaatlichen Gerichten mit Hilfe der *Margin of Appreciation*-Doktrin einen Abwägungs- und Beurteilungsspielraum einräumt. Mit diesem „Kunstgriff" kann der EGMR nationalen Besonderheiten angemessen Rechnung tragen. Diese Doktrin leidet aber am Mangel der Unbestimmtheit, da der EGMR bislang nicht festgelegt hat, unter welchen Voraussetzungen er seine Kontrolldichte im Einzelfall reduziert.[84]

Was man aus alledem mitnehmen kann, ist der vielbeschworene Gedanke des „Dialogs"[85] der Gerichte. Nach der hier vertretenen Ansicht darf der Dialog aber nicht als eine strenge Zuständigkeitsverteilung missdeutet werden. Ein solcher Ansatz verwechselt die notwendige Konflikt*bewältigung* mit einer verfehlten Konflikt*vermeidung*. Die „Pluralität der Perspektiven" und das ihnen immanente Konfliktpotenzial kann nur mit einem nicht-reduktio-

---

[80] Siehe oben S. 339 ff.

[81] So auch *Viellechner*, EuGRZ 2011, 203 (207).

[82] BVerfG v. 14.10.2004 – 2 BvR 1481/04, NJW 2004, 3407.

[83] EGMR v. 9.6.2011 – 30493/04 (Schmitz/Deutschland), NJW 2012, 1707 (1708), Rn. 41.

[84] Siehe oben S. 307 ff.

[85] *Von Bogdandy/Venzke*, ZaöRV 2010, 1 (46); *Dederer*, ZaöRV 2006, 575 (612); *F. Kirchhof*, NJW 2011, 3681 (3682); *Nußberger*, RdA 2012, 270 (273); zum Dialog nationaler Verfassungsgerichte siehe jüngst *Wendel*, Der Staat Bd. 52 (2013), S. 339.

nistischen Denkansatz angenommen und sinnvoll gehandhabt werden.[86] Andernfalls lässt sich die rechtspolitisch erforderliche Akzeptanz nicht herstellen. Nur durch eine Kommunikation auf Augenhöhe kann eine umfassende gegenseitige Kontrolle der Gerichte stattfinden, die schon aus demokratischen und legitimatorischen Gründen erforderlich ist.[87] Das europäische System der „Checks and Balances" ist sogar darauf angewiesen, dass sich die „Verfassungsgerichte […] aufmerksam beobachten und konkurrierend in Schach halten."[88] Dialogbereitschaft ist damit der entscheidende normative Auftrag an die Gerichte. Lassen sich die nationalstaatlichen Gerichte ohne Zuhilfenahme reduktionistischer Denkmuster auf diese Kommunikation ein, können sie weitreichenden Einfluss auf die Entwicklung des Konventionsrechts nehmen. Dem EGMR wird eine solche Dialogbereitschaft eine verstärkte demokratische Legitimation verschaffen. Anerkennend ist festzuhalten, dass beide Gerichte entsprechende Schritte bereits getan haben.

Woran es aber noch fehlt, ist zum einen die Transparenz der horizontalen Kommunikation und zum anderen ein rechtssicherer Unterbau. Der Grundrechtsschutz im europäischen Rechtsgefüge kann nur dann effektiv sein, wenn für eine Kohärenz und Transparenz der Rechtsanwendung gesorgt ist.[89] Die dynamische und intransparente Methodenwahl des EGMR erweist sich insoweit als mangelhaft. Aber auch die deutsche Seite trägt mit dem Institut der konventionsfreundlichen Auslegung zu einer erheblichen Rechtsunsicherheit bei; denn wie bereits erläutert wurde, hat die Europäische Menschenrechtskonvention hierzulande nur einfachgesetzlichen Rang gemäß Art. 59 Abs. 2 S. 1 GG. Gleichwohl wird die Europäische Menschenrechtskonvention zur Verfassungsauslegung herangezogen.[90] Konflikte sind also eine unausweichliche Folge der deutschen Konventionsfreundlichkeit. Für den Bürger bleibt dabei unklar, wie die Fachgerichte den ihnen vom BVerfG eingeräumten Beurteilungsspielraum nutzen.[91] Wird keine rechtssichere Kollisionslösung eingeführt, drohen dem Bürger Rechtsunsicherheiten und Verfahrensverzögerungen, die den Freiheitsschutz in sein Gegenteil verkehren.[92] Erforderlich ist also, dass sich der Dialog der Gerichte anhand von „Meta-Regeln" vollzieht, die für beide Seiten gleichermaßen gelten. Zu klären bleibt nun die Frage, „wel-

---

[86] *Franzius*, Europäisches Verfassungsrechtsdenken, S. 121.

[87] *Nunner*, Kooperation internationaler Gerichte: Lösung zwischengerichtlicher Konflikte durch herrschaftsfreien Diskurs, S. 398.

[88] Vgl. *Merli*, VVDStRL 66 (2007), 392 (418 f.); vgl. auch *Randall*, EuGRZ 2014, 5 (8).

[89] *Di Fabio*, RdA 2012, 262 (265 f.); *Hoffmann-Riem*, EuGRZ 2002, 473; *Viellechner*, in: Matz-Lück/Hong, Grundrechte und Grundfreiheiten im Mehrebenensystem, S. 109 (111).

[90] Siehe oben S. 226 f. und 230 ff.

[91] *Schilling*, Deutscher Grundrechtsschutz, S. 187 f.

[92] Vgl. *F. Kirchhof*, NJW 2011, 3681 (3682).

ches Kriterium […] einen rationalen Geltungsanspruch in universalistischer Perspektive erheben“ kann.[93]

[93] *Mahlmann*, EuR 2011, 469 (471).

2. *Abschnitt*

Vorgaben für das Zusammenwirken

Erforderlich sind Vorgaben, welche die „Pluralität der Perspektiven"[1] respektieren, d. h. die verfassungsrechtliche Identität hüten, und zugleich einen möglichst effektiven Konventionsschutz erlauben, dessen Wahrung schließlich eine völkerrechtliche Pflicht der Bundesrepublik ist.[2] Zudem muss in verfahrensrechtlicher Hinsicht für Rechtssicherheit im kommunikativen Austausch der Gerichte gesorgt werden.

Um die Suche nach entsprechenden Vorschriften[3] theoretisch zu unterfüttern, wird im Folgenden ein interdisziplinärer Ansatz gewählt. Es bietet sich ein Rückgriff auf die Nachbarwissenschaft der Soziologie an. Daher wird das Terrain der Rechtswissenschaft kurz verlassen, um auf Grundlage der Gesellschaftstheorien einen fruchtbaren Problemzugriff zu ermöglichen. Namentlich die Diskurs- und Systemtheorie sollen als Referenz genutzt werden. Freilich wird dabei nicht der Anspruch gestellt, dass die Diskurs- oder Systemtheorie die hier aufgeworfenen Rechtsprobleme gänzlich lösen könnten. Vielmehr soll im Theorienpluralismus zwischen juristischen und soziologischen Positionen nach neuen Denkansätzen gesucht werden, die eine bessere Handhabung der „neuartigen" – weil „horizontalen" – Kollisionslage ermöglichen könnten. In einem ersten Schritt wird daher untersucht, welche Regelungsstrukturen die Diskurs- und Systemtheorie für horizontale Konfliktlagen bereithalten. In einem zweiten Schritt werden die gesellschaftstheoretischen Überlegungen in die Sprache des Rechts „rückübersetzt" und es werden Lösungen für den Konflikt zwischen dem nationalen Recht und dem Konventionsrecht formuliert.

---

[1] *Franzius*, Europäisches Verfassungsrechtsdenken, S. 212.

[2] *Nußberger*, RdA 2012, 270 (273).

[3] Obwohl der Konflikt zwischen dem Konventionsrecht und dem nationalen Recht weniger im materiellen Recht als im Zusammenspiel der Gerichte fußt, sollen die hier zu entwickelnden Normen nicht das Verhältnis der Gerichte zueinander regeln, sondern das der Rechtsregime, um schließlich den rechtsanwendenden Gerichten ein fruchtbares Zusammenspiel zu ermöglichen.

A. Diskurstheorie als „Inspirationsquelle"

Um ein rechtssicheres Regelwerk für das Zusammenspiel zwischen dem EGMR und den deutschen Gerichten zu entwickeln, wird zunächst auf die *Habermas*'sche Diskurstheorie als „eines der großen Theorieangebote unserer Zeit"[4] zurückgegriffen. *Jürgen Habermas* versteht den „Diskurs" als eine „durch Argumentation gekennzeichnete Form der Kommunikation [...], in der problematisch gewordene Geltungsansprüche zum Thema gemacht und auf ihre Berechtigung hin untersucht werden".[5]

Mit der Diskurstheorie des *Rechts* soll die Geltung von Rechtssätzen im Kontext des gesellschaftlichen Pluralismus erklärt und gegenüber den Menschenrechten und dem Gedanken der Volkssouveränität legitimiert werden.[6] Als Mittel freier Bürger zur Selbstgesetzgebung[7] nimmt der Diskurs „im Wege der rechtsförmigen Institutionalisierung die Gestalt eines Demokratieprinzips" an, das seinerseits die erforderliche Legitimation für die Rechtssetzung schafft.[8] Daher sind nach Jürgen Habermas jene Normen legitim, „denen alle möglicherweise Betroffenen als Teilnehmer an rationalen Diskursen zustimmen können".[9]

Wenngleich *Jürgen Habermas* über das Zusammenspiel von Gerichten keine expliziten Aussagen trifft,[10] bildet er mit dem Attribut der „Herrschaftsfreiheit"[11] des Diskurses und einer notwendigen „Selbstreflexion"[12] der Akteure die Ansprüche an das hierarchieverneinende Zusammenspiel zwischen dem EGMR und den nationalen Gerichten zutreffend ab. *Jürgen Habermas* meint mit dem diskursethischen Postulat der „Herrschaftsfreiheit" eine Kommunikation, die nicht von Zwängen geleitet ist, sondern auf einer Gleichberechtigung der Kommunikationsteilnehmer basiert. Nur so könnten die im Wege des Diskurses geschaffenen Normen die notwendige Legitimation erlangen.[13] Der EGMR und die nationalen Gerichte sind weitgehend selbstständige und gleichrangige Akteure, die in einen Austausch treten. Zwar soll im Zusammenspiel der Gerichte keine Rechtssetzung im legislativen Sinn

---

[4] *Von Bogdandy/Venzke*, ZaöRV 2010, 1 (5).

[5] *Habermas*, Vorstudien und Ergänzungen zur Theorie des kommunikativen Handelns, S. 127 (130); ähnlich auch zum „rationalen Diskurs": *Habermas*, Faktizität und Geltung, S. 138 f.

[6] *Habermas*, Faktizität und Geltung, S. 129.

[7] *Habermas*, Faktizität und Geltung, S. 153 f.

[8] *Habermas*, Faktizität und Geltung, S. 154.

[9] *Habermas*, Faktizität und Geltung, S. 138.

[10] *Von Bogdandy/Venzke*, ZaöRV 2010, 1 (5).

[11] *Habermas*, Faktizität und Geltung, S. 370.

[12] *Habermas*, Vorstudien und Ergänzungen zur Theorie des kommunikativen Handelns, S. 127 (174).

[13] *Habermas*, Faktizität und Geltung, S. 370.

erfolgen. Gleichwohl sind die Fortentwicklung des europäischen Grundrechtsschutzes und die Ausgestaltung des gerichtlichen Zusammenwirkens mit der von *Jürgen Habermas* ins Auge gefassten Rechtssetzung vergleichbar.[14] Die am Rechtsdiskurs beteiligten Gerichte üben in ihrer rechtsschöpferischen Funktion öffentliche Gewalt aus und schaffen folglich ein Legitimationsbedürfnis.[15] Damit der Diskurs seine legitimatorische Funktion erfüllen kann, müssen sich die Diskursteilnehmer nach *Jürgen Habermas* in einer „idealen Sprechsituation"[16] befinden, d. h. der Austausch von Informationen und Gründen hat geregelt zu erfolgen, die Beratung muss öffentlich vollzogen werden und die Teilnehmer müssen frei von externen und internen Zwängen – letzteres verstanden als Chancengleichheit – sein.[17] Die Diskursethik hat daher eine übergeordnete, rein verfahrensrechtliche Dimension und enthält sich jeder moralischen Bewertung der im Wege des Diskurses gefundenen Normen. Fragen der Moral können erst im Diskurs selbst geklärt werden.[18]

Allerdings wurde in Zweifel gezogen, ob die Diskursethik ohne weiteres in die Sphäre des Rechtsdiskurses übertragen werden kann, wo sich eine „ideale Sprechsituation" regelmäßig nicht vorfinden lässt.[19] *Robert Alexy* hat den juristischen Diskurs als „Sonderfall[20] des allgemeinen praktischen Diskurses"[21] näher untersucht und die Verfahrensanforderungen derart reduziert, dass eine juristische Aussage jedenfalls „im Rahmen der geltenden Rechtsordnung vernünftig begründet werden" muss.[22]

Angewendet auf das Zusammenspiel zwischen dem EGMR und den nationalen Gerichten lässt sich der Diskurstheorie zunächst entnehmen, dass Verfahrensrechte zu stärken sind:[23] Im Hinblick auf die erschwerten Verfahrensbedingungen für die Einbeziehung Dritter im Individualbeschwerdeverfahren besteht vor allem auf Seiten des EGMR Nachbesserungsbedarf, damit er sich nicht dem Vorwurf aussetzen muss, multipolare Grundrechtskonfliktlagen

---

[14] *Nunner*, Kooperation internationaler Gerichte: Lösung zwischengerichtlicher Konflikte durch herrschaftsfreien Diskurs, S. 121 f.

[15] *Von Bogdandy/Venzke*, ZaöRV 2010, 1 (14 ff.).

[16] *Habermas*, Vorstudien und Ergänzungen zur Theorie des kommunikativen Handelns, S. 127 (174).

[17] *Habermas*, Faktizität und Geltung, S. 370.

[18] *Lieber*, Diskursive Vernunft und formelle Gleichheit, S. 46 f.

[19] Einschränkend wirken nämlich nach Ansicht *Robert Alexys* „die Bindung an das Gesetz, die gebotene Berücksichtigung der Präjudizien, die Einbindung in die von der institutionell betriebenen Rechtswissenschaft erarbeitete Dogmatik sowie [...] die Beschränkungen durch die Regeln der Prozeßordnungen" (*Alexy*, Theorie der juristischen Argumentation, S. 34).

[20] Zur Begründung der „Sonderfallthese": *Alexy*, Theorie der juristischen Argumentation, S. 263 ff.

[21] *Alexy*, Theorie der juristischen Argumentation, S. 32 und S. 261 ff.

[22] *Alexy*, Theorie der juristischen Argumentation, S. 264.

[23] Vgl. *von Bogdandy/Venzke*, ZaöRV 2010, 1 (28 ff.).

nur unvollständig abzubilden.[24] Außerdem besteht Bedarf nach gesteigerter Transparenz des gerichtlichen Diskurses.[25] Das betrifft zunächst die Methodenwahl des EGMR. Gerade die stetige Dynamisierung der Rechtsprechung verlangt nach einer Offenlegung der jeweils angewandten Methoden und einer kritischen Selbstreflexion des EGMR.[26] Für die nationalen Gerichte impliziert das Transparenzerfordernis die Aufforderung, dass klarer auf nationale Standpunkte und Eigenheiten hingewiesen wird, ohne sich dabei hinter pauschalen Vorbehalten und Argumentationsfiguren zu verstecken. Nur so kann der EGMR in einer nachfolgenden Beschwerde diese Belange berücksichtigen oder argumentativ dagegenhalten. Ferner wird der Diskurstheorie ein Systematisierungsgedanke im Sinne des Art. 31 Abs. 3 lit. c WVRK entnommen, wonach bei der Auslegung einer Völkerrechtsnorm „jeder in den Beziehungen zwischen den Vertragsparteien anwendbare einschlägige Völkerrechtssatz“ zu berücksichtigen ist. Wie bereits gesehen, zieht der EGMR diese Vorschrift heran, um seinen Rückgriff auf nicht ratifizierte Normen zu rechtfertigen.[27] Der Dialog der Gerichte solle im Zeichen systematischer Einheit stehen.[28] Da eine Einheitsstiftung im „horizontalen Grundrechtskonflikt“ zwischen dem EGMR und den nationalen Gerichten aber – wie bereits gesehen – nicht möglich und auch nicht wünschenswert ist,[29] kann dieser Ansicht nur insoweit zugestimmt werden, als darin eine Aufforderung an den EGMR liegt, sein methodisches Vorgehen offen zu legen. Dies impliziert auch den Rückgriff auf nicht ratifizierte Normen und den damit einhergehenden erhöhten Begründungsaufwand. Mit der Diskurstheorie lassen sich also legitimatorische Verfahrens- und Transparenzanforderungen für das Zusammenspiel zwischen dem EGMR und den nationalen Gerichten definieren.

Anknüpfend an den prozeduralen Implikationen der *Habermas*'schen Diskursethik haben *Christian Joerges* und *Jürgen Neyer*[30] eine „kollisionsrechtliche“ Wende[31] in Europa gefordert. Das Europarecht sei angesichts der pluralen Rechtswirklichkeit in ein Kollisionsrecht[32] umzuinterpretieren, damit die europarechtlichen Einwirkungen auf das mitgliedstaatliche Recht demokratisch legitimiert werden könnten. Es heißt, „[i]n Europa muss Recht lernen, zwi-

---

[24] Siehe oben S. 335 ff.

[25] *Nunner*, Kooperation internationaler Gerichte: Lösung zwischengerichtlicher Konflikte durch herrschaftsfreien Diskurs, S. 402.

[26] Siehe oben S. 281 ff.

[27] Siehe oben S. 275 ff.

[28] *Von Bogdandy/Venzke*, ZaöRV 2010, 1 (49).

[29] Siehe oben S. 423 ff.

[30] Grundlegend *Joerges/Neyer*, European Law Journal, Vol. 3, Nr. 3 (1997), S. 273.

[31] Begriff nach *Joerges*, European Journal of Legal Studies, Vol. 1, Nr. 3 (2008), S. 1.

[32] Näheres zum Kollisionsrecht im vorliegenden Kontext: *Vesting*, VVDStRL 63 (2004), 41 (65 ff.).

schen verschiedenen Kompetenzebenen zu vermitteln".[33] Nach dieser Lesart ist das Europarecht als ein supranationales[34] Koordinationsrecht zu begreifen, das ausschließlich über die anwendbaren Sachnormen innerhalb Europas entscheidet.[35] Das Europarecht liefert demnach aber keine materiellen „Rechtsgebote", sondern ausschließlich eine Verhältnisbeschreibung der einzelnen Rechtsordnungen zueinander. Mit dieser neuartigen Koordinationsfunktion wird Europa in eine „Rechtsstruktur" umgedeutet.[36]

Wenngleich diese Überlegungen nicht unmittelbar auf das Verhältnis zwischen der Europäischen Menschenrechtskonvention und dem nationalen Recht zugeschnitten sind, weil die Europäische Menschenrechtskonvention kein supranationales Recht ist,[37] lässt sich der Gedanke des zwischen gleichrangigen Rechtsebenen vermittelnden Kollisionsrechts sehr wohl auf das Zusammenspiel zwischen dem Konventionsrecht und dem nationalen Recht übertragen. Der kollisionsrechtliche Ansatz nimmt in normativer Hinsicht die verfahrensrechtlichen Postulate der *Habermas*'schen Diskurstheorie auf und gießt sie in ein Normengerüst. Auf Einzelheiten des Kollisionsrechts wird im Folgenden näher eingegangen.[38]

B. Systemtheorie als „Inspirationsquelle"

Auch in der Systemtheorie soll nach Antworten auf den Konflikt zwischen dem EGMR und den nationalen Gerichten gesucht werden. *Niklas Luhmann* hat mit der Systemtheorie ein abstraktes Modell entwickelt, anhand dessen gesellschaftliche Pluralität und die Entstehung sozialer Systeme erklärbar wird.[39] Nach *Niklas Luhmann* ist die Gesellschaftstheorie die Theorie des „umfassenden sozialen Systems, das alle anderen sozialen Systeme in sich einschließt".[40] Jedes sich herausdifferenzierende soziale Subsystem ist „au-

[33] *Joerges*, European Journal of Legal Studies, Vol. 1, Nr. 3 (2008), S. 1 (20).

[34] „Diese kollisionsrechtliche Sichtweise behält die Supranationalität des Europarechts bei, gibt ihr aber eine andere Bedeutung. Sie entlastet das Europarecht von unerfüllbaren praktischen und legitimatorischen Zumutungen. Sie öffnet zugleich den Blick für die vielfältigen vertikalen, horizontalen und diagonalen Konfliktlagen im europäischen Mehrebenensystem. Es fördert die Einsicht, dass der Prozess der Europäisierung auf flexible und vielfältige Konfliktlösungen setzen sollte statt sich der Perfektionierung eines immer umfassenderen europäischen Rechtscorpus zu verschreiben." (*Joerges*, European Journal of Legal Studies, Vol. 1, Nr. 3 (2008), S. 1 (24)).

[35] *Joerges*, European Journal of Legal Studies Vol. 1, Nr. 3 (2008), S. 1 (insbesondere 19 ff.).

[36] *Franzius*, Gewährleistung im Recht, S. 147.

[37] Siehe oben S. 423 ff.

[38] Siehe unten S. 435 ff.

[39] *Luhmann*, Soziologische Aufklärung 2, S. 1 (14 f.).

[40] *Luhmann*, Die Gesellschaft der Gesellschaft, S. 78.

topoietisch“, d. h. selbstregulierend und durch seine jeweilige Kommunikation von anderen Teilsystemen abgrenzbar.[41] Nach *Niklas Luhmanns* Deutungsmodell vom „autopoietischen“ System treten kommunikative Prozesse an die Stelle hierarchischer Systematisierung.[42] Auch das Recht ist ein gesellschaftliches Subsystem und seinerseits ein operativ geschlossenes Kommunikationssystem. Das bedeutet, dass sich das Recht nur durch Rechtskommunikationen reproduzieren kann.[43] Allerdings können äußere Ereignisse als Anlass für „strukturellen Wandel“, d. h. für eine „interne Selbstreproduktion“, genutzt werden. Voraussetzung ist, dass das System zur Selbstreflexion und kritischen Wahrnehmung der Umwelt bereit ist.[44] Nur durch „reziproke Selbstbeschränkung“ ist dem System ein Prozess möglich, den *Niklas Luhmann* als „lernende Anpassung“[45] bezeichnet. Letztere ist ihrerseits Voraussetzung für eine Systemänderung und einen Systemerhalt.[46]

Angesichts einer zunehmenden Binnendifferenzierung des Rechts, d. h. einer Herausbildung vielfältiger Teilrechtsordnungen, findet sich die Systemtheorie auch im Bereich des Rechts selbst „widergespiegelt“.[47] Hier zeigt sich eine Verbindungslinie zum Rechtspluralismus, mit dem die Entwicklung von Gesellschaft und Recht angesichts einer zunehmenden Fragmentierung dargestellt werden soll.[48] *Gunther Teubner* und *Andreas Fischer-Lescano* haben die systemtheoretischen Überlegungen auf das Phänomen des Rechtspluralismus übertragen und Ansätze zur „lernenden Anpassung“ der einzelnen Teilrechtssysteme unter dem Begriff der Regime-Kollisionen zusammengefasst.[49] Dabei bezeichnet der Rechtspluralismus nicht nur die Kollisionen gesellschaftlicher „Quasi-Rechtsordnungen“ miteinander oder deren Verhältnis zum staatlichen Recht, sondern auch die Konflikte zwischen staatlichen Teilrechtsordnungen. Teil der staatlichen Rechtsordnung sind aber auch völkerrechtliche Verträge, die kraft Rechtsanwendungsbefehls im nationalen Recht gelten. Damit ist auch die hier interessierende Problemlage zwischen dem Konventionsrecht und

---

[41] *Luhmann*, Soziale Systeme, S. 232 ff.; *Luhmann*, Einführung in die Systemtheorie, S. 100 ff.

[42] *Fischer-Lescano*, in: Brunkhorst/Voigt, Rechts-Staat, S. 205 f.

[43] Grundlegend siehe *Luhmann*, Das Recht der Gesellschaft; siehe auch *Calliess*, in: Buckel/Christensen/Fischer-Lescano, Neue Theorien des Rechts, S. 53 (56).

[44] *Luhmann*, in: Soziologische Aufklärung 2, S. 63 (77); ähnlich auch *Fischer-Lescano/Teubner*, Regime-Kollisionen, S. 170; *Teubner*, in: Liber Amicorum Josef Esser, S. 191 (195).

[45] *Luhmann*, in: Soziologische Aufklärung, Band 2, S. 63 (78).

[46] *Luhmann*, in: Soziologische Aufklärung, S. 63 (77); *Luhmann*, Soziale Systeme, S. 392.

[47] *Calliess*, in: Buckel/Christensen/Fischer-Lescano, Neue Theorien des Rechts, S. 53 (64); *Viellechner*, Der Staat Bd. 51 (2012), S. 559 (562).

[48] *Maurer/Renner*, Archiv für Rechts- und Sozialphilosophie, Beiheft (125) 2010, 207 (221).

[49] Grundlegend *Fischer-Lescano/Teubner*, Regime-Kollisionen, S. 7 ff.

dem nationalen Recht Ausdruck des rechtspluralistischen Phänomens.[50] Die kollisionsrechtlichen Grundannahmen treffen daher auch auf die „horizontale Grundrechtskollision" zwischen dem Konventionsrecht und dem nationalen Recht sowie zwischen dem EGMR und den nationalen Gerichten zu.

Wenngleich man die einzelnen Rechtsregime wegen ihrer wechselseitigen Verzahnung schwerlich als „autopoietisch" im Sinne *Niklas Luhmanns* begreifen kann,[51] lassen sich die systemtheoretischen Postulate der Selbstreflexion und der „lernenden Anpassung" dennoch für die hier interessierende Kollisionslage fruchtbar machen. Unter dem Stichwort der „Responsivität"[52] des Rechts sind diese Forderungen von *Lars Viellechner*[53] neu aufgegriffen und auf das europäische Recht übertragen worden. Die „Responsivität" einer Rechtsordnung definiert sich als Wechselspiel zwischen Erweiterung und Rücknahme des eigenen Anwendungsbereichs, ohne dabei die eigene Identität opfern zu müssen.[54] Dieses Prinzip kommt nicht nur in der Völkerrechts- und Konventionsfreundlichkeit des Grundgesetzes zum Ausdruck, sondern auch in der konventionsrechtlich angeordneten Subsidiarität der Europäischen Menschenrechtskonvention. Allerdings ist das bisherige „Kooperationsverhältnis" zwischen dem Konventionsrecht und dem nationalen Recht bzw. zwischen dem EGMR und den nationalen Gerichten nicht normativ geregelt, sondern eher informaler Natur.[55] Nach der hier vertretenen Ansicht ist das Zusammenspiel der beiden Regelungsregime aber unbedingt gesetzlich zu regeln, um für Rechtssicherheit und Legitimation zu sorgen. Die Befragung der Systemtheorie auf Lösungsansätze liefert damit dasselbe Ergebnis wie die diskurstheoretischen Untersuchungen: Es bedarf einer prozeduralisierten Abstimmung zwischen den Rechtsebenen mittels eines Kollisionsrechts.[56]

---

[50] Vgl. *Maurer/Renner*, Archiv für Rechts- und Sozialphilosophie, Beiheft (125) 2010, 207 (210).

[51] *Paulus*, ZaöRV 2007, 695 (716 f.).

[52] Der Begriff der „Responsivität" entstammt dem demokratietheoretischen Kontext; dazu grundlegend *Pündor*, VVDStRL 71 (2012), 191. Im Kontext der modernen Rechtstheorien geht der „Responsivitätsbegriff" auf ein Werk von *Philippe Nonet* und *Philip Selznick* aus dem Jahre 1978 zurück (*Nonet/Selznick*, Law and Society in Transition. Toward Responsive Law, S. 73 ff.). Danach ist die „Responsivität" eine Möglichkeit, wie das Recht auf soziale und gesellschaftliche Bedürfnisse eingehen kann. Später wurde der Begriff der „Responsivität" für den Rechtspluralismus fruchtbar gemacht von *Teubner*, in: Liber Amicorum Josef Esser, S. 191 (212) und *Viellechner*, Der Staat Bd. 51 (2012), S. 559; *Viellechner*, in: Matz-Lück/Hong, Grundrechte und Grundfreiheiten im Mehrebenensystem, S. 109 (114).

[53] *Viellechner*, Der Staat Bd. 51 (2012), S. 559 (570); *Viellechner*, in: Matz-Lück/Hong, Grundrechte und Grundfreiheiten im Mehrebenensystem, S. 109 (114).

[54] *Viellechner*, in: Matz-Lück/Hong, Grundrechte und Grundfreiheiten im Mehrebenensystem, S. 109 (158); *Viellechner*, EuGRZ 2011, 203; *Viellechner*, Der Staat Bd. 51 (2012), S. 559 (570 f.).

[55] *Viellechner*, Der Staat Bd. 51 (2012), S. 559 (571).

[56] Im Allgemeinen siehe *Fischer-Lescano/Teubner*, Regime-Kollisionen, S. 24; so im Ergebnis auch *Vesting*, VVDStRL 63 (2004), 41 (66 ff.).

C. Entwicklung einer Kollisionsnorm

In den vorangegangenen Abschnitten wurden die Diskurs- und die Systemtheorie auf mögliche Lösungen zur Handhabung der „horizontalen Grundrechtskollision“ untersucht. Ohne sich näher mit möglichen Widersprüchen und Gemeinsamkeiten der beiden Gesellschaftstheorien auseinandersetzen zu müssen, lässt sich jedenfalls feststellen, dass bei beiden Positionen eine kollisionsrechtliche Grundidee angelegt ist.[57] Denn das kollisionsrechtliche Denken nimmt in sich sowohl die *diskurstheoretischen* Postulate nach Transparenz und stärkeren Verfahrensrechten auf als auch die *systemtheoretische* Idee von der „lernenden Anpassung“. Da sich das Kollisionsrecht jeglicher moralischer Wertung enthält, wird dieses Recht zuweilen als eine prozedurale „Meta-Dogmatik“[58] im Sinne eines „Recht-Fertigungs“-Rechts[59] bezeichnet. Damit verfügt das kollisionsrechtliche Denken über eine Universaltauglichkeit zur Handhabung jeglicher Rechtskollisionen. Der kollisionsrechtliche Ansatz lässt sich überall dort fruchtbar machen, wo „divergierende Rechtssätze aufeinander treffen und koordiniert werden müssen“.[60]

Wendet man nun die Postulate der Diskurs- und der Systemtheorie auf die vorliegende Problemstellung an, kommt man auf Grundlage beider Theorien zu dem Ergebnis, dass eine *prozeduralisierte Abstimmung* zwischen dem nationalen Recht und dem Konventionsrecht einschließlich ihrer jeweiligen rechtsprechenden Akteure erforderlich ist. Es geht im Weiteren darum, dieses Postulat normativ zu fassen. Wie eine entsprechende Kollisionsnorm aussehen könnte, wird im Folgenden untersucht.

I. Kollisionsrechtliche Vorüberlegungen

Im Folgenden soll der kollisionsrechtliche Denkansatz in die Sprache des Rechts „rückübersetzt“ werden. Es gilt also, konkrete Kollisionsnormen zu entwickeln, die von den nationalen Gerichten genutzt werden können, um zu ermitteln, ob Konventionsrecht oder nationales Recht anzuwenden ist. Kollisionsnormen sind als „Verweisungsnormen“[61] zu verstehen, die auf das anzuwendende Sachrecht verweisen, ohne selbst materiell-rechtliche Anord-

---

[57] Das neue Kollisionsrecht steht jenseits des Widerstreits zwischen Diskurs- und Systemtheorie (*Fischer-Lescano/Teubner*, in: Buckel/Christensen/Fischer-Lescano, Neue Theorien des Rechts, S. 75 (76)), es emanzipiert sich von den Gesellschaftstheorien (*Wiethölter*, in: Joerges/Teubner, Rechtsverfassungsrecht. Rechtfertigung zwischen Privatrechtsdogmatik und Gesellschaftstheorie, S. 13 (19 f.)).

[58] *Ladeur*, RabelsZ Bd. 64 (2000), S. 60 (101); *Vesting*, VVDStRL 63 (2004), 41 (66).

[59] *Wiethölter*, in: Joerges/Teubner, Rechtsverfassungsrecht. Rechtfertigung zwischen Privatrechtsdogmatik und Gesellschaftstheorie, S. 13 (18).

[60] *Joerges*, European Journal of Legal Studies, Vol. 1, Nr. 3 (2008), S. 1 (23).

[61] MünchKomm BGB/*Sonnenberger*, Einleitung IPR, Rn. 3.

nungen zu treffen.[62] Zu trennen ist daher zwischen der kollisionsrechtlichen und der sachrechtlichen Ebene: Auf der *kollisionsrechtlichen Ebene* wird dasjenige Rechtsregime bestimmt, dessen materiell-rechtliche Vorgaben auf einen konkreten Sachverhalt anzuwenden sind. Ist dies geschehen, kann die zur Anwendung berufene Rechtsordnung auf der *sachrechtlichen Ebene* die materiell-rechtlichen Folgen festlegen.[63]

Um die Entwicklung von Kollisionsnormen für das Verhältnis zwischen dem Konventionsrecht und dem nationalen Recht zu erleichtern, bietet es sich an, das verfügbare Kollisionsrecht auf verallgemeinerungsfähige Rechtsgedanken abzutasten. Der Überblick über das deutsche Kollisionsrecht liefert folgenden Befund: Ein öffentlich-rechtliches Kollisionsrecht – verstanden als Internationales Verwaltungsrecht[64] – hat sich wegen der starken Nationalisierung des Verwaltungsrechts im 20. Jahrhundert bislang nicht herausbilden können.[65] Eine kollisionsrechtliche Orientierungshilfe für den Konflikt zwischen dem Konventionsrecht und dem nationalen Recht lässt sich hier also nicht finden.

Allerdings liefert das Internationale Privatrecht (IPR) interessante Denkanstöße zur Handhabung der vorliegenden Kollisionslage. Anregende Vorarbeiten zur verallgemeinernden Nutzung des Internationalen Privatrechts finden sich bereits bei *Rudolf Wiethölter*[66]. Dieser hat das Internationale Privatrecht als „Orientierungsverwandte"[67] generalisierend für alle denkbaren Kollisionen zwischen verschiedenen Rechtsregimen fruchtbar gemacht.[68] Versteht man die Vorschläge *Rudolf Wiethölters* nach Lesart *Thomas Blankes* als Forderung nach einem „lernenden Recht",[69] könnten sie auch für die vorliegende „neuartige" Konfliktlage zwischen dem Konventionsrecht und dem nationalen Recht gewinnbringende Denkanstöße liefern. Ein Rückgriff auf das Internationale Privatrecht bietet sich im vorliegenden Kontext an, weil das Internationale Privatrecht im Umgang mit der Wechselbeziehung gleichwertiger

[62] *Schotten/Schmellenkamp*, Das Internationale Privatrecht in der notariellen Praxis, § 2, Rn. 10.

[63] *Schotten/Schmellenkamp*, Das Internationale Privatrecht in der notariellen Praxis, § 1, Rn. 1; MünchKomm BGB/*Sonnenberger*, Einleitung IPR, Rn. 3.

[64] Näheres dazu siehe: MünchKomm BGB/*Sonnenberger*, Einleitung IPR, Rn. 388 ff.

[65] *Fischer-Lescano/Renner*, in: Terhechte, Verwaltungsrecht der EU, § 10, Rn. 55.

[66] Grundlegend siehe *Wiethölter*, in: Joerges/Teubner, Rechtsverfassungsrecht. Rechtfertigung zwischen Privatrechtsdogmatik und Gesellschaftstheorie, S. 13; *Wiethölter*, in: FS Kegel, S. 213.

[67] *Wiethölter*, in: Joerges/Teubner, Rechtsverfassungsrecht. Rechtfertigung zwischen Privatrechtsdogmatik und Gesellschaftstheorie, S. 13 (18).

[68] *Fischer-Lescano/Teubner*, in: Buckel/Christensen/Fischer-Lescano, Neue Theorien des Rechts, S. 75 (78 ff.); *Teubner*, in: Joerges/Teubner, Rechtsverfassungsrecht. Rechtfertigung zwischen Privatrechtsdogmatik und Gesellschaftstheorie, S. 25 f.

[69] *Blanke*, in: Joerges/Teubner, Rechtsverfassungsrecht. Recht-Fertigung zwischen Privatrechtsdogmatik und Gesellschaftstheorie, S. 125 (128).

Rechtsordnungen vertraut ist.[70] Jedenfalls im Grundsatz ist damit auch die „horizontale Grundrechtskollision“ zwischen dem Konventionsrecht und dem nationalen Recht erfasst, wo sich nämlich eine Hierarchisierung verbietet.[71] Im Einzelnen liefert ein Blick auf das Internationale Privatrecht folgende Hinweise:

II. Internationales Privatrecht als „Orientierungsverwandte“

Es wird nun der Versuch unternommen, aus dem *deutschen*[72] Internationalen Privatrecht verallgemeinerungsfähige Rechtsgedanken abzuleiten, die sich im Zusammenspiel zwischen dem EGMR und den nationalen Gerichten nutzbar machen lassen: Zentrale Vorschriften dieses Rechtsgebiets sind Art. 3 und Art. 6 EGBGB.[73] Nach Art. 3 EGBGB bestimmt sich die anzuwendende Rechtsordnung „bei Sachverhalten mit einer Verbindung zu einem ausländischen Staat“ nach den Vorgaben des deutschen Internationalen Privatrechts. Das Internationale Privatrecht basiert nämlich auf der Annahme, dass die Rechtsordnung des Forumstaates billigerweise nicht bei allen Lebenssachverhalten mit Auslandsbezug angewendet werden darf. Dies wäre nicht nur rechtspolitisch zweifelhaft, sondern auch willkürlich und daher unzulässig.[74] Geleitet vom „Rechtsideal räumlich gerechter Zuordnung“[75] schreibt das Internationale Privatrecht daher die Anwendung derjenigen (ausländischen) Rechtsordnung vor, die mit einem zu regelnden Lebenssachverhalt räumlich am engsten verbunden ist. Wegen der räumlichen Nähe wird davon ausgegan-

---

[70] *Viellechner*, in: Matz-Lück/Hong, Grundrechte und Grundfreiheiten im Mehrebenensystem, S. 109 (150).

[71] Siehe oben S. 415 ff.

[72] Das *Internationale* Privatrecht ist trotz gegenteiligen Anscheins kein internationales, sondern nationales Recht. Jede nationale Rechtsordnung verfügt über ihr eigenes Internationales Privatrecht (*Sturm/Sturm*, in: Staudinger, Einleitung zum Internationalen Privatrecht, Rn. 1 ff.). Vorliegend wird allein das *deutsche* Internationale Privatrecht auf verallgemeinerungsfähige Rechtsgedanken für das Zusammenspiel zwischen dem Konventionsrecht und dem nationalen Recht untersucht.

[73] Anstoß zu diesen Überlegungen gab *Lars Viellechner* (*Viellechner*, in: Matz-Lück/Hong, Grundrechte und Grundfreiheiten im Mehrebenensystem, S. 109; *Viellechner*, EuGRZ 2011, 203 (206); *Viellechner*, Der Staat Bd. 51 (2012), S. 559 (572)). Anders als nach der hier vertretenen Ansicht versteht *Lars Viellechner* die Berücksichtigungspflicht des BVerfG aber bereits als eine dem deutschen Internationalen Privatrecht vergleichbare Kollisionsregel. Dieser Ansicht kann hier nicht zugestimmt werden, da die Vorgaben des BVerfG – wie bereits dargestellt – ungenügend sind und die erforderliche Rechtssicherheit vermissen lassen. Daher wäre es nach der hier vertretenen Ansicht wünschenswert, wenn das BVerfG und der EGMR in ihrem *künftigen* Zusammenspiel auf die Rechtsgedanken des Internationalen Privatrechts zurückgriffen und dabei ihre Argumentation anhand rechtssicherer Kriterien transparenter gestalten würden. Näheres dazu im Folgenden.

[74] MünchKomm BGB/*Sonnenberger*, Einleitung IPR, Rn. 1.

[75] MünchKomm BGB/*Sonnenberger*, Einleitung IPR, Rn. 79.

gen, dass die zur Anwendung berufene Rechtsordnung den streitgegenständlichen Lebenssachverhalt einer möglichst gerechten und zweckmäßigen Lösung zuführen kann.[76]

Das Internationale Privatrecht enthält unterschiedliche Arten von Kollisionsnormen, namentlich *vollständige*, *unvollständige* und *Exklusivnormen*. Vollständige Kollisionsnormen bestimmen positiv, welche fremde Rechtsordnung zur Anwendung kommen soll, während unvollständige Kollisionsnormen nur den eigenen Anwendungsbereich festlegen. Sie treffen indes keine Entscheidung darüber, welches Recht gelten soll, wenn die eigene Rechtsordnung unanwendbar ist. Die dritte Gruppe der Exklusivnormen enthält Ausnahmen von vollständigen Kollisionsnormen zu Gunsten der eigenen Rechtsordnung.[77] Für das vorliegend zu koordinierende Verhältnis zwischen dem Konventionsrecht und dem nationalen Recht kommen allein die vollständigen Kollisionsnormen in Betracht, die eine positive Aussage über das anzuwendende Recht treffen; denn die hier zu entwickelnde Kollisionsnorm für das Verhältnis zwischen dem Konventionsrecht und dem nationalen Recht muss zwingend eine positive Aussage zu Gunsten des Konventionsrechts treffen. Dies ist schon deshalb erforderlich, weil sich die Bundesrepublik Deutschland völkervertraglich zur Wahrung der Europäischen Menschenrechtskonvention verpflichtet hat. Es besteht somit quasi eine „Anwendungsvermutung“ zu Gunsten der konventionsrechtlich eingegangenen Bindung. Damit wird die im Internationalen Privatrecht aufgestellte „Gerechtigkeitsvermutung“, die für das Recht mit der größten räumlichen Nähe gilt, im vorliegenden Kontext durch die „Anwendungsvermutung“ zu Gunsten der konventionsrechtlich eingegangenen Verpflichtung ersetzt. Eine Kollisionsnorm für das Verhältnis zwischen der Europäischen Menschenrechtskonvention und dem deutschen Recht müsste also die grundsätzliche Bereitschaft zur Befolgung der konventionsrechtlichen Verpflichtungen in sich aufnehmen. Insoweit deckt sich die hier vorgeschlagene Kollisionslösung noch mit der vom BVerfG postulierten Konventionsfreundlichkeit. Abweichungen ergeben sich jedoch bei der Grenzziehung: Wie bereits erörtert, sind die pauschalen Rezeptionshindernisse des BVerfG abzulehnen. Allerdings müssen auch nach der hier vertretenen Ansicht Modifikationen möglich sein, damit die Vorrang*vermutung* zu Gunsten der Europäischen Menschenrechtskonvention nicht in einen *absoluten* Vorrang verkehrt wird, der – wie bereits gesehen – unter legitimatorischen Gesichtspunkten als unzulässig gelten muss.[78]

Hinweise auf mögliche Modifikationen ergeben sich aus Art. 6 EGBGB: Ist nämlich mit Hilfe des Internationalen Privatrechts ein anzuwendendes

---

[76] MünchKomm BGB/*Sonnenberger*, Einleitung IPR, Rn. 76.

[77] *Schotten/Schmellenkamp*, Das Internationale Privatrecht in der notariellen Praxis, § 2, Rn. 11.

[78] Siehe oben S. 304 f. und S. 423 ff.

Sachrecht gefunden worden, ermöglicht Art. 6 EGBGB[79] eine anschließende Ergebniskorrektur, um der nationalen Rechtsordnung die Selbsterhaltung zu sichern.[80] Mit Art. 6 EGBGB wird die Anwendung einer ausländischen Rechtsordnung unter einen so genannten *ordre public*-Vorbehalt gestellt.[81] Art. 6 EGBGB ist nämlich von der Ratio geleitet, die fundamentalen, d. h. die identitätsprägenden Wertungen des nationalen Rechts zu erhalten.[82] Allerdings darf der *ordre public*-Vorbehalt nicht als eigenständige Kollisionsnorm missverstanden werden. Er dient allein der Korrektur eines auf Grund der Verweisung erzielten Rechtsanwendungs*ergebnisses*.[83] Nach Maßgabe des Art. 6 S. 1 EGBGB ist eine ausländische Rechtsvorschrift unanwendbar, „wenn ihre Anwendung zu einem Ergebnis führt, das mit wesentlichen Grundsätzen des deutschen Rechts offensichtlich unvereinbar ist". Nach Satz 2 der Vorschrift ist dies insbesondere dann der Fall, „wenn die Anwendung mit den Grundrechten unvereinbar ist". Unter den „wesentlichen Grundsätzen" sind Rechtssätze zu verstehen, denen im nationalen Recht ein absoluter Geltungsanspruch zukommt.[84] Dazu zählen vor allem die „guten Sitten und de[r] Zweck[] eines deutschen Gesetzes".[85] Ausländisches Recht kann also nur dann abgewehrt werden, wenn die Rechtsanwendung zu einem Ergebnis führen würde, das nicht nur eine Verletzung tragender Rechtsgrundsätze des Privatrechts nach sich zöge, sondern eine „schwerwiegende, untragbare und tiefgreifende Abweichung von inländischen Grundsatznormen" zur Folge hätte.[86] Der *ordre public*-Vorbehalt dient dazu, das „Spannungsverhältnis", welches zwischen der ausländischen Rechtsnorm und dem nationalen Recht entsteht, auf der Grundlage nationaler Wertungen möglichst aufzulösen.[87]

Was die Auslegung des *ordre public*[88] anbelangt, ist zu berücksichtigen, dass dieser Vorbehalt seinerseits vor dem Hintergrund sich wandelnder nationaler und europäischer Wertvorstellungen interpretiert werden muss.[89] Art. 6

---

[79] MünchKomm BGB/*Sonnenberger*, Art. 6 EGBGB, Rn. 2; *Voltz*, in: Staudinger, Art. 6 EGBGB, Rn. 1.

[80] MünchKomm BGB/*Sonnenberger*, Art. 6 EGBGB, Rn. 77.

[81] *Viellechner*, in: Matz-Lück/Hong, Grundrechte und Grundfreiheiten im Mehrebenensystem, S. 109 (150 ff.); *Viellechner*, EuGRZ 2011, 203 (206).

[82] MünchKomm BGB/*Sonnenberger*, Art. 6 EGBGB, Rn. 8.

[83] *Schotten/Schmellenkamp*, Das Internationale Privatrecht in der notariellen Praxis, § 7, Rn. 313.

[84] *Voltz*, in: Staudinger, Art. 6 EGBGB, Rn. 6.

[85] *Voltz*, in: Staudinger, Art. 6 EGBGB, Rn. 133.

[86] *Voltz*, in: Staudinger, Art. 6 EGBGB, Rn. 136.

[87] *Schotten/Schmellenkamp*, Das Internationale Privatrecht in der notariellen Praxis, § 7, Rn. 313.

[88] Zur Auslegung des *ordre public* in Art. 6 EGBGB im Lichte der Europäischen Menschenrechtskonvention siehe *Voltz*, in: Staudinger, Art. 6 EGBGB, Rn. 84 ff.

[89] BGH v. 11. 10. 2006 – XII ZR 79/04, NJW-RR 2007, 145 (148), Rn. 37; *Voltz*, in. Staudinger, Art. 6 EGBGB, Rn. 147.

EGBGB verlangt also vom Rechtsanwender nicht nur eine kritische Auseinandersetzung mit dem *ausländischen* Recht und den Rechtsfolgen seiner Anwendung,[90] sondern auch mit der Frage, was im *nationalen* Recht (noch) als fundamental und daher identitätsprägend gilt.

III. Übertragung auf die vorliegende Konfliktlage

Überträgt man nun die Vorgaben des Internationalen Privatrechts auf die vorliegende Konfliktlage, ergibt sich folgendes Bild: Wie bereits angedeutet, ist eine pauschale „Transplantation" nicht möglich, weil das Internationale Privatrecht die wechselseitige Verzahnung zwischen der Europäischen Menschenrechtskonvention und dem nationalen Recht sowie die völkervertragsrechtliche Bindung nicht abzubilden vermag. Wegen der konventionsrechtlichen Bindung muss nämlich im Grundsatz eine Befolgung der Europäischen Menschenrechtskonvention angestrebt werden. Hingegen kennt das Internationale Privatrecht eine grundsätzliche „Befolgungspflicht" zu Gunsten einer bestimmten Rechtsordnung nicht, denn das Internationale Privatrecht beruft stets diejenige Rechtsordnung zur Anwendung, die dem zu regelnden Sachverhalt räumlich am nächsten steht.[91] Modifiziert man die Vorgaben des Internationalen Privatrechts entsprechend, bietet sich nach der hier vertretenen Ansicht die folgende Ausgangsformulierung an:

„Unbeschadet nationalstaatlicher Souveränität sind die Vorgaben des EGMR möglichst zu befolgen. Dies gilt auch für solche EGMR-Entscheidungen, die nicht gegenüber der Bundesrepublik Deutschland ergangen sind, wenn ihnen nämlich eine Orientierungswirkung zukommt."

Alle weiteren Rechtsgedanken des deutschen Internationalen Privatrechts können problemlos auf die vorliegende Konfliktlage angewendet werden; denn ebenso wie sich die Europäische Menschenrechtskonvention und das nationale Recht einer Hierarchisierung verschließen, geht auch das Internationale Privatrecht von einer Gleichrangigkeit der Rechtsregime aus. Damit besteht sowohl im Internationalen Privatrecht als auch in der vorliegenden Konfliktlage die Pflicht, sich mit dem jeweils anderen Rechtsregime auseinanderzusetzen. Überdies lässt es der staatenübergreifend anerkannte[92] *ordre public*-Vorbehalt zu, konventionsrechtliche Vorgaben zu wahren, ohne dass die nationale Identität preisgegeben werden muss.[93] Trotz der Flexibilität des *ordre public*-Begriffs bliebe das Zusammenspiel zwischen den nationalen Gerichten

[90] MünchKomm BGB/*Sonnenberger*, Art. 6 EGBGB, Rn. 8.

[91] Siehe oben S. 437 f.

[92] *Voltz*, in: Staudinger, Art. 6 EGBGB, Rn. 7.

[93] Vgl. *Viellechner*, in: Matz-Lück/Hong, Grundrechte und Grundfreiheiten im Mehrebenensystem, S. 109 (158); *Viellechner*, EuGRZ 2011, 203; *Viellechner*, Der Staat Bd. 51 (2012), S. 559 (570 f.).

und dem EGMR nicht auf einen formlosen Austausch beschränkt, sondern schüfe mit der normativen Verfestigung die notwendige Rechtssicherheit.[94] Ohne eine Uniformisierung anzustreben, erlaubt der *ordre public*-Vorbehalt eine Harmonisierung des europäischen Menschenrechtsschutzes, die auch im Sinne einer fortschreitenden Integration wünschenswert ist. Dies gilt insbesondere im Bereich der sozialen (Grund-)Rechte, dem auch das Streikrecht zuzuordnen ist. Gerade in diesem sensiblen, weil kulturell, wirtschaftlich und sozial geprägten Bereich dürfte sich der *ordre public*-Vorbehalt als sinnvoller und integrationsförderlicher Lösungsansatz erweisen. Nach der hier vertretenen Ansicht soll der *ordre public*-Begriff im vorliegenden Kontext als ein „wesentlicher Rechtsgrundsatz" bzw. als ein identitätsprägendes Merkmal des nationalen Rechts begriffen werden, das einer Anwendung des Konventionsrechts ausnahmsweise entgegensteht. Dabei ist zu beachten, dass das Attribut „identitätsprägend" nicht im Sinne von „althergebracht" missverstanden werden darf; denn der *ordre public*-Begriff muss – wie bereits dargestellt – seinerseits im Lichte sich wandelnder Rahmenbedingungen ausgelegt werden. Zu diesen Rahmenbedingungen zählen der mitgliedstaatliche Rechtskontext und auch europa- bzw. konventionsrechtlich eingeleitete Entwicklungen. Eine ausufernde Anwendung dieser – zugegeben vagen – Vorgaben droht wegen der gebotenen restriktiven Handhabung allerdings nicht.[95]

Fügt man die einzelnen Bestandteile der hier erarbeiteten Kollisionsnorm zusammen, ergibt sich der folgende Formulierungsvorschlag: „Unbeschadet nationalstaatlicher Souveränität sind die Vorgaben des EGMR möglichst zu befolgen. Dies gilt auch für solche EGMR-Entscheidungen, die nicht gegenüber der Bundesrepublik Deutschland ergangen sind, wenn ihnen nämlich eine Orientierungswirkung zukommt. Die vom EGMR formulierten Konventionsvorgaben sind nur ausnahmsweise nicht zu befolgen, wenn andernfalls gegen wesentliche Rechtsgrundsätze, d. h. identitätsprägende Merkmale der nationalen Rechtsordnung verstoßen würde."

Schließlich bleibt aber anzumerken, dass das Zusammenspiel zwischen dem Konventionsrecht und dem nationalen Recht sowie den jeweiligen gerichtlichen Akteuren nur dann funktionieren kann, wenn die Vorgaben des Internationalen Privatrechts auch als „Meta-Dogmatik"[96] verstanden und umgesetzt werden. Daher muss die hier erarbeitete Kollisionsregelung auf Ebene der Europäischen Menschenrechtskonvention und in der Rechtsprechung des EGMR eine Komplementärregelung finden.[97] Wenngleich der

---

[94] Vgl. *Viellechner*, EuGRZ 2011, 203 (206 f.).

[95] MünchKomm BGB/*Sonnenberger*, Art. 6 EGBGB, Rn. 14 ff.

[96] Begriff nach *Ladeur*, RabelsZ Bd. 64 (2000), S. 60 (101); *Vesting*, VVDStRL 63 (2004), 41 (66); siehe auch bereits oben S. 435.

[97] *Viellechner*, EuGRZ 2011, 203 (207); *Viellechner*, in: Matz-Lück/Hong, Grundrechte und Grundfreiheiten im Mehrebenensystem, S. 109 (157).

hier gemachte Vorschlag keinen Anspruch auf Vollständigkeit erheben kann, möchte er jedenfalls als Beitrag zu einer Befruchtung des „Lernverbundes“[98] zwischen dem EGMR und den nationalen Gerichten verstanden werden. Mit diesem kollisionsrechtlichen Lösungsansatz ist den nationalen Fachgerichten und dem BVerfG ein *rechtssicherer* Maßstab an die Hand gegeben, mit dem sie den konventionsrechtlichen Verpflichtungen angemessen Rechnung tragen können, ohne nationale Besonderheiten ungebührend außer Acht zu lassen. Schließlich kann eine so verstandene Kollisionslösung auch auf sämtliche Regimekonflikte angepasst werden, die sich im Wege der Hierarchisierung nicht lösen lassen. Vor allem eignet sich dieser Ansatz für die Kooperation europäischer Staaten mit dem EGMR, aber auch mit anderen völkerrechtlichen bzw. europäischen Verträgen und den jeweiligen Sanktionsorganen – insbesondere für das Verhältnis zur Europäischen Sozialcharta und das Zusammenspiel mit dem EKSR. Zur Frage, wie der hier entwickelte Ansatz für andere Regimekonflikte zu modifizieren ist, besteht allerdings weiterer Forschungsbedarf.

[98] Begriff nach *Voßkuhle*, NVwZ 2010, 1 (8).

3. Abschnitt

Konsequenzen für das deutsche Beamtenstreikverbot

Im vorangegangenen Abschnitt wurde die theoretische Entscheidungsgrundlage für die Frage geschaffen, wie angesichts der neueren EGMR-Judikatur mit dem deutschen Beamtenstreikverbot umzugehen ist. Die hier vorgeschlagene Kollisionslösung ist primär eine Verfahrenslösung, die aber über den *ordre public*-Vorbehalt mit materiell-rechtlichen Wertungen aufgeladen werden kann und muss.

Wendet man die soeben erarbeitete Kollisionsnorm auf die Beamtenstreikproblematik an, muss im Ausgangspunkt die Orientierungswirkung[1] der Europäischen Menschenrechtskonvention und der EGMR-Judikatur gewürdigt werden. Laut Konventionsrecht darf in Deutschland – anders als bisher – nur bei Vorliegen funktionsbezogener Rechtfertigungskriterien ein Beamtenstreikverbot gelten.[2] Dem könnte allerdings unter dem Gesichtspunkt des *ordre public*-Vorbehalts entgegnet werden, dass das statusbezogene Beamtenstreikverbot tief im deutschen Rechts- und Verfassungsdenken verwurzelt ist.[3] Ferner würde eine Änderung des geltenden Beamtenstreikverbots Anpassungen im Beamtenrecht erfordern – vor allem im Hinblick auf die lebenslange Alimentierung.[4] Das nationale Teilrechtssystem „Beamtenrecht" geriete – so könnte man in Anlehnung an die Ausführungen des BVerfG formulieren – aus der Balance.[5] Dies ist freilich nicht der Fall.

Zwar ist *Ferdinand Kirchhof* grundsätzlich zuzustimmen, wenn er davon abrät, nationale Grundsätze „in europäischer Euphorie über Bord" zu werfen.[6] Es ist nur legitim, dass „die Einbettung der Grundrechtsordnung in einem bestimmten historischen Kontext zu dogmatischen Durchbrechungen führen kann, für die auf der übergreifenden Ebene bei anderer historischer Kontextualität a priori kein Anlass besteht".[7] In der Tat verlangt auch die deutsche Vergangenheitsbewältigung einen rücksichtsvollen Umgang. Fremde Rechtsansichten können daher nicht ohne weiteres in die deutsche Rechtsord-

---

[1] Siehe oben S. 311 ff.

[2] Ausführlich dazu bereits oben S. 288 ff.

[3] Siehe oben S. 35 ff.

[4] Siehe oben S. 158.

[5] Vgl. BVerfG v. 14. 10. 2004 – 2 BvR 1481/04, NJW 2004, 3407 (3411).

[6] *F. Kirchhof*, NJW 2011, 3681 (3682).

[7] *Mayer*, EuGRZ 2011, 234.

nung übernommen werden, wenn historische Eigenheiten eine rechtliche Sonderbehandlung erfordern. So wird der historische Kontext der Bundesrepublik Deutschland vor allem durch die NS-Vergangenheit geprägt. Es ist nur plausibel, dass wegen dieser Prägung bestimmte BVerfG-Entscheidungen – wie etwa die zur „Auschwitzlüge“[8] – gegenüber konventionsrechtlichen Rechtsansichten „immunisiert“ werden müssen. Es ließe sich nun argumentieren, dass auch das Beamtenstreikverbot eine deutsche Besonderheit darstellt, die tief im Beamtenrecht, der nationalen Rechtsprechung und dem ideologischen Selbstverständnis der Bundesrepublik verwurzelt ist. Insofern könnte man die Frage nach dem *ordre public* bejahen. Damit ist die Untersuchung aber nicht zu Ende, denn wie bereits gezeigt wurde, muss die Frage nach dem *ordre public* vor dem Hintergrund europäischer Entwicklungen auf den Prüfstand gestellt werden.[9] Zwei Überlegungen sind dabei besonders wichtig:

Der EGMR übt einen stetig wachsenden Harmonisierungsdruck aus. Dies zeigt sich vor allem an der dynamischen Rechtsprechung, die nicht danach unterscheidet, ob eine Norm – wie Art. 6 Nr. 4 ESC – vom betreffenden Staat ratifiziert wurde. Wenngleich diese Rechtsprechungsentwicklung unter methodischen Gesichtspunkten kritisch zu beurteilen ist,[10] kann nicht über die Tatsache hinweggetäuscht werden, dass der EGMR eine funktionsbezogene Differenzierung beim Streikrecht fordert – und das mit Nachdruck, wie sich anhand der Entscheidung der Großen Kammer erkennen lässt.[11] Ferner wird der zunehmende Harmonisierungsdruck durch die kumulative Wirkung der einzelnen europäischen Vertragswerke ausgelöst: Art. 6 Nr. 4 ESC verlangt ebenso wie der EGMR eine funktionsbezogene Differenzierung beim Streikrecht für Beamte. Diese Rechtsansicht herrscht auch auf Unionsebene vor, da Art. 28 GRC nach Art. 52 Abs. 3 und Art. 53 GRC mit den Wertentscheidungen des EGMR aufzuladen ist. Durch die Anwendungsmacht des EGMR und des EuGH wird die geringe Bindungswirkung des Art. 6 Nr. 4 ESC „überkompensiert“. Sobald der EGMR mit dem Beitritt der EU zur Europäischen Menschenrechtskonvention auch formal zum maßgebenden Gerichtshof innerhalb Europas avanciert,[12] wird er über eine Autorität verfügen, der man sich hierzulande kaum entziehen kann. Nebenbei bemerkt fordern auch zahlreiche andere internationale Verträge zumindest implizit, dass ein Beamtenstreikrecht nach funktionsbezogenen Kriterien zu gewährleisten ist. Das sind namentlich Art. 8 des UN-Sozialpakts[13], Art. 22 des UN-Zivilpakts[14], Art. 3 Abs. 1 des

[8] BVerfG v. 6.4.2006 – 1 BvQ 10/06, NVwZ 2006, 815.
[9] Siehe oben S. 441.
[10] Siehe oben S. 275 ff.
[11] Siehe oben S. 259 f. und S. 286.
[12] Siehe oben S. 400 ff.
[13] Internationaler Pakt über wirtschaftliche, soziale und kulturelle Rechte.
[14] Internationaler Pakt über bürgerliche und politische Rechte.

IAO-Übereinkommens Nr. 87 sowie Art. 1, 2 und 4 des IAO-Übereinkommens Nr. 98.[15] Wenngleich diese Verträge – ebenso wie Art. 6 Nr. 4 ESC – nicht unmittelbar anwendbar sind, lassen sie jedenfalls eine nicht zu ignorierende internationale Grundhaltung erkennen. Auch den EU-Beamten[16] steht nach überwiegender Ansicht ein Streikrecht gemäß Art. 28 GRC zu.[17] Nicht zu unterschätzen ist außerdem der Harmonisierungsdruck, der sich im Rechtsvergleich mit den europäischen Mitgliedstaaten ergibt. Trotz der unterschiedlichen sozialen und wirtschaftlichen Hintergründe sowie der weitgehend heterogenen Streikrechtskonzeptionen[18] weisen die europäischen Staaten jedoch beim Beamtenstreik(-verbot) ähnliche Rechtsansichten auf. Gemein ist nämlich fast allen Staaten eine funktionsbezogene Differenzierung beim Streik im gesamten öffentlichen Dienst.[19] Auf diesem Verständnis basieren auch die Rechtsauffassungen des EGMR. In Anbetracht dessen lässt sich nicht plausibel erklären, wieso hierzulande an der überkommenen Rechtsauffassung zum statusbezogenen Beamtenstreikverbot festgehalten werden sollte.

Neben dem Argument des Harmonisierungsdrucks muss die Einordnung des Beamtenstreikverbots als *ordre public* auch deshalb revidiert werden, weil das Streikrecht als soziales Grundrecht eine integrationsfördernde Funktion innerhalb Europas einnimmt.[20] In Zeiten der Schuldenkrise und europäischer Instabilität darf dieser Faktor nicht unterschätzt werden. Deutschland trifft in seiner Vorbildfunktion eine Verantwortung, Disharmonien zu vermeiden und den Integrationsprozess zu fördern. Aus politischen Gründen darf sich Deutschland dieser Verantwortung nicht entziehen.

---

[15] *Hensche*, in: Däubler, Arbeitskampfrecht, § 18a, Rn. 77 f.

[16] EU-Beamte unterlagen bisher nur dem nach Art. 336 AEUV erlassenen Statut der Beamten der Europäischen Union (Verordnung vom 18. Dezember 1961, ABl. Nr. 45 S. 1385 in der Fassung EWG, Euratom, EGKS Nr. 259/68 des Rates vom 29. Februar 1968, ABl. Nr. L 56, S. 1, ber. ABl. 2007 Nr. L 248, S. 26; zuletzt geändert durch EU, Euratom Nr. 577/2012 des Rates vom 26. Juni 2012, ABl. Nr. L 171, S. 1). Zwar hat sich der EuGH bisher noch nicht ausdrücklich zu einem Streikrecht der EU-Beamten geäußert. In diese Richtung lässt sich aber die Entscheidung zum Beamtenstatut vom 8. Oktober 1974 interpretieren: „Die in Artikel 24a des Beamtenstatuts anerkannte Vereinigungsfreiheit bedeutet nach den allgemeinen Grundsätzen des Arbeitsrechts nicht nur, dass die Beamten und Bediensteten das Recht haben, frei Vereinigungen ihrer Wahl zu gründen, sondern auch, dass diese Vereinigungen sich zur Verteidigung der beruflichen Interessen ihrer Mitglieder jeder erlaubten Tätigkeit widmen können. Die gerichtliche Klage gehört zu den Mitteln, die solchen Vereinigungen zur Verfügung stehen." (EuGH v. 8. 10. 1974 – C-18/74 (Syndicat général du personnel des organismes européens/Kommission); zit. nach: juris).

[17] ErfK/*Dieterich*, Art. 9 GG, Rn. 109; *Hensche*, in: Däubler, Arbeitskampfrecht, § 18a, Rn. 76; *Heuschmid*, in: Däubler, Arbeitskampfrecht, § 11, Rn. 167 f.; *Thüsing/Traut*, RdA 2012, 65 (71); als weiterhin ungeklärt gilt diese Frage aber bei *Laubinger*, in: FS Klein, S. 1141 (1160) und *Mehde*, in: Terhechte, Verwaltungsrecht der EU, § 38, Rn. 35.

[18] Siehe oben S. 57 ff.

[19] Siehe oben S. 64 ff.

[20] Siehe oben S. 116 ff.

Verengt man den Blick noch einmal auf den nationalen Rechtsraum, so zeigt sich, dass eine Anpassung an die EGMR-Vorgaben auch ohne eine Verfassungsänderung möglich ist. Nach der hier vertretenen Ansicht ist Art. 33 Abs. 5 GG hinreichend offen formuliert, um EGMR-konform ausgelegt zu werden. Allein das einfache Beamtenrecht wäre dann einer gesetzgeberischen Änderung zu unterziehen. Ausufernde Streikaktionen von Beamten sind nicht zu befürchten, da mit dem Verhältnismäßigkeitsprinzip ein bewährter Maßstab zur Begrenzung unzumutbarer Streikfolgen bereitsteht. Überdies ist das noch geltende Beamtenstreikverbot – wie bereits dargestellt – im rechtswissenschaftlichen Schrifttum[21] und auch in der instanzgerichtlichen Verwaltungsrechtsprechung[22] keinesfalls unumstritten. Die hierzulande geführten Debatten erhalten durch die Rechtsprechung des EGMR einen richtungsweisenden Impuls: Die Abkehr vom statusbezogenen Beamtenstreikverbot ist notwendig. Dass sich dieser Schritt nicht „geräuschlos" vollziehen wird, dürfte allerdings klar sein. Zu stark ist der Streit um das Beamtenstreikverbot politisch aufgeladen. Zur Beruhigung dürfte indes beitragen, dass sich schon des Öfteren gezeigt hat, wie kultureller und rechtspolitischer Widerstand gegen Konventionsvorgaben allmählich abgeebbt ist; so zählen zum Beispiel die einst umstrittenen EGMR-Urteile „Marckx"[23], „Dudgeon"[24] und „Goodwin"[25], wo es um die Gleichbehandlung nichtehelicher Kinder und um die Achtung des Privatlebens ging, inzwischen zum festen Kernbestand der europäischen Rechtsüberzeugung.[26] Eine ähnliche Entwicklung ist zu erwarten, wenn man hierzulande endlich den mutigen Schritt wagt und das überkommene Beamtenstreikverbot den Vorgaben des EGMR anpasst.

---

[21] Siehe bereits oben S. 35.

[22] VG Düsseldorf v. 15.12.2010 – 31 K 3904/10.O; zit. nach: juris; VG Kassel v. 27.7.2011 – 28 K 1208/10.KS.D; zit. nach: juris; siehe auch bereits oben S. 47 ff.

[23] EGMR v. 13.6.1979 – 6833/74 (Marckx/Belgien), NJW 1979, 2449.

[24] EGMR v. 22.10.1981 – 7525/76 (Dudgeon/Vereinigtes Königreich), NJW 1984, 541.

[25] EGMR v. 11.7.2002 – 28957/95 (Christine Goodwin/Vereinigtes Königreich), NJW-RR 2004, 289.

[26] *Mahlmann*, EuR 2011, 469 (475 f.).

4. Abschnitt

Vorschläge für ein deutsches Beamtenstreikrecht

Mit der Feststellung, dass man den EGMR-Postulaten im nationalen Recht zu folgen hat, ist allerdings noch keine Aussage zu den konkreten Umsetzungsmodalitäten getroffen. Wie ein konventionskonformer Beamtenstreik aussehen könnte, hängt davon ab, wie man die Aussagen des EGMR in „Demir und Baykara"[1] und „Enerji Yapi-Yol Sen"[2] auslegt. Im letztgenannten Urteil spricht der Straßburger Gerichtshof davon, dass Beschränkungen des Streikrechts für solche Personen in Betracht kämen, die „hoheitliche Befugnisse in Namen des Staates" (Rn. 32) ausübten. Wenige Sätze später setzt der EGMR hinzu, dass die Kategorien der betreffenden Personen „so klar und eng wie möglich" bezeichnet werden müssten (Rn. 32). Darin hat die Literatur eine Anforderungssteigerung erkennen wollen.[3] In diese Richtung sind auch die Ausführungen des EGMR in „Demir und Baykara" zu deuten, wo der Gerichtshof einen Ausschluss solcher Personengruppen für zulässig hält, deren Tätigkeit „für die Staatsverwaltung spezifisch" (Rn. 147) ist. Abgesehen von der Tatsache, dass jedenfalls ein Funktionsbezug erforderlich ist, sind diese Aussagen aber eher unpräzise.[4] Die weiteren Details sind daher umstritten:

Sofern sich das Schrifttum überhaupt näher zur Umsetzung der EGMR-Urteile im nationalen Recht äußert, sind sehr unterschiedliche Ansichten zu hören. Zum Teil wird die EGMR-Judikatur dahingehend ausgelegt, dass ein Streikverbot nur für Personen zu rechtfertigen ist, die im „Kernbereich hoheitlicher Tätigkeit" beschäftigt sind[5] und „staatstragende Funktionen"[6] ausüben. Zuweilen wird der Begriff der hoheitlichen Befugnisse gar nicht näher spezifiziert[7] oder die weitere Konkretisierung der Rechtsprechung überlassen[8].

In der nationalen Verwaltungsrechtsprechung besteht ebenfalls keine Einigkeit, wie die EGMR-Vorgaben auszulegen sind: Das VG Kassel[9] scheint ebenso

---

1 EGMR v. 12.11.2008 – 34503/97 (Demir und Baykara/Türkei), AuR 2009, 269.

2 EGMR v. 21.4.2009 – 68959/01 (Enerji Yapi-Yol Sen/Türkei), AuR 2009, 274.

3 *Widmaier/Alber*, ZEuS 2012, 387 (410 f.).

4 *Widmaier/Alber*, ZEuS 2012, 387 (410 f.).

5 *Gooren*, ZBR 2011, 400 (406); *Polakiewicz/Kessler*, NVwZ 2012, 841 (844); *Werres*, DöV 2011, 873 (880).

6 *Schubert*, AöR 2012, 92 (105).

7 *Seifert*, KritV 2009, 357 (362).

8 *Gooren*, ZBR 2011, 400 (406).

9 VG Kassel v. 27.7.2011 – 28 K 1208/10.KS.D; zit. nach: juris, Rn. 32.

wie das VG Osnabrück[10] davon auszugehen, dass der EGMR ein Streikverbot für alle Beamten im „hoheitlichen Bereich" gestattet. Auch das VG Düsseldorf versteht die Konventionsvorgaben so, dass ein Streikverbot nur bei der „Ausübung hoheitlicher Befugnisse im engeren Sinn" in Betracht kommt.[11] Dagegen differenzieren die übrigen Verwaltungsgerichte nach der Art der hoheitlichen Tätigkeit. So will das OVG Münster in Anlehnung an „Demir und Baykara" danach unterscheiden, „ob Beschäftigte im öffentlichen Dienst Staatsgewalt im eigentlichen Sinne" ausüben.[12] Das OVG Lüneburg prüft, ob Beamte „überwiegend hoheitlich geprägte Aufgaben" wahrnehmen[13] und auch das VG Bremen neigt einer engen Interpretation der EGMR-Vorgaben zu.[14] Noch deutlicher ist schließlich das BVerwG, indem es darauf verweist, dass das Streikverbot „für diejenigen Beamten von vornherein nicht relativiert werden" müsse, „die in den von Art. 33 Abs. 4 GG erfassten Bereichen der öffentlichen Verwaltung tätig sind". Im Hinblick auf die Lehrer kommt das BVerwG zu dem Ergebnis, dass diese keine „Angehörigen der Staatsverwaltung" i. S. v. Art. 11 Abs. 2 S. 2 EMRK seien, „weil sie keine genuin hoheitlichen Aufgaben wahrnehmen". Es liege die Annahme nahe,

> dass die Verwaltung, in der hoheitsrechtliche Befugnisse i. S. d. Art. 33 Abs. 4 GG ausgeübt werden, der Staatsverwaltung i. S. d. Art. 11 Abs. 2 S. 2 EMRK entspricht [...]. Zur genuin hoheitlichen Verwaltung in diesem Sinne dürften neben den Streitkräften und der Polizei sonstige Ordnungskräfte, Rechtspflege, Steuerverwaltung, Diplomatie sowie Verwaltungsstellen auf Bundes-, Landes- und Kommunalebene gehören, die mit der Ausarbeitung von Rechtsakten, deren Durchführung und mit hoheitlichen Aufsichtsfunktionen betraut sind. Nicht erfasst sein dürften etwa die staatlichen Bildungs- und Wissenschaftseinrichtungen und sonstige Einrichtungen der Daseinsvorsorge unabhängig von ihrer Rechtsform.[15]

Je nach Lesart der EGMR-Vorgaben könnten die Folgen für das deutsche Recht sehr unterschiedlich sein. Wenn man nur den Kernbereich hoheitlicher Tätigkeiten vom Streikrecht ausnimmt – wie in „Demir und Baykara" angedeutet (Rn. 147) – kommt ein Streikverbot letztlich nur für die Eingriffsverwaltung in Betracht. Hingegen unterfällt bei einer weiten Auslegung – wie sie „Enerji Yapi-Yol Sen" nahelegen könnte – auch die Leistungsverwaltung dem Streikverbot. Als Beispiel werden die kommunalen Sozialämter genannt, die qua Bescheid Sozialhilfe gewähren.[16] Schwierigkeiten bereitet auch die Frage, wie mit verbeamteten Lehrkräften umzugehen ist. In der Literatur wird zuweilen

[10] VG Osnabrück v. 19. 8. 2011 – 9 A 1 / 11, NVwZ-RR 2012, 323 (325).
[11] VG Düsseldorf v. 15. 12. 2010 – 31 K 3904 / 10.O; zit. nach: juris, Rn. 25.
[12] OVG Münster v. 7. 3. 2012 – 3d A 317 / 11.O; zit. nach: juris, Rn. 207.
[13] OVG Lüneburg v. 12. 6. 2012 – 20 BD 7 / 11; zit. nach: juris, Rn. 56.
[14] VG Bremen v. 3. 7. 2012 – D K 20 / 11; zit. nach: juris, Rn. 26.
[15] BVerwG v. 27. 2. 2014 – 2 C 1 / 13, NZA 2014, 616 (619 ff.).
[16] *Widmaier / Alber*, ZEuS 2012, 387 (411 f.).

vorgebracht, dass die Notengebung einen Hoheitsakt darstelle und daher eine Beschränkung des Streikrechts nach Maßgabe des EGMR in Betracht komme.[17] Zu einer anderen Überzeugung gelangen hingegen das VG Kassel[18] und das VG Düsseldorf[19]. Sie berufen sich darauf, dass die Ausübung hoheitlicher Befugnisse bei Lehrkräften auf ein Minimum beschränkt sei.[20] Das BVerwG kommt ebenfalls zu diesem Ergebnis, da die „öffentlichen Schulen [...] nicht zu denjenigen Bereichen der öffentlichen Verwaltung" gehörten, „in denen schwerpunktmäßig hoheitsrechtliche Befugnisse ausgeübt werden".[21] Eine extensive Interpretation der EGMR-Urteile verbietet sich auch deshalb, weil sie letztlich zu einem Ergebnis führen würde, das einem statusbezogenen Beamtenstreikverbot gleichkommt. Den Anforderungen des EGMR wäre damit nicht Genüge getan.

Ganz so kompliziert, wie es auf den ersten Blick scheinen mag, ist die Lage allerdings nicht. Im Kern geht es bei dem Auslegungsstreit um die Frage, wie der Begriff der „Staatsverwaltung" in Art. 11 Abs. 2 S. 2 EMRK zu verstehen ist und was „hoheitliche Befugnisse" („Enerji Yapi-Yol Sen", Rn. 32) sind. Hinweise können der „Pellegrin"- und „Eskelinen"-Entscheidung entnommen werden, die vom EGMR in „Enerji Yapi-Yol Sen" (Rn. 32) bzw. „Demir und Baykara" (Rn. 80, 153) indirekt als „Auslegungshilfe" benannt werden. Gemäß der „Pellegrin"-Entscheidung ist der Begriff „Staatsverwaltung" eng auszulegen. Erforderlich ist eine „Beteiligung an der Ausübung der Staatsgewalt", also eine Tätigkeit, die „charakteristisch" für die öffentliche Verwaltung ist. Als Beispiel benennt der EGMR die Streitkräfte und die Polizei.[22] Das Restriktivitätserfordernis und die exemplarisch genannten Berufsgruppen belegen, dass der EGMR die „Staatsverwaltung" restriktiv versteht. Diese Lesart wird gestützt, wenn man die in Art. 11 Abs. 2 S. 2 EMRK genannten Berufsgruppen miteinander vergleicht; denn ein Gleichklang zwischen den Streitkräften, der Polizei und der Staatsverwaltung lässt sich nur erzielen, wenn man die letztere Gruppe eng fasst.

Dieser Befund deckt sich mit der Rechtsprechung des EuGH zur Auslegung der „öffentlichen Verwaltung" in der Bereichsausnahme nach Art. 45 Abs. 4 AEUV. Nach dieser Vorschrift soll die Arbeitnehmerfreizügigkeit „keine Anwendung auf die Beschäftigung in der öffentlichen Verwaltung" finden. Laut EuGH ist der „öffentlichen Verwaltung" jede Tätigkeit zuzuordnen, die eine Ausübung hoheitlicher Befugnisse mit sich bringt oder der Wahrung allge-

---

[17] *Bitsch,* ZTR 2012, 78 (83).

[18] VG Kassel v. 27. 7. 2011 – 28 K 1208/10.KS.D; zit. nach: juris, Rn. 32.

[19] VG Düsseldorf v. 15. 12. 2010 – 31 K 3904/10.O; zit. nach: juris, Rn. 26.

[20] So auch *Schubert*, AöR 2012, 92 (111 f.).

[21] BVerwG v. 27. 2. 2014 – 2 C 1/13, NZA 2014, 616 (620).

[22] EGMR v. 8. 12. 1999 – 28541/95 (Pellegrin/Frankreich), NVwZ 2000, 661 (663), Rn. 64 ff.

meiner Belange des Staates oder anderer öffentlicher Körperschaften dient.[23] Der EuGH verfolgt – ebenso wie der EGMR in der „Eskelinen"-Entscheidung[24] – einen funktionsbezogenen Ansatz, wonach die hoheitlichen Befugnisse konkret ausgeübt werden müssen, ohne dass es dabei auf die formale Zuordnung der Tätigkeit zu einem bestimmten Sachbereich ankommt.[25] Die Bereichsausnahme gilt aber nicht pauschal für öffentliche Versorgungsdienste im Bereich Wasser, Gas und Elektrizität sowie im öffentlichen Gesundheitsdienst, im Post- und Fernmeldebereich sowie im Bildungswesen[26].[27] In der Regel unterfallen daher nur solche Tätigkeiten der Bereichsausnahme, die dem diplomatischen Dienst, der Finanz- und Zollverwaltung, der inneren und äußeren Sicherheit, dem Rechtswesen oder dem Bereich oberster Bundes- und Landesbehörden zuzuordnen sind.[28] Allerdings stehen einige Stimmen in der Literatur einer gleichlaufenden Interpretation der „öffentlichen Verwaltung" in Art. 45 Abs. 4 AEUV und der „Staatsverwaltung" in Art. 11 Abs. 2 S. 2 EMRK kritisch gegenüber, da die Vorschriften von unterschiedlichen Motiven geleitet seien.[29] Diese Kritik ist nach der hier vertretenen Ansicht jedoch unbegründet. Wenngleich sich die Gründungsmotive der Union und der Europäischen Menschenrechtskonvention in der Tat unterscheiden, lässt sich die Ratio des Art. 45 Abs. 4 AEUV[30] auch für Art. 11 Abs. 2 S. 2 EMRK fruchtbar machen – und zwar aus folgenden Gründen: Der Bereichsausnahme im Vertrag über die Arbeitsweise der Europäischen Union liegt nämlich die Erwägung zu Grunde, dass Ämter mit besonderer Staatsnähe exklusiv den Staatsbürgern vorzubehalten sind.[31] Das Verhältnis gegenseitiger Rechte und Pflichten zwischen Staat und Staatsbürgern begründet ein besonderes Vertrauen des Staates.[32] Mit der gesteigerten Pflichtenstellung der Staatsbürger geht eine Privilegierung gegenüber anderen Personen einher, deren Tätigkeit keine vergleichbare Staatsnähe aufweist.[33] Im Vergleich zu Art. 11 Abs. 2 S. 2 EMRK liegt der Fokus des EuGH zwar auf der Staatsangehörigkeit.[34] Dennoch lässt sich der an der Staatsnähe ausgerichtete funktionale Ansatz auf Art. 11 Abs. 2 S. 2 EMRK übertragen.

[23] EuGH v. 3. 7. 1986 – C-66/85 (Lawrie-Blum); zit. nach: juris, Rn. 27.

[24] EGMR v. 19. 4. 2007 – 63235/00 (Eskelinen u. a./Finnland), NJOZ 2008, 1188 (1191), Rn. 62.

[25] *Brechmann*, in: Calliess/Ruffert, EUV/AEUV, Art. 45 AEUV, Rn. 107.

[26] EuGH v. 3. 7. 1986 – C-66/85 (Lawrie-Blum); zit. nach: juris, Rn. 28.

[27] *Brechmann*, in: Calliess/Ruffert, EUV/AEUV, Art. 45 AEUV, Rn. 108; *Böhm*, PersV 2012, 164 (166).

[28] *Böhm*, PersV 2012, 164 (166).

[29] *Böhm*, PersV 2012, 164 (166); *Widmaier/Alber*, ZEuS 2012, 387 (412).

[30] Kritik an der Bereichsausnahme angesichts einer fortschreitenden Europäisierung bei *Kämmerer*, EuR 2001, 27 (36 ff.).

[31] *Forsthoff*, in: Grabitz/Hilf/Nettesheim, Das Recht der EU, Art. 45 AEUV, Rn. 420.

[32] EuGH v. 26. 5. 1982 – C-149/79 (Kommission/Belgien), NJW 1983, 1965.

[33] *Forsthoff*, in: Grabitz/Hilf/Nettesheim, Das Recht der EU, Art. 45 AEUV, Rn. 420.

[34] Vgl. *Widmaier/Alber*, ZEuS 2012, 387 (406 f.).

Zwar wird die Staatsnähe im Rahmen des Art. 11 Abs. 2 S. 2 EMRK nicht zur Privilegierung, sondern zur Beschränkung der Rechtsausübung herangezogen, es gilt aber ansonsten dasselbe: Das Streikrecht darf solchen Personen versagt werden, auf deren hoheitliche – und daher staatsnahe – Tätigkeit der Staat unbedingt angewiesen ist. Ferner sind divergierende Auslegungsergebnisse für den Vertrag über die Arbeitsweise der Europäischen Union und die Europäische Menschenrechtskonvention spätestens seit dem avisierten Beitritt der EU zur Konvention nicht mehr zu rechtfertigen. Vielmehr ist eine gleichlaufende Interpretation im Sinne der Rechtssicherheit und der Kohärenzsicherung geboten.

Damit ergibt sich folgender Befund: Entgegen kritischer Einwände in der Literatur[35] taugt das Kriterium der „Staatsverwaltung" durchaus zur Spezifizierung der „hoheitlichen Befugnisse" als rechtsanwendungstaugliches Differenzierungsmerkmal für ein Beamtenstreikverbot. Die Tauglichkeit wurde in der nationalen Rechtsprechung sogar schon unter Beweis gestellt: Das BVerfG versteht die Ausübung hoheitsrechtlicher Befugnisse als Tätigkeit, bei der jedenfalls Grundrechtseingriffe vorgenommen werden, wenn also durch Befehl oder Zwang unmittelbar auf grundrechtlich geschützte Freiheitsrechte eingewirkt wird.[36] Den Lehrerberuf hat das BVerfG einem Tätigkeitsbereich zugeordnet, der nicht schwerpunktmäßig hoheitlich ist und daher nicht durch den Beamtenstatus abgesichert werden muss.[37] Dieser Auffassung vertritt nun auch das BVerwG.[38] Für Tätigkeiten, die nicht eindeutig der Eingriffsverwaltung zuzuordnen sind, aber dennoch hoheitliche Teilbefugnisse umfassen, stellt das „Schwerpunktkriterium" des BVerfG eine sinnvolle Konkretisierung dar. Dieser Differenzierungsansatz lässt sich auch bei der Abgrenzung zwischen streikberechtigten und nichtstreikberechtigten Beamtengruppen fruchtbar machen – auch in Aufgabenbereichen, die nur teilweise hoheitliche oder fiskalische Tätigkeiten betreffen.[39] Hier muss dann im Einzelfall bestimmt werden, ob eine Tätigkeit überwiegend hoheitlich Befugnisse umfasst oder nicht. Im Hinblick auf die Lehrertätigkeit hat das BVerwG diese Frage zutreffend verneint.[40] Schon das OVG Münster wendet in seiner Beamtenstreik-Entscheidung das „Schwerpunktkriterium" des BVerfG an.[41] Obgleich das OVG Münster im Ergebnis nicht von der überkommenen Ansicht zum Beamtenstreikverbot abrückt,[42] zeigt sich, dass den nationalen Gerich-

---

[35] *Bitsch,* ZTR 2012, 78 (83 ff.).

[36] BVerfG v. 18.1.2012 – 2 BvR 133/10, NJW 2012, 1563 (1565), Rn. 140.

[37] BVerfG v. 19.9.2007 – 2 BvF 3/02, NVwZ 2007, 1396 (1399).

[38] BVerwG v. 27.2.2014 – 2 C 1/13, NZA 2014, 616 (619 ff.).

[39] Zurückzuweisen sind daher die Bedenken bei *Steinau-Steinrück/Sura*, NZA, 2014, 580 (582 f.).

[40] BVerwG v. 27.2.2014 – 2 C 1/13, NZA 2014, 616 (619).

[41] OVG Münster v. 7.3.2012 – 3d A 317/11.O; zit. nach: juris, Rn. 151–156.

[42] OVG Münster v. 7.3.2012 – 3d A 317/11.O; zit. nach: juris, Rn. 157.

ten eine funktionsbezogene Differenzierung im Beamtenrecht nicht schwer fällt. Deutlich weist nun auch das BVerwG auf das „Schwerpunktkriterium" des BVerfG hin und subsumiert problemlos unter den Begriff der „Staatsverwaltung" in Art. 11 Abs. 2 S. 2 EMRK.[43] Wenngleich das BVerwG weitere Detailfragen an den Gesetzgeber delegiert, zeigt sich, dass es sich bei der „Staatsverwaltung" und den „hoheitlichen Befugnisse" durchaus um Kriterien handelt, mit denen die nationale Rechtsprechung umzugehen weiß. Anknüpfend an der bisherigen Judikatur wird künftig auch beim Beamtenstreikrecht nach dem „Schwerpunktkriterium" differenziert werden können.

Noch offene Fragen können – wie bereits gesehen – unter Rückgriff auf die Rechtsprechung des EGMR in der Rechtssache „Pellegrin" und die EuGH-Judikatur geklärt werden. Außerdem wird die nationale Rechtsprechung – dafür bedarf es entgegen der Ansicht des BVerwG nicht zwingend einer gesetzgeberischen Tätigkeit[44] – nicht umhinkommen, Anforderungskataloge aufzustellen, anhand derer sich im Einzelfall ermitteln lässt, ob schwerpunktmäßig hoheitlich gehandelt wird.[45] Für verbeamtete Lehrkräfte und Beamte in privatisierten Unternehmen ist dies zu verneinen. Diesen Berufsgruppen wird folglich ein Streikrecht zuzusprechen sein.[46] Schließlich muss geklärt werden, ob streik*berechtigte* Beamte tarifliche Regelungen erzwingen dürfen oder ob ein spezieller „Beamten-Kollektivvertrag" zu entwickeln ist.[47] Das BVerwG hält „jedenfalls eine erhebliche Erweiterung der Beteiligungsrechte der Gewerkschaften in Richtung eines Verhandlungsmodells" für erforderlich, da die „derzeit eingeräumten Beteiligungsrechte nach § 118 BBG, § 53 BeamtStG" nicht genügen. Außerdem komme ein „Verhandlungs- und Schlichtungsmodell unter paritätischer Beteiligung der Gewerkschaften in der Art des „Dritten-Wegs", wie es das BAG für die Einrichtungen der Kirchen entwickelt hat" in Betracht. Allerdings – so das BVerwG – impliziere die Anerkennung des Beamtenstreiks „als Druckmittel zur Durchsetzung konkreter Arbeitsbedingungen ‚echte' Tarifverhandlungen über die Gestaltung der Arbeitsbedingungen der Beamten [...] eine Abkehr von der hoheitlichen Regelung des Beamtenverhältnisses [...]. Eine Öffnung des Beamtenrechts für eine tarifautonome Gestaltung kommt für den Bereich der innerdienstlichen, sozialen und personellen Angelegenheiten der Beamten in Betracht, wenn und soweit diese auf der Dienststellenebene durch Dienstvereinbarungen mit dem Personalrat

43 BVerwG v. 27. 2. 2014 – 2 C 1 / 13, NZA 2014, 616 (620).

44 BVerwG v. 27. 2. 2014 – 2 C 1 / 13, NZA 2014, 616 (621).

45 *Henneberger-Sudjana/Henneberger*, Streikrecht und Streikverbot, S. 22 f.

46 Laut BVerfG nehmen Lehrer „in der Regel nicht schwerpunktmäßig hoheitlich geprägte Aufgaben" wahr (BVerfG v. 19. 9. 2007 – 2 BvF 3 / 02, NVwZ 2007, 1396 (1399)); vgl. zu den Beamten in privatisierten Unternehmen *Werres*, DöV 2011, 873 (880).

47 Näheres zum „Beamten-Kollektivvertrag" bei *Lörcher*, Der Personalrat 2011, 452 (456).

geregelt werden können [...].“ Dabei sei befürchten, „dass der prägende, durch Art. 33 Abs. 5 GG vorgegebene Inhalt grundlegender Beamtenpflichten wie der Pflichten zum vollen beruflichen Einsatz oder zur Loyalität angetastet würde, wenn diese Pflichten tarifvertraglich konkretisiert werden könnten. [...]. Bei einem Wegfall oder einer Abschwächung derartiger Pflichten entfällt die Rechtfertigung für die lebenslange Alimentation.“ Eine Sonderstellung nehme allerdings die Beamtenbesoldung ein, weil sie an die Tarifentwicklung im öffentlichen Dienst gekoppelt sei und vor diesem Hintergrund als angemessen i S. d. Art. 33 Abs. 5 GG bewertet werde. Unangemessen sei die Besoldung jedenfalls dann, „wenn der Gesetzgeber die Besoldungsentwicklung an Parameter knüpft, die die Tarifabschlüsse für den öffentlichen Dienst nicht mehr in den Blick nehmen [...].“ So könne die Beamtenbesoldung durch Tarifverhandlungen für den öffentlichen Dienst erstreikt und mitgeregelt werden, „ohne die Balance des beamtenrechtlichen Regelungsgefüges zu gefährden“.[48] Wenngleich die Tarifentwicklung im öffentlichen Dienst für Beamte stets nur schleppend nachvollzogen wurde, sind die Ausführungen des BVerwG zu begrüßen, zeigen sie doch, dass eine konventionsfreundliche Ausgestaltung des deutschen Beamtenrechts weniger Schwierigkeiten aufwirft als befürchtet. Nur am Rande ist hier allerdings zu kritisieren, dass das BVerwG – wenn es eine Anpassung an die Konventionsvorgaben im Bereich der Beamtenbesoldung für so unproblematisch hält – keinen Handlungsauftrag an den Gesetzgeber hätte aussprechen dürfen, sondern selbst zur Tat hätte schreiten können. Dies gilt umso mehr, als die Abgrenzung zwischen einer schwerpunktmäßig hoheitlichen und einer nichthoheitlichen Tätigkeit nur im Einzelfall und nicht pauschal – durch Gesetz – gelingen kann.[49]

Abschließend sei auf die kritische Prognose hingewiesen, wonach der Staat, wenn er beim Beamtenstreikrecht nach dem „Schwerpunkt“ hoheitlicher Tätigkeiten differenziert, weitgehend von einer Verbeamtung absehen müsste – und zwar in all jenen Bereichen, die nicht dem Art. 11 Abs. 2 S. 2 EMRK unterfallen.[50] In diese Richtung deuten auch die Ausführungen des BVerwG, wenn es darauf verweist, dass die Dienstherrn den Widerspruch zwischen Art. 33 Abs. 5 GG und den Gewährleistungen des Art. 11 EMRK dadurch auflösen können, „dass sie für diese Verwaltungsbereiche, etwa im öffentlichen Schulwesen, künftig nur noch Tarifbeschäftigte einstellen [...]. Außerdem sei „an ein Wahlrecht der Bewerber zu denken, als Beamte oder als Tarifbeschäftigte eingesetzt zu werden.“[51] Einige Stimmen in der Literatur befürworten eine Beschränkung der Verbeamtung auf Tätigkeiten im „Kernbereich“

[48] BVerwG v. 27.2.2014 – 2 C 1 / 13, NZA 2014, 616 (622).
[49] In diese Richtung bereits die „Eskelinen“-Entscheidung des EGMR; siehe oben S. 261.
[50] Vgl. *Böhm*, PersV 2012, 164 (169); *Schubert*, AöR 2012, 92 (115 f.).
[51] BVerwG v. 27.2.2014 – 2 C 1 / 13, NZA 2014, 616 (621).

hoheitlichen Handelns.[52] Kritisch wird jedoch entgegengehalten, dass eine zunehmende Privatisierung dem Funktionsvorbehalt in Art. 33 Abs. 4 GG widerstrebe und auch mit allgemeinen rechts- und sozialstaatlichen Wertungen unvereinbar sei. Es heißt, die „Staatlichkeit" der Bundesrepublik werde „aufs Spiel gesetzt",[53] wenn man den Beamtenapparat derart reduziere.[54] Auch nach der hier vertretenen Ansicht ist es abzulehnen, Staatsbedienstete nur noch in solchen Bereichen zu verbeamten, die schwerpunktmäßig hoheitlich tätig sind. In der Tat würde dies zu einem Ergebnis führen, das im modernen Gewährleistungsstaat als Rückschritt zu werten wäre. Es ist daher sinnvoll, eine funktionale Differenzierung nicht nur beim Streikrecht vorzunehmen, sondern im gesamten Beamtenrecht. Denkbar wäre es, das Beamtenverhältnis und die damit einhergehenden Rechte den jeweils ausgeübten Befugnissen und Pflichten anzupassen.[55] Auf diese Weise würde kein Beamtenrecht „zweiter Klasse" geschaffen, wohl aber ein solches, das der ausgeübten Funktion und Pflichtenstellung angemessen ist.[56] Auf diese Weise könnten konventionsrechtliche Vorgaben gewahrt werden, ohne den modernen Gewährleistungsstaat zu gefährden.

---

[52] *Landau/Steinkühler*, DVBl 2007, 133 (143).

[53] *Janssen*, ZBR 2003, 113 ff.

[54] *Di Fabio*, Das beamtenrechtliche Streikverbot, S. 58; *Schubert*, AöR 2012, 92 (116).

[55] Entsprechende Überlegungen bei *Schubert*, AöR 2012, 92 (115); ablehnend *Di Fabio*, Das beamtenrechtliche Streikverbot, S. 59.

[56] Weitere Kritik zur „Aufspaltung" des Beamtenstatus bei *Schubert*, AöR 2012, 92 (116).

Fazit und Ausblick

In der vorliegenden Arbeit wurde die These untersucht, inwieweit Art. 6 Nr. 4 ESC einen Harmonisierungsdruck auf die nationale Rechtsordnung auszuüben vermag. Bei isolierter Betrachtung hat die Europäische Sozialcharta nur einen geringen Einfluss auf das deutsche Streikrecht.[1] Die fehlende Durchschlagskraft beruht vor allem auf dem schwach ausgestalteten Überwachungsverfahren. Das EKSR und das Ministerkomitee besitzen kein Recht zur verbindlichen Interpretation und können keine rechtswirksamen Sanktionen aussprechen. Wenngleich das BAG angedeutet hat, dass ein Rechtsprechungswandel unter Einfluss des Art. 6 Nr. 4 ESC möglicherweise vorzunehmen sei, hat es bislang am rechtlichen Druck gefehlt, um entsprechende Taten folgen zu lassen.

Ein deutlich stärkerer Einfluss geht allerdings vom EGMR und – in abgeschwächter Form – auch vom EuGH aus: Der Straßburger Gerichtshof judiziert grundsätzlich nur anhand der Europäischen Menschenrechtskonvention, er zieht aber zur Auslegung des Art. 11 EMRK auch den als Parallelnorm konzipierten Art. 6 Nr. 4 ESC heran. Diese Rechtsprechungspraxis belegt, dass die freiheitsrechtlichen Garantien der Europäischen Menschenrechtskonvention ohne sozialrechtliche Flankierung nicht auskommen. Zu diesem Zweck bietet sich bei der Auslegung des Art. 11 EMRK ein Rückgriff auf Art. 6 Nr. 4 ESC an. Mit dem Straßburger Gerichtshof wird dem Art. 6 Nr. 4 ESC ein durchsetzungsmächtiges Sanktionsorgan an die Seite gestellt; denn die Urteile des EGMR sind gemäß Art. 46 Abs. 1 EMRK in den Mitgliedstaaten zu befolgen. Zwar war die Bundesrepublik Deutschland an den Verfahren „Demir und Baykara“ und „Enerji Yapi-Yol Sen“ nicht beteiligt, dennoch müssen die Entscheidungen hierzulande im Wege der Orientierungswirkung berücksichtigt werden. Die Orientierungswirkung ist nach den hier angestellten Überlegungen als ein Unterfall der Konventionsfreundlichkeit des Grundgesetzes einzustufen. Inhaltlich sind die EGMR-Entscheidungen dahingehend zu deuten, dass das deutsche Beamtenstreikverbot konventionswidrig ist.[2] Klar hat der EGMR das Erfordernis einer funktionsbezogenen Differenzierung beim Streik im öffentlichen Dienst herausgestellt. Dabei handelt es sich um eine hinreichend verallgemeinerungsfähige Aussage, die folglich auch in Deutschland

[1] Siehe oben S. 191 ff.
[2] Siehe oben S. 288 ff.

zwingend zu beachten ist. Entgegen der bislang vorherrschenden Meinung in der nationalen Verwaltungsrechtsprechung lassen sich Art. 33 Abs. 4 und 5 GG konventionsfreundlich auslegen.[3] Das deutsche Beamtenstreikverbot ist nämlich kein ausdrückliches Verfassungspostulat. Auch die Bindung an entgegenstehende Entscheidungen des BVerfG nach § 31 Abs. 1 BVerfGG hindert eine konventionsfreundliche Auslegung durch die Fachgerichte nicht, denn § 31 Abs. 1 BVerfGG muss nach der hier vertretenen Ansicht seinerseits im Lichte der konventionsrechtlichen Vorgaben gewürdigt werden. Dies gilt jedenfalls dann, wenn eine Entscheidung des BVerfG auf einen Zeitpunkt rückdatiert, der *vor* dem einer entgegenstehenden Entscheidung des EGMR liegt.[4] In diesem Fall hatte das BVerfG noch keine Gelegenheit, sich mit den konventionsrechtlichen Vorgaben auseinanderzusetzen. Man darf in dieser Konstellation zu Gunsten des BVerfG vermuten, dass es in Kenntnis der Konventionsvorgaben anders entschieden hätte. Die bundesverfassungsgerichtliche Autorität wird in dieser Konstellation nicht beschädigt. Ein funktionsbezogenes Beamtenstreikverbot nach Maßgabe des EGMR lässt sich also mit Art. 33 Abs. 4 und 5 GG vereinbaren.

Diese Sichtweise wird gestützt, wenn man sich vor Augen führt, dass auch der EuGH den Art. 6 Nr. 4 ESC zur Herleitung des unionsrechtlichen Streikrechts heranzieht.[5] Außerdem hat Art. 6 Nr. 4 ESC bei der Ausarbeitung der Grundrechtecharta Pate gestanden und entscheidenden Einfluss auf die Auslegung des Art. 28 GRC. In der unionsrechtlichen Rechtswirklichkeit hat sich der Einfluss des Art. 6 Nr. 4 ESC materiell-rechtlich jedoch noch nicht bemerkbar gemacht. Die bisherigen Entscheidungen des EuGH zum Streikrecht waren alles andere als liberal. Allerdings wird dieser Befund mit dem nach Art. 6 Abs. 2 EUV vorgesehenen Unionsbeitritt zur Europäischen Menschenrechtskonvention zu revidieren sein.[6] Wenngleich die EU keine ausdrückliche Kompetenz zur Regelung des mitgliedstaatlichen Streikrechts besitzt, wird sich der EuGH künftig verstärkt bemühen müssen, seine – jedenfalls *mit*regelnden – Äußerungen zum Streikrecht mit den Vorgaben des EGMR zu harmonisieren. Die primärrechtlich veranlassten Konvergenzbestrebungen zwischen der EU und der Europäischen Menschenrechtskonvention zwingen nicht nur den EuGH zur Konventionsfreundlichkeit, sondern wirken mittelbar auf Art. 6 Nr. 4 ESC zurück und verschaffen der Norm einen Bedeutungszuwachs im europäischen Grundrechtsgefüge.[7]

Zwar kann Art. 6 Nr. 4 ESC bei isolierter Betrachtung keinen nennenswerten sozialpolitischen Fortschritt herbeiführen, doch durch die Interdependen-

[3] Siehe oben S. 320 ff.
[4] Siehe oben S. 330 ff.
[5] Siehe oben S. 381 ff.
[6] Siehe oben S. 400 ff.
[7] Siehe oben S. 409 ff.

zen und Konvergenzbestrebungen im europarechtlichen Grundrechtsgefüge vermag das Streikrecht der Europäischen Sozialcharta einen zunehmenden Harmonisierungsdruck auf das nationale Recht auszuüben. Auch die Gremienentscheidungen des EKSR und des Ministerkomitees zu Art. 6 Nr. 4 ESC erlangen durch die Anwendungsmacht des EGMR eine gesteigerte rechtspolitische Bedeutung, die im nationalen Recht nicht mehr ignoriert werden kann. Wenngleich dem Art. 6 Nr. 4 ESC und dem *soft law* der Spruchorgane nach ihrer völkerrechtlichen Konzeption ein solcher Einfluss nicht zugedacht ist, müssen jedenfalls die Entscheidungen des EGMR als rechtsverbindliche Konventionsvorgaben eingehalten werden. Der Anwendungsmacht des EGMR dürfen sich die nationalen Gerichte nicht entziehen und so werden sie indirekt an die Vorgaben des Art. 6 Nr. 4 ESC gebunden: Inhaltlich fordert Art. 6 Nr. 4 ESC nicht nur eine Abkehr vom deutschen Beamtenstreikverbot, sondern auch vom Grundsatz der Tarifbezogenheit des Streiks und vom Verbot des wilden Streiks.[8] Zwar hat der EGMR den Art. 6 Nr. 4 ESC bisher nur genutzt, um sich zum Beamtenstreikverbot zu äußern. Sollte der EGMR aber – was mit großer Wahrscheinlichkeit zu erwarten ist – an seiner bisherigen Rechtsprechung und Methodik festhalten, lässt sich vorhersagen, dass künftig auch der Grundsatz der Tarifbezogenheit und das Verbot des wilden Streiks unter konventionsrechtlichen Beschuss geraten werden.[9] Ob und wie das nationale Streikrecht diesen Vorgaben angepasst werden muss und kann, wird Gegenstand künftiger Forschungsarbeiten sein.

Überdies konnte in der vorliegenden Arbeit ein Lösungsansatz für die Handhabung von Grundrechtskollisionen im europäischen Rechtsverbund gefunden werden.[10] Wie anhand der Interdependenzen zwischen der Europäischen Sozialcharta, der Europäischen Menschenrechtskonvention und dem Unionsrecht gezeigt werden konnte, ist der europäische Rechtsraum dem Einfluss verschiedener Ordnungsregime ausgesetzt. Während sich das Zusammenspiel zwischen dem nationalen Recht und der EU noch mit einer – gleichwohl zweifelhaften – Vorrangregelung bewältigen lässt, gilt dies im Verhältnis zwischen dem nationalen Recht und der Europäischen Menschenrechtskonvention nicht. Es handelt sich vielmehr um eine „horizontale" Kollisionslage. Grundrechtskonflikte lassen sich hier nicht einfach im Wege der Hierarchisierung bewältigen. Damit zeigt sich im Verhältnis zwischen der Europäischen Menschenrechtskonvention und dem nationalen Recht ein Phänomen, das mit dem Stichwort „Rechtspluralismus" treffend erfasst wird.[11] Weil sich die beiden Rechtsregime einer Hierarchisierung entziehen, sind sowohl der EGMR als auch die nationalen Gerichte – allen voran das BVerfG – bestrebt, das „letzte

[8] Siehe oben S. 141 ff.
[9] Siehe oben S. 286 f.
[10] Siehe oben S. 435 ff.
[11] Siehe oben S. 415 ff.

Wort“ für sich zu reklamieren. Hier wird offenbar, dass der Konflikt zwischen den Rechtsregimen vor allem institutioneller Natur ist. Das BVerfG hat mit den „tragenden Grundsätzen der Verfassung“ und den „mehrpoligen Grundrechtsverhältnissen“ Argumentationsfiguren entwickelt, die sich zu Lasten der Konventionsfreundlichkeit und der Rechtssicherheit auswirken. Diese Vorbehalte basieren auf einem überkommenen Souveränitäts- und Hierarchieverständnis, bilden aber die „Gleichrangigkeit“ von Konventionsrecht und nationalem Recht nicht zutreffend ab. Sie sind daher abzulehnen.[12] Gleichwohl sind die Bestrebungen des BVerfG nachvollziehbar, eine Überformung des nationalen Rechts zu verhindern. Auf der anderen Seite soll aber auch den konventionsrechtlichen Forderungen angemessen Tribut gezollt werden. Aufbauend auf diskurs- und systemtheoretischen Überlegungen konnte im sechsten Teil dieser Arbeit ein kollisionsrechtlicher Ansatz zur Lösung dieses Regimekonflikts entwickelt werden.[13] Bei diesem Ansatz kommt es vor allem auf einen transparenten Diskurs zwischen den Gerichten an. Dabei müssen die nationalen Gerichte ihre grundsätzliche Befolgungsbereitschaft klar zum Ausdruck bringen. Spannungsverhältnisse mit dem EGMR können die nationalen Gerichte nach der hier präsentierten Lösung mit Hilfe des am Internationalen Privatrecht orientierten *ordre public*-Gedankens lösen. Gewisse Abstimmungsversuche sind in der Rechtsprechung zwischen dem BVerfG und dem EGMR bereits ansatzweise zu beobachten. Nach dem hier erarbeiteten Ansatz gilt es nun, pauschale Vorbehalte gänzlich fallen zu lassen. Die Orientierung an den Vorgaben des Internationalen Privatrechts ermöglicht eine rechtssichere und zugleich angemessen flexible Handhabung der vorliegenden Kollisionsproblematik. Der *ordre public*-Begriff ist seinerseits auslegungsfähig und -bedürftig. Mit Blick auf den Beamtenstreik war zu klären, ob es noch zeitgemäß und angemessen ist, weiterhin einen nationalen Sonderweg zu beschreiten. Angesichts der dargestellten Konvergenzbestrebungen im europarechtlichen Grundrechtsschutz und dem zunehmenden Harmonisierungsdruck auf das nationale Recht ist ein Festhalten am statusbezogenen Beamtenstreikverbot nach der hier vertretenen Ansicht abzulehnen.[14] Ob und inwiefern auch die anderen Grundsätze des nationalen Streikrechts, die möglicherweise ebenfalls unter konventionsrechtlichen Beschuss geraten werden, vom *ordre public*-Vorbehalt erfasst sind, wird in künftigen Forschungsarbeiten zu klären sein.

Dem kollisionsrechtlichen Denkansatz wohnt vor allem die Aufforderung inne, die eigene Rechtsordnung angesichts europarechtlicher Einflüsse auf den Prüfstand zu stellen. Auf die kritische Frage der EGMR-Richterin *Angelika*

[12] Siehe oben S. 335 ff.
[13] Siehe oben S. 428 ff.
[14] Siehe oben S. 443 ff.

Nußberger, worin der „Mehrwert“[15] ihres Gerichtshofs für die Mitgliedstaaten liege, ist daher zu antworten: in der kritischen Selbstreflexion. Angesichts einer zunehmenden Dynamisierung der EGMR-Judikatur muss diese Selbstreflexion sogar als Dauerauftrag verstanden werden. Es gilt, die europäische Rechtsentwicklung nachzuvollziehen und nach Möglichkeit innerstaatlich umzusetzen. In einer *transparenten* Selbst- und Fremdanalyse liegt schließlich auch der Schlüssel zu einer fruchtbaren *wechselseitigen* Beeinflussung des europäischen und des nationalen Rechts. Wenn zuweilen gefordert wird, dass eine „Pluralität der Perspektiven“ aus demokratischen Gründen auszuhalten sei,[16] dann ist hinzuzufügen, dass eine Pluralität der Perspektiven als Chance zu nutzen ist. Hierin liegt eine Möglichkeit zu interner Erneuerung und Fortschritt.

Mit Art. 6 Nr. 4 ESC hat diese Arbeit begonnen, mit einem Blick auf die Europäische Sozialcharta soll nun auch geendet werden. Es wurde gezeigt, dass dieses Vertragswerk mehr als fünfzig Jahre nach seinem Erlass einen weitaus stärkeren Einfluss auf die europäische Grundrechtswirklichkeit ausüben kann, als ihm von den eigenen Schöpfern zugedacht war – und zwar vor allem durch die Anwendungsmacht des EGMR. In dem Willen, ein möglichst weitgehendes Streikrecht zu gewähren, hat sich der EGMR Art. 6 Nr. 4 ESC zu Nutze gemacht und der Norm auf diese Weise eine gesteigerte Bedeutung verschafft, die weder vom EuGH noch von den Mitgliedstaaten ignoriert werden kann. Durch den avisierten Beitritt der EU zur Europäischen Menschenrechtskonvention werden die europarechtlichen Konvergenzbemühungen zunehmen und die Schlagkraft des Art. 6 Nr. 4 ESC noch weiter verstärken. Damit bewahrheitet sich der Ausspruch *Claudio Franzius'*, wonach „Normen [...] auf eine Wirklichkeit [treffen], die auf die Norm zurückwirkt“.[17] Subtil, aber nachhaltig prägt Art. 6 Nr. 4 ESC die europäische Grundrechtslandschaft und antizipiert, was einmal zum gemeineuropäischen Wertekanon gehören wird.

---

[15] Diese Frage wurde von *Angelika Nußberger* aufgeworfen in *Nußberger*, RdA 2012, 270 (276).

[16] *Franzius*, Europäisches Verfassungsrechtsdenken, S. 212.

[17] *Franzius*, Europäisches Verfassungsrechtsdenken, S. 18.

Literaturverzeichnis

Agnelli, Giovanni: Die Europäische Sozialcharta – Schritte zu einer gemeinsamen europäischen Sozialpolitik (S. 69–79), in: *Agnelli, Giovanni; Berenstein, Alexandre; Däubler, Wolfgang; Delpérée, Albert; Fuchs, Klaus; Kahn-Freund, Otto; Muhr, Gerd; Randzio-Plath, Christa; Wiebringhaus, Hans (Hrsg.)*, Die Europäische Sozialcharta: Weg zu einer europäischen Sozialordnung?, Baden-Baden 1978; zit. als: *Agnelli*, in: Agnelli (u. a.), Die Europäische Sozialcharta.

Akandji-Kombé, Jean-François: The Material Impact of the Jurisprudence of the European Committee of Social Rights (S. 89–108), in: *de Búrca, Gráinne; de Witte, Bruno (Hrsg.),* Social Rights in Europe, New York 2005.

Ales, Edoardo: Italienisches Tarifrecht (S. 159–183), in: *Hekimler, Alpay; Ring, Gerhard (Hrsg.),* Tarifrecht in Europa, Baden-Baden 2012.

Alexy, Robert: Theorie der juristischen Argumentation: die Theorie des rationalen Diskurses als Theorie der juristischen Begründung; Nachwort (1991), Antwort auf einige Kritiker, 6. Auflage, Frankfurt am Main 2008.

Arnauld, Andreas von: Völkerrecht, Heidelberg 2012.

Bäcker, Carsten: Wissenschaft als Amt. Das verfassungsrechtliche Hochschullehrerbeamtenrecht aus Art. 33 Abs. 5 GG i. V. m. Art. 5 Abs. 3 GG, AöR 2010, 78–114.

Badenhop, Johannes : Normtheoretische Grundlagen der Europäischen Menschenrechtskonvention, Baden-Baden 2010.

Basedow, Jürgen: Das Sozialmodell von Lissabon: Solidarität statt Wettbewerb, EuZW 2008, 225.

Battis, Ulrich: Hergebrachte Grundsätze versus Ökonomismus: Das deutsche Beamtenrecht in der Modernisierungsfalle?, DöV 2001, 309–317.

Battis, Ulrich (Hrsg.): Bundesbeamtengesetz Kommentar, 4. Auflage, München 2009.

Battis, Ulrich: Streikrecht für Beamte?, ZBR 2011, 397–400.

Battis, Ulrich; Schlenga, Hans Dieter: Die Verbeamtung der Lehrer, ZBR 1995, 253–260.

Bayreuther, Frank: Der Streik um einen Tarifsozialplan – Konsequenzen des Urteils des BAG vom 24. 4. 2007 für die Tarifrechtspraxis, NZA 2007, 1017–1022.

Becker, Florian: Völkerrechtliche Verträge und parlamentarische Gesetzgebungskompetenz, NVwZ 2005, 289–291.

Becker, Ulrich: European Social Charter, in: *R. Wolfrum (Hrsg.),* The Max Planck Encyclopedia of Public International Law, Oxford University Press 2007, Online-Ausgabe, letzte Aktualisierung Mai 2007.

Behnsen, Alexander: Das Vorbehaltsrecht völkerrechtlicher Verträge, Berlin 2007; zit. als: *Behnsen*, Das Vorbehaltsrecht.

Benda, Ernst: Die Bindungswirkung von Entscheidungen des Europäischen Gerichtshofs für Menschenrechte, Anwaltsblatt 2005, 602–608.

Bepler, Klaus: Deutsches Streikrecht und Europäische Sozialcharta (S. 97–113), in: *Kothe, Wolfgang, u. a. (Hrsg.)*, Arbeitsrecht im sozialen Dialog, Festschrift für Hellmut Wißmann zum 65. Geburtstag, München 2005; zit. als: *Bepler*, in: FS Wißmann.

Berenstein, Alexandre: Die Entwicklung und Bedeutung der wirtschaftlichen und sozialen Rechte (S. 15–68), in: *Agnelli, Giovanni; Berenstein, Alexandre; Däubler, Wolfgang; Delpérée, Albert; Fuchs, Klaus; Kahn-Freund, Otto; Muhr, Gerd; Randzio-Plath, Christa; Wiebringhaus, Hans (Hrsg.)*, Die Europäische Sozialcharta: Weg zu einer europäischen Sozialordnung?, Baden-Baden 1978; zit. als: *Berenstein*, in: Agnelli (u. a.), Die Europäische Sozialcharta.

Bergmann, Jan: Das Bundesverfassungsgericht in Europa, EuGRZ 2004, 620–627.

Bergmann, Jan: Diener dreier Herren? – Der Instanzrichter zwischen BVerfG, EuGH und EGMR, EuR 2006, 101–115.

Bergmann, Jan (Hrsg.): Handlexikon der Europäischen Union, 4. Auflage, Baden-Baden 2012.

Berka, Walter: Die Gesetzesvorbehalte der Europäischen Menschenrechtskonvention, ÖZöRV 1986, 71–100.

Bernhardt, Rudolf: Die Auslegung völkerrechtlicher Verträge insbesondere in der neueren Rechtsprechung internationaler Gerichte, Köln 1963.

Birk, Rolf; Konzen, Horst; Löwisch, Manfred; Raiser, Thomas; Seiter, Hugo: Gesetz zur Regelung kollektiver Arbeitskonflikte: Entwurf und Begründung, Tübingen 1988.

Bitsch, Christian: Streikrecht für Beamte? ZTR 2012, 78–85.

Blanke, Thomas: Das Arbeitskampfrecht des Grundgesetzes und das neue Arbeitskampfkonzept des BAG, NZA 1990, 209–213.

Blanke, Thomas: Sozialstaatsprinzip, Schutzpflichtgebot und Tarifautonomie. Ein Dialog mit Rudolf Wiethölters Recht-Fertigungs-Thesen (S. 125–149), in: *Joerges, Christian; Teubner, Gunther (Hrsg.)*, Rechtsverfassungsrecht. Recht-Fertigung zwischen Privatrechtsdogmatik und Gesellschaftstheorie, Baden-Baden 2003.

Blanke, Thomas: Flankenschutz für die Tarifautonomie, Entscheidungsbesprechung zum Urteil des BAG v. 10. 12. 2002 und vom 18. 2. 2003, AuR 2004, 130–135.

Blanke, Thomas: Streikende Wikinger vor dem Europäischen Gerichtshof, AuR 2006, 1–6.

Blanke, Thomas: Dynamik und Konturen des europäischen Sozialmodells: Warum der Zug nach Europa nicht zu stoppen ist, NZA 2006, 1304–1309.

Blanke, Thomas: Arbeitsmarktpolitik und Arbeitnehmerrechte – Stiefkind der europäischen Harmonisierung?!, Arbeitskreis Arbeit-Betrieb-Politik, Friedrich Ebert-Stiftung, Berlin 2007; zit. als: *Blanke*, Arbeitsmarktpolitik und Arbeitnehmerrechte.

Blanke, Thomas: Die Entscheidungen des EuGH in den Fällen Viking, Laval und Rüffert – Domestizierung des Streikrechts und europaweite Nivellierung der industriellen Beziehungen, Oldenburger Studien zur Europäisierung und zur transnationalen Regulierung, Nr. 18 / 2008, online einzusehen: http: / / www.cetro.uni-oldenburg.de / de / download / Nr._18_jm.pdf; zit. als: *Blanke*, Die Entscheidungen des EuGH in den Fällen Viking, Laval und Rüffert.

Blanke, Thomas; Sterzel, Dieter: Beamtenstreikrecht. Demokratische Verfassung und Beamtenstreik, Neuwied und Darmstadt 1980; zit. als: *Blanke / Sterzel*, Beamtenstreikrecht.

Bleckmann, Albert: Grundgesetz und Völkerrecht, Ein Studienbuch, Berlin 1975.

Bleckmann, Albert: Grundprobleme und Methoden des Völkerrechts, Freiburg (u. a.) 1982.

Bleckmann, Albert: Monismus mit Primat des Völkerrechts. Zur Kelsenschen Konstruktion des Verhältnisses von Völkerrecht und Landesrecht, Rechtstheorie, Beiheft 5, 1984, 337–347.

Bleckmann, Albert: Völkerrecht, Baden-Baden 2001.

Bogdandy, Armin von; Villalón, Pedro Cruz; Huber, Peter Michael (Hrsg.): Handbuch Ius Publicum Europaeum: Band II: Offene Staatlichkeit – Wissenschaft vom Verfassungsrecht, Heidelberg 2008.

Bogdandy, Armin von; Venzke, Ingo: Zur Herrschaft internationaler Gerichte: Eine Untersuchung internationaler öffentlicher Gewalt und ihrer demokratischen Rechtfertigung, ZaöRV 2010, 1–49.

Böhm, Monika: Lehrerstatus heute: Rahmenbedingungen und Reformperspektiven, DÖV 2006, 665–671.

Böhm, Monika: Abschied vom Streikverbot im Beamtenrecht?, PersV 2012, 164–170.

Bohr, Marc: Rechtliche Regelungen des Streikes und wirtschaftliche Auswirkungen in der Bundesrepublik Deutschland, Österreich, Belgien, Frankreich und Italien. Eine rechtsvergleichende Untersuchung im Hinblick auf die Frage nach der wirtschaftlichen Zweckmäßigkeit einer expliziten positivrechtlichen Gewährleistung des Streikrechtes, Berlin 1992; zit. als: *Bohr*, Rechtliche Regelungen des Streikes und wirtschaftliche Auswirkungen.

Boldt, Gerhard: Zur Zulässigkeit von Firmentarifverträgen mit verbandsangehörigen Unternehmen, RdA 1971, 257–268.

Breuer, Marten: Karlsruhe und die Gretchenfrage: Wie hast du's mit Straßburg?, NVwZ 2005, 412–414.

Brillat, Régis: The Supervisory Machinery of the European Social Charter: Recent Developments and their Impact (S. 31–43), in: *de Búrca, Gráinne; de Witte, Bruno (Hrsg.),* Social Rights in Europe, New York 2005.

Brodmann, Jörg: Arbeitskampf und Pressefreiheit, Berlin 1982.

Brox, Hans; Rüthers, Bernd (Hrsg.): Arbeitskampfrecht, Ein Handbuch für die Praxis, 2. Auflage, Stuttgart 1982.

Brugger, Winfried: Georg Jellinek als Sozialtheoretiker und Kommunitarist, Der Staat Bd. 49 (2010), S. 405–434.

Brugger, Winfried : Georg Jellineks Statuslehre: national und international. Eine Würdigung und Aktualisierung anlässlich seines 100. Todestages im Jahr 2011, AöR 2011, 1–43.

Brummer, Paul; Butz, Benjamin: Große Hürde für junge Gewerkschaften, ArbRAktuell 2012, 271.

Bruun, Niklas; Brücker, Andreas: Der Monti II Verordnungsvorschlag der EU Kommission – Eine kritische Würdigung, NZA 2012, 1136–1141.

Buchholtz, Gabriele: Anmerkung zum Urteil des BVerwG v. 27.2.2014 – 2 C 1/13, DVBl 2014, 786–790.

Buergenthal, Thomas; Thürer, Daniel: Menschenrechte – Ideale, Instrumente, Institutionen, Zürich 2010; zit. als: *Buergenthal/Thürer*, Menschenrechte.

Bumke, Christian; Voßkuhle, Andreas: Casebook Verfassungsrecht, 5. Auflage, München 2008.

Bundesministerium für Arbeit und Soziales (BMAS): Sozialkompass Europa. Soziale Sicherheit im Vergleich, 2. Auflage April 2012; online einzusehen: http://www.bmas.de/DE/Service/Publikationen/a801-sozial-kompass-europasoziale-sicherheit-im-vergleich.html.

Butt, Mark Eric; Kübert, Julia; Schultz, Christiane Anne: Soziale Grundrechte in Europa, Arbeitsdokument, in: *Europäisches Parlament (Hrsg.)*, Reihe soziale Angelegenheiten, Luxemburg 2000; online einzusehen:
http://www.europarl.europa.eu/workingpapers/soci/pdf/104_de.pdf;
zit. als: *Butt/Kübert/Schultz*, Soziale Grundrechte in Europa.

Calliess, Christian; Ruffert, Matthias (Hrsg.): EUV/AEUV – Das Verfassungsrecht der Europäischen Union mit Europäischer Grundrechtecharta. Kommentar, 4. Auflage, München 2011.

Calliess, Gralf-Peter: Systemtheorie: Luhmann/Teubner (S. 53–71), in: *Buckel, Sonja; Christensen, Ralf; Fischer-Lescano, Andreas (Hrsg.)*, Neue Theorien des Rechts, 2. Auflage, Stuttgart 2009.

Colneric, Ninon: Grundrechtsschutz im Dreiecksverhältnis zwischen Bundesverfassungsgericht, Gerichtshof der Europäischen Gemeinschaften und Europäischem Gerichtshof für Menschenrechte (S. 21–35), in: *Annuß, Georg; Picker, Eduard; Wissmann, Helmut, u. a. (Hrsg.)*, Festschrift für Reinhard Richardi zum 70. Geburtstag, München 2007; zit. als: *Colneric*, in: FS Richardi.

Cremer, Hans-Joachim: Zur Bindungswirkung von EGMR-Urteilen – Anmerkungen zum Görgülü-Beschluss des BVerfG vom 14. 10. 2004 – 2 BvR 1481/04, EuGRZ 2004, 683–699.

Cremer, Hans-Joachim: Wirtschaftliche, soziale und kulturelle Rechte – eine sinnvolle Normenkategorie (S. 35–70), in: *Giegerich, Thomas; Zimmermann, Andreas (Hrsg.)*, Wirtschaftliche, soziale und kulturelle Rechte im globalen Zeitalter, Berlin 2008; zit. als: *Cremer*, in: Giegerich/Zimmermann, Wirtschaftliche, soziale und kulturelle Rechte.

Cremer, Hans-Joachim: Grundrechtsvielfalt und Grundrechtskonflikte im europäischen Mehrebenensystem – Lösungsstrategien, EuGRZ 2011, 225–228.

Czerner, Frank: Das völkerrechtliche Anschlusssystem der Art. 59 Abs. 2 S. 1, 25 und 24 Abs. 1 GG und deren Inkorporierungsfunktion zugunsten der innerstaatlichen EMRK-Geltung, EuR 2007, 537–563.

Czycholl, Roland; Frieling, Tino: Auswirkungen der Europäischen Sozialcharta auf das Arbeitskampfrecht – Das Streikrecht aus Art. 6 Abs. 4 ESC als vorrangige gesetzgeberische Entscheidung, ZESAR 2011, 322–327.

Dahm, Georg (Begr.); Delbrück, Jost; Wolfrum, Rüdiger (Hrsg.): Völkerrecht, Band I/3, Die Formen des völkerrechtlichen Handelns; Die inhaltliche Ordnung der internationalen Gemeinschaft, 2. Auflage, Berlin 2002; zit. als: *Delbrück/Wolfrum*, Völkerrecht I/3.

Danwerth, Christopher: Die prägenden Thesen und Ideen des Georg Jellinek (1851–1911), JuS 2011, 406–410.

Däubler, Wolfgang: Der Streik im öffentlichen Dienst, 2. Auflage, Tübingen 1971.

Däubler, Wolfgang: Die unverhältnismäßige Aussperrung – Anmerkung zum Beschluss des BAG GS vom 21. 4. 1971 – GS 1/68, JuS 1972, 642–648.

Däubler, Wolfgang: Arbeitskampf und Sozialcharta (S. 103–150), in: *Agnelli, Giovanni; Berenstein, Alexandre; Däubler, Wolfgang; Delpérée, Albert; Fuchs, Klaus; Kahn-Freund, Otto; Muhr, Gerd; Randzio-Plath, Christa; Wiebringhaus, Hans (Hrsg.)*, Die Europäische Sozialcharta: Weg zu einer europäischen Sozialordnung?, Baden-Baden 1978; zit. als: *Däubler*, in: Agnelli (u. a.), Die Europäische Sozialcharta.

Däubler, Wolfgang: Neue Grundsätze im Arbeitskampf? – Zur Entscheidung des Ministerkomitees des Europarats, AuR 1998, 144–148.

Däubler, Wolfgang: Das unbekannte Arbeitsrecht, NJW 1999, 3537–3538.

Däubler, Wolfgang: Der Schutz der sozialen Grundrechte in der Rechtsordnung Deutschlands (S. 111–163), in: *Iliopoulos-Strangas, Julia (Hrsg.)*, Soziale Grundrechte in Europa nach Lissabon. Eine rechtsvergleichende Untersuchung der nationalen Rechtsordnungen und des europäischen Rechts, Baden-Baden 2010; zit. als: *Däubler*, in: Iliopoulos-Strangas, Soziale Grundrechte in Europa.

Däubler, Wolfgang (Hrsg.): Arbeitskampfrecht: Handbuch für die Rechtspraxis, 3. Auflage, Baden-Baden 2011.

Däubler, Wolfgang (Hrsg.): Tarifvertragsgesetz mit Arbeitnehmerentsendegesetz, 3. Auflage, Baden-Baden 2012.

Däubler, Wolfgang; Hjort, Jens Peter; Schubert, Michael; Wolmerath, Martin (Hrsg.): Arbeitsrecht: Individualarbeitsrecht mit kollektivrechtlichen Bezügen, Handkommentar, 2. Auflage, Baden-Baden 2010.

Dauses, Manfred: Der Schutz der Grundrechte in der Rechtsordnung der Europäischen Union: Unter besonderer Berücksichtigung des institutionellen Schutzes dieser Rechte, Frankfurt am Main 2010.

Dauses, Manfred (Hrsg.): Handbuch des EU-Wirtschaftsrechts, Band I, Loseblattsammlung, 31. Ergänzungslieferung, München 2012.

De Búrca, Gráinne; de Witte, Bruno (Hrsg.): Social Rights in Europe, New York 2005.

Dederer, Hans-Georg: Die Architektonik des europäischen Grundrechtsraums, ZaöRV 2006, 575–624.

Deinert, Olaf: Folgen der Tarifpluralität für das Arbeitskampfrecht, RdA 2011, 12–23.

Determann, Lothar: Müssen Professoren von Verfassung wegen Beamte sein?, NVwZ 2000, 1346–1351.

Dieterich, Thomas: Arbeitskampfrechtsprechung als arbeitsteiliger Prozess deutscher und europäischer Gerichtshöfe (S. 95–113), in: *Hohmann-Dennhardt, Christine; Masuch, Peter; Villiger, Mark (Hrsg.)*, Festschrift für Renate Jaeger, Grundrechte und Solidarität, Durchsetzung und Verfahren, Berlin 2010; zit. als: *Dieterich*, in: FS Jaeger.

Dieterich, Thomas; Müller-Glöge, Rudi (Hrsg.): Erfurter Kommentar zum Arbeitsrecht, 11. Auflage, München 2011; zit. als: ErfK/*Bearbeiter*.

Di Fabio, Udo: Nationales Arbeitsrecht im Spannungsfeld von Grundgesetz und Grundrechtecharta, RdA 2012, 262–266.

Doehring, Karl: Demokratiedefizit in der Europäischen Union?, DVBl 1997, 1133–1137.

Doll, Christine; Kohte, Wolfhard: Neues aus Erfurt zur Bedeutung der Europäischen Sozialcharta im Arbeitskampfrecht?!, ZESAR 2003, 393–400.

Dörfler, Reinhard: Die Vereinbarkeit sozialer Grundrechte mit dem Grundgesetz der Bundesrepublik Deutschland, Erlangen 1978; zit. als: *Dörfler*, Die Vereinbarkeit sozialer Grundrechte mit dem GG.

Dörr, Oliver: Rechtsprechungskonkurrenzen zwischen nationalen und europäischen Verfassungsgerichten, DVBl 2006, 1088–1099.

Dröge, Cordula: Positive Verpflichtungen der Staaten in der Europäischen Menschenrechtskonvention, Berlin 2003.

Dudenredaktion (Hrsg.): Duden. Die deutsche Rechtschreibung; online einzusehen: http://www.duden.de/woerterbuch.

Dumke, Matthias: Streikrecht i. S. des Art. 6 Nr. 4 ESC und deutsches Arbeitskampfrecht – Vorgaben, Vereinbarkeit und Umsetzung, Frankfurt am Main 2013; zit. als: *Dumke*, Streikrecht i. S. des Art. 6 Nr. 4 ESC und deutsches Arbeitskampfrecht.

Dürig, Günter; Maunz, Theodor (Begr.): Grundgesetz: Kommentar, Band I, II, IV, V, VI, Loseblattsammlung, 67. Ergänzungslieferung, München 2013; zit. als: Maunz/Dürig/*Bearbeiter.*

Eckertz-Höfer, Marion: Grußwort zur Tagung „Grundrechtsvielfalt und Grundrechtskonflikte im europäischen Mehrebenensystem", EuGRZ 2011, 193–194.

Egli, Patricia: Zur Reform des Rechtsschutzsystems der Europäischen Menschenrechtskonvention, ZaöRV 2004, 759–794.

Ehlers, Dirk; Fehling, Michael; Pünder, Hermann (Hrsg.): Besonderes Verwaltungsrecht, Kommunalrecht, Haushalts- und Abgabenrecht, Ordnungsrecht, Sozialrecht, Bildungsrecht, Recht des öffentlichen Dienstes, 3. Auflage, Heidelberg 2013.

Ehrenberg, Herbert: Die Europäische Sozialcharta und ihre Bedeutung für die Arbeitnehmer in Europa (S. 7–14), in: *Agnelli, Giovanni; Berenstein, Alexandre; Däubler, Wolfgang; Delpérée, Albert; Fuchs, Klaus; Kahn-Freund, Otto; Muhr, Gerd; Randzio-Plath, Christa; Wiebringhaus, Hans (Hrsg.),* Die Europäische Sozialcharta: Weg zu einer europäischen Sozialordnung?, Baden-Baden 1978; zit. als: *Ehrenberg,* in: Agnelli (u. a.), Die Europäische Sozialcharta.

Eichenhofer, Eberhard: Geschichte des Sozialstaates in Europa – Von der „sozialen Frage" bis zur Globalisierung, München 2007.

Eidenmüller, Horst (Hrsg.): Ausländische Kapitalgesellschaften im deutschen Recht, München 2004.

Eiding, Lutz; Hofmann-Hoeppel, Jochen (Hrsg.): Verwaltungsrecht, Schriftsatzmuster und Erläuterungen, materielles Recht, Verfahrensrecht, Baden-Baden 2013.

Eiffler, Sven-R.: Die Auslegung unbestimmter Schrankenbegriffe der Europäischen Menschenrechtskonvention – Eine Untersuchung unter besonderer Berücksichtigung des Begriffs der „Ordnung", Aachen 1999.

Ekardt, Felix; Lessmann, Verena: EuGH, EGMR und BVerfG: Die dritte Gewalt im transnationalen Mehrebenensystem, Kritische Justiz 2006, 381–397.

Engels, Andreas: Verfassung und Arbeitskampfrecht: verfassungsrechtliche Grenzen arbeitsgerichtlicher Arbeitskampfjudikatur, Berlin 2008.

Engels, Andreas: Das Gemeinschaftsgrundrecht auf Durchführung kollektiver Maßnahmen – eine Skizze, ZESAR 2011, 475–482.

Epping, Volker: Rechte und Pflichten von Professoren unter besonderer Berücksichtigung der Beamtenpflichten, ZBR 1997, 383–395.

Epping, Volker; Hillgruber, Christian (Hrsg.): Beck'scher Online-Kommentar GG, Stand: 15.5.2013, Edition: 18.

Europäische Kommission (Hrsg.): Die Grundrechte in der Europäischen Union verbürgen. Es ist Zeit zu handeln, Bericht der Expertengruppe „Grundrechte", Brüssel 1999; online einzusehen: http://www.uni-mannheim.de/1/; zit. als: *Europäische Kommission,* Die Grundrechte in der EU verbürgen.

Europarat (Hrsg.): Die Europäische Sozialcharta: Ein Leitfaden, Berlin 2002.

Ewing, K. D.; Hendy, John: The Dramatic Implications of Demir and Baykara, Industrial Law Journal Oxford, Vol. 39, Nr. 1 (2010), S. 2–51.

Fabre, Cécile: Social Rights in European Constitutions (S. 15–28), in: *de Búrca, Gráinne; de Witte, Bruno (Hrsg.),* Social Rights in Europe, New York 2005.

Fabricius, Fritz: Streik und Aussperrung im internationalen Recht: eine kritische Betrachtung auf der Grundlage der ESC und allgemeiner Menschenrechte, Heidelberg 1988.

Fichte, Johann Gottlieb: Grundlagen des Naturrechts nach Prinzipien der Wissenschaftslehre, Jena und Leipzig 1796.

Fiedler, René: Bundesverfassungsgericht und Völkerrecht, Völkerrechtsverfehlungen des Bundesverfassungsgerichts und ihre Auswirkungen auf staats- und völkerrechtlicher Ebene, Baden-Baden 2010.

Fiedler, Wilfried: Quantitative und qualitative Aspekte der Einordnung der Bundesrepublik Deutschland in völkerrechtliche Verträge (S. 11–29), in: *Geiger, Rudolf (Hrsg.)*, Völkerrechtlicher Vertrag und staatliches Recht vor dem Hintergrund zunehmender Verdichtung der internationalen Beziehungen, Baden-Baden 2000; zit. als: *Fiedler*, in: Geiger, Völkerrechtlicher Vertrag und staatliches Recht.

Finke, Jasper: Die Parallelität internationaler Streitbeilegungsmechanismen: Untersuchung der aus der Stärkung der internationalen Gerichtsbarkeit resultierenden Konflikte, Berlin 2004.

Fischborn, Birgit Iris: Enteignung ohne Entschädigung nach der EMRK?, Tübingen 2010.

Fischer, Ulrich: Der blinde Fleck in der Wesentlichkeitslehre des Bundesverfassungsgerichts beim Arbeitskampfrecht – Ein arbeitsrechtlicher Zwischenruf aus der Praxis. Erfahrungen aus dem Bahnstreik 2007, RdA 2009, 287–296.

Fischer-Lescano, Andreas: Monismus, Dualismus? – Pluralismus. Selbstbestimmung des Weltrechts bei Hans Kelsen und Niklas Luhmann (S. 205–231), in: *Brunkhorst, Hauke; Voigt, Rüdiger (Hrsg.)*, Rechts-Staat: Staat, internationale Gemeinschaft und Völkerrecht bei Hans Kelsen, Baden-Baden 2008; zit. als: *Fischer-Lescano*, in: Brunkhorst/Voigt, Rechts-Staat.

Fischer-Lescano, Andreas; Teubner, Gunther: Prozedurale Rechtstheorie: Wiethölter (S. 75–91), in: *Buckel, Sonja; Christensen, Ralf; Fischer-Lescano, Andreas (Hrsg.)*, Neue Theorien des Rechts, 2. Auflage, Stuttgart 2009.

Fischinger, Philipp: Zur Begrenzung des Streikrechts durch den Grundsatz der Verhältnismäßigkeit, RdA 2007, 99–103.

Fourir, Charles: Traité de l'association domestique-agricole, Paris und London 1822.

Franzius, Claudio: Gewährleistung im Recht – Grundlagen eines europäischen Regelungsmodells öffentlicher Dienstleistungen, Tübingen 2009; zit. als: *Franzius*, Gewährleistung im Recht.

Franzius, Claudio: Europäisches Verfassungsrechtsdenken, Tübingen 2010.

Friauf, Karl Heinrich: Die verfassungsrechtlichen Vorgaben einer gesetzlichen oder tarifvertraglichen Arbeitskampfordnung, RdA 1986, 188–195.

Fuchs, Klaus: Die praktischen Auswirkungen der Europäischen Sozialcharta (S. 289–292), in: *Agnelli, Giovanni; Berenstein, Alexandre; Däubler, Wolfgang; Delpérée, Albert; Fuchs, Klaus; Kahn-Freund, Otto; Muhr, Gerd; Randzio-Plath, Christa; Wiebringhaus, Hans (Hrsg.)*, Die Europäische Sozialcharta: Weg zu einer europäischen Sozialordnung?, Baden-Baden 1978; zit. als: *Fuchs*, in: Agnelli (u. a.), Die Europäische Sozialcharta.

Fütterer, Patrick: Das Koalitions- und Streikrecht im EU-Recht nach dem Wandel der Rechtsprechung des EGMR zur Koalitionsfreiheit gemäß Art. 11 EMRK (Demir und Baykara und andere), EuZA 2011, 505–520.

Gagel, Alexander (Begr.); Bieback, Karl-Jürgen; Knickrehm, Sabine (Hrsg.): SGB II/III, Grundsicherung und Arbeitsförderung, Kommentar, Band I, Loseblattsammlung, 49. Ergänzungslieferung, München 2013.

Gamillscheg, Franz: Kollektives Arbeitsrecht. Ein Lehrbuch. Band I: Grundlagen/Koalitionsfreiheit/Tarifvertrag/Arbeitskampf und Schlichtung, München 1997; zit. als: *Gamillscheg*, Kollektives ArbR.

Gamillscheg, Franz: Das deutsche Arbeitsrecht am Ende des Jahrhunderts, RdA 1998, 2–14.

Gavalas, Nikolaos: Koalitionsfreiheit und Tarifautonomie im griechischen Recht (S. 113–130), in: *Hekimler, Alpay; Ring, Gerhard (Hrsg.),* Tarifrecht in Europa, Baden-Baden 2012.

Geiger, Rudolf: Grundgesetz und Völkerrecht mit Europarecht, 5. Auflage, München 2010.

Gerhardt, Michael: Europa als Rechtsgemeinschaft: Der Beitrag des Bundesverfassungsgerichts, ZRP 2010, 161–165.

Germelmann, Claas-Hinrich: Theorie und Geschichte des Streikrechts, Darmstadt 1980.

Germelmann, Claas-Hinrich; Mattthes, Hans-Christoph; Müller-Glöge, Rudi, Prütting, Hanns; Schlewing, Anja (Hrsg.): Arbeitsgerichtsgesetz, 9. Auflage, München 2009; zit. als: *Bearbeiter*, in: Germelmann, Arbeitsgerichtsgesetz.

Gersdorf, Hubertus: Caroline-Urteil des EGMR: Bedrohung der nationalen Medienordnung?, AfP 2005, 221–227.

Giegerich, Thomas: Vorbehalte zu Menschenrechtsabkommen: Zulässigkeit, Gültigkeit und Prüfungskompetenzen von Vertragsgremien. Ein konstitutioneller Ansatz, ZaöRV 1996, 713–782.

Giegerich, Thomas: § 148: Menschenrechtsübereinkommen des Europarats (S. 509–567), in: *Merten, Detlef; Papier, Hans-Jürgen (Hrsg.),* Handbuch der Grundrechte, Band VI/1, Europäische Grundrechte I, Heidelberg 2010.

Gitter, Wolfgang: Probleme des Arbeitskampfes in supranationaler, internationaler und international-privatrechtlicher Sicht, ZfA 1971, 127–150.

Gomien, Donna; Harris, David; Zwaak, Leo: Law and practice of the European Convention on Human Rights and the European Social Charter, Strasbourg 1996.

Gooren, Paul: Das Ende des Beamtenstreikverbots, ZBR 2011, 400–412.

Grabenwarter, Christoph: § 169: Nationale Grundrechte und europäisches Recht (S. 34–61), in: *Merten, Detlef; Papier, Hans-Jürgen (Hrsg.),* Handbuch der Grundrechte, Band VI/2, Europäische Grundrechte II; Universelle Menschenrechte, Heidelberg 2009.

Grabenwarter, Christoph: Grundrechtsvielfalt und Grundrechtskonflikte im europäischen Mehrebenensystem – Wirkungen von EGMR-Urteilen und der Beurteilungsspielraum der Mitgliedstaaten, EuGRZ 2011, 229–232.

Grabitz, Eberhard; Hilf, Meinhard; Nettesheim, Martin (Hrsg.): Das Recht der Europäischen Union, EGV/EUV, Loseblattsammlung, 40. Ergänzungslieferung, München 2009.

Grabitz, Eberhard; Hilf, Meinhard; Nettesheim, Martin (Hrsg.): Das Recht der Europäischen Union, EUV/AEUV, Loseblattsammlung, 50. Ergänzungslieferung, München 2013.

Greiner, Stefan: Der Arbeitskampf der GDL – Überlegungen zur Parität im Sparten- und Spezialistenarbeitskampf, NZA 2007, 1023–1028.

Grewe, Constance: Vergleich zwischen den Interpretationsmethoden europäischer Verfassungsgerichte und des Europäischen Gerichtshofes für Menschenrechte, ZaöRV 2001, 459–473.

Griebel, Jörn: Doppelstandards des Bundesverfassungsgerichts beim Schutz europäischer Grundrechte, Der Staat Bd. 52 (2013), S. 371–399.
Griffiths, John: What is legal pluralism?, Journal of Legal Pluralism 24 (1986), 1–55.
Grigoleit, Hans Joachim: Bundesverfassungsgericht und deutsche Frage, eine dogmatische und historische Untersuchung zum judikativen Anteil an der Staatsleitung, Tübingen 2004.
Groh, Thomas: Nächster Halt: Karlsruhe – Endstation: Straßburg; Die Bedeutung des BVerfG und des EGMR für die Entscheidung umgangsrechtlicher Streitigkeiten, FPR 2009, 153–155.
Grote, Rainer; Marauhn, Thilo (Hrsg.): EMRK/GG – Konkordanzkommentar zum europäischen und deutschen Grundrechtsschutz, Tübingen 2006.
Grzeszick, Bernd: Rechte des Einzelnen im Völkerrecht, AVR 2005, 312–344.
Gumnior, Peter: Die Rechtmäßigkeit des Sympathiestreiks, Frankfurt am Main 2006.
Gusy, Christoph : Wirkungen der Rechtsprechung des Europäischen Gerichtshofs für Menschenrechte, JA 2009, 406–410.
Gusy, Christoph: Polizei- und Ordnungsrecht, 8. Auflage, Tübingen 2011.
Häberle, Peter: Der kooperative Verfassungsstaat (S. 141–178), in: *Schelsky, Helmut; Kaulbach, Friedrich von; Krawietz, Werner (Hrsg.),* Recht und Gesellschaft: Festschrift für Helmut Schelsky zum 65. Geburtstag, München 1978; zit. als: *Häberle*, in: FS Schelsky.
Häberle, Peter: Grundrechtsgeltung und Grundrechtsinterpretation im Verfassungsstaat – Zugleich zur Rechtsvergleichung als „fünfter" Auslegungsmethode –, JZ 1989, 913–919.
Häberle, Peter: Europäische Verfassungslehre, 7. Auflage, Baden-Baden 2011.
Habermas, Jürgen: Wahrheitstheorien (S. 127–186), in: Vorstudien und Ergänzungen zur Theorie des kommunikativen Handelns, Frankfurt am Main 1995.
Habermas, Jürgen: Faktizität und Geltung: Beiträge zur Diskurstheorie des Rechts und des demokratischen Rechtsstaats, Frankfurt am Main 1998.
Habermas, Jürgen: Die Krise der Europäischen Union im Lichte einer Konstitutionalisierung des Völkerrechts – Ein Essay zur Verfassung Europas, ZaöRV 2012, 1–44.
Hackstein, Günter: Streikrecht und Aussperrungsfreiheit nach der Regelung des Art. 6 Nr. 4 der Europäischen Sozialcharta, Köln 1981; zit. als: *Hackstein*, Streik und Aussperrung.
Hallstein, Walter: Die Europäische Gemeinschaft, 5. Auflage, Düsseldorf 1979.
Haratsch, Andreas: Die Solange-Rechtsprechung des Europäischen Gerichtshofs für Menschenrechte – Das Kooperationsverhältnis zwischen EGMR und EuGH –, ZaöRV 2006, 927–947.
Haratsch, Andreas: § 165: Grundrechtsschutz durch den EuGH (S. 1205–1240), in: *Merten, Detlef; Papier, Hans-Jürgen (Hrsg.),* Handbuch der Grundrechte, Band VI/1, Europäische Grundrechte I, Heidelberg 2010.
Harris, David John; Darcy, John: The European Social Charter, 2. Auflage, New York 2001.
Haß, Solveig: Die Urteile des Europäischen Gerichtshofs für Menschenrechte. Charakter, Bindungswirkung und Durchsetzung, Frankfurt am Main 2006; zit. als: *Haß*, Urteile des EGMR.
Heer-Reißmann, Christine: Die Letztentscheidungskompetenz des Europäischen Gerichtshofes für Menschenrechte in Europa, Frankfurt am Main (u. a.) 2008.

Hekimler, Alpay: Tarifvertragssystem in der Türkei (S. 367–403), in: *Hekimler, Alpay; Ring, Gerhard (Hrsg.)*, Tarifrecht in Europa, Baden-Baden 2012.

Henneberger-Sudjana, Sarah; Henneberger, Fred: Streikrecht und Streikverbot für Staatsbedienstete im Spiegel internationaler Verpflichtungen: Die Schweiz und Deutschland auf dem Prüfstand, Nr. 127 der Reihe Diskussionspapiere des Forschungsinstituts für Arbeit und Arbeitsrecht an der Universität St. Gallen, Mai 2012; zit. als: *Henneberger-Sudjana/Henneberger*, Streikrecht und Streikverbot.

Hensel, Roman: Bindungswirkung und Verfahren. Zur Bindungswirkung verfassungsgerichtlicher Entscheidungen durch das Verfahren der Urteilsverfassungsbeschwerde, Der Staat Bd. 50 (2011), S. 581–607.

Henssler, Martin; Braun, Axel (Hrsg.): Arbeitsrecht in Europa. 3. Auflage, München 2011.

Herdegen, Matthias: Völkerrecht, 10. Auflage, München 2011.

Hesse, Konrad: Grundzüge des Verfassungsrechts der Bundesrepublik Deutschland, 20. Auflage, Heidelberg 1999.

Hilf, Meinhard: Der Rang der Europäischen Menschenrechtskonvention im deutschen Recht (S. 19–41), in: *Marenholz, Ernst G.; Hilf, Meinhard; Klein, Eckart (Hrsg.)*, Entwicklung der Menschenrechte innerhalb der Staaten des Europarats, Heidelberg 1987; zit. als: *Hilf*, in: Marenholz/Hilf/Klein, Entwicklung der Menschenrechte.

Hobe, Stephan: Der offene Verfassungsstaat zwischen Souveränität und Interdependenz: eine Studie zur Wandlung des Staatsbegriffs der deutschsprachigen Staatslehre im Kontext internationaler institutionalisierter Kooperation, Berlin 1998; zit. als: *Hobe*, Der offene Verfassungsstaat.

Hobe, Stephan: Einführung in das Völkerrecht, 9. Auflage, Tübingen 2008.

Hoffmann, Jan Martin: Die Europäische Menschenrechtskonvention und nationales Recht, Köln 2010.

Hoffmann, Jan Martin: Zum Streikrecht der Beamten: § 31 Abs. 1 BVerfGG und die konventionskonforme Auslegung von Verfassungsrecht durch die Fachgerichte, NdsVBl 2012, 151–155.

Hoffmann-Riem, Wolfgang: Kohärenz der Anwendung europäischer und nationaler Grundrechte, EuGRZ 2002, 473–483.

Hoffmann-Riem, Wolfgang: Kontrolldichte und Kontrollfolgen beim nationalen und europäischen Schutz von Freiheitsrechten in mehrpoligen Rechtsverhältnissen – Aus der Sicht des Bundesverfassungsgerichts –, EuGRZ 2006, 492–499.

Hoffmann-Riem, Wolfgang: Die Caroline II-Entscheidung des BVerfG. Ein Zwischenschritt bei der Konkretisierung des Kooperationsverhältnisses zwischen den verschiedenen betroffenen Gerichten, NJW 2009, 20–26.

Hohenstatt, Klaus-Stefan; Schramm, Nils: Erneute Erweiterung des Kampfarsenals: Zulässigkeit von Unterstützungsstreiks, NZA 2007, 1034–1037.

Hohnerlein, Eva Maria: Der Internationale Schutz sozialer Grundrechte in Europa, ZESAR 2003, 17–27.

Höpner, Martin: Soziale Demokratie? Die politökonomische Heterogenität Europas als Determinante des demokratischen und sozialen Potenzials der EU, EuR-Beil. 2013, 69–93.

Hromadka, Wolfgang: Entwurf eines Gesetzes zur Regelung der Tarifkollision, NZA 2008, 384–391.

Huber, Peter M.: Die gleiche Freiheit der Unionsbürger – Zu den unterschiedlichen Perspektiven von unionalem und nationalem Recht, ZaöRV 2008, 307–326.

Huber, Peter M.: Auslegung und Anwendung der Charta der Grundrechte, NJW 2011, 2385–2390.

Hueck, Alfred; Nipperdey, Hans Carl: Grundriß des Arbeitsrechts, 4. Auflage, Berlin 1968.

Hümmerich, Klaus; Boecken, Winfried; Düwell, Franz Josef (Hrsg.): Nomos Kommentar, Arbeitsrecht, 2. Auflage, Baden-Baden 2010.

Hümmerich, Klaus; Holthausen, Joachim: Soziale Mächtigkeit durch aktive Teilnahme am Tarifgeschehen – Der CGM-Beschluss des 1. Senats, NZA 2006, 1070–1078.

Hunold, Wolf: Tarifpluralität oder Tarifeinheit – Gedanken aus der Praxis, NZA 2007, 1037–1038.

Iliopoulos-Strangas, Julia: § 145: Soziale Grundrechte (S. 299–348), in: *Merten, Detlef; Papier, Hans-Jürgen (Hrsg.),* Handbuch der Grundrechte, Band VI / 1, Europäische Grundrechte I, Heidelberg 2010.

Inghammar, Andreas: Bridging the Troubled Waters – A Recent Update in Swedish and Danish Labour and Social Security Law, EuZA 2009, 421–429.

Isensee, Josef: Verfassung ohne soziale Grundrechte. Ein Wesenszug des Grundgesetzes, Der Staat Bd. 19 (1980), S. 367–384.

Jachmann, Monika: Das Berufsbeamtentum – Säule der Rechtsstaatlichkeit?, ZBR 2001, 181–190.

Jacobs, Matthias: Tarifpluralität statt Tarifeinheit – Aufgeschoben ist nicht aufgehoben!, NZA 2008, 325–333.

Jacobs, Matthias: Das neue Arbeitskampfrecht des Bundesarbeitsgerichts – Kritische Überlegungen zur Akzentuierung der Kampfmittelfreiheit und zur Entwertung des Verhältnismäßigkeitsgrundsatzes in der neueren Rechtsprechung des 1. Senats –, ZfA 2011, 71–94.

Jaeger, Renate: Menschenrechtsschutz im Herzen Europas, Zur Kooperation des Bundesverfassungsgerichts mit dem Europäischen Gerichtshof für Menschenrechte und dem Gerichtshof der Europäischen Gemeinschaften, EuGRZ 2005, 193–204.

Jakab, András: Kelsens Völkerrechtslehre zwischen Erkenntnistheorie und Politik, ZaöRV 2004, 1045–1057.

Jansen, Bernhard: Arbeitskampf in Europa und grenzüberschreitende Auswirkungen, NZA-Beil. 2006, 59–61.

Janssen, Albert: Die zunehmende Privatisierung des deutschen Beamtenrechts als Infragestellung seiner verfassungsrechtlichen Grundlagen, ZBR 2003, 113–132.

Jarass, Hans D. (Hrsg.): Charta der Grundrechte der Europäischen Union: unter Einbeziehung der vom EuGH entwickelten Grundrechte und der Grundrechtsregelungen der Verträge, Kommentar, München 2010.

Jarass, Hans D.: Zum Verhältnis von Grundrechtecharta und sonstigem Recht, EuR 2013, 29–45.

Jellink, Georg: System der subjektiven öffentlichen Rechte, 2. Auflage, anastatischer Neudruck der Ausgabe von 1905, Tübingen 1919.

Jellinek, Georg: Allgemeine Staatslehre, 3. Auflage, 7. Neudruck, Bad Homburg 1960.

Jerchel, Kerstin; Schubert, Jens M.: Das europäische Arbeitsrecht (2009 / 2010), EuZW 2010, 687–694.

Joerges, Christian: Integration durch Entrechtlichung. Ein Zwischenruf, European Journal of Legal Studies, Vol. 1, Nr. 3 (2008) S. 1–37.

Joerges, Christian; Neyer, Jürgen: From Intergovernmental Bargaining to Deliberative Political Processes: The Constitutionalisation of Comitology, European Law Journal, Vol. 3, Nr. 3 (1997), S. 273–299.

Joussen, Jacob: Schritte zum europäischen Streikrecht – die Entscheidung Laval, ZESAR 2008, 333–339.

Junker, Abbo: Internationales Arbeitsrecht im Konzern, Tübingen 1992.

Junker, Abbo: Kollektives Arbeitsrecht in Europa – Überblick über das Arbeitskampfrecht und das Tarifsystem der Mitgliedstaaten, RdA-Beil. 2009, 4–10.

Junker, Abbo: Entwicklung des Arbeitskampfrechts in Europa (S. 155–182), in: *Rieble, Volker; Junker, Abbo; Giesen, Richard (Hrsg.),* Neues Arbeitskampfrecht?, 7. ZAAR-Kongress, München, 7. Mai 2010, München 2010.

Kadelbach, Stefan: Ethik des Völkerrechts unter Bedingungen der Globalisierung, ZaöRV 2004, 1–20.

Kadelbach, Stefan: § 5: Rechtsschutz durch den Europäischen Gerichtshof für Menschenrechte, in: *Ehlers, Dirk; Schoch, Friedrich (Hrsg.),* Rechtsschutz im Öffentlichen Recht, Berlin 2009.

Kämmerer, Jörn Axel: Europäisierung des öffentlichen Dienstrechts, EuR 2001, 27–48.

Karl, Wolfram: Vertragsauslegung – Vertragsänderung (S. 10–34); in: *Schreuer, Christoph (Hrsg.),* Autorität und Internationale Ordnung: Aufsätze zum Völkerrecht, Berlin 1979.

Kassimatis, Georg: Entstehungs- und Entwicklungsgeschichte des Sozialstaates (S. 11–38), in: *Iliopoulos-Strangas, Julia (Hrsg.),* Soziale Grundrechte in Europa nach Lissabon. Eine rechtsvergleichende Untersuchung der nationalen Rechtsordnungen und des europäischen Rechts, Baden-Baden 2010; zit. als: *Kassimatis,* in: Iliopoulos-Strangas, Soziale Grundrechte in Europa.

Kaufmann, Otto: Aspekte des kollektiven Arbeitsrechts in Frankreich (S. 77–112), in: *Hekimler, Alpay; Ring, Gerhard (Hrsg.),* Tarifrecht in Europa, Baden-Baden 2012.

Keilich, Jochen A.: Die Auswirkungen der Grundrechte/Menschenrechte für das Arbeitsrecht in Deutschland und England, Frankfurt am Main (u. a.) 2004; zit. als: *Keilich,* Die Auswirkungen der Grundrechte/Menschenrechte.

Kelsen, Hans: Das Problem der Souveränität und die Theorie des Völkerrechts: Beitrag zu einer reinen Rechtslehre, Tübingen 1928.

Kelsen, Hans: Reine Rechtslehre: Einleitung in die rechtswissenschaftliche Problematik/*Hans Kelsen.* Hrsg. und eingeleitet von *Matthias Jestaedt*; Studienausgabe der 1. Auflage 1934, Tübingen 2008; zit. als: *Kelsen,* Reine Rechtslehre.

Kersten, Jens: Neues Arbeitskampfrecht, Tübingen 2012.

Kingreen, Thorsten: Die Universalisierung sozialer Rechte im europäischen Gemeinschaftsrecht, EuR 2007, Beiheft 1, 43–75.

Kingreen, Thorsten: Die Universalisierung sozialer Rechte im europäischen Gemeinschaftsrecht (S. 109–145), in: *Giegerich, Thomas; Zimmermann, Andreas (Hrsg.),* Wirtschaftliche, soziale und kulturelle Rechte im globalen Zeitalter, Berlin 2008; zit. als: *Kingreen,* in: Giegerich/Zimmermann, Wirtschaftliche, soziale und kulturelle Rechte.

Kingreen, Thorsten: Grundrechtsverbund oder Grundrechtsunion?, EuR 2010, 338–364.

Kirchhof, Ferdinand: Grundrechtsschutz durch europäische und nationale Gerichte, NJW 2011, 3681–3686.

Kissel, Otto Rudolf: Arbeitskampfrecht: Ein Leitfaden, München 2002.

Kittner, Michael: Arbeitskampf, Geschichte – Recht – Gegenwart, München 2005; zit. als: *Kittner*, Arbeitskampf.

Klein, Eckart: § 150: Der Schutz der Grund- und Menschenrechte durch den Europäischen Gerichtshof für Menschenrechte (S. 593–660), in: *Merten, Detlef; Papier, Hans-Jürgen (Hrsg.),* Handbuch der Grundrechte, Band VI / 1, Europäische Grundrechte I, Heidelberg 2010.

Knauff, Matthias: Das Verhältnis zwischen Bundesverfassungsgericht, Europäischem Gerichtshof und Europäischem Gerichtshof für Menschenrechte, DVBl 2010, 533–542.

Knopp, Lothar: Föderalismusreform – zurück zur Kleinstaaterei? An den Beispielen des Hochschul-, Bildungs- und Beamtenrechts, NVwZ 2006, 1216–1220.

Köhler, Holm-Detlev; Jiménez, José Pablo Calleja: Spaniens Arbeitsbeziehungen am Beginn des 21. Jahrhunderts (S. 313–335), *Hekimler, Alpay; Ring, Gerhard (Hrsg.),* Tarifrecht in Europa, Baden-Baden 2012.

Kokott, Juliane: Die Staatsrechtslehre und die Veränderung ihres Gegenstandes: Konsequenzen von Europäisierung und Internationalisierung, 1. Bericht, VVDStRL 63 (2004), 7–40.

Konzen, Horst: Europäische Sozialcharta und ultima ratio-Prinzip, JZ 1986, 157–204.

Krebber, Sebastian : Soziale Rechte in der Gemeinschaftsrechtsordnung, RdA 2009, 224–236.

Kreßel, Eckhard: Neutralität des Staates im Arbeitskampf – Zur Entscheidung des BVerfG vom 4. 7. 1995, NZA 1995, 1121–1126.

Krichel, Ulrich: Zur Rechtslage bei politischen Streiks, NZA 1987, 297–302.

Krieger, Heike: Zur gerichtlichen Kontrolldichte bei sicherheitspolitischen Entscheidungen im Mehrebenensystem, DVBl 2009, 1469–1475.

Kriele, Martin : Einführung in die Staatslehre, Die geschichtliche Legitimationsgrundlage des demokratischen Verfassungsstaates, 6. Auflage, Stuttgart 2003; zit. als: *Kriele*, Einführung in die Staatslehre.

Krugmann, Michael: Der Grundsatz der Verhältnismäßigkeit im Völkerrecht, Berlin 2004.

Kühne, Daniela: Recht und Kultur in Konflikt? Normativität und kulturelle Philosophie in der Frage der Menschenrechte (S. 97–111), in: *Schramm, Edward; Frey, Wibke; Kähler, Lorenz; Müller-Mall, Sabine; Wapler, Friederike (Hrsg.),* Internationale Vereinigung für Rechts- und Sozialphilosophie, Konflikte im Recht – Recht der Konflikte, Stuttgart 2010.

Lachmayer, Konrad; Bauer, Lukas (Hrsg.): Praxiswörterbuch Europarecht, Wien 2008.

Ladeur, Karl-Heinz: Die rechtswissenschaftliche Methodendiskussion und die Bewältigung des gesellschaftlichen Wandels. Zugleich ein Beitrag zur Bedeutung der ökonomischen Analyse des Rechts, RabelsZ Bd. 64 (2000), S. 60–103.

Landau, Herbert; Steinkühler, Martin: Zur Zukunft des Berufsbeamtentums in Deutschland, DVBl 2007, 133–200.

Langenfeld, Christine: § 163: Soziale Grundrechte (S. 1117–1156); in: *Merten, Detlef; Papier, Hans-Jürgen (Hrsg.),* Handbuch der Grundrechte, Band VI / 1, Europäische Grundrechte I, Heidelberg 2010.

Laubinger, Hans-Werner: Das Streikverbot für Beamte unter dem Anpassungsdruck des Europarechts (S. 1141–1173), in: *Breuer, Marten; Epiney, Astrid; Haratsch, Andreas; Schmahl, Stefanie; Weiß, Norman (Hrsg.),* Festschrift für Eckart Klein zum 70. Geburtstag, Berlin 2013; zit. als: *Laubinger*, in: FS Klein.

Lavranos, Nikolaos: Das Rechtsprechungsmonopol des EuGH im Lichte der Proliferation internationaler Gerichte, EuR 2007, 440–468.

Le Friant, Martine: Die heikle Ausarbeitung eines europäischen Arbeitskampfrechts, NZA-Beil. 2006, 75–83.

Leinemann, Wolfgang: Die Bedeutung internationaler und europäischer Arbeitsrechtsnormen für die Arbeitsgerichtsbarkeit, BB 1993, 2519–2523.

Leisner, Walter: Der Streik im öffentlichen Dienst – Gefahr für Demokratie, Gewerkschaften und Streikrecht, NJW 2006, 1488–1490.

Leppek, Sabine: Beamtenrecht, 11. Auflage, Heidelberg (u. a.) 2011.

Lesch, Hagen: Erfassung und Entwicklung von Streiks in OECD-Ländern, IW-Trends 1/2009; online einzusehen: http://www.iwkoeln.de/_storage/asset/58118/.../trends01_09_7.pdf.

Lesch, Hagen: Arbeitskampfindikatoren und Arbeitskampfformen im internationalen Vergleich (S. 17–71), in: *Schweiger, Gottfried; Brandl, Bernd (Hrsg.),* Der Kampf um Arbeit. Dimensionen und Perspektiven, Wiesbaden 2010; zit. als: *Lesch,* in: Schweiger/Brandl, Der Kampf um Arbeit.

Lieber, Tobias: Diskursive Vernunft und formelle Gleichheit, Tübingen 2007.

Lindemann, Achim; Simon, Oliver: Tarifpluralität – Abschied vom Grundsatz der Tarifeinheit?, BB 2006, 1852–1857.

Lindner, Josef Franz: Grundrechtsschutz in Europa – System einer Kollisionsdogmatik, EuR 2007, 160–194.

Lindner, Josef Franz: Grundrechtsschutz im europäischen Mehrebenensystem – eine systematische Einführung –, Jura 2008, 401–415.

Lindner, Josef Franz: Dürfen Beamte doch streiken?, DöV 2011, 305–309.

Lingemann, Stefan: Anmerkung zum Urteil des LAG Berlin-Brandenburg vom 29.9.2009 – 5 Sa 967/0808, ArbRAktuell 2009, 93.

Löber, Karin: Anmerkungen zum Urteil des Verwaltungsgerichts Düsseldorf vom 15.12.2010 – 31 K 3904/10.0, AuR 2011, 74–77.

Lörcher, Klaus: Der Europäische Gewerkschaftsbund (EGB) und seine Beteiligung am europäischen Arbeitsrecht, NZA 2003, 184–194.

Lörcher, Klaus: Das Menschenrecht auf Kollektivverhandlung und Streik – auch für Beamte, AuR 2009, 229–242.

Lörcher, Klaus: Soziale Menschenrechte im individuellen Arbeitsrecht nach Demir und Baykara – am Beispiel von Art. 8 EMRK (Recht auf Achtung des Privat- und Familienlebens), AuR 2011, 88–92.

Lörcher, Klaus: Deutschland verstößt gegen die Europäische Arbeitszeitrichtlinie, AuR 2011, 105–115.

Lörcher, Klaus: Entscheidungen mit Anmerkungen: Menschenrecht auf Streik im öffentlichen Dienst – Keine Disziplinierung bei Teilnahme, Anmerkungen, AuR 2011, 306–307.

Lörcher, Klaus: Die Wurzel des Sozialen Europas – 50 Jahre Europäische Sozialcharta, AuR 2011, 379.

Lörcher, Klaus: Beamtenstreikrecht zum ersten Mal grundsätzlich anerkannt, Der Personalrat 2011, 452–457.

Lorenz, Frank : Unzulässigkeit einer außerordentlichen Kündigung aufgrund der Teilnahme an einem „wilden" Streik, Anmerkungen zum Arbeitsgericht Gelsenkirchen, Urteil vom 13.3.1998 – 3 Ca 3173/97, AiB 1998, 655–657.

Löschnigg, Günther: Kollektivvertrag und Interessenvertretung in Österreich (S. 211–237), in: *Hekimler, Alpay; Ring, Gerhard (Hrsg.)*, Tarifrecht in Europa, Baden-Baden 2012.

Löwisch, Manfred (Hrsg.): Arbeitskampf- und Schlichtungsrecht, Heidelberg 1997.

Löwisch, Manfred; Rieble, Volker (Hrsg.): Tarifvertragsgesetz, Kommentar, 3. Auflage, München 2012.

Lübbe-Wolff, Gertrude: Der Grundrechtsschutz nach der Europäischen Menschenrechtskonvention bei konfligierenden Individualrechten – Plädoyer für eine Korridor-Lösung (S. 193–209), in: *Hochhuth, Martin (Hrsg.)*: Nachdenken über Staat und Recht. Kolloquium zum 60. Geburtstag von Dietrich Murswiek, Berlin 2010; zit. als: *Lübbe-Wolff*, in: Hochhuth, Nachdenken über Staat und Recht.

Ludwig, Thomas Claus: Zum Verhältnis zwischen Grundrechtecharta und allgemeinen Grundsätzen, EuR 2011, 715–734.

Luhmann, Niklas: Soziale Systeme: Grundriß einer allgemeinen Theorie, Frankfurt am Main 1984; zit. als: *Luhmann*, Soziale Systeme.

Luhmann, Niklas: Das Recht der Gesellschaft, Frankfurt am Main 1995.

Luhmann, Niklas: Die Gesellschaft der Gesellschaft, Frankfurt am Main 1998.

Luhmann, Niklas: Interaktion, Organisation, Gesellschaft (S. 1–24), in: *Luhmann, Niklas (Hrsg.)*, Soziologische Aufklärung 2, 6. Auflage, Wiesbaden 2009.

Luhmann, Niklas: Die Weltgesellschaft (S. 63–88), in: *Luhmann, Niklas (Hrsg.)*, Soziologische Aufklärung 2, 6. Auflage, Wiesbaden 2009.

Luhmann, Niklas; Baecker, Dirk (Hrsg.): Einführung in die Systemtheorie, 5. Auflage, Heidelberg 2009.

Lutz, Carsten: Kompetenzkonflikte und Aufgabenverteilung zwischen nationalen und internationalen Gerichten: erste Bausteine einer Weltgerichtsordnung, Berlin 2003.

Machacek, Rudolf: Über das Wesen wirtschaftlicher und sozialer Grundrechte (S. 21–74), in: *Matscher, Franz (Hrsg.)*, Die Durchsetzung wirtschaftlicher und sozialer Grundrechte: eine rechtsvergleichende Bestandsaufnahme (Kolloquium); The implementation of economic and social rights; La mise en œuvre des droits économiques et sociaux, Kehl am Rhein 1991; zit. als: *Machacek*, in: Matscher, Die Durchsetzung wirtschaftlicher und sozialer Grundrechte.

Maduro, Miguel Poiares: Der Kontrapunkt im Dienste eines europäischen Verfassungspluralismus, EuR 2007, 3–32.

Maeßen, Charlotte: Auswirkungen der EuGH-Rechtsprechung auf das deutsche Arbeitskampfrecht unter besonderer Berücksichtigung der Entscheidungen in den Rechtssachen Viking und Laval, Frankfurt am Main 2010; zit. als: *Maeßen*, Auswirkungen der EuGH-Rechtsprechung auf das deutsche Arbeitskampfrecht.

Mahlmann, Matthias: Grundrechtstheorien in Europa – kulturelle Bestimmtheit und universeller Gehalt, EuR 2011, 469–487.

Masuch, Thorsten: Zur fallübergreifenden Bindungswirkung von Urteilen des EGMR, NVwZ 2000, 1266–1268.

Matscher, Franz: Vertragsauslegung und Vertragsrechtsvergleichung in der Judikatur internationaler Gerichte, vornehmlich von Organen der EMRK (S. 545–566), in: *Berhardt, Rudolf (u. a.) (Hrsg.)*, Völkerrecht als Rechtsordnung, internationale Gerichtsbarkeit, Menschenrechte: Festschrift für Hermann Mosler, Berlin (u. a.) 1983; zit. als: *Matscher*, in: FS Mosler.

Maunz, Theodor (Begr.); Schmidt-Bleibtreu, Bruno; Klein, Franz; Bethge, Herbert (Fortgef.): Bundesverfassungsgerichtsgesetz; Kommentar, Band I, Loseblattsammlung, 37. Ergänzungslieferung, München 2012.

Maurer, Andreas; Renner, Moritz: Kollisionsrechtliches Denken in der Rechtstheorie: Eine Skizze, Archiv für Rechts- und Sozialphilosophie, Beiheft (125) 2010, 207–223.

Maydell, Bernd Baron von; Ruland, Franz; Becker, Ulrich (Hrsg.): Sozialrechtshandbuch SHR, 5. Auflage, Baden-Baden 2012.

Mayer, Franz C.: Grundrechtsvielfalt und Grundrechtskonflikte im europäischen Mehrebenensystem – am Beispiel der Meinungsfreiheit, des Datenschutzes, des Rechtsschutzes gegen den Richter und bei Auslegungskonkurrenz, EuGRZ 2011, 234–232.

Mayer-Maly, Theo: Anmerkung zum Urteil des BAG vom 10. 6. 1980 – 1 AZR 331/79, AP Nr. 66 zu Art. 9 GG.

Melot de Beauregard, Paul: Die Rechtsprechung zum Arbeitskampfrecht in den Jahren 2007 bis 2009, NZA-RR 2010, 453–456.

Menzel, Jörg (Hrsg.): Völkerrechtsprechung: Ausgewählte Entscheidungen zum Völkerrecht in Retrospektive, Tübingen 2005; zit. als: *Menzel*, Völkerrechtsprechung.

Merli, Franz: Rechtsprechungskonkurrenz zwischen nationalen Verfassungsgerichten, Europäischem Gerichtshof und Europäischem Gerichtshof für Menschenrechte, VVDStRL 66 (2007), 392–422.

Meyer, Jürgen (Hrsg.): Charta der Grundrechte der Europäischen Union, 3. Auflage, Baden-Baden 2011.

Meyer-Ladewig, Jens: Europäische Menschenrechtskonvention, Handkommentar, 3. Auflage, Baden-Baden 2011; zit. als: *Meyer-Ladewig*, EMRK.

Meyer-Ladewig, Jens; Petzold, Herbert: Die Bindung deutscher Gerichte an Urteile des EGMR – Neues aus Straßburg und Karlsruhe, NJW 2005, 15–20.

Michalski, Lutz: Arbeitsrecht, 7. Auflage, Heidelberg 2008.

Mitscherlich, Matthias: Das Arbeitskampfrecht in der Bundesrepublik Deutschland und die Europäische Sozialcharta, Baden-Baden 1977.

Moll, Wilhelm (Hrsg.): Münchener Anwaltshandbuch Arbeitsrecht, 3. Auflage, München 2012.

Möllers, Christoph: Anmerkungen zum Urteil des EG vom 21. 9. 2005 – T-306/01, EuR 2006, 424–431.

Mückl, Stefan: Kooperation oder Konfrontation? – Das Verhältnis zwischen Bundesverfassungsgericht und Europäischem Gerichtshof für Menschenrechte, Der Staat Bd. 44 (2005), S. 403–431.

Müller, Bernd; Landshuter, Francisca (geb. Preis): Arbeitsrecht im öffentlichen Dienst, 7. Auflage, München 2009.

Müller-Graff, Peter-Christian: Das „Soft Law" der europäischen Organisationen, EuR 2012, 18–34.

Müller-Jentsch, Walther: Gewerkschaften und Soziale Marktwirtschaft seit 1945, Stuttgart 2011; zit. als: *Müller-Jentsch*, Gewerkschaften und soziale Marktwirtschaft.

Neubeck, Xenia: Die Europäische Sozialcharta und deren Protokolle, Einfluß und Bedeutung der sozialrechtlichen Bestimmungen der Europäischen Sozialcharta auf das deutsche Recht und auf das Recht der Europäischen Union, Frankfurt am Main 2001.

Nonet, Philippe; Selznick, Philip: Law and Society in Transition. Toward Responsive Law, 4. Auflage, New Brunswick, London.

Nunner, Michael: Kooperation internationaler Gerichte: Lösung zwischengerichtlicher Konflikte durch herrschaftsfreien Diskurs, Tübingen 2009.

Nußberger, Angelika: Auswirkungen der Rechtsprechung des Europäischen Gerichtshofs für Menschenrechte auf das deutsche Arbeitsrecht, RdA 2012, 270–277.

Obwexer, Walter: Der Beitritt der EU zur EMRK: Rechtsgrundlagen, Rechtsfragen und Rechtsfolgen, EuR 2012, 115–148.

Oetker, Hartmut; Richardi, Reinhard; Wißmann, Hellmut; Wlotzke, Otfried (Hrsg.): Münchener Handbuch zum Arbeitsrecht, Band I, Individualarbeitsrecht, 3. Auflage, München 2009; zit. als: MünchHdbArbR I/*Bearbeiter.*

Oetker, Hartmut; Richardi, Reinhard; Wißmann, Hellmut; Wlotzke, Otfried (Hrsg.): Münchener Handbuch zum Arbeitsrecht, Band II, Kollektivarbeitsrecht/Sonderformen, 3. Auflage, München 2009; zit. als: MüHdbArbR II/*Bearbeiter.*

Ogris, Werner: Geschichte des Arbeitsrechts vom Mittelalter bis in das 19. Jahrhundert, RdA 1967, 286–297.

Öhlinger, Theo*:* Die Europäische Sozialcharta (S. 335–354), in: *Matscher, Franz (Hrsg.),* Die Durchsetzung wirtschaftlicher und sozialer Grundrechte: eine rechtsvergleichende Bestandsaufnahme (Kolloquium); The implementation of economic and social rights; La mise en œuvre des droits économiques et sociaux, Kehl am Rhein 1991; zit. als: *Öhlinger*, in: Matscher, Die Durchsetzung wirtschaftlicher und sozialer Grundrechte.

Okresek, Wolf: Die Umsetzung der EGMR-Urteile und ihre Überwachung, EuGRZ 2003, 168–174.

Otto, Hansjörg: Arbeitskampf- und Schlichtungsrecht, München 2006.

Otto, Hansjörg: Das konturlose Arbeitskampfrecht des BAG – Vom Arbeitskampf als ultima ratio zur nahezu unbeschränkten Kampffreiheit?, RdA 2010, 135–148.

Pache, Eckhard: Die europäische Menschenrechtskonvention und die deutsche Rechtsordnung, EuR 2004, 393–415.

Palsherm, Ingo: Die staatliche Lenkung des Arbeitsmarktes, Frankfurt am Main 2005.

Papier, Hans-Jürgen: Scheidender BVerfG-Präsident H.-J. Papier warnt EGMR vor bedrohlichen Erschütterungen der Akzeptanz seiner Urteile und der Befolgungsbereitschaft, Dokumentation, EuGRZ 2010, 368.

Paulus, Andreas L.: Zur Zukunft der Völkerrechtswissenschaft in Deutschland: Zwischen Konstitutionalisierung und Fragmentierung des Völkerrechts, ZaöRV 2007, 695–719.

Payandeh, Mehrdad: Völkerrechtsfreundlichkeit als Verfassungsprinzip. Ein Beitrag des Grundgesetzes zur Einheit von Völkerrecht und nationalem Recht, in: *Häberle, Peter (Hrsg.),* Jahrbuch des öffentlichen Rechts der Gegenwart (JöR) 2009, 465–502; zit. als: *Payandeh*, JöR 2009, 456.

Payandeh, Mehrdad: Die EMRK als grundrechtsbeschränkendes Gesetz, JuS 2009, 212–216.

Pernice, Ingolf: Das Verhältnis europäischer zu nationalen Gerichten im europäischen Verfassungsverbund, Berlin 2006.

Petersen, Niels: Determining the Domestic Effect of International Law through the Prism of Legitimacy, ZaöRV 2012, 223–259.

Pfeffer, Robert: Das Verhältnis von Völkerrecht und Landesrecht: eine kritische Betrachtung, Tübingen 2009; zit. als: *Pfeffer*, Verhältnis von Völkerrecht und Landesrecht.

Picker, Eduard: Verhandlungsbegleitende Arbeitskämpfe – Ein Epilog zum Warnstreik –, DB 1985, Beilage Nr. 7, 1–15.

Picker, Eduard: Die Regelung der „Arbeits- und Wirtschaftsbedingungen" – Vertragsprinzip oder Kampfprinzip? (Teil 1), ZfA 1986, 199–339.

Polakiewicz, Jörg: Die Verpflichtungen der Staaten aus den Urteilen des Europäischen Gerichtshofs für Menschenrechte, Berlin 1993; zit. als: *Polakiewicz*, Verpflichtungen der Staaten aus den Urteilen des EGMR.

Polakiewicz, Jörg: Soziale Grundrechte und Staatszielbestimmungen in den Verfassungsordnungen Italiens, Portugals und Spaniens, ZaöRV 1994, 340–391.

Polakiewicz, Jörg; Kessler, Adriana: Das Streikverbot für deutsche BeamtInnen. Die Bedeutung der Rechtsprechung des EGMR für deutsche Gerichte, NVwZ 2012, 841–845.

Potcas, Michael: § 197: Recht auf Zusammenschluss (S. 437–454), in: *Merten, Detlef; Papier, Hans-Jürgen (Hrsg.)*, Handbuch der Grundrechte, Band VII / 1, Grundrechte in Österreich, Heidelberg 2009.

Prantl, Heribert: Heimat Europa, Wie die EU Vertrauen schaffen kann – und was das „Europäische Sozialmodell" verlangt, Bucerius Law Journal 3 / 2011, 93–94.

Pünder, Hermann: Wahlrecht und Parlamentsrecht als Gelingensbedingungen repräsentativer Demokratie, VVDStRL 71 (2012), 191–267.

Ramm, Thilo: Die Anerkennung des Streikrechts, AuR 1967, 97–110.

Ramm, Thilo: Das Koalitions- und Streikrecht der Beamten: Ein Rechtsgutachten, Köln 1970; zit. als: *Ramm*, Koalitions- und Streikrecht der Beamten.

Ramm, Thilo: Der nichtgewerkschaftliche Streik (I. Teil), AuR 1971, 65–78.

Ranacher, Christian; Frischhut, Markus : Handbuch Anwendung des EU-Rechts, Wien 2009.

Randall, Maya Hertig: Der grundrechtliche Dialog der Gerichte in Europa, EuGRZ 2014, 5–18.

Rauber, Jochen: Grundrechtsschutz zwischen Straßburg und Karlsruhe – Plädoyer für eine hierarchische Ordnung, StudZR 2008, 443–465.

Rebhahn, Robert: Das kollektive Arbeitsrecht im Rechtsvergleich, NZA 2001, 763–774.

Rebhahn, Robert: Überlegungen zur Bedeutung der Charta der Grundrechte der EU für den Streik und für die Kollektive Rechtsgestaltung (S. 649–660), in: *Söllner, Alfred; Gitter, Wolfgang; Waltermann, Raimund; Giesen, Richard; Ricken, Oliver (Hrsg.)*, Gedächtnisschrift für Meinhard Heinze, München 2005; zit. als: *Rebhahn*, in: GS Heinze.

Rebhahn, Robert: Grundfreiheit vor Arbeitskampf, ZESAR 2008, 109–117.

Rebhahn, Robert: Die Zukunft der Kollektivautonomie in Europa – Tarifautonomie im Rechtsvergleich, EuZA 2010, 62–87.

Reich, Norbert: Wer hat Angst vor Straßburg? Bemerkungen zur europäischen Grundrechtsarchitektur, EuZW 2011, 379–384.

Reichold, Hermann: Abschied von der Tarifeinheit im Betrieb und die Folgen, RdA 2007, 321–328.

Ress, Georg: Supranationaler Menschenrechtsschutz und Wandel der Staatlichkeit, ZaöRV 2004, 621–639.

Ress, Georg: Horizontale Grundrechtskollisionen: zur Bedeutung von Art. 53 der Europäischen Menschenrechtskonvention (S. 313–324), in: *Klein, Eckart (Hrsg.)*, Rechtsstaatliche Ordnung Europas: Gedächtnisschrift für Albert Bleckmann, Köln (u. a.) 2007; zit. als: *Ress*, in: GS Bleckmann.

Ress, Georg: Der Europäische Gerichtshof für Menschenrechte als pouvoir neutre, ZaöRV 2009, 289–309.

Reuß, Wilhelm: Das neue Arbeitskampfrecht, Anmerkung zum Beschluss des BAG GS vom 21. 4. 1070, GS 1/68, AuR 1971, 353–363.

Richardi, Reinhard; Dörner, Hans-Jürgen; Weber, Christoph (Hrsg.): Kommentar zum Personalvertretungsrecht mit Erläuterungen zu den Personalvertretungsgesetzen der Länder, 3. Auflage, München 2008.

Rieble, Volker: Der CGM-Beschluss des ArbG Stuttgart, BB 2004, 885–892.

Rieble, Volker: Arbeitsniederlegung zur Standorterhaltung, RdA 2005, 200–212.

Rieble, Volker: Das neue Arbeitskampfrecht des BAG, BB 2008, 1506–1515.

Rieble, Volker: Flash-Mob – ein neues Kampfmittel?, NZA 2008, 796–799.

Riedel, Eibe: Zur Durchsetzung wirtschaftlicher, sozialer und kultureller Rechte im Völkerrecht (S. 71–93), in: *Giegerich, Thomas; Zimmermann, Andreas (Hrsg.),* Wirtschaftliche, soziale und kulturelle Rechte im globalen Zeitalter, Berlin 2008; zit. als: *Riedel*, in: Giegerich/Zimmermann, Wirtschaftliche, soziale und kulturelle Rechte.

Ring, Gerhard; Olsen-Ring, Line: Kollektives Arbeitsrecht in Dänemark (S. 19–46), in: *Hekimler, Alpay; Ring, Gerhard (Hrsg.),* Tarifrecht in Europa, Baden-Baden 2012.

Rixe, Georg: Der EGMR als Motor einer Harmonisierung des Familienrechts in Europa, FPR 2008, 222–230.

Robertson, Arthur Henry: Human Rights in Europe: Being an account of the European Convention for the Protection of Human Rights and Fundamental Freedoms, 2. Auflage, Manchester 1977; zit. als: *Robertson*, Human Rights in Europe.

Rolfs, Christian; Giesen, Richard; Kreikebohm, Ralf; Udsching, Peter (Hrsg.): Beck'scher Online-Kommentar Arbeitsrecht, Stand: 1. 3. 2013, Edition: 28.

Rudolf, Beate: Die neue europäische Grundrechtsarchitektur – Auftrag für Anwälte. Nationaler, europäischer und internationaler Grundrechts- und Menschenrechtsschutz, Anwaltsblatt 2011, 153–158.

Rüfner, Wolfgang: § 40: Leistungsrechte (S. 679–708), in: *Merten, Detlef; Papier, Hans-Jürgen (Hrsg.),* Handbuch der Grundrechte, Band II, Grundrechte in Deutschland, Allgemeine Lehren I, Heidelberg 2006.

Ruge, Reinhard: Anmerkung zum Urteil des EuGH vom 13. 5. 2003 – C-98/01, EuZW 2003, 540–542.

Rüthers, Bernd: Arbeitskampf in einer veränderten Wirtschafts- und Arbeitswelt, NZA 2010, 6–13.

Sachs, Michael: Anmerkung zum Urteil des BVerfG vom 14. 10. 2004 – 2 BvR 1481/04, JuS 2005, 164–167.

Sachs, Michael: Anmerkungen zum Urteil des BVerfG vom 4. 5. 2011 – 2 BvR 2365/09 u. a., JuS 2011, 854–857.

Sachs, Michael: Zur Bedeutung der Menschenrechtsgarantien der EMRK für das deutsche (Verfassungs-)Recht (S. 321–333), in: *Breuer, Marten; Epiney, Astrid; Haratsch, Andreas; Schmahl, Stefanie; Weiß, Norman (Hrsg.),* Festschrift für Eckart Klein zum 70. Geburtstag, Berlin 2013; zit. als: *Sachs*, in: FS Klein.

Säcker, Hans Jürgen; Rixecker, Roland (Hrsg.): Münchener Kommentar zum Bürgerlichen Gesetzbuch, Band XI (Internationales Privatrecht, Internationales Wirtschaftsrecht, Einführungsgesetz zum Bürgerlichen Gesetzbuche Art. 25–246), 5. Auflage, München 2010; zit. als: MünchKomm BGB/*Bearbeiter.*

Sauer, Stefan: Arbeitsrecht in der Türkei – Ein Überblick, NZA 1993, 926–930.

Sauer, Heiko: Die neue Schlagkraft der gemeineuropäischen Grundrechtsjudikatur. Zur Bindung deutscher Gerichte an die Entscheidungen des Europäischen Gerichtshofs für Menschenrechte, ZaöRV 2005, 35–69.

Sauer, Heiko: Bausteine eines Grundrechtskollisionsrechts für das europäische Mehrebenensystem, EuGRZ 2011, 195–199.

Sauer, Heiko: Grundrechtskollisionsrecht für das europäische Mehrebenensystem (S. 1–68), in: *Matz-Lück, Nele; Hong, Mathias (Hrsg.)*, Grundrechte und Grundfreiheiten im Mehrebenensystem – Konkurrenzen und Interferenzen, Heidelberg (u. a.) 2012; zit. als: *Sauer*, in: Matz-Lück/Hong, Grundrechte und Grundfreiheiten im Mehrebenensystem.

Schäffer, Heinz: § 186: Die Entwicklung der Grundrechte (S. 3–48), in: *Merten, Detlef; Papier, Hans-Jürgen (Hrsg.)*, Handbuch der Grundrechte, Band VII/1, Grundrechte in Österreich, Heidelberg 2009.

Schaller, Werner: Das Verhältnis von EMRK und deutscher Rechtsordnung vor und nach dem Beitritt der EU zur EMRK, EuR 2006, 656–674.

Schambeck, Herbert: Grundrechte und Sozialordnung, Gedanken zur Europäischen Sozialcharta, Berlin 1969.

Schaub, Günter (Begr.): Arbeitsrechts-Handbuch, Systematische Darstellung und Nachschlagewerk für die Praxis, 14. Auflage, München 2011; zit. als: *Bearbeiter*, in: Schaub, Arbeitsrechts-Handbuch.

Schilling, Jan Moritz: Deutscher Grundrechtsschutz zwischen staatlicher Souveränität und menschenrechtlicher Europäisierung, Tübingen 2010; zit. als: *Schilling*, Deutscher Grundrechtsschutz.

Schindele, Friedrich: Anmerkungen zum Urteil des BAG vom 14.12.2010 – 1 ABR 19/10, ArbRAktuell 2012, 656.

Schlachter, Monika: Beamtenstreik im Mehrebenensystem, RdA 2011, 341–348.

Schlaich, Klaus; Korioth, Stefan (Hrsg.): Das Bundesverfassungsgericht, 8. Auflage, München 2010.

Schlüchter, Ellen: Mittlerfunktion der Präjudizien: Eine rechtsvergleichende Studie, Berlin 1986.

Schmidt, Benedikt: Entgeltfindung im tarifpluralen Betrieb, NZA-Beil. 2012, 123–129.

Schmidt-Aßmann, Eberhard (Hrsg.): Besonderes Verwaltungsrecht, 13. Auflage, Berlin 2005.

Schmitz, Thomas: Die Grundrechtecharta als Teil der Verfassung der Europäischen Union, EuR 2004, 691–713.

Schmitz-Scholemann, Christoph: Vom Flashmob zum Pfandbon – Glanz und Elend im deutschen Arbeitsrecht, NZA 2012, 1001–1011.

Schohe, Gerrit: Das Urteil Bosphorus: Zum Unbehagen gegenüber dem Grundrechtsschutz durch die Gemeinschaft, EuZW 2006, 33.

Scholz, Rupert: Koalitionsrecht und „Neue Beweglichkeit" im Arbeitskampf – Anmerkungen zum Warnstreikurteil des BAG vom 12.9.1984 – 1 AZR 342/83, SAE 1985, 33–42.

Scholz, Rupert: § 170: Nationale und europäische Grundrechte – unter besonderer Berücksichtigung der Europäischen Grundrechtecharta (S. 63–119), in: *Merten, Detlef; Papier, Hans-Jürgen (Hrsg.)*, Handbuch der Grundrechte, Band VI/2, Europäische Grundrechte II; Universelle Menschenrechte, Heidelberg 2009.

Schorkopf, Frank: Der Europäische Weg, Tübingen 2010.

Schotten, Günther; Schmellenkamp, Cornelia (Hrsg.): Das Internationale Privatrecht in der notariellen Praxis, 2. Auflage, München 2007.

Schröder, Meinhard: Gesetzesbindung des Richters und Rechtsweggarantie im Mehrebenensystem, Tübingen 2010.

Schubert, Claudia: Das Streikverbot für Beamte und das Streikrecht aus Art. 11 EMRK im Konflikt, AöR 2012, 92–117.

Schubert, Jens; Jerchel, Kerstin: Das europäische Arbeitsrecht (2009/2010), EuZW 2010, 687–694.

Schuster, Joachim: Die deutsche Diskussion über ein Europäisches Sozialmodell. Literaturstudie. Arbeitspapier 116 der Hans Böckler Stiftung, Düsseldorf, Februar 2006; online einzusehen: http://www.boeckler.de/pdf/p_arbp_116.pdf.

Schwarze, Jürgen; Becker, Ulrich; Hatje, Armin; Schoo, Johann (Hrsg.): EU-Kommentar, 3. Auflage, Baden-Baden 2012.

Schweisfurth, Theodor: Völkerrecht, Tübingen 2006.

Schweitzer, Michael; Weber, Albrecht: Handbuch der Völkerrechtspraxis in der Bundesrepublik Deutschland, Baden-Baden 2004.

Seibert-Fohr, Anja: Neue internationale Anforderungen an die Überführung von Menschenrechtsabkommen in nationales Recht; Das Verhältnis des Internationalen Pakts über bürgerliche und politische Rechte zu nationalem Recht, ZaöRV 2002, 391–422.

Seidel, Martin: Der europäische Verfassungsprozess und Winston Churchills Züricher Vision der „Vereinigten Staaten von Europa", EuZW 2008, 1.

Seidl-Hohenveldern, Ignaz (Hrsg.): Völkerrecht, 3. Auflage, Neuwied 2001.

Seifert, Achim: Recht auf Kollektivverhandlungen und Streikrecht für Beamte – Anmerkungen zur neuen Rechtsprechung des EGMR zur Vereinigungsfreiheit –, KritV 2009, 357–376.

Seiter, Hugo: Streikrecht und Aussperrungsrecht: ein Arbeitskampfrechtssystem auf der Grundlage subjektiv-privater Kampfrechte, Tübingen 1975; zit. als: *Seiter,* Streikrecht und Aussperrungsrecht.

Seiter, Hugo: Kodifizierung des Arbeitskampfrechts?, NJW 1976, 1369–1375.

Seiter, Hugo: Zur Gestaltung der Arbeitskampfordnung durch den Gesetzgeber, RdA 1986, 165–188.

Simma, Bruno; Bennigsen, Sabine : Wirtschaftliche, soziale und kulturelle Rechte im Völkerrecht, der Internationale Pakt von 1966 und seine Kontrollverfahren (S. 1477–1502), in: *Baur, Jürgen F.; Hopt, Klaus J.; Mailänder, K. P. (Hrsg.),* Festschrift für Ernst Steindorff zum 70. Geburtstag am 13. März 1990, Berlin 1990; zit. als: *Simma/Bennigsen,* in: FS Steindorff.

Skouris, Vassilios: Das Verhältnis der Grundfreiheiten zu den Gemeinschaftsgrundrechten, RdA-Beil. 2009, 25–30.

Skouris, Vassilios: § 157: Methoden der Grundrechtsgewinnung in der Europäischen Union (S. 859–886), in: *Merten, Detlef; Papier, Hans-Jürgen (Hrsg.),* Handbuch der Grundrechte, Band VI/1, Europäische Grundrechte I, Heidelberg 2010.

Staudinger, Julius von (Hrsg.): Kommentar zum Bürgerlichen Gesetzbuch: mit Einführungsgesetz und Nebengesetzen, Buch 2: Recht der Schuldverhältnisse (§§ 611–613 BGB), Neubearbeitung, Berlin 2011.

Steiger, Dominik: Menschenrechte als subjektive Rechte. Unmittelbare Wirkung qua Ratifikation (S. 129–156), in: *Binder, Christina; Fuchs, Claudia; Goldmann, Matthias; Kleinlein, Thomas; Lachmayer, Konrad (Hrsg.),* Völkerrecht im innerstaatlichen Bereich, Wien (u. a.) 2010.

Steinau-Steinrück, Robert von; Glanz, Peter: Dauerarbeitskämpfe durch Spartenstreiks – Die verbliebenen Kampfmittel der Arbeitgeber, NZA 2009, 113–118.

Steinau-Steinrück, Robert von; Brugger, Helen: Arbeitskampfrecht quo vadis?, NZA-Beil. 2010, 127–135.

Steinau-Steinrück, Robert von; Sura, Stephan: (Noch) kein Streikrecht für Beamte – Der öffentliche Dienst im Spannungsfeld zwischen Verfassungsrecht und EMRK, NZA 2014, 580–584.

Stern, Klaus (Hrsg.): Das Staatsrecht der Bundesrepublik Deutschland, Band I, Grundbegriffe und Grundlagen des Staatsrechts, Strukturprinzipien der Verfassung, 2. Auflage, München 1984.

Stern, Klaus (Hrsg.): Das Staatsrecht der Bundesrepublik Deutschland, Band III / 1, Allgemeine Lehren der Grundrechte, München 1988.

Stern, Klaus: § 1: Die Idee der Menschen- und Grundrechte (S. 3–48) in: *Merten, Detlef; Papier, Hans-Jürgen (Hrsg.)*, Handbuch der Grundrechte, Band I, Entwicklung und Grundlagen, Heidelberg 2004.

Świątkowski, Andrzej Marian: Charter of Social Rights of the Council of Europe, Alphen aan den Rijn 2007.

Terhechte, Jörg Philipp (Hrsg.): Verwaltungsrecht der Europäischen Union, Baden-Baden 2011.

Tettinger, Peter: Die Charta der Grundrechte der Europäischen Union, NJW 2001, 1010–1015.

Teubner, Gunther: Recht als autopoietisches System, Frankfurt am Main 1989.

Teubner, Gunther: Die zwei Gesichter des Janus: Rechtspluralismus der Spätmoderne (S. 191–214), in: *Schmidt, Eike; Weyers, Hans-Leo (Hrsg.)*, Liber Amicorum Josef Esser zum 85. Geburtstag, Heidelberg 1999; zit. als: *Teubner*, in: Liber Amicorum Josef Esser.

Teubner, Gunther: Der Umgang mit den Rechtsparadoxien: Derrida, Luhmann, Wiethölter (S. 25–45), in: *Joerges, Christian; Teubner, Gunther (Hrsg.)*, Rechtsverfassungsrecht: Recht-Fertigung zwischen Privatrechtsdogmatik und Gesellschaftstheorie, Baden-Baden 2003.

Thürer, Daniel: Grundrechtsschutz in Europa – globale Perspektive, ZSR 2005, 51–71; online einzusehen:
http: / / www.ivr.uzh.ch / institutsmitglieder / thuerer / forschung / ZSRJuristentagEndfassung.pdf.

Thüsing, Gregor: Der Außenseiter im Arbeitskampf: zur Rechtsstellung des nicht und des anders organisierten Arbeitnehmers und Arbeitgebers bei Streik und Aussperrung, Berlin 1996.

Thüsing, Gregor: Europäisches Arbeitsrecht, München 2008.

Thüsing, Gregor; Traut, Johannes: Die soziale Fortschrittsklausel – Verfassungslyrik oder rechtspolitische Notwendigkeit? – Eine Betrachtung mit Blick auf die Auswirkungen für Flächentarifverträge und Arbeitskampf in Europa –, NZA-Beil. 2011, 69–73.

Thüsing, Gregor; Traut, Johannes: Zur begrenzten Reichweite der Koalitionsfreiheit im Unionsrecht, RdA 2012, 65–73.

Tomandl, Theodor: Streik und Aussperrung als Mittel des Arbeitskampfes, Berlin 1965.

Tomandl, Theodor: Der Einbau sozialer Grundrechte in das positive Recht, Tübingen 1967.

Tomuschat, Christian: § 172: Die staatsrechtliche Entscheidung für die internationale Offenheit (S. 483–524); in: *Isensee, Josef; Kirchhof, Paul (Hrsg.)*, Handbuch des Staatsrechts der Bundesrepublik Deutschland, Band VII, Normativität und Schutz der Verfassung – Internationale Beziehungen, Heidelberg 1999.

Triepel, Heinrich: Völkerrecht und Landesrecht, Leipzig 1899.

Trstenjak, Verica; Beysen, Erwin: Das Prinzip der Verhältnismäßigkeit in der Unionsrechtsordnung, EuR 2012, 265–285.

Tscherner, Eva Maria: Arbeitsbeziehungen und Europäische Grundfreiheiten, München 2012.

Uerpmann-Wittzack, Robert: Die Europäische Menschenrechtskonvention und die deutsche Rechtsprechung, Berlin 1993.

Uerpmann-Wittzack, Robert: Rechtsfragen und Rechtsfolgen des Beitritts der Europäischen Union zur EMRK, EuR-Beil. 2012, 167–189.

Verdross, Alfred; Simma, Bruno: Universelles Völkerrecht, Theorie und Praxis, 3. Auflage, Berlin 1984; zit. als: *Verdross/Simma*, Universelles Völkerrecht.

Vesting, Thomas: Die Staatsrechtslehre und die Veränderung ihres Gegenstandes: Konsequenzen von Europäisierung und Internationalisierung, 2. Bericht, VVDStRL 63 (2004), 41–70.

Viellechner, Lars: Berücksichtigungspflicht als Kollisionsregel, EuGRZ 2011, 203–207.

Viellechner, Lars: Responsiver Rechtspluralismus. Zur Entwicklung eines transnationalen Kollisionsrechts, Der Staat Bd. 51 (2012), S. 559–580.

Viellechner, Lars: Berücksichtigungspflicht als Kollisionsregel (S. 109–159), in: *Matz-Lück, Nele; Hong, Mathias (Hrsg.)*, Grundrechte und Grundfreiheiten im Mehrebenensystem – Konkurrenzen und Interferenzen, Heidelberg (u. a.) 2012; zit. als: *Viellechner*, in: Matz-Lück/Hong, Grundrechte und Grundfreiheiten im Mehrebenensystem.

Vitzthum, Wolfgang Graf (Hrsg.): Völkerrecht, 5. Auflage, Berlin 2010.

Vogel, Hans-Jochen: Das Vermächtnis der Paulskirche – Einige Bemerkungen zur Bedeutung der Frankfurter Reichsverfassung von 1849 für unsere Zeit, NJW 1998, 1534–1536.

Vogel, Klaus: Die Verfassungsentscheidung des Grundgesetzes für eine internationale Zusammenarbeit, Recht und Staat, Heft 292/293, 1964.

Vogel, Klaus (Begr.); Lehner, Moris (Hrsg.): Doppelbesteuerungsabkommen, Kommentar, 5. Auflage, München 2008; zit. als: Vogel/Lehner/*Bearbeiter*, DBA.

Vondung, Julie: Die Architektur des europäischen Grundrechtsschutzes nach dem Beitritt der EU zur EMRK, Tübingen 2012.

Voßkuhle, Andreas: Der europäische Verfassungsgerichtsverbund, NVwZ 2010, 1–8.

Wagner, Christian: Der Arbeitskampf als Gegenstand des Rechts der Europäischen Union, Baden-Baden 2010.

Wagner, Heinz: Monismus und Dualismus: eine methodenkritische Betrachtung zum Theorienstreit, AöR 1964, 212–241.

Walter, Christian: Der Grundsatz der Kontinuität der „services publics" und das Streikrecht im öffentlichen Dienst in Frankreich, ZaöRV 1955, 191–228.

Walter, Christian: Die Europäische Menschenrechtskonvention als Konstitutionalisierungsprozess, ZaöRV 1999, 961–983.

Walter, Hannfried: Die Europäische Menschenrechtsordnung, Individualrechte, Staatenverpflichtungen und ordre public nach der Europäischen Menschenrechtskonvention, Köln (u. a.) 1970; zit. als: *Walter*, Die Europäische Menschenrechtsordnung.

Wank, Rolf: Zum Vorschlag einer Kodifizierung des Arbeitskampfrechts, RdA 1989, 263–270.

Wank, Rolf: Anmerkungen zum BAG vom 19.6.2007 – 1 AZR 396/06, AP Nr. 173 zu Art. 9 GG.

Warneck, Wiebke: Streikregeln in der EU27 und darüber hinaus – ein rechtsvergleichender Überblick, Europäisches Gewerkschaftsinstitut für Forschung, Bildung und Arbeits- und Gesundheitsschutz (ETUI-REHS), Brüssel 2008; zit. als: *Warneck,* Streikregeln in der EU27; online einzusehen: http://www.etui.org/.../08+Strike+rules+in+the+EU27+DE+R103+WEB.pdf.

Weiß, Norman: Von Paukenschlägen und steten Tropfen – Anmerkungen zur Bedeutung und Wirkung von EGMR-Urteilen aus staats- und völkerrechtlicher Sicht, EuZA 2010, 457–468.

Weitnauer, Hermann: Rechtmäßigkeit und rechtliche Folgen des „wilden" Streiks, DB 1970, 1639–1644.

Wendel, Mattias: Permeabilität im europäischen Verfassungsrecht, Tübingen 2010; zit. als: *Wendel,* Permeabilität.

Wendel, Mattias: Richterliche Rechtsvergleichung als Dialogform: Die Integrationsrechtsprechung nationaler Verfassungsgerichte in gemeineuropäischer Perspektive, Der Staat Bd. 52 (2013), S. 339–370.

Wengler, Wilhelm: Die Unanwendbarkeit der Europäischen Sozialcharta im Staat: ein Beitrag zu der Frage des Verhältnisses zwischen Völkerrecht und staatlichem Recht, Bad Homburg 1969; zit. als: *Wengler,* Die Unanwendbarkeit der Europäischen Sozialcharta im Staat.

Wergin, Niels-Erik; White, Geoff: Collective Bargaining in the United Kingdom (S. 131–158), in: *Hekimler, Alpay; Ring, Gerhard (Hrsg.),* Tarifrecht in Europa, Baden-Baden 2012.

Werres, Stefan: Der Einfluss der Menschenrechtskonvention auf das Beamtenrecht – Aktuelle Bestandsaufnahme unter besonderer Berücksichtigung der Rechtsprechung des Europäischen Gerichtshofs für Menschenrechte, DöV 2011, 873–881.

Widmaier, Ulrich; Alber, Siegbert: Menschenrecht auf Streik auch für deutsche Beamte?, ZEuS 2012, 387–416.

Wiethoff, Jan Hendrik: Das konzeptionelle Verhältnis von EuGH und EGMR. Unter besonderer Berücksichtigung der aktuellen Verfassungsentwicklung der Europäischen Union, Baden-Baden 2007.

Wiethölter, Rudolf: Begriffs- und Interessenjurisprudenz – falsche Fronten im IPR und Wirtschaftsverfassungsrecht: Bemerkungen zur selbstgerechten Kollisionsnorm (S. 213–263), in: *Lüderitz, Alexander; Schröder, Jochen (Hrsg.),* Internationales Privatrecht und Rechtsvergleichung im Ausgang des 20. Jahrhunderts: Bewahrung oder Wende?, Festschrift für Gerhard Kegel, Frankfurt am Main 1977; zit. als: *Wiethölter,* in: FS Kegel.

Wiethölter, Rudolf: Recht-Fertigung eines Gesellschafts-Rechts (S. 13–21), Rechtsverfassungsrecht. Recht-Fertigung zwischen Privatrechtsdogmatik und Gesellschaftstheorie, in: *Joerges, Christian; Teubner, Gunther (Hrsg.),* Baden-Baden 2003.

Wildhaber, Luzius: Bemerkungen zum Vortrag von BVerfG-Präsident Prof. Dr. H.-J. Papier auf dem Europäischen Juristentag 2005 in Genf, EuGRZ 2005, 743–744.

Willemsen, Heinz Josef; Sagan, Adam: Die Auswirkungen der europäischen Grundrechtecharta auf das deutsche Arbeitsrecht, NZA 2011, 258–262.

Wisskirchen, Alfred: Die normsetzende und normüberwachende Tätigkeit der Internationalen Arbeitsorganisation (IAO) – Rechtsfragen und praktische Erfahrungen, ZfA 2003, 691–733.

Witter, Jan Michael: Europarechtliche Aspekte des Streikrechts, Hamburg 2008.

Wittinger, Michaela: Der Europarat: Die Entwicklung seines Rechts und der „europäischen Verfassungswerte", Baden-Baden 2005; zit. als: *Wittinger,* Der Europarat.

Zacher, Hans F.: Das Recht auf Organisation und Arbeitskampf nach Art. 5 und Art. 6 Nr. 4 der europäischen Sozialcharta, ZSR 1978, 129–147.

Zacher, Hans F.: Soziale Grundrechte und Teilhaberechte (S. 113–121), in: *Kurzrock, Ruprecht (Hrsg.),* Menschenrechte, 2. ihre Geltung heute, 1982; zit. als: *Zacher,* in: Kurzrock, Menschenrechte.

Zachert, Ulrich: Arbeitskampf in Europa – eine Bewertung aus Sicht des deutschen Arbeitsrechts, NZA-Beil. 2006, 61–67.

Ziekow, Jan: Die Bindungswirkung der Entscheidungen des Bundesverfassungsgerichts, Jura 1995, 522–529.

Ziekow, Jan: Abweichung von bindenden Verfassungsgerichtsentscheidungen, NVwZ 1995, 247–250.

Zielke, Oliver: Arbeitsniederlegungen zur Verhinderung der Rentenreform in Deutschland, BB 2003, 1785–1791.

Ziller, Jacques: Zur Europarechtsfreundlichkeit des deutschen Bundesverfassungsgerichtes. Eine ausländische Bewertung des Urteils des Bundesverfassungsgerichtes zur Ratifikation des Vertrages von Lissabon, ZÖR 2010, 157–176.

Zuleeg, Manfred: Die innerstaatliche Anwendbarkeit völkerrechtlicher Verträge am Beispiel des GATT und der Europäischen Sozialcharta, ZaöRV 1975, 341–363.

Zuleeg, Manfred: Abschluß und Rechtswirkung völkerrechtlicher Verträge in der Bundesrepublik Deutschland, JA 1983, 1–6.

Zwanziger, Bertram: Nationale Koalitionsfreiheit vs. Europäische Grundfreiheiten, RdA-Beil. 2009, 10–22.

Zweigert, Konrad: Der Einfluss des Europäischen Gemeinschaftsrechts auf die Rechtsordnungen der Mitgliedstaaten, RabelsZ Bd. 28 (1964) 601–643.

Sachregister

Jus Internationale et Europaeum

Herausgegeben von Thilo Marauhn und Christian Walter

Alphabetische Auflistung:

50 Jahre Römische Verträge. Hrsg. v. Reiner Schulze und Christian Walter. 2008. *Band 19.*

Akteure in Krieg und Frieden. Hrsg. v. Jelena Bäumler, Cindy Daase, Christian Schliemann und Dominik Steiger. 2010. *Band 43.*

Asemissen, Konrad: Berufsanerkennung und Dienstleistungen im europäischen Binnenmarkt. 2013. *Band 84.*

Baach, Florian: Parlamentarische Mitwirkung in Angelegenheiten der Europäischen Union. 2008. *Band 26.*

Bäumler, Jelena (Hrsg.): siehe *Akteure in Krieg und Frieden.*

Benesch, Sebastian: Das Freizügigkeitsabkommen zwischen der Schweiz und der Europäischen Gemeinschaft. 2007. *Band 13.*

Bewusstes Erinnern und bewusstes Vergessen. Hrsg. v. Angelika Nußberger u. Caroline von Gall. 2011. *Band 52.*

Bleckmann, Moritz: Nationale Grundrechte im Anwendungsbereich des Rechts der Europäischen Union. *Band 47.*

Böhringer, Ayşe-Martina: Die Kooperationsvereinbarungen der Sekretariate multilateraler Umweltschutzübereinkommen. 2014. *Band 86.*

Bolle, Ulrike: Das Intergovernmental Panel on Climate Change (IPCC). 2011. *Band 58.*

Bruha, Thomas (Hrsg.): siehe *Legalität, Legitimität und Moral.*

Bubrowski, Helene: Das Verhältnis zwischen internationalen Investitionsschiedsverfahren und nationalen Gerichtsverfahren. 2013. *Band 79.*

Buchholtz, Gabriele: Streiken im europäischen Grundrechtsgefüge. 2014. *Band 97.*

Bührle, Folko: Gründe und Grenzen des „EG-Beihilfenverbots". 2006. *Band 10.*

Daase, Cindy (Hrsg.): siehe *Akteure in Krieg und Frieden.*

Dimitropoulos, Georgios: Zertifizierung und Akkreditierung im Internationalen Verwaltungsverbund. 2012. *Band 63.*

Drohnen und das Recht. Hrsg. v. Robert Frau. 2014. *Band 91.*

Dünnes-Zimmermann, Sibylle: Gesundheitspolitische Handlungsspielräume der Mitgliedstaaten im Europäischen Gemeinschaftsrecht. 2006. *Band 11.*

Ebner, Timm: Streitbeilegung im Welthandelsrecht. 2005. *Band 1.*

Eekhoff, Meike: Die Verbundaufsicht. 2006. *Band 9.*

Ehm, Frithjof: Das völkerrechtliche Demokratiegebot. 2013. *Band 72.*

Engbrink, S. Dennis: Die Kohärenz des auswärtigen Handelns der Europäischen Union. 2014. *Band 89.*

Der *Europäische Haftbefehl vor dem Bundesverfassungsgericht.* Hrsg. v. Frank Schorkopf. 2006. *Band 5.*

Frau, Robert (Hrsg.): siehe *Drohnen und das Recht.*

Frenzel, Matthias: Sekundärrechtsetzungsakte internationaler Organisationen. 2011. *Band 54.*

Frohwerk, Arno: Soziale Not in der Rechtsprechung des EGMR. 2012. *Band 62.*

Gall, Caroline von (Hrsg.): siehe *Bewusstes Erinnern.*

Gaßner, Katrin: Die Rechtsprechung zur Versammlungsfreiheit im internationalen Vergleich. 2012. *Band 69.*

Germelmann, Claas F.: Die Rechtskraft von Gerichtsentscheidungen in der Europäischen Union. 2009. *Band 33.*

Glaser, Markus A.: Internationale Verwaltungsbeziehungen. 2010. *Band 42.*

Görisch, Christoph: Demokratische Verwaltung durch Unionsagenturen. 2009. *Band 35.*
Grosche, Nils: Rechtsfortbildung im Unionsrecht. 2011. *Band 59.*
Held, Simeon: Die Haftung der EG für die Verletzung von WTO-Recht. 2006. *Band 4.*
Henninger, Hartmut: Menschenrechte und Frieden als Rechtsprinzipien des Völkerrechts. 2013. *Band 78.*
Heselhaus, Sebastian: siehe *Legalität, Legitimität und Moral.*
Heußner, Kristina: Informationssysteme im Europäischen Verwaltungsverbund. 2007. *Band 17.*
Hieber, Thomas: Die Europäische Bürgerinitiative nach dem Vertrag von Lissabon. 2014. *Band 94.*
Höfer, Martin: Gezielte Tötungen. 2013. *Band 71.*
Hofmann, Claudia: Internationale Sozialstandards im nationalen Recht. 2013. *Band 80.*
Huerkamp, Florian: Gleichbehandlung und Transparenz als gemeinschaftsrechtliche Prinzipien der staatlichen Auftragsvergabe. 2010. *Band 37.*
Internationales Verwaltungsrecht. Hrsg. v. Christoph Möllers, Andreas Voßkuhle und Christian Walter. 2007. *Band 16.*
Janik, Cornelia: Die Bindung internationaler Organisationen an internationale Menschenrechtsstandards. 2012. *Band 66.*
Kaienburg, Nils: Compliance in High Profile-Fällen der WTO. 2010. *Band 39.*
Kaiser, Friederike: Gemischte Abkommen im Lichte bundesstaatlicher Erfahrungen. 2009. *Band 34.*
Karalus, Kirstin: Die diplomatische Vertretung der Europäischen Union. 2009. *Band 28.*
Karrenstein, Daniela: Der Menschenrechtsrat der Vereinten Nationen. 2011. *Band 56.*
Klein, Daniel R.: Umweltinformation im Völker- und Europarecht. *Band 49.*
Knop, Daniel: Völker- und Europarechtsfreundlichkeit als Verfassungsgrundsätze. 2013. *Band 81.*
Koikkara, Sonia Elisabeth: Der Patentschutz und das Institut der Zwangslizenz in der Europäischen Union. 2010. *Band 46.*
Krämer, Rike U.: Die Koordinierung zwischen Umweltschutz und Freihandel im Mehrebenenrechtsverbund am Beispiel des Vergaberechts. 2013. *Band 82.*
Krönke, Christoph: Die Verfahrensautonomie der Mitgliedstaaten der Europäischen Union. 2013. *Band 77.*
Kruis, Tobias: Der Anwendungsvorrang des EU-Rechts in Theorie und Praxis. 2013. *Band 73.*
Last, Christina: Garantie wirksamen Rechtsschutzes gegen Maßnahmen der Europäischen Union. 2008. *Band 23.*
Legalität, Legitimität und Moral. Hrsg. v. Thomas Bruha, Sebastian Heselhaus und Thilo Marauhn. 2008. *Band 24.*
Lehnardt, Chia: Private Militärfirmen und völkerrechtliche Verantwortlichkeit. 2011. *Band 57.*
Leible, Stefan (Hrsg.): siehe *Sicherung der Energieversorgung auf globalisierten Märkten.*
Leifer, Christoph: Das europäische Umweltmanagementsystem EMAS als Element gesellschaftlicher Selbstregulierung. 2007. *Band 12.*
Lindemann, Helena: Kommunale Governance. 2014. *Band 96*
Lindner, Christoph: Die Effektivität transnationaler Maßnahmen gegen Menschenhandel in Europa. 2014. *Band 87.*
Lippert, Michael (Hrsg.): siehe *Sicherung der Energieversorgung auf globalisierten Märkten.*
Lochen, Tobias: Die völkerrechtlichen Regelungen über den Zugang zu genetischen Ressourcen. 2007. *Band 15.*
Lock, Tobias: Das Verhältnis zwischen dem EuGH und internationalen Gerichten. 2010. *Band 44.*
Lutzhöft, Niels: Eine objektiv-rechtliche Gewährleistung der Rundfunkfreiheit in der Europäischen Union? 2012. *Band 61.*

Mangold, Anna K.: Gemeinschaftsrecht und deutsches Recht. 2011. *Band 55.*
Marauhn, Thilo (Hrsg.): siehe *Legalität, Legitimität und Moral.*
Markard, Nora: Kriegsflüchtlinge. 2012. *Band 60.*
Mellech, Kathrin: Die Rezeption der EMRK sowie der Urteile des EGMR in der französischen und deutschen Rechtsprechung. 2012. *Band 68.*
Merhof, Katrin: Der internationale und innerstaatliche Schutz von Arbeitnehmerrechten in der kolumbianischen Blumenindustrie. 2014. *Band 92.*
Metje, Tim M.: Der Investitionsschutz im internationalen Anlagenbau. 2008. *Band 20.*
Meurs, Christian: Normenhierarchien im europäischen Sekundärrecht. 2012. *Band 65.*
Michl, Walther: Die Überprüfung des Unionsrechts am Maßstab der EMRK. 2014. *Band 90.*
Möllers, Christoph (Hrsg.): siehe *Internationales Verwaltungsrecht.*
Müller, Felix: Schutzmaßnahmen gegen Warenimporte unter der Rechtsordnung der WTO. 2006. *Band 6.*
Müller-Rüster, Jannis: Product Placement im Fernsehen. 2010. *Band 40.*
Naumann, Kolja: Eine religiöse Referenz in einem Europäischen Verfassungsvertrag. 2008. *Band 22.*
Neidhardt, Stephan: Nationale Rechtsinstitute als Bausteine europäischen Verwaltungsrechts. 2008. *Band 25.*
Nöhmer, Sabrina: Das Recht auf Anhörung im europäischen Verwaltungsverfahren. 2013. *Band 75.*
Nunner, Michael: Kooperation internationaler Gerichte. 2009. *Band 36.*
Nußberger, Angelika (Hrsg.): siehe *Bewusstes Erinnern.*
Nusser, Julian: Die Bindung der Mitgliedstaaten an die Unionsgrundrechte. 2011. *Band 51.*
Ottaviano, Marco: Der Anspruch auf rechtzeitigen Rechtsschutz im Gemeinschaftsprozessrecht. 2009. *Band 27.*
Peters, Anne: Jenseits der Menschenrechte. 2014. *Band 88.*
Pfeffer, Robert: Das Verhältnis von Völkerrecht und Landesrecht. 2009. *Band 30.*
Pilniok, Arne: Governance im europäischen Forschungsförderverbund. 2011. *Band 53.*
Rademacher, Timo: Realakte im Rechtsschutzsystem der Europäischen Union. 2014. *Band 85.*
Reimold, Tobias: Der Handel mit Bildungsdienstleistungen nach dem GATS. 2010. *Band 38.*
Rieckhoff, Henning: Der Vorbehalt des Gesetzes im Europarecht. 2007. *Band 18.*
Ripke, Stefan: Europäische Versammlungsfreiheit. 2012. *Band 67.*
Sachs, Bärbel: Die Ex-officio-Prüfung durch die Gemeinschaftsgerichte. 2008. *Band 21.*
Schenk, Wolfgang: Strukturen und Rechtsfragen der gemeinschaftlichen Leistungsverwaltung. 2006. *Band 7.*
Schliemann, Christian (Hrsg.): siehe *Akteure in Krieg und Frieden.*
Schmidt, Johannes: Die Grundsätze im Sinne der EU-Grundrechtecharta. 2010. *Band 41.*
Schorkopf, Frank (Hrsg.): siehe *Europäische Haftbefehl vor dem Bundesverfassungsgericht.*
Schulte Westenberg, Hendrik: Zur Bedeutung der Keck-Rechtsprechung für die Arbeitnehmerfreizügigkeit. *Band 32.*
Schulze, Rainer (Hrsg.): siehe *50 Jahre Römische Verträge.*
Schwerdtfeger, Angela: Der deutsche Verwaltungsrechtsschutz unter dem Einfluss der Aarhus-Konvention. 2010. *Band 45.*
Seidl, Johannes: Meinungsfreiheit in der Rechtsprechungspraxis des Interamerikanischen Gerichtshofs für Menschenrechte. 2014. *Band 93.*
Die *Sicherung der Energieversorgung auf globalisierten Märkten.* Hrsg. v. Stefan Leible, Michael Lippert und Christian Walter. 2007. *Band 14.*

Simon, Sven: Liberalisierung von Dienstleistungen der Daseinsvorsorge im WTO- und EU-Recht. *Band 31.*

Srock, Gregor: Rechtliche Rahmenbedingungen für die Weiterentwicklung von Europol. 2006. *Band 8.*

Steiger, Dominik (Hrsg.): siehe *Akteure in Krieg und Frieden.*

Stewen, Susanne: Die Entwicklung des allgemeinen Freizügigkeitsrechts der Unionsbürger und seiner sozialen Begleitrechte. 2011. *Band 50.*

Straßburger, Benjamin: Die Dogmatik der EU-Grundfreiheiten. 2012. *Band 70.*

Thies, Carla: Kulturelle Vielfalt als Legitimitätselement der internationalen Gemeinschaft. 2013. *Band 74.*

Verlage, Christopher: Responsibility to Protect. 2009. *Band 29.*

Vilsmeier, Ingrid: Tatsachenkontrolle und Beweisführung im EU-Kartellrecht auf dem Prüfstand der EMRK. 2013. *Band 83.*

Vogt, Matthias: Die Entscheidung als Handlungsform des Europäischen Gemeinschaftsrechts. 2005. *Band 3.*

Vondung, Julie: Die Architektur des europäischen Grundrechtsschutzes nach dem Beitritt der EU zur EMRK. 2012. *Band 64.*

Voßkuhle, Andreas (Hrsg.): siehe *Internationales Verwaltungsrecht.*

Walter, Christian (Hrsg.): siehe *50 Jahre Römische Verträge.*

–: siehe *Internationales Verwaltungsrecht.*

–: siehe *Sicherung der Energieversorgung auf globalisierten Märkten.*

Weiß, Michael: Hybride Regulierungsinstrumente. 2011. *Band 48.*

Wettner, Florian: Die Amtshilfe im Europäischen Verwaltungsrecht. 2005. *Band 2.*

Wiesinger, Nicola: Innovation im Verwaltungsrecht durch Internationalisierung. 2013. *Band 76.*

Wohlan, Martina: Das diplomatische Protokoll im Wandel. 2014. *Band 95.*

Mohr Siebeck, Postfach 2040, 72010 Tübingen.
Aktuelle Informationen im Internet unter www.mohr.de